# 闽语历史层次分析与相关音变探讨

杜佳伦 著

清华语言学博士丛书

中西書局

# 总　序

近二十年来，我国博士生培养事业有了很大进展，在各个领域都培养出了一大批优秀的博士生；在语言学领域也是这样。这些新培养出来的博士生，大多视野开阔，思想敏锐，既有扎实的专业基础，又有强烈的创新意识，是我国语言学事业继往开来的生力军。博士论文和出站报告是他们刻苦攻读、悉心研究所取得的成果，有些优秀的博士论文达到了学术前沿的水平，体现了语言学研究的新思路、新成就。面对这些学术新人和学术新成果，我们由衷地感到高兴。

众所周知，一门学问要能生根，要能茁壮地成长发展，必须不断挖掘和发现新的材料，必须不断进行理论更新，必须不断涌现大批新的研究人员。语言学是一个既古老又相对年轻的学科。中国是拥有语言富矿的国家，汉语历史悠久，语言多种多样；有优良的语言研究传统，新的语言研究成果不断涌现。现在由于国力日益强盛，更引发各国青年人学习汉语的热潮。这对我国语言学科发展来说，既是一种机遇，又是一种挑战。只要我们两岸三地语言学同仁合力研究，让我国语言学科走到世界学术的尖端，这是可望也可及的目标。正是从这一思想出发，并为了使得这些学术新成果更快地和读者见面，为了帮助这些新人更迅速地成长，以便为语言学注入新的活力，我们创办了这个《清华语言学博士丛书》。现在计划每年出版一辑，每辑选收1—5种两岸三地语言学博士的优秀论文、出站报告和其他著作。我们希望《丛书》能聚集一批优秀的年轻学者，这些年轻人将来能带领中国的语言学迈着稳健的步伐前进。

《清华语言学博士丛书》创办以来，得到了两岸三地语言学界同仁和有关单位的大力支持。很多著名的语言学家担任了顾问和编委，很多博士生踊跃投稿，很多专家不辞辛劳负责审稿。清华大学提供了经费，上海中西书局负责出书。大家的热忱支持进一步坚定了我们办好《清华语言学博士丛书》的决心，我们一定使之成为展示我国语言学新思想、新成果的平台，成为语言学新苗茁壮成长的园地。

希望大家对《清华语言学博士丛书》不断提出意见和建议。让我们共同努力，把《清华语言学博士丛书》办好！

蒋绍愚

2013年6月

# 序

《闽语历史层次分析与相关音变探讨》是2011年杜佳伦毕业于台湾大学的博士论文，经评选收入《清华语言学博士丛书》第一辑。这项殊荣，高度肯定了这本论文的学术价值。在出版之际，佳伦希望我为这本书写几句话，作为导师，我很高兴地答应了。

闽语拥有古汉语的许多特征，又有多层次的语音表现，使它成为历史层次研究最好的试金石。汉语文献材料丰富，举世少有，再加上汉字承载音义信息的独特性，使得汉语能够有别于其他语言，为历史语言学提供新的研究视角。方言层次研究，正是当中最具有理论开创意义的课题。闽语的存古性和多层次特点，尤其使它成为层次研究中最受瞩目的研究对象。

这本著作运用历史语言学和语言接触理论，比较闽南、闽东、闽北等方言，将"历史音变"与"语言接触"两种语言现象联结起来，对闽语复杂的层次表现作了细致的分析，并重新思考接触、层次与音变的交互关系，赋予闽语层次不同以往的深刻认识。通过这些努力，提出闽语的唐宋文读层、南朝江东层、晋代北方层、上古层四层次之说，见解新颖，具有重要的学术贡献。

佳伦读书认真，思路细密，个性活泼而又富有创造力，不但在学业上表现出众，而且乐于帮助别人，是同侪心目中的好朋友，也是我不可多得的好帮手。在我所授大三声韵学班上，佳伦是同学钦佩的小老师；就读研究所之后，佳伦更组织读书会，与同侪分享读书心得。她的敏锐和热心，深深受到同侪的敬重。

佳伦曾于2010年获得中研院"人文社会科学博士候选人培育计划"的奖励，得以利用该院语言学研究所的学术资源，并接受该所提供的养成训练。经由这个培育计划，佳伦建立了更稳固的基础，开拓了更恢宏的学术视野。她的博士论文能有优异表现，与这一年的学习有绝大的关系。

经过许多前辈学者的努力，闽语层次研究有了可观的累积。这本著作在前人的积累上又有了新的突破，可喜可贺。不过佳伦不敢以此为满足，面对闽语层次研究的许多问题，她深知学问之路还很遥远，必须不断努力，才有可能日新又新。在这里，我衷心感谢所有曾经帮助过佳伦的老师和朋友，同时也期勉佳伦再接再厉，做出更好的成绩。

杨秀芳

2014年8月于台湾大学

# 目　　录

总序 …………………………………………………………… 蒋绍愚　1
序 ……………………………………………………………… 杨秀芳　1

## 第一章　绪　　论

1.1　研究动机 ……………………………………………………… 1
　1.1.1　历史比较与层次分析 ………………………………………… 1
　1.1.2　层次接触与音变 ……………………………………………… 3
1.2　相关研究回顾 ………………………………………………… 6
　1.2.1　原始闽语的历史比较研究 …………………………………… 6
　1.2.2　闽语的历史层次研究 ………………………………………… 7
　1.2.3　历史层次分析法的运用 ……………………………………… 8
1.3　反思补充与研究目的 ……………………………………… 10
1.4　语料来源与研究方法 ……………………………………… 13
　1.4.1　语料与研究步骤 …………………………………………… 13
　1.4.2　研究方法 …………………………………………………… 15
1.5　全书架构 …………………………………………………… 18

## 第二章　闽语的地理分布、音韵特点与多源形成

2.1　闽语的地理分布与分区 …………………………………… 20

2.2 闽语的音韵特点 …… 25
2.2.1 共同音韵特点 …… 25
2.2.2 闽南方言的语音特点 …… 33
2.2.3 闽东方言的语音特点 …… 39
2.2.4 闽北方言的语音特点 …… 46
2.3 闽语的多源形成 …… 53
2.3.1 闽地的开发历史与移民 …… 53
2.3.2 闽语的多源聚合与分化 …… 55
2.4 结语 …… 58

## 第三章 韵读历史层次

3.1 蟹、山、咸、效四摄开口字群的历史层次 …… 60
3.1.1 1、2等同读,3、4等同读的文读层次(A) …… 61
3.1.2 3、4等同读的白读层次(B) …… 94
3.1.3 2、4等同读、3等独读的历史层次(C) …… 103
3.1.4 四等同读的历史层次(D) …… 116
3.1.5 历史时间与地域来源 …… 127
3.2 蟹、山、咸、效四摄开口字群白读层的其他1、2等韵 …… 141
3.2.1 “咍泰有别”的音韵层次 …… 141
3.2.2 古微歌同读、文元同读的两项音韵层次 …… 145
3.2.3 古歌祭元相应的两项音韵层次 …… 150
3.2.4 “覃谈有别”即“古侵谈有别”的音韵层次 …… 154
3.2.5 效摄1、2等有别的白读层次 …… 158
3.2.6 音韵层次与时间层次的参差对应 …… 163
3.3 遇、流、宕开、通四摄字群的历史层次 …… 171
3.3.1 文读层次(A) …… 171
3.3.2 3等独读的白读层次(B) …… 208

3.3.3　1、3 等同读的白读层次(C) …… 223
3.3.4　上古韵部同读的层次(D) …… 243
3.3.5　历史时间与地域来源 …… 249
3.4　止、臻、曾、深四摄 3 等开口字群的历史层次 …… 261
3.4.1　文读层次(A) …… 261
3.4.2　相应于支与脂之有别的白读层次(B) …… 280
3.4.3　相应于支脂之无别的白读层次(C) …… 292
3.4.4　四等同读的上古层(D) …… 302
3.4.5　历史时间与地域来源 …… 316
3.5　闽语韵读层次系统与古汉语音韵的历史关系 …… 327
3.5.1　上古层 …… 329
3.5.2　晋代北方层 …… 333
3.5.3　南朝江东层 …… 341

## 第四章　声母与声调历史层次

4.1　古全浊声母的层次分析结果 …… 349
4.2　古次浊声母的特殊表现 …… 353
4.2.1　古鼻音声母 …… 353
4.2.2　闽北古来母今读的层次分析 …… 382
4.2.3　古喻母的层次分析 …… 389
4.3　古全清母的特殊表现 …… 398
4.3.1　古全清擦音的塞(擦)化 …… 398
4.3.2　闽北古全清塞音的浊弱化 …… 403
4.4　闽北方言古浊声类的声调层次 …… 408
4.4.1　古浊母平声字 …… 408
4.4.2　古浊母上声字 …… 413
4.4.3　古浊母去声字 …… 417

4.4.4 古浊母入声字 …… 420
4.4.5 闽北声调层次总结 …… 424
4.5 闽语古浊上、浊去字群的声调层次 …… 427
4.6 结语：闽语声母与声调历史层次的系统性 …… 436

## 第五章 历史层次与相关音变问题

5.1 语音变化与变异的复杂性 …… 440
5.1.1 语音性内部音变 …… 442
5.1.2 接触性外源音变 …… 452
5.1.3 接触性层次叠置与竞争扩展 …… 456
5.2 语言接触的机制 …… 457
5.2.1 母语干扰 …… 458
5.2.2 移借 …… 461
5.2.3 闽地发展历史的重要语言接触 …… 464
5.2.4 非汉语底层的音韵干扰 …… 470
5.3 层次竞争的变异 …… 482
5.3.1 层次竞争的双向扩散 …… 482
5.3.2 闽语多重层次的竞争变异 …… 486
5.3.3 完全替代与异层同读 …… 490
5.4 层次互动与音韵变化 …… 495
5.4.1 闽东、闽北的泰韵层次竞争与相关音韵变异 …… 495
5.4.2 闽南、闽东通摄3等的层次互动与结构重整 …… 500
5.5 结语：接触、层次与音变的交互关系 …… 506

## 第六章 结 论

6.1 本书重要研究成果 …… 508
6.1.1 闽语韵读的四项历史层次 …… 508

6.1.2　闽语声母的四项历史层次 …… 509
6.1.3　古闽越语的母语干扰 …… 510
6.1.4　闽语的五种历史来源与其所形成的历史层次关系 …… 511
6.2　从接触与层次的观点来看闽语的历史与音变 …… 512
6.3　后续研究方向 …… 514

**参引书目** …… 515

**重要表格索引** …… 528

**后记** …… 541

**附录：**
专家评审意见 …… 543
《清华语言学博士丛书》章程 …… 547

# 第一章
# 绪　　论

## 1.1　研究动机

### 1.1.1　历史比较与层次分析

历史比较语言学自19世纪兴起，着力于研究语言或方言之间的亲属关系与历史演变，并以构拟原始母语作为重要的研究目的；自高本汉以来，汉语方言的研究从历史比较方法中获得重大的启发与进展。其中，诸多学者尝试运用历史比较方法进行闽语的历史研究，从次方言之间的比较分析，推溯构拟原始闽语，并为闽语各次方言的音韵共同性与差异性提出历史演变的假设与解释。

然而，语言亲属关系的理论仅着眼于语言的同质分化，忽略了语言形成兼有"同质分化"与"异质汇合"的实际发展情形，特别是闽语的形成。根据目前的研究成果，闽语是历史层次叠积相当丰富的汉语方言，其历史层次已不能单纯地只分为文读层与白读层，应该汇合了更多不同来源的音韵层次；而且，每一个历史层次音读进入闽地不同地区，又可能经历不一样的发展过程，导致今日各次方言同一类字群，甚至同一历史层次，却为不同的音读形式。若是各次方言之间同一历史层次音读具有规则对应，尚容易进行历史层次的分析；较为错综复杂的是，可能某一历史层次的音读，在甲地因其他条件影响而分化，在乙地则因为层次竞争而被另一层次音读替代，因而造成闽语各次方言之间音读对应参差的情况。在此情况下，容易造成在不同次方言之间择取不同层次的音读置于同一比较平面的错误。我们假设闽语的层次与音变关系如下表：

**表 1－1**

<table>
<tr><th rowspan="2"></th><th rowspan="2">时　间</th><th rowspan="2">历史层次</th><th rowspan="2">音韵层次</th><th colspan="2">音 变 影 响</th></tr>
<tr><th>甲　地</th><th>乙　地</th></tr>
<tr><td rowspan="7">闽　语</td><td>T1</td><td>A</td><td>a</td><td>a′</td><td>a″</td></tr>
<tr><td rowspan="2">T2</td><td rowspan="2">B</td><td rowspan="2">b</td><td>a′</td><td rowspan="2">a″</td></tr>
<tr><td>b′</td></tr>
<tr><td rowspan="2">T3</td><td rowspan="2">C</td><td rowspan="2">c</td><td>c′1</td><td rowspan="2">c″</td></tr>
<tr><td>c′2</td></tr>
<tr><td>T4</td><td>D</td><td>d</td><td>d′(＝a′)</td><td>d″</td></tr>
</table>

假设闽语具有几个不同来源的历史层次 A、B、C、D，分别于不同的时间点 T1、T2、T3、T4 进入闽地，T1 为最早时间点，T4 为最晚时间点，其所带进的原始音韵层次分别为 a、b、c、d，甲地相应为 a′、b′、c′、d′，乙地相应为 a″、b″、c″、d″。如此，闽语作为一个有机的语言体，实际上包含了相异来源的组成分子。而且语言的历史层次不像地质层的叠置稳定，层次与层次之间会发生竞争，层次叠置后也会受到语言内部的音变而发生变化，而且各地的发展情形又不尽相同。例如上表显示层次 A 与层次 B 发生竞争，甲地的音读 a′逐渐渗透至层次 B 的部分语词，乙地则是音读 a″完全替代了原来的音读 b″；又如层次 C 的音读 c，在甲地因为受到内部语音变化的影响而分化为 c′1、c′2，乙地仍为单一音读 c″；再如甲地层次 D 的音读 d′，因为语音演变恰与早期层次 A 的音读 a′为同一语音形式。倘若我们不先分析单一方言点的语音变化与层次变异，并且还原其历史音韵层次分布，就径自选取两方言点的少数同源词进行比较构拟，很可能导致以下的困难：

1. 在甲、乙两地都选取来自层次 B 的同源词“W1”，但甲地的“W1”仍为音读 b′，乙地的“W1”已经被音读 a″所替代。音读 b′、a″反映不同来源的历史层次,不应该放在同一平面构拟原始语。

2. 在甲、乙两地都选取来自层次 C 的同源词"W2",但乙地的"W2"为音读 c″,甲地的"W2"则读为受到音变影响分化的 c′2。音读 c′2 为该地自源性语音变体,不应直接作为历史比较的基础语料,最好能先行分析音变规律而推溯早期语音形式。

为了避免这一类的问题,我们应先进行闽语各次方言内部语音分析,辨析清楚该地的音变情形,区别自源性语音变体与外源性历史音韵层次,还原其历史层次的分布状况。

不过,方言内部语音变化与层次变异的分析仅是基础工作;方言之间的历史层次对应关系,还是必须借由大量的同源语词比较方能确立。单以内部分析的方法,可能会导致以下的困难:

3. 甲地仅能析出三项音韵层次 a′—b′—c′1/c′2,径以此相应于乙地三项音韵层次 a″—c″—d″。实际上甲地层次 A 与层次 D 乃"异层同读";乙地层次 B 的音读 b″则完全被层次 A 的音读 a″替代,两地的历史层次对应关系不应该为一层对一层的随意联系。

为了在方言之间进行确实的规则对当工作,我们必须进行更多方言点的大量同源语词对应比较,厘清"异层合流同读"与"层次竞争替代"的音读变化情形,然后建立闽语各次方言的历史音韵层次对应关系。在这样详尽完善的研究基础之上,才能更准确地从事历史比较的古语构拟工作。

### 1.1.2 层次接触与音变

根据王福堂(2003)的研究,汉语方言的"语音层次"可以分为三类:底层、异源层次与同源层次。底层指的是古老的非汉语层次,异源层次指的是来自其他汉语方言的音韵系统叠置,这两者均为语言接触的产物;而该文所谓同源层次则是方言内部发生自源性语音变化所造成的音类叠置,为了避免与前二者混淆,本书改称之为同源性语音变体,并将层次严格定义为外部接触所引进的音韵系统叠置。

从事方言历史层次的分析工作,必须厘清自源性语音演变与外源性层次接触的差异,两者的变化机制相当不同。就其动因而言,自源性语音演变属于"内动力音变",外源性层次接触属于"外动力变异"。就其音变性质而言,自源性语音演变乃受到语音条件或音系结构条件的限制与影响,多为音理上容易解释的自然音变。外源性层次接触则应再细分为两小类:一类是透过大量的词汇移借而带入的叠置新成分,此即所谓"层次异读",不同来源的层次音读长期共处,可能会引发竞争变异;另一类是受到叠置成分深度互动所引发的语音演变,此类音变并非层次竞争,也不是单纯的方言内部音变,而是叠置的音系之间发生结构上的融会重整。(参见 5.4 节的讨论)

然而,在区辨自源性语音演变与外源性层次接触的工作上也有以下的困难:

1. 自源性语音演变可能是条件式的连续音变,也可能是扩散式的离散音变,其所造成的同源性语音变体,尤其是后者的"滞后性音读",有时很难与异源层次区别清楚。

2. 以往对于音变的研究,往往将内部音变与外部接触视为壁垒分明的两种语言变化现象;然而,实际进行层次分析与音变研究,我们发现层次音读会因为方言内部音变而分化或合并,而有些语音变化与变异则可能受到层次竞争的牵动,两者之间其实具有相当复杂的交互关系。(参见 5.1、5.4 节的讨论)

针对第一项困难,陈忠敏(2007b: 137—138)提出几个方法将"滞后性音读"排除于"历史层次"之外:

1. 滞后性音变乃同一层次的音韵变异,而非语言接触的不同层次变异。

2. 滞后性音变可以用条件性音变与词汇扩散理论来解释。

3. 由于音变速度不均衡而滞后的读音往往受特定词类因素的限制,而非语音因素。

4. 滞后的读音往往不能在相同的语音条件下或相同音类来源的条件下重复出现。

5. 滞后性音变一般只发生在某个方言点，邻近或同类方言往往没有类似现象。

我们同意上述1、2、5的说法；但是第3点无法确实区分异源层次与滞后性语音变体的差异，因为层次叠置后的竞争变异也会受到词汇因素的限制，口语中“音字脱节”的语词较不容易为文读音取代，而非陈忠敏所谓“层次变异与一切非语音因素无涉”；而第4点也忽略了扩散式音变若在变化中途受到其他音变影响而中断，则形成成层的滞后读音分布，因而也能在相同的语音条件下或相同音类来源的条件下重复出现。因此，本书认为方言层次的分析工作应同时研究异源层次的叠置与竞争变异，以及内部的语音变化过程与是否形成滞后性语音变体，同时运用内部分析与方言比较方法可以清楚掌握方言层次与音变的错综关系，然后在清楚的异源层次分布基础上，进行历史比较研究。

至于第二项困难也是我们极有兴趣进行观察研究的问题，特别是以层次与音变都相当复杂的闽语为研究对象，除了分析各次方言之间历史层次的对应关系，还要探究各地的语音演变如何造成历史层次音读的参差分布，以及历史层次的竞争互动如何促发或影响各地的语音变化与变异。此为本书在进行历史层次分析之外，希望能深入探讨的相关课题。

根据以上思索“历史比较与层次分析”的相互补充，以及观察“层次与音变”的交错互动，本书拟针对闽语主要次方言的音韵表现，同时运用内部分析与方言比较等方法，并从音韵分合关系切入检视历史层次的系统性对应，详细辨析各地层次分布与音变情形，厘清内部音变与层次竞争的交错互动，确实建立闽语各次方言的历史音韵层次对应关系，最后归纳各历史层次的系统特色，进而推论各层次的历史时间或地域来源。

## 1.2　相关研究回顾

闽语的历史音韵研究已经累积了相当丰厚的成果，本节分别从三方面简要介绍相关重要研究成果，并提出其引发的问题和思考：一是原始闽语的历史比较研究，该类研究主要进行闽语方言的同源词比较，以构拟原始闽语为研究目标；二是闽语的历史层次研究，首先注意到闽语内部文白交杂的层次叠置，因而从事闽语内部文白系统的研究，再由层次异读的比较研究，认识到闽语内部其实汇合了更为复杂的音韵层次，不能仅分别文白读层，并且由时间层次扩展到地域接触，讨论闽语丰富音韵层次的历史来源；三是由反省汉语方言的历史比较方法所提出的“历史层次分析法”，深入思索语音演变与历史层次叠置之间的交错关系，启示我们针对层次与音变丰富的闽语，应抽丝剥茧地进行更为精细的辨析工作。

### 1.2.1　原始闽语的历史比较研究

Jerry Norman(1973,1974,1981)运用历史比较方法进行闽语音韵研究，从次方言之间的比较分析，推溯构拟原始闽语的声、韵、调系统，其研究排除了高本汉之前“所有方言都源于《切韵》”的假设，完全从比较的方言材料中探讨闽语的次方言音韵关系与原始形式，建构了相当完整的原始闽语音系。然而，该研究虽然排除了《切韵》时代以后进入的文读层，却似乎忽略了即使是白读也可能包含几个来源不同的层次异读，导致可能在次方言之间选取不同层次的音读，置于同一比较平面进行构拟。

后来学者修正了直接比较现代方言的构拟方法：张琨(1984,1989)从简化的《切韵》系统出发，同时考虑闽语的文白异读，亦即以《切韵》此一综合音系为参照，建立闽语的音类框架，先进行文读系统的比较构拟，再据此讨论相应的白读表现；吴瑞文(2002,2007,2009,2010,2012)也重新检视 Jerry Norman 构拟的原始闽语，并顾及闽语多层次的复杂音系，详细地对闽语方言点大量同源语词进行分层比较构拟，再以不同时代的古汉语音韵架构作为历史时间断代的参照，进一步讨论从古汉语到原始闽语，再到原始闽南方言、原始闽东方言的音韵演变规律。然而，原始语的构拟着重于讨论语言发展分化的逻辑过程，无法反映闽语的真实形成历史，包括不同时间层次的叠置、不同地域来源的接触影响等；我们认为历史语言研究不一定要以构拟原始语作为唯一的研究目标，应该将语言视为复杂的有机体，同样运用比较法与内部构拟法来推溯、探究语言发展过程中由外部引进的影响与内部发生的音变，以及两者之间的交错关系。在清楚了解语言的真实形成历史后，方能更具体地进一步讨论、构拟发展逻辑中的原始语言。

### 1.2.2 闽语的历史层次研究

闽语的层次研究一开始仅着重于文白读层的二分区辨(例如戴庆厦、吴启禄，1962；何大安，1981a；张盛裕，1979；杨秀芳，1982；周长楫，1983)，其中较具系统性的是杨秀芳(1982)，分别就厦门、泉州、漳州及潮州等次方言进行详细的文白音韵分析，建立闽南方言初步的文白层次系统。Jerry Norman 构拟原始闽语后，引发一连串相关的讨论与反思，其后(1979)的论文也进一步讨论闽语词汇的时代层次，将层次(strata)的观念引进闽语研究，他认为闽语在时代层次上可分为三层：秦汉层、南朝层及晚唐层，并且强调自己所构拟的原始闽语并非同构型语言，而是包含了来自不同时间、不同地域的异质性语言。层次观念的引进，使得文白二分的方式显得粗简。此后，对于方言层次的认识愈益深入，闽语的音韵层次研究已不能光是区辨文白读层，不仅时间上应分为更多层次，也应考虑不同地域来源的影响，例如张光宇(1989)参酌古文献与方言地理演变类型，指出闽语在长期的形成发展过程中，包容了不同时代、不同地域的音韵成分，后来总结提出“三阶段、四层次”(张光宇，1996)，已经从时间层次的差异扩展到地域来源的差异，以及方言接触的影响；又如“吴闽方言关系”的丰硕讨论，透过解释两地语言的相似性，同时探讨闽语的形成与层次问题，吴瑞文(2005)有相当全面而精辟的总合论述。然而，历史层次的研究除了探讨其时间或地域来源，更重要的是分析音韵形式的层次分布，把共处同一音韵系统中的诸多层次辨析清楚；但历史层次的叠置并非稳固如地层，方言内部各自的语音变化会改变原来历史层次的面貌与分布，使得不同方言点之间形成层次的不等分布，我们应在进行方言历史比较之前，仔细探究各方言点历史层次与语音演变之间的交错关系。

### 1.2.3　历史层次分析法的运用

张光宇(1989)已经注意到“层次不等性”的现象，并且认为应该从“层次重叠”与“替代作用”切入理解该现象；徐通锵(1991)、王洪君(1992)进一步提出“叠置式音变”，对音韵层次之间的交互作用有更为深入的观察。所谓“叠置式音变”乃指经本地语音系统调整后进入的外地方言音韵系统，其变化单位不是字音整体，而是词中的声、韵、调等音类，该音变受到词汇与语境的限制，新层次首先随着新词汇的传播进入本地，原为旧层次音读的语词，若只限于字音，则将被新层次音读逐渐替代，若已经用于口语，则可能仍保留。杨秀芳(1993)以文白异读为例探讨文白竞争的过程与结果，认为不同的方言有不同的文白叠积历史，未必总是文读取得胜利，并且提出“文白混血”、“异层同读”等概念。连金发(1993)则运用词汇扩散理论解释潮州方言声调层次之间的竞争变化，提出“双向扩散理论”，揭示一种因外来系统干扰而发生的扩散音变。这一类关于历史层次叠置音变的讨论，将闽语历史音韵研究带往更精深的阶段，不仅语言的形成是多元的有机体，其历史音韵层次之间的融合运作也是复杂多变的。

除了历史层次竞争，王福堂(2003)、潘悟云(2006,2007)还注意到语音系统内部音变所造成的同源性语音变体，亦即该方言内部发生自源性语音变化所造成的音类叠置。自源性语音变化可能是条件式的连续音变，也可能是扩散式的离散音变。前者如闽东方言的韵变现象，造成同一历史层次的音韵分化，以及不同历史层次的音韵合流；后者如京津冀官话有些喻母字的日化扩散音变(jʊŋ>ɻʊŋ)，造成来自中古的喻母字形成 j-(庸永用)与 ɻ-(容荣融)的音类叠置(朱晓农，2003)，这类内部扩散音变所形成的滞后性音变层，很难与异源性的历史层次区别清楚。

根据汉语方言多源层次的现象，以及历史音韵层次与语音演变之间的交错关系，陈忠敏(2003b,2005a,2005b,2006,2007b)、戴黎刚(2007b)提出历史层次分析法：首要辨析方言内部音变关系与层次关系的差异，其次确定音韵层次的时间先后，然后建立方言间音韵层次的对应。历史层次分析法虽是为了帮助进行历史比较而提出的补充方法，但是两者在分析方法与步骤上相当不同：历史比较法较着重于方言比较，透过不同方言之间的同源词比较构拟原始语；历史层次分析法则较着重于内部比较，透过一音系内部的结构分析，厘清历史音韵层次的分布，再建立各方言的对应关系，不过，历史层次分析法也运用跨方言比较，来验证或确认该方言的历史音韵层次分布。

戴黎刚(2005)运用历史层次分析法进行闽语的历史层次讨论；然而，其研究较着重于分析闽语次方言的历史层次对应，对于次方言的内部音变与历史层次之间的交错影响讨论不深；而且，在方言点选取上仅于闽南、莆仙、闽东、闽北、闽中各选一至两个方言点：漳州(泉州)、仙游、福州(福清)、建瓯、永安，又以其母语仙游话为主要分析对象，再扩及其他次方言，忽略了次方言下不同方言点也可能发生不同的语音变化，不应该仅以单一方言点作为该次方言的唯一代表，且仙游话作为闽东话与闽南话的过渡方言，似乎也不宜作为主要研究根据。

## 1.3 反思补充与研究目的

本书在上述诸多学者的研究基础之上，继续深入探讨闽语的历史层次与音变现象，有几项反思与补充需要说明。

1. 以语言谱系理论为前提的历史比较研究确实有其疏漏之处，特别是对历史层次叠置丰富的闽语而言，径自选取同源词构拟原始语的方法，虽然可以探讨语言发展演变的音理脉络，但是无法反映语言真实的形成历史，也无法辨清不同来源、不同性质的音变方式。因此，本书不以构拟原始闽语为研究目的，而是同时采取"方言同源语词比较方法"与"音韵层次分析方法"，着重于语言内部语音演变与历史音韵层次之间的交互作用，希望系统性地进行闽语历史层次的精实分析。

2. "方言音韵层次"的厘清，应该同时运用内部分析与跨方言比较等方法，首先检视内部语音结构，分析每一方言点的音韵层次分布，然后透过方言比较，重建同一次方言群下各方言点的历史音韵层次对应关系，进而重建大方言的历史音韵层次对应关系，最后探究共同历史层次的时间与来源。唯有如此循序渐进地进行方言层次分析，才能更确实地区别每一历史层次音读。

3. 层次叠置的音读变化与变异应该要细分为两个阶段：一是异源音韵系统最初进入本地，必然经过本地音韵系统的"调整"，使新层次大致不超出本地原来的语音系统(例如闽语将文读的轻唇音调整为 h-)，此类调整改读也是一种受到语音性条件限制的规则变化，而非竞争关系的不规则变异，并不会破坏随着借词一个音节、一个音节传播进入本地的层次系统性；二是引进多重层次系统后，相异的层次音读长期共处而发生以声、韵、调为单位的"竞争"，此类方是受到词汇与语境限制的不规则变异，进而造成层次之间的参差不等。因此，层次的区分有两种方式：(1) 以历史来源为分别的"历史层次"，包括时间或地域的不同；(2) 以音韵形式为分别的"音韵层次"。以闻喜方言的三个异读层次(王洪君，1992)为例：

**表 1－2**

| | 床 | 蛇 | 水 |
|---|---|---|---|
| 新文读 | ꜁tsʰuʌŋ | ꜁sə | ꜂suei |
| 旧文读 | ꜁pfʰʌŋ | ꜁siɛ | ꜂fi |
| 白 读 | ꜁pfʰə | ꜁sa | ꜂fu |

闻喜的白读层反映宋西北方音特色，旧文读层来自中原官话系统的关中方言，新文读层则来自北京官话影响，这三个异读层次应属于“历史层次”，表示闻喜方言至少叠置了三个不同的历史音韵系统；而知庄章系 ts-、tsʰ-、s-与 pf-、pfʰ-、f-的异读，则属于“音韵层次”的差异，知庄章系读为 ts-、tsʰ-、s-反映今日普通话系统，读为 pf-、pfʰ-、f-则反映关中方言系统，但后者在历史层次分布上可能因为竞争而扩展至更早期的白读层。据此，历史层次与音韵层次之间不必然是一对一的相等对应，需要透过较多方言点、大量语词的对比分析，推溯两者之间的对应关系。

4. 一般历史层次分析法认为历史层次的分析应以音类（声、韵、调）为单位；但是以音类为单位分析的音韵层次，虽然顾及了叠置的历史层次之间乃以声、韵、调为单位进行竞争变异，却可能忽略了因为内部语音变化所造成的异层同读现象。笔者认为可以从“同群方言异源层次对应性”切入探索，透过“跨方言比较”来帮助掌握异层同读的可能性。意即若能在邻近的同群方言中找到对应的音韵形式差异，又完全无法推溯层次竞争的痕迹，即可据此区别该次方言相同音韵形式的异层音读。例如闽南方言效摄 1 等字群，其早期白读层有-au 韵读，晚近的文读层也有-au 韵读（杜佳伦，2009），其与闽北的对应如下：

**表 1－3**

| 例 字 | 闽南（泉州） | 闽北（建阳） |
|---|---|---|
| 老~大袍冒 | au文 | au |
| 老~人蚤糟扫~帚灶 | au白 | əu |

闽北仍然维持这两项历史层次的音读差异，据此可以辨析闽南方言合流同读的两项历史层次。

5. 进行方言历史层次的分析研究，还必须了解层次对应之系统性的重要。所谓历史层次对应的系统性主要有三点：

(1) 同群方言会有相对应的共同历史层次。不过可能受到“层次竞争替代”、“方言内部音变”的影响而造成层次对应的不等性；但是同时运用内部分析与跨方言比较的方法，可以厘清竞争替代情况与音变现象，进而推究原来的音韵形式以兹比较。

(2) 同一历史音读在所有方言点会形成一致的音韵对应关系。虽说方言之间同源语词的层次对应会有参差不等性，但是各个方言点之间形成的音读对应关系应是一致地反映同一历史音读，透过较多方言点的对应比较，可以帮助判定历史层次的异同。例如闽语蟹摄字群 2、4 等同读[①]的韵读对应关系，便与鱼韵的一项白读层次的韵读对应关系不同：

**表 1－4**

| | 泉州 | 漳州 | 澄海 | 福清 | 古田 | 柘荣 | 石陂 | 建阳 | 建瓯 |
|---|---|---|---|---|---|---|---|---|---|
| 蟹 2、4 | ue | e | oi | e | ɛ | ɛ | ai | ai | ai |
| 遇 3 鱼 | ue | e | iu | ø | œ | œ | — | — | — |

闽南泉、漳虽然两项层次同读，但透过较多方言点的比较，可以帮助判定两者应为不同的历史韵读层次。

(3) 不同历史音韵来源的字群，在同一历史时间层次上会有相应的音韵系统表现。同一历史时间层次的不同音类字群，虽然音读形式有异，但是因为来自同一音系的结构系统以及音变的规律性，必定会有相对应的音韵系统表现。透过系统性检视，可以帮助厘清已经

① 需要特别说明的是：本书在指称中古韵母的分等时，分称 1 等韵、2 等韵、3 等韵及 4 等韵，而概括指称所有等第为“四等”，例如“四等同读”、“四等俱全”……前者采用阿拉伯数字分称四个等，后者采用国字统称四个等，以相互区别。

被后起音变或层次竞争所压缩而残存的音读层次。例如闽方言蟹、山、咸、效等四个韵摄的文读层均反映1、2等同读，3、4等同读的系统性；而另一项2、4等同读的白读层次，蟹、山、咸、效等四个韵摄字群也有一致的表现。

因此，本书在历史比较法与历史层次分析法的基础上，又特别着眼于历史层次对应的系统性研究，我们认为历史层次分析不能仅限于单一方言或单一历史音类的研究，应该进一步从音韵分合关系切入检视历史层次，方能确切掌握闽语复杂多重的层次脉络。

闽语丰富的历史音韵不能仅从单一角度切入讨论，从构拟原始语、文白异读到多层次分析，应该更进一步深入讨论语音变化或变异与历史层次之间纠葛的复杂关系，而且必须意识到闽语各次方言相异多样的音变现象，以及音变性质的差异所带来的不同影响，方能逐步辨析清楚闽语复杂的音韵层次。基于这样的反思与认知，笔者在书中将努力厘清各方言点异源的历史音韵层次；建立闽语各次方言的历史层次对应关系；归纳各历史层次所表现的音韵系统特色，据此推论共同层次的历史时间或地域来源；探究各次方言的语音变化或变异与层次叠置的交互影响。

## 1.4 语料来源与研究方法

### 1.4.1 语料与研究步骤

根据闽语的分区（侯精一，2002：216—238），可以分为沿海闽语与沿山闽语两大片，前者为较典型的闽语，包括沿海的四区：闽东、闽南、莆仙与琼雷；后者是福建中北部的山区，部分语言特点受到客赣方言的影响，包括闽北、闽中两区。这六区中，莆仙方言为闽东、闽南的过渡地带，兼有这两区的语言特点；琼雷方言因早期迁徙远离闽语中心地带，又受到当地土著语言影响颇深，乃从闽南方言分化而出，且差异极大；闽中方言由于西邻客方言，受到客方言影响而从闽北方言分化出来。考虑到这三区受到后来邻近地域接触影响较大，在音韵层次上涉及更为复杂的变化因素，暂时将之视为参考的比较语料。本书主要以闽南、闽东与闽北三大次方言作为闽语历史音韵层次的比较研究对象，各次方言先选取六个方言点的语料进行分析，以此为基础建构闽语历史层次系统，各区选取的方言点如下：

闽南方言：泉州(林连通 1993)、南安(李如龙 2001)、漳州(马重奇 1993)、漳浦(方荣和 1998)、澄海(林伦伦 1996)、揭阳(蔡俊明 1976)

闽东方言：福州(陈泽平 1998)、福清(冯爱珍 1993)、古田(方言志 1997)、柘荣(方言志 1995)、福安(方言志 1999)、宁德(方言志 1995)

闽北方言：建瓯(方言志 1994)、松溪(秋谷裕幸 1993)、政和(方言志 1994)、建阳(李如龙 2001)、石陂(秋谷裕幸 2004)、崇安(李如龙 2001)

这些方言点目前都有较完整的调查报告语料可以运用，我们在研究过程中也同时进行了实际的田野调查，[①]以补充更多能提供重要讯息的方言语料。

我们将以大量的同源语词比较呈现各方言点的语音分布状况以及各次方言的音读对应情形，并同时借由单一方言点的内部分析与跨方言点的比较，讨论各方言点的音韵层次与内部音变，辨析清楚“历史层次”与“内部语音变化”及“层次竞争替代”之间的交错现象；然后整理归纳次方言内部各方言点历史层次的对应关系，再进而讨论闽语各次方言的历史层次对应关系。不过，要在有限的时间与材料中完全探究每一项声、韵、调的音读层次，是一件相当艰巨的工作，

---

① 实际田野调查行程如下：2007 年 7 月至福州，搜集福州、福清的方言语料；2008 年 7 月至福安、建阳，搜集两地方言语料；2010 年 1 月至建阳、漳州、潮汕一带，搜集相关方言语料。

因此，本书先针对已有充足材料显示丰富现象的音类群组进行分析讨论，将来再继续补充比较材料，希望逐步扩展至所有音类的全面探讨。

为了方便比较与称呼字群，本书以中古韵摄架构作为层次分析的参照系统。我们在从事方言历史层次的分析工作时，往往会以中古韵摄架构作为韵读比较的历史参照系统。这样做并非认为汉语方言都必须符应这个音韵框架，而是一方面借此择取具有相同或相近来源的一群字，方便进行层次分析；另一方面也将方言的层次表现先与中古时期的汉语音韵系统进行比较对照，据以辨析该项层次所反映的相对时间早晚，然后进一步与其他历史时期的汉语音韵系统进行比较对照，最后推论出该项层次所反映的历史时间，以及该历史层次进入闽地后所发生的系统性调整或音韵演变规律。亦即本书运用中古音韵架构作为初步分析工具，但不受限于此，我们参考汉语音韵史的研究成果，对于不同来源的层次，会以不同的历史音韵架构进一步检视其音类关系系统。

### 1.4.2 研究方法

本书所运用的研究方法主要是历史比较方法中的内部分析法及方言比较法，并且从历史音韵分合关系切入检视历史层次的系统性对应，以确实掌握闽语复杂多重的层次脉络。以下就各项方法简要说明。

1. 内部分析

实际进行历史层次分析，首要辨析“异源层次叠置”与“内部语音变化”之间的交错关系。内部语音变化可能造成同一层次音读的条件分化，或者不同层次音读的合流，甚至也可能形成滞后性音变层次，增加层次分析的困难。因此，如何排除内部语音变化的交错影响，清楚辨析一层层的历史音读，是相当重要的初步分析工作，此以方言音韵系统内部比较为基础。陈忠敏（2006：

787)以分析闽语齐韵读音层次为例,综合提出几种具体的内部分析方法:

(1) 能用语音条件来解释的变异是反映同一层次的音异。

(2) 文白异读属于不同层次。

(3) 同源同形多音字且不反映构词形态、训读、避讳等也是不同层次的变异。

(4) 相同的古音来源,却有两套不同的对应,而这两套对应出现的语音环境又不是互补的,这也是反映语音层次的不同。

本书大致运用同样的方法,包括语音条件的分布、文白异读的对立,进行单一方言点及单一次方言的内部层次分析。但是关于"文白异读"的分析方法,陈忠敏(2007b: 150—155)特别强调"文白读音"与"文白读层"的区别,前者以音节为对立,后者以音类为对立,作为层次分析依据的"文白异读"应是系统性的音韵类别对立,而且能够在邻近的同类方言中找到对应的文白读层作为佐证。然而,如前所述,纯粹以音类为对立的辨析方式却忽略了"异源层次恰好同读"的可能性。本书认为相同古来源的字群中,一旦具有相同音韵形式却为成层的文白对立,如果能在邻近的同类方言中找到对应的音韵形式区别,又完全无法推溯"层次竞争"的痕迹,那么我们必须将之析为两个历史层次。

2. 方言比较

运用上述内部分析方法可以初步区辨异源层次与内部语音变化所导致的音读条件分化,但可能无法辨析是否为滞后性同源变体,以及语音形式上已经合流的不同层次音读。因此,跨方言点的比较对历史层次的分析有相当大的帮助:设想甲方言点的历史层次因内部语音变化或者层次竞争而发生分化或合并,且无法从语音条件分布看出变化的痕迹,但乙方言点却可能提供未发生音变的层次分布情形,而作为层次分析的重要验证。不过,也无法排除甲、乙方言点都共同发生音韵分化或合并的情形,因此,较多方言点、大量语词的比较，往往能获得较贴近原始面貌的研究成果。本书即在运用内部分析方法之外，同时进行多个方言点、大量同源语词的对比分析，借此联系不同方言点或不同次方言的层次音读对应关系，并从不等对应当中进一步探究各地发生语音演变或层次竞争的差异情形。

3. 音韵系统检视

无论是内部分析或方言比较，本书特别强调"系统性"的重要，因为语言的变动是整体系统的共同运作，层次的引进或音韵的变化都应该是结构系统的平行发展。例如古汉语的韵读分阴声韵、阳声韵及入声韵，这三类韵读结构往往具有相应的音韵表现，因此我们认为同一历史来源的汉语层次系统应该具有阴、阳、入相应的共同音韵特点；又如古汉语的韵读分有等第差异，进入闽地时虽然经过调整改读，但同一历史来源的汉语层次系统中，相同等第的韵读在同样的语音条件下应该具有一致的变化趋向。因此，历史层次的分析或是语音变化与变异的探讨，都应该着眼于系统性的观察比较。

以内部分析、方言比较、系统性对比等方法，划分历史音读的层次关系后，要再进一步探究各层次的时间顺序与来源。这部分的研究工作，一方面也从方言内部音读系统进行比较，例如："文白异读"往往表现早晚层次的叠积情形，相对而言，文读为较晚期层次，白读则为较早期层次，通过比较方言文白异读的情形，可以大致分析历史层次的相对早晚；另一方面则需要检视各项历史层次所表现的音韵系统特色，以之对照历史文献数据所反映的古汉语或古方言的音韵发展，可以帮助判断各层次所反映的历史时间或地域来源，也可以帮助掌握闽语内部可能发生的调整音变。

本书运用上述方法进行闽语的历史层次分析，并且探讨方言内部的语音变化与变异以及层次的叠置与竞争，希望能落实以一种更为精细的方式，帮助厘清闽语复杂的历史层次。

## 1.5　全书架构

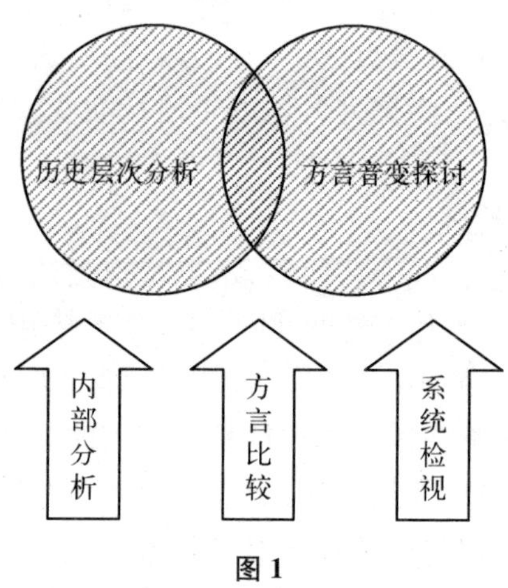


**图1**

如上图所示，本书主要运用内部分析、方言比较与音韵系统检视等方法，分析各方言点共同的历史层次，同时探究各次方言的层次叠置与音变现象的交互影响，以建立闽语各次方言点的历史音韵层次对应关系，在明辨各历史层次的系统特色后，进而推论各层次的历史时间或地域来源。

本书既从语言异质性的角度切入探讨闽语的多源历史层次叠置，也从同源发展的角度切入探究每一方言点相同历史层次受到各自内部音变或变异的影响变动，更着眼于不同性质的音变方式对历史层次所带来的影响差异，以及历史层次叠置可能引发的特殊音变现象。相信以多元角度深入讨论闽语历史音韵，能更全面、完整地掌握此一层次复杂的汉语方言所蕴含的丰富语言现象。

本书章节安排如下：第二章介绍闽语的地理分布，以及主要次方言闽南、闽东、闽北等区的音韵特点，并且强调闽语多重来源的实际形成历史；第三章、第四章分别进行闽语韵读与声母、声调的历史层次分析，辨析各类音变所造成的层次参差不等现象，推溯次方言之间更为精确的音韵对应关系,并且归纳各历史层次的系统性特色,据此推论其所反映的历史时间或地域来源;第五章着重讨论语言接触、层次叠置与音变现象的交互作用,除了各类音变导致层次音读的变动,更从不一样的角度切入探究层次竞争所引发的音读变化与结构重整;第六章总结本书的重要研究成果,并且延伸思考在此研究基础之上可以深入拓展的研究方向。

# 第二章
# 闽语的地理分布、音韵特点与多源形成

闽语是历史层次与音变现象均相当丰富的汉语方言,包含着复杂深厚的语言表现,此与闽地的历史发展密切相关。这一章说明闽语的地理分布与分区,以及闽南、闽东、闽北等主要次方言的音韵特点,并且简要介绍闽地语言的历史累积与形成模式。

## 2.1 闽语的地理分布与分区

闽语乃以福建为主要分布地域的汉语方言,因此被定名为"闽语",实际上闽语不只分布于福建,也分布于广东、海南、浙江、台湾等地。如闽语分区与地理分布图所示(见图 2):广东境内,闽语主要分布于东部沿海的潮汕地区以及南部的雷州半岛一带,两处通行的闽语分属不同次方言区,潮汕地区紧连着福建南部,雷州半岛则与海南隔海相通;海南境内,闽语主要分布于东部、南部及西南部沿海地带,海南地区的闽语本由闽南移民带出,因为长期远离闽南方言核心地区,又深受当地非汉语的接触影响,已发生诸多变化而相异于闽南方言,广东雷州半岛的闽语与海南有相近的发展变化;浙江境内,仅有东南部的苍南一带通行闽南方言,以及泰顺少数乡镇通行"蛮话",属于闽东方言;台湾境内,除了西北部的新竹、苗栗一带与其他客家族群居住地通行客语,以及中西部山地区域分布有多种南岛语,多数地区主要通行闽南方言,而且闽南话为仅次于华语的强势语言,已逐渐扩展到原本通行客语、南岛语的区域，台湾地区的闽语也是由闽南移民带出，与海南不同的是没有长期的隔绝发展，因此与闽南核心方言相差不大。[①] 此外，还有许多闽语方言岛散布于广东、广西、浙江、江苏、江西、四川等东南各区。

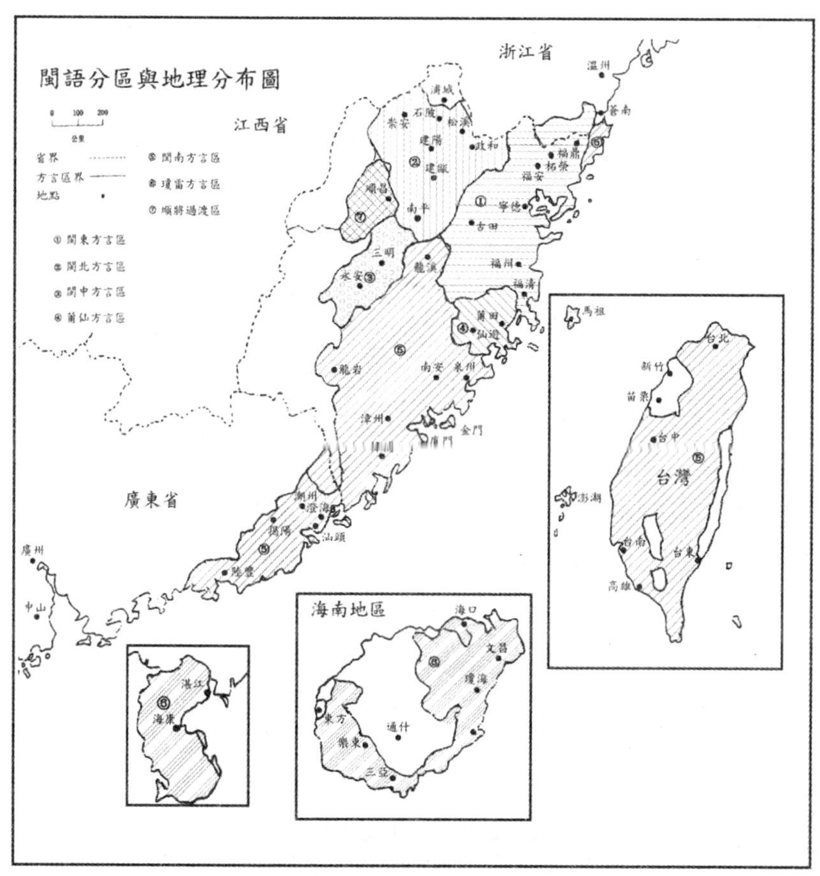


**图 2　闽语分区与地理分布图**

［本图主要依据侯精一（2002）加以修改］

---

① 不过根据近年来的调查研究，台湾地区的闽南方言经历泉腔与漳腔的竞争融合以及自身的创新演变，实际上与泉、漳两地的闽南方言已经有所差异。

闽语不完全分布于福建，而福建境内通行的也并非都是闽语。根据《中国语言地图集》(1988)的调查报告，福建境内的汉语方言可以分为四区：1. 闽语区：闽语为福建境内分布最广的汉语方言，又分为闽南区、莆仙区、闽东区、闽北区、闽中区；2. 客语区：分布于福建西部山区；3. 赣语区：分布于福建西北部泰宁、建宁两个县；4. 邵将区：此为闽语与客家话、赣语之间的过渡地带，分布于福建西北部邵武、光泽、将乐、顺昌（富屯溪以西）等四县市，此区原先通行闽语，但从宋代以来因受邻近客赣方言接触融合，今日的语言面貌已经更近于客赣方言，略带有闽语特点(万波、张双庆，2006)。

对于闽语的分区，早期很粗略地分为闽北与闽南两大区块，后来依据闽语内部差异，细分为五个次方言区：闽南话、莆仙话、闽东话、闽北话、闽中话(陈章太、李如龙，1983，1985；袁家骅，1983)，不过这两类分区都只限于福建境内的闽语。到了《中国语言地图集》(1988)所划分的闽语分区，乃含括了福建、广东、海南、台湾的闽语区带，如表2-1所示，在前述福建境内闽南、莆仙、闽东、闽北、闽中等五区的基本划分上，台湾的闽语归为闽南区的泉漳片，粤东的潮汕闽语则被划入闽南区但独立为潮汕片；又把海南的闽语独立为第六区“琼文区”，内部分为五片。

**表2-1 《中国语言地图集》的闽语分区**

| 分 区 | 小 片 | 方言地点举例 |
|---|---|---|
| 闽南区 | 泉漳片 | 厦门、泉州、漳州、龙岩、台北等四十个县市 |
| | 大田片 | 大田一个县 |
| | 潮汕片 | 潮州、汕头、揭阳、潮阳、海丰等十二个县市 |
| 莆仙区 | | 莆田、仙游两个县市 |
| 闽东区 | 侯官片 | 福州、福清、永泰、古田等十三个县市 |
| | 福宁片 | 福安、周宁、柘荣、霞浦等六个县市 |
| 闽北区 | | 建瓯、建阳、松溪、顺昌富屯溪以东等八个县市 |

**续 表**

| 分 区 | 小 片 | 方言地点举例 |
|---|---|---|
| 闽中区 | | 三明、永安、沙县三个县市 |
| 琼文区 | 府城片 | 海口、澄迈等六个县市 |
| | 文昌片 | 文昌、琼海两个县 |
| | 万宁片 | 万宁、陵水两个县 |
| | 崖县片 | 崖县、乐东两个县 |
| | 昌感片 | 东方、昌江两个县 |

侯精一(2002)《现代汉语方言概论》对于闽语的分区略有不同,如表2-2所示,该书首先将闽语分为沿海闽语与沿山闽语两大片,前者被视为较典型的闽语。细部分片上,将闽南区的漳州腔与潮汕腔合为南片,将厦门、台湾两地均由漳泉混融而成的闽南话独立为东片,将龙岩、漳平受到闽西客话影响较深的闽南话独立为西片;而且把广东南部雷州半岛的闽语纳入,与海南闽语合为琼雷区;闽北区又细分为西北与东南两片。

**表2-2 侯精一(2002)的闽语分区**

| | | |
|---|---|---|
| 沿 海 | 闽东区 | 南片:福州 |
| | | 北片:福安 |
| | 莆仙区 | |
| | 闽南区 | 北片:泉州 |
| | | 南片:漳州、潮汕 |
| | | 西片:龙岩、漳平 |
| | | 东片:厦门、台湾 |
| | 琼雷区 | 琼州、雷州半岛 |
| 沿 山 | 闽北区 | 西北片:建阳 |
| | | 东南片:建瓯 |
| | 闽中区 | |

综合《中国语言地图集》与《现代汉语方言概论》的分区结果显示，闽语大抵可分为六个次方言(参见表2-3)。其中莆仙方言为闽东、闽南的过渡地带，兼有这两区的语言特点，大概是以闽南音系为基底，渐受闽东方言的影响；琼雷方言因早期迁徙远离闽语中心地带，又深受当地土著语言影响，乃从闽南方言分化而出，且差异极大；闽中方言由于西邻客语，受到客语影响而从闽北方言分化出来。考虑到这三区乃闽南、闽东、闽北等次方言因为相互接触或者受到邻近地域影响而分化，在音韵层次上涉及更为复杂的变化因素，暂时将之视为参考的比较语料。本书主要以闽南、闽东与闽北三个核心次方言作为闽语音韵层次的比较对象，并探究各次方言、各方言点的音变与层次之间的关系。闽南、闽东与闽北三大次方言区各自又细分为若干小片，其中闽南区邻近闽西客话的龙岩、漳平等地，染有客语色彩，又厦门、台湾等地混融泉漳语音变体，均不宜直接用来进行闽语的历史比较，因此本书将闽南方言分为泉州腔、漳州腔及潮汕腔等三类，各选取两个方言点搜集语料以供比较；闽东区则分为南部的侯官片与北部的福宁片，两片各选取三个方言点搜集语料以供比较；闽北区也分为西北与东南两片，各选取三个方言点搜集语料以供比较。也就是说，本书乃于闽语三大次方言区各选取六个方言点，一共十八个方言点，作为比较研究的语料来源，希望借由较多方言点的观察与比较，能获得更丰硕且细腻的研究成果。

**表2-3　闽语分区及本书进行比较所选取的方言点**

| 分　区 | 小　片 | 本书进行比较的方言点 |
|---|---|---|
| 闽南方言 | 泉州腔 | 泉州、南安 |
| | 漳州腔 | 漳州、漳浦 |
| | 潮汕腔 | 澄海、揭阳 |

续　表

| 分　区 | 小　片 | 本书进行比较的方言点 |
|---|---|---|
| 闽东方言 | 南：侯官片 | 福州、福清、古田 |
| | 北：福宁片 | 柘荣、福安、宁德① |
| 闽北方言 | 西北片 | 石陂、建阳、崇安 |
| | 东南片 | 建瓯、松溪、政和 |
| 莆仙方言 | | 兼有闽南、闽东特点。仅以仙游为参照。 |
| 闽中方言 | | 较迟从闽北分出，受客语影响。仅以三明为参照。 |
| 琼雷方言 | 琼州腔 | 从闽南分出，深受壮侗语影响。仅以文昌为参照。 |
| | 雷州腔 | |

## 2.2　闽语的音韵特点

闽语是历史层次相当复杂的汉语方言，除去较符应中古汉语音韵架构的文读层，其多重叠置的白读层最能反映闽语的共同音韵特点，而各个次方言又有其语音上的特殊表现。因此，本节首先以中古音韵架构为参照，将各次方言的音读表现与之相较，归纳闽语的音韵系统特点；然后再从语音表现上，分别叙述闽南、闽东、闽北三大次方言的个别特色。

### 2.2.1　共同音韵特点

这一小节从闽语的音读表现（主要是白读）与中古音韵架构的比较角度，简要介绍闽语在声母、韵母与声调三方面的共同特点。

1. 声母方面

闽语的白读声母具有诸多异于中古音韵架构的特殊表现，且于

① 《中国语言地图集》(1988)虽将宁德划归闽东方言侯官片，但是多数学者认为宁德的音韵现象较相近于福安、寿宁等方言点，应该划归于闽东方言福宁片（袁家骅，1983；沙平，1999；林寒生，2002）。

闽语各次方言均维持高度的一致性，成为辨识闽语的重要依据，以下分别说明并附上例字。①

(1) 中古非系声母白读为双唇音(P-)②：中古非系声母由帮系分化出来，乃反映齿唇部位"轻唇音"的出现；但该类字群于闽地的白读音仍大量读为双唇部位的"重唇音"，此为闽语的存古表现。如下表：

**表 2-4**

| 例字 | 中古 | 南安 | 漳州 | 澄海 | 古田 | 柘荣 | 建瓯 | 石陂 | 仙游 | 三明 |
|---|---|---|---|---|---|---|---|---|---|---|
| 分 | 非 | pun1③ | pun1 | puŋ1 | puoŋ1 | puoŋ1 | puiŋ1 | pueiŋ1 | puoŋ1 | pŋ̍1 |
| 蜂 | 敷 | pʰaŋ1 | pʰaŋ1 | pʰaŋ1 | — | pʰuŋ1 | pʰɔŋ1 | pʰəŋ1 | pʰaŋ1 | pʰã1 |
| 饭 | 奉 | pŋ̍3 | puĩ7 | puŋ7 | puoŋ7 | puoŋ7 | pyiŋ7 | pəŋ7 | puĩ7 | pŋ̍3 |
| 尾 | 微 | bə2 | bue2④ | bue2 | mui2 | muɛ2 | myɛ2 | mo2 | puoi2 | muɛ2 |
| 飞 | 非 | pə1 | pue1 | pue1 | puoi1 | puɛ1 | (yɛ2) | (ɦye5) | puoi1 | puɛ1 |

(2) 中古知系声母白读为舌尖音(T-)：中古知系声母由端系分化出来，乃反映有别于舌尖部位的音读；但该类字群于闽地的白读音仍大量读为舌尖音，同于端系声母，此亦为闽语的存古表现。如下表：

① 本节讨论闽语声母系统的共同音韵特点时，暂时排除琼雷方言的语料，因为该次方言受到当地土著语言的影响，声母系统纳入特殊语音(ʔb-、ʔd-)，且引发一连串链移变化(ts>t /_a,o,e；s>t；tsʰ>s)，另外还有送气声母擦音化(pʰ>ɸ；tʰ>h；kʰ>x)，其声母系统今读面貌与一般闽语大相径庭。

② 本书以音标符号"大写"代表该发音部位的一系列音读，例如：P-代表发音部位为双唇的 p-、pʰ-、m-(闽南与闽北西北片包含浊音的 b-、β-)；T-代表发音部位为舌尖的 t-、tʰ-、n-、l-(闽北西北片包含浊音的 d-)；TS-代表发音部位为舌尖、发音方式为塞擦音或擦音的 ts-、tsʰ-、s-(闽南漳州腔、潮州腔与闽北西北片包含浊音的 dz-、z-)；K-代表发音部位为舌根或喉部的 k-、kʰ-、x-、h-(闽南与闽北西北片包含浊音的 g-、ɦ-)；ø 则代表零声母。又以"数字"标示其古音来源的不同，例如 P1 表示古帮系，P2 表示古非系；T1 表示古端系，T2 表示古知系；TS1 表示古精系，TS2 表示古庄系，TS3 表示古章系。

③ 本书声调标记符号为：阴平-1、阴上-2、阴去-3、阴入-4、阳平-5、阳上-6、阳去-7、阳入-8。一般闽语阳上调多与阳去调合流，这时以"阳去-7"统称；泉州阳上调独立，而阴去调与阳去合流，这时以"阴去-3"统称去声调；闽北建阳、松溪有第九个调类，以 9 标示。

④ 有时受限于方言点语料的收录情形，恰好部分例字缺读，本书以下加底线标示乃从其他同片方言点语料或者是笔者个人田野调查所补录的音读。

表 2-5

| 例字 | 中古 | 南安 | 漳州 | 澄海 | 古田 | 柘荣 | 建瓯 | 石陂 | 仙游 | 三明 |
|---|---|---|---|---|---|---|---|---|---|---|
| 竹 | 知 | tik4 | tik4 | tek4 | tyk4 | tyk4 | ty4 | ty4 | tyøʔ4 | ty4 |
| 拆 | 彻 | tʰiaʔ4 | tʰiaʔ4 | tʰiaʔ4 | tʰiaʔ4 | tʰiaʔ4 | tʰia4 | tʰia4 | tʰia7 | tʰiɒ4 |
| 柱 | 澄 | tʰiau6 | tʰiau7 | tʰiou6 | tʰiu7 | tʰiu7 | tʰiu7 | tʰiu1 | tʰiu7 | tʰiɑu6 |
| 张 | 知 | tiũ1 | tiɔ̃1 | tiẽ1 | tyøŋ1 | tyøŋ1 | tiɔŋ1 | tiɔŋ1 | tiũ1 | tiam1 |
| 重 | 澄 | taŋ6 | taŋ7 | taŋ6 | tøyŋ7 | tœŋ7 | tɔŋ7 | təŋ1 | taŋ7 | tã6 |

以上两项声母存古音读，于其他汉语方言也有零星的表现，但都不如闽语有大量语词凝聚为重要特点。

(3) 古庄、章系今读同精系(TS-)：闽语的声母系统，无论文读或白读，均只有一套舌尖部位的塞擦音、擦音声母(ts-、tsʰ-、s-)。以中古音韵架构为参照，即是古精、庄、章三系同读，包括知系的文读音亦然；不过，闽北浊音层则反映章系与精庄系有别的北方汉语特点。此外，闽中方言因为受到邻近客方言的影响，有少数庄、章系字读为舌尖面部位的 tʃ-、tʃʰ-、ʃ-。如下表：

表 2-6

| 例字 | 中古 | 南安 | 漳州 | 澄海 | 古田 | 柘荣 | 建瓯 | 石陂 | 仙游 | 三明 |
|---|---|---|---|---|---|---|---|---|---|---|
| 炒 | 初 | tsʰa2 | tsʰa2 | tsʰa2 | tsʰa2 | tsʰa2 | tsʰau2 | tsʰau2 | tsʰɒ2 | tsʰɒ2 |
| 山 | 生 | suã1 | suã1 | suã1 | saŋ1 | saŋ1 | suiŋ1 | suaiŋ1 | ɬuã1 | ʃyɛ̃1 |
| 照 | 章 | tsio3 | tsio3 | tsie3 | tsiau3 | tsiau3 | tsiau7 | tsiau3 | tsieu3 | tʃiɯ3 |
| 顺 | 船 | sun3 | sun7 | suŋ6 | suŋ7 | suŋ7 | sœyŋ7 | sueiŋ7 | ɬuoŋ7 | suã3 |

(4) 古全浊声母的清化表现：古全浊声母于闽地大多清化而分读为送气清音或不送气清音，仅有闽北西北片仍有读为浊音的表现(例如石陂)。共时平面看来，古全浊母字清化后读为送气与否，似乎没有规律可循。然而分历史层次来看(如下表)：文读层多数读为不送气清音，但潮汕一带的新文读有平声送气、仄声不送气的趋向；白

读层或读为不送气清音,或读为送气清音,但读为送气清音者往往为更早层次的音读。将多重层次压缩于共时平面,闽语的古全浊声母表现总是被归纳为“多数读为相应的不送气清音,少数读为送气清音”,杜佳伦(2013)对此已进行详细的分层讨论。

**表 2－7**

| 例字 | 中古 | 南安 | 漳州 | 澄海 | 古田 | 柘荣 | 建瓯 | 石陂 | 仙游 | 三明 |
|---|---|---|---|---|---|---|---|---|---|---|
| 柱 | 澄 | t$^{h}$iau6 | t$^{h}$iau7 | t$^{h}$iou6 | t$^{h}$iu7 | t$^{h}$iu7 | t$^{h}$iu7 | t$^{h}$iu1 | t$^{h}$iu7 | t$^{h}$iɑu6 |
| 住动词 | 澄 | tiu3 | — | tiu7 | tiu7 | — | tiu7 | tiu7 | — | ty3 |
| 住～宅 | 澄 | tsu3 | tsu7 | tsu6 | tsy7 | tsy7 | tsy7 | dzy7 | tsy7 | — |
| 脐 | 从 | tsai5 | tsai5 | tsai5 | — | tsai5 | ts$^{h}$ɛ3 | ts$^{h}$e3 | tsai5 | tsa5 |
| 齐白 | 从 | tsue5 | tse5 | tsoi5 | tsɛ5 | tsɛ5 | tsai2 | dzai5 | tse5 | tsɛ5 |
| 齐文 | 从 | tse5 | — | ts$^{h}$i5 | — | — | tsi2 | dzi5 | — | tsi5 |

(5) 古心、邪、生、书、禅母字白读为塞擦音(ts-/ts$^{h}$-): 古心、邪、生、书、禅母字于多数汉语方言倾向读为擦音;但于闽地白读层有不少该类字群读为塞擦音声母(ts-/ts$^{h}$-)。如下表:

**表 2－8**

| 例字 | 中古 | 南安 | 漳州 | 澄海 | 古田 | 柘荣 | 建瓯 | 石陂 | 仙游 | 三明 |
|---|---|---|---|---|---|---|---|---|---|---|
| 醒 | 心 | ts$^{h}$ĩ2 | ts$^{h}$ɛ̃2 | — | ts$^{h}$aŋ2 | ts$^{h}$aŋ2 | ts$^{h}$aŋ2 | ts$^{h}$aŋ2 | ts$^{h}$ã2 | ts$^{h}$ɔ̃2 |
| 斜 | 邪 | ts$^{h}$ia5 | ts$^{h}$ia5 | — | ts$^{h}$ie5 | ts$^{h}$ia5 | ts$^{h}$ia3 | dzia5 | ts$^{h}$ya5 | tsiɒ5 |
| 生 | 生 | ts$^{h}$ĩ1 | ts$^{h}$ẽ1 | ts$^{h}$ẽ1 | ts$^{h}$aŋ1 | ts$^{h}$aŋ1 | ts$^{h}$aŋ1 | — | ts$^{h}$ã1 | ts$^{h}$ɔ̃1 |
| 水 | 书 | tsui2 | tsui2 | tsui2 | tsui2 | tsui2 | tsy2 | — | tsui2 | — |
| 树 | 禅 | ts$^{h}$iu3 | ts$^{h}$iu7 | ts$^{h}$iu7 | ts$^{h}$iu3 | ts$^{h}$iu3 | — | ts$^{h}$iu7 | ts$^{h}$iu3 | tʃ$^{h}$y3 |

(6) 古匣母白读为舌根塞音(k-/k$^{h}$-)或零声母(Ø): 古匣母字于多数汉语方言清化后倾向读为舌根或喉部清擦音,同于晓母字;但于闽地白读层有不少该类字群读为舌根塞音(k-/k$^{h}$-)或零声母(Ø)。如下表:

表 2-9

| 例字 | 中古 | 南安 | 漳州 | 澄海 | 古田 | 柘荣 | 建瓯 | 石陂 | 仙游 | 三明 |
|---|---|---|---|---|---|---|---|---|---|---|
| 厚 | 匣 | kau6 | kau7 | kau6 | kau7 | kau7 | ke8 | gəu3 | kau7 | kø6 |
| 寒 | 匣 | kuã5 | kuã5 | kuã5 | kaŋ5 | kaŋ5 | kuiŋ2 | guaiŋ5 | kuã5 | kŋ̍5 |
| 滑 | 匣 | kut8 | kut8 | kuk8 | kouk8 | kɔk8 | ko8 | — | kuoʔ8 | — |
| 鞋 | 匣 | ue5 | e5 | oi5 | ɛ5 | ɛ5 | ai2 | ɦai5 | e5 | ɛ5 |
| 红 | 匣 | aŋ5 | aŋ5 | aŋ5 | øyŋ5 | — | ɔŋ2 | ɦəŋ5 | aŋ5 | — |
| 学 | 匣 | oʔ8 | oʔ8 | oʔ8 | oʔ8 | ɔʔ8 | ɔ8 | ɦɔ5 | o5 | — |

(7) 古喻三母(云母)白读为舌根或喉部擦音(x-/h-)：古喻三母于多数汉语方言倾向读为零声母(Ø)；但于闽地白读层有少数该类字群读为舌根或喉部擦音(x-/h-)，同于晓匣母字。如下表：

表 2-10

| 例字 | 中古 | 南安 | 漳州 | 澄海 | 古田 | 柘荣 | 建瓯 | 石陂 | 仙游 | 三明 |
|---|---|---|---|---|---|---|---|---|---|---|
| 雨 | 喻三 | hɔ6 | hɔ7 | hou6 | huo7 | — | xy7 | xy1 | həu7 | hu6 |
| 云 | 喻三 | hun5 | hun5 | huŋ5 | huŋ5 | xuŋ5 | — | — | — | — |
| 园 | 喻三 | hŋ̍5 | huĩ5 | hŋ̍5 | huoŋ5 | xuoŋ5 | — | xyiŋ3 | huĩ5 | — |
| 远 | 喻三 | hŋ̍6 | huĩ7 | hŋ̍6 | huoŋ7 | xuoŋ7 | — | — | huĩ7 | ʃyaiŋ6 |

(8) 古喻四母(以母)个别白读为塞擦音或擦音(ts-/s-)：古喻四母于多数汉语方言倾向读为零声母(Ø)；但于闽地白读层有少数该类字群读为塞擦音或擦音(ts-/s-)，同于精系表现。如下表：

表 2-11

| 例字 | 中古 | 南安 | 漳州 | 澄海 | 古田 | 柘荣 | 建瓯 | 石陂 | 仙游 | 三明 |
|---|---|---|---|---|---|---|---|---|---|---|
| 蝇 | 喻四 | sin5 | sin5 | siŋ5 | siŋ5 | — | saiŋ3 | seiŋ3 | ɬiŋ5 | sã5 |
| 痒 | 喻四 | tsiũ6 | tsiɔ̃7 | tsiẽ6 | syøŋ7 | syøŋ7 | tsiɔŋ8 | dziɔŋ3 | ɬiu7 | — |
| 翼 | 喻四 | sit8 | sit8 | — | sik8 | siek8 | siɛ7 | sia1 | ɬiʔ8 | — |

(9) 古庄系字个别白读为舌尖塞音(t-/tʰ-)：闽语的古庄系字多

数读同精系为舌尖部位的塞擦音、擦音声母；但于闽地白读层有少数庄系字读为舌尖塞音($t$-/$t^h$-)。如下表：

**表 2－12**

| 例字 | 中古 | 南安 | 漳州 | 澄海 | 古田 | 柘荣 | 建瓯 | 石陂 | 仙游 | 三明 |
|---|---|---|---|---|---|---|---|---|---|---|
| 锄 | 崇 | tɯ5 | ti5 | tə5 | $t^h$y5 | $t^h$y5 | $t^h$y3 | dy5 | $t^h$y5 | $t^h$y5 |
| 事 | 崇 | tai3 | tai7 | — | tai7 | tai7 | ti7 | ti7 | tai7 | — |
| 簁筛子 | 生 | $t^h$ai1 | $t^h$ai1 | $t^h$ai1 | $t^h$ai1 | $t^h$ai1 | — | $t^h$i1 | $t^h$ai1 | $t^h$i1 |
| 窗 | 初 | $t^h$aŋ1 | $t^h$aŋ1 | — | — | $t^h$uŋ1 | $t^h$œyŋ1 | — | $t^h$yøŋ1 | — |

(10) 古章系字个别白读为舌根塞音($k$-/$k^h$-)：闽语的古章系字多数读同精系为舌尖部位的塞擦音、擦音声母；但于闽地白读层有少数章系字读为舌根塞音($k$-/$k^h$-)。如下表：

**表 2－13**

| 例字 | 中古 | 南安 | 漳州 | 澄海 | 古田 | 柘荣 | 建瓯 | 石陂 | 仙游 | 三明 |
|---|---|---|---|---|---|---|---|---|---|---|
| 枝 | 章 | ki1 | ki1 | ki1 | — | ki1 | ki1 | ki1 | ki1 | ki1 |
| 齿 | 昌 | $k^h$i2 | $k^h$i2 | $k^h$i2 | $k^h$i2 | $k^h$i2 | — | — | $k^h$i2 | — |
| 指动词 | 章 | ki2 | ki2 | — | — | — | — | — | ki2 | — |
| 痣 | 章 | ki3 | ki3 | ki3 | (ti7) | — | — | — | ki3 | — |

以上(5)～(10)声母特点皆是闽语白读层的特殊表现，或为存古特色、或为闽地早期的层次特征，在闽语各次方言均维持高度的一致性。

2. 韵母方面

闽语的韵母特点主要是，白读层韵母在音韵分合关系上，具有异于其他汉语方言的特点，包括三类：一是反映古汉语的音韵架构；二是反映某些《切韵》韵目的分别，而这些韵目在多数汉语方言乃合而不分；三是闽语自身音韵调整变化而形成的层次系统特色。这部分在第三章分析闽语韵读历史层次时会有更详细的讨论，以下先举几例简单说明。

(1) 古歌、祭、元部的中古开口字，白读为合口韵：上古歌、祭、元三部为阴、阳、入相配的韵部，中古则派入不同的韵摄；来自上古歌、祭、元三部的字群于闽地(除了闽东方言)白读层有相应的音读，多读为合口韵，即使是中古开口字亦然。闽东方言表现略异，其歌部字群白读亦为相应的合口韵读；但来自祭、元两部的中古开口字绝大多数读为开口韵，与歌部字群分立。如下表：

**表 2-14**

| 上古 | 例字 | 南安 | 漳州 | 澄海 | 古田 | 柘荣 | 建瓯 | 石陂 | 仙游 | 三明 | 文昌 |
|---|---|---|---|---|---|---|---|---|---|---|---|
| 歌 | 麻大 | ua | ua | ua | uai | ua | uɛ | uai | ua | o | ua |
| 祭 | 芥带 | ua | ua | ua | ai | ai | uɛ | uai | ua | o | ua |
|  | 割辣 | uaʔ | uaʔ | uaʔ | ak | ak | uɛ | uai | ua | o | ua |
| 元 | 炭肝 | uã | uã | uã | aŋ | aŋ | uiŋ | uaiŋ | uã | ŋ̍ | ua |

(2) 咍泰有别：中古蟹摄 1 等开口韵分有咍、泰两项韵目，闽地白读层仍维持咍、泰有别的音读对立，但文读层已经合而不分。如下表：

**表 2-15**

| 中古 | 例字 | 南安 | 漳州 | 澄海 | 古田 | 柘荣 | 建瓯 | 石陂 | 仙游 | 三明 | 文昌 |
|---|---|---|---|---|---|---|---|---|---|---|---|
| 咍 | 袋胎 | ə | e | o | oi | oi | o | o | ø | uɛ | e |
| 泰 | 带蔡 | ua | ua | ua | ai | ai | uɛ | uai | ua | a/ia | ua |

(3) 3、4 等同读洪音：中古韵摄 3、4 等于多数汉语方言倾向读为细音韵母；但于闽地白读层有读同 1 等洪音的共同表现，而且呈现阴、阳、入相互呼应的层次特色。如下表：

**表 2-16**

| 中古 | 例字 | 南安 | 漳州 | 澄海 | 古田 | 柘荣 | 建瓯 | 石陂 | 仙游 | 三明 | 文昌 |
|---|---|---|---|---|---|---|---|---|---|---|---|
| 3 等 | 眉驶 | ai | ai | ai | ai | ai | ɛ | e | ai | a/ia | ai |
| 4 等 | 脐婿 |  |  |  |  |  |  |  |  |  |  |

续　表

| 中古 | 例字 | 南安 | 漳州 | 澄海 | 古田 | 柘荣 | 建瓯 | 石陂 | 仙游 | 三明 | 文昌 |
|---|---|---|---|---|---|---|---|---|---|---|---|
| 3 等 | 塍蛏 | an | an | aŋ | eiŋ | ɛŋ | aiŋ | aiŋ | ɛŋ | ɛ̃ | an |
| 4 等 | 牵零 | | | | | | | | | | |
| 3 等 | 虱别 | at | at | ak | eik | ɛk | ɛ | e | ɛʔ | a/ia | at |
| 4 等 | 节踢 | | | | | | | | | | |

(4) 2、4 等同读层次：除了上述 3、4 等同读洪音的白读层次，闽语另外还有一项 2、4 等同读的白读层次，也呈现阴、阳、入相互呼应的层次特色。如下表：

**表 2－17**

| 中古 | 例字 | 南安 | 漳州 | 澄海 | 古田 | 柘荣 | 建瓯 | 石陂 | 仙游 | 三明 | 文昌 |
|---|---|---|---|---|---|---|---|---|---|---|---|
| 2 等 | 买鞋 | ue | e | oi | ɛ | ɛ | ai | ai | e | ɛ | oi |
| 4 等 | 洗溪 | | | | | | | | | | |
| 2 等 | 拣苋 | uĩ | iŋ | oĩ | eiŋ | ɛŋ | aiŋ | aiŋ | ĩ | ɛ̃ | ai |
| 4 等 | 千茧 | | | | | | | | | | |
| 2 等 | 八拔 | ueʔ | eʔ | oiʔ | eik | ɛk | ai | ai | e | ɛ | oiʔ |
| 4 等 | 节截 | | | | | | | | | | |

以上例(1)属于第一类，乃反映古汉语的音韵架构；例(2)属于第二类，乃反映某些《切韵》韵目的分别，同类特点还包括鱼虞有别、支与脂之有别；[①]例(3)、(4) 则属于第三类，乃闽语自身音韵调整变化而形成的层次系统特色。详细讨论请参见本书第三章。

3. 声调方面

闽语声调多为七个调类，闽南潮汕腔及琼雷方言有八个调类，闽北、闽中则有六个调类，实际调类归读分混情形各地差异颇大，不如

① 但闽南方言历经内部音变，支与脂之有别的历史层次已失去音读形式上的分别(参见 3.4.2.1)。

声母、韵母别具共同特色,较为一致的表现有二:

(1) 次浊上声分层归调:古次浊上声字于闽地的声调表现,各次方言均可分为两层:文读层与清母上声字同读,读为阴上调;白读层则与全浊上声字同读,在全浊上声独立为一调的方言乃读为阳上调,在全浊上声读同浊去的方言则读为阳去调。

(2) 全浊上声独立或读同浊去:古全浊上声字于闽地的声调表现可分为两类:一是全浊上声与浊去字分读,独立为阳上调,例如闽南泉州腔、潮汕腔、琼雷方言与闽中方言;二是全浊上声与浊去字同读阳去调,例如闽南漳州腔、莆仙方言与闽东方言。闽北方言的古浊声母字群分层则相当复杂,详细讨论请参见本书4.4节。

### 2.2.2　闽南方言的语音特点

这一小节从闽南方言的语音表现及音韵系统特色,简要介绍闽南方言在声母、韵母与声调三方面的重要特点。

1. 声母方面

闽南方言的声母系统有以下两项特点,异于其他闽语次方言。

(1) 古次浊鼻音字普遍有两套语音表现"m-、n-、ŋ-"与"b-、l-、g-":闽南方言泉州腔与漳州腔的鼻音声母具有相当一致的表现,m-、n-、ŋ-与b-、l-、g-出现的条件为互补分布,前者出现在鼻化音节与鼻韵音节,后者则出现于其他韵母结构中,两者可视为同一音位的条件变体。

**表 2－18**

| 例字 | 中古 | 南安 | 泉州① | 漳州 | 漳浦 | 澄海 | 揭阳 |
|---|---|---|---|---|---|---|---|
| 满 | 明 | muã2 | muã2 | muã2 | muã2 | muã2 | muã2 |
| 目 | 明 | bak8 | bak8 | bak8 | bak8 | mak8 | mak8 |
| 墨 | 明 | bak8 | bak8 | bak8 | bak8 | bak8 | bak8 |

① 泉州语料(1993)与漳浦语料(1998)的记录中,乃根据m-、n-、ŋ-与b-、l-、g-的互补条件将两类语音音位化为同一套声母,语料中均标写为b-、l-、g-;今转写为实际语音以供比较。

**续 表**

| 例字 | 中古 | 南安 | 泉州 | 漳州 | 漳浦 | 澄海 | 揭阳 |
|---|---|---|---|---|---|---|---|
| 篮 | 来 | — | nã5 | nã5 | nã5 | nã5 | nã5 |
| 南 | 泥 | lam5 | lam5 | lam5 | lam5 | naŋ5 | nam5 |
| 鳞 | 来 | — | lan5 | lan5 | lan5 | laŋ5 | laŋ5 |
| 硬 | 疑 | ŋĩ6 | ŋĩ6 | ŋɛ̃7 | ŋɛ̃7 | ŋẽ6 | ŋẽ6 |
| 宜 | 疑 | gi5 | gi5 | gi5 | gi5 | ŋi5 | — |
| 疑 | 疑 | gi5 | gi5 | gi5 | gi5 | gi5 | — |

不过,潮汕腔的 m-、n-、ŋ-与 b-、l-、g-却呈现最小对比,例如上表澄海的"目—墨"、"南—鳞"、"宜—疑",两者必须视为声母系统中的不同音位。

(2) 古次浊鼻音字个别白读为 h-:除了(1)的语音表现,古次浊鼻音字于闽南还有特殊的白读表现,读为喉部清擦音 h-,如下表。但例字多为古疑日母,根据目前掌握的语料,仅有极少数古明泥母白读为 h-,古明母有泉州腔的"媒~依 hm̩5"、"茅~团草 hm̩5",古泥母则仅有潮阳的"年 hĩ5"。

**表 2-19**

| 例字 | 中古 | 南安 | 泉州 | 漳州 | 漳浦 | 澄海 | 揭阳 |
|---|---|---|---|---|---|---|---|
| 媒 | 明 | — | hm̩5 | — | — | — | — |
| 茅 | 明 | — | hm̩5 | (m̩5) | hm̩1 | — | — |
| 鱼 | 疑 | hɯ5 | hɯ5 | hi5 | hi5 | hə5 | hə5 |
| 蚁 | 疑 | hia6 | hia6 | hia7 | hia7 | hia6 | hia6 |
| 耳 | 日 | hi6 | hi6 | hi7 | hĩ7 | hĩ6 | hi6 |
| 燃 | 日 | hiã5 | hiã5 | hiã5 | hiã5 | hiã5 | — |

2. 韵母方面

闽南方言的韵母系统有以下三项特点,异于其他闽语次方言。

(1) 没有撮口呼与圆唇前元音(y、ø、œ):闽南方言泉、漳、潮三腔的元音系统大致如下表，其中泉州腔的鱼类字符音或记为[ɯ]，或记为[ɨ]，从其元音系统结构来看，我们将之视为央高元音[ɨ]。对照闽南三地元音系统，其重要特点在于没有圆唇前元音(y、ø、œ)，因而无任何撮口韵母。

**表 2-20**

| 南安 | | | 漳州 | | | 澄海 | | |
|---|---|---|---|---|---|---|---|---|
| i | ɨ | u | i | | u | i | | u |
| e | ə | o | e | | o | e | ə | o |
| | | ɔ | ɛ | | ɔ | | | |
| | a | | | a | | | a | |

(2) 多套韵尾，且有丰富的鼻化韵与鼻韵音节：闽南方言泉州腔与漳州腔多数方言点[①]仍具备三项鼻音韵尾-m、-n、-ŋ；塞音韵尾除了相应的-p、-t、-k，还有喉塞韵尾-ʔ；此外，另有鼻化韵与鼻韵音节。潮汕腔也有丰富的鼻化韵、喉塞韵尾与鼻韵音节，但已普遍发生辅音韵尾的归并音变，各地归并情形不一。下表显示澄海的双唇韵尾与舌尖韵尾均归并为舌根韵尾，揭阳则将舌尖韵尾归并为舌根韵尾，但仍维持双唇韵尾。

**表 2-21**

| 例字 | 中古 | 南安 | 泉州 | 漳州 | 漳浦 | 澄海 | 揭阳 |
|---|---|---|---|---|---|---|---|
| 南 | 咸摄 | lam5 | lam5 | lam5 | lam5 | naŋ5 | nam5 |
| 真 | 臻摄 | tsin1 | tsin1 | tsin1 | tsin1 | tsiŋ1 | tseŋ1 |
| 工 | 通摄 | kaŋ1 | kaŋ1 | kaŋ1 | kaŋ1 | kaŋ1 | kaŋ1 |
| 满 | 山摄 | muã2 | muã2 | muã2 | muã2 | muã2 | muã2 |
| 硬 | 梗摄 | ŋĩ6 | ŋĩ6 | ŋɛ̃7 | ŋɛ̃7 | ŋẽ6 | ŋẽ6 |

① 根据2010年初至漳州城区的实际观察，当地的韵尾系统实际上已经略有归并的演变趋向。

**续　表**

| 例字 | 中古 | 南安 | 泉州 | 漳州 | 漳浦 | 澄海 | 揭阳 |
|---|---|---|---|---|---|---|---|
| 糖 | 宕摄 | tʰŋ̍5 | tʰŋ̍5 | tʰŋ̍5 | tʰŋ̍5 | tʰəŋ5 | tʰŋ̍5 |
| 杂 | 咸摄 | tsap8 | tsap8 | tsap8 | tsap8 | tsak8 | tsap8 |
| 切 | 山摄 | tsʰiat4 | tsʰiat4 | tsʰiat4 | tsʰiat4 | tsʰiak4 | tsʰiak4 |
| 俗 | 通摄 | siɔk8 | siɔk8 | siɔk8 | siɔk8 | sok8 | sok8 |
| 塔 | 咸摄 | tʰaʔ4 | tʰaʔ4 | tʰaʔ4 | tʰaʔ4 | tʰaʔ4 | tʰaʔ4 |
| 铁 | 山摄 | tʰiʔ4 | tʰiʔ4 | tʰiʔ4 | tʰiʔ4 | tʰiʔ4 | tʰiʔ4 |
| 学 | 江摄 | oʔ8 | oʔ8 | oʔ8 | oʔ8 | oʔ8 | oʔ8 |

(3) 鱼虞、覃谈常常有别：中古遇摄3等分有开口鱼韵与合口虞韵，闽南方言的两项白读层均维持鱼、虞有别的音读对立，但文读层已经逐渐合而不分(闽东方言亦有此项表现)。如下表：

**表2-22**

| 中古 | 例字 | 南安 | 泉州 | 漳州 | 漳浦 | 澄海 | 揭阳 |
|---|---|---|---|---|---|---|---|
| 鱼A | 鱼鼠 | ɯ | ɯ | i | i | ə | ə |
| 虞A | 须树 | iu | iu | iu | iu | iu | iu |
| 鱼B | 初梳 | ue | ue | e | iei | iu | iu |
| 虞B | 戍雨 | u/ɔ | u/ɔ | u/ɔ | u/ɔu | u/ou | u/ou |

此外，中古咸摄1等开口韵分有覃、谈两个韵目，闽南方言的谈韵白读层仍维持覃、谈有别的音读对立，但文读层已经合而不分。如下表：

**表2-23**

| 中古 | 例字 | 南安 | 泉州 | 漳州 | 漳浦 | 澄海 | 揭阳 |
|---|---|---|---|---|---|---|---|
| 覃 | 贪参颔 | am | am | am | am | aŋ | am |
| 谈 | 胆三(文) | am | am | am | am | aŋ | am |
| | 胆三(白) | ã | ã | ã | ã | ã | ã |

3. 声调方面与共时音韵

闽南方言的声调系统有繁复的共时变调现象；此外，其声、韵、调的层次异读要较其他闽语次方言明显而丰厚。声调相关特点说明如下：

（1）七个或八个调类：闽南方言的泉州腔与漳州腔均为七个调类，但调类归读情形不同：泉州腔乃浊上独立、去声不分阴阳；漳州腔则是浊上与浊去合为阳去调。潮汕腔多为八个调类，浊上、浊去于白读层分立，但于文读层却有浊去读同浊上的现象。如下表：

**表 2－24**

<table>
<tr><th>今调类</th><th>中　古</th><th colspan="2">南　安</th><th colspan="2">漳　州</th><th colspan="2">澄　海</th></tr>
<tr><td>阴　平</td><td>清　平</td><td colspan="2">33</td><td colspan="2">44</td><td colspan="2">33</td></tr>
<tr><td rowspan="2">阳　平</td><td>次浊平</td><td colspan="2" rowspan="2">24</td><td colspan="2" rowspan="2">13</td><td colspan="2" rowspan="2">55</td></tr>
<tr><td>全浊平</td></tr>
<tr><td>阴　上</td><td>清　上</td><td colspan="2">55</td><td colspan="2">53</td><td colspan="2">52</td></tr>
<tr><td></td><td>次浊上</td><td>（文）<br>55</td><td>（白）<br>11</td><td>（文）<br>53</td><td>（白）<br>22</td><td>（文）<br>52</td><td>（白）<br>35</td></tr>
<tr><td>阳　上</td><td>全浊上</td><td colspan="2">11</td><td colspan="2">22</td><td colspan="2">35</td></tr>
<tr><td>阴　去</td><td>清　去</td><td colspan="2" rowspan="3">31</td><td colspan="2">21</td><td colspan="2">212</td></tr>
<tr><td rowspan="2">阳　去</td><td>次浊去</td><td colspan="2" rowspan="2">22</td><td rowspan="2">（文）<br>35</td><td rowspan="2">（白）<br>11</td></tr>
<tr><td>全浊去</td></tr>
<tr><td>阴　入</td><td>清　入</td><td colspan="2">5</td><td colspan="2">32</td><td colspan="2">1</td></tr>
<tr><td></td><td>次浊入</td><td>5</td><td>3</td><td>32</td><td>12</td><td>1</td><td>5</td></tr>
<tr><td>阳　入</td><td>全浊入</td><td colspan="2">3</td><td colspan="2">12</td><td colspan="2">5</td></tr>
</table>

（2）具有连读变调及轻声变调：闽南方言于连读前字环境下会发生声调共时变异，除了某些方言点有少数调类不发生变异，几乎每个单字调都有一个稳固的连读变体，如下表。不过需要说明的是，漳州阴入调因韵尾不同而有两项连读变体：-p、-t、-k 尾连读变调为 5，-ʔ 尾连读变调为 53；澄海阴去调较为特殊，乃因后接字词的声调高低而有两项连读变体：后接字词调高者（阳平、阴上、阳上、阳入），阴去调

连读变调为42,后接字词调低者(阴平、阴去、阳去、阴入),阴去调连读变调为31。

**表2-25**

| 今调类 | 南　安 | 漳　州 | 澄　海 |
| --- | --- | --- | --- |
| 阴　平 | 33不变 | 44>22 | 33不变 |
| 阳　平 | 24>11 | 13>22 | 55>11 |
| 阴　上 | 55>24 | 53>44 | 52>24 |
| 阳　上 | 11不变 | (同阳去) | 35>21 |
| 阴　去 | 31>55 | 21>53 | 212>42/31 |
| 阳　去 | 31>11 | 22>21 | 11不变 |
| 阴　入 | 5不变 | 32>5/53 | 1不变 |
| 阳　入 | 3>1 | 12>21 | 5>1 |

此外,闽南方言有些字处于词末或句末时会读为轻声而变调,这种现象与连读环境无关,而是取决于语义、语法功能,例如名词后缀(王氏)、时间词尾(前年)、结构助词(红的)、语气词(有来无)、动词补语(行出去)等,而且轻声变调有时具辨义作用,例如一般变调的"食蜀喙 tsiaʔ21 tsit21 ts$^{h}$ui31"与轻声变调的"食蜀喙 tsiaʔ53 tsit21 ts$^{h}$ui21"意思不同,前者明白表示吃的数量是一口,后者的语义焦点仅在"食",而不论实际吃多少。一般轻声变调往往趋向低调值;不过有些弱读形式,例如结构助词、体貌词尾、作为非焦点宾语的人称代词等,其轻声变调并非一味趋向低调值,而是随前变调,以台湾闽南语(杨秀芳,1991: 144)为例,如下表:

**表2-26**

| 前字调类 | 例　　词 | 台湾闽南语 |
| --- | --- | --- |
| 阴　平 | 青的(e)、输我 | 44+44 |
| 阳　平 | 红的(e)、赢我 | 13+33 |

**续　表**

| 前字调类 | 例　　词 | 台湾闽南语 |
| --- | --- | --- |
| 阴　上 | 少的（e）、讲汝 | 53+21 |
| 阳　上 | | （同阳去） |
| 阴　去 | 细的（e）、应汝 | 31+21 |
| 阳　去 | 大的（e）、骂伊 | 33+33 |
| 阴　入 | 涩的（e）、踢伊<br>铁的（e）、拍我 | 32+21<br>32+21 |
| 阳　入 | 熟的（e）、罚汝<br>白的（e）、搦伊 | 33+33(5+21)①<br>33+33(53+21) |

### 2.2.3　闽东方言的语音特点

这一小节从闽东方言的语音表现及音韵系统特色，简要介绍闽东方言在声母、韵母与声调三方面的重要特点。

1. 声母方面

闽东方言的声母系统有以下三项特点，其中(1)也是闽北方言的共同语音表现；(2)、(3)则是闽东方言异于其他闽语次方言的特殊表现。

(1) 古次浊鼻音字只有一种语音表现 m-、n-、ŋ-：古次浊鼻音母字在闽东各地均只有一套鼻声母表现，如下表：

**表 2-27**

| 例字 | 中古 | 福州 | 福清 | 古田 | 柘荣 | 福安 | 宁德 |
| --- | --- | --- | --- | --- | --- | --- | --- |
| 满 | 明 | muaŋ2 | muaŋ2 | muaŋ2 | muaŋ2 | muaŋ2 | maŋ2 |
| 墨 | 明 | møyʔ8 | møʔ8 | møyk8 | mœk8 | mœk8 | mœk8 |
| 年 | 泥 | nieŋ5 | nieŋ5 | nieŋ5 | nieŋ5 | niŋ5 | niŋ5 |

① 台湾闽南语阳入单字调有许多变体：其通行腔的阳入单字调为中调，则后头的弱读变调为 33；而南部较为普遍的阳入单字调为高调，则后头的弱读变调为 21。

续 表

| 例字 | 中古 | 福州 | 福清 | 古田 | 柘荣 | 福安 | 宁德 |
|---|---|---|---|---|---|---|---|
| 南 | 泥 | naŋ5 | naŋ5 | naŋ5 | naŋ5 | naŋ5 | nam5 |
| 硬 | 疑 | ŋaiŋ7 | ŋeŋ7 | ŋeiŋ7 | ŋœŋ7 | ŋœŋ7 | ŋɛŋ7 |
| 疑 | 疑 | ŋi5 | ŋi5 | ŋi5 | ŋi5 | ŋei5 | ŋei5 |

(2) 古日母文读多为零声母(Ø)：闽东各地多数古日母字的文读音表现为零声母，如下表。除了闽北建瓯一带有相似表现，其他闽南、闽北各方言点都不具有这项声母特点。

表 2－28

| 例字 | 中古 | 福州 | 福清 | 古田 | 柘荣 | 福安 | 宁德 |
|---|---|---|---|---|---|---|---|
| 如 | 日 | y5 | y5 | y5 | y5 | jøi5 | øy5 |
| 柔 | 日 | iu5 | iu5 | iu5 | iu5 | jieu5 | eu5 |
| 忍 | 日 | yŋ2 | yŋ2 | yŋ2 | yŋ2 | jiŋ2 | yŋ2 |
| 然 | 日 | yoŋ5 | yoŋ5 | yøŋ5 | yøŋ5 | jiŋ5 | iŋ2 |
| 弱 | 日 | yoʔ8 | yoʔ4 | yøk4 | yøk8 | jiok8 | yøk8 |

(3) 古从、船、禅母白读为 s-：古从、船、禅母在闽东各地有一项白读音为 s-，如下表。闽南、闽北相对应的白读声母则为塞擦音 ts-，此为闽东方言声母的重要特点。

表 2－29

| 例字 | 中古 | 福州 | 福清 | 古田 | 柘荣 | 福安 | 宁德 |
|---|---|---|---|---|---|---|---|
| 坐 | 从 | sɔy7 | soi7 | soi7 | soi7 | sɔi7 | sɔi7 |
| 蛇 | 船 | sie5 | sia5 | sie5 | sia5 | se5 | sie5 |
| 薯 | 禅 | sy5 | sy5 | sy5 | sy5 | søi5 | søy5 |
| 前 | 从 | sɛiŋ5 | seŋ5 | seiŋ5 | sɛŋ5 | sɛiŋ5 | sɛŋ5 |
| 船 | 船 | suŋ5 | suŋ5 | suŋ5 | suŋ5 | souŋ5 | soŋ5 |
| 晴 | 从 | saŋ5 | saŋ5 | saŋ5 | saŋ5 | saŋ5 | saŋ5 |

2. 韵母方面

闽东方言的韵母系统有以下四项特点：

(1) 元音系统普遍具有圆唇前元音(y、ø、œ)：闽东方言与闽南方言最大不同在于普遍具有圆唇前元音,因而也有丰富的撮口韵母。从音位观点来看,其南片的元音系统,均为七元音系统,前元音具有圆展两套,如下表福清所示;北片的元音系统也大致为七元音系统,如下表柘荣所示;但福安、宁德、周宁等地的元音系统有较为繁复的表现,以宁德为例,中元音又分为中高、中低两套,共有十项具有最小对比的元音。

**表 2-30**

| 福　清 | | 柘　荣 | | 宁　德 | |
|---|---|---|---|---|---|
| i—y | u | i—y | u | i—y | u |
| e—ø | o | | | e—ø | o |
| | | ε—œ | ɔ | ε—œ | ɔ |
| a | | a | | a | |

(2) 韵尾简化,无鼻化韵：闽东方言没有任何鼻化韵母,且其韵尾系统历经归并而简化,如下表。多数方言点的阳声韵只有一项舌根鼻音尾(-ŋ),入声韵则多半具有两项塞音尾,分别是舌根塞音(-k)与喉塞音(-ʔ),但是部分方言点这两项塞音尾进一步合并,例如福州归并为喉塞尾、福安归并为舌根塞尾,而福清则是原来的喉塞尾脱落舒声化后,舌根塞尾再弱化为喉塞尾。宁德、周宁两地有较为存古的韵尾系统：宁德仍维持双唇韵尾与舌根韵尾,周宁则维持舌尖韵尾与舌根韵尾,由此可推溯原来闽东方言应也是三套韵尾俱全的音韵系统。

**表 2-31**

| 例字 | 中古 | 福州 | 福清 | 古田 | 柘荣 | 福安 | 宁德 |
|---|---|---|---|---|---|---|---|
| 南 | 咸摄 | naŋ5 | naŋ5 | naŋ5 | naŋ5 | naŋ5 | nam5 |
| 满 | 山摄 | muaŋ2 | muaŋ2 | muaŋ2 | muaŋ2 | muaŋ2 | maŋ2 |

续 表

| 例字 | 中古 | 福州 | 福清 | 古田 | 柘荣 | 福安 | 宁德 |
|---|---|---|---|---|---|---|---|
| 真 | 臻摄 | tsiŋ1 | tsiŋ1 | tsiŋ1 | tsiŋ1 | tseiŋ1 | tsiŋ1 |
| 工 | 通摄 | køyŋ1 | køŋ1 | køyŋ1 | kœŋ1 | kœŋ1 | kœŋ1 |
| 硬 | 梗摄 | ŋaiŋ7 | ŋeŋ7 | ŋeiŋ7 | ŋœŋ7 | ŋœŋ7 | ŋɛŋ7 |
| 糖 | 宕摄 | tʰouŋ5 | tʰoŋ5 | tʰouŋ5 | tʰɔŋ5 | tʰɔuŋ5 | tʰɔŋ5 |
| 杂 | 咸摄 | tsaʔ8 | tsaʔ8 | tsak8 | tsak8 | tsak8 | tsap8 |
| 塔 | 咸摄 | tʰaʔ4 | tʰaʔ4 | tʰak4 | tʰak4 | tʰak4 | tʰap4 |
| 切 | 山摄 | tsʰiɛʔ4 | tsʰieʔ4 | tsʰiek4 | tsʰiek4 | tsʰik4 | (tsʰip4) |
| 铁 | 山摄 | tʰiɛʔ4 | tʰieʔ4 | tʰiek4 | tʰiek4 | tʰik4 | tʰik4 |
| 俗 | 通摄 | syʔ8 | syʔ8 | syk8 | suk8 | souk8 | syk8 |
| 学 | 江摄 | oʔ8 | o1 | oʔ8 | ɔʔ8 | ɔk8 | ɔʔ8 |

(3) 部分方言点的阳、入声韵具有下降复元音韵腹：汉语音节结构为CMVE,亦即“声母＋介音＋主要元音＋韵尾”,而“韵母”指的是“介音＋主要元音＋韵尾”的部分,也可以写为“韵头＋韵腹＋韵尾”。一般汉语的韵腹限制为单一主要元音；但是闽东方言部分方言点的阳、入声韵却容许韵腹为下降复元音,如下表福州、古田、福安等地所示。这种韵母结构以往被分析为“双韵尾”;但是从韵变现象来看,一般韵尾不涉及韵母演变规律,发生变化的主要是韵腹,因此我们将之分析做韵腹为下降复元音的韵母结构。

表 2 - 32

| 例字 | 福州 | 福清 | 古田 | 柘荣 | 福安 | 宁德 |
|---|---|---|---|---|---|---|
| 闲 | ɛiŋ5 | — | eiŋ5 | ɛŋ5 | ɛiŋ5 | ɛŋ5 |
| 糖 | tʰouŋ5 | tʰoŋ5 | tʰouŋ5 | tʰɔŋ5 | tʰɔuŋ5 | tʰɔŋ5 |
| 工 | køyŋ1 | køŋ1 | køyŋ1 | kœŋ1 | kœŋ1 | kœŋ1 |
| 截 | tsɛiʔ8 | tseʔ8 | tseik8 | tsɛk8 | tsɛik8 | — |
| 骨 | kɔuʔ4 | koʔ4 | kouk4 | kɔk4 | kɔuk4 | kɔk4 |
| 北 | pɔyʔ4 | pøʔ4 | pøyk4 | — | pœk4 | pœk4 |

(4) 鱼虞有别、支与脂之有别：中古遇摄3等分有开口鱼韵与合口虞韵，与上述闽南方言相同，闽东方言的两项白读层均维持鱼、虞有别的音读对立，但文读层已经合而不分，如下表：①

**表2-33**

| 中古 | 例字 | 福州 | 福清 | 古田 | 柘荣 | 福安 | 宁德 |
|---|---|---|---|---|---|---|---|
| 鱼A | 鱼鼠 | y/øy | y/ø | y | y | i/øi | y/øy |
| 虞A | 须树 | iu | iu | iu | iu | ieu/eu | iu/eu |
| 鱼B | 初梳 | œ | ø | œ | œ | œ | œ |
| 虞B | 戍雨 | uo | uo | uo | uo | u | u/o |

此外，中古止摄3等分有支、脂、之、微四项韵目，闽东方言的一项白读层维持支与脂之有别的音读对立，但文读层已经合而不分。如下表：

**表2-34**

| 中古 | 例字 | 福州 | 福清 | 古田 | 柘荣 | 福安 | 宁德 |
|---|---|---|---|---|---|---|---|
| 支 | 施紫 | ie | ie | ie | ie | i | i/e |
| 脂 | 尸姊 | i | i | i | i | i/ei | i/ei |
| 之 | 诗止 | i | i | i | i | i/ei | i/ei |

3. 声调方面与共时音韵

闽东方言不仅声调系统发生连读变异，其声母、韵母也有复杂的共时变异，相关特点说明如下：

(1) 七个调类，有丰富的曲折长调：闽东方言各地均为七个调类，调类归读情形也相当一致，其全浊上皆读同浊去为阳去调，如下

① 需要特别说明的是，福州、福清有共时韵变现象，-y、-øy为同一韵母在不同声调条件下的紧松变体；而福安、宁德则经过韵母随调分化进而合并的历时韵变，以福安为例，就共时韵母系统而言，-i、-øi已非同一韵母的条件变体，但就层次韵读而言，中古鱼韵的这两项韵读-i、-øi确实是同一层次韵读的条件分化。下文各表福安、宁德两两相配的韵读均为来自同一层次的条件分化音读，但在共时韵母系统中可能已经各自独立。

表。较为特殊的是，许多方言点普遍有曲折长调的表现，尤其是南片方言的曲折长调成为影响共时韵变的重要条件。

**表 2－35**

| 今调类 | 中古 | 福州 | | 古田 | | 柘荣 | | 福安 | |
|---|---|---|---|---|---|---|---|---|---|
| 阴　平 | 清平 | 44 | | 55 | | 42 | | 332 | |
| 阳　平 | 次浊平 | 52 | | 33 | | 21 | | 22 | |
| | 全浊平 | | | | | | | | |
| 阴　上 | 清上 | 31 | | 42 | | 51 | | 42 | |
| | 次浊上 | 31 | 242 | 42 | 324 | 51 | 213 | 42 | 23 |
| (同阳去) | 全浊上 | 242 | | 324 | | 213 | | 23 | |
| 阴　去 | 清去 | 213 | | 21 | | 35 | | 35 | |
| 阳　去 | 次浊去 | 242 | | 324 | | 213 | | 23 | |
| | 全浊去 | | | | | | | | |
| 阴　入 | 清入 | 23 | | 2 | | 5 | | 5 | |
| | 次浊入 | 23 | 4 | 2 | 5 | 5 | 2 | 5 | 2 |
| 阳　入 | 全浊入 | 4 | | 5 | | 2 | | 2 | |

(2) 连读具声、韵、调等多重共时变异：闽东方言最具特色的语音表现，乃在于其声、韵、调系统的多重共时音变，包括声母同化、韵变及连读变调等现象，以下分别举例说明。“声母同化”乃指在连读环境中，后字声母的发音方式同化于前接辅音或元音的音变现象，其音变结果因前字韵尾结构而有不同，本质上乃属一种自然语流中的弱化音变，以古田为例，声母同化规律如下表，闽东各地均有此类共时音变。

**表 2－36**

| 古田声母同化 | 前字韵母 | | |
|---|---|---|---|
| | 阴声韵、喉塞尾 | 鼻音尾 | 舌根塞尾 |
| p-、$p^h$- | ＞β- | ＞m- | 不变 |
| t-、$t^h$-、s- | ＞l- | ＞n- | |

**续　表**

| 古田声母同化 | 前字韵母 | | |
|---|---|---|---|
| | 阴声韵、喉塞尾 | 鼻音尾 | 舌根塞尾 |
| ts-、ts$^h$- | >ʒ- | >ʒ- | |
| k-、k$^h$-、x- | >∅ | >ŋ | 不变 |
| ∅ | 不变 | >ŋ | |

“韵变”意指韵母系统中有两套紧松韵母相配合，“紧韵母”与“松韵母”乃相对而言，以主要元音的舌位较前、较高者为“紧音”，较低、较后者为“松音”，紧松韵母的分布与声调条件密切相关，如下表。南片福州、福清等地表现为共时韵变，特定声调条件下的松韵母一旦处于连读环境即读为相应的紧韵母；北片福安、宁德等地则为历时韵变，特定声调条件下的松韵母，无论单字读或连读，多稳固为一致的音读，必须透过方言比较方能推溯其韵母随调分化的音变规律。南片许多方言点有明显的共时韵变表现；北片仅有福安、宁德、周宁等地有复杂的历时韵变，多数方言点没有韵变表现。

**表 2－37**

| | 春 | 巡 | 笋 | 俊 | 顺 | 出 | 秫 |
|---|---|---|---|---|---|---|---|
| 福州 | ts$^h$uŋ1 | suŋ5 | suŋ2 | tsouŋ3 | souŋ7 | ts$^h$ouʔ4 | suʔ8 |
| 福清 | ts$^h$uŋ1 | suŋ5 | suŋ2 | tsoŋ3 | soŋ7 | ts$^h$oʔ4 | suʔ8 |
| 福安 | ts$^h$ouŋ1 | souŋ5 | suŋ2 | tsouŋ3 | souŋ7 | ts$^h$ouk4 | souk8 |
| 宁德 | ts$^h$uŋ1 | soŋ5 | suŋ2 | tsoŋ3 | soŋ7 | ts$^h$ouk4 | suk8 |

| | 春～天 | 巡～房 | 笋～干 | 俊～英 | 顺～利 | 出～珠 | 秫～米 |
|---|---|---|---|---|---|---|---|
| 福州 | ts$^h$uŋ～ | suŋ～ | suŋ～ | tsuŋ～ | suŋ～ | ts$^h$uʔ～ | suʔ～ |
| 福清 | ts$^h$uŋ～ | suŋ～ | suŋ～ | tsuŋ～ | suŋ～ | ts$^h$uʔ～ | suʔ～ |
| 福安 | ts$^h$ouŋ～ | souŋ～ | suŋ～ | tsouŋ～ | souŋ～ | ts$^h$ouk～ | souk～ |
| 宁德 | ts$^h$uŋ～ | soŋ～ | suŋ～ | tsoŋ～ | soŋ～ | ts$^h$ouk～ | suk～ |

此外,与闽南方言一样,闽东各地均有“连读变调”表现;但是闽东方言每个单字调不止一个连读变体,而是根据后字声调的不同而有二到三个连读变体,以福州为例,如下表,实际上可以将福州各调类的变调模式简化为三种类型:阴平、阴去、阳去、喉塞尾阴入为一类,阴上、舌根塞尾阴入为一类,阳平、阳入又为一类。较为复杂的是,福清、古田、福安等地还有后字变调的表现。

**表 2 - 38**

| 前字声调 | 个读调值 | 后字声调 | | | | | | |
|---|---|---|---|---|---|---|---|---|
| | | 阴平 | 阳平 | 阴上 | 阴去 | 阳去 | 阴入 | 阳入 |
| 阴平 | 44 | >44 | >44 | >52 | >52 | >52 | >52 | >44 |
| 阳平 | 52 | >44 | >31 | >31 | >21 | >21 | >21 | >31 |
| 阴上 | 31 | >21 | >21 | >24 | >44 | >44 | >44 | >21 |
| 阴去 | 213 | >44 | >44 | >52 | >52 | >52 | >52 | >44 |
| 阳去 | 242 | >44 | >44 | >52 | >52 | >52 | >52 | >44 |
| 阴入-ʔ | $\underline{23}$ | >44 | >44 | >52 | >52 | >52 | >52 | >44 |
| 阴入-k | $\underline{23}$ | >21 | >21 | >24 | >44 | >44 | >44 | >21 |
| 阳入 | 4 | >44 | >31 | >31 | >21 | >21 | >21 | >31 |

### 2.2.4　闽北方言的语音特点

相较于其他闽语次方言,闽北方言的声母系统与声调系统有相当复杂的层次与音变表现;韵母系统则历经层次竞争融合后,呈现较为单纯的面貌。这一小节从闽北方言的语音表现及音韵系统特色,简要介绍闽北方言在声母、韵母与声调三方面的重要特点。

1. 声母方面

闽北方言的声母表现相当特殊,有以下五项特点。其中(1)也是闽东方言的共同语音表现;(2) ～(5)则是闽北方言异于其他闽语次方言的重要特点。

(1) 古次浊鼻音字只有一种语音表现 m-、n-、ŋ-：古次浊鼻音母字在闽北各地均只有一套鼻声母表现，如下表：

**表 2－39**

| 例字 | 中古 | 建瓯 | 政和 | 松溪 | 建阳 | 崇安 | 石陂 |
|---|---|---|---|---|---|---|---|
| 满 | 明 | muiŋ2 | mueiŋ2 | mueiŋ2 | mɔiŋ2 | muaiŋ2 | muaiŋ2 |
| 墨 | 明 | mɛ8 | mɛ3 | mœ8 | me8 | mie8 | me5 |
| 年 | 泥 | niŋ3 | niŋ5 | niŋ5 | nieiŋ5 | ŋiŋ5 | niŋ3 |
| 南 | 泥 | naŋ3 | naŋ5 | naŋ5 | naŋ5 | — | naŋ3 |
| 硬 | 疑 | ŋaiŋ7 | ŋaiŋ7 | ŋaŋ7 | ŋaiŋ7 | ŋaiŋ7 | ŋaiŋ7 |
| 疑 | 疑 | ŋi2 | ŋi9 | ŋi9 | ŋi5 | ŋi5 | ŋi3 |

(2) 古来母白读为 s-：闽北方言的古来母字在早期层次有读为 s-的特殊表现，各个方言点会读为 s-的来母字大同小异，而且均为白读，如下表：

**表 2－40**

| 例字 | 中古 | 建瓯 | 政和 | 松溪 | 建阳 | 崇安 | 石陂 |
|---|---|---|---|---|---|---|---|
| 老白 | 来 | se7 | sɛ7 | sa7 | səu3 | siəu7 | səu1 |
| 螺 | 来 | so3 | suɛ5 | suei5 | sui5 | sui5 | so3 |
| 郎女婿 | 来 | sɔŋ3 | sauŋ5 | saŋ5 | sɔŋ5 | sɔŋ5 | sɔŋ3 |
| 篮 | 来 | saŋ3 | saŋ5 | saŋ5 | saŋ5 | saŋ5 | saŋ3 |
| 卵 | 来 | sɔŋ7 | sauŋ7 | sueiŋ7 | suŋ3 | suiŋ7 | sueiŋ1 |

(3) 全清母的特殊表现：闽北西北片建阳、崇安、石陂等地，有许多古全清声母字今读为浊音的特殊表现，如下表。这些例字在东南片虽读为清声母，但在声调归类上也往往与其他清声母不同。

表 2-41

| 例字 | 中古 | 建瓯 | 政和 | 松溪 | 建阳 | 崇安 | 石陂 |
|---|---|---|---|---|---|---|---|
| 补 | 帮 | piɔ2 | pɔ9 | po9 | βio2 | jyo2 | bio2 |
| 保 | 帮 | pau2 | pɔ9 | po9 | βau2 | βau2 | bɔ2 |
| 赌 | 端 | tu2 | tu9 | tɒu9 | lo2 | lu2 | du2 |
| 单 | 端 | tuiŋ2 | tuɛiŋ3 | tueiŋ8 | lueiŋ9 | luaiŋ1 | duaiŋ5 |
| 早 | 精 | tsau2 | tsɔ9 | tso9 | lau2 | lau2 | dzɔ2 |
| 簪 | 精 | tsaŋ2 | tsaiŋ3 | tsaŋ8 | laŋ2 | — | dzaiŋ5 |
| 高 | 见 | au2 | xɔ3 | ho8 | ɦau9 | au1 | ɦɔ5 |
| 狗 | 见 | e2 | xu9 | hu9 | həu2 | — | ɦu2 |
| 肝 | 见 | xuiŋ1 | xuɛiŋ1 | hueiŋ1 | xueiŋ1 | xuaiŋ1 | xuaiŋ1 |

(4) 西北片具浊音声母：闽北西北片建阳、崇安、石陂等地，部分古浊母来源的字群今读仍有浊音表现，石陂较为明显，建阳、崇安往往读为进一步弱化的浊音，如下表：

表 2-42

| 例　　字 | 古声母 | 建瓯 | 政和 | 松溪 | 建阳 | 崇安 | 石陂 |
|---|---|---|---|---|---|---|---|
| 盘文倍袍便帛 | 並 | p | p | p | β | β | b |
| 除题蝶团传自~重~来 | 定澄 | t | t | t | l | l | d |
| 查斜文聚贱舌寺寨 | 从崇邪船 | ts | ts | ts | l | l | dz |
| 局徛近行走县厚 | 群匣 | k | k | k | k | j | g |
| 船神成上动词社<br>热茸仁文儒<br>营文旱红 | 船禅<br>日<br>匣喻 | ø | ø | h | ɦ | j | ɦ |

(5) 西北片部分方言点有声母链移音变：闽北建阳、崇安有特殊的声母音变，其他方言点读为 $t^h$-的字群，建阳、崇安几乎都读为喉清擦音 h-(与读为舌根清擦音 x-的古晓母字不混同)；闽北其他方言点读为 $ts^h$-的字群，建阳、崇安则有一部分读为 $t^h$-，一部分仍读为 $ts^h$-，

两者明显具有条件分布，大致是后接前高元音-i-、-y-的条件下仍维持原来的塞擦音读。

**表 2－43**

| 例　　字 | 建瓯 | 政和 | 松溪 | 建阳 | 崇安 | 石陂 |
|---|---|---|---|---|---|---|
| 趁赚腿槌铁蛏踢 | $t^h$ | $t^h$ | $t^h$ | $\boxed{h}$ | $\boxed{h}$ | $t^h$ |
| 差脐仓村 | $ts^h$ | $ts^h$ | $ts^h$ | $\boxed{t^h}$ | $\boxed{t^h}$ | $ts^h$ |
| 鼠请 | $ts^h$ | $ts^h$ | $ts^h$ | $ts^h$ | $ts^h$ | $ts^h$ |

**表 2－44**

|  | 建 瓯 | 政 和 | 松 溪 | 建 阳 | 崇 安 | 石 陂 |
|---|---|---|---|---|---|---|
| A | $ts^h$ | $ts^h$ | $ts^h$ | $\boxed{t^h}$ | $\boxed{t^h}$ | $ts^h$ |
| 差 | tsʰai1 | tsʰai1 | tsʰai1 | tʰai1 | tʰai1 | tsʰai1 |
| 脐 | tsʰɛ3 | tsʰɛ5 | tsʰie5 | tʰe5 | (tsʰie5) | tsʰe3 |
| 仓 | tsʰɔŋ1 | tsʰauŋ1 | tsʰaŋ1 | tʰɔŋ1 | tʰɔŋ1 | tsʰɔŋ1 |
| 村 | tsʰɔŋ1 | tsʰauŋ1 | tsʰueiŋ1 | tʰuŋ1 | tʰuiŋ1 | tsʰueiŋ1 |
| B | $ts^h$ | $ts^h$ | $ts^h$ | $ts^h$ | $ts^h$ | $ts^h$ |
| 鼠 | tsʰy2 | tsʰy2 | tsʰy2 | tsʰy2 | tsʰy2 | tsʰy2 |
| 请 | tsʰiaŋ2 | tsʰiaŋ2 | tsʰiaŋ2 | tsʰiaŋ2 | tsʰiaŋ2 | tsʰiaŋ2 |

从方言比较可以推论建阳、崇安发生声母链移音变，R1 运行早于 R2。

$$\text{R1}\qquad t^h > h$$

$$\text{R2}\qquad ts^h > t^h / \_\begin{Bmatrix} -\text{high} \\ -\text{front} \end{Bmatrix}$$

这类音变反映建阳、崇安在声母表现上可能受到赣方言的接触影响。

2. 韵母方面

闽北方言的韵母系统与闽东方言相近，略有相异的表现，且在层次面貌上较为单纯,相关特点说明如下。

(1) 元音系统具有圆唇前元音: 闽北方言普遍具有圆唇前高元音 y,至于圆唇前中元音只出现于东南片,且仅存在于-œy-韵腹结构中,无法以单元音独立呈现,可视为 ε 的语音变体。从音位观点来看,其东南片的元音系统,多为八元音系统,如下表建瓯所示;西北片的元音系统大致为七元音系统,如下表石陂所示,央元音仅存在于-əu 或-əŋ 等韵母结构中,不以单元音独立呈现,可视为 e 的语音变体;建阳的 u 也不以单元音独立呈现,逐渐与 o 合为同一音位。

**表 2-45**

| 建瓯 | | | 建阳 | | | 石陂 | | |
|---|---|---|---|---|---|---|---|---|
| i—y | | u | i—y | | (u) | i—y | | u |
| e | | o | e | (ə) | o | e | (ə) | o |
| ε (œ) | | ɔ | | | ɔ | | | ɔ |
| | a | | | a | | | a | |

闽北方言虽然只有一项圆唇前元音 y,但有相当丰富的撮口韵母,例如-y、-yε、-yiŋ、yeiŋ、yaiŋ 等,闽北方言这一类撮口韵母与闽东方言不同之处在于可以与双唇声母(P-)相拼,如下表建瓯所示,其他方言点的例字则较为零星。

**表 2-46**

| 例字 | 建瓯 | 政和 | 松溪 | 建阳 | 崇安 | 石陂 |
|---|---|---|---|---|---|---|
| 铺 | $p^{h}$y1 | $p^{h}$u1 | $p^{h}$u1 | $p^{h}$o1 | hu1 | $p^{h}$u1 |
| 肥 | py3 | pui5 | py5 | py5 | pəu5 | py3 |
| 尾 | myε2 | muε2 | muei2 | mui2 | mi2 | mo2 |
| 饭 | pyiŋ7 | pɔŋ7 | poŋ7 | puŋ7 | — | pəŋ7 |
| 风 | (xɔŋ1) | (xɔŋ1) | poŋ1 | piɔŋ1 | pyɔŋ1 | (xəŋ1) |

(2) 韵尾简化,无鼻化韵: 闽北方言没有任何鼻化韵母,其韵尾

系统历经归并而相当简化，如下表。闽北各地的阳声韵均只有一项舌根鼻音尾(-ŋ)，入声塞尾则都已经脱落舒声化。

**表 2 - 47**

| 例字 | 中古 | 建瓯 | 政和 | 松溪 | 建阳 | 崇安 | 石陂 |
|---|---|---|---|---|---|---|---|
| 南 | 咸摄 | naŋ3 | naŋ5 | naŋ5 | naŋ5 | — | naŋ3 |
| 满 | 山摄 | muiŋ2 | mueiŋ2 | mueiŋ2 | mɔiŋ2 | muaiŋ2 | muaiŋ2 |
| 真 | 臻摄 | tseiŋ1 | tseiŋ1 | tseiŋ1 | tsiŋ1 | tsiŋ1 | tseiŋ1 |
| 工 | 通摄 | kɔŋ1 | kɔŋ1 | koŋ1 | koŋ1 | kəŋ1 | kəŋ1 |
| 硬 | 梗摄 | ŋaiŋ7 | ŋaiŋ7 | ŋaŋ7 | ŋaiŋ7 | ŋaiŋ7 | ŋaiŋ7 |
| 糖 | 宕摄 | $t^h$ɔŋ3 | $t^h$auŋ5 | $t^h$aŋ5 | hɔŋ5 | hɔŋ5 | $t^h$ɔŋ3 |
| 杂 | 咸摄 | tsa8 | tsai3 | tsa8 | la8 | la8 | dza5 |
| 切 | 山摄 | $ts^h$iɛ4 | $ts^h$iɛ4 | $ts^h$ie4 | $ts^h$ie4 | $ts^h$i4 | $ts^h$ie4 |
| 俗 | 通摄 | sy4 | sy4 | sœy4 | sy4 | — | sy1 |
| 学 | 江摄 | ɔ8 | — | hu8 | ɔ8 | — | ɦɔ5 |

(3) 阳声韵韵腹可以是下降复元音或三合元音：与闽东方言一样，闽北各地的阳声韵容许韵腹为下降复元音，如下表。更为特殊的是，除了建瓯一地，其他方言点的阳声韵还容许韵头与韵腹共现为三合元音的韵母结构，例如-ueiŋ、-uaiŋ、-uauŋ、-ieiŋ、-yeiŋ、-yaiŋ 等。

**表 2 - 48**

| 例　　字 | 建瓯 | 政和 | 松溪 | 建阳 | 崇安 | 石陂 |
|---|---|---|---|---|---|---|
| 尽引饮$_{文}$咸蒸形京 | eiŋ | eiŋ | eiŋ | iŋ* ɔiŋ | iŋ* eiŋ | eiŋ |
| 重$_{\sim 来}$松茸荣银旬群 | œyŋ | œyŋ | œyŋ | eiŋ | əŋ | ueiŋ |
| 千苋鳞灯塍硬 | aiŋ | aiŋ | aŋ | aiŋ | aiŋ | aiŋ |
| 卵村钻$_{动词}$混 | ɔŋ | auŋ | ueiŋ | uŋ | uiŋ | ueiŋ |
| 便贱染现 | iŋ | iŋ | iŋ | ieiŋ | iŋ | iŋ |
| 船县软远$_{文}$筋近韧 | yiŋ～ uiŋ | yiŋ | yŋ | yeiŋ | yaiŋ* yiŋ | yiŋ |
| 汗单肝旱团还$_{文}$ | uiŋ | ueiŋ | ueiŋ | ueiŋ | uaiŋ | uaiŋ |

3. 声调方面与共时音韵

闽北方言的声调系统有丰富的层次异读,但没有复杂的共时音变,相关特点说明如下。

(1) 调类简单,但层次归读复杂:闽北方言的声调系统相当复杂,尤其是来自古浊母的字群,其声调归类具有多重层次。以建瓯、建阳、石陂三地为例,各调类调值如下表,建瓯、石陂有六个调类,建阳则有八个调类,还包括一般被称为阳平乙或第9调的特殊调类。

**表 2-49**

| | 阴平 | 阳平 | 阴上 | 阳上 | 阴去 | 阳去 | 阴入 | 阳入 | 第9调 |
|---|---|---|---|---|---|---|---|---|---|
| 建瓯 | 54 | × | 21 | × | 33 | 44 | 24 | 42 | × |
| 建阳 | 53 | 334 | 21 | × | 332 | 43 | 214 | 4 | 41 |
| 石陂 | 53 | 42 | 21 | × | 33 | 45 | 214 | × | × |

实际上不只古浊平字有层次分调,古浊上与浊入字群皆有多重层次异读,以下表建瓯为例:古浊平一部分读同阴去调、一部分读同阴上调;古全浊上一部分读同阳入调、一部分则读同阳去调;古浊入更为复杂,一部分读为阳入调、一部分读同阴入调,还有一部分读同阳去调。

**表 2-50**

<table>
<tr><td>中古</td><td colspan="2">建瓯</td><td colspan="2">建阳</td><td colspan="6">石陂</td></tr>
<tr><td>清平</td><td colspan="2">54</td><td colspan="2">53</td><td colspan="6">53</td></tr>
<tr><td>次浊平</td><td rowspan="2">33</td><td rowspan="2">21</td><td colspan="2">334</td><td colspan="6">33</td></tr>
<tr><td>全浊平</td><td>334</td><td>41</td><td colspan="3">33</td><td colspan="3">42</td></tr>
<tr><td>清上</td><td colspan="2">21</td><td colspan="2">21</td><td colspan="6">21</td></tr>
<tr><td>次浊上</td><td>21</td><td>44</td><td>21</td><td>332</td><td colspan="3">21</td><td colspan="3">53</td></tr>
<tr><td>全浊上</td><td>42</td><td>44</td><td colspan="2">332</td><td colspan="2">33</td><td colspan="2">45</td><td colspan="2">53</td></tr>
<tr><td>清去</td><td colspan="2">33</td><td colspan="2">332</td><td colspan="6">33</td></tr>
</table>

**续　表**

<table>
<tr><td>中　古</td><td colspan="3">建　瓯</td><td colspan="2">建　阳</td><td colspan="6">石　陂</td></tr>
<tr><td>次浊去</td><td colspan="3" rowspan="2">44</td><td colspan="2" rowspan="2">43</td><td colspan="6" rowspan="2">45</td></tr>
<tr><td>全浊去</td></tr>
<tr><td>清　入</td><td colspan="3">24</td><td colspan="2">214</td><td colspan="6">214</td></tr>
<tr><td>次浊入</td><td rowspan="2">24</td><td rowspan="2">42</td><td rowspan="2">44</td><td>214</td><td>4</td><td colspan="2">214</td><td colspan="2">42</td><td colspan="2">53</td></tr>
<tr><td>全浊入</td><td colspan="2">4</td><td colspan="3">42</td><td colspan="3">53</td></tr>
</table>

根据跨方言比较,古浊母字群的层次分调可能与声母的清浊音读相关,如下表,建瓯归读相异的古浊母字,在建阳、石陂往往伴随着声母的清浊对立。更详细的声调层次分析请参见 4.4。

**表 2-51**

| | 建　瓯 | 建　阳 | 石　陂 |
|---|---|---|---|
| 脐 | ts$^{h}$ɛ3 | t$^{h}$e5 | ts$^{h}$e3 |
| 齐白 | tsai2 | lai9 | dzai5 |
| 柱 | t$^{h}$iu7 | hiu3 | t$^{h}$iu1 |
| 徛 | kyɛ8 | kye3 | gye3 |
| 碟 | ta7 | ta8 | tai1 |
| 蝶 | tiɛ8 | lie8 | die5 |

(2) 连读基本不变:闽北方言各地在连读环境下声、韵、调均无共时音变,也没有轻声表现。

## 2.3　闽语的多源形成

### 2.3.1　闽地的开发历史与移民

闽地最早应为古越族居住之地,根据《周礼·夏官职方氏》提及:

职方氏掌天下之图,以掌天下之地。辨其邦国、都、鄙、四夷、八蛮、七闽、九貉、五戎、六狄之人民。

关于“闽”,《注》曰:

闽，蛮之别也；《国语》曰闽，芊蛮矣。……七，周所服国数也。

这说明在周代即有“蛮闽”部落的记载。到了战国时期“闽越”居住地区即今闽地。古越族与现代的侗台语诸民族极可能有血缘关系，古代百越语言与现代侗台语的关系应该十分密切，根据韦庆稳(1981)及郑张尚芳(1997)的研究，前者主要以壮语的材料，后者则以泰语的材料，全面释读西汉刘向《说苑·善说篇》所著录的《越人歌》，以此证明古越语与现代侗台语的传承关系，这样看来古闽越语乃属侗台语言一类，其语言特色在今日闽语中应有底层反映。此外，在汉语随着政治力量正式进入闽地之前，先秦时期闽地与邻近的吴、楚地区即有来往，古吴楚方言可能在很早时期便渗入闽地语言。战国以后关于闽地的开发历史及移民记载较为清楚，简要整理列表如下：

**表 2-52　闽地的开发历史及移民记载**

| 时　代 | 史　事　记　载 |
| --- | --- |
| 战国 | 越国被楚国所灭，后来助楚抗秦。 |
| 秦 | 秦始皇命王翦统大兵定江南，后立四郡：闽中、南海、桂林、象郡。闽中即今福建。 |
| 西汉 | 汉武帝灭闽越(公元前 100 年)，立为冶县。 |
| 东汉 | 东汉置东部候官，闽中设置五县，其中四个在今闽北。 |
| 三国孙吴 | 永安三年(公元 260 年)，闽北首立建安郡。 |
| 西晋、六朝 | 西晋成立晋安郡。五胡乱华、永嘉之乱陆续发生，南渡的汉人经过江东又南移入闽。 |
| 唐 | 文教大力扩展；初唐陈政、陈元光父子平蛮开漳，唐末王潮、王审知父子建闽。 |

战国时期，越国被楚国所灭，诸子散居，其中闽越王无诸、东海王摇，居于闽地，在“百越”范围之内，后来助楚抗秦。而秦朝定江南、立四郡，又汉代灭闽越，立冶县，置东部候官，由此推测秦汉时期就有中原汉人随着军政力量入闽，同时带入汉语，促使闽地通行的语言逐渐

转为汉语系统。三国孙吴经营江东，在闽北设立建安郡，当时入住闽北的应有江南的汉族居民、江东的吴人及江西的楚人。西晋时于闽地成立晋安郡，晋人陆续南迁入闽；五胡乱华、永嘉之乱发生后，更驱使大批北方汉人离乡避难，从黄河流域南渡的一部分汉人，经过江东又南移入闽。据此，古吴楚方言、北方汉语与当地土著语言经过接触融合，奠定了闽语的关键基础。到了唐代文教大兴，长安成为文化的扩散中心，科举、戏曲带动共同语的流播；再加上初唐陈政、陈元光父子平蛮开漳，唐末王潮、王审知父子建闽，大批移民又进入闽地，经过唐五代三百年的发展，闽语今日面貌定型，而且闽北、闽东、闽南也已显出差异。

### 2.3.2　闽语的多源聚合与分化

以上的历史简述显示闽语的形成是多源流、多层次的，包括古闽越语底层、上古吴楚方言、秦汉之后北方移民与江东移民所带入的汉语方音，以及唐五代的文教共同语言传播。从闽语的实际形成过程来看，较倾向“多源聚合”的语言发展模式，而且其多重来源的成分并非单纯地相互融合为一，而是形成叠置的诸多历史层次。因此，进行闽语的历史语言研究，必须辨析其复杂的历史层次关系。Norman (1979)将闽语的历史层次划分为三个时间层：秦汉、南朝、晚唐；梅祖麟、杨秀芳(1995)分析闽语的语法成分分别属于四个时间层次：远古、秦汉、南朝、晚唐；张光宇(1996)指出闽语包含了三个时间阶段、四个语言层次：西晋中原东部、西晋中原西部、南朝江东吴语、唐宋文读。

本书在学者研究基础之上，并结合历史时间、地域空间与语言的实际相应关系，认为闽语的历史层次应归纳为：1. 非汉语底层，2. 上古层，3. 晋代北方层，4. 南朝江东层，5. 唐宋文读层；实际上，某些历史层次中可能还要包含多重地域层次。第一层次与其他层次的表现与形成相当不同，需要独立讨论；第二层次在空间上可能包括上古吴楚方言、秦汉中原方言等不同的参差来源；第三层次与第四层次与其说是历史时间的差别，实是不同的地域表现；第五层次则较为单纯一致。

虽说闽语的形成属于“多源聚合”的语言发展模式，但若从语言扩展、方言分化的角度来看，汉语确实分化出闽地方言，闽地方言再分化出闽南、闽东、闽北等次方言，各次方言之间具有相应的共同历史层次纹理，因此仍然可以运用历史比较方法来探究闽语。然而，我们应当注意，汉语分化出闽地方言是逐步冲积的过程，其中包容了诸多不同时期、不同来源的成分相互作用，不能视为树枝性的突然分裂；也就是说，闽语的形成不单单是汉语在某地受到外部影响而发生共同创新音变后独立，更特别的是诸多外部影响叠置成层，我们需要分层进行历史比较研究。

**表 2－53　多源聚合的语言发展模式**

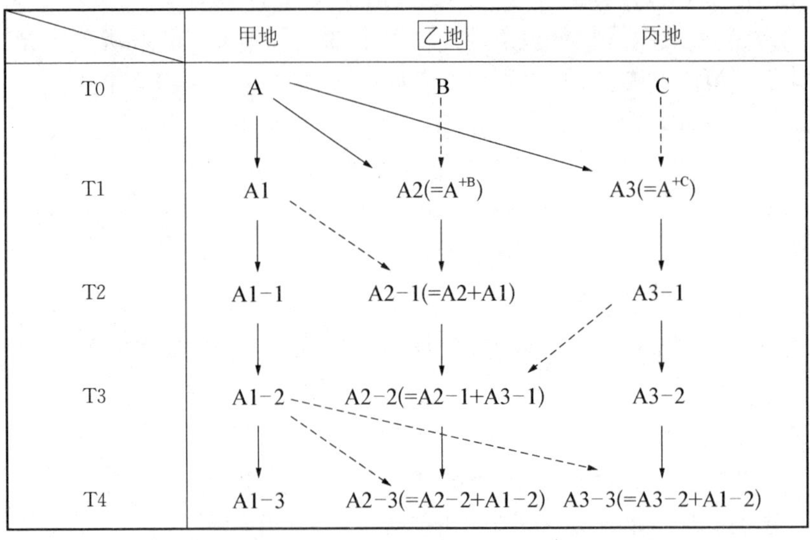


表 2－53 为“多源聚合”的语言发展模式，其发展过程相当复杂：假设甲、乙、丙三地在最早时期分别通行不同的语言 A、B、C；T1 时

期，甲地A语言随着移民与军政力量而扩展至乙、丙两地，长期下来，分别受到当地土著语言影响而分化出A2、A3两个方言，甲地A语言则历时演变为直系语言A1；T2时期，A1又随着新一波移民扩展至乙地，与乙地原有方言A2发生接触融合，形成A2-1；T3时期，丙地另有大批移民进入乙地，丙地方言A3-1因而扩展至乙地，与乙地原有方言A2-1相互接触融合，形成A2-2；T4时期，甲地直系语言A1-2又因文教力量而扩展至乙、丙两地，最后乙地形成A2-3，丙地形成A3-3；倘若每次带进乙地的成分乃叠置成层，则乙地的A2-3必为层次相当复杂的语言。

**表2-54　闽语多源聚合的语言发展模式**

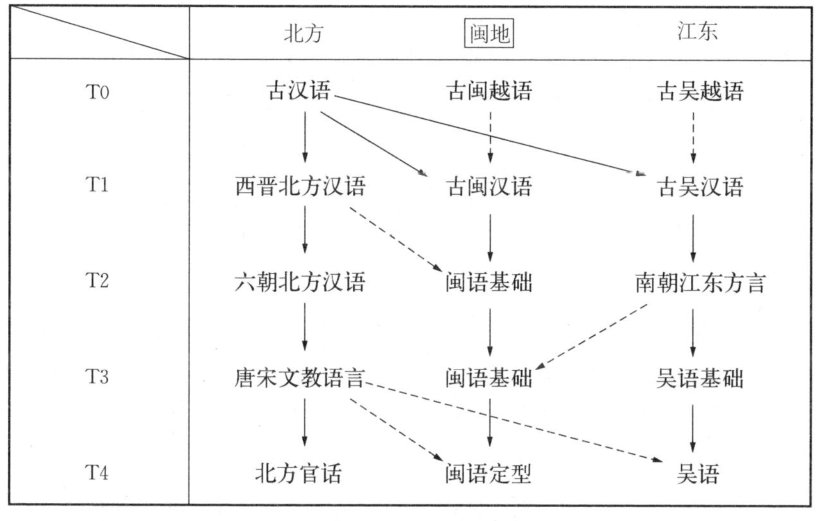


将上述模式套用为闽语的形成与发展过程，如表2-54。闽地在当地古闽越语底层之上，逐渐接受随着军政力量带进的北方古汉语，首先形成带有古闽越语色彩的汉语闽地方音，同时也有可能受到邻近古吴楚方言的接触渗透；后来陆续接受北方移民带来的不同音韵系统，包括时代与地域上的不同，较明显的层次有二：西晋以后来自北方的汉语方言，以及南朝时期来自江东的汉语方言，地域性的音韵

系统很可能本来也有细微层次差异的存在。此时已奠定闽语的重要基础。唐代以后,随着文教活动以及两次军事移民,继续传播当时的文教语言入闽,今日闽语面貌于是形成。此外,因为距离中原核心地区较偏远,有些中原地区发生的音变,没有扩传到闽地,使得闽地形成多重层次异读,而早期层次保留许多古音特点。

这样说来,探究闽语的形成与演变,应该同时考虑两种接触机制:

1. 底层干扰:土著说话者学说汉语而带进其母语语音特色,包括因土著语言影响而引发的接触音变。

2. 移民语言或文教语言的层次叠置:不同历史时期,来自不同地区的大批移民所带进的汉语方言叠层,包括各个时期的主流语或邻近优势方言,需要注意外来的方言可能也有其内部层次;隋唐以后,因为科举制度、文教活动所带来的共同语影响必定较先前更为强烈,形成厚实的文读层。而受到现代汉语影响的新文读也逐渐积累中。

本书即从语言接触与多源层次的观点切入,仔细探究闽语的历史层次,以及层次叠置与语音变化或变异之间的复杂关系。

## 2.4 结语

本章首先介绍闽语现今的地理分布与分区,归纳闽语分为三个核心次方言:闽南方言、闽东方言、闽北方言,以及三个特别次方言:莆仙方言、闽中方言、琼雷方言;本书乃以前者作为闽语历史层次的主要比较对象,而以后者作为参考的比较语料,适时补充说明前者不足之处。接着我们举例说明闽语的音韵系统特点,以及闽南、闽东、闽北等主要次方言的特殊语音表现,由此大致可见闽语复杂丰富的音韵现象。最后,简要介绍闽地的发展历史,借此特别强调闽语多源流、多层次的方言形成过程:从语言分化的角度来看,闽方言确实是从汉语分支而来,并且继续分化出闽南、闽东、闽北等次方言;但是改从语言实际形成的角度来看,闽语乃属于“多源聚合”的语言发展模式。本书着重以此观点切入探究闽语的历史音韵层次,分为五项主要来源:1. 非汉语底层,2. 上古层,3. 晋代北方层,4. 南朝江东层,5. 唐宋文读层。接下来第三、四章将从实际的层次分析来讨论这几项历史来源的音韵特点与差异。

# 第三章
# 韵读历史层次

本章分析闽语的韵读历史层次，同时运用内部分析与方言比较等方法，并着重从音韵分合关系切入检视韵读层次的系统性对应，详细辨析各地韵读层次分布与音变情形，厘清内部音变与层次竞争的交错互动，以建立闽语各次方言的层次对应关系，并归纳各历史层次的系统特色，进而参照汉语历史音韵材料，推论各层次的历史时间或地域来源。以下 3.1、3.2 节主要分析蟹、山、咸、效四摄开口字群的历史层次，并延伸探讨其他韵摄相关的阴、阳、入相应层次；3.3 节分析遇、流、宕开、通四个韵摄字群的历史层次；3.4 节分析支、脂、之、真、蒸、侵等开口 3 等字群的历史层次；最后，3.5 节在这几节的分析基础之上，总结闽语韵读历史层次的系统性。

## 3.1 蟹、山、咸、效四摄开口字群的历史层次

在中古韵摄等第的架构下，有四个韵摄四等俱全，分别是蟹摄、山摄、咸摄与效摄。我们观察分析闽语这四个韵摄开口字群的韵读层次对应关系，依其音韵系统表现差异，将历史层次分为四项，分别是：(A) 1、2 等同读，3、4 等同读的文读层次；(B) 3、4 等同读的白读层次；(C) 2、4 等同读，3 等独读的历史层次；(D) 四等同读的历史层次。联系蟹摄、山摄、咸摄与效摄四个韵摄开口字群，均一致表现以上四项历史层次的系统特色。这一节辨析蟹、山、咸、效四个韵摄开

口字群中,四项历史层次的分布情形,并且归纳各次方言的层次对应关系,最后讨论四项历史层次所反映的历史时间或地域来源。

### 3.1.1　1、2 等同读,3、4 等同读的文读层次(A)

蟹、山、咸、效四个韵摄开口字群的文读层表现相当一致, 1、2 等同读洪音,3、4 等同读相应的细音,以下分从四个韵摄进行分析与说明。

#### 3.1.1.1　蟹摄

表 3-1-1、3-1-2、3-1-3 分别是闽南、闽东与闽北蟹摄开口字群 1、2 等同读的文读层次对应表,说明如下:

1. 闽南、闽东蟹摄 1、2 等的开口字群,无论任何声母条件,均有同读为-ai 的文读层表现。

2. 闽北蟹摄 1、2 等的开口字群,也有同读为-ai 的文读层表现,唯松溪一地发生韵尾丢失音变而读为-a。然而,表 3-1-3 也同时显示闽北蟹摄 1 等的开口字群有层次竞争扩展的情形,以建瓯为例,"戴灾海爱害"等例字皆读为另一韵读-uɛ,该项韵读原本应是蟹摄 1 等泰韵有别于咍韵的白读层次(参见 3.2.1),但于建瓯扩展至少数咍韵开口字,石陂、建阳、崇安、政和也有相同的情形,松溪的扩展范围更大,其咍韵开口字的文读几已全都读为-ua,逐渐形成 1、2 等不同读的新音韵格局,山摄开口字群也有相应的现象。

**表 3-1-1　闽南蟹摄开口字群 1、2 等同读的文读层次对应表**

| 闽南 | | | 南安 | 泉州 | 漳州 | 漳浦 | 澄海 | 揭阳 |
|---|---|---|---|---|---|---|---|---|
| 例字 | 中古 | 声类 | ai | ai | ai | ai | ai | ai |
| 戴爱戴 | 1 蟹-咍 | T1 | tai3 | tai3 | tai3 | tai3 | tai3 | tai3 |
| 代代替 | 1 蟹-咍 | T1 | tai3 | tai3 | tai7 | tai7 | | |
| 灾灾难 | 1 蟹-咍 | TS1 | tsai1 | tsai1 | tsai1 | tsai1 | tsai1 | tsai1 |
| 开文读 | 1 蟹-咍 | K | $k^hai1$ | $k^hai1$ | $k^hai1$ | $k^hai1$ | $k^hai1$ | $k^hai1$ |

**续 表**

| 闽南 | | | 南安 | 泉州 | 漳州 | 漳浦 | 澄海 | 揭阳 |
|---|---|---|---|---|---|---|---|---|
| 例字 | 中古 | 声类 | ai | ai | ai | ai | ai | ai |
| 爱 | 1蟹-咍 | ø | ai3 | ai3 | ai3 | ai3 | aĩ3 | aĩ3 |
| 带文读 | 1蟹-泰 | T1 | tai3 | tai3 | tai3 | tai3 | | |
| 赖文读 | 1蟹-泰 | T1 | lai3 | lai3 | lai7 | lai7 | nai6 | nai6 |
| 蔡文读 | 1蟹-泰 | TS1 | $ts^hai3$ | $ts^hai3$ | $ts^hai3$ | | | |
| 盖文读 | 1蟹-泰 | K | kai3 | kai3 | kai3 | kai3 | kai3 | kai3 |
| 害 | 1蟹-泰 | K | hai3 | hai3 | hai7 | hai7 | hai7 | hai7 |
| 拜 | 2蟹-皆 | P1 | pai3 | pai3 | pai3 | pai3 | pai3 | pai3 |
| 斋 | 2蟹-皆 | TS2 | | tsai1 | tsai1 | tsai1 | | |
| 界 | 2蟹-皆 | K | kai3 | kai3 | kai3 | kai3 | kai3 | kai3 |
| 芥文读 | 2蟹-皆 | K | kai3 | kai3 | kai3 | kai3 | kai3 | kai3 |
| 挨文读 | 2蟹-皆 | ø | ai1 | ai1 | ai1 | ai1 | ai1 | |
| 摆 | 2蟹-佳 | P1 | pai2 | pai2 | pai2 | pai2 | pai2 | pai2 |
| 卖文读 | 2蟹-佳 | P1 | maĩ3 | maĩ3 | maĩ7 | maĩ7 | | |
| 钗 | 2蟹-佳 | TS2 | $ts^hai1$ | $ts^hai1$ | $ts^hai1$ | | | |
| 解解说 | 2蟹-佳 | K | kai2 | kai2 | kai2 | kai2 | | |
| 解姓 | 2蟹-佳 | K | | | hai7 | hai7 | hai6 | |
| 矮 | 2蟹-佳 | ø | | ai2 | ai2 | ai2 | | |
| 败 | 2蟹-夬 | P1 | pai3 | pai3 | pai7 | pai7 | pai7 | pai7 |
| 迈 | 2蟹-夬 | P1 | maĩ3 | maĩ3 | maĩ7 | maĩ7 | mai6 | mai6 |
| 寨 | 2蟹-夬 | TS2 | | tsai3 | tsai7 | | | |

**表 3-1-2 闽东蟹摄开口字群1、2等同读的文读层次对应表**

| 闽东 | | | 福州 | 福清 | 古田 | 柘荣 | 福安 | 宁德 |
|---|---|---|---|---|---|---|---|---|
| 例字 | 中古 | 声类 | ai | ai | ai | ai | ai | ai |
| 戴爱戴 | 1蟹-咍 | T1 | tai3 | tai3 | tai3 | tai3 | tai3 | tai3 |
| 代代替 | 1蟹-咍 | T1 | tai7 | tai7 | tai7 | tai7 | tai7 | tai7 |

**续　表**

| 闽　　东 | | | 福州 | 福清 | 古田 | 柘荣 | 福安 | 宁德 |
|---|---|---|---|---|---|---|---|---|
| 例字 | 中　古 | 声类 | ai | ai | ai | ai | ai | ai |
| 灾灾难 | 1 蟹-咍 | TS1 | tsai1 | tsai1 | tsai1 | tsai1 | tsai1 | tsai1 |
| 开文读 | 1 蟹-咍 | K | $k^hai1$ | $k^hai1$ | $k^hai1$ | $k^hai1$ | $k^hai1$ | $k^hai1$ |
| 爱 | 1 蟹-咍 | ø | ai3 | ai3 | ai3 | ai3 | ai3 | ai3 |
| 带文读 | 1 蟹-泰 | T1 | tai3 | tai3 | tai3 | tai3 | tai3 | tai3 |
| 赖文读 | 1 蟹-泰 | T1 | nai7 | lai7 | lai7 | lai7 | lai7 | lai7 |
| 蔡文读 | 1 蟹-泰 | TS1 | $ts^hai3$ | $ts^hai3$ | $ts^hai3$ | $ts^hai3$ | $ts^hai3$ | $ts^hai3$ |
| 盖文读 | 1 蟹-泰 | K | kai3 | kai3 | kai3 | kai3 | kai3 | kai3 |
| 害 | 1 蟹-泰 | K | xai7 | hai7 | hai7 | xai7 | hai7 | xai7 |
| 拜 | 2 蟹-皆 | P1 | pai3 | pai3 | pai3 | pai3 | pai3 | pai3 |
| 豺 | 2 蟹-皆 | TS2 | $ts^hai5$ | tsai5 *<br>$ts^hai5$ | tsai5 | tsai5 | tsai5 | tsai5 |
| 界 | 2 蟹-皆 | K | kai3 | kai3 | kai3 | kai3 | kai3 | kai3 |
| 芥文读 | 2 蟹-皆 | K | kai3 | kai3 | kai3 | kai3 | kai3 | kai3 |
| 挨文读 | 2 蟹-皆 | ø | ai1 | ai1 | ai1 | ai1 | ai1 | ai1 |
| 摆文读 | 2 蟹-佳 | P1 | pai2 | pai2 | pai2 | pai2 | pai2 | pai2 |
| 钗 | 2 蟹-佳 | TS2 | $ts^hai1$ | $ts^hai1$ | $ts^hai1$ | $ts^hai1$ | $ts^hai1$ | $ts^hai1$ |
| 解解说 | 2 蟹-佳 | K | kai2 | kai2 | kai2 | | | kai2 |
| 解姓 | 2 蟹-佳 | K | xai7 | hai7 | | xai7 | | |
| 矮 | 2 蟹-佳 | ø | | | | ai2 | ai2 | |
| 败 | 2 蟹-夬 | P1 | pai7 | pai7 | pai7 | pai7 | pai7 | pai7 |
| 迈 | 2 蟹-夬 | P1 | mai7 | mai3 | mai7 | mai7 | mai7 | mai7 |
| 寨 | 2 蟹-夬 | TS2 | tsai7 | tsai7 | tsai7 | tsai7 | tsai7 | tsai7 |

## 表 3-1-3 闽北蟹摄开口字群 1、2 等同读的文读层次对应表

| 闽北 | | | 石陂 | 建阳 | 崇安 | 建瓯 | 政和 | 松溪 |
|---|---|---|---|---|---|---|---|---|
| 例字 | 中古 | 声类 | ai (uai) | ai (ue) | ai (uai) | ai (uε) | ai (uε) | a (ua) |
| 戴爱戴 | 1 蟹-咍 | T1 | (tuai3) | (tue3) | (tuai3) | (tuε3) | (tuε9) | (tua3) |
| 代代替 | 1 蟹-咍 | T1 | dai7 | lai7 | lai7 | | tai3 | (tua8) |
| 态 | 1 蟹-咍 | T1 | t$^h$ai3 | hai3 | hai3 | t$^h$ai3 | | t$^h$a7 |
| 苔 | 1 蟹-咍 | T1 | t$^h$ai1 | hai1 | hai1 | t$^h$ai1 | t$^h$ai1 | (t$^h$ua1) |
| 来 | 1 蟹-咍 | T1 | lai3 | lai5 | lai5 | lai2 | lai9 | (lua9) |
| 灾 | 1 蟹-咍 | TS1 | tsai1 | (tsue1) | (tsuai1) | (tsuε1) | (tsuε1) | (tsua1) |
| 在 | 1 蟹-咍 | TS1 | dzai3 | lai3 | lai3 | | tsai3 | (tsua8) |
| 改 | 1 蟹-咍 | K | kai2 | kai2 | kai2 | kai2 | | (kua2) |
| 碍 | 1 蟹-咍 | K | ŋai7 | ŋai7 | ŋai7 | ŋai7 | ŋai7 | |
| 开文读 | 1 蟹-咍 | K | k$^h$ai1 | k$^h$ai1 | (k$^h$uai1) | | | |
| 海 | 1 蟹-咍 | K | (xuai2) | (xue2) | (xuai2) | (xuε2) | (xuε2) | (hua2) |
| 爱 | 1 蟹-咍 | Ø | ai3 | (ue3) | (uai3) | (uε3) | (uε3) | (ua3) |
| 太 | 1 蟹-泰 | T1 | t$^h$ai3 | | (huai3) | | | |
| 赖文读 | 1 蟹-泰 | T1 | lai7 | | | lai7 | lai7 | |
| 奈 | 1 蟹-泰 | T1 | nai7 | nai7 | nai7 | nai7 | nai7 | (nua7) |
| 盖文读 | 1 蟹-泰 | K | kai3 | | kai3 | kai3 | kai3 | ka8 |
| 艾文读 | 1 蟹-泰 | K | ŋai7 | | ŋai7 | ŋai7 | ŋai7 | (ŋua7) |
| 害 | 1 蟹-泰 | K | (xuai7) | (xue7) | (xuai7) | (xuε7) | (xuε7) | (hua7) |
| 拜 | 2 蟹-皆 | P1 | pai3 | pai3 | pai3 | pai3 | pai3 | pa3 |
| 斋 | 2 蟹-皆 | TS2 | tsai1 | tsai1 | tsai1 | tsai1 | tsai1 | tsa1 |
| 豺 | 2 蟹-皆 | TS2 | dzai5 | lai9 | lai5 | tsai2 | tsai9 | tsa9 |
| 界 | 2 蟹-皆 | K | kai3 | kai3 | kai3 | kai3 | kai3 | ka3 |
| 芥文读 | 2 蟹-皆 | K | kai3 | | kai3 | kai3 | kai3 | |
| 摆 | 2 蟹-佳 | P1 | pai2 | pai2 | pai2 | pai2 | p$^h$ai2 | pa2 |
| 钗 | 2 蟹-佳 | TS2 | ts$^h$ai1 | t$^h$ai1 | t$^h$ai1 | ts$^h$ai1 | ts$^h$ai1 | (ts$^h$ɒ1) |

**续　表**

| 闽　北 | | | 石陂 | 建阳 | 崇安 | 建瓯 | 政和 | 松溪 |
|---|---|---|---|---|---|---|---|---|
| 例字 | 中　古 | 声类 | ai (uai) | ai (ue) | ai (uai) | ai (uɛ) | ai (uɛ) | a (ua) |
| 解姓 | 2 蟹-佳 | K | xai1 | | | xai7 | | |
| 败 | 2 蟹-夬 | P1 | bai7 | βai3 | βai7 | pai7 | pai3 | pa8 |
| 迈 | 2 蟹-夬 | P1 | mai7 | mai7 | mai7 | mai7 | mai7 | |
| 寨 | 2 蟹-夬 | TS2 | dzai7 | lai7 | lai7 | tsai7 | tsai9 | tsa4 |

表 3-1-5、3-1-6、3-1-7 分别是闽南、闽东与闽北蟹摄开口字群 3、4 等同读的文读层次对应表，说明如下：

1. 表 3-1-7 显示闽北石陂、建瓯、政和三地的蟹摄 3、4 等开口字群，无论任何声母条件，均有同读为-i 的文读层表现；而建阳、崇安、松溪三地则有声母条件互补分布的韵读变体，止摄 3 等开口字群也有相同表现，如下所示：

**表 3-1-4**

| 闽　北 | | | 建阳 | 崇安 | 松溪 |
|---|---|---|---|---|---|
| 例字 | 中　古 | 声类 | i/ɔi | i/ei | i/ei |
| 弊 | 3 蟹-祭 | P-並 | βɔi7 | βei7 | |
| 比 | 3 止-脂 | P-帮 | pɔi2 | pei2 | pei2 |
| 迷 | 4 蟹-齐 | P-明 | mɔi5 | mei5 | |
| 帝 | 4 蟹-齐 | T-端 | tɔi3 | tei3 | tei3 |
| 迟 | 3 止-脂 | T-澄 | lɔi5 | lei5 | tei9 |
| 励 | 3 蟹-祭 | T-来 | lɔi7 | lei7 | lei7 |
| 姊 | 3 止-脂 | TS-精 | tsɔi2 | tsei2 | tsei2 |
| 妻 | 4 蟹-齐 | TS-清 | $t^h$ɔi1 | $t^h$ei1 | $ts^h$ei1 |
| 丝 | 3 止-之 | TS-心 | sɔi1 | sei1 | sei1 |
| 二 | 3 止-脂 | T-日 | nɔi7 | nei7 | nei7 |
| 耻 | 3 止-之 | TS-彻 | | $ts^h$i2 | $ts^h$i2 |

**续　表**

| 闽　北 | | | 建阳 | 崇安 | 松溪 |
|---|---|---|---|---|---|
| 例字 | 中　古 | 声类 | i/ɔi | i/ei | i/ei |
| 指 | 3 止-脂 | TS-章 | tsi2 | tsi2 | tsi2 |
| 尸 | 3 止-脂 | TS-书 | $ts^hi1$ | $ts^hi1$ | $ts^hi1$ |
| 诗 | 3 止-之 | TS-书 | si1 | si1 | si1 |
| 记 | 3 止-之 | K-见 | ki3 | ki3 | ki3 |
| 器 | 3 止-脂 | K-溪 | $k^hi3$ | $k^hi3$ | $k^hi3$ |
| 艺 | 3 蟹-祭 | K-疑 | ŋi7 | ŋi7 | ŋi7 |
| 系 | 4 蟹-齐 | K-匣 | xi7 | xi7 | hi7 |
| 医 | 3 止-之 | ø-影 | i1 | i1 | i1 |

单就声母今读音值来看，舌根音与零声母等声母条件下韵读为-i，唇音与舌尖音 t-、$t^h$-、n-、l-等声母条件下韵读为下降复元音。令人注意的是今读塞擦音 ts-、$ts^h$-、s-等条件下两类韵母均可出现，进一步参照古声母类别来看，-i 分布于古章系字，-ɔi 或-ei 分布于古精系字，①至于古知系字则端视其声母今读音值，读为舌尖音者同端系，韵读亦为下降复元音，如上表“迟”，读为塞擦音者同章系，韵读则为-i，如上表“耻”。从古声母类别的互补分布来看，这两类韵母应为声母条件变体，而且反映早期精系声母与章系声母有别的音韵特点。

2. 闽南与闽东蟹摄 3、4 等开口字群的文读层表现较为复杂。

(1) 表 3-1-5 显示闽南蟹摄 3、4 等开口字群的文读音在地域分布上分为两类：泉州腔读为-e，潮汕腔读为-i；而漳州腔多数同于泉州腔读为-e(漳浦读为相应的-iei)，但多数唇音条件下的例字读为-i，例如“蔽弊陛”等字。

(2) 表 3-1-6 显示闽东蟹摄 3、4 等开口字群的文读层韵读为-i，

① 这类韵母分布的韵摄字群中，庄系字往往读同 1 等洪音韵读，与此韵读条件分化现象无关。

福州、福清、福安、宁德等地均具韵变现象，在各自特定的声调条件下读为-ei或-e，值得注意的是该项文读音多数分布于唇音声母条件下，其他声母条件的例字多由白读层次韵读竞争取胜：(a) 舌根声母下多读为-ie(福安、宁德高化音变为-i)，透过3.1.2的比较分析，此乃蟹摄另一项3、4等同读的白读层次；(b) 舌尖声母下则多读为-ɛ(福州特定声调条件下低化为-a)，透过3.1.3的比较分析，此为蟹摄2、4等同读的白读层次。

**表3-1-5 闽南蟹摄开口字群3、4等同读的文读层次对应表**

| 闽南 | | | 南安 | 泉州 | 漳州 | 漳浦 | 澄海 | 揭阳 |
|---|---|---|---|---|---|---|---|---|
| 例字 | 中古 | 声类 | e | e | e<br>(i) | iei<br>(i) | i | i |
| 蔽 | 3蟹-祭 | P1 | | pe3 | (pi7) | (pi3) | pi7 | pi6 |
| 币 | 3蟹-祭 | P1 | pe3 | pe3 | (pi7) | (pi7) | | pi6 |
| 弊 | 3蟹-祭 | P1 | pe3 | pe3 | (pi7) | (pi7) | pi7 | pi7 |
| 誓文读 | 3蟹-祭 | TS3 | se3 | se3 | | (si7) | si7 | si7 |
| 艺文读 | 3蟹-祭 | K | ge3 | ge3 | ge7 | giei7 | | |
| 迷 | 4蟹-齐 | P1 | be5 | be5 | be5 | biei5 | mi5 | mi5 |
| 陛 | 4蟹-齐 | P1 | pe3 | pe3 | (pi7) | piei7 | pi2 | pi6 |
| 帝 | 4蟹-齐 | T1 | te3 | te3 | te3 | tiei3 | ti3 | ti3 |
| 弟徒弟 | 4蟹-齐 | T1 | te6 | te6 | te7 | tiei7 | | |
| 礼 | 4蟹-齐 | T1 | le2 | le2 | le2 | liei2 | (loi2) | li2 |
| 丽 | 4蟹-齐 | T1 | le3 | le3 | le7 | liei7 | li6 | li6 |
| 继 | 4蟹-齐 | K | ke3 | ke3 | ke3 | kiei3 | ki3 | ki3 |
| 系 | 4蟹-齐 | K | he3 | he3 | he7 | hiei7 | hi6 | hi6 |

**表3-1-6 闽东蟹摄开口字群3、4等同读的文读层次对应表**

| 闽东 | | | 福州 | 福清 | 古田 | 柘荣 | 福安 | 宁德 |
|---|---|---|---|---|---|---|---|---|
| 例字 | 中古 | 声类 | i/ei | i/e | i | i | i/ei | i/ei |
| 蔽 | 3蟹-祭 | P1 | pei3 | pi3 | pi7 | pi3 | | pei3 |
| 币弊 | 3蟹-祭 | P1 | pei7 | pe7 | pi7 | pi3 | pei7 | pei7 |

续　表

| 闽　东 | | | 福州 | 福清 | 古田 | 柘荣 | 福安 | 宁德 |
|---|---|---|---|---|---|---|---|---|
| 例字 | 中　古 | 声类 | i/ei | i/e | i | i | i/ei | i/ei |
| 迷 | 4 蟹-齐 | P1 | mi5 | mi5 | mi5 | mi5 | mei5 | mei5 |
| 谜 | 4 蟹-齐 | P1 | mei7 | me7 | mi7 | mi7 | mei5 | mei5 |
| 低 | 4 蟹-齐 | T1 | | ti1 | ti1 | | | ti1 |
| 计伙计 | 4 蟹-齐 | K | kei3 | ke3 | | ki3 | | |
| | | | (ie) | (ie) | (ie) | (ie) | (i) | (i) |
| 艺 | 3 蟹-祭 | K | ŋie7 | ŋie7 | ŋie7 | ŋie7 | ŋi7 | ŋi2 |
| 继 | 4 蟹-齐 | K | kie3 | kie3 | | kie3 | ki3 | ki3 |
| 系 | 4 蟹-齐 | K | xie7 | hie7 | hie7 | xie7 | hi7 | xi2 |
| | | | (ɛ/a) | (e) | (ɛ) | (ɛ) | (ɛ) | (ɛ) |
| 帝 | 4 蟹-齐 | T1 | ta3 | te3 | tɛ3 | tɛ3 | tɛ3 | tɛ3 |
| 弟表弟 | 4 蟹-齐 | T1 | ta7 | te7 | tɛ7 | tɛ7 | tɛ7 | tɛ2 |
| 礼 | 4 蟹-齐 | T1 | nɛ2 | le2 | lɛ2 | lɛ2 | lɛ2 | lɛ2 |
| 丽 | 4 蟹-齐 | T1 | na7 | le7 | lɛ7 | lɛ7 | lɛ7 | |

**表 3-1-7　闽北蟹摄开口字群 3、4 等同读的文读层次对应表**

| 闽　北 | | | 石陂 | 建阳 | 崇安 | 建瓯 | 政和 | 松溪 |
|---|---|---|---|---|---|---|---|---|
| 例字 | 中　古 | 声类 | i | i/ɔi | i/ei | i | i | i/ei |
| 毙币 | 3 蟹-祭 | P1 | pi7 | βɔi7 | βei7 | pi7 | pi7 | pei8 |
| 励 | 3 蟹-祭 | T1 | li7 | lɔi7 | lei7 | li7 | li7 | lei7 |
| 艺 | 3 蟹-祭 | K | ŋi7 | ŋi7 | ŋi7 | ŋi7 | ŋi7 | ŋi7 |
| 迷 | 4 蟹-齐 | P1 | mi3 | mɔi5 | mei5 | mi3 | mi9 | |
| 帝 | 4 蟹-齐 | T1 | ti3 | tɔi3 | tei3 | ti3 | ti3 | tei3 |
| 弟徒弟 | 4 蟹-齐 | T1 | di3 | lɔi3 | lei3 | ti8 | | tei8 |
| 礼 | 4 蟹-齐 | T1 | li2 | | | li2 | li2 | lei2 |
| 丽 | 4 蟹-齐 | T1 | | lɔi7 * 5 | lei7 | li4 | li7 | lei7 |
| 妻 | 4 蟹-齐 | TS1 | $ts^hi1$ | $t^hɔi1$ | $t^hei1$ | $ts^hi1$ | $ts^hi1$ | $ts^hei1$ |

续　表

| 闽　北 | | | 石陂 | 建阳 | 崇安 | 建瓯 | 政和 | 松溪 |
|---|---|---|---|---|---|---|---|---|
| 例字 | 中　古 | 声类 | i | i/ɔi | i/ei | i | i | i/ei |
| 计伙计 | 4 蟹-齐 | K | ki3 | ki3 | ki3 | ki3 | | |
| 继 | 4 蟹-齐 | K | ki3 | ki3 | | ki3 | ki3 | ki3 |
| 系 | 4 蟹-齐 | K | xi7 | xi7 | xi7 | xi7 | xi7 | hi7 |

3.1.1.2　山摄

表 3－1－8、3－1－9、3－1－10 分别是闽南、闽东与闽北山摄开口字群 1、2 等同读的文读层次对应表，说明如下：

1. 闽南、闽东山摄 1、2 等的开口字群，无论任何声母条件，均有同读为-an 或-aŋ 的文读层表现，入声韵读为相应的-at 或-ak。

2. 闽北山摄 1、2 等的开口字群，也有同读为-aiŋ 的文读层表现，唯松溪一地发生韵腹单元音化而读为-aŋ；然而，表 3－1－10 也同时显示该项文读音多数分布于 2 等韵，1 等例字极少，以石陂为例，仅有"残看岸"等字读为-aiŋ，其他 1 等例字多读为另一层次韵读-uaiŋ，甚至"寒"字的文读音于闽北各地均不为文读层的韵读，该项韵读原本应是山摄另一项古歌祭元相应的白读层次(参见 3.2.3)，而且表现开合不分的特色，在 1 等韵中跟文读层竞争取胜，逐渐形成 1、2 等不同读的新音韵格局，此即相应于上述蟹摄开口 1、2 等字群的表现。入声部分文读层-ai 的例字更少，1 等例字几乎全读为开合不分的白读韵。

**表 3－1－8　闽南山摄开口字群 1、2 等同读的文读层次对应表**

| 闽　南 | | | 南安 | 泉州 | 漳州 | 漳浦 | 澄海 | 揭阳 |
|---|---|---|---|---|---|---|---|---|
| 例字 | 中　古 | 声类 | an | an | an | an | aŋ | aŋ |
| 单文读 | 1 山 寒 | T1 | tan1 | tan1 | tan1 | tan1 | | |
| 难 | 1 山-寒 | T1 | lan5 | lan5 | lan5 | lan5 | laŋ5 | laŋ5 |
| 残 | 1 山-寒 | TS1 | tsan5 | tsan5 | | tsan5 | $ts^haŋ5$ | $ts^haŋ5$ |
| 散文读 | 1 山-寒 | TS1 | san3 | san3 | san3 | san3 | | |

**续 表**

| 闽南 | | | 南安 | 泉州 | 漳州 | 漳浦 | 澄海 | 揭阳 |
|---|---|---|---|---|---|---|---|---|
| 例字 | 中古 | 声类 | an | an | an | an | aŋ | aŋ |
| 寒文读 | 1 山-寒 | K | han5 | han5 | han5 | han5 | haŋ5 | haŋ5 |
| 旱文读 | 1 山-寒 | K | han3 | han3 | han7 | han7 | | |
| 安文读 | 1 山-寒 | ∅ | an1 | an1 | an1 | an1 | aŋ1 | aŋ1 |
| 扮 | 2 山-山 | P1 | pan3 | pan3 | pan7 | pan7 | | |
| 山文读 | 2 山-山 | TS2 | san1 | san1 | san1 | san1 | | |
| 产文读 | 2 山-山 | TS2 | san2 | san2 | san2 | san2 | | |
| 间文读 | 2 山-山 | K | kan1 | kan1 | kan1 | kan1 | kaŋ1 | kaŋ1 |
| 眼文读 | 2 山-山 | K | gan2 | gan2 | gan2 | gan2 | ŋaŋ2 | ŋaŋ2 |
| 闲文读 | 2 山-山 | K | han5 | han5 | | han5 | | |
| 限文读 | 2 山-山 | K | han6 | han6 | han7 | | haŋ6 | haŋ6 |
| 斑文读 | 2 山-删 | P1 | pan1 | pan1 | pan1 | pan1 | paŋ1 | paŋ1 |
| 板文读 | 2 山-删 | P1 | pan2 | pan2 | pan2 | pan2 | paŋ2 | paŋ2 |
| 删 | 2 山-删 | TS2 | san1 | san1 | san1 | san1 | | saŋ1 |
| 奸 | 2 山-删 | K | kan1 | kan1 | kan1 | kan1 | kaŋ1 | kaŋ1 |
| 雁 | 2 山-删 | K | gan3 | gan3 | gan7 | gan7 | ŋaŋ6 | ŋaŋ6 |
| | | | at | at | at | at | ak | ak |
| 达 | 1 山-寒 | T1 | tat8 | tat8 | tat8 | tat8 | tak8 | tak8 |
| 擦 | 1 山-寒 | TS1 | ts$^h$at4 | ts$^h$at4 | ts$^h$at4 | ts$^h$at4 *<br>sat4 | ts$^h$ak4 | ts$^h$ak4 |
| 撒文读 | 1 山-寒 | TS1 | | sat4 | sat4 | sat4 | sak4 | |
| 割文读 | 1 山-寒 | K | kat4 | kat4 | kat4 | | | |
| 喝文读 | 1 山-寒 | K | hat4 | hat4 | hat4 | hat4 | hak4 | hak4 |
| 八文读 | 2 山-山 | P1 | pat4 | pat4 | pat4 | pat4 | | |
| 察 | 2 山-山 | TS2 | ts$^h$at4 | ts$^h$at4 | ts$^h$at4 | ts$^h$at4 *<br>sat4 | ts$^h$ak4 | ts$^h$ak4 |
| 杀文读 | 2 山-山 | TS2 | sat4 | sat4 | sat4 | sat4 | | |
| 铡文读 | 2 山-删 | TS2 | | tsat8 | tsat8 | | | |
| 瞎 | 2 山-删 | K | hat4 | | hat4 | hat4 | hak4 | hak4 |

**表 3-1-9　闽东山摄开口字群 1、2 等同读的文读层次对应表**

| 闽　　东 | | | 福州 | 福清 | 古田 | 柘荣 | 福安 | 宁德 |
|---|---|---|---|---|---|---|---|---|
| 例字 | 中　古 | 声类 | aŋ | aŋ | aŋ | aŋ | aŋ | aŋ |
| 单 | 1 山-寒 | T1 | taŋ1 | taŋ1 | taŋ1 | taŋ1 | taŋ1 | taŋ1 |
| 难 | 1 山-寒 | T1 | naŋ5 | naŋ5 | naŋ5 | naŋ5 | naŋ5 | naŋ5 |
| 残 | 1 山-寒 | TS1 | tsaŋ5 | tsaŋ5 | tsaŋ5 | tsaŋ5 | tsaŋ5 | tsaŋ5 |
| 散 | 1 山-寒 | TS1 | saŋ3 | saŋ3 | saŋ3 | saŋ3 | saŋ3 | saŋ3 |
| 岸文读 | 1 山-寒 | K | ŋaŋ7 | ŋaŋ7 | | ŋaŋ7 | ŋaŋ7 | ŋaŋ7 |
| 寒文读 | 1 山-寒 | K | xaŋ5 | | haŋ5 | xaŋ5 | haŋ5 | xaŋ5 |
| 安文读 | 1 山-寒 | Ø | aŋ1 | aŋ1 | aŋ1 | aŋ1 | aŋ1 | aŋ1 |
| 山 | 2 山-山 | TS2 | saŋ1 | saŋ1 | saŋ1 | saŋ1 | saŋ1 | saŋ1 |
| 产 | 2 山-山 | TS2 | saŋ2 | | saŋ2 | saŋ2 | saŋ2 | saŋ2 |
| 间文读 | 2 山-山 | K | kaŋ1 | kaŋ1 | kaŋ1 | kaŋ1 | kaŋ1 | kaŋ1 |
| 眼文读 | 2 山-山 | K | ŋaŋ2 | ŋaŋ2 | ŋaŋ2 | ŋaŋ2 | ŋaŋ2 | ŋaŋ2 |
| 闲文读 | 2 山-山 | K | xaŋ5 | haŋ5 | haŋ5 | xaŋ5 | haŋ5 | xaŋ5 |
| 斑文读 | 2 山-删 | P1 | paŋ1 | paŋ1 | paŋ1 | paŋ1 | paŋ1 | paŋ1 |
| 板文读 | 2 山-删 | P1 | paŋ2 | paŋ2 | paŋ2 | paŋ2 | paŋ2 | paŋ2 |
| 删 | 2 山-删 | TS2 | saŋ1 | saŋ1 | saŋ1 | saŋ1 | saŋ1 | saŋ1 |
| 奸 | 2 山-删 | K | kaŋ1 | kaŋ1 | kaŋ1 | kaŋ1 | kaŋ1 | kaŋ1 |
| 雁 | 2 山-删 | K | ŋaŋ7 | ŋaŋ7 | ŋaŋ7 | ŋaŋ3 | ŋaŋ7 | ŋaŋ7 |
| | | | aʔ | aʔ | ak | ak | ak | ak |
| 达 | 1 山-寒 | T1 | taʔ8 | taʔ8 | tak8 | tak8 | tak8 | tak8 |
| 擦 | 1 山-寒 | TS1 | $ts^{h}aʔ4$ | | $ts^{h}ak4$ | $ts^{h}ak4$ | $ts^{h}ak4$ | $ts^{h}ak4$ |
| 撒 | 1 山-寒 | TS1 | saʔ4 | | | sak4 | sak4 | sak4 |
| 萨 | 1 山-寒 | TS1 | saʔ4 | saʔ4 | | sak4 | sak4 | sak4 |
| 割 | 1 山-寒 | K | kaʔ4 | kaʔ4 | kak4 | kak4 | kak4 | kak4 |
| 喝 | 1 山-寒 | K | xaʔ4 | haʔ4 | hak4 | xak4 | hak4 | xak4 |
| 察 | 2 山-山 | TS2 | $ts^{h}aʔ4$ | $ts^{h}aʔ4$ | $ts^{h}ak4$ | $ts^{h}ak4$ | $ts^{h}ak4$ | $ts^{h}ak4$ |
| 杀 | 2 山-山 | TS2 | saʔ4 | saʔ4 | sak4 | sak4 | sak4 | sak4 |
| 铡文读 | 2 山-删 | TS2 | tsaʔ8 | tsaʔ8 | tsak8 | tsak8 | tsak8 | tsap8 |
| 瞎 | 2 山-删 | K | xaʔ4 | haʔ4 | hak4 | xak8 | hak8 | xak4 |

**表 3-1-10 闽北山摄开口字群 1、2 等同读的文读层次对应表**

| 闽北 | | | 石陂 | 建阳 | 崇安 | 建瓯 | 政和 | 松溪 |
|---|---|---|---|---|---|---|---|---|
| 例字 | 中古 | 声类 | aiŋ (uaiŋ) | aiŋ (ueiŋ) | aiŋ (uaiŋ) | aiŋ (uiŋ) | aiŋ (ueiŋ) | aŋ (ueiŋ) |
| 难 | 1 山-寒 | T1 | (nuaiŋ3) | (nueiŋ5) | (nuaiŋ5) | (nuiŋ3) | (nueiŋ5) | (nueiŋ5) |
| 残 | 1 山-寒 | TS1 | dzaiŋ5 | | (luaiŋ5) | | | tsaŋ9 |
| 看 | 1 山-寒 | K | $k^h$aiŋ3 | | $k^h$aiŋ3 | | $k^h$aiŋ3 | ($k^h$ueiŋ3) |
| 岸 | 1 山-寒 | K | ŋaiŋ7 | ŋaiŋ7 | ŋaiŋ7 | ŋaiŋ7 | ŋaiŋ7 | ŋaŋ7 |
| 寒文读 | 1 山-寒 | K | | (xueiŋ5) | (xuaiŋ5) | (uiŋ2) | (ueiŋ9) | (hueiŋ9) |
| 扮 | 2 山-山 | P1 | (puaiŋ3) | paiŋ3 | | paiŋ7 | | paŋ7 |
| 盏 | 2 山-山 | TS2 | tsaiŋ2 | tsaiŋ2 | tsaiŋ2 | tsaiŋ2 | tsaiŋ2 | tsaŋ2 |
| 间 | 2 山-山 | K | kaiŋ1 | kaiŋ1 | kaiŋ1 | kaiŋ1 | kaiŋ1 | kaŋ1 |
| 艰 | 2 山-山 | K | kaiŋ1 | kaiŋ1 | kaiŋ1 | kaiŋ1 | kaiŋ1 | kaŋ1 |
| 限 | 2 山-山 | K | xaiŋ7 | xaiŋ7 | xaiŋ7 | xaiŋ7 | xaiŋ7 | haŋ7 |
| 斑文读 | 2 山-删 | P1 | paiŋ1 | paiŋ1 | paiŋ1 | paiŋ1 | paiŋ1 | paŋ1 |
| 板文读 | 2 山-删 | P1 | paiŋ2 | paiŋ2 | paiŋ2 | paiŋ2 | paiŋ2 | paŋ2 |
| 删 | 2 山-删 | TS2 | saiŋ7 | saiŋ1 | saiŋ1 | (suiŋ1) | | |
| 奸 | 2 山-删 | K | kaiŋ1 | kaiŋ1 | kaiŋ1 | kaiŋ1 | kaiŋ1 | kaŋ1 |
| 雁 | 2 山-删 | K | ŋaiŋ7 | ŋaiŋ7 | ŋaiŋ7 | ŋaiŋ7 | | ŋaŋ7 |
| | | | ai (uai) | ai (ue) | ai (uai) | ai (uε) | ai (uε) | a (ua) |
| 达 | 1 山-寒 | T1 | (duai5) | (lue8) | (luai8) | (tuε4) | (tuε9) | (tua4) |
| 擦 | 1 山-寒 | TS1 | ($ts^h$uai4) | ($t^h$ue4) | ($ts^h$yai4) | ($ts^h$uε4) | (tsuε7) | ($ts^h$ua4) |
| 察 | 2 山-山 | TS2 | | ($t^h$ue4) | ($ts^h$yai4) | ($ts^h$uε4) | ($ts^h$uε4) | |
| 杀 | 2 山-山 | TS2 | (suai4) | (sue4) | (syai4) | (suε4) | (suε4) | (sua4) |
| 八 | 2 山-山 | P1 | pai4 | pai4 | pai4 | pai4 | pai4 | pa4 |
| 瞎 | 2 山-删 | K | xai4 | xai4 | xai4 | xai4 | xai4 | ha4 |

表 3-1-12、3-1-13、3-1-14 分别是闽南、闽东与闽北山摄开口字群 3、4 等同读的文读层次对应表，说明如下：

1. 闽南山摄 3、4 等的开口字群，无论任何声母条件，均有同读为 -ian 或-iaŋ 的文读层表现，入声韵读为相应的-iat 或-iak。

2. 闽东除了3等元韵,其他山摄3、4等的开口字群,无论任何声母条件,均有同读为-ieŋ的文读层表现,入声韵读为相应的-iek或-ieʔ,但福安发生韵腹高化音变而读为-iŋ、-ik,宁德在阳平、阴阳去及阴入声调下亦韵腹高化为-iŋ、-ik,其他声调条件下则韵腹单元音化为-ɛŋ、-ɛk。

3. 闽北除了3等元韵,其他山摄3、4等的开口字群,无论任何声母条件,均有同读为-iŋ或-ieiŋ的文读层表现,入声韵读为相应的-i或-ie,从跨点比较及相应的阳、入声韵比较来看,闽北山摄3、4等同读的文读韵腹普遍发生"-ie->-i-"的高化音变,而且阳声韵发生较入声韵为快。

4. 值得注意的是,闽东与闽北的3等元韵开口字皆不读同仙、先二韵的文读层,而读为撮口韵母(唯福安一地发生撮口韵读音变),反映仙元有别的特色(见表3-1-11)。

**表3-1-11**

| 闽东 | | | 福州 | 福清 | 古田 | 柘荣 | 福安 | 宁德 |
|---|---|---|---|---|---|---|---|---|
| 例字 | 中古 | 声类 | yoŋ<br>yoʔ | yoŋ<br>yoʔ | yøŋ<br>yøk | yøŋ<br>yøʔ | iŋ<br>ik | yŋ<br>yk |
| 建 | 3山-元 | K | kyoŋ3 | | kyøŋ3 | kyøŋ3 | kiŋ3 | kyŋ2 |
| 健文读 | 3山-元 | K | kyoŋ7 | kyoŋ7 | kyøŋ7 | kyøŋ7 | kiŋ7 | kyŋ7 |
| 言 | 3山-元 | K | ŋyoŋ5 | ŋyoŋ5 | ŋyøŋ5 | ŋyøŋ5 | ŋiŋ5 | ŋyŋ5 |
| 献 | 3山-元 | K | xyoŋ3 | hyoŋ3 | hyøŋ3 | xyøŋ3 | hiŋ3 | xyŋ3 |
| 歇文读 | 3山-元 | K | xyoʔ4 | hyoʔ4 | hyøk4 | xyøʔ4 | hik4 | xyk4 |
| 闽北 | | | 石陂 | 建阳 | 崇安 | 建瓯 | 政和 | 松溪 |
| 例字 | 中古 | 声类 | yiŋ<br>ye | yeiŋ<br>ye | yiŋ<br>yai | yiŋ<br>yɛ | yiŋ<br>yɛ | yŋ<br>œ |
| 建 | 3山-元 | K | kyiŋ3 | kyeiŋ3 | kyiŋ3 | kyiŋ3 | kyiŋ3 | kyŋ3 |
| 健文读 | 3山-元 | K | kyiŋ7 | kyeiŋ7 | (kyaiŋ7) | kyiŋ3 | kyiŋ3 | kyŋ3 |
| 言 | 3山-元 | K | ŋyiŋ3 | ŋyeiŋ5 | ŋyiŋ5 | ŋyiŋ3 | ŋyiŋ9 | ŋyŋ5 |
| 献 | 3山-元 | K | (xiŋ3) | xyeiŋ3 | xyiŋ3 | xyiŋ3 | xyiŋ3 | hyŋ3 |
| 歇文读 | 3山-元 | K | xye4 | xye4 | xyai4 | xyɛ4 | xyɛ4 | hœ4 |

**表 3-1-12 闽南山摄开口字群 3、4 等同读的文读层次对应表**

| 闽南 | | | 南安 | 泉州 | 漳州 | 漳浦 | 澄海 | 揭阳 |
|---|---|---|---|---|---|---|---|---|
| 例字 | 中古 | 声类 | ian | ian | ian | ian | iaŋ | iaŋ |
| 变文读 | 3 山-仙 | P1 | pian3 | pian3 | pian3 | pian3 | piaŋ3 | piaŋ3 |
| 棉文读 | 3 山-仙 | P1 | bian5 | bian5 | bian5 | bian5 | miaŋ5 | miaŋ5 |
| 连文读 | 3 山-仙 | T1 | lian5 | lian5 | lian5 | lian5 | liaŋ5 | liaŋ5 |
| 贱文读 | 3 山-仙 | TS1 | tsian3 | tsian3 | tsian7 | tsian7 | | |
| 鲜文读 | 3 山-仙 | TS1 | sian1 | sian1 | sian1 | sian1 | | siaŋ1 |
| 善 | 3 山-仙 | TS3 | sian6 | sian6 | sian7 | sian7 | siaŋ6 | siaŋ6 |
| 燃文读 | 3 山-仙 | 日 | | lian5 | dzian5 | dzian5 | ziaŋ5 | ziaŋ5 |
| 健文读 | 3 山-元 | K | kian3 | kian3 | kian7 | kian7 | kiaŋ6 | kiaŋ6 |
| 献 | 3 山-元 | K | hian3 | hian3 | hian3 | hian3 | hiaŋ3 | hiaŋ3 |
| 扁文读 | 4 山-先 | P1 | pian2 | pian2 | pian2 | pian2 | piaŋ2 | piaŋ2 |
| 眠文读 | 4 山-先 | P1 | bian5 | bian5 | bian5 | bian5 | | |
| 天文读 | 4 山-先 | T1 | tʰian1 | tʰian1 | tʰian1 | tʰian1 | tʰiaŋ1 | tʰiaŋ1 |
| 怜文读 | 4 山-先 | T1 | lian5 | lian5 | lian5 | | liaŋ5 | liaŋ5 |
| 前文读 | 4 山-先 | TS1 | tsian5 | tsian5 | tsian5 | tsian5 | | |
| 先文读 | 4 山-先 | TS1 | sian1 | sian1 | sian1 | sian1 | | |
| 见文读 | 4 山-先 | K | kian3 | kian3 | kian3 | kian3 | kiaŋ3 | kiaŋ3 |
| 牵文读 | 4 山-先 | K | kʰian1 | kʰian1 | kʰian1 | kʰian1 | | |
| 燕文读 | 4 山-先 | Ø | ian3 | ian3 | ian3 | ian3 | | |
| | | | iat | iat | iat | iat | iak | iak |
| 别文读 | 3 山-仙 | P1 | piat8 | piat8 | | piat8 | piak8 | piak8 |
| 灭 | 3 山-仙 | P1 | biat8 | biat8 | biat8 | biat8 | (mik8) | (mek8) |
| 裂文读 | 3 山-仙 | T1 | liat8 | liat8 | liat8 | liat8 | 烈 liak8 | 烈 liak8 |
| 设 | 3 山-仙 | TS3 | siat4 | siat4 | siat4 | siat4 | siak4 | siak4 |
| 热文读 | 3 山-仙 | 日 | liat8 | liat8 | dziat8 | dziat8 | ziak8 | ziak8 |
| 杰 | 3 山-仙 | K | kiat8 | kiat8 | | kiat8 | kiak8 | kiak8 |
| 歇文读 | 3 山-元 | K | hiat4 | hiat4 | hiat4 | | | |

续　表

| 闽　　南 | | | 南安 | 泉州 | 漳州 | 漳浦 | 澄海 | 揭阳 |
|---|---|---|---|---|---|---|---|---|
| 例字 | 中　古 | 声类 | iat | iat | iat | iat | iak | iak |
| 撇文读 | 4 山-先 | P1 | pʰiat4 | pʰiat4 | pʰiat4 | pʰiat4 | | |
| 铁文读 | 4 山-先 | T1 | tʰiat4 | tʰiat4 | | tʰiat4 | | |
| 节文读 | 4 山-先 | TS1 | tsiat4 | tsiat4 | tsiat4 | tsiat4 | | |
| 截文读 | 4 山-先 | TS1 | tsiat8 | tsiat8 | tsiat8 | tsiat8 | | |
| 结文读 | 4 山-先 | K | kiat4 | kiat4 | kiat4 | kiat4 | 洁 kiak4 | 洁 kiak4 |

**表 3-1-13　闽东山摄开口字群 3、4 等同读的文读层次对应表**

| 闽　　东 | | | 福州 | 福清 | 古田 | 柘荣 | 福安 | 宁德 |
|---|---|---|---|---|---|---|---|---|
| 例字 | 中　古 | 声类 | ieŋ | ieŋ | ieŋ | ieŋ | iŋ | iŋ/ɛŋ |
| 变 | 3 山-仙 | P1 | pieŋ3 | pieŋ3 | pieŋ3 | pieŋ3 | piŋ3 | piŋ3 |
| 棉文读 | 3 山-仙 | P1 | mieŋ5 | mieŋ5 | mieŋ5 | mieŋ5 | miŋ5 | miŋ5 |
| 连 | 3 山-仙 | T1 | nieŋ5 | lieŋ5 | lieŋ5 | lieŋ5 | liŋ5 | liŋ5 |
| 贱文读 | 3 山-仙 | TS1 | tsieŋ7 | tsieŋ7 | tsieŋ7 | tsieŋ7 | tsiŋ7 | tsiŋ7 |
| 鲜文读 | 3 山-仙 | TS1 | sieŋ1 | sieŋ1 | sieŋ1 | | | |
| 善 | 3 山-仙 | TS3 | sieŋ7 | sieŋ7 | sieŋ7 | sieŋ7 | siŋ7 | siŋ7 |
| 燃文读 | 3 山-仙 | 日 | | ieŋ5 | | | jiŋ5 | iŋ5 |
| 扁 | 4 山-先 | P1 | pieŋ2 | pieŋ2 | pieŋ2 | pieŋ2 | piŋ2 | pɛŋ2 |
| 眠文读 | 4 山-先 | P1 | mieŋ5 | mieŋ5 | mieŋ5 | | | |
| 天 | 4 山-先 | T1 | tʰieŋ1 | tʰieŋ1 | tʰieŋ1 | tʰieŋ1 | tʰiŋ1 | tʰɛŋ1 |
| 莲文读 | 4 山-先 | T1 | nieŋ5 | lieŋ5 | | lieŋ5 | | |
| 怜文读 | 4 山-先 | T1 | nieŋ5 | | lieŋ5 | lieŋ5 | | liŋ5 |
| 荐文读 | 4 山-先 | TS1 | tsieŋ3 | tsieŋ3 | tsieŋ3 | | tsiŋ3 | tsiŋ3 |
| 千文读 | 4 山-先 | TS1 | tsʰieŋ1 | tsʰieŋ1 | tsʰieŋ1 | tsʰieŋ1 | | |
| 前文读 | 4 山-先 | TS1 | tsieŋ5 | tsieŋ5 | tsieŋ5 | tsieŋ5 | tsiŋ5 | tsiŋ5 |
| 先文读 | 4 山-先 | TS1 | sieŋ1 | sieŋ1 | sieŋ1 | sieŋ1 | siŋ1 | |
| 肩 | 4 山-先 | K | kieŋ1 | kieŋ1 | kieŋ1 | kieŋ1 | kiŋ1 | kɛŋ1 |

续 表

| 闽　东 | | | 福州 | 福清 | 古田 | 柘荣 | 福安 | 宁德 |
|---|---|---|---|---|---|---|---|---|
| 例字 | 中　古 | 声类 | ieŋ | ieŋ | ieŋ | ieŋ | iŋ | iŋ/ɛŋ |
| 见 | 4 山-先 | K | kieŋ3 | kieŋ3 | kieŋ3 | kieŋ3 | kiŋ3 | kiŋ3 |
| 燕 | 4 山-先 | Ø | ieŋ3 | ieŋ3 | ieŋ3 | ieŋ3 | jiŋ3 | iŋ3 |
| | | | ieʔ | ieʔ | iek | iek | ik | ik/ɛk |
| 别文读 | 3 山-仙 | P1 | pieʔ8 | pieʔ8 | piek8 | piek8 | pik8 | pɛk8 |
| 灭 | 3 山-仙 | P1 | mieʔ8 | mieʔ8 | miek8 | miek8 | mik8 | mɛk8 |
| 裂文读 | 3 山-仙 | T1 | nieʔ8 | lieʔ8 | liek8 | liek8 | | lɛk8 |
| 设 | 3 山-仙 | TS3 | sieʔ4 | sieʔ4 | siek4 | siek4 | sik4 | sik4 |
| 热 | 3 山-仙 | 日 | ieʔ8 | ieʔ8 | iek8 | | ik8 | ɛk8 |
| 杰 | 3 山-仙 | K | kieʔ8 | kieʔ8 | kiek8 | kiek8 | kik8 | kɛk8 |
| 撇 | 4 山-先 | P1 | p$^{h}$ieʔ4 | p$^{h}$ieʔ4 | p$^{h}$iek4 | p$^{h}$iek4 | p$^{h}$ik4 | p$^{h}$ik4 |
| 节文读 | 4 山-先 | TS1 | tsieʔ4 | tsieʔ4 | tsiek4 | tsiek4 | tsik4 | |
| 切 | 4 山-先 | TS1 | ts$^{h}$ieʔ4 | ts$^{h}$ieʔ4 | ts$^{h}$iek4 | ts$^{h}$iek4 | ts$^{h}$ik4 | |
| 结文读 | 4 山-先 | K | kieʔ4 | kieʔ4 | kiek4 | kiek4 | kik4 | kik4 |

**表 3-1-14　闽北山摄开口字群 3、4 等同读的文读层次对应表**

| 闽　北 | | | 石陂 | 建阳 | 崇安 | 建瓯 | 政和 | 松溪 |
|---|---|---|---|---|---|---|---|---|
| 例字 | 中　古 | 声类 | iŋ | ieiŋ | iŋ | iŋ | iŋ | iŋ |
| 变 | 3 山-仙 | P1 | piŋ3 | pieiŋ3 | piŋ3 | piŋ3 | piŋ3 | piŋ3 |
| 棉 | 3 山-仙 | P1 | miŋ3 | mieiŋ5 | miŋ5 | miŋ3 | miŋ5 | miŋ5 |
| 连文读 | 3 山-仙 | T1 | liŋ3 | lieiŋ5 | liŋ5 | liŋ3 | liŋ5 | liŋ5 |
| 贱 | 3 山-仙 | TS1 | dziŋ7 | lieiŋ7 | liŋ7 | tsiŋ7 * 8 | tsiŋ3 | tsiŋ8 |
| 鲜 | 3 山-仙 | TS1 | siŋ1 | sieiŋ1 | siŋ1 | siŋ1 | siŋ1 | siŋ1 |
| 善 | 3 山-仙 | TS3 | siŋ7 | sieiŋ3 | siŋ7 | siŋ7 | siŋ7 | siŋ7 |
| 燃 | 3 山-仙 | 日 | ɦiŋ5 | ieiŋ5 | iŋ5 | iŋ2 *<br>(ieiŋ2) | (ieiŋ9) | (hieiŋ9) |
| 遣 | 3 山-仙 | K | k$^{h}$iŋ2 | k$^{h}$ieiŋ2 | k$^{h}$iŋ2 | k$^{h}$iŋ2 | k$^{h}$iŋ2 | k$^{h}$iŋ2 |
| 扁文读 | 4 山-先 | P1 | piŋ2 | pieiŋ2 | | piŋ2 | piŋ9 | piŋ9 |

**续　表**

| 闽北 | | | 石陂 | 建阳 | 崇安 | 建瓯 | 政和 | 松溪 |
|---|---|---|---|---|---|---|---|---|
| 例字 | 中　古 | 声类 | iŋ | ieiŋ | iŋ | iŋ | iŋ | iŋ |
| 眠文读 | 4 山-先 | P1 | | mieiŋ5 | miŋ5 | | | miŋ5 |
| 天 | 4 山-先 | T1 | t$^{h}$iŋ1 | hieiŋ1 | hiŋ1 | t$^{h}$iŋ1 | t$^{h}$iŋ1 | t$^{h}$iŋ1 |
| 怜文读 | 4 山-先 | T1 | liŋ3 | lieiŋ5 | | liŋ2 | liŋ9 | liŋ9 |
| 前 | 4 山-先 | TS1 | ts$^{h}$iŋ3 | ts$^{h}$ieiŋ5 | ts$^{h}$iŋ5 | ts$^{h}$iŋ3 | ts$^{h}$iŋ5 | ts$^{h}$iŋ5 |
| 先文读 | 4 山-先 | TS1 | siŋ1 | sieiŋ1 | siŋ1 | siŋ1 | siŋ1 | siŋ1 |
| 见 | 4 山-先 | K | kiŋ3 | kieiŋ3 | kiŋ3 | kiŋ3 | kiŋ3 | kiŋ3 |
| 燕 | 4 山-先 | ø | iŋ3 | ieiŋ3 | iŋ3 | iŋ3 | iŋ3 | iŋ3 |
| | | | ie | ie | i | iɛ | iɛ | ie |
| 别文读 | 3 山-仙 | P1 | pie1*<br>bie5 | p$^{h}$ie8 | p$^{h}$i8 | piɛ7*<br>p$^{h}$iɛ4 | piɛ7 | pie7*<br>p$^{h}$ie4 |
| 灭 | 3 山-仙 | P1 | mie5 | mie8 | mi8 | miɛ8 | miɛ3 | mie8 |
| 裂 | 3 山-仙 | T1 | lie5 | lie8 | li8 | liɛ8 | liɛ3 | lie8 |
| 设 | 3 山-仙 | TS3 | sie4 | sie4 | si4 | siɛ4 | siɛ4 | sie4 |
| 热 | 3 山-仙 | 日 | ɦie2 | ɦje2 | ji2 | iɛ2 | iɛ9 | hie9 |
| 杰 | 3 山-仙 | K | gie5 | ɦje8 | ji8 | kiɛ4 | kiɛ9 | kie4 |
| 撇 | 4 山-先 | P1 | p$^{h}$ie4 | p$^{h}$ie4 | p$^{h}$i4 | p$^{h}$iɛ4 | p$^{h}$iɛ4 | p$^{h}$ie4 |
| 节文读 | 4 山-先 | TS1 | tsie4 | tsie4 | tsi8 | tsiɛ4 | tsiɛ4 | tsie4 |
| 切文读 | 4 山-先 | TS1 | ts$^{h}$ie4 | ts$^{h}$ie4 | ts$^{h}$i4 | ts$^{h}$iɛ4 | ts$^{h}$iɛ4 | ts$^{h}$ie4 |
| 结 | 4 山-先 | K | kie4 | kie4 | ki4 | kiɛ4 | kiɛ4 | kie4 |

### 3.1.1.3　咸摄

表 3-1-16、3-1-17、3-1-18 分别是闽南、闽东与闽北咸摄开口字群 1、2 等同读的文读层次对应表，说明如下：

1. 闽南、闽东咸摄 1、2 等的开口字群，均有同读为-am 或-aŋ 的文读层表现，入声韵读为相应的-ap 或-ak 或-aʔ。闽南、闽东咸摄 2 等韵有部分舌根声母例字读为细音韵母，如表 3 - 1 - 15 所示；需要注意的是，还有部分舌根声母例字仍读为洪音，例如泉州、福清的“咸监匣”等字。由于相同历史音韵来源的“咸咸丰 咸咸味”两字，在闽南前者读为 ham5，后者读为 kiam5，以及厦门“喊”字文读为 ham2、白读为 hiam3(to shout loud)(Douglas, 1873: 130)，我们推论读为细音韵母者应为较早的表现，效摄 2 等开口字群也有相应的现象。

**表 3 - 1 - 15**

| 闽　南 | | | 南安 | 泉州 | 漳州 | 漳浦 | 澄海 | 揭阳 |
|---|---|---|---|---|---|---|---|---|
| 例字 | 中　古 | 声类 | iam<br>iap | iam<br>iap | iam<br>iap | iam<br>iap | iaŋ<br>iak | iam<br>iap |
| 减碱 | 2 咸-咸 | K | kiam2 | kiam2 | kiam2 | kiam2 | kiaŋ2 | kiam2 |
| 岩文读 | 2 咸-衔 | K | giam5 | giam5 | giam5 | giam5 | (ŋaŋ5) | (ŋam5) |
| 夹峡 | 2 咸-咸 | K | kiap4 | kiap4 | kiap4 | kiap4 | kiak4 | kiap4 |
| 狭文读 | 2 咸-咸 | K | hiap8 | hiap8 | | hiap8 | hiak8 | hiap8 |
| 闽　东 | | | 福州 | 福清 | 古田 | 柘荣 | 福安 | 宁德 |
| 例字 | 中　古 | 声类 | ieʔ | ieŋ<br>ieʔ | ieŋ<br>iek | ? | ik | ? |
| 碱 | 2 咸-咸 | K | | kieŋ2 | kieŋ2 | | | |
| 狭文读 | 2 咸-咸 | K | xieʔ8 | hieʔ8 | hiek8 | | hik8 | |
| 峡 | 2 咸-咸 | K | xieʔ8 | hieʔ8 | hiek8 | | hik8 | |

2. 闽北咸摄 1、2 等的开口字群，均有同读为-aŋ 的文读层表现，入声韵读为相应的-a 或-ɒ。但咸摄 1 等韵有部分舌根声母例字读为-ɔŋ，入声韵读为相应的-ɔ 或-o，此与前述蟹摄、山摄逐渐形成 1、2 等不同读的新音韵格局相呼应，均是 1 等韵读为合口韵母，2 等韵维持开口洪音韵母，不过咸摄字群目前仅有部分舌根声母的 1 等例字读为合口韵母，其他声母条件的 1 等韵仍与 2 等韵同读。本书认为此乃受到赣方言影响的新层次。(参见 3. 1. 5. 1 讨论)

## 表 3-1-16　闽南咸摄开口字群 1、2 等同读的文读层次对应表

| 闽南 | | | 南安 | 泉州 | 漳州 | 漳浦 | 澄海 | 揭阳 |
|---|---|---|---|---|---|---|---|---|
| 例字 | 中　古 | 声类 | am | am | am | am | aŋ | am |
| 贪 | 1 咸-覃 | T1 | t$^{h}$am1 | t$^{h}$am1 | t$^{h}$am1 | t$^{h}$am1 | t$^{h}$aŋ1 | t$^{h}$am1 |
| 感 | 1 咸-覃 | K | kam2 | kam2 | kam2 | kam2 | kaŋ2 | kam2 |
| 含文读 | 1 咸-覃 | K | ham5 | ham5 | ham5 | ham5 | haŋ5 | ham5 |
| 暗 | 1 咸-覃 | Ø | am3 | am3 | am3 | am3 | aŋ3 | am3 |
| 担担心 | 1 咸-谈 | T1 | tam1 | tam1 | tam1 | tam1 | | |
| 蓝文读 | 1 咸-谈 | T1 | lam5 | lam5 | lam5 | lam5 | naŋ5 | nam5 |
| 三文读 | 1 咸-谈 | TS1 | sam1 | sam1 | sam1 | sam1 | saŋ1 | sam1 |
| 甘 | 1 咸-谈 | K | kam1 | kam1 | kam1 | kam1 | kaŋ1 | kam1 |
| 敢文读 | 1 咸-谈 | K | kam2 | kam2 | kam2 | kam2 | | |
| 斩文读 | 2 咸-咸 | TS2 | tsam2 | tsam2 | tsam2 | tsam2 | | tsam2 |
| 杉 | 2 咸-咸 | TS2 | sam1 | sam1 | sam1 | sam1 | saŋ1 | sam1 |
| 咸 | 2 咸-咸 | K | ham5 | ham5 | ham5 | ham5 | haŋ5 | ham5 |
| 衫文读 | 2 咸-衔 | TS2 | sam1 | sam1 | sam1 | sam1 | | |
| 忏 | 2 咸-衔 | TS2 | ts$^{h}$am3 | ts$^{h}$am3 | ts$^{h}$am3 | ts$^{h}$am3<br>* sam3 | | |
| 监去 | 2 咸-衔 | K | kam3 | kam3 | kam3 | kam3 | kaŋ3 | kam3 |
| 衔 | 2 咸-衔 | K | ham5 | ham5 | ham5 | ham5 | haŋ5 | ham5 |
| | | | ap | ap | ap | ap | ak | ap |
| 答文读 | 1 咸-覃 | T1 | tap4 | tap4 | tap4 | tap4 | tak4 | tap4 |
| 纳 | 1 咸-覃 | T1 | lap8 | lap8 | lap8 | lap8 | nak8 | nap8 |
| 杂 | 1 咸-覃 | TS1 | tsap8 | tsap8 | tsap8 | tsap8 | tsak8 | tsap8 |
| 蛤 | 1 咸-覃 | K | kap4 | | kap4 | kap4 | kak4 | kap4 |
| 合文读 | 1 咸-覃 | K | hap8 | hap8 | hap8 | hap8 | hak8 | |
| 榻 | 1 咸-谈 | T1 | t$^{h}$ap4 | t$^{h}$ap4 | (t$^{h}$aʔ4) | t$^{h}$ap4 | t$^{h}$ak4 | t$^{h}$ak4 |
| 插文读 | 2 咸-咸 | TS2 | ts$^{h}$ap4 | ts$^{h}$ap4 | ts$^{h}$ap4 | sap4 | ts$^{h}$ak4 | |
| 霎 | 2 咸-咸 | TS2 | sap4 | sap8 | sap4 | | | |
| 匣 | 2 咸-衔 | K | | hap8 | | ap8 | ak8 | ap8 |
| 压 | 2 咸-衔 | Ø | ap4 | ap4 | ap4 | ap4 | | |

**表 3-1-17 闽东咸摄开口字群 1、2 等同读的文读层次对应表**

| 闽东 | | | 福州 | 福清 | 古田 | 柘荣 | 福安 | 宁德 |
|---|---|---|---|---|---|---|---|---|
| 例字 | 中古 | 声类 | aŋ | aŋ | aŋ | aŋ | aŋ | am |
| 贪 | 1 咸-覃 | T1 | $t^{h}$aŋ1 | $t^{h}$aŋ1 | $t^{h}$aŋ1 | $t^{h}$aŋ1 | $t^{h}$aŋ1 | $t^{h}$am1 |
| 感 | 1 咸-覃 | K | kaŋ2 | kaŋ2 | kaŋ2 | kaŋ2 | kaŋ2 | |
| 含文读 | 1 咸-覃 | K | xaŋ5 | haŋ5 | haŋ5 | xaŋ5 | haŋ5 | xam5 |
| 暗 | 1 咸-覃 | ø | aŋ3 | aŋ3 | aŋ3 | aŋ3 | aŋ3 | am3 |
| 淡 | 1 咸-谈 | T1 | taŋ7 | taŋ7 | taŋ7 | taŋ7 | taŋ7 | tam7 |
| 蓝 | 1 咸-谈 | T1 | naŋ5 | laŋ5 | laŋ5 | laŋ5 | laŋ5 | lam5 |
| 三 | 1 咸-谈 | TS1 | saŋ1 | saŋ1 | saŋ1 | saŋ1 | saŋ1 | sam1 |
| 甘 | 1 咸-谈 | K | kaŋ1 | kaŋ1 | kaŋ1 | kaŋ1 | kaŋ1 | kam1 |
| 敢 | 1 咸-谈 | K | kaŋ2 | kaŋ2 | kaŋ2 | kaŋ2 | kaŋ2 | kam2 |
| 斩 | 2 咸-咸 | TS2 | tsaŋ2 | tsaŋ2 | tsaŋ2 | tsaŋ2 | tsaŋ2 | tsam2 |
| 杉 | 2 咸-咸 | TS2 | saŋ1 | saŋ1 | saŋ1 | saŋ1 | saŋ1 | sam1 |
| 咸 | 2 咸-咸 | K | xaŋ5 | haŋ5 | haŋ5 | xaŋ5 | haŋ5 | xam5 |
| 忏 | 2 咸-衔 | TS2 | $ts^{h}$aŋ3 | $ts^{h}$aŋ3 | | $ts^{h}$aŋ3 | $ts^{h}$aŋ3 | $ts^{h}$am3 |
| 监去声 | 2 咸-衔 | K | kaŋ3 | kaŋ3 | kaŋ3 | kaŋ3 | kaŋ3 | kam3 |
| 岩文读 | 2 咸-衔 | K | ŋaŋ5 | ŋaŋ5 | ŋaŋ5 | | ŋaŋ5 | ŋam5 |
| 衔文读 | 2 咸-衔 | K | xaŋ5 | haŋ5 | haŋ5 | xaŋ5 | haŋ5 | xam5 |
| | | | aʔ | aʔ | ak | ak | ak | ap |
| 答 | 1 咸-覃 | T1 | taʔ4 | taʔ4 | tak4 | tak4 | tak4 | tap4 |
| 纳 | 1 咸-覃 | T1 | naʔ8 | naʔ8 | nak8 | nak8 | nak8 | nap8 |
| 杂 | 1 咸-覃 | TS1 | tsaʔ8 | tsaʔ8 | tsak8 | tsak8 | tsak8 | tsap4 |
| 蛤 | 1 咸-覃 | K | kaʔ4 | kaʔ4 | | kak4 | kak4 | kap4 |
| 合 | 1 咸-覃 | K | xaʔ8 | haʔ8 | hak8 | xak8 | hak8 | xap8 |
| 榻 | 1 咸-谈 | T1 | $t^{h}$aʔ4 | $t^{h}$aʔ4 | $t^{h}$ak4 | $t^{h}$ak4 | $t^{h}$ak4 | $t^{h}$ap4 |
| 插 | 2 咸-咸 | TS2 | $ts^{h}$aʔ4 | $ts^{h}$aʔ4 | $ts^{h}$ak4 | $ts^{h}$ak4 | $ts^{h}$ak4 | $ts^{h}$ap4 |
| 霎 | 2 咸-咸 | TS2 | | | | sak4 | sak4 | sap4 |
| 夹文读 | 2 咸-咸 | K | | kaʔ4 | kak4 | kak4 | | kap4 |
| 匣 | 2 咸-衔 | ø-匣 | aʔ8 | aʔ8 | ak8 | xak8 | ak8 | ap8 |
| 压 | 2 咸-衔 | ø | aʔ4 | aʔ4 | ak4 | ak4 | ak4 | ap4 |

**表 3-1-18　闽北咸摄开口字群 1、2 等同读的文读层次对应表**

| 闽　　北 | | | 石陂 | 建阳 | 崇安 | 建瓯 | 政和 | 松溪 |
|---|---|---|---|---|---|---|---|---|
| 例字 | 中　古 | 声类 | aŋ<br>(ɔŋ) | aŋ<br>(ɔŋ) | aŋ<br>(ɔŋ) | aŋ<br>(ɔŋ) | aŋ<br>(auŋ) | aŋ |
| 贪 | 1 咸-覃 | T1 | tʰaŋ1 | haŋ1 | haŋ1 | tʰaŋ1 | tʰaŋ1 | tʰaŋ1 |
| 感 | 1 咸-覃 | K | kaŋ2 | (kɔŋ2) | (kɔŋ2) | (kɔŋ2) | kaŋ2 | kaŋ2 |
| 堪 | 1 咸-覃 | K | kʰaŋ1 | kʰaŋ1 | | kʰaŋ1 | kʰaŋ7 | kʰaŋ1 |
| 含文读 | 1 咸-覃 | K | ɦaŋ5 | xaŋ5 | xaŋ5 | aŋ2 | xaŋ9 | haŋ9 |
| 暗 | 1 咸-覃 | ø | (ɔŋ3) | (ɔŋ3) | (ɔŋ3) | (ɔŋ3) | (auŋ3) | aŋ3 |
| 谈 | 1 咸-谈 | T1 | daŋ5 | laŋ5 | laŋ5 | tʰaŋ2 | taŋ9 | taŋ8 |
| 淡 | 1 咸-谈 | T1 | | laŋ3 | laŋ3 | taŋ8 | taŋ3 | taŋ8 |
| 蓝 | 1 咸-谈 | T1 | laŋ3 | laŋ5 | laŋ5 | laŋ3 | laŋ5 | laŋ5 |
| 三 | 1 咸-谈 | TS1 | saŋ1 | saŋ1 | saŋ1 | saŋ1 | saŋ1 | saŋ1 |
| 甘 | 1 咸-谈 | K | (kɔŋ1) | (kɔŋ1) | | (kɔŋ1) | (kauŋ1) | kaŋ1 |
| 敢 | 1 咸-谈 | K | (kɔŋ2) | (kɔŋ2) | (kɔŋ2) | (kɔŋ2) | (kauŋ2) | kaŋ2 |
| 斩 | 2 咸-咸 | TS2 | tsaŋ2 | tsaŋ2 | tsaŋ2 | tsaŋ2 | tsaŋ2 | tsaŋ2 |
| 杉 | 2 咸-咸 | TS2 | saŋ1 | saŋ1 | | saŋ1 | saŋ1 | saŋ1 |
| 减 | 2 咸-咸 | K | kaŋ2 | kaŋ2 | kaŋ2 | kaŋ2 | kaŋ2 | kaŋ2 |
| 监去 | 2 咸-衔 | K | kaŋ3 | kaŋ3 | kaŋ3 | kaŋ3 | kaŋ3 | kaŋ8 |
| 岩 | 2 咸-衔 | K | ŋaŋ3 | ŋaŋ5 | ŋaŋ5 | ŋaŋ3 | ŋaŋ5 | ŋaŋ5 |
| 衔文读 | 2 咸-衔 | K | | xaŋ5 | xaŋ5 | aŋ2 | | |
| | | | a (ɔ) | a (ɔ) | a (o) | a (ɔ) | a (ɔ) | ɒ (o) |
| 答 | 1 咸-覃 | T1 | ta4 | ta4 | ta4 | ta4 | ta4 | tɒ4 |
| 纳 | 1 咸-覃 | T1 | na5 | na8 | na8 | na8 | na3 | nɒ8 |
| 杂 | 1 咸-覃 | TS1 | dza5 | la8 | la8 | tsa8 | | |
| 鸽 | 1 咸-覃 | K | (kɔ4) | (kɔ4) | (ko4) | (kɔ4) | (kɔ4) | (ko4) |
| 合 | 1 咸-覃 | K | (xɔ1) | xa8 | (xo8) | (xɔ7) | (xɔ7) | (ho4) |
| 塌 | 1 咸-谈 | T1 | | ha4 | ha4 | tʰa4 | tʰa4 | tʰɒ4 |
| 磕 | 1 咸-谈 | K | (kʰɔ1*4) | (kʰɔ8) | (kʰo4) | (kʰɔ4) | (kʰɔ4) | |

**续 表**

| 闽 北 | | | 石陂 | 建阳 | 崇安 | 建瓯 | 政和 | 松溪 |
|---|---|---|---|---|---|---|---|---|
| 例字 | 中 古 | 声类 | a (ɔ) | a (ɔ) | a (o) | a (ɔ) | a (ɔ) | ɒ (o) |
| 插 | 2 咸-咸 | TS2 | $ts^ha4$ | $t^ha4$ | $t^ha4$ | $ts^ha4$ | $ts^ha4$ | $ts^hɒ4$ |
| 夹 | 2 咸-咸 | K | ɡa5 * 2 | ka8 | ka8 | ka8 | | (kia8) |
| 狭 | 2 咸-咸 | K | xa1 | xa4 | xa8 | xa4 | xa4 | |
| 甲 | 2 咸-衔 | K | ka4 | ka4 | ka4 | ka4 | ka4 | kɒ4 |
| 压 | 2 咸-衔 | ∅ | a4 | a4 | a4 | a4 | a4 | ɒ4 |

表 3-1-19、3-1-20、3-1-21 分别是闽南、闽东与闽北咸摄开口字群 3、4 等同读的文读层次对应表,说明如下:

1. 闽南咸摄 3、4 等的开口字群,无论任何声母条件,均有同读为 -iam 或-iaŋ 的文读层表现,入声韵读为相应的-iap 或-iak。

2. 闽东咸摄 3、4 等的开口字群,无论任何声母条件,均有同读为 -ieŋ 的文读层表现,入声韵读为相应的-iek 或-ieʔ,但福安发生韵腹高化音变而读为-iŋ、-ik,宁德则多数仍维持双唇韵尾,并在阳平、阴阳去及阴入声调下亦韵腹高化为-im、-ip,其他声调条件下则韵腹单元音化为-ɛm、-ɛp。

3. 闽北咸摄 3、4 等的开口字群,无论任何声母条件,均有同读为 -iŋ 或-ieiŋ 的文读层表现,入声韵读为相应的-i 或-ie,与山摄一样,闽北咸摄 3、4 等同读的文读韵腹也普遍发生“-ie->-i-”的高化音变,而且阳声韵发生较入声韵为快。

**表 3-1-19 闽南咸摄开口字群 3、4 等同读的文读层次对应表**

| 闽 南 | | | 南安 | 泉州 | 漳州 | 漳浦 | 澄海 | 揭阳 |
|---|---|---|---|---|---|---|---|---|
| 例字 | 中 古 | 声类 | iam | iam | iam | iam | iaŋ | iam |
| 帘 | 3 咸-盐 | T1 | liam5 | | liam5 | liam5 | niaŋ5 | niam5 |
| 尖 | 3 咸-盐 | TS1 | tsiam1 | tsiam1 | tsiam1 | tsiam1 | tsiaŋ1 | |
| 渐 | 3 咸-盐 | TS1 | tsiam6 | tsiam6 | tsiam7 | tsiam7 | tsiaŋ6 | tsiam6 |
| 染文读 | 3 咸-盐 | 日 | liam2 | liam2 | dziam2 | dziam2 | ziaŋ2 | ziam2 |

**续　表**

| 闽南 | | | 南安 | 泉州 | 漳州 | 漳浦 | 澄海 | 揭阳 |
|---|---|---|---|---|---|---|---|---|
| 例字 | 中古 | 声类 | iam | iam | iam | iam | iaŋ | iam |
| 钳文读 | 3 咸-盐 | K | $k^h$iam5 | | | $k^h$iam5 | $k^h$iaŋ5 | $k^h$iam5 |
| 险 | 3 咸-盐 | K | hiam2 | hiam2 | hiam2 | hiam2 | hiaŋ2 | hiam2 |
| 淹文读 | 3 咸-盐 | ø | | iam1 | iam1 | iam1 | | iam1 |
| 盐名词 | 3 咸-盐 | 喻四 | iam5 | iam5 | iam5 | iam5 | iaŋ5 | iam5 |
| 艳焰 | 3 咸-盐 | 喻四 | iam3 | iam3 | iam7 | iam7 | iaŋ7 | iam7 |
| 严 | 3 咸-严 | K | giam5 | giam5 | giam5 | giam5 | ŋiaŋ5 | ŋiam5 |
| 剑 | 3 咸-严 | K | kiam3 | kiam3 | kiam3 | kiam3 | kiaŋ3 | kiam3 |
| 欠 | 3 咸-严 | K | $k^h$iam3 | $k^h$iam3 | $k^h$iam3 | $k^h$iam3 | $k^h$iaŋ3 | $k^h$iam3 |
| 店文读 | 4 咸-添 | T1 | tiam3 | tiam3 | tiam3 | tiam3 | tiaŋ3 | tiam3 |
| 添文读 | 4 咸-添 | T1 | $t^h$iam1 | $t^h$iam1 | $t^h$iam1 | $t^h$iam1 | $t^h$iaŋ1 | $t^h$iam1 |
| 念 | 4 咸-添 | T1 | liam3 | liam3 | liam7 | liam7 | niaŋ7 * 6 | niam7 * 6 |
| 兼 | 4 咸-添 | K | kiam1 | kiam1 | kiam1 | kiam1 | kiaŋ1 | kiam1 |
| 嫌 | 4 咸-添 | K | hiam5 | hiam5 | hiam5 | hiam5 | hiaŋ5 | hiam5 |
| | | | iap | iap | iap | iap | iak | iap |
| 聂 | 3 咸-盐 | T2 | liap4 | liap4 | liap4 | liap4 | niak4 | niap4 |
| 接文读 | 3 咸-盐 | TS1 | tsiap4 | tsiap4 | tsiap4 | tsiap4 | tsiak4 | tsiap4 |
| 涉 | 3 咸-盐 | TS3 | siap8 | siap8 | siap8 | siap8 | siak8 | siap8 |
| 叶 | 3 咸-盐 | 喻四 | iap8 | iap8 | iap8 | iap8 | iak8 | iap8 |
| 劫 | 3 咸-严 | K | kiap4 | kiap4 | kiap4 | kiap4 | kiak4 | kiap4 |
| 业 | 3 咸-严 | K | giap8 | giap8 | giap8 | giap8 | ŋiak8 | ŋiap8 |
| 胁 | 3 咸-严 | K | hiap8 | hiap8 | hiap8 | hiap8 | hiak8 | hiap8 |
| 帖 | 4 咸-添 | T1 | $t^h$iap4 | $t^h$iap4 | $t^h$iap4 | $t^h$iap4 | $t^h$iak4 | $t^h$iap4 |
| 贴文读 | 4 咸-添 | T1 | $t^h$iap4 | $t^h$iap4 | $t^h$iap4 | $t^h$iap4 | $t^h$iak4 | $t^h$iap4 |
| 叠文读 | 4 咸-添 | T1 | $t^h$iap8 | $t^h$iap8 | $t^h$iap8 | $t^h$iap8 | $t^h$iak8 | |
| 蝶 | 4 咸-添 | T1 | tiap8 | tiap8 | tiap8 | tiap8 | tiak8 | tiap8 |
| 挟文读 | 4 咸-添 | K | | kiap4 | kiap4 | giap4 | | |
| 协 | 4 咸-添 | K | hiap8 | hiap8 | hiap8 | hiap8 | hiak8 | hiap8 |

表 3-1-20 闽东咸摄开口字群 3、4 等同读的文读层次对应表

| 闽东 | | | 福州 | 福清 | 古田 | 柘荣 | 福安 | 宁德 |
|---|---|---|---|---|---|---|---|---|
| 例字 | 中古 | 声类 | ieŋ | ieŋ | ieŋ | ieŋ | iŋ | im/ɛm |
| 帘 | 3 咸-盐 | T1 | nieŋ5 | lieŋ5 | lieŋ5 | lieŋ5 | liŋ5 | liŋ5 |
| 尖 | 3 咸-盐 | TS1 | tsieŋ1 | tsieŋ1 | tsieŋ1 | tsieŋ1 | tsiŋ1 | tsɛm1 |
| 渐 | 3 咸-盐 | TS1 | tsieŋ7 | tsieŋ7 | tsieŋ7 | tsieŋ2 | tsiŋ7 | tsim7 |
| 占 | 3 咸-盐 | TS3 | tsieŋ3 | tsieŋ3 | tsieŋ3 | tsieŋ3 | tsiŋ3 | |
| 钳文读 | 3 咸-盐 | K | kʰieŋ5 | kʰieŋ5 | kʰieŋ5 | kʰieŋ5 | kʰiŋ5 | |
| 俭 | 3 咸-盐 | K | kieŋ7 | kieŋ7 | kieŋ7 | kieŋ7 | kiŋ7 | kim7 |
| 险 | 3 咸-盐 | K | xieŋ2 | hieŋ2 | hieŋ2 | xieŋ2 | hiŋ2 | |
| 淹文读 | 3 咸-盐 | ø | ieŋ1 | ieŋ1 | ieŋ1 | ieŋ1 | jiŋ1 | ɛm1 |
| 艳焰 | 3 咸-盐 | 喻四 | ieŋ7 | ieŋ7 | ieŋ7 | | | im7 |
| 严 | 3 咸-严 | K | ŋieŋ5 | ŋieŋ5 | ŋieŋ5 | | | ŋim5 |
| 剑 | 3 咸-严 | K | kieŋ3 | kieŋ3 | kieŋ3 | kieŋ3 | kiŋ3 | kim3 |
| 欠 | 3 咸-严 | K | kʰieŋ3 | kʰieŋ3 | kʰieŋ3 | kʰieŋ3 | kʰiŋ3 | kʰim3 |
| 点 | 4 咸-添 | T1 | tieŋ2 | tieŋ2 | tieŋ2 | | tiŋ2 | |
| 添 | 4 咸-添 | T1 | tʰieŋ1 | tʰieŋ1 | tʰieŋ1 | tʰieŋ1 | tʰiŋ1 | tʰɛm1 |
| 念文读 | 4 咸-添 | T1 | nieŋ7 | nieŋ7 | nieŋ7 | nieŋ7 | niŋ7 | nim7 |
| 兼 | 4 咸-添 | K | kieŋ1 | kieŋ1 | kieŋ1 | kieŋ1 | kiŋ1 | kɛm1 |
| 嫌 | 4 咸-添 | K | xieŋ5 | hieŋ5 | hieŋ5 | xieŋ5 | hiŋ5 | xim5 |
| | | | ieʔ | ieʔ | iek | iek | ik | ip/ɛp |
| 聂文读 | 3 咸-盐 | T2 | nieʔ4 | nieʔ4 | niek4 | | | |
| 接 | 3 咸-盐 | TS1 | tsieʔ4 | tsieʔ4 | tsiek4 | tsiek4 | tsik4 | tsip4 |
| 捷 | 3 咸-盐 | TS1 | tsieʔ8 | tsieʔ8 | tsiek8 | tsiek8 | tsik8 | |
| 涉 | 3 咸-盐 | TS3 | sieʔ8 | sieʔ8 | siek8 | siek8 | sik8 | sɛk8 |
| 叶 | 3 咸-盐 | 喻四 | ieʔ8 | ieʔ8 | iek8 | | jik8 | ɛp8 |
| 劫 | 3 咸-严 | K | kieʔ4 | kieʔ4 | | kiek4 | | kip4 |
| 业 | 3 咸-严 | K | ŋieʔ8 | ŋieʔ8 | ŋiek8 | ŋiek8 | ŋik8 | ŋɛp8 |

续 表

| 闽 东 | | | 福州 | 福清 | 古田 | 柘荣 | 福安 | 宁德 |
|---|---|---|---|---|---|---|---|---|
| 例字 | 中 古 | 声类 | ieʔ | ieʔ | iek | iek | ik | ip/ɛp |
| 胁 | 3 咸-严 | K | xieʔ8 | hieʔ8 | hiek8 | xiek4 | hik8 | |
| 贴文读 | 4 咸-添 | T1 | | $t^h$ieʔ4 | | | | |
| 叠文读 | 4 咸-添 | T1 | | tieʔ8 | $t^h$iek8 | | | |
| 蝶 | 4 咸-添 | T1 | tieʔ8 | tieʔ8 | tiek8 | tiek8 | tik8 | tɛp8 |
| 挟文读 | 4 咸-添 | K | kieʔ4 | kieʔ4 | kiek4 | | | |
| 协 | 4 咸-添 | K | xieʔ8 | hieʔ8 | hiek8 | xiek8 | hik8 | (xep8) |

**表 3-1-21 闽北咸摄开口字群 3、4 等同读的文读层次对应表**

| 闽 北 | | | 石陂 | 建阳 | 崇安 | 建瓯 | 政和 | 松溪 |
|---|---|---|---|---|---|---|---|---|
| 例字 | 中 古 | 声类 | iŋ | ieiŋ | iŋ | iŋ | iŋ | iŋ |
| 帘 | 3 咸-盐 | T1 | liŋ5 | lieiŋ5 | liŋ5 | liŋ3 | liŋ5 | liŋ5 |
| 尖 | 3 咸-盐 | TS1 | tsiŋ1 | tsieiŋ1 | | | tsiŋ1 | tsiŋ1 |
| 渐 | 3 咸-盐 | TS1 | | lieiŋ7 | | tsiŋ7 | | |
| 占 | 3 咸-盐 | TS3 | tsiŋ3 | tsieiŋ3 | tsiŋ3 | tsiŋ3 | tsiŋ3 | tsiŋ3 |
| 钳 | 3 咸-盐 | K | $k^h$iŋ3 | $k^h$ieiŋ5 | | $k^h$iŋ3 | $k^h$iŋ5 | $k^h$iŋ5 |
| 俭 | 3 咸-盐 | K | giŋ7 | kieiŋ3 | jiŋ3 | kiŋ2 | kiŋ3 | kiŋ8 |
| 险 | 3 咸-盐 | K | xiŋ2 | xieiŋ2 | xiŋ2 | xiŋ2 | xiŋ2 | hiŋ2 |
| 艳焰 | 3 咸-盐 | 喻四 | iŋ7 | ieiŋ7 | | iŋ3 | iŋ7 | iŋ7 |
| 严 | 3 咸-严 | K | ŋiŋ3 | ŋieiŋ5 | ŋiŋ5 | ŋiŋ2 | ŋiŋ9*5 | ŋiŋ9*5 |
| 剑 | 3 咸-严 | K | kiŋ3 | kieiŋ3 | kiŋ3 | kiŋ3 | kiŋ3 | kiŋ3 |
| 欠 | 3 咸-严 | K | $k^h$iŋ3 | $k^h$ieiŋ3 | $k^h$iŋ3 | $k^h$iŋ3 | $k^h$iŋ3 | $k^h$iŋ3 |
| 点文读 | 4 咸-添 | T1 | tiŋ2 | | tiŋ2 | | | |
| 添 | 4 咸-添 | T1 | $t^h$iŋ1 | hieiŋ1 | hiŋ1 | $t^h$iŋ1 | $t^h$iŋ1 | $t^h$iŋ1 |
| 念文读 | 4 咸-添 | T1 | ŋiŋ7 | ŋieiŋ7 | ŋiŋ7 | niŋ7 | niŋ7 | niŋ7 |
| 兼 | 4 咸-添 | K | kiŋ1 | kieiŋ1 | kiŋ1 | kiŋ1 | kiŋ1 | kiŋ1 |
| 嫌文读 | 4 咸-添 | K | | xieiŋ5 | $k^h$iŋ1 | xiŋ2 | | |

**续 表**

| 闽　北 | | | 石陂 | 建阳 | 崇安 | 建瓯 | 政和 | 松溪 |
|---|---|---|---|---|---|---|---|---|
| 例字 | 中　古 | 声类 | ie | ie | i | iɛ | iɛ | ie |
| 聂文读 | 3咸-盐 | T2 | ɲie4 | ɲie4 | ɲi4 | niɛ4 | niɛ4 | ɲie4 |
| 接 | 3咸-盐 | TS1 | tsie4 | tsie4 | tsi8 | tsiɛ4 | tsiɛ4 | tsie4 |
| 捷 | 3咸-盐 | TS1 | tsie4 | lie4 | tsi8 | tsiɛ4 | tsiɛ3 | tsie8 |
| 涉 | 3咸-盐 | TS3 | sie1 | sie8 | si8 | siɛ4 | siɛ4 | sie4 |
| 叶文读 | 3咸-盐 | | ɦie5 | ɦje8 | ɲi8 | | | |
| 劫 | 3咸-严 | K | kie4 | kie4 | | kiɛ4 | kiɛ4 | kie4 |
| 业 | 3咸-严 | K | ɲie5 | ɲie8 | ɲi8 | ɲiɛ8 | ɲiɛ3 | ɲie8 |
| 胁 | 3咸-严 | K | xie1 | | xi8 | xiɛ4 | xiɛ4 | hie4 |
| 叠文读 | 4咸-添 | T1 | die5 | | ti4 | tiɛ4 *<br>$t^h$iɛ7 | tiɛ4 | |
| 蝶 | 4咸-添 | T1 | die5 | lie8 | li8 | tiɛ8 | tiɛ3 | tie4 |
| 挟文读 | 4咸-添 | K | kie1 | | | kiɛ7 | | |
| 协 | 4咸-添 | K | xie1 | xie8 | xi8 | xiɛ4 | xiɛ4 | hie4 |

3.1.1.4　效摄

表 3-1-23、3-1-24、3-1-25、3-1-26 分别是闽南、闽东与闽北效摄字群 1、2 等的文读层次对应表，说明如下：

1. 闽南效摄 1、2 等字群，无论任何声母条件，均有同读为-au 的文读层表现。此外，表 3-1-24 显示泉、漳两地的效摄 1、2 等字群，还有一项早期 1、2 等不同读的文读层表现。以泉州为例，1 等读为-ɔ，2 等还是读为-au，但是舌根声母条件下读为细音韵母-iau；漳腔 1、2 等不同读的文读层不是非常明显，因为其音读完全同于白读层次的 -o，只有在鼻声母与部分 h-声母条件下因为鼻化而保留有别于白读层的韵读-ɔ̃，例如"冒好爱好"等字。需要进一步说明的是，2 等韵的文读层虽然都读-au，但从以下两点可以推论该音读应有早晚的差异：(1) 所接鼻声母是否去鼻化，(2) 舌根声母条件下是否读为细音韵母。如下所示：

**表 3-1-22**

| | | 南　安 | 漳　州 |
|---|---|---|---|
| (1) | 茅文读 | maũ5 | maũ5 |
| | 貌文读 | maũ3 | maũ7 |
| | 闹文读 | naũ3 | naũ7 |
| | 茅白读 | bau5 | bau5 |
| | 貌白读 | bau3 | |
| | 闹白读 | lau3 | lau7 |
| (2) | 交 | kau1 | kau1 |
| | 狡 | kau2 | kau2 |
| | 敲平声 | $k^h$au1 | $k^h$au1 |
| | 搅 | kiau2 | kiau2 |
| | 巧 | $k^h$iau2 | $k^h$iau2 |

所接鼻声母去鼻化者以及舌根声母条件下读为细音韵母者应为较早的表现，前者参见第四章讨论，后者例如厦门"巧"字文读为 $k^h$au2（弄巧成拙 long7 $k^h$au2 siŋ5 tsuat4）、白读为 $k^h$iau2 及 $k^h$a2（Douglas, 1873: 263），与咸摄 2 等字群相应。

2. 闽东效摄 1、2 等字群，无论任何声母条件，文读层均表现为 1、2 等不同读，1 等读为-ɔ 或-o，2 等读为-au（唯福安部分上声例字发生元音高化韵变而读为-ou），但有部分舌根声母例字读为细音韵母，例如"搅狡敲巧"等字；闽东效摄 1、2 等字群的文读层与闽南泉、漳早期的文读层所表现的音韵格局一致。

3. 闽北效摄 1、2 等字群，文读层几乎普遍同读为-au，唯松溪一地效摄 1 等韵多数仍读为-o，仅有少数例字与 2 等韵同读为-ɒu，例如"老文遭考傲"等字。需要注意的是闽北建阳、崇安、建瓯三地的效摄 1 等字群，音读上没有文白的区别，透过跨点比较可以稍加辨析，详见 3.2.5 小节的讨论。

**表 3-1-23 闽南效摄开口字群 1、2 等同读的文读层次对应表**

| 闽南 | | | 南安 | 泉州 | 漳州 | 漳浦 | 澄海 | 揭阳 |
|---|---|---|---|---|---|---|---|---|
| 例字 | 中古 | 声类 | au | au | au | au | au | au |
| 袍文读 | 1 效-豪 | P1 | p$^{h}$au5 | p$^{h}$au5 | p$^{h}$au5 | p$^{h}$au5 | p$^{h}$au5 | p$^{h}$au5 |
| 抱文读 | 1 效-豪 | P1 | | pau6 *<br>p$^{h}$au6 | pau3 | p$^{h}$au7 | | p$^{h}$au6 |
| 冒文读 | 1 效-豪 | P1 | | | maũ7 | | mau6 | mau6 |
| 滔文读 | 1 效-豪 | T1 | t$^{h}$au1 | | | | t$^{h}$au1 | t$^{h}$au1 |
| 脑恼 | 1 效-豪 | T1 | naũ2 | | naũ2 | naũ2 | nau2 | nau2 |
| 老文读 | 1 效-豪 | T1 | lau2 | lau2 | lau2 | lau2 | lau2 | lau2 |
| 遭 | 1 效-豪 | TS1 | tsau1 | tsau1 | | | tsau1 | tsau1 |
| 高文读 | 1 效-豪 | K | (kɔ1) | (kɔ1) | kau1 | | kau1 | kau1 |
| 熬 | 1 效-豪 | K | | | au5 | ŋaũ5 | ŋau5 | ŋau5 |
| 豪文读 | 1 效-豪 | K | | hau5 | hau5 | | hau5 | hau5 |
| 奥 | 1 效-豪 | Ø | au3 | au3 | au3 | au3 | 懊 au3 | |
| 饱文读 | 2 效-肴 | P1 | pau2 | pau2 | pau2 | pau2 | | |
| 抛文读 | 2 效-肴 | P1 | p$^{h}$au1 | p$^{h}$au1 | p$^{h}$au1 | p$^{h}$au1 | p$^{h}$au1 | p$^{h}$au1 |
| 貌文读 | 2 效-肴 | P1 | maũ3 | | maũ7 | maũ7 | mau6 | mau6 |
| 茅文读 | 2 效-肴 | P1 | maũ5 | | maũ5 | maũ5 | mau5 | mau5 |
| 闹文读 | 2 效-肴 | T2 | naũ3 | | naũ7 | naũ7 | nau6 | nau7 |
| 吵文读 | 2 效-肴 | TS2 | | ts$^{h}$au2 | ts$^{h}$au2 | ts$^{h}$au2<br>* sau2 | ts$^{h}$au2 | ts$^{h}$au2 |
| 教文读 | 2 效-肴 | K | kau3 | kau3 | kau3 | kau3 | | |
| 较文读 | 2 效-肴 | K | kau3 | kau3 | kau3 | kau3 | | |
| 孝文读 | 2 效-肴 | K | hau3 | hau3 | hau3 | hau3 | hau3 | hau3 |
| 校 | 2 效-肴 | K | hau3 | hau3 | hau7 | hau7 | hau6 | hau6 |
| 拗文读 | 2 效-肴 | Ø | au2 | au2 | au2 | au2 | au2 | au2 |

**表 3-1-24 闽南泉、漳效摄开口字群 1、2 等不同读的文读层次对应表**

| 闽南 | | | 南安 | 泉州 | 漳州 | 漳浦 | 澄海 | 揭阳 |
|---|---|---|---|---|---|---|---|---|
| 例字 | 中古 | 声类 | ɔ | ɔ | ɔ̃(o) | (o) | au | au |
| 毛头毛 | 1效-豪 | P1 | mɔ̃5 | mɔ̃5 | mɔ̃5 | | (mo5) | (mo5) |
| 冒冒犯 | 1效-豪 | P1 | mɔ̃3 | mɔ̃3 | mɔ̃7 | | | |
| 保文读 | 1效-豪 | P1 | | pɔ2 | | | pau2 | pau2 |
| 祷 | 1效-豪 | T1 | tɔ2 | tɔ2 | (to2) | (to2) | tau2 | tau2 |
| 岛 | 1效-豪 | T1 | tɔ2 | | (to2) | (to2) | tau2 | tau2 |
| 到 | 1效-豪 | T1 | tɔ3 | tɔ3 | (to3) | (to3) | | |
| 滔文读 | 1效-豪 | T1 | $t^h$ɔ1 | $t^h$ɔ1 | $t^h$ɔ1 | ($t^h$o1) | | |
| 道 | 1效-豪 | T1 | tɔ6 | tɔ6 | (to7) | (to7) | tau6 | tau6 |
| 盗 | 1效-豪 | T1 | tɔ3 | tɔ3 | (to7) | (to7) | tau6 | tau6 |
| 导 | 1效-豪 | T1 | tɔ6 | tɔ3 | (to7) | (to7) | tau6 | tau6 |
| 老父老 | 1效-豪 | T1 | nɔ̃2 | nɔ̃2 | (lo2) | (lo2) | | |
| 早文读 | 1效-豪 | TS1 | tsɔ2 | tsɔ2 | | (tso2) | | |
| 曹 | 1效-豪 | TS1 | tsɔ5 | tsɔ5 | (tso5) | | $ts^h$au5 | $ts^h$au5 |
| 骚 | 1效-豪 | TS1 | sɔ1 | sɔ1 | | | sau1 | sau1 |
| 考 | 1效-豪 | K | $k^h$ɔ̃2 | $k^h$ɔ̃2 | ($k^h$o2) | ($k^h$o2) | $k^h$au2 | $k^h$au2 |
| 烤 | 1效-豪 | K | | $k^h$ɔ̃2 | ($k^h$o2) | ($k^h$o2) | $k^h$au2 | $k^h$au2 |
| 傲 | 1效-豪 | K | | ŋɔ̃3 | (go7) | (go7) | ŋau6 | ŋau6 |
| 好爱好 | 1效-豪 | K | hɔ̃3 | hɔ̃3 | hɔ̃3 | | haũ3 | haũ3 |
| 号文读 | 1效-豪 | K | hɔ3 | hɔ3 | | | hau | hau1 |
| | | | au/iau | au/iau | au/iau | au/iau | au/iou | au/iau |
| 茅白读 | 2效-肴 | P1 | bau5 | bau5 | bau5 | | | |
| 卯 | 2效-肴 | P1 | bau2 | bau2 | bau2 | bau2 | bau2 | bau2 |
| 貌白读 | 2效-肴 | P1 | bau3 | bau3 | | | | |
| 闹白读 | 2效-肴 | T2 | lau3 | lau3 | lau7 | lau7 | lau7 | |
| 搅 | 2效-肴 | K | kiau2 | kiau2 | kiau2 | kiau2 | kiou2 | (kau2) |
| 巧聪明 | 2效-肴 | K | $k^h$iau2 | $k^h$iau2 | $k^h$iau2 | | $k^h$iou2 | |

表 3-1-25　闽东效摄开口字群 1、2 等不同读的文读层次对应表

| 闽东 | | | 福州 | 福清 | 古田 | 柘荣 | 福安 | 宁德 |
|---|---|---|---|---|---|---|---|---|
| 例字 | 中古 | 声类 | o/ɔ | o | o | ɔ | ɔ | ɔ |
| 抱文读 | 1 效-豪 | P1 | pɔ7 | po7 | po7 | pɔ7 | pɔ7 | pɔ2 |
| 毛 | 1 效-豪 | P1 | mo5 | mo5 | mo5 | mɔ5 | mɔ5 | mɔ5 |
| 冒 | 1 效-豪 | P1 | mɔ7 | mo7 | mo7 | mɔ7 | mɔ7 | mɔ2① |
| 祷岛 | 1 效-豪 | T1 | to2 | to2 | to2 | tɔ2 | tɔ2 | tɔ2 |
| 滔 | 1 效-豪 | T1 | $t^h$o1 | $t^h$o1 | $t^h$o1 | $t^h$ɔ1 | $t^h$ɔ1 | $t^h$ɔ1 |
| 道盗 | 1 效-豪 | T1 | tɔ7 | to7 | to7 | tɔ7 | tɔ7 | tɔ2 |
| 老文读 | 1 效-豪 | T1 | no2 | lo2 | lo2 | lɔ2 | lɔ2 | lɔ2 |
| 脑 | 1 效-豪 | T1 | no2 | no2 | no2 | nɔ2 | nɔ2 | nɔ2 |
| 遭 | 1 效-豪 | TS1 | tso1 | tso5 | tso1 | tsɔ5 | tsɔ1 | tsɔ1 |
| 早文读 | 1 效-豪 | TS1 | tso2 | tso2 | | tsɔ2 | | tsɔ2 |
| 槽文读 | 1 效-豪 | TS1 | tso5 | tso5 | | tsɔ5 | tsɔ5 | tsɔ5 |
| 骚 | 1 效-豪 | TS1 | so1 | so1 | so1 | sɔ1 | sɔ1 | sɔ1 |
| 考烤 | 1 效-豪 | K | $k^h$o2 | $k^h$o2 | $k^h$o2 | $k^h$ɔ2 | $k^h$ɔ2 | $k^h$ɔ2 |
| 傲 | 1 效-豪 | K | ŋɔ7 | ŋo7 | ŋo7 | ŋɔ7 | ŋɔ7 | ŋɔ2 |
| 好爱好 | 1 效-豪 | K | xɔ3 | ho3 | ho3 | xɔ3 | hɔ3 | xɔ3 |
| 号文读 | 1 效-豪 | K | xɔ7 | ho7 | ho7 | xɔ7 | hɔ7 | xɔ2 |
| | | | au | au | au | au | au/ou | au |
| 饱文读 | 2 效-肴 | P1 | pau2 | pau2 | pau2 | pau2 | pou2 | pau2 |
| 貌 | 2 效-肴 | P1 | mau7 | mau7 | mau7 | mau7 | mau7 | mau7 |
| 闹 | 2 效-肴 | T2 | | nau7 | nau7 | nau7 | nau7 | nau7 |
| 吵文读 | 2 效-肴 | TS2 | $ts^h$au2 | $ts^h$au2 | $ts^h$au2 | $ts^h$au2 | $ts^h$ou2 | $ts^h$au2 |
| 教较 | 2 效-肴 | K | kau3 | kau3 | kau3 | kau3 | kau3 | kau3 |
| 孝文读 | 2 效-肴 | K | xau3 | hau3 | hau3 | xau3 | hau3 | xau3 |
| 拗文读 | 2 效-肴 | Ø | ŋau3 | au2 | au2 | au2 | au3 | au3 |
| | | | iu | ieu | iau | iau | ieu | iɐu/iu |
| 搅狡 | 2 效-肴 | K | kiu2 | kieu2 | kiau2 | kiau2 | kieu2 | |
| 敲 | 2 效-肴 | K | $k^h$iu1 | $k^h$ieu1 | $k^h$iau1 | $k^h$iau1 | $k^h$ieu1 | $k^h$iɐu1 |
| 巧聪明 | 2 效-肴 | K | $k^h$iu2 | $k^h$ieu2 | $k^h$iau2 | $k^h$iau2 | $k^h$ieu2 | $k^h$iɐu2 |

① 根据 1995《宁德市志》,宁德的阳去调(332)有逐渐与阴上调(42)合流的变化趋势。

## 表 3-1-26　闽北效摄开口字群 1、2 等的文读层次对应表

| 闽北 | | | 石陂 | 建阳 | 崇安 | 建瓯 | 政和 | 松溪 |
|---|---|---|---|---|---|---|---|---|
| 例字 | 中　古 | 声类 | au (ɔ) | au | au | au | au (ɔ) | ɒu (o) |
| 袍 | 1 效-豪 | P1 | bau5 | βau5 | βau5 | pau2 | pau9 | (po9) |
| 冒 | 1 效-豪 | P1 | mau7 | mau7 | | mau7 | mau7 | (mo8) |
| 恼 | 1 效-豪 | T1 | nau2 | nau2 | nau2 | nau2 | nau2 | (no2) |
| 老文读 | 1 效-豪 | T1 | lau2 | lau2 | lau2 | lau2 | | lɒu5 |
| 岛 | 1 效-豪 | T1 | (tɔ2) | (tɔ2) | tau2 | (tɔ2) | (tɔ2) | (to9) |
| 滔 | 1 效-豪 | T1 | tʰau1 | | hau1 | tʰau1 | tʰau1 | (tʰo1) |
| 道 | 1 效-豪 | T1 | (dɔ3) | lau3 | lau3 | tau8 | tau3 | (to7 * 8) |
| 盗 | 1 效-豪 | T1 | (dɔ7) | lau7 | lau7 | tau8 | tau3 | (to8) |
| 遭 | 1 效-豪 | TS1 | tsau1 | tsau1 | tsau1 | tsau1 | | tsɒu1 |
| 早 | 1 效-豪 | TS1 | (dzɔ2) | lau2 | lau2 | tsau2 | (tsɔ9) | (tso9) |
| 曹 | 1 效-豪 | TS1 | dzau1 | tsau5 | tsau5 | tsau2 | (tsɔ9) | (tso9) |
| 骚 | 1 效-豪 | TS1 | sau1 | sau1 | sau1 | sau1 | | (so1) |
| 考 | 1 效-豪 | K | kʰau2 | kʰau2 | | kʰau2 | kʰau2 | kʰɒu2 |
| 傲 | 1 效-豪 | K | ŋau7 | ŋau7 | ŋau7 | ŋau7 | ŋau7 | ŋɒu7 |
| 好爱好 | 1 效-豪 | K | xau7 | xau3 | xau3 | xau3 | xau9 | (ho2) |
| 浩 | 1 效-豪 | K | xau7 | xau7 | | xau7 | xau7 | (ho7) |
| | | | au | au | au | au | au | ɒu |
| 貌 | 2 效-肴 | P1 | mau7 | mau7 | | mau7 | mau7 | mɒu7 |
| 茅 | 2 效-肴 | P1 | mau3 | mau5 | mau5 | (me3) | mau9 | mɒu5 |
| 卯 | 2 效-肴 | P1 | mau3 | mau2 | mau3 | mau8 | mau3 | |
| 闹 | 2 效-肴 | T2 | nau7 | nau7 | nau7 | nau7 | nau7 | nɒu7 |
| 狡文读 | 2 效-肴 | K | kau1 | | kau2 | kau2 | kau2 | kɒu2 |
| 教较 | 2 效-肴 | K | kau3 | kau3 | kau3 | kau3 | kau3 | kɒu3 |
| 校 | 2 效-肴 | K | xau7 | xau7 | xau7 | xau7 | xau7 | hɒu7 |
| 拗 | 2 效-肴 | Ø | au2 | au2 | au2 | au2 | au2 | ɒu2 |

表 3-1-27、3-1-28、3-1-29 分别是闽南、闽东与闽北效摄字群 3、4 等同读的文读层次对应表，说明如下：

闽南效摄 3、4 等字群，无论任何声母条件，均有同读为-iau 或-iou 的文读层表现。闽东效摄 3、4 等字群，无论任何声母条件，均同读为-iau 或-ieu 或-iu，但宁德有因声调条件而韵变分化的现象，在阳平及阴阳去声调下韵腹发生高化音变读为-iu，其他声调条件下则读为-iɐu。闽北效摄 3、4 等字群，无论任何声母条件，均同读为-iau 或-iɔ 或-iu。需要注意的是，闽东、闽北效摄 3、4 等字群的韵读无法清楚划分文白的差别，必须透过跨方言的比较来加以辨析，详见下一小节的讨论。

**表 3-1-27　闽南效摄开口字群 3、4 等同读的文读层次对应表**

| 闽南 | | | 南安 | 泉州 | 漳州 | 漳浦 | 澄海 | 揭阳 |
|---|---|---|---|---|---|---|---|---|
| 例字 | 中古 | 声类 | iau | iau | iau | iau | iou | iau |
| 表文读 | 3 效-宵 | P1 | piau2 | piau2 | piau2 | piau2 | piou2 | piau2 |
| 妙 | 3 效-宵 | P1 | biau3 | biau3 | biau7 | | miou6 | miau6 |
| 霄文读 | 3 效-宵 | TS1 | siau1 | siau1 | siau1 | siau1 | siou1 | siau1 |
| 小文读 | 3 效-宵 | TS1 | siau2 | siau2 | siau2 | siau2 | siou2 | siau2 |
| 笑文读 | 3 效-宵 | TS1 | siau3 | siau3 | siau3 | siau3 | | |
| 少多少 | 3 效-宵 | TS3 | siau2 | siau2 | | siau2 | | |
| 少少年 | 3 效-宵 | TS3 | siau3 | | siau3 | siau3 | siou3 | siau3 |
| 绍 | 3 效-宵 | TS3 | siau3 | siau3 | siau7 | siau7 | siou6 | siau6 |
| 骄 | 3 效-宵 | K | kiau1 | kiau1 | kiau1 | kiau1 | kiou1 | kiau1 |
| 侨 | 3 效-宵 | K | kiau5 | kiau5 | kiau5 | kiau5 | $k^h$iou5 | $k^h$iau5 |
| 刁 | 4 效-萧 | T1 | tiau1 | tiau1 | tiau1 | $t^h$iau1 | tiou1 | tiau1 |
| 鸟文读 | 4 效-萧 | T1 | niaũ2 | niaũ2 | niaũ2 | niaũ2 | | |
| 钓文读 | 4 效-萧 | T1 | tiau3 | tiau3 | tiau3 | tiau3 | | |
| 了 | 4 效-萧 | T1 | liau2 | liau2 | liau2 | liau2 | liou2 | liau2 |
| 萧文读 | 4 效-萧 | TS1 | siau1 | siau1 | siau1 | siau1 | siou1 | siau1 |
| 缴 | 4 效-萧 | K | kiau2 | kiau2 | kiau2 | kiau2 | kiou2 | |

续　表

| 闽　南 | | | 南安 | 泉州 | 漳州 | 漳浦 | 澄海 | 揭阳 |
|---|---|---|---|---|---|---|---|---|
| 例字 | 中　古 | 声类 | iau | iau | iau | iau | iou | iau |
| 尧 | 4 效-萧 | K | | giau5 | | giau5 | ŋiou5 | ŋiau5 |
| 窍文读 | 4 效-萧 | K | $k^h$iau3 | $k^h$iau3 | $k^h$iau3 | $k^h$iau3 | $k^h$iou3 | $k^h$iau3 |
| 晓 | 4 效-萧 | K | hiau2 | hiau2 | | hiau2 | hiou2 | hiau2 |

**表 3-1-28　闽东效摄开口字群 3、4 等同读的文读层次对应表**

| 闽　东 | | | 福州 | 福清 | 古田 | 柘荣 | 福安 | 宁德 |
|---|---|---|---|---|---|---|---|---|
| 例字 | 中　古 | 声类 | iu | ieu | iau | iau | ieu | iɐu/iu |
| 飘 | 3 效-宵 | P1 | $p^h$iu1 | $p^h$ieu1 | $p^h$iau1 | $p^h$iau1 | $p^h$ieu1 | $p^h$iɐu1 |
| 妙 | 3 效-宵 | P1 | miu7 | mieu7 | miau7 | miau7 | mieu7 | miu7 |
| 霄 | 3 效-宵 | TS1 | siu1 | sieu1 | siau1 | | sieu1 | siɐu1 |
| 小 | 3 效-宵 | TS1 | siu2 | sieu2 | siau2 | siau2 | sieu2 | siɐu2 |
| 少多少 | 3 效-宵 | TS3 | siu2 | sieu2 | | siau2 | | |
| 少少年 | 3 效-宵 | TS3 | siu3 | sieu3 | siau3 | siau3 | sieu3 | (seu3) |
| 绍 | 3 效-宵 | TS3 | siu7 | sieu7 | siau7 | siau7 | sieu5 | siu5 |
| 骄 | 3 效-宵 | K | kiu1 | kieu1 | kiau1 | kiau1 | kieu1 | kiɐu1 |
| 侨 | 3 效-宵 | K | kiu5 | kieu5 | kiau5 | kiau5 | kieu5 | |
| 妖 | 3 效-宵 | Ø | iu1 | ieu1 | iau1 | iau1 | jieu1 | iɐu1 |
| 刁 | 4 效-萧 | T1 | tiu1 | tieu1 | tiau1 | tiau1 | tieu1 | tiɐu1 |
| 鸟文读 | 4 效-萧 | T1 | (neu2) | (neu2) | niau2 | niau2 | nieu2 | niɐu2 |
| 钓 | 4 效-萧 | T1 | tiu3 | tieu3 | tiau3 | tiau3 | tieu3 | tiu3 |
| 吊文读 | 4 效-萧 | T1 | tiu3 | tieu3 | tiau3 | tiau3 | tieu3 | |
| 了文读 | 4 效-萧 | T1 | niu2 | lieu2 | liau2 | liau2 | lieu2 | liɐu2 |
| 萧 | 4 效-萧 | TS1 | siu1 | sieu1 | siau1 | siau1 | sieu1 | siɐu1 |
| 缴 | 4 效-萧 | K | kiu2 | kieu2 | | kiau2 | kieu2 | kiɐu2 |
| 尧 | 4 效-萧 | K | ŋiu5 | ŋieu5 | | ŋiau5 | ŋieu5 | ŋiu5 |
| 窍文读 | 4 效-萧 | K | $k^h$iu3 | $k^h$ieu3 | $k^h$iau3 | $k^h$iau3 | | $k^h$iu3 |
| 晓 | 4 效-萧 | K | xiu2 | hieu2 | hiau2 | xiau2 | hieu2 | xiɐu2 |

**表 3-1-29　闽北效摄开口字群 3、4 等同读的文读层次对应表**

| 闽北 | | | 石陂 | 建阳 | 崇安 | 建瓯 | 政和 | 松溪 |
|---|---|---|---|---|---|---|---|---|
| 例字 | 中古 | 声类 | iau | iɔ | iu | iau | iɔ | io |
| 飘 | 3 效-宵 | P1 | pʰiau1 | pʰiɔ1 | pʰiu1 | pʰiau1 | pʰiɔ1 | pʰio1 |
| 妙 | 3 效-宵 | P1 | miau7 | miɔ7 | miu7 | miau7 | miɔ7 | mio7 |
| 霄 | 3 效-宵 | TS1 | siau1 | siɔ1 | siu1 | siau1 | siɔ1 | |
| 小 | 3 效-宵 | TS1 | siau2 | siɔ2 | siu2 | siau2 | siɔ2 | sio2 |
| 超 | 3 效-宵 | T2 | tʰiau1 | hiɔ1 | hiu1 | tʰiau1 | tʰiɔ1 | tʰio7 |
| 少多少 | 3 效-宵 | TS3 | siau2 | siɔ2 | siu2 | siau2 | siɔ2 | sio2 |
| 少少年 | 3 效-宵 | TS3 | | siɔ3 | siu3 | | siɔ3 | sio3 |
| 笑 | 3 效-宵 | TS1 | siau3 | siɔ3 | siu3 | siau3 | siɔ3 | sio3 |
| 绍 | 3 效-宵 | TS3 | siau7 | ɦiɔ3 | | iau8 | iɔ3 | hio8 |
| 骄 | 3 效-宵 | K | kiau1 | kiɔ1 | kiu1 | kiau1 | kiɔ1 | kio1 |
| 侨 | 3 效-宵 | K | giau5 | | kiu5 | kiau2 | kiɔ9 | kio9 |
| 妖 | 3 效-宵 | Ø | iau1 | iɔ1 | iu1 | | iɔ1 | io1 |
| 刁 | 4 效-萧 | T1 | tiau1 | tiɔ1 | tiu1 | tiau1 | tiɔ1 | |
| 鸟文读 | 4 效-萧 | T1 | niau2 | niɔ2 | ŋiu2 | niau2 | niɔ2 | nio2 |
| 钓 | 4 效-萧 | T1 | tiau3 | tiɔ3 | tiu3 | tiau3 | | tio3 |
| 吊 | 4 效-萧 | T1 | tiau3 | tiɔ3 | tiu3 | tiau3 | tiɔ3 | tio3 |
| 了文读 | 4 效-萧 | T1 | liau2 | liɔ5 | liu2 | liau2 * 8 | liɔ2 | lio2 |
| 萧 | 4 效-萧 | TS1 | siau1 | siɔ1 | siu1 | | siɔ1 | sio1 |
| 缴 | 4 效-萧 | K | kiau2 | | kiu2 | kiau2 | kiɔ2 | |
| 尧 | 4 效-萧 | K | ŋiau3 | ŋiɔ5 | ŋiu5 | iau2 | niɔ9 | ŋio9 |
| 窍文读 | 4 效-萧 | K | kʰiau3 | kʰiɔ3 | kʰiu3 | kʰiau3 | kʰiɔ3 | kʰio3 |
| 晓 | 4 效-萧 | K | xiau2 | xiɔ2 | xiu2 | xiau2 | xiɔ2 | hio2 |

### 3.1.2　3、4 等同读的白读层次(B)

蟹、山、咸、效四个韵摄开口字群在 3、4 等同读的文读层次之外，均有另一项白读层次也表现为3、4等同读,以下分从四个韵摄进行分析与说明。

3.1.2.1　蟹摄

表3－1－31、3－1－32、3－1－33分别是闽南、闽东与闽北蟹摄开口字群3、4等同读的白读层次对应表,说明如下:

1. 表3－1－32、3－1－33显示闽东、闽北蟹摄3、4等字群,无论任何声母条件,均有同读为-ie或-iɛ的白读层次表现,而且止摄3等支韵字群也有共同的层次音读,但福安、宁德、崇安、建瓯等地则发生“-ie>-i”的高化音变,此音变与上述阳、入声韵的韵腹高化音变具有相同的演变趋向。进一步总合闽东、闽北各个方言点该韵腹在阴、阳、入声韵的结构分布来看:

**表3－1－30**

| | -ie- | | |
|---|---|---|---|
| | 阴 | 阳 | 入 |
| 福州、福清<br>古田、柘荣 | + | + | + |
| 福安、宁德 | － | － | － |
| 建阳 | + | + | + |
| 石陂、政和<br>松溪 | + | － | + |
| 建瓯 | － | － | + |
| 崇安 | － | － | － |

闽东方言的“-ie->-i-”高化音变仅发生在福安、宁德等地,而且无论任何韵尾结构一致运作该音变规律,其音韵系统已经没有韵腹为上升复元音-ie-的韵母结构;闽北方言的“-ie->-i-”高化音变则呈现结构扩散的现象,阳声韵受到舌根鼻韵尾(-ŋ)的催化影响,除了建阳,各地均已发生高化音变,阴声韵的高化程度次之,入声韵可能受到韵尾脱落的影响,高化音变尚未普遍,仅有崇安一地发生。

2. 表 3-1-31 则显示闽南相应于闽东、闽北这项 3、4 等同读之白读层次的音读绝大多数为-i，从历史比较的角度来看，闽南这项层次音读已经全面发生“-ie>-i”的高化音变。但值得注意的是，其中蟹摄 4 等字群唇音与舌根音声母的例字，例如“批鸡契计白读”等，在闽南似乎另外受到层次竞争的影响，不读为相应的-i，而选择另一项蟹摄 2、4 等同读的层次音读。(参见 3.1.3)

**表 3-1-31　闽南蟹摄开口字群 3、4 等同读的白读层次对应表**

| 闽　南 | | | 南安 | 泉州 | 漳州 | 漳浦 | 澄海 | 揭阳 |
|---|---|---|---|---|---|---|---|---|
| 例字 | 中　古 | 声类 | i | i | i | i | i | i |
| 厉 | 3 蟹-祭 | T1 | li3 | | li7 | li7 | li6 | li6 |
| 世白读 | 3 蟹-祭 | TS3 | si3 | si3 | si3 | si3 | si3 | si3 |
| 势白读 | 3 蟹-祭 | TS3 | | si3 | si3 | si3 | si3 | si3 |
| 剃 | 4 蟹-齐 | T1 | tʰiʔ4 | tʰiʔ4 | tʰi3 | tʰ ĩ3 | tʰi3 | tʰi3 |
| 啼白读 | 4 蟹-齐 | T1 | tʰi5 | tʰi5 | tʰi5 | tʰi5 | ti5 | tʰi5 |
| 弟小弟 | 4 蟹-齐 | T1 | ti6 | ti6 | ti7 | ti7 | ti6 | ti6 |
| 紫白读 | 3 止-支 | TS1 | | tsi2 | tsi2 | tsi2 | tsi2 | tsi2 |
| 池 | 3 止-支 | T2 | ti5 | ti5 | ti5 | ti5 | ti5 | ti5 |
| 支 | 3 止-支 | TS3 | tsi1 | tsi1 | tsi1 | tsi1 | tsĩ1 | tsĩ1 |
| 匙 | 3 止-支 | TS3 | si5 | si5 | si5 | si5 | si5 | si5 |
| 义 | 3 止-支 | K | gi3 | gi3 | gi7 | gi7 | ŋi6 | ŋi6 |
| 椅 | 3 止-支 | ø | i2 | i2 | i2 | i2 | ĩ2 | ĩ2 |
| | | | (ue) | (ue) | (e) | (iei) | (oi) | (oi) |
| 批 | 4 蟹-齐 | P1 | pʰue1 | pʰue1 | pʰe1 | pʰiei1 | pʰoi1 | pʰoi1 |
| 鸡 | 4 蟹-齐 | K | kue1 | kue1 | ke1 | kiei1 | koi1 | koi1 |
| 契 | 4 蟹-齐 | K | kʰue3 | kʰue3 | kʰe3 | kʰiei3 | kʰoi3 | kʰoi3 |
| 计白读 | 4 蟹-齐 | K | (ke3) | (ke3) | ke3 | kiei3 | koi3 | koi3 |

**表 3-1-32　闽东蟹摄开口字群 3、4 等同读的白读层次对应表**

| 闽　东 | | | 福州 | 福清 | 古田 | 柘荣 | 福安 | 宁德 |
|---|---|---|---|---|---|---|---|---|
| 例字 | 中　古 | 声类 | ie | ie | ie | ie | i | i /e |
| 世 | 3 蟹-祭 | TS3 | sie3 | sie3 | sie3 | sie3 | si3 | si3 |
| 势 | 3 蟹-祭 | TS3 | sie3 | sie3 | | sie3 | si3 | si3 |
| 剃 | 4 蟹-齐 | T1 | t$^h$ie3 | t$^h$ie3 | t$^h$ie3 | t$^h$ie3 | t$^h$i3 | t$^h$i3 |
| 啼 | 4 蟹-齐 | T1 | t$^h$ie5 | t$^h$ie5 | t$^h$ie5 | t$^h$ie5 | t$^h$i5 | t$^h$i5 |
| 弟小弟 | 4 蟹-齐 | T1 | tie7 | tie7 | tie7 | tie3 | ti7 | ti2 |
| 批 | 4 蟹-齐 | P1 | p$^h$ie1 | p$^h$ie1 | p$^h$ie1 | p$^h$ie1 | p$^h$i1 | p$^h$i1 |
| 鸡 | 4 蟹-齐 | K | kie1 | kie1 | kie1 | kie1 | ki1 | ki1 |
| 契 | 4 蟹-齐 | K | k$^h$ie3 | k$^h$ie3 | k$^h$ie3 | k$^h$ie3 | k$^h$i3 | k$^h$i3 |
| 计白读 | 4 蟹-齐 | K | kie3 | kie3 | kie3 | kie3 | ki3 | ki3 |
| 紫 | 3 止-支 | TS1 | tsie2 | tsie2 | tsie2 | tsie2 | tsi2 | tse2 |
| 池 | 3 止-支 | T2 | tie5 | tie5 | tie5 | tie5 | ti5 | ti5 |
| 支 | 3 止-支 | TS3 | tsie1 | tsie1 | tsie1 | tsie1 | tɕi1 | tɕi1 |
| 匙 | 3 止-支 | TS3 | sie5 | sie5 | sie5 | sie5 | si5 | si5 |
| 义 | 3 止-支 | K | ŋie7 | ŋie7 | ŋie7 | ŋie7 | ŋi7 | ŋi2 |
| 椅 | 3 止-支 | Ø | ie2 | ie2 | ie2 | ie2 | i2 | e2 |

**表 3-1-33　闽北蟹摄开口字群 3、4 等同读的白读层次对应表**

| 闽　北 | | | 石陂 | 建阳 | 崇安 | 建瓯 | 政和 | 松溪 |
|---|---|---|---|---|---|---|---|---|
| 例字 | 中　古 | 声类 | ie | ie | i | i | iɛ | ie |
| 例 | 3 蟹-祭 | T1 | lie7 | lie3 | li7 | li7 | liɛ7 | lie7 |
| 世 | 3 蟹-祭 | TS3 | sie3 | sie3 | si3 | si3 | siɛ3 | sie3 |
| 势 | 3 蟹-祭 | TS3 | sie3 | (si3) | si3 | si3 | (si3) | sie3 |
| 剃 | 4 蟹-齐 | T1 | (t$^h$ai3) | hie3 | hi3 | t$^h$i3 | t$^h$iɛ3 | t$^h$ie3 |
| 啼 | 4 蟹-齐 | T1 | t$^h$ie3 | hie5 | hi5 | t$^h$i3 | t$^h$iɛ5 | t$^h$ie5 |
| 弟小弟 | 4 蟹-齐 | T1 | tie1 | tie3 | | ti7 | tiɛ7 | tie7 |
| 批 | 4 蟹-齐 | P1 | p$^h$ie1 | (p$^h$ɔi1) | | p$^h$i1 | p$^h$iɛ1 | p$^h$ie1 |

续　表

| 闽　北 | | | 石陂 | 建阳 | 崇安 | 建瓯 | 政和 | 松溪 |
|---|---|---|---|---|---|---|---|---|
| 例字 | 中　古 | 声类 | ie | ie | i | i | iɛ | ie |
| 计白读 | 4 蟹-齐 | K | kie3 | | | | kiɛ3 | kie3 |
| 契 | 4 蟹-齐 | K | | kʰie3 | | kʰi3 | | |
| 支 | 3 止-支 | TS3 | tsie1 | tsie1 | tsi1 | tsi1 | tsiɛ1 | tsie1 |
| 匙 | 3 止-支 | TS3 | tsie3 | tsie5 | tsi5 | i2 | tsiɛ5 | tsie5 |
| 椅 | 3 止-支 | ∅ | ie2 | ie2 | i2 | i2 | | ie2 |

3.1.2.2　山、咸摄

表 3-1-34、3-1-35 分别是闽南山、咸两摄开口字群 3、4 等同读的白读层次对应表，以及闽东与闽北相对应的韵读，说明如下：

1. 闽南山、咸摄 3、4 等字群，无论任何声母条件，均有同读为-ĩ的白读层次表现，入声韵读为相应的-iʔ，与文读层的-ian、-iat 及-iam、-iap 截然有别。不过，根据目前所掌握的语料，山摄 3 等的元韵字没有这项音韵表现，然则这项白读韵也是反映"仙元有别"的历史音韵关系。

2. 闽东、闽北缺少明显相应的白读韵，其音韵形式与文读韵完全相同。这有两种可能的解释：(1) 只有闽南具有 3、4 等同读的白读层次；(2) 依据方言历史层次的对应性，闽东、闽北还是具有相应的历史层次，但该层次韵读在音值上恰与文读层同读。我们比较倾向第二种解释，理由有三：(1) 联系不同韵摄的字群来看，蟹摄开口字群既然在各次方言均有相应的 3、4 等同读的白读层次，那么山、咸、效等摄在闽东、闽北应该也有相应的层次系统特色；(2) 根据特定同源语词的比较对应，如表 3-1-35，"鲜"及作为名词的"盐"字有文白两读，闽东相应于闽南 tsʰĩ1、sĩ5 的白读音为 tsʰieŋ1、sieŋ5，白读韵母形式与文读没有分别，又其他仅有一读的白读例字，例如"缠砚檵檐鳖薛折"等，在闽东、闽北所对应的韵读皆与文读层一致；(3) 闽南蟹摄 3、4 等同读的白读层次全面发生"-ie>-i"的高化音变，相应于此，其山、咸两摄可能也发生同样的韵腹高化音变，因而今读高元音-ĩ、-iʔ，则其较早音读形式的韵腹应为-ie-，闽东、闽北的高化音变不如闽南普遍而全面，今读韵腹-ie-乃反映较早形式，而晚进的文读层则可能发生“-ia->-ie-”的高化音变，即与3、4等同读的白读层次混同，然后部分方言点（例如福安、崇安）继续进行“-ie>-i”的高化音变。

**表3-1-34　闽南山、咸摄开口字群3、4等同读的白读层次对应表**

| 闽南 | | | 南安 | 泉州 | 漳州 | 漳浦 | 澄海 | 揭阳 |
|---|---|---|---|---|---|---|---|---|
| 例字 | 中古 | 声类 | ĩ | ĩ | ĩ | ĩ | ĩ | ĩ |
| 变白读 | 3山-仙 | P1 | pĩ3 | pĩ3 | pĩ3 | pĩ3 | pĩ3 | |
| 棉白读 | 3山-仙 | P1 | mĩ5 | mĩ5 | mĩ5 | mĩ5 | mĩ5 | mi5 |
| 钱 | 3山-仙 | TS1 | tsĩ5 | tsĩ5 | tsĩ5 | tsĩ5 | tsĩ5 | tsĩ5 |
| 鲜白读 | 3山-仙 | TS1 | $ts^h$ĩ1 | $ts^h$ĩ1 | $ts^h$ĩ1 | $ts^h$ĩ1*<br>sĩ1 | $ts^h$ĩ1 | $ts^h$ĩ1 |
| 扇 | 3山-仙 | TS3 | | sĩ3 | sĩ3 | sĩ3 | sĩ3 | sĩ3 |
| 面 | 4山-先 | P1 | mĩ3 | mĩ3 | mĩ7 | mĩ7 | mĩ7 | mi7 |
| 天白读 | 4山-先 | T1 | $t^h$ĩ1 | $t^h$ĩ1 | $t^h$ĩ1 | $t^h$ĩ1 | $t^h$ĩ1 | |
| 年白读 | 4山-先 | T1 | nĩ5 | nĩ5 | nĩ5 | nĩ5 | nĩ5 | ni5 |
| 见白读 | 4山-先 | K | kĩ3 | kĩ3 | kĩ3 | kĩ3 | kĩ3 | |
| 砚 | 4山-先 | K | hĩ3 | hĩ3 | hĩ7 | hĩ7 | ĩ7 | ĩ7 |
| 燕白读 | 4山-先 | ø | ĩ3 | ĩ3 | ĩ3 | ĩ3 | ĩ3 | ĩ3 |
| 櫼 | 3咸-盐 | TS1 | tsĩ1 | | tsĩ1 | tsĩ1 | | |
| 染白读 | 3咸-盐 | 日 | nĩ2 | nĩ2 | nĩ2 | nĩ2 | nĩ2 | nĩ2 |
| 钳白读 | 3咸-盐 | K | $k^h$ĩ5 | $k^h$ĩ5 | $k^h$ĩ5 | $k^h$ĩ5 | | |
| 盐白读 | 3咸-盐 | 喻四 | sĩ5 | sĩ5 | sĩ5 | sĩ5 | | |
| 簷檐 | 3咸-盐 | 喻四 | tsĩ5 | tsĩ5 | | tsĩ5 | | |
| 盐腌 | 3咸-盐 | 喻四 | sĩ3 | sĩ3 | sĩ7 | sĩ7 | | |
| 添 | 4咸-添 | T1 | $t^h$ĩ1 | $t^h$ĩ1 | $t^h$ĩ1 | $t^h$ĩ1 | | $t^h$ĩ1 |
| 拈白读 | 4咸-添 | T1 | | | nĩ1 | nĩ1 | nĩ1 | nĩ1 |

续　表

| 闽　南 | | | 南安 | 泉州 | 漳州 | 漳浦 | 澄海 | 揭阳 |
|---|---|---|---|---|---|---|---|---|
| 例字 | 中　古 | 声类 | iʔ | iʔ | iʔ | iʔ | iʔ | iʔ |
| 鳖 | 3 山-仙 | P1 | piʔ4 | piʔ4 | piʔ4 | piʔ4 | piʔ4 | piʔ4 |
| 裂白读 | 3 山-仙 | T1 | liʔ8 | liʔ8 | liʔ8 | liʔ8 | liʔ8 | liʔ8 |
| 薛 | 3 山-仙 | TS1 | siʔ4 | siʔ4 | siʔ4 | siʔ4 | siʔ4 | siʔ4 |
| 折折本 | 3 山-仙 | TS3 | siʔ8 | siʔ8 | siʔ8 | | | tsiʔ8 |
| 舌 | 3 山-仙 | TS3 | tsiʔ8 | tsiʔ8 | tsiʔ8 | tsiʔ8 | tsiʔ8 | tsiʔ8 |
| 撇挽袖 | 4 山-先 | P1 | | piʔ4 | piʔ4 | piʔ4 | | |
| 铁白读 | 4 山-先 | T1 | tʰiʔ4 | tʰiʔ4 | tʰiʔ4 | tʰiʔ4 | tʰiʔ4 | tʰiʔ4 |
| 接白读 | 3 咸-盐 | TS1 | tsiʔ4 | tsiʔ4 | | tsiʔ4 | tsiʔ4 | |
| 折 | 3 咸-盐 | TS3 | | tsiʔ4 | tsiʔ4 | tsiʔ4 | tsiʔ4 | tsiʔ4 |
| 䁪眨眼 | 3 咸-盐 | T2 | nĩʔ4 | nĩʔ4 | nĩʔ4 | nĩʔ4 | | |
| 碟 | 4 咸-添 | T1 | tiʔ8 | tiʔ8 | tiʔ8 | | tiʔ8 | tiʔ8 |

**表 3-1-35　闽东、闽北对应于闽南山、咸摄开口字群 3、4 等同读之白读层的音读**

| 例字 | 中古 | 声类 | 泉州 | 漳州 | 澄海 | 福清 | 古田 | 柘荣 | 石陂 | 建阳 | 建瓯 |
|---|---|---|---|---|---|---|---|---|---|---|---|
| | | | ĩ | ĩ | ĩ | ieŋ | ieŋ | ieŋ | iŋ | ieiŋ | iŋ |
| 缠 | 3 山-仙 | T2 | tĩ5 | tĩ5 | tĩ5 | tieŋ5 | tieŋ5 | tieŋ5 | (dyiŋ5) | tieiŋ5 | tiŋ3 *7 |
| 钱 | 3 山-仙 | TS1 | tsĩ5 | tsĩ5 | tsĩ5 | tsieŋ5 | tsieŋ5 | tsieŋ5 | tsiŋ3 | tsieiŋ5 | tsiŋ3 |
| 鲜白读 | 3 山-仙 | TS1 | tsʰĩ1 | tsʰĩ1 | tsʰĩ1 | tsʰieŋ1 | tsʰieŋ1 | tsʰieŋ1 | | | |
| 扇 | 3 山-仙 | TS3 | sĩ3 | sĩ3 | sĩ3 | sieŋ3 | sieŋ3 | sieŋ3 | siŋ3 | sieiŋ3 | siŋ3 |
| 面 | 4 山-先 | P1 | mĩ3 | mĩ7 | mĩ7 | mieŋ7 | mieŋ7 | mieŋ7 | miŋ7 | mieiŋ3 | |
| 砚 | 4 山-先 | K | hĩ3 | hĩ7 | ĩ7 | ŋieŋ3 | ŋieŋ3 | ŋieŋ3 | | | |
| 櫼 | 3 咸-盐 | TS1 | tsĩ1 | tsĩ1 | | tsieŋ1 | tsieŋ1 | tsieŋ1 | tsiŋ1 | tsieiŋ1 | tsiŋ1 *8 |
| 染白读 | 3 咸-盐 | 日 | nĩ2 | nĩ2 | nĩ2 | nieŋ2 | | | niŋ2 | nieiŋ2 | niŋ2 |
| 盐白读 | 3 咸-盐 | 喻四 | sĩ5 | sĩ5 | | sieŋ5 | sieŋ5 | sieŋ5 | | | |
| 簷檐 | 3 咸-盐 | 喻四 | tsĩ5 | tsĩ5 | | sieŋ5 | sieŋ5 | | | | |
| 盐腌 | 3 咸-盐 | 喻四 | sĩ3 | sĩ7 | | sieŋ3 | sieŋ3 | sieŋ3 | | | |
| 拈 | 4 咸-添 | T1 | | nĩ1 | nĩ1 | nieŋ1 | nieŋ1 | nieŋ1 | | | |

**续 表**

| 例字 | 中古 | 声类 | 泉州 | 漳州 | 澄海 | 福清 | 古田 | 柘荣 | 石陂 | 建阳 | 建瓯 |
|---|---|---|---|---|---|---|---|---|---|---|---|
| | | | iʔ | iʔ | iʔ | ieʔ | iek | iek | ie | ie | iε |
| 鳖 | 3 山-仙 | P1 | piʔ4 | piʔ4 | piʔ4 | pieʔ4 | piek4 | piek4 | pie4 | pie4 | piε4 |
| 薛 | 3 山-仙 | TS1 | siʔ4 | siʔ4 | siʔ4 | sieʔ4 | siek4 | siek4 | (sye4) | sie4 | siε4 |
| 折折本 | 3 山-仙 | TS3 | siʔ8 | siʔ8 | | sieʔ8 | siek8 | | tsie4 | tsie4 | tsiε4 * 8 |
| 舌 | 3 山-仙 | TS3 | tsiʔ8 | tsiʔ8 | tsiʔ8 | sieʔ8 | siek8 | siek8 | | | |
| 铁 | 4 山-先 | T1 | t$^h$iʔ4 | t$^h$iʔ4 | t$^h$iʔ4 | t$^h$ieʔ4 | t$^h$iek4 | t$^h$iek4 | t$^h$ie4 | hie4 | |
| 折 | 3 咸-盐 | TS3 | tsiʔ4 | tsiʔ4 | tsiʔ4 | tsieʔ4 | tsiek4 | tsiek4 | tsie4 | lie4 | tsiε4 |
| 碟 | 4 咸-添 | T1 | tiʔ8 | tiʔ8 | tiʔ8 | tieʔ8 | tiek8 | tiek8 | | | |

3.1.2.3 效摄

表 3-1-36、3-1-37 分别是闽南效摄字群 3、4 等同读的白读层次对应表，以及闽东与闽北相对应的韵读，说明如下：

1. 闽南效摄 3、4 等字群，无论任何声母条件，均有同读为-io 或-ie 的白读层次表现，与文读层的-iau 或-iou 截然有别。

2. 闽东、闽北缺少明显相应的白读韵，其音韵形式与文读韵完全相同，但根据特定同源语词的比较对应，如表 3-1-37，"笑"及上声的"少"字有文白两读，闽东相应于闽南 ts$^h$io3、tsio2 的白读音为 ts$^h$ieu3 或 ts$^h$iau3、tsieu2 或 tsiau2，白读韵母形式与文读没有分别，又其他仅有一读的白读例字，如"薸烧轿舀巢尿"等，在闽东、闽北所对应的韵读皆与文读层一致。依据方言历史层次的对应性，我们认为闽东、闽北还是具有相应的历史层次，但该层次韵读在音值上恰与文读层同读；再从音变规律的平行性来说，闽南蟹摄 3、4 等同读的白读层次全面发生"-ie>-i"的高化音变，相应于此，其效摄 3、4 等同读的白读层次可能也发生"-iau>-io"的韵腹高化音变，而闽东、闽北的高化音变不如闽南普遍而全面，先与晚进的文读层混同后，部分方言点(例如福清、福安、建阳、崇安)继续进行-iau 的高化音变而读为-ieu 或-iɔ 或-iu。

**表 3-1-36　闽南效摄开口字群 3、4 等同读的白读层次对应表**

| 闽　南 | | | 南安 | 泉州 | 漳州 | 漳浦 | 澄海 | 揭阳 |
|---|---|---|---|---|---|---|---|---|
| 例字 | 中　古 | 声类 | io | io | io | io | ie | io |
| 表白读 | 3 效-宵 | P1 | pio2 | pio2 | pio2 | pio2 | pie2 | pio2 |
| 薸 | 3 效-宵 | P1 | $p^{h}io5$ | $p^{h}io5$ | $p^{h}io5$ | $p^{h}io5$ | $p^{h}ie5$ | $p^{h}io5$ |
| 庙白读 | 3 效-宵 | P1 | bio3 | bio3 | bio7 | bio7 | bie7 | bio7 |
| 霄云霄 | 3 效-宵 | TS1 | sio1 | sio1 | sio1 | sio1 | | |
| 小白读 | 3 效-宵 | TS1 | sio2 | sio2 | sio2 | sio2 | sie2 | |
| 笑白读 | 3 效-宵 | TS1 | $ts^{h}io3$ | $ts^{h}io3$ | $ts^{h}io3$ | $ts^{h}io3$ * <br>sio3 | $ts^{h}ie3$ | $ts^{h}io3$ |
| 潮白读 | 3 效-宵 | T2 | tio5 | tio5 | tio5 | tio5 | tie5 | tio5 |
| 赵 | 3 效-宵 | T2 | tio6 | tio6 | tio7 | tio7 | | tio6 |
| 照白读 | 3 效-宵 | TS3 | tsio3 | tsio3 | tsio3 | tsio3 | tsie3 | tsio3 |
| 烧白读 | 3 效-宵 | TS3 | sio1 | sio1 | sio1 | sio1 | sie1 | sio1 |
| 少白读 | 3 效-宵 | TS3 | tsio2 | tsio2 | tsio2 | tsio2 | tsie2 | tsio2 |
| 桥白读 | 3 效-宵 | K | kio5 | kio5 | kio5 | kio5 | kie5 | kio5 |
| 轿 | 3 效-宵 | K | kio3 | kio3 | kio7 | kio7 | kie7 | kio7 |
| 腰 | 3 效-宵 | Ø | io1 | io1 | io1 | io1 | ie1 | io1 |
| 舀 | 3 效-宵 | Ø | io2 | io2 | iõ2 | iũ2 | ie2 | io2 |
| 摇白读 | 3 效-宵 | 喻四 | io5 | io5 | io5 | io5 | ie5 | |
| 钓白读 | 4 效-萧 | T1 | tio3 | tio3 | tio3 | tio3 | tiẽ3 | tiõ3 |
| 挑白读 | 4 效-萧 | T1 | $t^{h}io1$ | $t^{h}io1$ | $t^{h}io1$ | $t^{h}io1$ | $t^{h}ie1$ | |
| 粜 | 4 效-萧 | T1 | $t^{h}io3$ | $t^{h}io3$ | $t^{h}io3$ | $t^{h}io3$ | $t^{h}ie3$ | |
| 尿 | 4 效-萧 | T1 | lio3 | lio3 | dzio7 | dzio7 | zie7 | zio7 |
| 萧白读 | 4 效-萧 | TS1 | sio1 | sio1 | | | | |
| 叫白读 | 4 效-萧 | K | kio3 | kio3 | kio3 | kio3 | kie3 | kio3 |
| 窍白读 | 4 效-萧 | K | $k^{h}io3$ | $k^{h}io3$ | $k^{h}io3$ | | | |
| 藠 | 4 效-萧 | K | | gio6 | gio7 | kio7 | kie6 | |

**表 3－1－37　闽东、闽北对应于闽南效摄开口字群 3、4 等同读之白读层的音读**

| 例字 | 中古 | 声类 | 泉州 | 漳州 | 澄海 | 福清 | 古田 | 柘荣 | 石陂 | 建阳 | 建瓯 |
|---|---|---|---|---|---|---|---|---|---|---|---|
| | | | io | io | ie | ieu | iau | iau | iau | iɔ | iau |
| 薸 | 3 效-宵 | P1 | $p^{h}$io5 | $p^{h}$io5 | $p^{h}$ie5 | $p^{h}$ieu5 | $p^{h}$iau5 | $p^{h}$iau5 | $p^{h}$iau3 | $p^{h}$iɔ2 | |
| 庙 | 3 效-宵 | P1 | bio3 | bio7 | bie7 | mieu7 | miau7 | miau7 | miau7 | miɔ7 | miau7 |
| 椒 | 3 效-宵 | TS1 | tsio1 | tsio1 | tsie1 | tsieu1 | tsiau1 | tsiau1 | tsiau1 | tsiɔ1 | tsiau1 |
| 笑白读 | 3 效-宵 | TS1 | $ts^{h}$io3 | $ts^{h}$io3 | $ts^{h}$ie3 | $ts^{h}$ieu3 | $ts^{h}$iau3 | $ts^{h}$iau3 | | | |
| 烧 | 3 效-宵 | TS3 | sio1 | sio1 | sie1 | sieu1 | siau1 | siau1 | $ts^{h}$iau1 | $ts^{h}$iɔ1 | $ts^{h}$iau1 |
| 少白读 | 3 效-宵 | TS3 | tsio2 | tsio2 | tsie2 | tsieu2 | tsiau2 | tsiau2 | | | |
| 桥白读 | 3 效-宵 | K | kio5 | kio5 | kie5 | (kyo5) | (kyø5) | | kiau3 | kiɔ5 | kiau3 |
| 轿 | 3 效-宵 | K | kio3 | kio7 | kie7 | kieu7 | kiau7 | kiau7 | kiau7 | kiɔ7 | |
| 腰 | 3 效-宵 | ø | io1 | io1 | ie1 | ieu1 | iau1 | iau1 | iau1 | iɔ1 | iau1 |
| 摇 | 3 效-宵 | 喻四 | io5 | io5 | ie5 | ieu5 | iau5 | iau5 | iau5 | iɔ5 | iau3 |
| 舀 | 3 效-宵 | ø | io2 | iō2 | ie2 | ieu2 | iau2 | iau2 | iau2 | iɔ2 | iau2 |
| 粜 | 4 效-萧 | T1 | $t^{h}$io3 | $t^{h}$io3 | $t^{h}$ie3 | $t^{h}$ieu3 | $t^{h}$iau3 | $t^{h}$iau3 | $t^{h}$iau3 | ($p^{h}$iɔ3) | $t^{h}$iau3 |
| 尿 | 4 效-萧 | T1 | lio3 | dzio7 | zie7 | nieu7 | niau7 | niau7 | niau7 | niɔ7 | niau7 |
| 叫 | 4 效-萧 | K | kio3 | kio3 | kie3 | kieu3 | kiau3 | kiau3 | giau7 | kiɔ3 | kiau3 |
| 藠 | 4 效-萧 | K | gio6 | gio7 | kie6 | | | kiau7 | | kiɔ7 | |

### 3.1.3　2、4 等同读、3 等独读的历史层次(C)

蟹、山、咸、效四个韵摄开口字群，还有一项 2、4 等同读的白读层次，在闽语各次方言表现相当一致，以下分从四个韵摄进行分析与说明。

#### 3.1.3.1　蟹摄

表 3－1－38、3－1－39、3－1－40 分别是闽南、闽东、闽北蟹摄开口字群 2、4 等同读的历史层次对应表，说明如下：

1. 闽南蟹摄 2、4 等字群，无论任何声母条件，泉、漳、潮三腔有

ue-e-oi 的白读层次对应表现。

2. 闽东蟹摄 2、4 等字群，无论任何声母条件，均有同读为-ɛ 或-e 的白读层次表现，唯福州一地在共时韵变规律运作之下，阴阳去声单字韵母低化读为-a，但作为连读前字时又读为原来的韵母-ɛ。

3. 闽北蟹摄 2、4 等字群，无论任何声母条件，均有同读为-ai 的层次表现，唯松溪一地发生元音韵尾脱落音变而读为-a。需要说明的是，闽北蟹摄 1、2 等韵的文读也是-ai，因而闽北蟹摄 2 等字群无法直接从音值上辨析文白层次的差异，但是透过特定同源语词的对当比较，例如“街鞋”两字往往只有白读音，在闽北都对应于-ai，又 2 等古匣母的“解”字，作为“会也，晓也”的意思时读为零声母的白读音，在闽北也对应于-ai，再加上联系 4 等齐韵的韵读表现，各地“齐”字的白读对应，与“街鞋”以及作为“会也，晓也”的“解”字韵读对应完全一致，也显示闽北的白读-ai 确实是 2、4 等同读的层次反映。

**表 3-1-38　闽南蟹摄开口字群 2、4 等同读的历史层次对应表**

| 闽　南 | | | 南安 | 泉州 | 漳州 | 漳浦 | 澄海 | 揭阳 |
|---|---|---|---|---|---|---|---|---|
| 例字 | 中　古 | 声类 | ue | ue | e | iei | oi | oi |
| 疥 | 2 蟹-皆 | K | | kue3 | ke3 | kiei3 | koi3 | koi3 |
| 挨白读 | 2 蟹-皆 | ∅ | ue1 | ue1 | e1 | iei1 | oi1 | oi1 |
| 买白读 | 2 蟹-佳 | P1 | bue2 | bue2 | be2 | biei2 | boi2 | boi2 |
| 卖白读 | 2 蟹-佳 | P1 | bue3 | bue3 | be7 | biei7 | boi7 | boi7 |
| 钗 | 2 蟹-佳 | TS2 | $t^{h}$ue1 | $t^{h}$ue1 | $t^{h}$e1 | ($t^{h}$ɛ1) | $t^{h}$oi1 | $t^{h}$oi1 |
| 街 | 2 蟹-佳 | K | kue1 | kue1 | ke1 | kiei1 | koi1 | koi1 |
| 解戒除 | 2 蟹-佳 | K | kue2 | kue2 | ke2 | kiei2 | koi2 | koi2 |
| 鞋 | 2 蟹-佳 | ∅-匣 | ue5 | ue5 | e5 | iei5 | oi5 | oi5 |
| 解会 | 2 蟹-佳 | ∅-匣 | ue6 | ue6 | e7 | iei7 | oi6 | oi6 |
| 蟹 | 2 蟹-佳 | K | hue6 | hue6 | (hɛ7) | hiei7 | hoi6 | hoi6 |
| 矮 | 2 蟹-佳 | ∅ | ue2 | ue2 | e2 | (ɛ2) | oi2 | oi2 |
| 螕 | 4 蟹-齐 | P1 | $p^{h}$ue2 | $p^{h}$ue2 | $p^{h}$e2 | $p^{h}$iei2 | | |

**续 表**

| 闽 南 | | | 南安 | 泉州 | 漳州 | 漳浦 | 澄海 | 揭阳 |
|---|---|---|---|---|---|---|---|---|
| 例字 | 中 古 | 声类 | ue | ue | e | iei | oi | oi |
| 底 | 4 蟹-齐 | T1 | tue2 | tue2 | te2 | tiei2 | toi2 | |
| 体 | 4 蟹-齐 | T1 | $t^hue2$ | $t^hue2$ | $t^he2$ | $t^hiei2$ | $t^hoi2$ | |
| 替 | 4 蟹-齐 | T1 | $t^hue3$ | $t^hue3$ | $t^he3$ | | $t^hoi3$ | $t^hoi3$ |
| 题 | 4 蟹-齐 | T1 | tue5 | tue5 | te5 | tiei5 | toi5 | |
| 蹄 | 4 蟹-齐 | T1 | tue5 | tue5 | te5 | tiei5 | toi5 | toi5 |
| 犁 | 4 蟹-齐 | T1 | lue5 | lue5 | le5 | liei5 | loi5 | loi5 |
| 齐白读 | 4 蟹-齐 | TS1 | tsue5 | tsue5 | tse5 | tsiei5 | tsoi5 | |
| 洗 | 4 蟹-齐 | TS1 | sue2 | sue2 | se2 | siei2 | soi2 | soi2 |
| 细 | 4 蟹-齐 | TS1 | — | sue3 | se3 | siei3 | soi3 | soi3 |
| 溪 | 4 蟹-齐 | K | $k^hue1$ | $k^hue1$ | $k^he1$ | $k^hiei1$ | $k^hoi1$ | $k^hoi1$ |

**表 3-1-39 闽东蟹摄开口字群 2、4 等同读的历史层次对应表**

| 闽 东 | | | 福州 | 福清 | 古田 | 柘荣 | 福安 | 宁德 |
|---|---|---|---|---|---|---|---|---|
| 例字 | 中 古 | 声类 | ε/a | e | ε | ε | ε | ε |
| 疥 | 2 蟹-皆 | K | | ke3 | kε3 | kε3 | kε3 | kε3 |
| 挨白读 | 2 蟹-皆 | ∅ | ε1 | e1 | ε1 | ε1 | ε1 | ε1 |
| 摆白读 | 2 蟹-佳 | P1 | pε2 | pe2 | pε2 | | pε2 | pε2 |
| 买 | 2 蟹-佳 | P1 | mε2 | me2 | mε2 | mε2 | mε2 | mε2 |
| 卖 | 2 蟹-佳 | P1 | ma7 | me7 | mε7 | mε7 | mε7 | mε2 |
| 街 | 2 蟹-佳 | K | kε1 | ke1 | kε1 | kε1 | kε1 | kε1 |
| 解戒除 | 2 蟹-佳 | K | kε2 | ke2 | kε2 | kε2 | kε2 | kε2 |
| 鞋 | 2 蟹-佳 | ∅-匣 | ε5 | e5 | ε5 | ε5 | ε5 | ε5 |
| 解会 | 2 蟹-佳 | ∅-匣 | a7 | e7 | ε7 | ε7 | ε7 | ε2 |
| 蟹 | 2 蟹-佳 | K | xa7 | he7 | hε7 | xε7 | hε7 | xε2 |
| 矮 | 2 蟹-佳 | ∅ | ε2 | e2 | ε2 | ε2 | ε2 | ε2 |
| 䫌 | 4 蟹-齐 | P1 | $p^hε2$ | $p^he2$ | $p^hε2$ | $p^hε2$ | $p^hε2$ | $p^hε2$ |

**续　表**

| 闽　东 | | | 福州 | 福清 | 古田 | 柘荣 | 福安 | 宁德 |
|---|---|---|---|---|---|---|---|---|
| 例字 | 中　古 | 声类 | ε/a | e | ε | ε | ε | ε |
| 底 | 4 蟹-齐 | T1 | tε2 | te2 | tε2 | tε2 | tε2 | tε2 |
| 体 | 4 蟹-齐 | T1 | $t^hε2$ | $t^he2$ | $t^hε2$ | $t^hε2$ | $t^hε2$ | $t^hε2$ |
| 替 | 4 蟹-齐 | T1 | $t^ha3$ | $t^he3$ | $t^hε3$ | $t^hε3$ | $t^hε3$ | $t^hε3$ |
| 题 | 4 蟹-齐 | T1 | tε5 | te5 | tε5 | tε5 | tε5 | tε5 |
| 蹄 | 4 蟹-齐 | T1 | tε5 | te5 | tε5 | tε5 | tε5 | tε5 |
| 犁 | 4 蟹-齐 | T1 | | le5 | lε5 | lε5 | (lœ5) | lε5 |
| 齐白读 | 4 蟹-齐 | TS1 | tsε5 | tse5 | tsε5 | tsε5 | tsε5 | tsε5 |
| 洗 | 4 蟹-齐 | TS1 | sε2 | se2 | sε2 | sε2 | sε2 | sε2 |
| 细 | 4 蟹-齐 | TS1 | sa3 | se3 | sε3 | sε3 | sε3 | sε3 |
| 溪 | 4 蟹-齐 | K | $k^hε1$ | $k^he1$ | $k^hε1$ | $k^hε1$ | $k^hε1$ | $k^hε1$ |

**表 3-1-40　闽北蟹摄开口字群 2、4 等同读的历史层次对应表**

| 闽　北 | | | 石陂 | 建阳 | 崇安 | 建瓯 | 政和 | 松溪 |
|---|---|---|---|---|---|---|---|---|
| 例字 | 中　古 | 声类 | ai | ai | ai | ai | ai | a |
| 疥 | 2 蟹-皆 | K | kai3 | kai3 | kai3 | kai3 | kai3 | ka3 |
| 挨白读 | 2 蟹-皆 | ø | | ai1 | | ai1 | ai1 | |
| 买 | 2 蟹-佳 | P1 | mai2 | mai2 | mai2 | mai2 | mai2 | ma2 |
| 卖 | 2 蟹-佳 | P1 | mai7 | mai7 | mai7 | mai7 | mai7 | ma7 |
| 街 | 2 蟹-佳 | K | kai1 | kai1 | kai1 | kai1 | kai1 | ka1 |
| 解戒除 | 2 蟹-佳 | K | kai2 | | kai2 | kai2 | kai2 | ka2 |
| 鞋 | 2 蟹-佳 | K | ɦai5 | ɦai9 | xai5 | ai2 | xai9 | a9 |
| 解会 | 2 蟹-佳 | ø-匣 | ai3 | ai3 | ai3 | ai8 | ai3 | a8 |
| 蟹 | 2 蟹-佳 | K | xai1 | xai7 | xai7 | xai7 | xai7 | ha7 |
| 矮 | 2 蟹-佳 | ø | ai2 | ai2 | ai2 | ai2 | ai2 | a2 |
| 䪐 | 4 蟹-齐 | P1 | $p^hai2$ | | | $p^hai2$ | | |
| 底 | 4 蟹-齐 | T1 | tai2 | tai2 | tai2 | tai2 | tai2 | ta2 |

**续　表**

| 闽　北 | | | 石陂 | 建阳 | 崇安 | 建瓯 | 政和 | 松溪 |
|---|---|---|---|---|---|---|---|---|
| 例字 | 中　古 | 声类 | ai | ai | ai | ai | ai | a |
| 替 | 4 蟹-齐 | T1 | $t^hai3$ | hai7 | hai3 | $t^hai3$ | $t^hai3$ | $t^ha3$ |
| 蹄 | 4 蟹-齐 | T1 | tai3 | tai5 | tai5 | tai3 | tai5 | ta5 |
| 泥 | 4 蟹-齐 | T1 | nai3 | nai5 | | nai3 | nai5 | na5 |
| 齐白读 | 4 蟹-齐 | TS1 | dzai5 | lai9 | | tsai2 | | tsa9 |
| 洗 | 4 蟹-齐 | TS1 | sai2 | sai2 | sai2 | sai2 | sai2 | sa2 |
| 细 | 4 蟹-齐 | TS1 | sai3 | sai3 | sai3 | sai3 | sai3 | sa3 |
| 溪 | 4 蟹-齐 | K | $k^hai1$ | $k^hai1$ | $k^hai1$ | $k^hai1$ | $k^hai1$ | $k^ha1$ |

3.1.3.2　山、咸摄

表 3-1-42、3-1-43、3-1-44、3-1-45 分别是闽南、闽东、闽北山、咸两摄开口字群 2、4 等同读的历史层次对应表，说明如下：

1. 闽南山、咸摄 2、4 等字群，无论任何声母条件，泉、漳、潮三腔有 uĩ-iŋ-oĩ(aĩ)的白读层次对应表现，入声韵读为相应的 ueʔ-eʔ-oiʔ。

2. 闽东山、咸摄 2、4 等字群，无论任何声母条件，均有同读为-ɛŋ 或-ɛiŋ 或-eiŋ 的白读层次表现，入声韵读为相应的-ɛk 或-ɛik 或-eik；宁德咸摄字群多数仍维持双唇韵尾，读为-ɛm、-ɛp；福州在共时韵变规律运作之下，阴阳去声及阴入单字韵母低化读为-aiŋ、-aiʔ，但作为连读前字时又读为原来的韵母-eiŋ、-eiʔ；福安则是-ɛiŋ 在上声调下韵腹稍微高化而读为-eiŋ。

3. 闽北山摄与咸摄的 2、4 等同读层次，韵读表现有所差异，分列表 3-1-44、3-1-45。山摄 2、4 等字群有同读为-aiŋ、-ai 的白读层次，唯松溪一地发生下降复元音韵腹的高元音脱落音变而读为-aŋ、-a；咸摄字群表现较为复杂，对应的 2 等字极少，就 4 等字群的表现来看，除了石陂、政和相应读为-aiŋ、-ai，建阳、崇安、建瓯与松溪却读为-aŋ、-a。其中松溪乃因发生下降复元音韵腹的高元音脱落音变，其音韵系统中本即缺少韵腹为-ai-的韵母结构，而建阳、崇安、建瓯三地不乏韵腹为-ai-的韵母结构。我们推论闽北各地发生层次竞争替代，咸摄2、4等同读的层次音读为-aiŋ、-ai，另有谈叶部四等同读的层次音读为-aŋ、-a（参见3.2.4讨论），这两项层次音读在4等字群发生接触竞争而合流。石陂、政和选择2、4等同读的层次音读-aiŋ、-ai，建阳、崇安、建瓯则选择四等同读的层次音读-aŋ、-a（参见5.3.2讨论），唯其2等字仍有读为-aiŋ、-ai的表现，例如建阳、建瓯的"碱"字。

4．需要说明的是，除了2、4等字群，山摄3等仙韵的"剪"、合口3等的"反"以及咸摄1等覃韵的"蚕"，这三个例字在各次方言的韵读均一致符应这项历史层次：

**表3－1－41**

| 例字 | 中古 | 声类 | 泉州 | 漳州 | 澄海 | 福清 | 古田 | 柘荣 | 石陂 | 建阳 | 建瓯 |
|---|---|---|---|---|---|---|---|---|---|---|---|
| | | | uĩ | iŋ | oĩ | eŋ | eiŋ | ɛŋ | aiŋ | aiŋ | aiŋ |
| 剪白读 | 3山-仙 | TS1 | | | tsoĩ2 | tseŋ2 | tseiŋ2 | tsɛŋ2 | tsaiŋ2 | tsaiŋ2 | tsaiŋ2 |
| 反白读 | 3元合 | P1 | puĩ2 | piŋ2 | poĩ2 | peŋ2 | peiŋ2 | pɛŋ2 | baiŋ2 | βaiŋ2 | paiŋ2 |
| 蚕白读 | 1咸-覃 | TS1 | | | tsʰoĩ5 | tsʰeŋ5 | tsʰeiŋ5 | tsʰɛŋ5 | tsʰaiŋ3 | (tʰaŋ5) | (tsʰaŋ3) |

这有两种可能的解释：(1)闽地于该历史时间乃将这三个例字读同2、4等，虽与中古韵书的记录不合，但由于闽语各地对应相当严整，反而成为该项历史层次的重要例字；(2)该历史时间的3等韵虽然多数保有三等介音成分，但可能有少数3等字仍然受到早期介音脱落的音韵习性影响，因而与2、4等字进行相同演变规律：介音成分对主要元音产生高化作用后失落。

**表3－1－42　闽南山、咸摄开口字群2、4等同读的历史层次对应表**

| 闽南 | | | 南安 | 泉州 | 漳州 | 漳浦 | 澄海 | 揭阳 |
|---|---|---|---|---|---|---|---|---|
| 例字 | 中古 | 声类 | uĩ | uĩ | iŋ | ɛŋ | oĩ | aĩ |
| 间白读 | 2山-山 | K | kuĩ1 | kuĩ1 | | kɛŋ1 | koĩ1 | kaĩ1 |
| 拣白读 | 2山-山 | K | kuĩ2 | kuĩ2 | kiŋ2 | kɛŋ2 | koĩ2 | kaĩ2 |
| 眼白读 | 2山-山 | K | ŋuĩ2 | | giŋ2 | | oĩ2 | |

**续　表**

| 闽　南 | | | 南安 | 泉州 | 漳州 | 漳浦 | 澄海 | 揭阳 |
|---|---|---|---|---|---|---|---|---|
| 例字 | 中　古 | 声类 | uĩ | uĩ | iŋ | ɛŋ | oĩ | aĩ |
| 闲白读 | 2 山-山 | ø-匣 | uĩ5 | uĩ5 | (an5) | ɛŋ5 | oĩ5 | aĩ5 |
| 苋 | 2 山-山 | K | huĩ3 | huĩ6 | | hɛŋ7 | hoĩ7 | haĩ7 |
| 板白读 | 2 山-删 | P1 | | | | | poĩ2 | paĩ2 |
| 爿 | 2 山-删 | P1 | | puĩ5 | | pɛŋ4 | poĩ5 | |
| 橂硬 | 4 山-先 | T1 | tuĩ3 | tuĩ3 | | tɛŋ7 | toĩ7 | 殿 taĩ7 |
| 莲白读 | 4 山-先 | T1 | nuĩ5 | nuĩ5 | | | noĩ5 | nai5 |
| 千白读 | 4 山-先 | TS1 | tsʰuĩ1 | tsʰuĩ1 | tsʰiŋ1 | tsʰɛŋ1 | tsʰoĩ1 | tsʰaĩ1 |
| 前白读 | 4 山-先 | TS1 | tsuĩ5 | tsuĩ5 | tsiŋ5 | tsɛŋ5 | tsoĩ5 | tsaĩ5 |
| 先白读 | 4 山-先 | TS1 | suĩ1 | suĩ1 | siŋ1 | sɛŋ1 | soĩ1 | saĩ1 |
| 筅 | 4 山-先 | TS1 | tsʰuĩ2 | tsʰuĩ2 | tsʰiŋ2 | tsʰɛŋ2 | tsʰoĩ2 | |
| 肩白读 | 4 山-先 | K | | | kiŋ1 | kɛŋ1 | koĩ1 | kaĩ1 |
| 茧白读 | 4 山-先 | K | kuĩ2 | | | kɛŋ2 | koĩ2 | kaĩ2 |
| 研白读 | 4 山-先 | K | | ŋuĩ2 | | gɛŋ2 | | |
| 敢盖上 | 2 咸-咸 | K | (kʰam3) | (kʰam3) | kʰiŋ3 | | kʰoĩ3 | |
| 店白读 | 4 咸-添 | T1 | tuĩ3 | tuĩ3 | | | | |
| | | | ueʔ | ueʔ | eʔ | ɛʔ | oi | oiʔ |
| 八白读 | 2 山-山 | P1 | pueʔ4 | pueʔ4 | peʔ4 | pɛʔ4 | poi4 | poiʔ4 |
| 拔 | 2 山-山 | P1 | pueʔ8 | pueʔ8 | peʔ8 | pɛʔ8 | poi8 | poiʔ8 |
| 节过节 | 4 山-先 | TS1 | tsueʔ4 | tsueʔ4 | tseʔ4 | tsɛʔ4 | tsoi4 | tsoiʔ4 |
| 切白读 | 4 山-先 | TS1 | tsʰueʔ4 | tsʰueʔ4 | tsʰeʔ4 | tsʰɛʔ4 | | |
| 截白读 | 4 山-先 | TS1 | tsueʔ8 | tsueʔ8 | tseʔ8 | | tsoi8 | tsoiʔ8 |
| 楔 | 4 山-先 | TS1 | sueʔ4 | sueʔ4 | seʔ4 | | soi4 | soiʔ4 |
| 锲 | 4 山-先 | K | kueʔ4 | kueʔ4 | keʔ4 | | | |
| 夹白读 | 2 咸-咸 | K | gueʔ8 | gueʔ8 | (gɛʔ4) | | koi8 | koiʔ8 |
| 狭白读 | 2 咸-咸 | ø-匣 | ueʔ8 | ueʔ8 | eʔ8 | ɛʔ8 | oi8 | oiʔ8 |
| 贴白读 | 4 咸-添 | T1 | tʰueʔ4 | | | | | |
| 挟白读 | 4 咸-添 | K | gueʔ4 | kueʔ8 | | | koi4 | koiʔ4 |
| 荚 | 4 咸-添 | K | gueʔ4 | gueʔ4 | | kɛʔ4 | koi4 | koiʔ4 |

**表 3-1-43 闽东山、咸摄开口字群 2、4 等同读的历史层次对应表**

| 闽东 | | | 福州 | 福清 | 古田 | 柘荣 | 福安 | 宁德 |
|---|---|---|---|---|---|---|---|---|
| 例字 | 中古 | 声类 | eiŋ/aiŋ | eŋ | eiŋ | ɛŋ | ɛiŋ/eiŋ | ɛŋ<br>ɛm |
| 拣 | 2 山-山 | K | keiŋ2 | | keiŋ2 | kɛŋ2 | keiŋ2 | kɛŋ2 |
| 眼白读 | 2 山-山 | K | ŋeiŋ2 | | ŋeiŋ2 | | ŋeiŋ2 | |
| 闲白读 | 2 山-山 | ø-匣 | ciŋ5 | | eiŋ5 | ɛŋ5 | ɛiŋ5 | ɛŋ5 |
| 苋 | 2 山-山 | K | xaiŋ7 | | heiŋ3 | xɛŋ3 | hɛiŋ3 | xɛŋ3 |
| 斑白读 | 2 山-删 | P1 | peiŋ1 | peŋ1 | | pɛŋ1 | pɛiŋ1 | |
| 板白读 | 2 山-删 | P1 | peiŋ2 | peŋ2 | peiŋ2 | pɛŋ2 | peiŋ2 | pɛŋ2 |
| 爿 | 2 山-删 | P1 | peiŋ5 | peŋ5 | peiŋ5 | pɛŋ5 | pɛiŋ5 | pɛŋ5 |
| 橂硬 | 4 山-先 | T1 | taiŋ7 | teŋ7 | teiŋ7 | tɛŋ7 | tɛiŋ7 | tɛŋ7 |
| 莲白读 | 4 山-先 | T1 | | leŋ5 | leiŋ5 | lɛŋ5 | lɛiŋ5 | lɛŋ5 |
| 荐 | 4 山-先 | TS1 | tsʰaiŋ3 | tseŋ3 | tseiŋ3 | tsɛŋ3 | tsɛiŋ3 | |
| 千白读 | 4 山-先 | TS1 | | | | tsʰɛŋ1 | tsʰɛiŋ1 | tsʰɛŋ1 |
| 前白读 | 4 山-先 | TS1 | seiŋ5 | seŋ5 | seiŋ5 | sɛŋ5 | sɛiŋ5 | sɛŋ5 |
| 先白读 | 4 山-先 | TS1 | seiŋ1 | seŋ1 | seiŋ1 | sɛŋ1 | sɛiŋ1 | sɛŋ1 |
| 筅 | 4 山-先 | TS1 | tsʰeiŋ2 | tsʰeŋ2 | tsʰeiŋ2 | tsʰɛŋ2 | | tsʰɛŋ2 |
| 茧白读 | 4 山-先 | K | keiŋ2 | | keiŋ2 | | | |
| 鞅盖上 | 2 咸-咸 | K | kʰaiŋ3 | | kʰeiŋ3 | kʰɛŋ3 | | kʰɛm3 |
| 咸 | 2 咸-咸 | K | keiŋ5 | | keiŋ5 | kɛŋ5 | kɛiŋ5 | kɛm5 |
| 点白读 | 4 咸-添 | T1 | teiŋ2 | teŋ2 | teiŋ2 | tɛŋ2 | teiŋ2 | tɛm2 |
| 店白读 | 4 咸-添 | T1 | taiŋ3 | teŋ3 | teiŋ3 | tɛŋ3 | tɛiŋ3 | tɛm3 |
| 念白读 | 4 咸-添 | T1 | naiŋ7 | neŋ7 | neiŋ7 | nɛŋ7 | nɛiŋ7 | nɛm7 |
| | | | eiʔ/aiʔ | eʔ | eik | ɛk | ɛik | ɛk<br>ɛp |
| 八白读 | 2 山-山 | P1 | paiʔ4 | peʔ4 | peik4 | pɛk4 | pɛik4 | pɛk4 |
| 拔 | 2 山-山 | P1 | peiʔ8 | peʔ8 | peik8 | pɛk8 | pɛik8 | pɛk8 |
| 节过节 | 4 山-先 | TS1 | tsaiʔ4 | tseʔ4 | tseik4 | tsɛk4 | tsɛik4 | tsɛk4 |
| 截白读 | 4 山-先 | TS1 | tseiʔ8 | tseʔ8 | tseik8 | tsɛk8 | tsɛik8 | |

**续　表**

| 闽　东 | | | 福州 | 福清 | 古田 | 柘荣 | 福安 | 宁德 |
|---|---|---|---|---|---|---|---|---|
| 例字 | 中　古 | 声类 | eiʔ/aiʔ | eʔ | eik | ɛk | ɛik | ɛk<br>ɛp |
| 锲 | 4 山-先 | K | kaiʔ4 | keʔ4 | | | | |
| 夹白读 | 2 咸-咸 | K | keiʔ8 | keʔ8 | keik8 | | | |
| 狭白读 | 2 咸-咸 | K | xeiʔ8 | | | ɛk8 | ɛik8 | ɛp8 |
| 帖 | 4 咸-添 | T1 | tʰaiʔ4 | tʰeʔ4 | tʰeik4 | tʰɛk4 | tʰɛik4 | tʰɛp4 |
| 贴白读 | 4 咸-添 | T1 | tʰaiʔ4 | tʰeʔ4 | tʰeik4 | tʰɛk4 | tʰɛik4 | tʰɛp4 |

**表 3-1-44　闽北山摄开口字群 2、4 等同读的历史层次对应表**

| 闽　北 | | | 石陂 | 建阳 | 崇安 | 建瓯 | 政和 | 松溪 |
|---|---|---|---|---|---|---|---|---|
| 例字 | 中　古 | 声类 | aiŋ | aiŋ | aiŋ | aiŋ | aiŋ | aŋ |
| 闲 | 2 山-山 | K | ɦaiŋ5 | xaiŋ5 | xaiŋ5 | aiŋ2 | xaiŋ9 | haŋ9 |
| 苋 | 2 山-山 | K | xaiŋ7 | xaiŋ7 | xaiŋ7 | xaiŋ7 | xaiŋ7 | haŋ7 |
| 斑又读 | 2 山-删 | P1 | baiŋ5 | | paiŋ1 | paiŋ8 | paiŋ1 | paŋ8 |
| 板又读 | 2 山-删 | P1 | baiŋ2 | | paiŋ2 | | paiŋ2 | |
| 殿 | 4 山-先 | T1 | taiŋ7 | taiŋ7 | taiŋ7 | taiŋ7 | taiŋ7 | taŋ7 |
| 莲白读 | 4 山-先 | T1 | laiŋ3 | laiŋ5 | | laiŋ3 | laiŋ5 | laŋ5 |
| 千 | 4 山-先 | TS1 | tsʰaiŋ1 | tʰaiŋ1 | | tsʰaiŋ1 | tsʰaiŋ1 | |
| 先白读 | 4 山-先 | TS1 | | | | saiŋ1 | saiŋ1 | |
| 肩 | 4 山-先 | K | kaiŋ1 | kaiŋ1 | kaiŋ1 | kaiŋ1 | kaiŋ1 | kaŋ1 |
| 茧 | 4 山-先 | K | kaiŋ2 | kaiŋ2 | kaŋ2 | kaiŋ2 | kaiŋ2 | kaŋ2 |
| 研 | 4 山-先 | K | ŋaiŋ2 | ŋaiŋ2 | ŋaiŋ2 | ŋaiŋ2 | | ŋaŋ2 |
| 砚 | 4 山-先 | K | ŋaiŋ7 | ŋaiŋ7 | ŋaiŋ7 | | | ŋaŋ7 |
| | | | ai | ai | ai | ai | ai | a |
| 八 | 2 山-山 | P1 | pai4 | pai4 | pai4 | pai4 | pai4 | pa4 |
| 拔 | 2 山-山 | P1 | pai1 | pai8 | pai8 | pai1 * 4 | | |
| 节过节 | 4 山-先 | TS1 | tsai4 | tsai4 | tsai4 | tsai4 | tsai4 | tsa4 |
| 截 | 4 山-先 | TS1 | tsai1 | tsai8 | tsai8 | tsai7 | tsai7 | tsa7 |

**表 3-1-45　闽北咸摄开口字群 2、4 等同读的历史层次对应表**

| 闽北 | | | 石陂 | 建阳 | 崇安 | 建瓯 | 政和 | 松溪 |
|---|---|---|---|---|---|---|---|---|
| 例字 | 中古 | 声类 | aiŋ | aŋ | aŋ | aŋ | aiŋ | aŋ |
| 碱 | 2 咸-咸 | K | | (kaiŋ2) | | (kaiŋ2) | | |
| 点白读 | 4 咸-添 | T1 | | taŋ2 | | taŋ2 | | taŋ2 |
| 店白读 | 4 咸-添 | T1 | taiŋ3 | taŋ3 | taŋ3 | taŋ3 | taiŋ3 | taŋ3 |
| 念白读 | 4 咸-添 | T1 | naiŋ7 | | | naŋ7 | naiŋ7 | naŋ7 |
| | | | ai | a | a | a | ai | a |
| 帖贴 | 4 咸-添 | T1 | tʰai4 | ha4 | ha4 | tʰa4 | tʰai4 | tʰa4 |
| 碟 | 4 咸-添 | T1 | tai1 | ta8 | ta8 | ta7 | tai7 | ta7 |
| 挟白读 | 4 咸-添 | K | | xa4 | | | (xa4) | |
| 荚 | 4 咸-添 | K | kai4 | | | | | |

3.1.3.3　效摄

表 3-1-47、3-1-48 分别是闽东效摄字群 2、4 等同读的历史层次对应表，以及闽南、闽北相对应的韵读，说明如下：

1. 闽东效摄 2、4 等字群有同读为-eu 或-ɛu 的白读层次表现，与文读层的-ieu 或-iau 截然有别；福州在共时韵变规律运作之下，阴阳去声单字韵母低化读为-au，但作为连读前字时又读为原来的韵母-eu；宁德则在阴平及上声调下主要元音裂化而读为-iɐu，且已稳固为历时性的音韵变化，不受连读环境影响。

2. 闽南、闽北缺少明显相应的白读韵，其音韵形式与文读韵完全相同，根据特定同源语词的比较对应，如表 3-1-48，“鸟”字有文白两读，闽南相应于闽东 tsɛu2 的白读音为 tsiau2 或 tsiou2，韵母形式与文读层没有分别，又其他仅有一读的白读例字，如“姣雕条”等，在闽南、闽北所对应的韵读与文读层一致；依据方言历史层次的对应性，我们认为闽南、闽北也具有相应的历史层次，但该层次韵读在音值上与文读层同读。据此，闽南、闽东、闽北效摄 4 等字群的 A、B、C 三项历史层次的音读对应如下：

**表 3 - 1 - 46**

| | 闽南(泉州) | 闽东(福清) | 闽北(建瓯) |
|---|---|---|---|
| (A) 3、4 等同读(文) | iau | ieu | iau |
| (B) 3、4 等同读(白) | io | ieu | iau |
| (C) 2、4 等同读(白) | iau | eu | iau |

闽南 A、C 层次音读无别，闽东 A、B 层次音读无别，但是透过大量同源语词的对当比较，可以辨清方言历史层次的实际分布情形；不过，闽北 A、B、C 三项层次完全无别，目前无法推论究竟是三项层次恰好均同读，或者是单一层次音读竞争取胜的结果。

**表 3 - 1 - 47　闽东效摄字群 2、4 等同读的历史层次对应表**

| 闽　东 | | | 福州 | 福清 | 古田 | 柘荣 | 福安 | 宁德 |
|---|---|---|---|---|---|---|---|---|
| 例字 | 中　古 | 声类 | eu/au | eu | εu | εu | εu | εu/iɐu |
| 哮 | 2 效-肴 | K | xeu1 | heu1 | hεu1 | xεu1 | hεu1 | xiɐu1 |
| 姣 | 2 效-肴 | K | xeu5 | heu5 | hεu5 | xεu5 | | xεu5 |
| 雕 | 4 效-萧 | T1 | teu1 | teu1 | tεu1 | tεu1 | tεu1 | tiɐu1 |
| 鸟白读 | 4 效-萧 | T1 | tseu2 | tseu2 | tsεu2 | tsεu2 | | tsiɐu2 |
| 吊白读 | 4 效-萧 | T1 | tau3 | teu3 | | tεu3 | tεu3 | tεu3 |
| 条 | 4 效-萧 | T1 | teu5 | teu5 | tεu5 | tεu5 | tεu5 | tεu5 |
| 调白读 | 4 效-萧 | T1 | teu5 | teu5 | | tεu5 | ($t^h$eu5) | (teu5) |
| 料白读 | 4 效-萧 | T1 | nau7 | leu7 | lεu7 | lεu7 | lεu7 | |

**表 3 - 1 - 48　闽南、闽北对应于闽东效摄字群 2、4 等同读层次的音读**

| 例字 | 中古 | 声类 | 泉州 | 漳州 | 澄海 | 福清 | 古田 | 柘荣 | 石陂 | 建阳 | 建瓯 |
|---|---|---|---|---|---|---|---|---|---|---|---|
| | | | iau | iau | iou | eu | εu | εu | iau | iɔ | iau |
| 姣 | 2 效-肴 | K | hiau5 | | hiou5 | heu5 | hεu5 | xεu5 | | | |
| 雕 | 4 效-萧 | T1 | tiau1 | tiau1 | tiou1 | teu1 | tεu1 | tεu1 | tiau1 | tiɔ1 | tiau1 |
| 鸟白读 | 4 效-萧 | T1 | tsiau2 | tsiau2 | tsiou2 | tseu2 | tsεu2 | tsεu2 | | | |
| 条 | 4 效-萧 | T1 | tiau5 | tiau5 | tiou5 | teu5 | tεu5 | tεu5 | tiau3 | tiɔ5 | tiau3 |
| 料 | 4 效-萧 | T1 | liau3 | liau7 | liou7 | leu7 | lεu7 | lεu7 | liau7 | liɔ7 | liau7 |

在探析2、4等同读历史层次(C层)的同时,我们发现蟹、山、咸等三个韵摄开口字群都各有3等独读的白读表现,如表3-1-51所示,正好可以说明同一历史时间上3等字群与2、4等字群的关系。

1. 山、咸两摄与C层相同历史时间的3等韵多单独读为带有-i-介音的细音韵母,与2、4等同读者以及其他层次韵读截然有别。其中山摄层次C的3等韵在闽南有声母条件变体,舌齿音声母条件下韵读为-uã、-uaʔ,在闽北则一致读为撮口韵读。此外,山摄这项音韵层次可能跨越了不同的时间层次,不仅是与C层相同历史时间的3等韵表现,也是反映上古元部与歌、祭两部相应的更早时间层次。(参见3.2.3讨论)

2. 蟹摄与C层相同历史时间的3等韵虽无清楚可辨的独立韵读,但借由方言层次对当比较,可以厘析出该项层次对应与其他历史层次的不同,如下:

**表3-1-49**

| | 闽南(泉州) | 闽东(福清) | 闽北(石陂) |
|---|---|---|---|
| (A) 3、4等同读(文) | e | i | i |
| (B) 3、4等同读(白) | i | ie | ie |
| (C) 3等独读(白) | e | ie | ie |

3. 较难解释的是效摄韵读中没有一个3等独读的层次,本书认为上一节讨论效摄3、4等同读的白读层次,很可能实际上包含两个历史时间,一是较早时期3等与2、4等有别的层次,一是较晚时期3、4等同读的层次,以南安—福清的音韵对应为例,如下所示:

**表3-1-50**

<table>
<tr><th></th><th>效2</th><th>效3</th><th>效4</th></tr>
<tr><td rowspan="2">(B) 3、4等同读</td><td>au-au</td><td>io-ieu</td><td>io-ieu</td></tr>
<tr><td>罩交</td><td>小轿</td><td>萧叫</td></tr>
<tr><td rowspan="2">(C) 2、4等同读;<br>3等独读</td><td>iau-eu</td><td>io-ieu (yo)</td><td>iau-eu</td></tr>
<tr><td>姣</td><td>桥</td><td>鸟侥</td></tr>
</table>

效摄 3 等韵 B 与 C 的层次区别可能还有一些遗迹可寻，例如“桥”字于部分闽东方言有独读为-yo 的特殊韵读，异于 3、4 等同读的-ieu 或-iau。这样看来，虽然共时平面上效摄韵读没有一个 3 等独读的层次，但是就历时层次而言，我们认为在 2、4 等同读的历史时间上，蟹摄、山摄、咸摄与效摄的 3 等字群均进行与 2、4 等字群不同的音变规律，因而独立为另一类韵读对应关系。

**表 3－1－51　闽南、闽东、闽北与 C 层相同历史时间的 3 等韵读**

| 例字 | 中古 | 声类 | 泉州 | 漳州 | 澄海 | 福清 | 古田 | 柘荣 | 石陂 | 建阳 | 建瓯 |
|---|---|---|---|---|---|---|---|---|---|---|---|
| | | | e | e | i | ie | ie | ie | ie | ie | i |
| 例 | 3 蟹-祭 | T1 | le3 | le7 | li7 | lie7 | lie7 | lie7 | lie7 | lie3 | li7 |
| 祭 | 3 蟹-祭 | TS1 | tse3 | tse3 | tsi3 | tsie3 | tsie3 | tsie3 | tsie3 | (tsɔi3) | tsi3 |
| 誓 | 3 蟹-祭 | TS3 | se3 | | si7 | sie7 | sie7 | sie7 | ie7 | (si3) | si7 * 4 |
| | | | iã/uã<br>iaʔ/uaʔ | iã/uã<br>iaʔ/uaʔ | iã/uã<br>iaʔ/uaʔ | iaŋ<br>iaʔ | iaŋ<br>iak | iaŋ<br>iak | yiŋ<br>ye | yeiŋ<br>ye | yiŋ<br>yɛ |
| 燃白读 | 3 山-仙 | K | hiã5 | hiã5 | hiã5 | | | <u>niaŋ5</u> | | | |
| 囝儿子 | 3 山-仙 | K | (kã2) | kiã2 | kiã2 | kiaŋ2 | kiaŋ2 | kiaŋ2 | kyiŋ2 | kyeiŋ2 | kyiŋ2 |
| 健白读 | 3 山-元 | K | kiã6 | kiã7 | kiã6 | kiaŋ7 | kiaŋ7 | | kyiŋ7 | kyeiŋ7 | kyiŋ3 |
| 揭 | 3 山-元 | K | | giaʔ8 | kiaʔ4 | kiaʔ8 | kiak8 | | | | |
| 舌白读 | 3 山-仙 | TS3 | | | | | siak8 | | lye5 | lye8 | yɛ8 |
| 线 | 3 山-仙 | TS1 | suã3 | suã3 | suã3 | siaŋ3 | siaŋ3 | siaŋ3 | syiŋ3 | syeiŋ3 | syiŋ3 |
| 癣白读 | 3 山-仙 | TS1 | ts$^h$uã2 | ts$^h$uã2 | | ts$^h$iaŋ2 | ts$^h$iaŋ2 | | | | ts$^h$yiŋ2 |
| 鳝白读 | 3 山-仙 | TS3 | | | ts$^h$uã6 | ts$^h$iaŋ7 | ts$^h$iaŋ7 | ts$^h$iaŋ7 | syiŋ1 | syeiŋ3 | syiŋ7 |
| 热 | 3 山-仙 | TS3 | luaʔ8 | dzuaʔ8 | zuaʔ8 | | | | | | |
| | | | iã<br>iaʔ | iã<br>iaʔ | iã<br>iaʔ | iaŋ<br>iaʔ | iaŋ<br>iak | iaŋ<br>iak | iaŋ<br>ia | iaŋ<br>ia | iaŋ<br>ia |
| 䜋味淡 | 3 咸-盐 | TS1 | tsiã2 | tsiã2 | tsiã2 | tsiaŋ2 | tsiaŋ2 | tsiaŋ2 | dziaŋ2 | liaŋ2 | tsiaŋ2 |
| 焰 | 3 咸-盐 | 喻四 | | iã7 | | | iaŋ7 | iaŋ7 | iaŋ7 | | iaŋ7 |
| 页叶 | 3 咸-盐 | 喻四 | iaʔ8 | iaʔ8 | | <u>xiaʔ</u> <u>8</u> | hiak8 | | tsia1 | | tsia8 |
| 躡 | 3 咸-盐 | T2 | | | | niaʔ4 | | 镊 niak | lia4 | nia4 | <u>nia4</u> |

### 3.1.4　四等同读的历史层次(D)

我们在比较闽语2、4等同读的层次对应时，观察到另一项“四等同读”的历史层次，但这项层次韵读必须联系其他韵摄的字群一同观察，也就是说这项层次不能单以中古的音韵架构来解释，因此我们同时以上古的音韵分部来检视其音韵特点，从其表现的音韵系统特色来看，应为更早期的白读层次。以下分从四个韵摄进行分析与说明。

#### 3.1.4.1　蟹摄

表3-1-52、3-1-53、3-1-54分别是闽南、闽东、闽北蟹摄及相关韵摄字群四等同读的历史层次对应表，说明如下：

1. 闽南、闽东蟹摄1、4等字群，以及3等止摄字群，均有同读为-ai的白读层次表现，在闽北则对应读为-e(或-ε、-ie、-œ)；这群字绝大多数来自上古之、脂两部，其中闽北松溪保有古脂、之二部的分别痕迹，古脂部读为-ie，古之部则读为-œ。闽南、闽东另有少数来自古佳部的支韵字也能读为-ai，例如“知簁筛子”等字。从目前掌握的同源语词看来，这项音读层次没有等第的分布限制，3、4等韵的字群也能表现为洪音，反映了更早期韵母等第区分不明显的音韵特色。

**表3-1-52　闽南蟹摄字群四等同读的历史层次对应表**

| 闽南 | | | | 南安 | 泉州 | 漳州 | 漳浦 | 澄海 | 揭阳 |
|---|---|---|---|---|---|---|---|---|---|
| 例字 | 上古 | 中古 | 声类 | ai | ai | ai | ai | ai | ai |
| 菜 | 之 | 1蟹-咍 | TS1 | $ts^hai3$ | $ts^hai3$ | $ts^hai3$ | $ts^hai3$ | $ts^hai3$ | $ts^hai3$ |
| 来 | 之 | 1蟹-咍 | T1 | lai5 | lai5 | lai5 | lai5 | lai5 | lai5 |
| 栽 | 之 | 1蟹-咍 | TS1 | tsai1 | tsai1 | tsai1 | tsai1 | tsai1 | tsai1 |
| 脐 | 脂 | 4蟹-齐 | TS1 | tsai5 | tsai5 | tsai5 | tsai5 | tsai5 | tsai5 |
| 壻 | 脂 | 4蟹-齐 | TS1 | sai3 | sai3 | sai3 | sai3 | sai3 | sai3 |
| 西犀 | 脂 | 4蟹-齐 | TS1 | sai1 | sai1 | sai1 | sai1 | sai1 | sai1 |
| 眉 | 脂 | 3止-脂 | P1 | | bai5 | bai5 | bai5 | bai5 | bai5 |
| 私私骹 | 脂 | 3止-脂 | TS1 | sai1 | sai1 | | sai1 | sai1 | |
| 师狮 | 脂 | 3止-脂 | TS2 | sai1 | sai1 | sai1 | sai1 | sai1 | sai1 |

续　表

| 闽　　南 | | | | 南安 | 泉州 | 漳州 | 漳浦 | 澄海 | 揭阳 |
|---|---|---|---|---|---|---|---|---|---|
| 例字 | 上古 | 中古 | 声类 | ai | ai | ai | ai | ai | ai |
| 屎 | 脂 | 3 止-脂 | TS3 | sai2 | sai2 | sai2 | sai2 | sai2 | sai2 |
| 驶 | 之 | 3 止-之 | TS2 | | sai2 | sai2 | sai2 | sai2 | sai2 |
| 事 | 之 | 3 止-之 | TS2 | | tai3 | tai7 | | | |
| 知 | 佳 | 3 止-支 | TS3 | tsai1 | tsai1 | tsai1 | tsai1 | tsai1 | tsai1 |
| 篪 | 佳 | 3 止-支 | TS2 | $t^h$ai1 | $t^h$ai1 | $t^h$ai1 | $t^h$ai1 | $t^h$ai1 | $t^h$ai1 |

**表 3-1-53　闽东蟹摄字群四等同读的历史层次对应表**

| 闽　　东 | | | | 福州 | 福清 | 古田 | 柘荣 | 福安 | 宁德 |
|---|---|---|---|---|---|---|---|---|---|
| 例字 | 上古 | 中古 | 声类 | ai | ai | ai | ai | ai | ai |
| 菜 | 之 | 1 蟹-咍 | TS1 | $ts^h$ai3 | $ts^h$ai3 | $ts^h$ai3 | $ts^h$ai3 | $ts^h$ai3 | $ts^h$ai3 |
| 来 | 之 | 1 蟹-咍 | T1 | nai5 | lai5 | lai5 | lai5 | lai5 | lai5 |
| 栽 | 之 | 1 蟹-咍 | TS1 | tsai1 | tsai1 | tsai1 | tsai1 | tsai1 | tsai1 |
| 脐 | 脂 | 4 蟹-齐 | TS1 | | tsai5 | | tsai5 | tsai5 | tsai5 |
| 婿 | 脂 | 4 蟹-齐 | TS1 | sai2 | sai3 | sai3 | sai3 | | sai3 |
| 私私骹 | 脂 | 3 止-脂 | TS1 | sai1 | sai1 | sai1 | | sai1 | sai1 |
| 师狮 | 脂 | 3 止-脂 | TS2 | sai1 | sai1 | sai1 | sai1 | sai1 | sai1 |
| 屎 | 脂 | 3 止-脂 | TS3 | sai2 | sai2 | sai2 | sai2 | sai2 | sai2 |
| 驶 | 之 | 3 止-之 | TS2 | sai2 | sai2 | sai2 | sai2 | sai2 | sai2 |
| 事 | 之 | 3 止-之 | TS2 | tai7 | tai7 | tai7 | tai7 | | |
| 篪 | 佳 | 3 止-支 | TS2 | $t^h$ai1 | $t^h$ai1 | $t^h$ai1 | $t^h$ai1 | $t^h$ai1 | $t^h$ai1 |

**表 3-1-54　闽北蟹摄字群四等同读的历史层次对应表**

| 闽　　北 | | | | 石陂 | 建阳 | 崇安 | 建瓯 | 政和 | 松溪 |
|---|---|---|---|---|---|---|---|---|---|
| 例字 | 上古 | 中古 | 声类 | e | e | ie | ɛ | ɛ | œ<br>ie |
| 菜 | 之 | 1 蟹-咍 | TS1 | $ts^h$e3 | $t^h$e3 | $ts^h$ie3 | $ts^h$ɛ3 | $ts^h$ɛ3 | $ts^h$œ3 |
| 来 | 之 | 1 蟹-咍 | T1 | le3 | le5 | lie5 | lɛ3 | lɛ5 | lœ5 |

续 表

| 闽北 | | | | 石陂 | 建阳 | 崇安 | 建瓯 | 政和 | 松溪 |
|---|---|---|---|---|---|---|---|---|---|
| 例字 | 上古 | 中古 | 声类 | e | e | ie | ɛ | ɛ | œ<br>ie |
| 栽 | 之 | 1 蟹-咍 | TS1 | tse1 | tse1 | tsie1 | tsɛ1 | tsɛ1 | tsœ1 |
| 载 | 之 | 1 蟹-咍 | TS1 | tse3 | | | | | tsœ3 |
| 脐 | 脂 | 4 蟹-齐 | TS1 | $ts^he3$ | $t^he5$ | $ts^hie5$ | $ts^hɛ3$ | $ts^hɛ5$ | $ts^hie5$ |
| 眉 | 脂 | 3 止-脂 | P1 | me3 | me5 | mie5 | | | mie5 |
| 师狮 | 脂 | 3 止-脂 | TS2 | se1 | se1 | sie1 | | | |
| 屎 | 脂 | 3 止-脂 | TS3 | dze5 | | | ɛ1 | | |
| 驶使 | 之 | 3 止-之 | TS2 | se2 | se2 | | sɛ2 | sɛ2 | sœ2 |
| 狸白读 | 之 | 3 止-之 | T1 | se3 | se5 | | sɛ3 | sɛ5 | sœ5 |
| 李 | 之 | 3 止-之 | T1 | | se3 | | sɛ7 | sɛ7 | sœ7 |

3.1.4.2 山摄

表 3-1-56、3-1-57、3-1-58 分别是闽南、闽北、闽东山摄及相关韵摄字群四等同读的历史层次对应表，说明如下：

1. 闽南山摄少数例字有四等同读为-an(潮汕读为-aŋ)的白读层次表现，入声韵读为相应的-at(潮汕读为-ak)；跨越中古韵摄架构来看，臻、曾、梗等其他韵摄字群也有相同层次表现。这项音韵层次在闽东对应读为-ɛŋ(或-eiŋ)，入声韵读为相应的-ɛk(或-eik)；在闽北对应读为-aiŋ，唯松溪一地发生下降复元音韵腹的高元音脱落音变而读为-aŋ，入声韵则读为-e(或-ɛ、-ie、-œ)，其中松溪同样保有古脂、之二部的分别痕迹，古脂部读为-ie，古之部则读为-œ。

2. 闽东、闽北的异层同读：闽东对应于闽南"四等同读"层次的音读与"2、4 等同读"层次完全相同，闽北对应于闽南"四等同读"层次的音读，则是阳声韵与"2、4 等同读"层次完全相同，但入声韵有所区别，如下表：

表 3-1-55

| 山摄 | 例字 | 泉州 | 漳州 | 澄海 | 福清 | 古田 | 宁德 | 石陂 | 建阳 | 建瓯 |
|---|---|---|---|---|---|---|---|---|---|---|
| 2、4等同读(C) | 闲千茧 | uĩ | iŋ | oĩ | eŋ | eiŋ | ɛŋ | aiŋ | aiŋ | aiŋ |
| | 八节过节截 | ueʔ | eʔ | oi | eʔ | eik | ɛk | ai | ai | ai |
| 四等同读(D) | 慢牵(鳞塍蛏) | an | an | aŋ | eŋ | eiŋ | ɛŋ | aiŋ | aiŋ | aiŋ |
| | 结节节眼(密踢) | at | at | ak | eʔ | eik | ɛk | e | e | ɛ |

依据方言历史层次的对应性，以及闽北入声韵的层次区别，我们认为闽东、闽北同样具有相应的“四等同读”层次，但闽东可能因为内部音变或层次竞争而造成两项层次音读合流不分，闽北阳声韵亦然，但是入声韵仍然保持层次异读，正好成为我们推溯“四等同读”层次的重要根据。

3. 跨越中古韵摄架构，改以上古韵部检视，这群字阳声韵主要来自古真、蒸、耕等韵部，入声韵多数来自相应的脂、之、佳等韵部。此与前述蟹摄阴声字群的表现紧密呼应：(1) 以上古的音韵分部检视其分合关系，闽地该项历史层次主要表现古脂、之、佳三部同读不分的特点，以及相应的古真、蒸、耕三部也同读不分；然而，阳声韵还涉及少数古文、元两部的例字，例如“限闽慢”等字，但目前缺乏系统性的对应表现，有待将来扩展探讨；(2) 这项音读层次没有等第的分布限制，3、4 等韵的字群也能表现为洪音，反映了更早期韵母等第区分不明显的音韵特色。

4. 山摄字群中反映这项古脂之佳、古真蒸耕四等同读的例字只有少数，多数的山摄字群表现的是另一项古歌祭元相应的音韵层次，参见 3.2.3 的讨论。

**表 3-1-56 闽南山摄字群四等同读的历史层次对应表**

| 闽南 | | | | 南安 | 泉州 | 漳州 | 漳浦 | 澄海 | 揭阳 |
|---|---|---|---|---|---|---|---|---|---|
| 例字 | 上古 | 中古 | 声类 | an | an | an | an | aŋ | aŋ |
| 限白读 | 文 | 2 山-山 | ∅-匣 | an6 | | | an7 | | |
| 慢 | 元 | 2 山-删 | P1 | ban3 | ban3 | ban7 | ban7 | maŋ7 | maŋ7 |

**续　表**

| 闽南 | | | | 南安 | 泉州 | 漳州 | 漳浦 | 澄海 | 揭阳 |
|---|---|---|---|---|---|---|---|---|---|
| 例字 | 上古 | 中古 | 声类 | an | an | an | an | aŋ | aŋ |
| 牵白读 | 真 | 4 山-先 | K | $k^h$an1 | $k^h$an1 | $k^h$an1 | $k^h$an1 | $k^h$aŋ1 | $k^h$aŋ1 |
| 卵男阴 | 元 | 1 山-桓 | T1 | lan6 | lan6 | lan7 | | laŋ6 | |
| 闽 | 文 | 3 臻-真 | P1 | ban5 | ban5 | ban5 | ban5 | maŋ5 | maŋ5 |
| 鳞白读 | 真 | 3 臻-真 | T1 | | lan5 | lan5 | lan5 | laŋ5 | laŋ5 |
| 趁赚 | 真 | 3 臻-真 | T2 | | $t^h$an3 | $t^h$an3 | $t^h$an3 | | $t^h$aŋ3 |
| 陈白读 | 真 | 3 臻-真 | T2 | | tan5 | tan5 | tan5 | taŋ5 | taŋ5 |
| 层 | 蒸 | 1 曾-登 | TS1 | tsan5 | tsan5 | tsan5 | tsan5 | tsaŋ5 | tsaŋ5 |
| 塍田 | 蒸 | 3 曾-蒸 | TS3 | $ts^h$an5 | $ts^h$an5 | $ts^h$an5 | $ts^h$an5 * san5 | $ts^h$aŋ5 | $ts^h$aŋ5 |
| 蛏 | 耕 | 3 梗-清 | T2 | $t^h$an1 | $t^h$an1 | $t^h$an1 | $t^h$an1 | $t^h$aŋ1 | |
| 瓶白读 | 耕 | 4 梗-青 | P1 | pan5 | pan5 | pan5 | | paŋ5 | paŋ5 |
| 钉白读 | 耕 | 4 梗-青 | T1 | tan1 | tan1 | | | | |
| 零零星 | 耕 | 4 梗-青 | T1 | lan5 | lan5 | lan5 | lan5 | laŋ5 | |
| 星零星 | 耕 | 4 梗-青 | TS1 | | san1 | san1 | san1 | | |
| | | | | at | at | at | at | ak | ak |
| 别别人 | 祭 | 3 山-仙 | P1 | pat8 | pat8 | pat8 | pat8 | | |
| 节节眼 | 脂 | 4 山-先 | TS1 | tsat4 | tsat4 | tsat4 | tsat4 | tsak4 | tsak4 |
| 结白读 | 脂 | 4 山-先 | K | kat4 | kat4 | kat4 | kat4 | kak4 | kak4 |
| 栗白读 | 脂 | 3 臻-真 | T1 | lat8 | lat8 | lat8 | lat8 | (liak8) | (liak8) |
| 漆 | 脂 | 3 臻-真 | TS1 | $ts^h$at4 | $ts^h$at4 | $ts^h$at4 | $ts^h$at4 * sat4 | $ts^h$ak4 | $ts^h$ak4 |
| 虱 | 脂 | 3 臻-真 | TS2 | | sat4 | sat4 | sat4 | sak4 | sak4 |
| 贼白读 | 之 | 1 曾-登 | TS1 | $ts^h$at8 | $ts^h$at8 | $ts^h$at8 | $ts^h$at8 * sat8 | $ts^h$ak8 | $ts^h$ak8 |
| 值白读 | 之 | 3 曾-蒸 | T2 | | tat8 | tat8 | tat8 | tak8 | tak8 |
| 踢 | 佳 | 4 梗-青 | T1 | $t^h$at4 | $t^h$at4 | $t^h$at4 | $t^h$at4 | | $t^h$ak4 |

**表 3-1-57　闽北山摄字群四等同读的历史层次对应表**

| 闽北 | | | | 石陂 | 建阳 | 崇安 | 建瓯 | 政和 | 松溪 |
|---|---|---|---|---|---|---|---|---|---|
| 例字 | 上古 | 中古 | 声类 | aiŋ | aiŋ | aiŋ | aiŋ | aiŋ | aŋ |
| 牵 | 真 | 4 山-先 | K | $k^h$aiŋ1 | $k^h$aiŋ1 | $k^h$aiŋ1 | $k^h$aiŋ1 | $k^h$aiŋ1 | $k^h$aŋ1 |
| 闽 | 文 | 3 臻-真 | P1 | maiŋ3 | maiŋ5 | maiŋ5 | maiŋ3 | | |
| 鳞白读 | 真 | 3 臻-真 | T1 | saiŋ3 | laiŋ5 | | saiŋ3 | saiŋ5 | saŋ5 |
| 层 | 蒸 | 1 曾-登 | TS1 | dzaiŋ5 | laiŋ9 | laiŋ3 | tsaiŋ2 | tsaiŋ9 | tsaŋ9 |
| 塍 | 蒸 | 3 曾-蒸 | TS3 | $ts^h$aiŋ3 | $t^h$aiŋ5 | $t^h$aiŋ5 | $ts^h$aiŋ3 | $ts^h$aiŋ5 | $ts^h$aŋ5 |
| 蛏 | 耕 | 3 梗-清 | T2 | $t^h$aiŋ1 | haiŋ1 | haiŋ1 | $t^h$aiŋ1 | $t^h$aiŋ1 | $t^h$aŋ1 |
| 瓶白读 | 耕 | 4 梗-青 | P1 | baiŋ5 | βaiŋ9 | (βuaiŋ3) | paiŋ2 | paiŋ9 | paŋ9 |
| 钉 | 耕 | 4 梗-青 | T1 | taiŋ1 | taiŋ1 | taiŋ1 | taiŋ1 | taiŋ1 | taŋ1 |
| 零白读 | 耕 | 4 梗-青 | T1 | laiŋ3 | laiŋ5 | laiŋ5 | laiŋ3 | laiŋ5 | laŋ5 |
| 星白读 | 耕 | 4 梗-青 | TS1 | | saiŋ1 | saiŋ1 | saiŋ1 | saiŋ1 | saŋ1 |
| | | | | e | e | ie | ε | ε | œ<br>ie |
| 节节眼 | 脂 | 4 山-先 | TS1 | tse4 | tse4 | | tsε4 | tsε4 | |
| 栗白读 | 脂 | 3 臻-真 | T1 | le5 | | lie8 | lε8 | lε3 | lie8 |
| 漆 | 脂 | 3 臻-真 | TS1 | $ts^h$e4 | $t^h$e4 | $ts^h$ie4 | $ts^h$ε4 | $ts^h$ε4 | $ts^h$ie4 |
| 虱 | 脂 | 3 臻-真 | TS2 | se4 | se4 | sie4 | sε4 | sε4 | sie4 |
| 贼白读 | 之 | 1 曾-曾 | TS1 | $ts^h$e1 | $t^h$e8 | $ts^h$ie8 | $ts^h$ε7 | $ts^h$ε7 | $ts^h$œ7 |
| 值白读 | 之 | 3 曾-蒸 | T2 | te1 | te8 | | tε7 | 直 tε7 | tœ7 |
| 踢 | 佳 | 4 梗-青 | T1 | $t^h$e4 | he4 | hie4 | $t^h$ε4 | $t^h$ε4 | $t^h$ie4 |

**表 3-1-58　闽东山摄字群四等同读的历史层次对应表**

| 闽东 | | | | 福州 | 福清 | 古田 | 柘荣 | 福安 | 宁德 |
|---|---|---|---|---|---|---|---|---|---|
| 例字 | 上古 | 中古 | 声类 | eiŋ/aiŋ | eŋ | eiŋ | εŋ | εiŋ | εŋ |
| 慢白读 | 元 | 2 山-删 | P1 | maiŋ7 | | meiŋ7 | mεŋ7 | mεiŋ7 | mεŋ7 |
| 限白读 | 文 | 2 山-山 | Ø-匣 | aiŋ7 | | eiŋ7 | εŋ7 | εiŋ7 | εŋ7 |
| 牵白读 | 真 | 4 山-先 | K | $k^h$eiŋ1 | | $k^h$eiŋ1 | $k^h$εŋ1 | $k^h$εiŋ1 | $k^h$εŋ1 |
| 趁赚 | 真 | 3 臻-真 | T2 | | $t^h$eŋ3 | | | ($t^h$eiŋ3) | ($t^h$eŋ3) |

续 表

| 闽东 | | | | 福州 | 福清 | 古田 | 柘荣 | 福安 | 宁德 |
|---|---|---|---|---|---|---|---|---|---|
| 例字 | 上古 | 中古 | 声类 | eiŋ/aiŋ | eŋ | eiŋ | ɛŋ | ɛiŋ | ɛŋ |
| 呻 | 真 | 3臻-真 | TS3 | tsʰeiŋ1 | | tsʰeiŋ1 | tsʰɛŋ1 | | |
| 层 | 蒸 | 1曾-登 | TS1 | tseiŋ5 | tseŋ5 | tseiŋ5 | | | tsɛŋ5 |
| 塍田 | 蒸 | 3曾-蒸 | TS3 | tsʰeiŋ5 | tsʰeŋ5 | tsʰeiŋ5 | tsʰɛŋ5 | tsʰɛiŋ5 | tsʰɛŋ5 |
| 蛏 | 耕 | 3梗-清 | T2 | tʰeiŋ1 | tʰeŋ1 | tʰeiŋ1 | tʰɛŋ1 | tʰɛiŋ1 | tʰɛŋ1 |
| | | | | eiʔ/aiʔ | eʔ | eik | ɛk | ɛik | ɛk |
| 结白读 | 脂 | 4山-先 | K | kaiʔ4 | keʔ4 | keik4 | | kɛik4 | kɛk4 |
| 虱 | 脂 | 3臻-真 | TS2 | saiʔ4 | seʔ4 | seik4 | sɛk4 | | |
| 贼白读 | 之 | 1曾-曾 | TS1 | tsʰeiʔ8 | tsʰeʔ8 | tsʰeik8 | tsʰɛk8 | tsʰɛik8 | tsʰɛk8 |

#### 3.1.4.3 咸摄

咸摄4等韵字群几乎没有相应于蟹、山两韵摄“四等同读”的具体层次表现，但有以下两项蛛丝马迹，如下表所示，让我们怀疑咸摄4等韵字群原来也有“四等同读”的层次表现，但在层次竞争下被取代将尽。

**表 3-1-59**

| 咸 摄 | 例字 | 泉州 | 漳州 | 澄海 | 福清 | 古田 | 宁德 | 石陂 | 建阳 | 建瓯 |
|---|---|---|---|---|---|---|---|---|---|---|
| 2、4等同读(C) | 蚕店念 | uĩ | iŋ | oĩ | eŋ | eiŋ | ɛm | aiŋ | aŋ | aŋ |
| | 狭贴 | ueʔ | eʔ | oi | eʔ | eik | ɛp | ai | a | a |
| 四等同读(D) | 叠① | aʔ | aʔ | aʔ | aʔ | ak | ap | | | |
| | 蹹煠猎 | aʔ | aʔ | aʔ | aʔ | ak | ap | a | a | a |

---

① 闽南指称“堆叠”动作或作为量词“一叠”的语词读为 tʰaʔ8，单就闽南方言来看，这项语词的本字也可能是1等覃韵入声的“沓”；然而闽东北片柘荣、福安相应的语词读为 tʰɛk8 或 tʰɛik8，闽北石陂相应的语词读为 tʰai1，均与四等添韵入声的“帖贴”二字韵读一致，而且闽东的1等覃韵入声没有读为-ɛk或-ɛik的规则表现。据此，我们认为闽语指称“堆叠”动作或作为量词“一叠”的语词本字较可能是四等添韵入声的“叠”。

1. 闽南、闽东“叠”类4等入声字读为洪音，有别于“2、4等同读”的音读表现；依据闽南韵读-aʔ，此为古侵谈有别层次的谈叶部音读。(参见3.2.4)

2. 闽南、闽东绝大多数方言点的“2、4等同读”层次，山摄与咸摄往往音读表现相同，而且与“四等同读”层次有所区别；但是闽北许多方言点山摄与咸摄的层次对应却不相同，如表3-1-44、3-1-45所示。比较石陂与建瓯为例，如表3-1-60，石陂、建瓯山摄“2、4等同读”的层次音读一致为-aiŋ、-ai，入声韵与“四等同读”者有别；而其咸摄4等韵的“2、4等同读”层次与“四等同读”层次无法区别，其中石陂的层次音读与山摄相同，但建瓯等地相应的音读却为-aŋ、-a。

**表3-1-60**

<table>
<tr><th rowspan="2"></th><th colspan="2">山摄4等韵</th><th colspan="2">咸摄4等韵</th></tr>
<tr><th>石 陂</th><th>建 瓯</th><th>石 陂</th><th>建 瓯</th></tr>
<tr><td>2、4等同读(C)</td><td>aiŋ-ai</td><td>aiŋ-ai</td><td rowspan="2">aiŋ-ai</td><td rowspan="2">aŋ-a</td></tr>
<tr><td>四等同读(D)</td><td>aiŋ-e</td><td>aiŋ-ɛ</td></tr>
</table>

此一方面反映咸摄与山摄仍有音韵上的分别，另一方面也显示闽北咸摄4等字群可能发生C、D层次激烈竞争而全面替代，而且各地取胜的层次音读不同，石陂、政和由2、4等同读的层次音读-aiŋ、-ai取胜，建瓯等地则是四等同读的层次音读-aŋ、-a胜出。(参见5.3.2)也就是说，闽北咸摄4等韵原有“2、4等同读”层次与“四等同读”层次的分别，前者音读表现与山摄相同，后者音读表现与山摄相异，并且“四等同读”者即是古侵谈有别层次的谈叶部音读，此与前面1.所述闽南表现相当一致。

3.1.4.4 效摄

表3-1-62、3-1-63、3-1-64分别是闽南、闽东、闽北效摄及相关韵摄字群四等同读的历史层次对应表，说明如下：

1. 闽南、闽东效摄字群以及流摄字群，均有同读为-au的白读层次表现，唯福安一地在上声调下韵腹高化读为-ou；闽北则对应读为-əu（或-iəu、-e、-ɛ、-a）。闽南效摄1等这项层次音读恰与文读（A1）相同，透过与闽东、闽北的对应比较，可以清楚辨析。

**表 3-1-61**

<table>
<tr><td>效摄1等</td><td>闽南（泉州）</td><td>闽东（福清）</td><td>闽北（石陂）</td></tr>
<tr><td rowspan="2">文读层次（A）</td><td>au</td><td rowspan="2">o</td><td rowspan="2">au</td></tr>
<tr><td>ɔ</td></tr>
<tr><td>四等同读层次（D）</td><td>au</td><td>au</td><td>əu</td></tr>
</table>

2. 这群字绝大多数来自上古幽、侯两部，另有少数宵部字。同样来自上古幽部的通摄字“毒”，中古韵书虽著录为入声字，但闽地早期层次将之读为阴声韵，并且具有严整的音读对应关系，成为这项历史层次的重要例字。以上古的音韵分部检视其分合关系，闽地此项历史层次主要表现古幽、侯两部的同读现象；此外，从目前掌握的同源语词看来，这项音读层次与前述蟹、山韵摄四等同读的层次系统一致，其3、4等韵的字群也能表现为洪音，同样反映更早期四等同读的音韵特色。

**表 3-1-62 闽南效摄字群四等同读的历史层次对应表**

| 闽南 | | | | 南安 | 泉州 | 漳州 | 漳浦 | 澄海 | 揭阳 |
|---|---|---|---|---|---|---|---|---|---|
| 例字 | 上古 | 中古 | 声类 | au | au | au | au | au | au |
| 老老人 | 幽 | 1效-豪 | T1 | lau6 | lau6 | lau7 | lau7 | lau6 | lau6 |
| 糟白读 | 幽 | 1效-豪 | TS1 | tsau1 | tsau1 | tsau1 | tsau1 | tsau1 | tsau1 |
| 蚤 | 幽 | 1效-豪 | TS1 | tsau2 | tsau2 | tsau2 | tsau2 | tsau2 | tsau2 |
| 灶 | ? | 1效-豪 | TS1 | tsau3 | tsau3 | tsau3 | tsau3 | tsau3 | tsau3 |
| 草白读 | 幽 | 1效-豪 | TS1 | $ts^hau2$ | $ts^hau2$ | $ts^hau2$ | $ts^hau$* sau2 | $ts^hau2$ | $ts^hau2$ |
| 扫白读 | 幽 | 1效-豪 | TS1 | | sau3 | sau3 | sau3 | sau3 | sau3 |
| 薅 | 幽 | 1效-豪 | K | | $k^hau1$ | $k^hau1$ | $k^hau1$ | $k^hau1$ | $k^hau1$ |

续　表

| 闽南 | | | | 南安 | 泉州 | 漳州 | 漳浦 | 澄海 | 揭阳 |
|---|---|---|---|---|---|---|---|---|---|
| 例字 | 上古 | 中古 | 声类 | au | au | au | au | au | au |
| 嚣白读 | 宵 | 3 效-宵 | K | hau1 | | | hau1 | ŋau1 | ŋau1 |
| 啸白读 | 幽 | 4 效-萧 | TS1 | | | | | sau3 | sau3 |
| 头白读 | 侯 | 1 流-侯 | T1 | $t^hau5$ | $t^hau5$ | $t^hau5$ | $t^hau5$ | $t^hau5$ | $t^hau5$ |
| 走白读 | 侯 | 1 流-侯 | TS1 | tsau2 | tsau2 | tsau2 | tsau2 | tsau2 | tsau2 |
| 喉 | 侯 | 1 流-侯 | ø-匣 | au5 | au5 | au5 | au5 | au5 | au5 |
| 猴白读 | 侯 | 1 流-侯 | K | kau5 | kau5 | kau5 | kau5 | kau5 | kau5 |
| 厚 | 侯 | 1 流-侯 | K | kau6 | kau6 | kau7 | kau7 | kau6 | kau6 |
| 昼 | 侯 | 3 流-尤 | T2 | | tau3 | tau3 | tau3 | | |
| 臭 | 幽 | 3 流-尤 | TS3 | $ts^hau3$ | $ts^hau3$ | $ts^hau3$ | $ts^hau$ * sau3 | $ts^hau3$ | $ts^hau3$ |
| 九白读 | 幽 | 3 流-尤 | K | kau2 | kau2 | kau2 | kau2 | kau2 | kau2 |
| 阄 | 侯 | 3 流-尤 | K | $k^hau1$ | $k^hau1$ | $k^hau1$ | $k^hau1$ | $k^hau1$ | $k^hau1$ |
| 毒毒杀 | 幽 | 1 通-冬 | T1 | | $t^hau3$ | $t^hau7$ | $t^hau7$ | | |

**表 3-1-63　闽东效摄字群四等同读的历史层次对应表**

| 闽东 | | | | 福州 | 福清 | 古田 | 柘荣 | 福安 | 宁德 |
|---|---|---|---|---|---|---|---|---|---|
| 例字 | 上古 | 中古 | 声类 | au | au | au | au | au/ou | au |
| 老老人 | 幽 | 1 效-豪 | T1 | nau7 | lau7 | lau7 | lau7 | lau7 | lau7 |
| 糟 | 幽 | 1 效-豪 | TS1 | tsau1 | tsau1 | tsau1 | tsau1 | tsau1 | tsau1 |
| 蚤 | 幽 | 1 效-豪 | TS1 | | tsau2 | tsau2 | tsau2 | tsou2 | tsau2 |
| 灶 | ? | 1 效-豪 | TS1 | tsau3 | tsau3 | tsau3 | tsau3 | tsau3 | tsau3 |
| 草白读 | 幽 | 1 效-豪 | TS1 | $ts^hau2$ | $ts^hau2$ | $ts^hau2$ | $ts^hau2$ | $ts^hou2$ | $ts^hau2$ |
| 扫白读 | 幽 | 1 效-豪 | TS1 | sau3 | sau3 | sau3 | sau3 | sau3 | sau3 |
| 薅 | 幽 | 1 效-豪 | K | xau1 | hau1 | hau1 | $k^hau3$ * xau1 | hau1 | xau1 |
| 了白读 | 宵 | 4 效-萧 | T1 | nau2 | lau2 | | | | nau2 |
| 吊白读 | 宵 | 4 效-萧 | T1 | | tau3 | | | | |

续 表

| 闽东 | | | | 福州 | 福清 | 古田 | 柘荣 | 福安 | 宁德 |
|---|---|---|---|---|---|---|---|---|---|
| 例字 | 上古 | 中古 | 声类 | au | au | au | au | au/ou | au |
| 料白读 | 宵 | 4效-萧 | T1 | | lau7 | | | | |
| 啸白读 | 幽 | 4效-萧 | TS1 | | | | | | sau3 |
| 头白读 | 侯 | 1流-侯 | T1 | tʰau5 | tʰau5 | tʰau5 | tʰau5 | tʰau5 | tʰau5 |
| 走白读 | 侯 | 1流-侯 | TS1 | tsau2 | tsau2 | tsau2 | tsau2 | tsou2 | tsau2 |
| 猴白读 | 侯 | 1流-侯 | K | kau5 | kau5 | kau5 | kau5 | kau5 | kau5 |
| 厚白读 | 侯 | 1流-侯 | K | kau7 | kau7 | kau7 | kau7 | kau7 | kau7 |
| 昼 | 侯 | 3流-尤 | T2 | tau3 | tau3 | tau3 | tau3 | tau3 | tau3 |
| 臭 | 幽 | 3流-尤 | TS3 | tsʰau3 | tsʰau3 | tsʰau3 | tsʰau3 | tsʰau3 | tsʰau3 |
| 九白读 | 幽 | 3流-尤 | K | kau2 | kau2 | kau2 | kau2 | kou2 | kau2 |
| 阄 | 侯 | 3流-尤 | K | kʰau1 | kʰau1 | kʰau1 | kʰau1 | kʰau1 | kʰau1 |
| 毒毒杀 | 幽 | 1通-冬 | T2 | tʰau3 | | | tʰau3 | | tʰau2 |

**表3-1-64 闽北效摄字群四等同读的历史层次对应表**

| 闽北 | | | | 石陂 | 建阳 | 崇安 | 建瓯 | 政和 | 松溪 |
|---|---|---|---|---|---|---|---|---|---|
| 例字 | 上古 | 中古 | 声类 | əu | əu | iəu | e | ɛ | a |
| 老老人 | 幽 | 1效-豪 | T1 | səu1 | səu3 | siəu7 | se7 | sɛ7 | sa7 |
| 糟 | 幽 | 1效-豪 | TS1 | tsəu1 | tsəu1 | tsiəu1 | tse1 | tsɛ1 | tsa1 |
| 蚤 | 幽 | 1效-豪 | TS1 | tsəu2 | 枣 tsəu2 | tsiəu2 | tse2 | | tsa2 |
| 灶 | ? | 1效-豪 | TS1 | tsəu3 | tsəu3 | tsiəu3 | tse3 | | |
| 扫白读 | 幽 | 1效-豪 | TS1 | səu3 | səu3 | siəu3 | se3 | sɛ3 | sa3 |
| 包动词 | 幽 | 2效-肴 | P1 | | | | | pɛ1 | pa1 |
| 猫 | 宵 | 2效-肴 | P1 | | | | me3 | mɛ5 | ma5 |
| 鸟白读 | 宵 | 4效-萧 | T1 | | | | | tsɛ2 | tsa2 |
| 头白读 | 侯 | 1流-侯 | T1 | tʰəu3 | həu5 | hiəu5 | tʰe3 | tʰɛ5 | tʰa5 |
| 走白读 | 侯 | 1流-侯 | TS1 | | | tsiəu2 | | tsɛ2 | (tsɒu) |
| 猴白读 | 侯 | 1流-侯 | K | gəu5 | kəu9 | jiəu3 | ke2 | kɛ9 | ka9 |

**续 表**

| 闽 北 | | | | 石陂 | 建阳 | 崇安 | 建瓯 | 政和 | 松溪 |
|---|---|---|---|---|---|---|---|---|---|
| 例字 | 上古 | 中古 | 声类 | əu | əu | iəu | e | ɛ | a |
| 厚白读 | 侯 | 1流-侯 | K | gəu3 | kəu3 | jiəu3 | ke8 | kɛ3 | ka8 |
| 昼 | 侯 | 3流-尤 | T2 | təu3 | (to3) | (tu3) | | (tu3) | (tɒu3) |
| 臭 | 幽 | 3流-尤 | TS3 | ts$^{h}$əu3 | t$^{h}$əu3 | ts$^{h}$iəu3 | ts$^{h}$e3 | ts$^{h}$ɛ3 | ts$^{h}$a3 |
| 阄 | 侯 | 3流-尤 | K | kəu1 | kəu1 | | | | ka1 |
| 毒毒杀 | 幽 | 1通-冬 | T2 | t$^{h}$əu7 | həu7 | | t$^{h}$e7 | t$^{h}$ɛ7 | t$^{h}$a7 |

### 3.1.5 历史时间与地域来源

总结以上韵读层次的分析,闽语蟹、山、咸、效四个韵摄的历史层次主要分为四项:(A) 1、2 等同读,3、4 等同读的文读层次;(B) 3、4 等同读的白读层次;(C) 2、4 等同读,3 等独读的历史层次;(D) 四等同读的历史层次。闽南、闽东、闽北各次方言的音读对应关系,各取三个方言点为例,整理如表 3-1-65、3-1-68、3-1-69、3-1-74,以下分别讨论这四项历史层次所反映的历史时间或地域来源。

#### 3.1.5.1 历史层次 A:唐宋文读层

**表 3-1-65 闽语蟹、山、咸、效四摄字群历史层次 A 的音读对应表**

| 历史层次 A | 泉州 | 漳州 | 澄海 | 福清 | 古田 | 柘荣 | 石陂 | 建阳 | 建瓯 |
|---|---|---|---|---|---|---|---|---|---|
| 蟹摄 1、2 等文读 | ai | ai | ai | ai | ai | ai | ai | ai | ai |
| 山摄 1、2 等文读 | an | an | aŋ | aŋ | aŋ | aŋ | aiŋ | aiŋ | aiŋ |
| | at | at | ak | aʔ | ak | ak | ai | ai | ai |
| 咸摄 1、2 等文读 | am | am | aŋ | aŋ | aŋ | aŋ | aŋ(ɔŋ) | aŋ(ɔŋ) | aŋ(ɔŋ) |
| | ap | ap | ak | aʔ | ak | ak | a(ɔ) | a(ɔ) | a(ɔ) |
| 效摄 1 等文读 | au | au | au | o | o | ɔ | au | au | au |
| | ɔ | ɔ̃(o) | | | | | | | |
| 效摄 2 等文读 | au | au | au | au | au | au | au | au | au |

续 表

| 历史层次 A | 泉州 | 漳州 | 澄海 | 福清 | 古田 | 柘荣 | 石陂 | 建阳 | 建瓯 |
|---|---|---|---|---|---|---|---|---|---|
| 蟹摄 3、4 等文读 | e | e (i) | i | i/e | i | i | i | i/ɔi | i |
| 山摄 3、4 等文读 | ian | ian | iaŋ | ieŋ | ieŋ | ieŋ | iŋ | ieiŋ | iŋ |
| | | | | yoŋ | yøŋ | yøŋ | yiŋ | yeiŋ | yiŋ |
| | iat | iat | iak | ieʔ | iek | iek | ie | ie | iɛ |
| | | | | yoʔ | yøk | yøʔ | ye | ye | yɛ |
| 咸摄 3、4 等文读 | iam | iam | iaŋ | ieŋ | ieŋ | ieŋ | iŋ | ieiŋ | iŋ |
| | iap | iap | iak | ieʔ | iek | iek | ie | ie | iɛ |
| 效摄 3、4 等文读 | iau | iau | iou | ieu | iau | iau | iau | iɔ | iau |

历史层次 A 是闽语的文读层次，大致符应唐宋以来的音韵发展，1、2 等同读洪音，3、4 等同读相应的细音，需要特别说明的是：

1. 闽北咸摄开口 1 等韵有部分舌根声母例字读为-ɔŋ，入声韵读为相应的-ɔ，此与蟹摄、山摄在层次竞争替代之下，逐渐形成 1、2 等不同读的新音韵格局相呼应，以建瓯为例：

**表 3-1-66**

| 建　瓯 | 蟹(开) | 山(开) | 咸(开) |
|---|---|---|---|
| 新 1 等韵 | uɛ | uiŋ-uɛ | (K) ɔŋ-ɔ |
| | (白读层次竞争取代) | | (新进接触层次) |
| 1 等韵 | ai | aiŋ-ai | aŋ-a |
| 2 等韵 | ai | aiŋ-ai | aŋ-a |

新音韵格局乃 1 等韵读为合口韵母、2 等韵维持开口洪音韵母，此与闽北邻近的赣方言表现相似(李如龙等，1992)：

**表 3-1-67**

| | 蟹 | | 山 | | 咸 | |
|---|---|---|---|---|---|---|
| | 1 等韵 | 2 等韵 | 1 等韵 | 2 等韵 | 1 等韵 | 2 等韵 |
| 南　城 | (TS) ai<br>(K) øy | ai | (TS) an-aiʔ<br>(K) ɔn-øyʔ | an-aiʔ | (TS) an-aiʔ<br>(K) øn-øyʔ | an-aiʔ |
| 建　宁 | (TS) ai<br>(K) ei | ai | (TS) an-at<br>(K) ɔn-ɔt | an-at | (TS) am-ap<br>(K) ɔm-ɔp | am-ap |
| 邵　武 | (TS) ai<br>(K) oi | ai | (TS) an-ai<br>(K) on-oi | an-ai | (TS) an-a<br>(K) on-o | an-a |

不过,南城一带的赣方言,其蟹、山、咸等韵摄的开口 1 等韵均是舌根声母条件下方与 2 等韵有别。闽北方言咸摄开口 1 等韵的-ɔŋ 变体,明显是吸收赣方言的新外来层次;而蟹、山两摄开口 1 等韵,则可能也在赣方言接触影响之下,触发层次竞争的变化方向,趋向 1、2 等完全不同读的新音韵格局。[①]

2. 闽语效摄文读层次各地表现不太一致:闽南泉、漳需要再细分 A1、A2 早晚两项文读层,早期的 A2 层乃 1、2 等有别,与白读的层次 B 相承,晚期的 A1 层则是 1、2 等已经无别;闽东文读层次表现同于闽南的 A2 层;闽北文读层次表现则大致同于闽南的 A1 层(除了石陂有少数例字同于 A2 层)。我们认为闽南、闽东效摄 1、2 等不同读的早期文读层,乃承续效摄层次 B,反映豪肴分韵的历史音韵系统,而效摄 1、2 等无别则是晚进的文读表现,此与上述 1. 闽北的新音韵格局是不同意义的现象。

3. 闽东、闽北山摄 3、4 等韵的文读层仍然呈现南北朝至切韵时

---

① 赣方言效摄字群 1 等韵与 2 等韵的分化表现,只见于宜黄、南城、黎川、高安周家、奉新等地,其他多数方言点皆是效摄 1、2 等无别(江敏华,2003:119—122);相应于此,闽北多数方言点也趋向将效摄 1、2 等韵同读为-au,并没有如蟹、山、咸等韵摄一样逐渐形成 1、2 等不同读的发展趋势,只有松溪一地效摄 1 等韵在层次竞争中由白读-o 取胜,趋向 1、2 等韵不同读的音韵格局。

代"仙元有别"的特点(丁邦新,1975：246),其音读差异一致表现为：仙韵字群为齐口韵读,元韵字群为撮口韵读,据此可推论这项层次的仙、元两韵原始韵读应具有[圆唇]与否的分别。除了文读层次,元韵这项音读层次的历史时间,还能再上推至与层次B相同,因为山摄层次B的3等韵读(ĩ-ieŋ-iŋ、iʔ-ieʔ-ie)几乎不包括元韵字,可见在层次B的历史时间,闽语的仙、元两韵已经有别。

3.1.5.2　历史层次B、C：南朝江东层、晋代北方层

根据本节的观察分析,闽语四等俱全的蟹、山、咸、效等韵摄字群,其白读层次至少可以细分为三项历史层次,各项层次的音韵系统特色截然不同。其中层次B、C大致能以中古音韵架构作为参照来进行解释,但所表现的音韵系统或语音特性又与文读层次相当不同,本小节即探讨层次B、C所反映的历史时间与接触引入的音韵系统来源;而层次D往往不符合中古音韵架构,必须以上古韵部加以检视,方能得出较为严整的音韵分合关系,因此我们将层次D归为最早的历史层次,下一小节再进行相关讨论。

**表3-1-68　闽语蟹、山、咸、效四摄字群历史层次B的音读对应表**

| 历史层次B | 泉州 | 漳州 | 澄海 | 福清 | 古田 | 柘荣 | 石陂 | 建阳 | 建瓯 |
|---|---|---|---|---|---|---|---|---|---|
| 蟹摄3、4等同读 | i | i | i | ie | ie | ie | ie | ie | i |
| 山咸摄3、4等同读 | ĩ | ĩ | ĩ | ieŋ | ieŋ | ieŋ | iŋ | ieiŋ | iŋ |
| | iʔ | iʔ | iʔ | ieʔ | iek | iek | ie | ie | iɛ |
| 效摄3、4等同读 | io | io | ie | ieu | iau | iau | iau | iɔ | iau |

**表3-1-69　闽语蟹、山、咸、效四摄字群历史层次C的音读对应表**

| 历史层次C | 泉州 | 漳州 | 澄海 | 福清 | 古田 | 柘荣 | 石陂 | 建阳 | 建瓯 |
|---|---|---|---|---|---|---|---|---|---|
| 蟹摄2、4等同读 | ue | e | oi | e | ɛ | ɛ | ai | ai | ai |
| 山摄2、4等同读 | uĩ | iŋ | oĩ | eŋ | eiŋ | ɛŋ | aiŋ | aiŋ | aiŋ |
| | ueʔ | eʔ | oi | eʔ | eik | ɛk | ai | ai | ai |

**续　表**

| 历史层次 C | 泉州 | 漳州 | 澄海 | 福清 | 古田 | 柘荣 | 石陂 | 建阳 | 建瓯 |
|---|---|---|---|---|---|---|---|---|---|
| 咸摄 2、4 等同读 | uĩ | iŋ | oĩ | eŋ | eiŋ | ɛŋ | aiŋ | (aŋ) | (aŋ) |
| | ueʔ | eʔ | oi | eʔ | eik | ɛk | ai | (a) | (a) |
| 效摄 2、4 等同读 | iau | iau | iou | eu | ɛu | ɛu | iau | iɔ | iau |
| 蟹摄 3 等独读 | e | e | i | ie | ie | ie | ie | ie | i |
| 山摄 3 等独读 | iã/uã | iã/uã | iã/uã | iaŋ | iaŋ | iaŋ | yiŋ | yeiŋ | yiŋ |
| | iaʔ/uaʔ | iaʔ/uaʔ | iaʔ/uaʔ | iaʔ | iak | iak | ye | ye | yɛ |
| 咸摄 3 等独读 | iã | iã | iã | iaŋ | iaŋ | iaŋ | iaŋ | iaŋ | iaŋ |
| | iaʔ | iaʔ | iaʔ | iaʔ | iak | iak | ia | ia | ia |
| 效摄 3 等独读 | io | io | ie | (ieu) | (iau) | (iau) | (iau) | (iɔ) | (iau) |

一般将闽语的历史层次概分为秦汉层、六朝层及唐宋文读层(Norman, 1979;吴瑞文,2002),其中六朝层次指的是西晋永嘉乱后南下移民所带入的江东方言。然而,根据何大安(1993)的研究,除去非汉语底层,六朝时期的吴地方言应该包含三项层次:江东庶民层、江东文读层以及反映西晋洛阳音的北方士庶层。再从移民历史来看,西晋统一时,由于户口增加与社会经济的发展,闽地在建安郡外又添设晋安郡,可见永嘉乱前,中州人民即已陆续南迁入闽(朱维幹,1985—1986:54、64、73);而永嘉之乱发生后,更驱使大批北方汉人从黄河流域南渡避难,这段移民过程可分为前后两期,前期是永嘉之乱,中州人民迁居江东避乱,后期侯景之乱,江东难民(包括其前代由北方过江者)再南移入闽(朱维幹,1985—1986:67—68)。这样看来,六朝时期与闽地接触的音韵系统,实际上包含两种表现迥异的来源,一是反映西晋时代来自河北地区的北方音韵系统,一是反映南朝时期来自江东地区的南方音韵系统。据此,我们认为闽语的六朝层次应该再二分为晋代北方层与南朝江东层,这不仅是历史时间的不同(晋代 VS 南朝),更是地域来源的不同(河北 VS 江东)。而本节探析

闽语蟹、山、咸、效等韵摄字群的历史层次，可以更具体地支持这项推论。

闽语蟹、山、咸、效等韵摄字群共同表现层次B为3、4等同读的白读层次，层次C为2、4等同读的白读层次，也就是说层次B的音韵系统特色是3等韵与4等韵无别，而层次C的音韵系统特色则是3等韵与4等韵有所区别，且2等韵与4等韵历经调整音变而同读。我们推论3、4等有别的层次C反映自西晋以来由河北地区引进的音韵系统，3、4等同读的层次B则是反映南朝江东地区的音韵系统，主要依据有二：

1. 先仙有别应是晋代北方音韵特点：《切韵序》提及当时诸家韵书各有乖互，"江东取韵，与河北复殊"，然则诸家韵书的南北差异究竟何在？梅祖麟(2001)依据《玉篇》、《切韵》及《颜氏家训》提出江东方言的几项特点：(1) 鱼虞有别，(2) 支与脂之有别，(3) 先仙有别。不过，《切韵序》所言"支脂鱼虞共为一韵，先仙尤侯俱论是切"，是否都在批评北方音韵的不是？从《颜氏家训》具体说明"北人以庶为戍，以如为儒，以紫为姊"，我们只能确定"鱼虞有别、支与脂之有别"确实是南方音韵有别于北方的特点，但何以推断先仙、尤侯的分别也是江东方言特点？当时参考的诸家韵书中，吕静的《韵集》大致反映晋代北方音韵，①夏侯咏的《韵略》则大致反映南朝梁时的江东音韵，根据王仁昫《刊谬补缺切韵》所注记这两本韵书的音韵分合梗概，与《切韵序》所言相关的音韵差异如下(周祖谟，1966a：447—454；侯莉，2008)：

---

① 王韵小注注记的吕书在少数音韵表现上曾被怀疑是否即晋代《韵集》(周祖谟，1966a：454)；然而，该书与其他南北朝韵书最大的系统性差别为同摄3、4等韵的分立，此与南北朝时期诗歌押韵特点截然不同；从古韵演变的角度切入，中古同摄3、4等韵的历史来源并不一致，尤其是4等韵往往合并较多古韵部来源，例如4等齐韵含括古佳部4等字、古脂部4等字及古祭部4等字，其与3等祭韵必然经历长期演变方稳固为相同韵摄的关系。因此以中古分韵来看南北朝以前的押韵关系，中古同摄的3、4等韵会有一大部分不同押的情况。据此，尽管王韵小注注记的吕书被怀疑可能经过后人增益，本书认为该书将中古同摄3、4等韵分立的系统性表现，仍然反映早于南北朝时期的晋代音韵系统。

表 3-1-70

| 吕静《韵集》 | 晋代北方音韵 | 脂之微大杂乱<br>旨≠止 | 语＝麌 | 先≠仙<br>（平赅上去） | 尤≠侯<br>有≠厚<br>宥＝候 |
|---|---|---|---|---|---|
| 夏侯咏《韵略》 | 南朝江东音韵 | 脂之微大杂乱<br>至＝志 | 语≠麌 | 先＝仙<br>（平赅上去） | 尤＝侯 |

其中支脂的分合没有小注特别说明，只说两书的脂与之微大杂乱，可能两书都将支韵独立，但《切韵》编著年代的北方音韵支脂已经不分；而鱼虞、先仙、尤侯的分合，两书均表现相异，吕书鱼虞上声韵不分、先仙有别、尤侯平上声有别，夏侯书则是鱼虞上声韵有别、先仙不分、尤侯不分。据此，我们推想先仙、尤侯的分别应是吕静《韵集》所代表的晋代北方音韵特点，而南朝时期的江东音韵则是先仙、尤侯没有分别。这样看来，《切韵序》提出"支脂鱼虞共为一韵，先仙尤侯俱论是切"的批评，前者乃言北方之不是，后者则论南方之非当，也就更能符应综合评论"南北是非，古今通塞"的诉求。而且，除了先仙的分合，吕书其他 3、4 等韵大半分立，夏侯书与其他各家韵书则多是 3、4 等韵合而不分（周祖谟，1966a：456—457），此亦显示晋代北方与南北朝一大音韵差异。

2. 魏晋与南北朝的 2、3、4 等韵分合关系：丁邦新（1975）依据诗歌押韵情形进行魏晋音韵研究，其所归纳的魏晋南北朝相关韵部分合关系以及所构拟的韵读如表 3-1-71 所示，魏晋时期的诗歌押韵特点有二：(1) 2、3、4 等韵尚未分立，例如元韵部-rian、-jan、-jian、-ian 可以一起押韵；(2) 上古不同来源的 4 等韵尚未完全归并，与不同古来源的同摄 3 等韵仍保持区别，例如来自古佳脂部 4 等齐韵不与 3 等祭韵一起押韵，来自古侵部的 4 等添韵不与 3 等盐韵一起押韵。到了南北朝时期，音韵发生演变而有相异的押韵特点：(1) 2 等韵多半独立押韵，与 3、4 等韵有所分别，例如删、山韵独立，不与仙先韵一起押韵；(2) 上古不同来源的 4 等韵发生合并，且与同摄 3 等韵关系紧密，例如 4 等齐韵与 3 等祭韵多数可以一起押韵、4 等添韵与 3 等盐韵也合为盐添韵往来密切。这样看来，中古韵摄架构下 3、4 等韵稳定往来的关系，应始自南北朝时期。

**表 3－1－71　魏晋南北朝相关音韵分合关系**

| 中　古 | 上　古 | 魏　　晋 | | 南 北 朝 | |
|---|---|---|---|---|---|
| 咍 1 | 之<br>微 | 咍 əï<br>皆 əi | | 灰咍 əi | |
| 泰 1 | 祭 | 泰 ad | | 泰 âd | |
| 皆 2 | 之<br>脂微<br>祭 | 咍 rəï<br>皆 rəi<br>祭 riad | | 皆 ǎi<br>皆 ǎi<br>皆 ǎd | |
| 佳 2 | 佳 | 支 riei | | 佳 æi | |
| 齐 4 | 佳<br>脂<br>祭 | 支 iei<br>皆 iəi<br>祭 iad | | 齐 iei<br>齐 iei<br>祭齐去 ied | |
| 祭 3 | 祭 | 祭 jad | | 祭齐去 jed | |
| 寒曷 1 | 元祭 | 寒 an | 曷 at | 寒 ân | 曷 ât |
| 删鎋 2 | 元祭 | 寒 ran | 曷 rɑt | 删 an | 鎋 at |
| 山黠 2 | 真文元<br>脂微祭 | 元 rian | 月 riat | 山 æn | 黠 æt |
| 先屑 4 | 真文元<br>脂微祭 | 元 ian | 月 iat | 仙先 iɛn | 屑薛 iɛt |
| 仙薛 3 | 元祭 | 元jian<br>jan | 月jiat<br>jat | 仙先jiɛn<br>jɛn | 屑薛jiɛt<br>jɛt |
| 元月 3 | 元祭 | 元 jan | 月 jat | 元 jɐn | 月没 jɐt |
| 覃合 1 | 侵缉 | 侵 əm | 缉 əp | 覃 əm | 合 əp |
| 谈盍 1 | 谈叶 | 谈 am | 叶 ap | 谈 âm | 盍 âp |
| 衔狎 2 | 谈叶 | 谈 rɑm | 叶 rap | 衔 am | 狎 ap |
| 咸洽 2 | 谈叶<br>侵缉 | 谈 riam<br>侵 rəm | 叶 riɑp<br>缉 rəp | 咸 æm | 洽 æp |
| 添 4 | 谈叶<br>侵缉 | 谈 iam<br>侵 iəm | 叶 iap<br>缉 iəp | 盐添 iɛm | 叶帖 iɛp |

**续　表**

| 中　古 | 上　古 | 魏　晋 | | 南北朝 | |
|---|---|---|---|---|---|
| 盐 3 | 谈叶 | 谈jam<br>jiɑm | 叶 jap | 盐添jɛm<br>jiɛm | 叶帖 jɛp |
| 严 3 | 谈 | 谈 jɑm | 叶 jap | 严凡 jɐm | 业乏 jɐp |
| 豪 1 | 幽宵 | 豪 au | | 豪 âu | |
| 肴 2 | 幽宵 | 豪 rau | | 肴 au | |
| 萧 4 | 幽宵 | 宵 iau | | 宵萧 iæu | |
| 宵 3 | 宵 | 宵 jau | | 宵萧 jæu | |

需要补充说明两点：(1) 押韵规则以主要元音及韵尾相同即可同押，并不限制介音相同与否，因此即使一起合韵的 3、4 等韵并不代表韵母完全相同。不过，吕书所反映的押韵系统是 3、4 等韵不一起合韵，这就表示其方音系统的 3 等介音(*-j-)与 4 等介音(*-i-)性质有很大的差异，对于同一个主要元音的影响并不相同；相对于此，夏侯书所反映的押韵系统则是 3、4 等韵一起合韵，这就表示其方音系统的 3 等介音(*-j-)与 4 等介音(*-i-)性质相近，对于同一个主要元音的影响相当一致。这样看来，吕书所反映的北方音韵与夏侯书所反映的南方江东音韵，很重要的差异在于 3 等介音(*-j-)与 4 等介音(*-i-)的性质异同。据此，比较合理的推论是：闽语表现 3、4 等同读的白读层 B 来自江东音韵，闽地吸收该系统的音韵特点，将原本就往来密切的 3、4 等韵进一步合流同读；而另一项表现 2、4 等同读、3 等独读的白读层 C 则来自北方音韵，闽地也是吸收该系统的音韵特点，相异性质的 3 等介音(*-j-)与 4 等介音(*-i-)运作不同的演变规律，前者大致维持高部介音结构，后者则与 2 等介音(*-r-)一同对主要元音发生高化作用后失落，2、4 等韵于是合流同读。(2) 中古同一韵摄的 2、3、4 等韵，其古韵部来源并不一致，其中 3 等韵的来源较为单纯，而 2、4 等韵往往来自共同的多个韵部，这类音韵分合变化始见于魏晋时期，例如来自古真文部的 2、4 等字开始并入元部 2、4 等，而来自古幽部的

2、4 等字也并入宵部 2、4 等，由此可见当时 2、4 等介音对于元音的影响性较为相近①，而与 3 等介音截然有别，才会导致古韵部分化演变，而且此时中古韵摄架构下的 2、4 等韵也尚未完全归并，其与不同古来源的同摄 3 等韵依然保持区别。据此可以推想，闽语将 2、4 等韵合流同读的层次表现，不单单是自身的调整改读，同时也反映魏晋时期北方汉语的介音特点与音韵分合变化。

我们参照以上两种不同材料所显示的时代或地域的音韵差异，推论闽语 3、4 等同读的层次 B 乃反映南朝江东地区的音韵系统；而 3、4 等有别的层次 C 则反映自西晋以来由北方地区引进的音韵系统，而且闽地在融合该音韵系统的同时，又发生合流音变使 2、4 等同读。以山摄为例说明：

**表 3－1－72**

| 层次 C | 上古 | 魏　晋 | 例　字 | 澄海 | 福清 | 建阳 |
|---|---|---|---|---|---|---|
| 删 2 | 元 | 寒 ran | 班板爿 | oĩ | eŋ | aiŋ |
| 山 2 | 真文元 | 元 rian | 眼间拣苋 | | | |
| 先 4 | 真文元 | 元 ian | 千先前莲 | | | |
| 仙元 3 | 元 | 元 jian、jan | 线件健燃 | iã/uã | iaŋ | yeiŋ |

**表 3－1－73**

| 层次 B | 上古 | 南北朝 | 例　字 | 澄海 | 福清 | 建阳 |
|---|---|---|---|---|---|---|
| 先 4 | 真文元 | 仙先 iɛn | 天年见扁 | ĩ | ieŋ | ieiŋ |
| 仙 3 | 元 | 仙先 jiɛn、jɛn | 棉钱鲜缠 | | | |
| 元 3 | 元 | 元 jɐn | 键言献 | (iaŋ) | yoŋ | yeiŋ |

---

① 古汉语构拟乃将 2 等介音拟为*-r-，3 等介音拟为*-j-，4 等介音则拟为元音性的*-i-，其中*-r-、*-j-对于声母分别具有"卷舌化"与"颚化"的影响力，对于元音则分别具有"中央化"与"高前化"的影响力（李方桂，1998），从音理的解释角度来看，两者确实截然有别；但从音理上较难解释的是，为何两汉至魏晋时期 4 等元音性的*-i-与 2 等介音*-r-对于元音的影响性较为相近，其后接高、央元音均低化而并入其他韵部，但是南北朝以后，4 等介音*-i-却又转与 3 等介音*-j-同具"高前化"作用。

对照魏晋南北朝相关韵读与闽语层次 B、C 的次方言音读对应关系，我们推论闽地在接触融合晋代以来的北方音韵系统时（层次 C），发生以下音韵调整变化，形成 2、4 等同读但与 3 等有别的层次特色：

(1) 2 等韵介音（* -r-）与 4 等韵介音（* -i-）对主要元音发生高化作用，并且消失，而 2、4 等韵合流。

(2) 3 等韵介音（* -j-）大致维持稳固的介音结构。

如前所述，(1)既是闽语内部进行的调整音变，也可能同时反映魏晋以降北方汉语的介音特点，四等俱全的蟹、山、咸、效四个韵摄字群一致呈现这项音变特色；(2)的情形较为复杂，本节讨论的蟹、山、咸、效四个韵摄字群大致反映 3 等韵的独立音变；不过确实的音变情形究竟如何，必须在对其他 3 等韵摄字群也进行确实的层次分析后，才能进一步做更细致的系统性比较研究。相对于此，闽地在引进南朝时期江东音韵系统时，则保有以下特点：

(1) 往来密切的 3、4 等韵发生合流音变。

(2) 闽东、闽北共同呈现仙元有别的历史特色。

(1)、(2)均为闽语吸收南朝江东音韵的系统特色，这两项特点已经更为接近后来文读层所反映的音韵系统。

#### 3.1.5.3　历史层次 D：上古层

**表 3-1-74　闽语蟹、山、咸、效四摄字群历史层次 D 的音读对应表**

| 历史层次 D | 泉州 | 漳州 | 澄海 | 福清 | 古田 | 柘荣 | 石陂 | 建阳 | 建瓯 |
|---|---|---|---|---|---|---|---|---|---|
| 蟹止摄四等同读（脂之佳部同读） | ai | ai | ai | ai | ai | ai | e | e | ε |
| 山臻曾梗摄四等同读（真蒸耕部同读） | an | an | aŋ | eŋ | eiŋ | εŋ | aiŋ | aiŋ | aiŋ |
| | at | at | ak | eʔ | eik | εk | e | e | ε |
| 咸摄四等同读—谈叶 | ã | ã | ã | aŋ | aŋ | aŋ | aŋ | aŋ | aŋ |
| | aʔ | aʔ | aʔ | aʔ | ak | ak | a(ai) | a | a |
| 咸深摄四等同读—侵缉 | am | am | aŋ | aŋ | aŋ | aŋ | aiŋ | aiŋ | aiŋ |
| | ap | ap | ak | aʔ | ak | ak | e | e | ε |
| 效流摄四等同读（幽侯部同读） | au | au | au | au | au | au | əu | əu | e |

闽语四等俱全的蟹、山、咸、效等韵摄字群中，有一项“四等同读”的共同层次D，这项韵读层次往往超出中古音韵架构，必须跨越中古韵摄等第，以上古韵部加以检视，方能得出较为严整的对应关系，本节分析讨论的音读对应有四项：

1. 中古蟹、止两摄字群四等同读洪音(-ai 或-e)，从上古分韵来看，是为脂、之、佳三部同读的音韵特点。

2. 中古山、臻、曾、梗四摄字群，阳声韵四等同读洪音(-an 或 -ɛŋ或-aiŋ)，相应的入声韵亦然(-at 或-ɛk 或-ɛ)；从上古分韵来看，阳声韵为真、蒸、耕三部同读的音韵特点(包括少数文、元部例字)，入声韵则为脂、之、佳三部同读的音韵特点，此与上述 1. 为阴、阳、入紧密呼应的系统性表现。

3. 从上古分韵来看，中古咸摄字群有两种四等同读洪音的音读对应关系：一是来自古谈叶部者与少数古侵缉部者读为 ã-aŋ-aŋ、aʔ-ak-a，这项音读对应多见于咸摄字群；一是来自古侵缉部者读为am-aŋ-aiŋ、ap-ak-e，这项音读对应互见于咸、深两摄字群(相关层次分析参见 3.2.4)。是为侵、谈两部有别的音韵特点。

4. 中古效、流两摄字群四等同读洪音(-au 或-əu)，从上古分韵来看，是为幽、侯两部同读的音韵特点。

除了本节关注的这几项音读，还有同样表现“四等同读”历史时间特点的其他音读对应关系，在接下来的几个章节中会陆续提出讨论。目前仅就这几项音读表现，暂时归纳“四等同读”历史层次的系统特色主要有两点：

(1) 没有等第的分布限制，2、3、4 等韵字群均能与 1 等同读。闽地在这项历史层次上可能普遍发生介音脱落的调整音变。

(2) 以上古分韵为参照，可以得出阴、阳、入声韵对应相当严整的音读表现，这项历史层次具有“脂之佳同读”、“真蒸耕同读”、“侵谈有别”、“幽侯同读”等音韵分合特点，而且闽语这几项音读的主要元音今多为低元音 a；然而，根据李方桂(1998)对上古韵部的构拟，这几个韵部(除了谈叶部)的主要元音均非低元音：

**表 3－1－75**

<table>
<tr><th>上古</th><th>李方桂(1998)</th><th>闽南(泉州)</th><th>闽东(柘荣)</th><th>闽北(石陂)</th></tr>
<tr><td>脂真</td><td>* id/ * it/ * in</td><td rowspan="3">ai/at/an</td><td rowspan="3">ai/εk/εŋ</td><td rowspan="3">e/e/aiŋ</td></tr>
<tr><td>佳耕</td><td>* ig/ * ik/ * iŋ</td></tr>
<tr><td>之蒸</td><td>* əg/ * ək/ * əŋ</td></tr>
<tr><td>幽中</td><td>* əgw/ * əkw/ * əŋw</td><td rowspan="2">au</td><td rowspan="2">au</td><td rowspan="2">əu</td></tr>
<tr><td>侯东</td><td>* ug/ * uk/ * uŋ</td></tr>
<tr><td>侵缉</td><td>* əp/ * əm</td><td>ap/am</td><td rowspan="2">ak/aŋ</td><td>e/aiŋ</td></tr>
<tr><td>谈叶</td><td>* ap/ * am</td><td>aʔ/ ā</td><td>a/aŋ</td></tr>
</table>

对照上古韵读与闽语今读，我们推论闽地在这项历史层次上具有以下音韵演变趋向：

(1) 上古前高元音(* -i-)与央元音(* -ə-)者，其舌根韵尾首先归并于舌尖韵尾，[①]但圆唇性舌根韵尾及双唇韵尾不发生变化。

(2) 韵尾归并后，元音发生低化：上古高元音(* -i-、* -u-)均低化而与央元音(* -ə-)合流，然后其中大部分在各次方言再继续低化为-a-。

(3) 闽南这项历史层次上的鼻化音变有其条件限制：只有上古低元音者发生鼻韵尾脱落而元音鼻化，相应的辅音塞尾才发生弱化音变；其他非低元音者则维持辅音韵尾，不发生鼻化音变或弱化音变。

从前述音韵系统特色来看，此应为最早的历史层次，我们概称之为“上古层”，实际上可能还交杂许多细微的层次差异，包括时代是反映先秦还是秦汉的音韵系统？地域是反映河洛还是齐鲁或吴楚的方

① 闽地这项韵尾归并音变除了以元音为条件，恐怕也涉及声母的条件限制。根据目前掌握的语料看来，与脂、真同读的之、蒸、佳、耕等韵部例字，其声母表现多为舌齿音，例如“使事值贼塍层知篪踢蛏星”等。据此，闽地将上古汉语舌根韵尾归并于舌尖韵尾的结构音变，除了元音限定为前高元音及央元音之外，可能同时受到舌齿音声母偏前征性的连带影响；不过，佳、耕部另有少数唇音声母例字，如“觅瓶”等，也发生相同的韵尾归并音变。

音系统？由于时间的久远，遗留的音韵迹象未能成系统地反映这些细微的层次差别，因此暂时统归为“上古层”，有待将来对照更丰富的上古方音研究成果，继续辨析其中音韵成分的详细来源。

3.1.5.4 小结

本节观察分析闽语蟹摄、山摄、咸摄与效摄这四个韵摄开口字群的韵读层次对应关系，依其音韵系统表现差异，将历史时间层次分为四项：(A) 1、2 等同读，3、4 等同读的文读层次；(B) 3、4 等同读的白读层次；(C) 2、4 等同读，3 等独读的历史层次；(D) 四等同读的历史层次。我们首先以比较大量同源语词的方法，分别辨析这四项历史层次在闽南、闽东、闽北等次方言中的分布情形与音读对应关系。然后归纳这四项历史时间层次的音韵系统特色以及可能发生的调整音变：

层次 A：1、2 等同读洪音，3、4 等同读相应的细音。

层次 B：3、4 等韵发生合流音变，同读细音，但音读对应关系有别于层次 A。

层次 C：2、4 等韵介音对主要元音发生高化作用后消失而韵读合流，与 1 等韵表现不同；而 3 等韵则大致维持稳固的介音结构，与 2、4 等韵的音变方向不同。

层次 D：没有等第的分布限制，2、3、4 等韵字群均能与 1 等同读；必须跨越中古韵摄等第加以检视，方得其阴、阳、入声韵的严整对应系统。

最后依其音韵系统特色，参照汉语历史音韵材料，推论这四项历史层次所反映的历史时间或地域来源分别是：

层次 A：反映唐宋以来的文读系统。

层次 B：反映南朝时期的江东音韵系统。

层次 C：反映西晋以来南移的北方音韵系统。

层次 D：反映两汉以前的上古音韵系统，但其中融有闽地自身的音韵特性。

这四个层次是具体可分的大段历史时间层次，各个时间层次所反映的系统特色相当一致，蟹、山、咸、效等韵摄的3、4等韵字群几乎都还维持鲜明的四种层次异读；然而，1、2等韵字群就会有音韵层次与时间层次参差对应的复杂现象，尤其是白读层次往往都有异层同读的情形，无法很清楚地辨析每项音读层次实际所对应的历史时间层次，这是下一节要继续深入探讨的问题。

## 3.2　蟹、山、咸、效四摄开口字群白读层的其他1、2等韵

上一节讨论蟹、山、咸、效等韵摄开口字群四项音韵特色截然有别的历史层次，其中白读层次有三：(B) 3、4等同读，(C) 2、4等同读以及(D) 四等同读，历史时间上分属南朝江东层、晋代北方层以及上古层。这一节进一步讨论相同历史时间的其他1、2等音韵表现。以下分从四个韵摄相关的音韵层次进行分析与说明；再就其音韵系统的表现，探讨音韵层次与时间层次的参差对应问题；最后，总结各次方言这四个韵摄开口字群的整体历史层次对应关系。

### 3.2.1　"咍泰有别"的音韵层次

表3-2-1、3-2-2、3-2-3分别是闽南、闽北与闽东蟹摄开口字群1等咍泰有别的历史层次对应表，说明如下：

1. 表3-2-1、3-2-2显示闽南、闽北蟹摄1等字群有咍泰分读的白读层次表现，闽南以泉州为例，咍韵读-ə、泰韵读-ua，闽北以建瓯为例，咍韵读-o、泰韵读-uɛ。

**表3-2-1　闽南蟹摄开口字群1等咍泰有别的历史层次对应表**

| 闽南 | | | | 南安 | 泉州 | 漳州 | 漳浦 | 澄海 | 揭阳 |
|---|---|---|---|---|---|---|---|---|---|
| 例字 | 上古 | 中古 | 声类 | ə | ə | e | ɛ | o | o |
| 胎白读 | 之 | 1蟹-咍 | T1 | tʰə1 | tʰə1 | tʰe1 | tʰɛ1 | tʰo1 | tʰo1 |
| 戴姓 | 之 | 1蟹-咍 | T1 | tə3 | tə3 | te3 | tɛ̃3 | to3 | |

续 表

| 闽南 | | | | 南安 | 泉州 | 漳州 | 漳浦 | 澄海 | 揭阳 |
|---|---|---|---|---|---|---|---|---|---|
| 例字 | 上古 | 中古 | 声类 | ə | ə | e | ɛ | o | o |
| 袋代白 | 之 | 1蟹-咍 | T1 | tə3 | tə3 | te7 | tɛ7 | to7 | to7 |
| 灾白读 | 之 | 1蟹-咍 | TS1 | tsə1 | tsə1 | tse1 | tsɛ1 | | |
| 赛 | 之 | 1蟹-咍 | TS1 | sə3 | sə3 | | | | |
| | | | | ua | ua | ua | ua | ua | ua |
| 带白读 | 祭 | 1蟹-泰 | T1 | tua3 | tua3 | tua3 | tua3 | tua3 | tua3 |
| 汰 | 祭 | 1蟹-泰 | T1 | $t^hua3$ | $t^hua3$ | $t^hua7$ | | $t^hua7$ | $\underline{t^hua7}$ |
| 赖白读 | 祭 | 1蟹-泰 | T1 | lua3 | lua3 | lua7 | lua7 | lua7 | $\underline{lua7}$ |
| 蔡白读 | 祭 | 1蟹-泰 | TS1 | $ts^hua3$ | $ts^hua3$ | $ts^hua3$ | $ts^hua3$<br>* sua3 | $ts^hua3$ | $ts^hua3$ |
| 盖白读 | 祭 | 1蟹-泰 | K | kua3 | kua3 | kua3 | kua3 | | |

**表 3-2-2 闽北蟹摄开口字群1等咍泰有别的历史层次对应表**

| 闽北 | | | | 石陂 | 建阳 | 崇安 | 建瓯 | 政和 | 松溪 |
|---|---|---|---|---|---|---|---|---|---|
| 例字 | 上古 | 中古 | 声类 | o | ui | ui | o | uɛ | uei |
| 胎白读 | 之 | 1蟹-咍 | T1 | | | | $t^ho1$ | | |
| 戴白读 | 之 | 1蟹-咍 | T1 | do5 | | lui7 | | | |
| 袋 | 之 | 1蟹-咍 | T1 | do7 | lui7 | lui7 | to7 | tuɛ7 | tuei7 |
| 赛 | 之 | 1蟹-咍 | TS1 | (sai3) | (sai3) | | so3 | | suei3 |
| 才白读 | 之 | 1蟹-咍 | TS1 | | | | tso2 | tsuɛ9 | |
| 裁白读 | 之 | 1蟹-咍 | TS1 | (dzai5) | (lai5) | | tso2 | | tsuei9 |
| | | | | uai | ue | uai | uɛ | uɛ | ua |
| 带 | 祭 | 1蟹-泰 | T1 | tuai3 | tue3 | tuai3 | tuɛ3 | tuɛ3 | tua3 |
| 太 | 祭 | 1蟹-泰 | T1 | $t^huai4$ | hue3 | huai3 | $t^huɛ3$ | $t^huɛ3$ | $t^hua3$ |
| 赖白读 | 祭 | 1蟹-泰 | T1 | | lue7 | luai7 | luɛ7 | | lua7 |
| 濑 | 祭 | 1蟹-泰 | T1 | suai7 | | syai3 | suɛ7 | suɛ7 | sua7 |
| 蔡 | 祭 | 1蟹-泰 | TS1 | | $t^hue3$ | $t^huai3$ | $ts^huɛ3$ | $ts^huɛ3$ | $ts^hua3$ |
| 盖白读 | 祭 | 1蟹-泰 | K | | kue3 | kuai3 | kuɛ3 * 2 | kuɛ9 | kua8 |

**表 3-2-3 闽东蟹摄开口字群 1 等咍泰有别的历史层次对应表**

| 闽东 | | | | 福州 | 福清 | 古田 | 柘荣 | 福安 | 宁德 |
|---|---|---|---|---|---|---|---|---|---|
| 例字 | 上古 | 中古 | 声类 | øy/oy | oi | oi | oi | ɔi | ɔi |
| 胎白读 | 之 | 1 蟹-咍 | T1 | tʰøy1 | tʰoi1 | tʰoi1 | | | |
| 代白读 | 之 | 1 蟹-咍 | T1 | toy7 | | toi7 | toi7 | tɔi7 | tɔi7 |
| 袋 | 之 | 1 蟹-咍 | T1 | toy7 | toi7 | toi7 | toi7 | tɔi7 | tɔi7 |
| 灾白读 | 之 | 1 蟹-咍 | TS1 | | tsoi1 | | tsoi1 | | |
| 赛 | 之 | 1 蟹-咍 | TS1 | | soi3 | | | sɔi3 | sɔi3 |
| 才秀才 | 之 | 1 蟹-咍 | TS1 | tsøy5 | tsoi5 | tsoi5 | | | |
| 裁白读 | 之 | 1 蟹-咍 | TS1 | tsøy5 | tsoi5 | tsoi5 | | | |
| | | | | uai | (ua) | uai | ua | o | uo |
| 濑长濑 | 祭 | 1 蟹-泰 | T1 | | | | lua3 | lo3 | |
| 芥白读 | 祭 | 2 蟹-皆 | K | | | | | | kuo3 |
| 派白读 | 佳 | 2 蟹-佳 | P1 | pʰuai3 | | pʰuai3 | | | pʰuo3 |

2. 表 3-2-3 显示闽东也有咍泰分读的白读层次表现，其相应于闽南、闽北的咍韵韵读为-oi 或-ɔi，唯福州元音韵尾-i 受到主要元音影响合口化为-y，又在共时韵变规律运作之下，非阴阳去声单字韵母前化读为-øy；但闽东缺乏相应于闽南、闽北泰韵-ua、-uɛ 的韵读，绝大多数都读同文读层的-ai，不过有几个例字“濑芥派”，零星反映闽东原来相应的韵读应为-uai 或-ua，福安、宁德则韵腹高化读为-o、-uo。

3. 我们联系其他韵摄相同韵读对应关系的字群一起比较，会更清楚这项层次的音韵特色，如表 3-2-4 所显示：(1) 与咍韵一致的韵读对应关系还出现在其他来自古微、歌两部的字群，亦即闽语这项音韵层次的特色为来自古之部 1 等字群与来自微、歌两部的合口字群同读，需要说明的是，多数方言点的这项层次韵读有声母条件变体，舌齿音声母与非舌齿音声母的韵读稍有不同，以漳州为例，舌齿声母例字的韵读为-e，非舌齿声母例字的韵读则为-ue，但泉州及闽北各地则无论任何声母条件，韵读对应均相同；(2) 与泰韵一致的韵读对应关系还出现在其他来自古歌、祭两部的字群，亦即这项音韵层次的特色为来自古歌、祭两部的字群同读，①闽东来自古祭部的蟹摄字群虽多为文读层韵读竞争替代，但来自古歌部的果、假两摄字群仍维持严整的韵读对应，由此可以确定闽东相应于哈泰分读层次的泰韵韵读本为-uai 或-ua，但部分南片方言点的舌齿音声母及零声母例字变读为-ai，例如“沙箩倚”等。（参见 5.4.1 讨论）

**表 3-2-4 闽语各次方言与 1 等哈泰有别之历史层次相关对应表**

| 例字 | 上古 | 中古 | 声类 | 泉州 | 漳州 | 澄海 | 福清 | 古田 | 柘荣 | 石陂 | 建阳 | 建瓯 |
|---|---|---|---|---|---|---|---|---|---|---|---|---|
| | | | | ə | e | o | oi | oi | oi | o | ui | o |
| 退白读 | 微 | 1 蟹-灰 | T1 | $t^h$ə3 | $t^h$e3 | $t^h$o3 | $t^h$oi3 | $t^h$oi3 | $t^h$oi3 | $t^h$o3 | hui3 | $t^h$o3 |
| 晬 | 微 | 1 蟹-灰 | TS1 | tsə3 | tse3 | | tsoi3 | tsoi3 | tsoi3 | | tsui3 | tso3 |
| 罪白读 | 微 | 1 蟹-灰 | TS1 | tsə6 | | | tsoi7 | tsoi7 | tsoi7 | dzo3 | lui3 | tso8 |
| 螺 | 微 | 1 果-戈 | T1 | lə5 | le5 | lo5 | loi5 | loi5 | loi5 | so3 | sui5 | so3 |
| 脶 | 歌 | 1 果-戈 | T1 | lə5 | le5 | lo5 | loi5 | loi5 | loi5 | so3 | sui5 | |
| 坐白读 | 歌 | 1 果-戈 | TS1 | tsə6 | tse7 | tso6 | soi7 | soi7 | soi7 | (tsuai1) | | tso7 |
| | | | | ə | ue | ue | uoi | uoi | uɛ | o | ui | o |
| 灰 | 之 | 1 蟹-灰 | K | hə1 | hue1 | hue1 | huoi1 | huoi1 | xuɛ1 | xo1 | xui1 | xo1 |
| 回 | 微 | 1 蟹-灰 | K | hə5 | hue5 | hue5 | huoi5 | huoi5 | xuɛ5 | ɦo5 | xui5 | xo3 |
| 妹 | 微 | 1 蟹-灰 | P1 | bə3 | bue7 | mue7 | muoi3 | muoi3 | muɛ3 | mo7 | mui7 | (mɛ7) |
| 焙 | 之 | 1 蟹-灰 | P1 | pə3 | pue7 | pue7 | puoi7 | | puɛ | po7 | pui7 | po7 |
| 粿 | 歌 | 1 果-戈 | K | kə2 | kue2 | kue2 | kuoi2 | kuoi2 | kuɛ2 | ko2 | kui2 | ko2 |
| 火白读 | 微 | 1 果-戈 | K | hə2 | hue2 | hue2 | huoi2 | huoi2 | xuɛ2 | xo2 | hui2 | xo2 |
| 皮白读 | 歌 | 3 止-支 | P1 | $p^h$ə5 | $p^h$ue5 | $p^h$ue5 | $p^h$uoi5 | $p^h$uoi5 | $p^h$uɛ5 | $p^h$o3 | hui5 | |
| 被白读 | 歌 | 3 止-支 | P1 | $p^h$ə6 | $p^h$ue7 | $p^h$ue6 | $p^h$uoi7 | $p^h$uoi7 | $p^h$uɛ7 | $p^h$o1 | hui3 | ($p^h$yɛ7) |

① 另有两个佳部字“纸豸”与这项音韵层次相关。闽南南安“纸”读为 tsua2、“豸”读为 $t^h$ua6；闽东福清“纸”有两个白读 tsia2、tsai2；闽北石陂“纸”读为 tsye2、“豸”读为 $t^h$uai1。“纸”的音读对应合于闽语歌祭元相应的两项白读层次，“豸”的音读对应仅合于其中较晚的层次；由于佳部例字实在不多，且耕部没有相应的音读表现，本书认为此乃东汉时期歌部 3 等字并入佳部以前，少数佳部字与歌祭部混读的痕迹。

**续 表**

| 例字 | 上古 | 中古 | 声类 | 泉州 | 漳州 | 澄海 | 福清 | 古田 | 柘荣 | 石陂 | 建阳 | 建瓯 |
|---|---|---|---|---|---|---|---|---|---|---|---|---|
| | | | | ua | ua | ua | ua | uai | ua | uai | ue | uɛ |
| 拖 | 歌 | 1 果-歌 | T1 | $t^h$ua1 | $t^h$ua1 | $t^h$ua1 | $t^h$ua1 | | $t^h$ua1 | $t^h$uai1 | hue1 | $t^h$uɛ1 |
| 舵 | 歌 | 1 果-歌 | T1 | tua1 | tua7 | tua6 | tua7 | tuai7 | | | | tuɛ8 |
| 大 | 祭 | 1 果-歌 | T1 | tua3 | tua7 | tua7 | tua7 | tuai7 | tua7 | tuai7 | tue7 | tuɛ7 |
| 箩 | 歌 | 1 果-歌 | T1 | | lua5 | lua5 | (lai5) | (lai5) | lua5 | | sue5 | suɛ3 |
| 我 | 歌 | 1 果-歌 | K | gua2 | gua2 | ua2 | ŋua2 | ŋuai2 | ŋua2 | ɦuai5 * 4 | βue9 | uɛ8 |
| 簸 | 歌 | 1 果-戈 | P1 | pua3 | pua3 | pua3 | pua3 | puai3 | pua3 | puai3 | | puɛ3 |
| 破 | 歌 | 1 果-戈 | P1 | $p^h$ua3 | $p^h$ua3 | $p^h$ua3 | $p^h$ua3 | $p^h$uai3 | $p^h$ua3 | $p^h$uai3 | ($p^h$ɔi3) | $p^h$uɛ3 |
| 磨磨刀 | 歌 | 1 果-戈 | P1 | bua5 | bua5 | bua5 | mua5 | muai5 | mua5 | muai3 | (mɔi5) | muɛ3 |
| 麻 | 歌 | 2 假-麻 | P1 | muā5 | muā5 | mua5 | mua5 | muai5 | mua5 | muai3 | | muɛ3 |
| 沙 | 歌 | 2 假-麻 | TS2 | sua1 | sua1 | sua1 | sua1 | (sai1) | sua1 | suai1 | sue1 | suɛ1 |
| 芥白读 | 祭 | 2 蟹-皆 | K | kua3 | kua3 | | | | | guai3 | kue3 | kuɛ3 |
| 倚 | 歌 | 3 止-支 | Ø | ua2 | ua2 | ua2 | (ai2) | (ai2) | | uai2 | ue2 | uɛ2 |

### 3.2.2 古微歌同读、文元同读的两项音韵层次

承接上一小节分析“咍泰有别”的层次,其中咍韵韵读表现为古之部1等字与微、歌两部合口字群有同读现象,这一小节延伸来看与该韵读相应的阳声韵与入声韵的韵读层次,以及同样反映古微歌同读、文元同读的另一项3等韵读。这部分讨论的字群范围虽超出蟹、山、咸、效四个韵摄,但是可以更全面地了解该项历史层次的系统特色。

#### 3.2.2.1 与古之微歌同读相应的阳、入声韵

表3-2-5、3-2-6分别是闽语各次方言与古之微歌同读相应的阳声韵及入声韵对应表,说明如下:

1. 表3-2-5显示闽语各次方言相应于阴声韵“古之微歌同读”的阳声韵读表现为:(1) 与前述阴声韵相同,闽东方言的这项层次韵

读也有声母条件变体，舌齿音声母与非舌齿音声母的韵读不同，以福清为例，舌齿声母例字的韵读为-oŋ，非舌齿声母例字的韵读则为-uoŋ；而闽南澄海及闽北石陂两地则是唇音声母条件下韵读发生语音变异；其他各地无论任何声母条件，韵读对应均相同。(2) 然而，阳声韵仅反映"古文元同读"的平行现象，古蒸部字完全没有相应于古之部字的这项韵读表现，这也显示在该项历史层次上，古之蒸部已因不同音变而失去原本阴阳相应的密切关系。

2. 表 3－2－6 显示闽语各次方言相应于阴声韵"古之微歌同读"的入声韵读表现，不过这项入声韵读的例字不多：(1) 与前述阴、阳声韵不同，根据目前掌握的少数例字看来，闽语各次方言均无声母条件变体，无论任何声母条件，韵读对应一致，但闽南有许多例字读为另一项层次韵读-ut 或-uk；(2) 入声韵反映平行的"古微祭同读"现象，而古之部入声字也是完全没有相应的韵读表现。

**表 3－2－5　闽语各次方言与古之微歌同读相应的阳声韵读对应表**

| 例字 | 上古 | 中古 | 声类 | 泉州 | 漳州 | 澄海 | 福清 | 古田 | 柘荣 | 石陂 | 建阳 | 建瓯 |
|---|---|---|---|---|---|---|---|---|---|---|---|---|
| | | | | ŋ | uĩ | əŋ | oŋ | ouŋ | oŋ | ueiŋ | uŋ | ɔŋ |
| 断 | 元 | 1 山-桓 | T1 | tŋ6 | tuĩ7 | təŋ6 | toŋ7 | 缎 touŋ7 | 缎 toŋ7 | tueiŋ1 | 缎 tuŋ3 | tɔŋ7 |
| 卵 | 元 | 1 山-桓 | T1 | nŋ6 | nuĩ7 | nəŋ6 | loŋ7 | louŋ7 | loŋ7 | sueiŋ1 | suŋ3 | sɔŋ7 |
| 钻 | 元 | 1 山-桓 | TS1 | tsŋ3 | tsuĩ3 | tsəŋ3 | tsoŋ3 | tsouŋ3 | tsoŋ3 | tsueiŋ3 | tsuŋ7 | tsɔŋ3 |
| 算 | 元 | 1 山-桓 | TS1 | sŋ3 | suĩ3 | səŋ3 | soŋ3 | souŋ3 | soŋ3 | | | sɔŋ3 |
| 蒜 | 元 | 1 山-桓 | TS1 | sŋ3 | | səŋ3 | soŋ3 | souŋ3 | soŋ3 | sueiŋ3 | | sɔŋ3 |
| 酸 | 元 | 1 山-桓 | TS1 | sŋ1 | suĩ1 | səŋ1 | soŋ1 | souŋ1 | soŋ1 | sueiŋ1 | suŋ1 | sɔŋ1 |
| 拴 | 元 | 2 山-删 | TS2 | sŋ1 | suĩ1 | | | souŋ1 | soŋ1 | | | sɔŋ1 |
| 顿白读 | 文 | 1 臻-魂 | T1 | tŋ3 | tuĩ3 | təŋ3 | | touŋ3 | toŋ3 | tueiŋ3 | tuŋ3 | tɔŋ7 |
| 褪 | 文 | 1 臻-魂 | T1 | $t^h$ŋ3 | $t^h$uĩ3 | $t^h$əŋ3 | $t^h$oŋ3 | $t^h$ouŋ3 | $t^h$oŋ3 | $t^h$ueiŋ3 | huŋ3 | $t^h$ɔŋ3 |
| 损 | 文 | 1 臻-魂 | TS1 | sŋ2 | suĩ2 | | soŋ2 | souŋ2 | soŋ2 | sueiŋ2 | suŋ2 | sɔŋ2 |
| | | | | ŋ | uĩ | əŋ/uŋ | uoŋ | uoŋ | uoŋ | ueiŋ/əŋ | uŋ | ɔŋ |
| 管 | 元 | 1 山-桓 | K | kŋ2 | kuĩ2 | kəŋ2 | kuoŋ2 | | | kueiŋ2 | | kɔŋ2 |

**续　表**

| 例字 | 上古 | 中古 | 声类 | 泉州 | 漳州 | 澄海 | 福清 | 古田 | 柘荣 | 石陂 | 建阳 | 建瓯 |
|---|---|---|---|---|---|---|---|---|---|---|---|---|
| | | | | ŋ | uĩ | əŋ/uŋ | uoŋ | uoŋ | uoŋ | ueiŋ/əŋ | uŋ | ɔŋ |
| 昏 | 文 | 1 臻-魂 | K | hŋ1 | huĩ1 | | huoŋ1 | huoŋ1 | xuoŋ1 | xueiŋ1 | xuŋ1 | xɔŋ1 |
| 门 | 文 | 1 臻-魂 | P1 | mŋ5 | muĩ5 | muŋ5 | muoŋ5 | muoŋ5 | muoŋ5 | məŋ3 | muŋ5 | mɔŋ3 |
| 问 | 文 | 3 臻-文 | P2 | mŋ3 | muĩ7 | muŋ7 | muoŋ7 | muoŋ7 | muoŋ3 | məŋ7 | muŋ7 | mɔŋ7 |
| 饭 | 元 | 3 山-元 | P2 | pŋ3 | puĩ7 | puŋ7 | puoŋ7 | puoŋ7 | puoŋ7 | pəŋ7 | puŋ7 | |

**表 3-2-6　闽语各次方言与古之微歌同读相应的入声韵读对应表**

| 例字 | 上古 | 中古 | 声类 | 泉州 | 漳州 | 澄海 | 福清 | 古田 | 柘荣 | 石陂 | 建阳 | 建瓯 |
|---|---|---|---|---|---|---|---|---|---|---|---|---|
| | | | | əʔ | eʔ | oʔ | oʔ | ouk | ok | o | ui | o |
| 脱 | 祭 | 1 山-桓 | T1 | (tʰut4) | (tʰut4) | (tʰuk4) | tʰoʔ4 | tʰouk4 | tʰok4 | tʰo4 | hui4 | tʰo4 |
| 夺 | 祭 | 1 山-桓 | T1 | təʔ8 | | toʔ8 | toʔ8 | touk8 | tok8 | | (lue8) | (tɔ4) |
| 撮 | 祭 | 1 山-桓 | TS1 | | | tsʰoʔ4 | tsʰoʔ4 | tsʰouk4 | tsʰok4 | | | |
| 刷 | 祭 | 2 山-删 | TS2 | səʔ4 | | | soʔ4 | souk4 | sok4 | so4 | sui4 | so4 |
| 骨 | 微 | 1 臻-魂 | K | (kut4) | (kut4) | (kuk4) | koʔ4 | kouk4 | kok4 | ko4 | kui4 | ko4 |
| 滑 | 微 | 1 臻-魂 | K | (kut8) | (kut8) | (kuk8) | koʔ8 | kouk8 | kok8 | | kui8 | ko8 |

#### 3.2.2.2　古微歌祭同读、文元同读的另一项 3 等韵读

在探析“古之微歌同读”相关音韵层次的同时，我们发现这群例字多为 1 等字，2 等字极少且均为庄系字，3 等字则仅限于唇音声母条件者，例如“皮被问饭”；而古微歌祭部及文元部的 3 等字群另有一项韵读对应关系，正好可以说明同一历史时间上 3 等字群与 1 等字群的关系。

表 3-2-8、3-2-9、3-2-10 分别是闽语古微歌祭同读的 3 等阴、入声韵对应表，以及古文元同读的 3 等阳声韵对应表，说明如下：

1. 表 3-2-8、3-2-9、3-2-10 显示古微歌祭部及文元部 3 等字群的韵读对应关系与前述 1 等字群异同处如下：(1) 闽南、闽东 3 等字群的韵读对应关系，大致与 1 等字群的非舌齿音者相同，但其中

精系字略有参差，或与1等字群的非舌齿音者相同，或与舌齿音者相同，例如“髓脆绝雪”等字，闽南、闽东的对应并不一致；(2) 闽北3等字群的韵读对应关系，完全与前述1等字群不同，1等字群读为洪音，3等字群则为撮口细音。

2. 整合闽南、闽东、闽北这两项1等韵与3等韵的韵读对应关系，以阴声韵为例如下表：

**表3-2-7**

<table>
<tr><th>上古</th><th>声母类别</th><th>闽南(泉州)</th><th>闽南(漳州)</th><th>闽东(福清)</th><th>闽北(建瓯)</th></tr>
<tr><td rowspan="2">之微歌<br>1等</td><td>T1-TS1<br>(2等TS2)</td><td rowspan="4">ə</td><td>e</td><td>oi</td><td rowspan="2">o</td></tr>
<tr><td>P-K-Ø</td><td>ue</td><td>uoi</td></tr>
<tr><td rowspan="2">微歌祭<br>3等</td><td>T2-TS3<br>P-K-Ø</td><td>ue</td><td>uoi</td><td rowspan="2">yɛ</td></tr>
<tr><td>TS1</td><td>(u)e</td><td>(u)oi</td></tr>
</table>

根据以上对应关系，如果单就闽南、闽东的韵读分布情形，似乎可以将两项韵读视为条件变体而合为同一韵读来源；但闽北的语料帮助我们确立两项韵读的独立关系，其1等字“焙螺火”与3等字“飞髓岁”的白读韵相异，显示是相同历史时间上1等字群与3等字群相异的韵读，闽南、闽东的1等唇牙喉音字可能再发生条件音变而与3等字群同读，但是3等字群的部分精系字有读同1等的参差表现，泉州则是两项韵读完全合流。

**表3-2-8　闽语古微歌祭同读的3等阴声韵读对应表**

| 例字 | 上古 | 中古 | 声类 | 泉州 | 漳州 | 澄海 | 福清 | 古田 | 柘荣 | 石陂 | 建阳 | 建瓯 |
|---|---|---|---|---|---|---|---|---|---|---|---|---|
| | | | | ə | ue | ue | uoi | uoi | uɛ | ye | ye | yɛ |
| 飞 | 微 | 3止-微 | P2 | pə1 | pue1 | pue1 | puoi1 | puoi1 | puɛ1 | ɦye5 | jye1 | yɛ2 |
| 尾 | 微 | 3止-微 | P2 | bə2 | bue2 | bue2 | (mui2) | (mui2) | muɛ2 | (mo2) | (mui2) | myɛ2 |
| 吹 | 歌 | 3止-支 | TS3 | ts$^h$ə1 | ts$^h$ue1 | ts$^h$ue1 | (ts$^h$oi1) | (ts$^h$oi1) | ts$^h$uɛ1 | ts$^h$ye1 | ts$^h$ye1 | ts$^h$yɛ1 |

**续　表**

| 例字 | 上古 | 中古 | 声类 | 泉州 | 漳州 | 澄海 | 福清 | 古田 | 柘荣 | 石陂 | 建阳 | 建瓯 |
|---|---|---|---|---|---|---|---|---|---|---|---|---|
| | | | | ə | ue | ue | uoi | uoi | uɛ | ye | ye | yɛ |
| 税 | 祭 | 3 蟹-祭 | TS3 | sə3 | sue3 | sue3 | suoi3 | suoi3 | suɛ3 | sye3 | sye3 | syɛ3 |
| 岁 | 祭 | 3 蟹-祭 | K-心 | hə3 | hue3 | hue3 | huoi3 | huoi3 | xuɛ3 | xye3 | xye3 | xyɛ3 |
| | | | | ə | ue (e) | ue | uoi (oi) | uoi (oi) | uɛ (oi) | ye | ye | yɛ |
| 髓 | 歌 | 3 止-支 | TS1 | $\mathrm{ts^h}$ə2 | $\mathrm{ts^h}$ue2 | $\mathrm{ts^h}$ue2 | ($\mathrm{ts^h}$oi2) | ($\mathrm{ts^h}$oi2) | ($\mathrm{ts^h}$oi2) | sye2 | sye2 | syɛ2 |
| 脆 | 祭 | 3 蟹-祭 | TS1 | $\mathrm{ts^h}$ə3 | ($\mathrm{ts^h}$e3) | | $\mathrm{ts^h}$uoi3 | | $\mathrm{ts^h}$uɛ3 | $\mathrm{ts^h}$ye3 | $\mathrm{ts^h}$ye3 | |

## 表 3-2-9　与闽语古微歌祭 3 等韵同读相应的入声韵读对应表

| 例字 | 上古 | 中古 | 声类 | 泉州 | 漳州 | 澄海 | 福清 | 古田 | 柘荣 | 石陂 | 建阳 | 建瓯 |
|---|---|---|---|---|---|---|---|---|---|---|---|---|
| | | | | əʔ | ueʔ | ueʔ | uoʔ | uok | uok | ye | ye | yɛ |
| 说 | 祭 | 3 山-仙 | TS3 | səʔ4 | sueʔ4 | sueʔ4 | suoʔ4 | suok4 | suok4 | sye4 | sye4 | syɛ4 |
| 月 | 祭 | 3 山-元 | K | gəʔ8 | gueʔ8 | gueʔ8 | ŋuoʔ8 | ŋuok8 | ŋuok8 | ŋye5 | ŋye8 | ŋyɛ8 |
| 缺 | 祭 | 3 山-仙 | K | $\mathrm{k^h}$əʔ4 | $\mathrm{k^h}$ueʔ4 | $\mathrm{k^h}$ueʔ4 | $\mathrm{k^h}$uoʔ4 | $\mathrm{k^h}$uok4 | | $\mathrm{k^h}$ye4 | $\mathrm{k^h}$ye4 | $\mathrm{k^h}$yɛ4 |
| | | | | əʔ | (eʔ) | (oʔ) | uoʔ | uok | uok | ye | ye | yɛ |
| 绝 | 祭 | 3 山-仙 | TS1 | tsəʔ8 | | tsoʔ8 | tsuoʔ8 | tsuok8 | tsuok8 | dzye5 | tsye8 | tsyɛ8 |
| 雪 | 祭 | 3 山-仙 | TS1 | səʔ4 | seʔ4 | soʔ4 | suoʔ4 | suok4 | suok4 | sye4 | sye4 | syɛ4 |
| 踅 | 祭 | 3 山-仙 | TS1 | səʔ8 | seʔ8 | | suoʔ8 | suok8 | | | | |

## 表 3-2-10　闽语古文元同读的 3 等阳声韵读对应表

| 例字 | 上古 | 中古 | 声类 | 泉州 | 漳州 | 澄海 | 福清 | 古田 | 柘荣 | 石陂 | 建阳 | 建瓯 |
|---|---|---|---|---|---|---|---|---|---|---|---|---|
| | | | | ŋ | uĩ | əŋ/ŋ | uoŋ | uoŋ | uoŋ | yiŋ | yeiŋ | yiŋ |
| 转 | 元 | 3 山-仙 | T2 | tŋ2 | tuĩ2 | təŋ2 | tuoŋ2 | tuoŋ2 | tuoŋ2 | dyiŋ2 | | tyiŋ2 |
| 穿 | 元 | 3 山-仙 | TS3 | $\mathrm{ts^h}$ŋ1 | $\mathrm{ts^h}$uĩ1 | | $\mathrm{ts^h}$uoŋ1 | $\mathrm{ts^h}$uoŋ1 | $\mathrm{ts^h}$uoŋ1 | | $\mathrm{ts^h}$yeiŋ1 | $\mathrm{ts^h}$yiŋ3 |
| 软 | 元 | 3 山-仙 | TS3 | nŋ2 | nuĩ2 | nəŋ2 | nuoŋ2 | nuoŋ2 | nuoŋ2 | nyiŋ2 | nyeiŋ2 | nyiŋ2 |
| 卷 | 元 | 3 山-仙 | K | kŋ2 | kuĩ2 | kəŋ2 | kuoŋ2 | kuoŋ2 | kuoŋ2 | kyiŋ2 | kyeiŋ2 | kyiŋ2 |
| 劝 | 元 | 3 山-元 | K | $\mathrm{k^h}$ŋ3 | $\mathrm{k^h}$uĩ3 | $\mathrm{k^h}$əŋ3 | $\mathrm{k^h}$uoŋ3 | $\mathrm{k^h}$uoŋ3 | $\mathrm{k^h}$uoŋ3 | $\mathrm{k^h}$yiŋ3 | $\mathrm{k^h}$yeiŋ3 | $\mathrm{k^h}$yiŋ3 |
| 䘼衣袖 | 元 | 3 山-元 | Ø | ŋ2 | uĩ2 | ŋ2 | uoŋ2 | uoŋ2 | | yiŋ2 | yeiŋ2 | |

续　表

| 例字 | 上古 | 中古 | 声类 | 泉州 | 漳州 | 澄海 | 福清 | 古田 | 柘荣 | 石陂 | 建阳 | 建瓯 |
|---|---|---|---|---|---|---|---|---|---|---|---|---|
| | | | | ŋ | uĩ | əŋ/ŋ | uoŋ | uoŋ | uoŋ | yiŋ | yeiŋ | yiŋ |
| 园 | 元 | 3山-元 | K | hŋ5 | huĩ5 | hŋ5 | huoŋ5 | huoŋ5 | xuoŋ5 | xyiŋ3 | xyeiŋ5 | |
| 远 | 元 | 3山-元 | K | hŋ6 | huĩ7 | hŋ6 | huoŋ7 | huoŋ7 | xuoŋ7 | (ɦyiŋ2) | (ɦyeiŋ2) | (yiŋ2) |
| 吮舔 | 文 | 3臻-谆 | TS3 | tsŋ6 | tsuĩ7 | | | suoŋ7 | suoŋ7 | dzyiŋ3 | | tsyiŋ8 |
| | | | | ŋ | uĩ | əŋ | uoŋ (oŋ) | uoŋ (ouŋ) | uoŋ (oŋ) | yiŋ | yeiŋ | yiŋ |
| 全 | 元 | 3山-仙 | TS1 | tsŋ5 | tsuĩ5 | | tsuoŋ5 | tsuoŋ5 | tsuoŋ5 | dzyiŋ5 | lyeiŋ5 | tsyiŋ2 |
| 宣 | 元 | 3山-仙 | TS1 | (suan1) | (suan1) | (suaŋ1) | (soŋ1) | (souŋ1) | | | syeiŋ1 | syiŋ1 |
| 选 | 元 | 3山-仙 | TS1 | (suan2) | (suan2) | (suaŋ2) | (soŋ2) | (souŋ2) | (soŋ2) | syiŋ2 | syeiŋ2 | syiŋ2 |

### 3.2.3　古歌祭元相应的两项音韵层次

表3-2-11、3-2-12、3-2-13分别是闽南、闽北山摄开口字群歌、祭、元相应的一项白读层次，以及闽东相对应的韵读，说明如下：

1. 闽南、闽北山摄1、2等字群，均有同读为-uã或-uaiŋ或-ueiŋ或-uiŋ的白读层次表现，入声韵读为相应的-uaʔ或-uai或-uɛ，与文读层韵读截然有别。此同于上一小节讨论咍泰有别的泰韵特点，是为古歌、祭、元三部相应的层次。

2. 闽东缺少明显对当的白读音，根据特定同源语词的比较对应，如表3-2-13，"寒旱汗"等字闽东也有文白两读，相应于闽南澄海kuã5、uã6、kuã7的白读音为kaŋ5、aŋ7、kaŋ7，其韵母形式与文读没有分别。依据方言历史层次的对应性，我们认为闽东还是具有相应的历史层次，但该层次韵读已经完全被文读层韵读竞争替代，此与上述闽东蟹摄1等泰韵字群的韵读竞争情形相同。

**表 3-2-11 闽南山摄开口字群歌、祭、元相应的层次 I**

| 闽南 | | | 南安 | 泉州 | 漳州 | 漳浦 | 澄海 | 揭阳 |
|---|---|---|---|---|---|---|---|---|
| 例字 | 中古 | 声类 | uā | uā | uā | uā | uā | uā |
| 单白读 | 1 山-寒 | T1 | tuā1 | tuā1 | tuā1 | tuā1 | tuā1 | tuā1 |
| 旦白读 | 1 山-寒 | T1 | tuā3 | tuā3 | tuā3 | tuā3 | tuā3 | tuā3 |
| 炭白读 | 1 山-寒 | T1 | $t^{h}$uā3 | $t^{h}$uā3 | $t^{h}$uā3 | $t^{h}$uā3 | $t^{h}$uā3 | $t^{h}$uā3 |
| 散白读 | 1 山-寒 | TS1 | suā3 | suā3 | suā3 | suā3 | suā3 | suā3 |
| 肝白读 | 1 山-寒 | K | kuā1 | kuā1 | kuā1 | kuā1 | kuā1 | kuā1 |
| 看白读 | 1 山-寒 | K | $k^{h}$uā3 | $k^{h}$uā3 | $k^{h}$uā3 | $k^{h}$uā3 | | |
| 岸白读 | 1 山-寒 | K | huā3 | huā3 | huā7 | | huā7 | huā7 |
| 寒白读 | 1 山-寒 | K | kuā5 | kuā5 | kuā5 | kuā5 | kuā5 | kuā5 |
| 旱白读 | 1 山-寒 | 匣 | uā1① | uā1 | huā7 | | uā6 | uā6 |
| 汗白读 | 1 山-寒 | K | kuā3 | kuā3 | kuā7 | kuā7 | kuā7 | |
| 安白读 | 1 山-寒 | Ø | uā1 | uā1 | uā1 | uā1 | uā1 | uā1 |
| 盏白读 | 2 山-山 | TS2 | tsuā2 | tsuā2 | tsuā2 | tsuā2 | tsuā2 | tsuā2 |
| 铲 | 2 山-山 | TS2 | $t^{h}$uā2 | $t^{h}$uā2 | $t^{h}$uā2 | $t^{h}$uā2 | $t^{h}$uā2 | $t^{h}$uā2 |
| 山白读 | 2 山-山 | TS2 | suā1 | suā1 | suā1 | suā1 | suā1 | suā1 |
| 产白读 | 2 山-山 | TS2 | suā2 | suā2 | | | suā2 | suā2 |
| | | | uaʔ | uaʔ | uaʔ | uaʔ | uaʔ | uaʔ |
| 辣 | 1 山-寒 | T1 | luaʔ8 | luaʔ8 | luaʔ8 | luaʔ8 | luaʔ8 | luaʔ8 |
| 撒白读 | 1 山-寒 | TS1 | suaʔ4 | suaʔ4 | suaʔ4 | suaʔ4 | | |
| 割白读 | 1 山-寒 | K | kuaʔ4 | kuaʔ4 | kuaʔ4 | | kuaʔ4 | kuaʔ4 |
| 喝白读 | 1 山-寒 | K | huaʔ4 | huaʔ4 | huaʔ4 | huaʔ4 | huaʔ4 | huaʔ4 |
| 杀白读 | 2 山-山 | TS2 | | suaʔ4 | | | suaʔ4 | suaʔ4 |
| 煞 | 2 山-山 | TS2 | suaʔ4 | suaʔ4 | suaʔ4 | suaʔ4 | suaʔ4 | suaʔ4 |

① 闽南泉州方言系统将“旱”读为 uā1，声调归读阴平调，不合乎一般声调演变规则；但声母合于古匣母的白读表现，韵母亦与其他山摄 1、2 等字群相应。

**表 3-2-12　闽北山摄开口字群歌、祭、元相应的层次Ⅰ**

| 闽北 | | | 石陂 | 建阳 | 崇安 | 建瓯 | 政和 | 松溪 |
|---|---|---|---|---|---|---|---|---|
| 例字 | 中古 | 声类 | uaiŋ | ueiŋ | uaiŋ | uiŋ | ueiŋ | ueiŋ |
| 单白读 | 1 山-寒 | T1 | duaiŋ5 | lueiŋ9 | | tuiŋ2 | tueiŋ1 | tueiŋ8 |
| 旦 | 1 山-寒 | T1 | tuaiŋ3 | tueiŋ3 | tuaiŋ3 | tuiŋ3 | tueiŋ3 | tueiŋ3 |
| 炭 | 1 山-寒 | T1 | $t^h$uaiŋ3 | hueiŋ3 | huaiŋ3 | $t^h$uiŋ3 | $t^h$ueiŋ3 | $t^h$ueiŋ3 |
| 散 | 1 山-寒 | TS1 | suaiŋ3 | sueiŋ3 | suaiŋ3 | suiŋ3 | sueiŋ3 | sueiŋ3 |
| 肝 | 1 山-寒 | K | xuaiŋ1 | xueiŋ1 | xuaiŋ1 | xuiŋ1 | xueiŋ1 | hueiŋ1 |
| 寒白读 | 1 山-寒 | K | guaiŋ5 | | | kuiŋ2 | kueiŋ9 | kueiŋ9 |
| 旱 | 1 山-寒 | 匣 | ɦuaiŋ3 | ɦueiŋ3 | βuaiŋ3 | uiŋ8 | ueiŋ3 | hueiŋ8 |
| 汗 | 1 山-寒 | K | guaiŋ7 | kueiŋ7 | βuaiŋ7 | kuiŋ7 | kueiŋ9 | kueiŋ4 |
| 安 | 1 山-寒 | ø | uaiŋ1 | ueiŋ1 | uaiŋ1 | uiŋ1 | ueiŋ1 | ueiŋ1 |
| 山 | 2 山-山 | TS2 | suaiŋ1 | sueiŋ1 | (syaiŋ1) | suiŋ1 | sueiŋ1 | sueiŋ1 |
| 产 | 2 山-山 | TS2 | suaiŋ2 | sueiŋ2 | (syaiŋ2) | suiŋ2 | sueiŋ2 | sueiŋ2 |
| | | | uai | ue | uai | uɛ | uɛ | ua |
| 辣 | 1 山-寒 | T1 | (la5) | lue8 | luai8 | luɛ8 | (la4) | lua8 |
| 撒 | 1 山-寒 | TS1 | suai4 | (sa4) | suai4 | suɛ4 | suɛ4 | sua4 |
| 割 | 1 山-寒 | K | kuai4 | (kɔ8) | kuai4 | (kɔ4) | (kai4) | kua4 |
| 渴 | 1 山-寒 | K | $k^h$uai4 | $k^h$ue4 | (xo4) | $k^h$uɛ4 | $k^h$uɛ4 | $k^h$ua4 |
| 杀 | 2 山-山 | TS2 | suai4 | sue4 | (syai4) | suɛ4 | suɛ4 | sua4 |

**表 3-2-13　闽东对应于山摄开口字群歌、祭、元相应层次Ⅰ的韵读**

| 例字 | 中古 | 声类 | 泉州 | 漳州 | 澄海 | 福清 | 古田 | 柘荣 | 石陂 | 建阳 | 建瓯 |
|---|---|---|---|---|---|---|---|---|---|---|---|
| | | | uã | uã | uã | aŋ | aŋ | aŋ | uaiŋ | ueiŋ | uiŋ |
| 炭白读 | 1 山-寒 | T1 | $t^h$uã3 | $t^h$uã3 | $t^h$uã3 | $t^h$aŋ3 | $t^h$aŋ3 | $t^h$aŋ3 | $t^h$uaiŋ3 | hueiŋ3 | $t^h$uiŋ3 |
| 散白读 | 1 山-寒 | TS1 | suã3 | suã3 | suã3 | saŋ3 | saŋ3 | saŋ3 | suaiŋ3 | sueiŋ3 | suiŋ3 |
| 寒白读 | 1 山-寒 | K | kuã5 | kuã5 | kuã5 | kaŋ5 | kaŋ5 | kaŋ5 | guaiŋ5 | | kuiŋ2 |
| 旱白读 | 1 山-寒 | 匣 | uã1 | huã7 | uã6 | aŋ7 | aŋ7 | aŋ7 | ɦuaiŋ3 | ɦueiŋ3 | uiŋ8 |
| 汗白读 | 1 山-寒 | K | kuã3 | kuã7 | kuã7 | | kaŋ7 | kaŋ7 | guaiŋ7 | kueiŋ7 | kuiŋ7 |

**续 表**

| 例字 | 中古 | 声类 | 泉州 | 漳州 | 澄海 | 福清 | 古田 | 柘荣 | 石陂 | 建阳 | 建瓯 |
|---|---|---|---|---|---|---|---|---|---|---|---|
| | | | uā | uā | uā | [aŋ] | [aŋ] | [aŋ] | uaiŋ | ueiŋ | uiŋ |
| 山白读 | 2山-山 | TS2 | suā1 | suā1 | suā1 | saŋ1 | saŋ1 | saŋ1 | suaiŋ1 | sueiŋ1 | suiŋ1 |
| 产白读 | 2山-山 | TS2 | suā2 | | suā2 | | saŋ2 | saŋ2 | suaiŋ2 | sueiŋ2 | suiŋ2 |
| | | | uaʔ | uaʔ | uaʔ | [aʔ] | [ak] | [ak] | uai | ue | uɛ |
| 辣 | 1山-寒 | T1 | luaʔ8 | luaʔ8 | luaʔ8 | laʔ8 | lak8 | lak8 | (la5) | lue8 | luɛ8 |
| 撒白读 | 1山-寒 | TS1 | suaʔ4 | suaʔ4 | | | | sak4 | suai4 | (sa4) | suɛ4 |
| 割白读 | 1山-寒 | K | kuaʔ4 | kuaʔ4 | kuaʔ4 | kaʔ4 | kak4 | kak4 | kuai4 | (kɔ8) | (kɔ4) |
| 喝白读 | 1山-寒 | K | huaʔ4 | huaʔ4 | huaʔ4 | haʔ4 | hak4 | xak4 | | (xɔ4) | (xɔ4) |
| 杀白读 | 2山-山 | TS2 | suaʔ4 | | suaʔ4 | saʔ4 | sak4 | sak4 | suai4 | sue4 | suɛ4 |
| 煞 | 2山-山 | TS2 | suaʔ4 | suaʔ4 | suaʔ4 | saʔ4 | sak4 | sak4 | | sue4 | |

3. 我们在3.1.3讨论与2、4等同读层次相同历史时间的山摄3等韵时，提到该项音韵层次包含了更早的时间层次特色，即上古元部与歌、祭两部的音韵相应关系。表3－2－14显示闽语各次方言具有另一项古歌、祭、元三部相应的音韵层次，不同于前述的合口韵读：(1) 这项韵读在闽东表现为带有-i-介音的细音韵母，在闽北读为撮口韵读，在闽南则具声母条件变体：舌根音声母条件下韵读为-ia、-iā、-iaʔ，非舌根音声母条件下韵读则为-ua、-uā、-uaʔ；(2) 前述合口韵读的例字仅分布于1、2等韵，且2等字群均为庄系字，而这项韵读层次的例字主要分布于1、3等韵，并以3等字居多。

**表3－2－14 闽南、闽东、闽北古歌、祭、元相应的层次Ⅱ**

| 例字 | 上古 | 中古 | 声类 | 泉州 | 漳州 | 澄海 | 福清 | 古田 | 柘荣 | 石陂 | 建阳 | 建瓯 |
|---|---|---|---|---|---|---|---|---|---|---|---|---|
| | | | | iā/uā<br>iaʔ/uaʔ | iā/uā<br>iaʔ/uaʔ | iā/uā<br>iaʔ/uaʔ | iaŋ<br>iaʔ | iaŋ<br>iak | iaŋ<br>iak | yiŋ<br>ye | yeiŋ<br>ye | yiŋ<br>yɛ |
| 岸白读 | 元 | 1山-寒 | K | (huā3) | (huā7) | (huā7) | ŋiaŋ7 | ŋiaŋ7 | | | | |
| 晏晚 | 元 | 1山-寒 | ø | uā3 | uā3 | uā3 | (aŋ3) | (aŋ3) | (aŋ3) | | yeiŋ9 | yiŋ3 |
| 獭 | 祭 | 1山-寒 | T1 | $t^h$uaʔ4 | $t^h$uaʔ4 | $t^h$uaʔ4 | $t^h$iaʔ4 | $t^h$iak4 | $t^h$iak4 | $t^h$ye4 | | $t^h$yɛ4 |

续　表

| 例字 | 上古 | 中古 | 声类 | 泉州 | 漳州 | 澄海 | 福清 | 古田 | 柘荣 | 石陂 | 建阳 | 建瓯 |
|---|---|---|---|---|---|---|---|---|---|---|---|---|
| | | | | iã/uã<br>iaʔ/uaʔ | iã/uã<br>iaʔ/uaʔ | iã/uã<br>iaʔ/uaʔ | iaŋ<br>iaʔ | iaŋ<br>iak | iaŋ<br>iak | yiŋ<br>ye | yeiŋ<br>ye | yiŋ<br>yɛ |
| 燃白读 | 元 | 3 山-仙 | 日 | hiã5 | hiã5 | hiã5 | | | niaŋ5 | | | |
| 囝儿子 | ? | 3 山-仙 | K | (kã2) | kiã2 | kiã2 | kiaŋ2 | kiaŋ2 | kiaŋ2 | kyiŋ2 | kyeiŋ2 | kyiŋ2 |
| 线 | 元 | 3 山-仙 | TS1 | suã3 | suã3 | suã3 | siaŋ3 | siaŋ3 | siaŋ3 | syiŋ3 | syeiŋ3 | syiŋ3 |
| 癣白读 | 元 | 3 山-仙 | TS1 | tsʰuã2 | tsʰuã2 | | tsʰiaŋ2 | tsʰiaŋ2 | | | | tsʰyiŋ2 |
| 鳝白读 | 元 | 3 山-仙 | TS3 | | | tsʰuã6 | tsʰiaŋ7 | tsʰiaŋ7 | tsʰiaŋ7 | syiŋ1 | syeiŋ3 | syiŋ7 |
| 热 | 祭 | 3 山-仙 | 日 | luaʔ8 | dzuaʔ8 | zuaʔ8 | | | | | | |
| 舌白读 | 祭 | 3 山-仙 | TS3 | | | | | siak8 | | lye5 | lye8 | yɛ8 |
| 健白读 | 元 | 3 山-元 | K | kiã6 | kiã7 | kiã6 | kiaŋ7 | kiaŋ7 | | kyiŋ7 | kyeiŋ7 | kyiŋ3 |
| 揭 | 祭 | 3 山-元 | K | | giaʔ8 | kiaʔ4 | kiaʔ8 | kiak8 | | | | |
| | | | | ia/ua | ia/ua | ia/ua | ia | ie | ia | ye | ye | yɛ |
| 鹅 | 歌 | 1 果-歌 | K | gia5 | | | ŋia5 | | ŋia5 | | | ŋyɛ3 |
| 艾 | 祭 | 1 蟹-泰 | K | hiã3 | hiã7 | hiã7 | ŋia3 | ŋie3 | ŋia3 | ŋye7 | ŋye7 | ŋyɛ7 |
| 徛 | 歌 | 3 止-支 | K | (kʰa6) | kʰia7 | kʰia6 | kʰia7 | kʰie7 | kʰia7 | gye3 | kye3 | kyɛ8 |
| 蚁 | 歌 | 3 止-支 | K | hia6 | hia7 | hia6 | ŋia7 | ŋie7 | ŋia7 | ŋye3 | ŋye3 | |
| 蛇 | 歌 | 3 假-麻 | TS3 | tsua5 | tsua5 | tsua5 | sia5 | sie5 | sia5 | ye3 | ye5 | yɛ3 |
| 纸 | 佳 | 3 止-支 | TS3 | tsua2 | tsua2 | tsua2 | tsia2 | tsie2 | tsia2 | tsye2 | tsye2 | tsyɛ2 |

这样看来，闽语反映古歌、祭、元三部相应的音韵层次共有两项，我们在 3.2.6 会进一步讨论这两项音韵层次所反映的历史时间。

### 3.2.4 "覃谈有别"即"古侵谈有别"的音韵层次

表 3－2－17、3－2－18、3－2－19 分别是闽南、闽北咸摄开口字群古侵谈有别的历史层次对应表，以及闽东相对应的韵读，说明如下：

1. 表 3－2－17 显示闽南咸摄 1 等谈韵与 2 等字群，均有同读为 -ã 的白读层次表现，入声韵读为相应的-aʔ，与文读层韵读截然有别，而 1 等覃韵字群的阳声韵完全没有这项韵读表现，但入声韵则有读为

-aʔ 的白读层次表现,例如"答搭合盒"等字。

2. 表 3－2－18 显示闽北咸摄 1 等覃韵与同样来自古侵部的 3 等深摄字群,均有同读为-aiŋ 的白读层次表现,少数入声例字读为相应的-e 或-ɛ,与文读层韵读截然有别,唯松溪一地发生下降复元音韵腹的高元音脱落音变而读为-aŋ、-œ。而 1 等谈韵字群几乎没有这项韵读表现。

3. 从中古音韵架构来说,闽南与闽北均具有"覃谈有别"的音韵特点;若从上古韵部加以检视,"覃谈有别"实际上承自"古侵谈有别"的表现,入声韵为"缉叶有别"。闽东缺少明显相应的白读韵,如表 3－2－19 的比较对应,无论来自古谈叶部或侵缉部,其韵母形式都与文读层没有分别;而闽南与闽北各以不同的方式表现"古侵谈有别"的音韵差异,如表 3－2－15,闽南古谈部字群发生鼻韵尾脱落、元音鼻化,而闽北则是古侵部字群发生韵腹衍生高元音的变化。

**表 3－2－15**

| 上　古 | 中　古 | 闽　南 | 闽　北 |
|---|---|---|---|
| 古侵缉部 | 覃咸侵 | am-ap | aiŋ-ɛ |
| 古谈叶部 | 谈咸衔 | ã-aʔ | aŋ-a |

4. 这项"古侵谈有别"的谈叶部音韵层次中,有几个来自古侵缉部的例字:

**表 3－2－16**

| 上　古 | 例　字 | 闽　南 | 闽　北 |
|---|---|---|---|
| 古侵缉部 | 三塔衫林<br>蹹答搭合盒 | ã-aʔ | aŋ-a |

例如中古韵书著录为侵韵的"林"字,在闽南却读同谈部韵读为 nã5,而不是侵部的规则音读 lam5,闽北亦读同谈部韵读 laŋ3,而不是

侵部的规则音读 laiŋ3。根据上古到中古的汉语音韵演变来看，古侵部 1 等字群多数归入覃韵、3 等字群则归入侵韵，但有少数 1 等侵部字与谈部相混而转入谈韵，例如“三塔”。据此可以推想闽语在这项历史层次上，有较多侵部字进行与“三塔”相同的音韵变化而与谈部相混，例如“衫林蹋答搭合盒”，因而在闽南读为 ā-aʔ、在闽北读为 aŋ-a，与其他侵部字群表现不同。

**表 3-2-17 闽南咸摄开口字群古侵谈有别的层次对应表（谈部字）**

| 闽南 | | | | 南安 | 泉州 | 漳州 | 漳浦 | 澄海 | 揭阳 |
|---|---|---|---|---|---|---|---|---|---|
| 例字 | 上古 | 中古 | 声类 | ā<br>aʔ | ā<br>aʔ | ā<br>aʔ | ā<br>aʔ | ā<br>aʔ | ā<br>aʔ |
| 胆白读 | 谈 | 1 咸-谈 | T1 | tā2 | tā2 | tā2 | tā2 | tā2 | tā2 |
| 担名词 | 谈 | 1 咸-谈 | T1 | tā3 | tā3 | tā3 | tā3 | tā3 | tā3 |
| 敢白读 | 谈 | 1 咸-谈 | K | kā2 | kā2 | kā2 | kā2 | kā2 | kā2 |
| 斩白读 | 谈 | 2 咸-咸 | TS2 | tsā2 | tsā2 | tsā2 | tsā2 | | |
| 馅 | 谈 | 2 咸-咸 | ø-匣 | | ā3 | ā7 | | ā7 | ā7 |
| 监平声 | 谈 | 2 咸-衔 | K | kā1 | kā1 | kā1 | kā1 | | |
| 蜡 | 叶 | 1 咸-谈 | T1 | laʔ8 | laʔ8 | laʔ8 | laʔ8 | laʔ8 | laʔ8 |
| 闸 | 叶 | 2 咸-咸 | TS2 | tsaʔ8 | tsaʔ8 | tsaʔ8 | tsaʔ8 | tsaʔ8 | tsaʔ8 |
| 煠 | 叶 | 2 咸-咸 | TS2 | saʔ8 | saʔ8 | saʔ8 | saʔ8 | saʔ8 | |
| 夹白读 | 叶 | 2 咸-咸 | K | | kaʔ4 | kaʔ4 | kaʔ4 | | |
| 甲 | 叶 | 2 咸-衔 | K | kaʔ4 | kaʔ4 | kaʔ4 | kaʔ4 | kaʔ4 | kaʔ4 |
| 鸭 | 叶 | 2 咸-衔 | ø | aʔ4 | aʔ4 | aʔ4 | aʔ4 | aʔ4 | aʔ4 |
| 答搭 | 缉 | 1 咸-覃 | T1 | taʔ4 | taʔ4 | taʔ4 | taʔ4 | taʔ4 | taʔ4 |
| 蹋踏 | 缉 | 1 咸-覃 | T1 | taʔ8 | taʔ8 | taʔ8 | taʔ8 | taʔ8 | taʔ8 |
| 合白读 | 缉 | 1 咸-覃 | K | haʔ8 | haʔ8 | haʔ8 | haʔ8 | haʔ8 | haʔ8 |
| 盒白读 | 缉 | 1 咸-覃 | ø-匣 | aʔ8 | aʔ8 | aʔ8 | aʔ8 | | |

**表 3-2-18　闽北咸摄开口字群古侵谈有别的层次对应表(侵部字)**

| 闽北 | | | | 石陂 | 建阳 | 崇安 | 建瓯 | 政和 | 松溪 |
|---|---|---|---|---|---|---|---|---|---|
| 例字 | 上古 | 中古 | 声类 | aiŋ e | aiŋ e | aiŋ ie | aiŋ ɛ | aiŋ ɛ | aŋ œ |
| 潭 | 侵 | 1 咸-覃 | T1 | $t^h$aiŋ3 | (laŋ5) | haiŋ5 | $t^h$aiŋ3 | $t^h$aiŋ5 | $t^h$aŋ5 |
| 簪 | 侵 | 1 咸-覃 | TS1 | dzaiŋ5 | (laŋ2) | | (tsaŋ2) | tsaiŋ3 | tsaŋ8 |
| 惨 | 侵 | 1 咸-覃 | TS1 | $ts^h$aiŋ2 | ($t^h$aŋ2) | ($t^h$aŋ2) | ($ts^h$aŋ2) | ($ts^h$aŋ2) | $ts^h$aŋ2 |
| 蚕 | 侵 | 1 咸-覃 | TS1 | $ts^h$aiŋ3 | ($t^h$aŋ5) | ($t^h$aŋ5) | ($ts^h$aŋ3) | $ts^h$aiŋ5 | $ts^h$aŋ5 |
| 含白读 | 侵 | 1 咸-覃 | K | (ɡəŋ5) | kaiŋ9 | | kaiŋ2 | kaiŋ9 | kaŋ9 |
| 渗 | 侵 | 3 深-侵 | TS2 | saiŋ3 | | | saiŋ3 | saiŋ9 | $ts^h$aŋ1 |
| 饮米汤 | 侵 | 3 深-侵 | Ø | (eiŋ2) | aiŋ2 | | aiŋ2 | aiŋ2 | aŋ2 |
| 粒 | 缉 | 3 深-侵 | T1 | le5 | (lɔi4) | (lei8) | (li8) | (li4) | |
| 笠 | 缉 | 3 深-侵 | T1 | se1 | se8 | sie8 | | | sœ7 |
| 涩 | 缉 | 3 深-侵 | TS2 | se4 | | | sɛ4 | sɛ4 | sœ4 |

**表 3-2-19　闽东对应于咸摄开口字群 1 等古侵谈有别的韵读**

| 例字 | 上古 | 中古 | 声类 | 泉州 | 漳州 | 澄海 | 福清 | 古田 | 柘荣 | 石陂 | 政和 | 建瓯 |
|---|---|---|---|---|---|---|---|---|---|---|---|---|
| | | | | ã | ã | ã | aŋ | aŋ | aŋ | aŋ | aŋ | aŋ |
| 胆 | 谈 | 1 咸-谈 | T1 | tã2 | tã2 | tã2 | taŋ2 | taŋ2 | taŋ2 | taŋ2 | taŋ2 | taŋ2 |
| 担 | 谈 | 1 咸-谈 | T1 | tã3 | tã3 | tã3 | taŋ3 | taŋ3 | taŋ3 | | taŋ3 | taŋ8 |
| 篮 | 谈 | 1 咸-谈 | T1 | nã5 | nã5 | nã5 | laŋ5 | laŋ5 | laŋ5 | saŋ3 | saŋ5 | saŋ3 |
| 馅 | 谈 | 2 咸-咸 | 匣 | ã3 | ã7 | ã7 | aŋ7 | aŋ7 | aŋ7 | ɦaŋ7 | | aŋ7 |
| 监平声 | 谈 | 2 咸-衔 | K | kã1 | kã1 | | kaŋ1 | kaŋ1 | kaŋ1 | | kaŋ1 | |
| | | | | aʔ | aʔ | aʔ | aʔ | ak | ak | a | a | a |
| 蜡 | 叶 | 1 咸-谈 | T1 | laʔ8 | laʔ8 | laʔ8 | laʔ8 | lak8 | lak8 | la5 | la3 | la8 |
| 闸 | 叶 | 2 咸-咸 | TS2 | tsaʔ8 | tsaʔ8 | tsaʔ8 | tsaʔ8 | tsak8 | tsak8 | dza5 | tsa3 | tsa8 |
| 煠 | 叶 | 2 咸-咸 | TS2 | saʔ8 | saʔ8 | saʔ8 | saʔ8 | sak8 | sak8 | dza5 | la3 | tsa8 |
| 夹 | 叶 | 2 咸-咸 | K | kaʔ4 | kaʔ4 | | | kak4 | | ka4 | | |
| 甲 | 叶 | 2 咸-衔 | K | kaʔ4 | kaʔ4 | kaʔ4 | kaʔ4 | kak4 | kak4 | ka4 | ka4 | ka4 |
| 鸭 | 叶 | 2 咸-衔 | Ø | aʔ4 | aʔ4 | aʔ4 | aʔ4 | ak4 | ak4 | a4 | (ɔ4) | a4 |

**续　表**

| 例字 | 上古 | 中古 | 声类 | 泉州 | 漳州 | 澄海 | 福清 | 古田 | 柘荣 | 石陂 | 政和 | 建瓯 |
|---|---|---|---|---|---|---|---|---|---|---|---|---|
| | | | | am | am | aŋ | aŋ | aŋ | aŋ | aiŋ | aiŋ | aiŋ |
| 簪 | 侵 | 1 咸-覃 | TS1 | tsam1 | tsam1 | tsaŋ1 | tsaŋ1 | tsaŋ1 | tsaŋ1 | dzaiŋ5 | tsaiŋ3 | (tsaŋ2) |
| 蚕 | 侵 | 1 咸-覃 | TS1 | $ts^h$am5 | $ts^h$am5 | ($ts^h$oĩ5) | tsaŋ5 | tsaŋ5 | | $ts^h$aiŋ3 | $ts^h$aiŋ5 | ($ts^h$aŋ3) |
| 惨 | 侵 | 1 咸-覃 | TS1 | $ts^h$am2 | $ts^h$am2 | $ts^h$aŋ2 | $ts^h$aŋ2 | $ts^h$aŋ2 | $ts^h$aŋ2 | $ts^h$aiŋ2 | ($ts^h$aŋ2) | ($ts^h$aŋ2) |
| 含白读 | 侵 | 1 咸-覃 | K | kam5 | kam5 | kaŋ5 | kaŋ5 | kaŋ5 | | (gəŋ5) | kaiŋ9 | kaiŋ2 |
| 饮米汤 | 侵 | 3 深-侵 | ø | am2 | am2 | aŋ2 | aŋ2 | aŋ2 | aŋ2 | (eiŋ2) | aiŋ2 | aiŋ2 |
| | | | | ap | ap | ak | aʔ | ak | ak | e | e | ɛ |
| 十什 | 缉 | 3 深-侵 | TS3 | tsap8 | tsap8 | tsak8 | | tsak8 | | | | |
| 粒笠 | 缉 | 3 深-侵 | T1 | (liap8) | (liap8) | (liak8) | laʔ8 | lak8 | lak8 | se1 | 建阳 se8 | sɛ7 |

### 3.2.5　效摄 1、2 等有别的白读层次

表 3－2－22、3－2－23、3－2－24 分别是闽南、闽东、闽北效摄字群 1、2 等有别的白读层次对应表，说明如下：

1. 表 3－2－22、3－2－23 显示闽南、闽东的效摄字群有 1、2 等分读的白读层次表现。效摄 1 等字群，无论任何声母条件，均同读为-o（闽东北片读为开口度较大的-ɔ），福州一地在共时韵变规律运作之下，阴阳去声调单字韵母低化读为-ɔ，但作为连读前字时又读为原来的韵母-o；相对于此，效摄 2 等字群，无论任何声母条件，均同读为-a，且有少数几个非 2 等例字“早焦樵”成为重要的层次特字。闽南、闽东这项 1、2 等有别的白读层次与 3.1.1.3 所述早期文读层次的系统表现虽然一致，但各地韵读对应关系不同，且有鲜明的文白之别：

**表 3－2－20**

| | | 闽南（泉州） | 闽南（漳州） | 闽南（澄海） | 闽东（福清） |
|---|---|---|---|---|---|
| 1、2 等有别（文） | 1 等 | ɔ(ɔ̃) | o(ɔ̃) | au(aũ) | o |
| | 2 等 | au/iau | au/iau | au/iou | au/ieu |

**续 表**

| | | 闽南(泉州) | 闽南(漳州) | 闽南(澄海) | 闽东(福清) |
|---|---|---|---|---|---|
| 1、2等有别(白) | 1等 | o | o | o | o |
| | 2等 | a | a | a | a |

2. 表3-2-24显示闽北石陂、政和、松溪三地的效摄字群仍有1、2等分读的白读层次表现，不过相对应于闽南、闽东，其2等字群几乎不具有文白读的语音差别，仅石陂一地还有少数口语词读为相应的白读-a，例如"咬铰剪樵柴"；至于建阳、崇安、建瓯三地的效摄1、2等字群完全没有层次异读，也没有1、2等的区别。我们将3.1.1.4以及本小节所讨论的闽北各地效摄1、2等字群的层次韵读对应关系归纳如下简表：

**表3-2-21**

| | | 石陂 | 建阳 | 崇安 | 建瓯 | 政和 | 松溪 |
|---|---|---|---|---|---|---|---|
| 效1 | A(文) | au | au | au | au | au | (ɒu)<br>o |
| | B(白) | ɔ | | | | ɔ | |
| 效2 | A(文)<br>(B白) | au<br>(a) | au | au | au | au | ɒu |

据此我们认为：(1) 闽北效摄字群的层次异读因为竞争替代而普遍失去对立，唯石陂、政和、松溪有较为明显的异读痕迹；(2) 闽北各地2等字群均由文读音-au(或-ɒu)取胜，1等字群则各地取胜的层次韵读不同，建阳、崇安、建瓯亦由文读音-au取胜，而石陂、政和、松溪则是B层白读音-ɔ(或-o)居于上风，尤其松溪的1等字群绝大多数仍读为-o。(参见5.3.2讨论)

**表3-2-22 闽南效摄字群1、2等有别的白读层次对应表**

| 闽南 | | | 南安 | 泉州 | 漳州 | 漳浦 | 澄海 | 揭阳 |
|---|---|---|---|---|---|---|---|---|
| 例字 | 中古 | 声类 | o | o | o | o | o | o |
| 报 | 1效-豪 | P1 | po3 | po3 | po3 | po3 | po3 | po3 |
| 抱白读 | 1效-豪 | P1 | $p^h$o6 | $p^h$o6 | $p^h$o7 | $p^h$o7 | $p^h$o6 | $p^h$o6 |

**续 表**

| 闽 南 | | | 南安 | 泉州 | 漳州 | 漳浦 | 澄海 | 揭阳 |
|---|---|---|---|---|---|---|---|---|
| 例字 | 中 古 | 声类 | o | o | o | o | o | o |
| 帽白读 | 1 效-豪 | P1 | bo3 | bo3 | bo7 | bo7 | bo7 | bo7 |
| 刀 | 1 效-豪 | T1 | to1 | to1 | to1 | to1 | to1 | to1 |
| 桃 | 1 效-豪 | T1 | $t^h$o5 | $t^h$o5 | $t^h$o5 | $t^h$o5 | $t^h$o5 | $t^h$o5 |
| 恼白读 | 1 效-豪 | T1 | | lo2 | lo2 | lo2 | | |
| 枣 | 1 效-豪 | TS1 | tso2 | tso2 | tso2 | tso2 | tso2 | tso2 |
| 槽 | 1 效-豪 | TS1 | tso5 | tso5 | tso5 | tso5 | tso5 | tso5 |
| 臊 | 1 效-豪 | TS1 | $ts^h$o1 | $ts^h$o1 | $ts^h$o1 | $ts^h$o1 *<br>so1 | $ts^h$o1 | |
| 嫂 | 1 效-豪 | TS1 | so2 | so2 | so2 | so2 | so2 | so2 |
| 糕 | 1 效-豪 | K | ko1 | ko1 | ko1 | ko1 | ko1 | ko1 |
| 篙 | 1 效-豪 | K | ko1 | | ko1 | ko1 | ko1 | ko1 |
| 洘 | 1 效-豪 | K | $k^h$o2 | $k^h$o2 | $k^h$o2 | $k^h$o2 | $k^h$o2 | |
| 好 | 1 效-豪 | K | ho2 | ho2 | ho2 | ho2 | ho2 | ho2 |
| 袄 | 1 效-豪 | Ø | o2 | o2 | | o2 | o2 | o2 |
| | | | a | a | a | a | a | a |
| 饱白读 | 2 效-肴 | P1 | pa2 | pa2 | pa2 | pa2 | pa2 | pa2 |
| 猫白读 | 2 效-肴 | P1 | ba5 | ba5 | | ba5 | ba5 | ba5 |
| 罩白读 | 2 效-肴 | T2 | | | ta3 | ta3 | ta3 | ta3 |
| 吵炒 | 2 效-肴 | TS2 | $ts^h$a2 | $ts^h$a2 | $ts^h$a2 | $ts^h$a2 *<br>sa2 | $ts^h$a2 | $ts^h$a2 |
| 胶白读 | 2 效-肴 | K | ka1 | ka1 | ka1 | ka1 | ka1 | ka1 |
| 骹 | 2 效-肴 | K | $k^h$a1 | $k^h$a1 | $k^h$a1 | $k^h$a1 | $k^h$a1 | $k^h$a1 |
| 巧奇巧 | 2 效-肴 | K | $k^h$a2 | $k^h$a2 | $k^h$a2 | $k^h$a2 | $k^h$a2 | $k^h$a2 |
| 咬 | 2 效-肴 | K | ka6 | ka6 | ka7 | ka7 | ka6 | ka6 |
| 铰剪 | 2 效-肴 | K | ka1 | ka1 | ka1 | ka1 | ka1 | ka1 |
| 早 | 1 效-豪 | TS1 | tsa2 | tsa2 | tsa2 | tsa2 | tsa2 | tsa2 |
| 焦干 | 3 效-宵 | TS1 | ta1 | ta1 | ta1 | ta1 | ta1 | |
| 樵柴 | 3 效-宵 | TS1 | $ts^h$a5 | $ts^h$a5 | $ts^h$a5 | $ts^h$a5 *<br>sa5 | $ts^h$a5 | $ts^h$a5 |

## 表 3-2-23 闽东效摄字群 1、2 等有别的白读层次对应表

| 闽东 | | | 福州 | 福清 | 古田 | 柘荣 | 福安 | 宁德 |
|---|---|---|---|---|---|---|---|---|
| 例字 | 中古 | 声类 | o/ɔ | o | o | ɔ | ɔ | ɔ |
| 报 | 1 效-豪 | P1 | pɔ3 | po3 | po3 | pɔ3 | pɔ3 | pɔ3 |
| 抱白读 | 1 效-豪 | P1 | | p$^{h}$o7 | p$^{h}$ɔ7 | p$^{h}$ɔ7 | | |
| 帽白读 | 1 效-豪 | P1 | mɔ7 | mo7 | mo7 | mɔ7 | mɔ7 | mɔ2 |
| 刀 | 1 效-豪 | T1 | to1 | to1 | to1 | tɔ1 | tɔ1 | tɔ1 |
| 桃 | 1 效-豪 | T1 | t$^{h}$o5 | t$^{h}$o5 | t$^{h}$o5 | t$^{h}$ɔ5 | t$^{h}$ɔ5 | t$^{h}$ɔ5 |
| 恼白读 | 1 效-豪 | T1 | no2 | no2 | no2 | nɔ2 | | nɔ2 |
| 枣 | 1 效-豪 | TS1 | tso2 | tso2 | tso2 | tsɔ2 | tsɔ2 | tsɔ2 |
| 槽白读 | 1 效-豪 | TS1 | so5 | so5 | so5 | sɔ5 | sɔ5 | sɔ1 |
| 臊 | 1 效-豪 | TS1 | ts$^{h}$o1 | ts$^{h}$o1 | ts$^{h}$o1 | | ts$^{h}$ɔ1 | ts$^{h}$ɔ1 |
| 嫂 | 1 效-豪 | TS1 | so2 | so2 | so2 | sɔ2 | sɔ2 | sɔ2 |
| 糕 | 1 效-豪 | K | ko1 | ko1 | ko1 | kɔ1 | kɔ1 | kɔ1 |
| 篙 | 1 效-豪 | K | ko1 | ko1 | ko1 | kɔ1 | kɔ1 | kɔ1 |
| 洘 | 1 效-豪 | K | | k$^{h}$o2 | | | k$^{h}$ɔ2 | |
| 好 | 1 效-豪 | K | ho2 | ho2 | ho2 | xɔ2 | hɔ2 | xɔ2 |
| 袄 | 1 效-豪 | Ø | o2 | o2 | o2 | ɔ2 | ɔ2 | ɔ2 |
| | | | a | a | a | a | a | a |
| 饱白读 | 2 效-肴 | P1 | pa2 | pa2 | pa2 | pa2 | pa2 | pa2 |
| 猫 | 2 效-肴 | P1 | ma5 | ma5 | ma5 | ma5 | ma5 | ma5 |
| 吵炒 | 2 效-肴 | TS2 | ts$^{h}$a2 | ts$^{h}$a2 | ts$^{h}$a2 | ts$^{h}$a2 | ts$^{h}$a2 | ts$^{h}$a2 |
| 胶白读 | 2 效-肴 | K | ka1 | ka1 | ka1 | ka1 | ka1 | ka1 |
| 教白读 | 2 效-肴 | K | | ka3 | ka3 | ka3 | ka3 | ka3 |
| 骹 | 2 效-肴 | K | k$^{h}$a1 | k$^{h}$a1 | k$^{h}$a1 | k$^{h}$a1 | k$^{h}$a1 | k$^{h}$a1 |
| 巧奇巧 | 2 效-肴 | K | | k$^{h}$a2 | | k$^{h}$a2 | | |
| 咬 | 2 效-肴 | K | ka7 | ka7 | ka7 | ka7 | ka7 | ka2 |
| 铰剪 | 2 效-肴 | K | ka1 | ka1 | ka1 | ka1 | ka1 | ka1 |
| 孝白读 | 2 效-肴 | K | xa3 | ha3 | ha3 | xa3 | ha3 | xa3 |
| 拗白读 | 2 效-肴 | Ø | a2 | | a2 | a2 | a2 | a2 |
| 早 | 1 效-豪 | TS1 | tsa2 | tsa2 | tsa2 | tsa2 | tsa2 | tsa2 |
| 焦干 | 3 效-宵 | TS1 | ta1 | ta1 | ta1 | ta1 | ta1 | ta1 |
| 樵柴 | 3 效-宵 | TS1 | ts$^{h}$a5 | ts$^{h}$a5 | ts$^{h}$a5 | ts$^{h}$a5 | ts$^{h}$a5 | ts$^{h}$a5 |

表 3-2-24 闽北效摄字群 1、2 等有别的白读层次对应表

| 闽北 | | | 石陂 | 建阳 | 崇安 | 建瓯 | 政和 | 松溪 |
|---|---|---|---|---|---|---|---|---|
| 例字 | 中古 | 声类 | ɔ | au | au | au | ɔ | o |
| 报 | 1 效-豪 | P1 | pɔ3 | pau3 | pau3 | pau3 | pɔ3 | po3 |
| 抱白读 | 1 效-豪 | P1 | (po1) | pʰau3 | pau7 | pʰau7 | (pʰau7) | |
| 帽白读 | 1 效-豪 | P1 | mɔ7 | mau7 | | mau7 | mɔ7 | |
| 刀 | 1 效-豪 | T1 | tɔ1 | tau1 | tau1 | tau1 | tɔ1 | to1 |
| 桃 | 1 效-豪 | T1 | tʰɔ3 | hau5 | hau5 | tʰau3 | tʰɔ5 | tʰo5 |
| 脑 | 1 效-豪 | T1 | nɔ2 | nau2 | nau2 | nau2 | (nau2) | no2 |
| 枣 | 1 效-豪 | TS1 | tsɔ2 | tsau2 | tsau2 | tsau2 | tsɔ2 | tso2 |
| 槽白读 | 1 效-豪 | TS1 | tsɔ3 | | | tsau3 | tsɔ5 | tso5 |
| 臊 | 1 效-豪 | TS1 | tsʰɔ1 | tʰau1 | tʰau1 | tsʰau1 | tsʰɔ1 | tsʰo1 |
| 嫂 | 1 效-豪 | TS1 | sɔ2 | sau2 | sau2 | sau2 | sɔ2 | so2 |
| 糕 | 1 效-豪 | K | kɔ1 | kau1 | kau1 | kau1 | kɔ1 | ko1 |
| 篙 | 1 效-豪 | K | kɔ1 | | kau1 | kau1 | kɔ1 | |
| 好 | 1 效-豪 | K | xɔ2 | xau2 | xau2 | xau2 | xɔ2 | ho2 |
| 袄 | 1 效-豪 | ø | ɔ2 | au2 | | au2 | | o2 |
| | | | au<br>[a] | au | au | au | au | ɒu |
| 饱 | 2 效-肴 | P1 | pau2 | pau2 | pau2 | pau2 | pau2 | pɒu2 |
| 猫 | 2 效-肴 | P1 | mau3 | mau5 | mau5 | | | [ma5] |
| 吵白读 | 2 效-肴 | TS2 | tsʰau2 | tʰau2 | tʰau2 | tsʰau2 | | |
| 炒 | 2 效-肴 | TS2 | tsʰau2 | tʰau2 | tʰau2 | tsʰau2 | tsʰau2 | tsʰɒu3 |
| 胶 | 2 效-肴 | K | kau1 | kau1 | kau1 | kau1 | kau1 | kɒu1 |
| 绞白读 | 2 效-肴 | K | | kau2 | kau2 | kau2 | kau9 | kɒu9 |
| 骹 | 2 效-肴 | K | kʰau1 | kʰau1 | kʰau1 | kʰau1 | kʰau1 | kʰɒu1 |
| 巧奇巧 | 2 效-肴 | K | kʰau2 | | kʰau2 | | kʰau2 | kʰɒu2 |
| 咬 | 2 效-肴 | K | [ga3] | kau3 | xau3 | kau8 | kau3 | kɒu8 |
| 铰剪 | 2 效-肴 | K | [ga5] | | | kau8 | kau3 | kɒu8 |
| 樵柴 | 3 效-宵 | TS1 | [tsʰa3] | tʰau5 | tʰau5 | tsʰau3 | tsʰau5 | tsʰɒu5 |

### 3.2.6　音韵层次与时间层次的参差对应

前几小节我们透过观察蟹、山、咸、效等韵摄开口字群白读层的其他1、2等音韵表现，进一步跨越这四个韵摄，另以上古韵部为参照，延伸辨析了几项相关韵读层次：(1) 古微歌同读、文元同读的两项韵读；(2) 古歌祭元相应的两项韵读；(3) 古侵谈有别的侵部韵读与谈部韵读；(4) 效摄白读相异的1等韵读与2等韵读。总结各次方言的韵读对应关系，各取三个方言点为例，整理如表3-2-25、3-2-26、3-2-31、3-2-33，以下根据其分布情形与系统特色，分别讨论这几项韵读层次所反映的历史时间。

#### 3.2.6.1　古微歌同读、文元同读的历史时间

**表3-2-25　古微歌、文元同读的两项韵读层次**

| 历史层次 | 例字 | 泉州 | 漳州 | 澄海 | 福清 | 古田 | 柘荣 | 石陂 | 建阳 | 建瓯 |
|---|---|---|---|---|---|---|---|---|---|---|
| 之微歌、文元1等同读(A) | 坐袋晬 | ə | e/ue | o/ue | oi/uoi | oi/uoi | oi/uɛ | o | ui | o |
| | 卵管顿 | ŋ | uĩ | əŋ | oŋ/uoŋ | ouŋ/uoŋ | oŋ/uoŋ | ueiŋ | uŋ | ɔŋ |
| | 夺刷骨 | əʔ | eʔ | oʔ | oʔ | ouk | ok | o | ui | o |
| 微歌祭、文元3等同读(B) | 税吹飞 | ə | ue | ue | uoi | uoi | uɛ | ye | ye | yɛ |
| | 转园吮 | ŋ | uĩ | əŋ | uoŋ | uoŋ | uoŋ | yiŋ | yeiŋ | yiŋ |
| | 说雪月 | əʔ | ueʔ | ueʔ | uoʔ | uok | uok | ye | ye | yɛ |

闽语古微歌、文元同读的A、B两项韵读(表3-2-25)反映以下音韵特点：(1) 古微、歌两部，文、元两部往来密切；(2) 之部阴声韵1等字，无论开合，与微歌部互有往来，但相应的入声韵与阳声韵没有此类现象，显示原本阴阳相应的古韵部关系已发生变化；(3) 1等字与3等字不同读，3等字也与2、4等字不同读；(4) 单就元部3等字群来看，应属仙、元两韵尚未分别的历史时间。

根据这些音韵特点，再参照汉语音韵发展历史以及3.1节所

归结的几项历史层次系统特色，本书认为A、B两项韵读在时间层次的对应上有些参差：韵读A可能跨越晋代北方层与南朝江东层；韵读B则主要归属晋代北方层。理由如下：(1) 两汉以后古微部与歌部时有往来，魏晋以后古文部与元部也有较为频繁的互动(丁邦新，1975：240、246)，因此闽语古微歌、文元同读的时期应不早于两汉；(2) 之部与蒸部在两汉以前还维持紧密的阴阳相应关系，魏晋以后，之部阴声韵字因为塞音韵尾的弱化音变，与蒸部、之部入声渐行渐远，其1等字在南北朝时期独立为灰咍韵，因此韵读A应反映魏晋以后的音韵演变；(3) 本书在3.1节归结闽语上古层的系统特色是没有等第区别，晋代北方层是2、4等同读，但与3等有别，南朝江东层则是3、4等同读，据此，A、B两项韵读主要反映1等韵与3等韵的对立现象，应归属晋代北方层，但1等韵的韵读A也不无可能延伸至南朝江东层；(4) 南北朝以后，仙元即有分别，则反映仙、元两韵尚未分别的韵读B确实是晋代北方层的表现。

3.2.6.2　古歌祭元相应的历史时间

**表3－2－26　古歌祭元相应的两项音韵层次**

| 历史层次 | 例字 | 泉州 | 漳州 | 澄海 | 福清 | 古田 | 柘荣 | 石陂 | 建阳 | 建瓯 |
|---|---|---|---|---|---|---|---|---|---|---|
| 歌祭元相应层次Ⅰ | 大沙芥倚 | ua | ua | ua | ua | uai | ua | uai | ue | uɛ |
| | 炭寒山 | uã | uã | uã | (aŋ) | (aŋ) | (aŋ) | uaiŋ | ueiŋ | uiŋ |
| | 辣割杀 | uaʔ | uaʔ | uaʔ | (aʔ) | (ak) | (ak) | uai | ue | uɛ |
| 歌祭元相应层次Ⅱ | 鹅蛇艾徛 | ia/ua | ia/ua | ia/ua | ia | ie | ia | ye | ye | yɛ |
| | 晏健线 | iã/uã | iã/uã | iã/uã | iaŋ | iaŋ | iaŋ | yiŋ | yeiŋ | yiŋ |
| | 獭舌热 | iaʔ/uaʔ | iaʔ/uaʔ | iaʔ/uaʔ | iaʔ | iak | iak | ye | ye | yɛ |

前述古微歌、文元同读的A、B两项韵读层次为相同历史时间上1等韵与3等韵的分别；而闽语古歌祭元相应的两项韵读层次Ⅰ、Ⅱ

(表 3-2-26),与之相较有些相似又有不同。其音韵特点如下:(1) 韵读Ⅰ、Ⅱ均反映古歌祭元密切的相应关系;(2) 其中韵读Ⅰ多为1、2 等字,韵读Ⅱ则为1、3 等字,但以3 等居多。

根据这两个音韵特点,再参照汉语音韵发展历史以及3.1 节所归结的几项历史层次系统特色,本书认为Ⅰ、Ⅱ两项韵读在时间层次的对应上也有些参差:韵读Ⅰ可能包含晋代北方层与南朝江东层;韵读Ⅱ则主要归属上古层,但阳、入声韵同时跨越晋代北方层。理由如下:(1) 古歌、祭、元三部本即具有紧密的阴阳相应关系,即使东汉以后先有一批歌部3 等字并入佳部,但其他1、2 等字仍然维持相应的音韵变化,直至南北朝时期歌部其他2、3 等字又与鱼部字合流为麻韵,祭部2 等字与之部字合流为皆韵,元部2 等字与真文部合流为山韵,但1 等字(歌、泰、寒三韵)还是彼此相应,不与其他韵部混同,据此,韵读Ⅰ所反映的历史时间可能延伸到南北朝时期,而歌部字的韵读Ⅱ则不晚于东汉;(2) 需要特别说明的是,除了古歌、祭、元三部,有极少数佳部字也表现这两项韵读,例如"纸豸"两字,本书认为在东汉时期歌部3 等字并入佳部以前,两者应该就互有往来,因此可能即有少数佳部字混入歌祭元相应的音韵层次,意即阴声韵的韵读Ⅱ并非反映歌佳合流以后的音韵特色,否则佳部例字应该更普遍;(3) 又根据本书在3.1 节归结闽语各历史层次的系统特色,韵读Ⅱ在时间层次上应早于韵读Ⅰ:限于1、2 等的韵读Ⅰ不符合上古层没有等第区别的系统特色,而可以跨越1、3 等的韵读Ⅱ主要归属上古层;(4) 单就阳入声韵的3 等字来说,韵读Ⅱ同时也是晋代北方层与2、4 等不同演变发展的3 等韵表现(参见3.1.3),如此晋代北方层歌祭元相应的3 等韵亦与1 等韵有别,正与前述文元同读的1、3 等有别表现,共同反映该历史时间的系统特色:2、4 等同读,且1、3 等对立。

兹以泉州与福清的韵读为例,将Ⅰ、Ⅱ两项韵读以及前述微歌、文元同读的A、B 两项韵读在时间层次上的参差对应标示如下:

**表 3-2-27**

| (泉州) | 歌祭部 | | | | 元部 | | | |
|---|---|---|---|---|---|---|---|---|
| | 1 | 2 | 3 | 4 | 1 | 2 | 3 | 4 |
| 上古层 | ia/ua | | | | iã/uã | | | |
| 晋代北方层 | ua | | (e) | | uã | | iã/uã | |
| 南朝江东层 | ua | | | | uã | | | |

**表 3-2-28**

| (福清) | 微歌部 | | | | 文元部 | | | |
|---|---|---|---|---|---|---|---|---|
| | 1 | 2 | 3 | 4 | 1 | 2 | 3 | 4 |
| 上古层 | (微部 ui　歌部 ia) | | | | (文部 un　元部 iaŋ) | | | |
| 晋代北方层 | oi | | uoi | | oŋ | | uoŋ | |
| 南朝江东层 | oi | | | | oŋ | | | |

本书认为在进行方言历史层次分析时,必须掌握层次区分的两种方式:(1) 以时间或地域为分别的历史时间层次;(2) 以音韵形式为分别的韵读层次。这两种层次关系并非一对一的完全对应,一项时间层实际上包括同一音韵系统的数个韵读,而一项韵读层次更可能跨越数个时间层,我们不能单纯地将某一字群的 N 个韵读层次强自对应为 N 个历史时间层次,应该小心谨慎地透过音韵分合关系的系统性比较,深入探究音韵层次与时间层次之间的实际对应情形。

此外需要特别说明,部分歌元部合口字在汉魏晋以后与微文部混同,因此就歌元部合口字来说,歌祭元相应的韵读Ⅰ、Ⅱ与韵读 A、B,应视为更细微的时间层次异读,以泉州韵读为例如下:

**表 3-2-29**

| (泉州) | 歌部合口 | 元部合口 |
|---|---|---|
| 韵读Ⅱ | ia/ua 靴瓦 | iã/uã 泉换 |
| 韵读Ⅰ | ua 过罪过 披 (坐石陂韵读) | uã 段官擐 |
| 韵读 A、B | ə 坐粿过过去皮 | ŋ 全断贯 |

虽然歌部韵读-ua 与微部韵读-ə 同样包含了晋代北方层与南朝江东层两段历史时间，但是歌部合口字“过”的两读 kua3、kə3，显示两者应有更细微的时间早晚差异。

总合 3.2.6.1 与 3.2.6.2 的讨论，再回过头来看蟹摄“咍泰有别”韵读层次的历史时间，以泉州韵读为例如下表：

**表 3-2-30**

| （泉州） | 蟹开 1 | |
|---|---|---|
| | 咍 | 泰 |
| 唐宋文读层 | ai | |
| 南朝江东层 | ə | ua |
| 晋代北方层 | | |
| 上古层 | 之部 ai | 祭部 ia/ua |

也就是说闽语蟹摄“咍泰有别”的韵读表现，应为六朝时期共同的音韵特色，而推溯更早阶段则是上古“之祭相异”的系统，但“之祭相异”的韵读与“咍泰有别”的韵读并不相同。

### 3.2.6.3　古侵谈有别的历史时间

**表 3-2-31　古侵谈有别的音韵层次**

| 历史层次 | 例字 | 泉州 | 漳州 | 澄海 | 福清 | 古田 | 柘荣 | 石陂 | 建阳 | 建瓯 |
|---|---|---|---|---|---|---|---|---|---|---|
| 谈叶部(少侵) | 篮馅林 | ã | ã | ã | aŋ | aŋ | aŋ | aŋ | aŋ | aŋ |
| | 煠甲叠 | aʔ | aʔ | aʔ | aʔ | ak | ak | a | a | a |
| 侵缉部 | 簪含饮 | am | am | aŋ | aŋ | aŋ | aŋ | aiŋ | aiŋ | aiŋ |
| | 杂十什 | ap | ap | ak | aʔ | ak | ak | e | e | ɛ |

闽语古侵谈有别的两项韵读层次（表 3-2-31）反映以下音韵特点：(1) 古侵缉部与古谈叶部大致具有分别，但有少数侵缉部字与谈叶部同读；(2) 两项韵读均没有等第的分布限制，3、4 等韵的字群也能表现为洪音。

根据这两个音韵特点，再参照汉语音韵发展历史以及3.1节所归结的历史层次系统特色，本书认为“侵谈有别”的韵读在时间层次的对应上主要是上古层，但单就1等韵例字来说，极可能同时反映晋代北方层与南朝江东层“覃谈有别”的表现。理由如下：(1) 魏晋以前，古侵缉部与古谈叶部一直维持韵读上的分别；(2) 南北朝时期虽然两韵部的2、4等字发生混同，但是1、3等字仍然维持区别，从“侵谈有别”转成1等“覃谈有别”、3等“侵盐有别”的韵类之分。以泉州韵读为例如下表：

**表3－2－32**

<table>
<tr><th rowspan="2">(泉州)</th><th colspan="2">咸开1</th><th>咸开3</th><th>深3</th></tr>
<tr><th>谈</th><th>覃</th><th>盐</th><th>侵</th></tr>
<tr><td>唐宋文读层</td><td colspan="2">am</td><td>iam</td><td rowspan="2">im</td></tr>
<tr><td>南朝江东层</td><td rowspan="2">ā</td><td rowspan="2">am</td><td>ĩ</td></tr>
<tr><td>晋代北方层</td><td>iā</td><td>iam</td></tr>
<tr><td>上古层</td><td>谈部 ā</td><td>侵部 am</td><td>谈部 ā</td><td>侵部 am</td></tr>
</table>

### 3.2.6.4 效摄1、2等白读有别的历史时间

**表3－2－33 效摄1、2等有别的白读层次**

<table>
<tr><th>历史层次</th><th>泉州</th><th>漳州</th><th>澄海</th><th>福清</th><th>古田</th><th>柘荣</th><th>石陂</th><th>建阳</th><th>建瓯</th></tr>
<tr><td>效摄1等白读</td><td>o</td><td>o</td><td>o</td><td>o</td><td>o</td><td>ɔ</td><td>ɔ</td><td rowspan="2">(au)</td><td rowspan="2">(au)</td></tr>
<tr><td>效摄2等白读</td><td>a</td><td>a</td><td>a</td><td>a</td><td>a</td><td>a</td><td>a<br>(au)</td></tr>
</table>

闽语效摄1、2等有别的白读层次(表3－2－33)反映以下音韵特点：(1) 1等与2等分立；(2) 这两项韵读与上古韵部的分别无关，无论来自古幽部或宵部，均共同表现1等与2等的韵读差异。

根据这两个音韵特点，再参照汉语音韵发展历史以及3.1节所归结的历史层次系统特色，本书认为“效摄1、2等白读有别”的韵读在时间层次的对应上主要是南朝江东层，但单就1等韵例字来说，极可能

同时包含晋代北方层。理由如下：(1) 闽语效摄上古层乃表现幽、侯两部同读的方言特点，而魏晋以后古幽部转与宵部合流，则幽宵同读但 1、2 等有别应是反映魏晋以后的历史音韵演变；(2) 再根据 3.1 的分析，既然晋代北方层乃具有 2、4 等同读的系统表现，而这里与 1 等韵相对的 2 等韵读-a 又不与 4 等韵相同，则 2 等独读者较可能归属南朝江东层。兹将效摄 1、2 等字群的韵读分合关系以泉州韵读为例标示如下：

**表 3－2－34**

<table>
<tr><td rowspan="2">(泉州)</td><td colspan="2">效　摄</td></tr>
<tr><td>豪</td><td>肴</td></tr>
<tr><td rowspan="2">唐宋文读层</td><td colspan="2">au</td></tr>
<tr><td>ɔ</td><td>au/iau</td></tr>
<tr><td>南朝江东层</td><td rowspan="2">o</td><td>a</td></tr>
<tr><td>晋代北方层</td><td>iau</td></tr>
<tr><td>上古层</td><td colspan="2">幽侯部 au</td></tr>
</table>

3.2.6.5　小结

本节在 3.1 节的分析基础之上，延伸探讨蟹、山、咸、效四个韵摄开口字群其他 1、2 等韵的白读层表现，并且进一步跨越韵摄、观察阴阳入相应的音韵层次，最后归纳不同韵摄字群 1、2 等韵共同反映的层次系统特色：(1) 就 1 等韵而言，除去四等同读的上古层韵读，实际上南朝江东层与晋代北方层没有具体的韵读区别，然而同摄 3、4 等韵都具体显示至少有四项历史层次差异，这可能是因为(a) 两个音韵来源的 1 等韵表现一致，或者(b) 某个音韵来源的 1 等韵读完全替代另一音韵来源的 1 等韵读，在没有足够证据确论该 1 等韵读只能归属其中一个音韵来源之下，本书均视为“异层恰好同读”，也就是南朝江东层与晋代北方层的 1 等韵今读相同，而且均具有“咍泰有别”、“覃谈有别”的 1 等重韵之分；(2) 就 2 等韵而言，除去四等同读的上古层韵读，其晋代北方层的 2 等韵读乃与 4 等韵同读，但今多见于非舌齿音声母,可能舌齿音声母条件下进行不一致的演变,至于南朝江东层的2等韵读,除了效摄具体呈现与1、3、4等均相异的独读特点,其他韵摄或与1等韵同读,或具相异表现,目前掌握的语料无法提供充足的线索以进行系统性分析,有待将来继续探究。

总结3.1与3.2的分析,闽语各次方言蟹、山、咸、效等韵摄开口字群的整体历史层次对应关系,整理如表3-2-35、3-2-36、3-2-37:

**表3-2-35 闽南蟹、山、咸、效开口字群的历史层次对应关系**

<table>
<tr><td rowspan="2">闽南<br>(泉州)</td><td colspan="5">蟹 开</td><td colspan="4">山 开</td><td colspan="5">咸 开</td><td colspan="4">效 开</td></tr>
<tr><td colspan="2">1</td><td>2</td><td>3</td><td>4</td><td>1</td><td>2</td><td>3</td><td>4</td><td colspan="2">1</td><td>2</td><td>3</td><td>4</td><td>1</td><td>2</td><td>3</td><td>4</td></tr>
<tr><td rowspan="2">唐宋<br>文读层</td><td colspan="3" rowspan="2">ai</td><td colspan="2" rowspan="2">e</td><td colspan="2" rowspan="2">an</td><td colspan="2" rowspan="2">ian</td><td colspan="3" rowspan="2">am</td><td colspan="2" rowspan="2">iam</td><td colspan="2">au</td><td colspan="2" rowspan="2">iau</td></tr>
<tr><td>ɔ</td><td>au</td></tr>
<tr><td>南朝<br>江东层</td><td rowspan="2">哈<br>ə</td><td rowspan="2">泰<br>ua</td><td>(ua)</td><td colspan="2">i</td><td rowspan="2">uã</td><td>(uã)</td><td colspan="2">ĩ</td><td rowspan="2">覃<br>am</td><td rowspan="2">谈<br>ã</td><td>(ã)</td><td colspan="2">ĩ</td><td rowspan="2">o</td><td>a</td><td colspan="2">io</td></tr>
<tr><td>晋代<br>北方层</td><td>ue</td><td>e</td><td>ue</td><td>uĩ</td><td>iã/<br>uã</td><td>uĩ</td><td>uĩ</td><td>iã</td><td>uĩ</td><td>iau</td><td>io</td><td>iau</td></tr>
<tr><td>上古层</td><td colspan="5">之脂佳 ai<br>歌祭 ia/ua</td><td colspan="4">真(元) an<br>元 iã/uã</td><td colspan="5">侵 am<br>谈 ã</td><td colspan="4">幽侯 au</td></tr>
</table>

**表3-2-36 闽东蟹、山、咸、效开口字群的历史层次对应关系**

<table>
<tr><td rowspan="2">闽东<br>(柘荣)</td><td colspan="5">蟹 开</td><td colspan="4">山 开</td><td colspan="4">咸 开</td><td colspan="4">效 开</td></tr>
<tr><td colspan="2">1</td><td>2</td><td>3</td><td>4</td><td>1</td><td>2</td><td>3</td><td>4</td><td>1</td><td>2</td><td>3</td><td>4</td><td>1</td><td>2</td><td>3</td><td>4</td></tr>
<tr><td>唐宋<br>文读层</td><td colspan="3">ai</td><td colspan="2">i</td><td colspan="2">aŋ</td><td>元<br>yøŋ</td><td>ieŋ</td><td colspan="2">aŋ</td><td colspan="2">ieŋ</td><td>ɔ</td><td>au</td><td colspan="2">iau</td></tr>
<tr><td>南朝<br>江东层</td><td rowspan="2">哈<br>oi</td><td rowspan="2">泰<br>ua<br>(ai)</td><td>(ε)</td><td colspan="2">ie</td><td rowspan="2">(aŋ)</td><td>(aŋ)</td><td>yøŋ</td><td>ieŋ</td><td rowspan="2">aŋ</td><td>(aŋ)</td><td colspan="2">ieŋ</td><td rowspan="2">ɔ</td><td>a</td><td colspan="2">iau</td></tr>
<tr><td>晋代<br>北方层</td><td>ε</td><td>ie</td><td>ε</td><td>εŋ</td><td>iaŋ</td><td>εŋ</td><td>εŋ</td><td>iaŋ</td><td>εŋ</td><td>εu</td><td>iau</td><td>εu</td></tr>
<tr><td>上古层</td><td colspan="5">之脂佳 ai<br>歌祭 ia</td><td colspan="4">真(元) εŋ<br>元 iaŋ</td><td colspan="4">侵 aŋ<br>谈 aŋ</td><td colspan="4">幽侯 au</td></tr>
</table>

**表 3-2-37　闽北蟹、山、咸、效开口字群的历史层次对应关系**

<table>
<tr><td rowspan="2">闽北<br>(石陂)</td><td colspan="5">蟹　开</td><td colspan="4">山　开</td><td colspan="5">咸　开</td><td colspan="4">效　开</td></tr>
<tr><td colspan="2">1</td><td>2</td><td>3</td><td>4</td><td>1</td><td>2</td><td>3</td><td>4</td><td colspan="2">1</td><td>2</td><td>3</td><td>4</td><td>1</td><td>2</td><td>3</td><td>4</td></tr>
<tr><td>唐宋<br>文读层</td><td colspan="3">ai</td><td colspan="2">i</td><td colspan="2">aiŋ</td><td>元<br>yiŋ</td><td>iŋ</td><td colspan="3">aŋ (ɔŋ)</td><td colspan="2">iŋ</td><td>au</td><td>au</td><td colspan="2">iau</td></tr>
<tr><td>南朝<br>江东层</td><td rowspan="2">咍<br>o</td><td rowspan="2">泰<br>uai</td><td>(ai)</td><td colspan="2">ie</td><td rowspan="2">uaiŋ</td><td>(uaiŋ)</td><td>yiŋ</td><td>iŋ</td><td rowspan="2">覃<br>aiŋ</td><td rowspan="2">谈<br>aŋ</td><td>(aŋ)</td><td colspan="2">iŋ</td><td rowspan="2">ɔ</td><td>au<br>(a)</td><td colspan="2">iau</td></tr>
<tr><td>晋代<br>北方层</td><td>ai</td><td>ie</td><td>ai</td><td>aiŋ</td><td>iaŋ</td><td>aiŋ</td><td>aiŋ</td><td>iaŋ</td><td>aiŋ</td><td>iau</td><td>iau</td><td>iau</td></tr>
<tr><td>上古层</td><td colspan="5">之脂佳 e<br>歌祭 ye</td><td colspan="4">真(元) aiŋ<br>元 yiŋ</td><td colspan="5">侵 aiŋ<br>谈 aŋ</td><td colspan="4">幽侯 əu</td></tr>
</table>

## 3.3　遇、流、宕开、通四摄字群的历史层次

中古遇摄与流摄的字群主要来自上古鱼、侯、幽等韵部(另有少数之部字),相应于此的阳声韵则是中古宕摄与通摄的字群,主要来自上古阳、东、中等韵部(另有少数蒸侵部字),因其历史音韵来源与发展演变密切相关,本节即选择闽语这四个韵摄字群一同进行韵读层次的系统性分析,依其音韵系统表现差异,将历史层次分为四项,分别是(A) 1、3 等截然有别的文读层次;(B) 3 等独读的白读层次;(C) 1、3 等同读的白读层次;(D) 上古韵部同读的白读层次。以下辨析遇、流、宕开①、通四个韵摄字群中,四项历史层次的分布情形,并且归纳各次方言的层次对应关系,最后讨论四项历史层次所反映的历史时间或地域来源。

### 3.3.1　文读层次(A)

遇、流、宕开、通四个韵摄字群的文读层表现,1 等多读为洪音,3

---

① 由于宕摄合口韵例字不多,又仅限于部分声母条件,本节仅取宕摄开口字群作为与其他韵摄字群相互对应的分析对象。

等多读为相应的细音,两者截然有别,以下分从四个韵摄进行分析与说明。

3.3.1.1　遇摄

表3-3-3、3-3-4、3-3-5分别是闽南、闽东、闽北遇摄1等文读层次对应表,说明如下:

1. 闽南遇摄1等模韵字群①,无论任何声母条件,均同读为-ɔ或-ou,没有明显的文白韵读差异,例如泉州"糊"的文读音为hɔ5,白读音为kɔ5,韵读语音形式完全一致。透过层次系统性比较及方言比较,本书倾向将闽南模韵的-ɔ或-ou分析为异层同读,理由有二:(1)闽东3等虞韵有与1等同读的白读韵-uo(参见3.3.3.1),闽南3等虞韵相应的韵读为-ɔ或-ou,由此可推知闽南模韵相同历史时间的白读韵亦为-ɔ或-ou;(2)闽东、闽北的模韵有明显的文白韵读差异,文读多为-u,但其中部分方言点具低化、复化的条件变体-ou或-ɒu,共同反映闽地往往将北方汉语的高元音读得比较低(参见5.1.1),相较于此,闽南模韵的-ɔ或-ou极可能也是文读韵的调整结果。结合(1)、(2)来看,则闽南模韵的唯一韵读-ɔ或-ou应是受到语音演变影响的异层同读现象,如下表所示。

**表3-3-1**

| 模　韵 | 闽　东 | 闽　北 | 闽　南 |
| --- | --- | --- | --- |
| 文读 | u/ou | u/ɒu | ɔ(<ou<u) |
| 白读 | uo | io | ɔ(<uo) |

2. 闽南潮汕地区在韵读-ou之外,具有另一项新文读-u,例如澄海"湖胡$_{\text{胡椒}}$ 糊胡$_{\text{胡须}}$"四个相同音韵来源的语词,"湖胡"文读为"hou5","糊胡"文读则为"hu5"。

① 本书以中古韵目称呼同群例字时,均"以平赅上去",例如称呼"模韵字群",意指中古"模姥暮"三韵例字。

3. 闽东遇摄1等模韵字群，非唇音声母条件下，均有同读为-u的文读层表现，但福州、福清、福安、宁德等地均具韵变现象，在各自特定的声调条件下读为-ou或-o。唇音声母条件下读为-u的例字仅有"菩"字，其他唇音例字均读为另一韵读-uo(福安、宁德均高化为-u，唯宁德非上声字单元音化为-o)，如下表：

**表3-3-2**

| 闽东 | | | 福州 | 福清 | 古田 | 柘荣 | 福安 | 宁德 |
|---|---|---|---|---|---|---|---|---|
| 例字 | 中古 | 声类 | uo | uo | uo | uo | u | u/o |
| 蒲 | 1遇-模 | P1 | puo5 | puo5 | puo5 | puo5 | pu5 | |
| 步 | 1遇-模 | P1 | puo7 | puo7 | puo7 | puo7 | pu3 | pu2 |
| 补 | 1遇-模 | P1 | puo2 | puo2 | puo2 | puo2 | pu2 | po2 |
| 屠 | 1遇-模 | T1 | | tuo5 | tuo5 | tuo5 | tu5 | |
| 墿路 | 1遇-模 | T1 | tuo7 | tuo7 | tuo7 | tuo7 | tu7 | tu2 |
| 误 | 1遇-模 | K | ŋuo7 | ŋuo7 | ŋuo7 | ŋuo7 | ŋu7 | ŋu2 |
| 悟 | 1遇-模 | K | ŋuo7 | ŋuo7 | ŋuo7 | ŋuo7 | ŋu7 | ŋu2 |

但我们认为-uo应是另一项层次韵读，而非条件变体，理由是韵读-uo不只分布于唇音声母条件下，还有"屠墿路误悟"等非唇音声母的例字。也就是说，闽东遇摄1等模韵字群受到层次竞争的影响，唇音字多由白读韵-uo取胜，而非唇音字则多由文读韵-u取胜。

4. 闽北遇摄1等模韵字群，无论任何声母条件，均有同读为-u的文读层表现，建阳则读为-o，而松溪一地具有条件变体，在舌齿音声母条件下读为-ɒu。

**表3-3-3　闽南遇摄1等文读层次对应表**

| 闽南 | | | 南安 | 泉州 | 漳州 | 漳浦 | 澄海 | 揭阳 |
|---|---|---|---|---|---|---|---|---|
| 例字 | 中古 | 声类 | ɔ | ɔ | ɔ | ɔu | ou<br>(u) | ou<br>(u) |
| 菩 | 1遇-模 | P1 | pʰɔ5 | pʰɔ5 | pʰɔ5 | | (pʰu5) | (pʰu5) |
| 蒲 | 1遇-模 | P1 | pɔ5 | | | pɔu5 | (pʰu5) | (pʰu5) |

续　表

| 闽　南 | | | 南安 | 泉州 | 漳州 | 漳浦 | 澄海 | 揭阳 |
|---|---|---|---|---|---|---|---|---|
| 例字 | 中　古 | 声类 | ɔ | ɔ | ɔ | ɔu | ou (u) | ou (u) |
| 赌 | 1 遇-模 | T1 | tɔ2 | tɔ2 | tɔ2 | tɔu2 | (tu2) | (tu2) |
| 祖 | 1 遇-模 | TS1 | tsɔ2 | tsɔ2 | tsɔ2 | tsɔu2 | tsou2 | tsou2 |
| 苏 | 1 遇-模 | TS1 | sɔ1 | sɔ1 | sɔ1 | sɔu1 | sou1 | sou1 |
| 古 | 1 遇-模 | K | kɔ2 | kɔ2 | kɔ2 | kɔu2 | kou2 | kou2 |
| 故 | 1 遇-模 | K | kɔ3 | kɔ3 | kɔ3 | kɔu3 | (ku3 * 7) | (ku3 * 7) |
| 吴文读 | 1 遇-模 | K | ŋɔ̃5 | ŋɔ̃5 | ŋɔ̃5 | | | |
| 五伍 | 1 遇-模 | K | gɔ2 | gɔ2 | ŋɔ̃2 | ŋɔũ2 | | ŋou2 |
| 呼文读 | 1 遇-模 | K | hɔ1 | hɔ1 | hɔ1 | hɔu1 | hou1 | |
| 糊文读 | 1 遇-模 | K | | hɔ5 | hɔ5 | | (hu5) | (hu5) |
| 湖文读 | 1 遇-模 | K | hɔ5 | hɔ5 | hɔ5 | | hou5 | |
| 乌 | 1 遇-模 | ø | ɔ1 | ɔ1 | ɔ1 | ɔu1 | ou1 | ou1 |

**表 3-3-4　闽东遇摄 1 等文读层次对应表**

| 闽　东 | | | 福州 | 福清 | 古田 | 柘荣 | 福安 | 宁德 |
|---|---|---|---|---|---|---|---|---|
| 例字 | 中　古 | 声类 | u/ou | u/o | u | u | u/ou | u/ou |
| 菩 | 1 遇-模 | P1 | pu5 | pu5 | | pu5 | (pu5) | (pu5) |
| 赌 | 1 遇-模 | T1 | tu2 | tu2 | tu2 | tu2 | tu2 | tu2 |
| 祖 | 1 遇-模 | TS1 | tsu2 | tsu2 | tsu2 | tsu2 | tsu2 | tsu2 |
| 苏 | 1 遇-模 | TS1 | su1 | su1 | su1 | su1 | sou1 | su1 |
| 古 | 1 遇-模 | K | ku2 | ku2 | ku2 | ku2 | ku2 | ku2 |
| 故 | 1 遇-模 | K | kou3 | ko3 | ku3 | ku3 | kou3 | kou3 |
| 吴 | 1 遇-模 | K | ŋu5 | ŋu5 | ŋu5 | ŋu5 | ŋou5 | ŋou5 |
| 五伍 | 1 遇-模 | K | ŋu2 | ŋu2 | | | ŋu2 | |
| 呼文读 | 1 遇-模 | K | xu5 | hu1 | hu1 | xu1 | hou5 | xu1 |
| 糊文读 | 1 遇-模 | K | xu5 | | hu5 | xu5 | hou5 | xou5 |
| 湖文读 | 1 遇-模 | K | xu5 | hu5 | hu5 | xu5 | | xou5 |
| 乌 | 1 遇-模 | ø | u1 | u1 | u1 | u1 | ou1 | u1 |

**表 3-3-5　闽北遇摄 1 等文读层次对应表**

| 闽北 | | | 石陂 | 建阳 | 崇安 | 建瓯 | 政和 | 松溪 |
|---|---|---|---|---|---|---|---|---|
| 例字 | 中古 | 声类 | u | o | u | u | u | u/ɒu |
| 补文读 | 1遇-模 | P1 | bu2 | po2 | pu2 | pu2 | pu2 | |
| 布文读 | 1遇-模 | P1 | pu3 | po3 | pu3 | pu3 | pu3 | |
| 菩 | 1遇-模 | P1 | bu5 | βo5 | | $p^{h}$u2 | pu9 | pu9 |
| 蒲 | 1遇-模 | P1 | | $p^{h}$o5 | hu2 | $p^{h}$u2 | pu9 | |
| 步 | 1遇-模 | P1 | bu7 | βo7 | βu3 | pu7 | | |
| 赌 | 1遇-模 | T1 | du2 | lo2 | lu2 | tu2 | tu9 | tɒu9 |
| 祖 | 1遇-模 | TS1 | tsu2 | | tsu2 | tsu2 | | tsɒu2 |
| 苏 | 1遇-模 | TS1 | su1 | so1 | su1 | su1 | su1 | sɒu1 |
| 古 | 1遇-模 | K | ku2 | ko2 | ku2 | ku2 | ku2 | ku2 |
| 故 | 1遇-模 | K | ku3 | ko3 | ku3 | ku3 | ku3 | ku3 |
| 吴 | 1遇-模 | K | ŋu3 | ŋo5 | ŋu5 | ŋu3 | ŋu5 | ŋu5 |
| 五伍 | 1遇-模 | K | | ŋo2 | ŋu2 | ŋu8 | ŋu3 | ŋu8 |
| 呼 | 1遇-模 | K | xu1 | xo1 | xu1 | xu1 | xu1 | hu1 |
| 糊文读 | 1遇-模 | K | | xo5 | xu5 | u2 | u9 | |
| 湖 | 1遇-模 | K | ɦu5 | | xu5 | u2 | u9 | hu9 |
| 户 | 1遇-模 | K | xu7 | xo3 | xu7 | xu7 | xu7 | hu7 |
| 乌 | 1遇-模 | ∅ | u1 | o1 | | u1 | u1 | u1 |

表 3-3-8、3-3-9、3-3-10 分别是闽南、闽东、闽北遇摄 3 等文读层次对应表，说明如下：

1. 闽东、闽北遇摄 3 等字群，除去庄系及非系声母，均有同读为 -y 的文读层表现。但闽东的福州、福清、福安、宁德等地均具韵变现象，在各自特定的声调条件下读为 -øy 或 -ø，其中福安又发生撮口高元音的音变规律“y>i /_ [—velar]”；而闽北崇安、松溪两地，交杂另一个韵读，崇安读为下降复元音 -əu，主要分布于非古章系字，松溪读为下降复元音 -øy，主要分布于非古章见系字，就其古声母类别上的互补分布，应分析为-y 的条件变体。（参见 5.1.1 讨论）至于闽东、闽北遇摄 3 等字群的非系及庄系声母字，韵读多为-u 或-u 的韵变变体，音读同于 1 等文读韵。

2. 闽南遇摄 3 等字群的非系声母字，文读为-u，与闽东、闽北表现相应；而庄系声母字的文读韵，泉、漳地区读为-ɔ，潮汕地区则读为-o，亦可视为 3 等文读韵的声母条件变体。然而，其他声母例字的文读相当复杂，鱼、虞两韵的表现不太一致，且各地相应的文读形式相当参差，有些又与白读形式无法区别，我们透过与早期泉漳韵书以及闽东方言的比较来加以厘清，下表列出鱼、虞两韵相关文读例字的韵读：

**表 3-3-6**

| 韵 | 例字 | 汇音 | 南安 | 泉州 | 十五音 | 漳州 | 漳浦 |
|---|---|---|---|---|---|---|---|
| 鱼 | 絮$_{\text{文}}$ | ɯ | ɯ | | i | [u] | [u]* i |
| | 处 | ɯ | [u]* ɯ | [u]* ɯ | i | [u]* i | i |
| | 贮$_{\text{文}}$ | ɯ | [u]* ɯ | ɯ | i | | i |
| | 苎$_{\text{文}}$ | ɯ | [u]* ɯ | ɯ | i | | i |
| | 书$_{\text{文}}$ | ɯ | [u]* ɯ | ɯ | i | [u]* i | i |
| | 黍$_{\text{文}}$ | ɯ | [u] | | i | | i |
| | 庶 | ɯ | ɯ | ɯ | i | [u] | i |
| | 诸 | ɯ | [u] | [u] | [u]* i | [u] | [u] |
| | 据 | ɯ | ɯ | ɯ | i | i | i |
| | 御 | ɯ | ɯ | ɯ | i | | i |
| | 与 | ɯ | ɯ | ɯ | i | i | i |
| 虞 | 娶$_{\text{文}}$ | u | u | u | i | | i |
| | 趣 | u | u | u | i | [u]* i | i |
| | 须须$_{\text{文}}$ | u | u | u | i | i | i |
| | 柱$_{\text{文}}$ | u | u | u | i | | [u] |
| | 住$_{\text{文}}$ | u | u | u | i | [u] | [u] |

**续　表**

| 韵 | 例字 | 汇音 | 南安 | 泉州 | 十五音 | 漳州 | 漳浦 |
|---|---|---|---|---|---|---|---|
| 虞 | 输文 | u | u | u | i | i | i |
| | 树文 | u | u | u | i | [u] | |
| | 拘 | u | u | u | i | [u] *i | i |
| | 区 | u | u | u | i | [u] *i | i |
| | 具 | u | u | u | i | i | i |
| | 娱 | — | u | u | i | [u] *i | i |
| | 雨文 | u | u | u | i | i | i |

(1) 泉州腔的鱼韵文读多为-ɯ,但舌齿音声母例字交杂另一项文读-u,南安-u的分布较泉州普遍;而漳州腔的鱼韵文读多为-i,但舌齿音声母例字也是交杂另一项文读-u,漳州-u的分布较漳浦普遍。由于泉、漳两地鱼韵的白读分别也是-ɯ、-i,似乎应该将-u视为相应于闽东、闽北的文读韵;然而,由于泉、漳各地鱼韵文读-u分布不均,有逐渐扩展的趋势,我们认为这是后来进入的新文读。翻查泉、漳两地早期的韵书《汇音妙悟》及《十五音》,上表絮类字在《汇音妙悟》皆归为居韵(*ɯ),没有归入珠韵(*u)的表现,在《十五音》也都归为居韵(*i),几乎没有归入艍韵(*u)的表现,唯"诸"字两韵皆著录,归入艍韵的"诸"释义为发语词,可能是训读字。据此,鱼韵早期文读音在泉腔应为-ɯ,在漳腔应为-i,与白读形式完全一致。(2) 泉州腔的虞韵文读皆为-u,没有什么问题;而漳州腔的虞韵文读多为-i,但也交杂另一项文读-u,例如"住柱树"等字,漳州-u的分布较漳浦普遍。我们同样认为漳州腔虞韵的文读-u也是后来进入的新文读,上表娶类字在《十五音》都归为居韵(*i),特别是"住柱树"等字也都归为居韵,没有归入艍韵(*u)的表现,唯"输"字两韵皆著录,归入居韵者释义为输纳,归入艍韵者释义为败也,后者应为白读,与另一批也归入艍韵的虞韵字相同,如"珠主蛀"等。透过方言比较即会发现这批字在闽东均读为-uo,应属白读层次,也就是说漳州虞韵今读的-u既是白读也

是新文读,此为异层同读的现象。

3. 将上述闽南的参差表现整理如下表,并与闽东相互比较。

**表 3-3-7**

| 韵目 | 声类 | 例字 | 泉州 | 漳州 | 澄海 | 福清 | 古田 | 柘荣 |
|---|---|---|---|---|---|---|---|---|
| 鱼文读 | T-TS | 序诸处 | ɯ* u | i* u | u | y/ø | y | y |
| 鱼白读1 | T-TS-K | 箸鼠鱼 | ɯ | i | ə | y/ø | y | y |
| 虞文读 | T-TS-K | 需取输文 具娱雨 | u | i* u | u | y/ø | y | y |
| 虞白读1 | T-TS | 戍主输白 | u | u | u | uo | uo | uo |

上表显示:(1)闽南泉、漳两地原来的鱼韵文读与其中一项白读没有音韵形式的区别,后来舌齿声母字才又逐渐接受新文读-u进入,而潮汕地区鱼韵舌根声母者也是没有文白音韵形式的区别,但舌齿声母者的文读音已几乎都读为-u,不同于白读的-ə;闽东方言和原来的泉漳方言一样,鱼韵文白音韵形式不分。(2)漳州腔原来的虞韵文读音均为-i,不同于白读的-u,后来也逐渐接受新文读-u进入,而泉州腔、潮汕腔虞韵文读则为-u,与白读无别;闽东方言和原来漳州腔一样,虞韵文白音韵形式具有区别。

**表 3-3-8 闽南遇摄 3 等文读层次对应表**

| 闽南 | | | 南安 | 泉州 | 漳州 | 漳浦 | 澄海 | 揭阳 |
|---|---|---|---|---|---|---|---|---|
| 例字 | 中古 | 声类 | ɯ* u | ɯ* u | i* u | i* u | u | u |
| 絮文读 | 3 遇-鱼 | TS1 | sɯ3 | | su3 | su3 | su3 | su3 |
| 序 | 3 遇-鱼 | TS1 | sɯ6 | sɯ6 | su7 | si7 | su6 | su6 |
| 诸 | 3 遇-鱼 | TS3 | tsɯ1 | tsɯ1 | tsu1 | tsu1 | tsu1 | tsu1 |
| 黍文读 | 3 遇-鱼 | TS3 | su2 | 鼠 su2 | 鼠 su2 | si2 | su2 | su2 |
| 书文读 | 3 遇-鱼 | TS3 | sɯ1* su1 | sɯ1 | si1* su1 | si1 | | |

**续 表**

| 闽 南 | | | 南安 | 泉州 | 漳州 | 漳浦 | 澄海 | 揭阳 |
|---|---|---|---|---|---|---|---|---|
| 例字 | 中 古 | 声类 | ɯ* u | ɯ* u | i* u | i* u | u | u |
| 庶 | 3 遇-鱼 | TS3 | sɯ3 | sɯ3 | su3 | si3 | su3 | su3 |
| 舒 | 3 遇-鱼 | TS3 | sɯ1 | | su1 | si1 | su1 | su1 |
| | | | u | u | i* u | i* u | u | u |
| 取 | 3 遇-虞 | TS1 | $ts^{h}u2$ | $ts^{h}u2$ | $ts^{h}i2$ | $ts^{h}i2$* si2 | $ts^{h}u2$ | $ts^{h}u2$ |
| 须 | 3 遇-虞 | TS1 | su1 | su1 | si1 | si1 | su1 | |
| 柱文读 | 3 遇-虞 | T2 | tsu3 | tsu6 | | tsu7 | | |
| 住文读 | 3 遇-虞 | T2 | tsu3 | tsu3 | tsu7 | tsu7 | tsu6 | tsu6 |
| 输文读 | 3 遇-虞 | TS3 | su1 | | si1 | si1 | su1 | su1 |
| 树文读 | 3 遇-虞 | TS3 | su3 | su3 | su7 | | su6 | su6 |
| 区 | 3 遇-虞 | K | $k^{h}u1$ | $k^{h}u1$ | $k^{h}i1$* $k^{h}u1$ | $k^{h}i1$ | $k^{h}u1$ | $k^{h}u1$ |
| 具 | 3 遇-虞 | K | ku3 | ku3 | ki7 | ki7 | ku6 | ku6 |
| 娱 | 3 遇-虞 | K | gu5 | gu5 | gi5* gu5 | gi5 | u5 | u5 |
| 雨文读 | 3 遇-虞 | 喻三 | u2 | u2 | i2 | i2 | u2 | u2 |
| | | | u | u | u | u | u | u |
| 夫文读 | 3 遇-虞 | K-P2 | hu1 | hu1 | hu1 | hu1 | hu1 | hu1 |
| 扶文读 | 3 遇-虞 | K-P2 | hu5 | hu5 | hu5 | hu5 | hu5 | hu5 |
| 无文读 | 3 遇-虞 | P2 | bu5 | bu5 | bu5 | bu5 | bu5 | |
| | | | ɔ | ɔ | ɔ | ɔu | o | o |
| 初文读 | 3 遇-鱼 | TS2 | | $ts^{h}ɔ1$ | | | $ts^{h}o1$ | $ts^{h}o1$ |
| 助 | 3 遇-鱼 | TS2 | tsɔ3 | tsɔ3 | tsɔ7 | tsɔu7 | tso6 | tso6 |
| 梳疏 | 3 遇-鱼 | TS2 | sɔ1 | sɔ1 | sɔ1 | sɔu1 | so1 | |
| 所 | 3 遇-鱼 | TS2 | sɔ2 | sɔ2 | sɔ2 | sɔu2 | so2 | so2 |
| 数文读 | 3 遇-虞 | TS2 | sɔ3 | sɔ3 | sɔ3 | sɔu3 | (su3) | |

**表 3-3-9　闽东遇摄 3 等文读层次对应表**

| 闽东 | | | 福州 | 福清 | 古田 | 柘荣 | 福安 | 宁德 |
|---|---|---|---|---|---|---|---|---|
| 例字 | 中古 | 声类 | y/øy | y/ø | y | y | i/øi | y/øy |
| 虑 | 3 遇-鱼 | T1 | nøy7 | lø7 | ly7 | ly7 | løi7 | løy2 |
| 絮文读 | 3 遇-鱼 | TS1 | søy3 | sø3 | | sy3 | søi3 | søy3 |
| 序 | 3 遇-鱼 | TS1 | søy7 | sø7 | sy7 | sy7 | søi7 | søy2 |
| 诸 | 3 遇-鱼 | TS3 | | tsy1 | tsy1 | tsy1 | tsøi1 | tsy1 |
| 黍文读 | 3 遇-鱼 | TS3 | sy2 | sy2 | sy2 | sy2 | si2 | |
| 庶 | 3 遇-鱼 | TS3 | søy3 | sø3 | | sy3 | søi3 | søy3 |
| 据 | 3 遇-鱼 | K | køy3 | kø3 | ky3 | ky3 | køi3 | køy3 |
| 语 | 3 遇-鱼 | K | ŋy2 | ŋy2 | ŋy2 | ŋy2 | ŋi2 | ŋy2 |
| 余 | 3 遇-鱼 | 喻四 | y5 | y5 | y5 | y5 | jøi5 | øy5 |
| 取 | 3 遇-虞 | TS1 | $ts^hy2$ | $ts^hy2$ | $ts^hy2$ | $ts^hy2$ | $ts^hi2$ | $ts^hy2$ |
| 须 | 3 遇-虞 | TS1 | sy1 | sy1 | sy1 | sy1 | søi1 | sy1 |
| 柱文读 | 3 遇-虞 | T2 | tsøy7 | tsø7 | tsy7 | tsy7 | tsøi7 | tsøy2 |
| 住文读 | 3 遇-虞 | T2 | tsøy7 | tsø7 | tsy7 | tsy7 | tsøi7 | tsøy2 |
| 输文读 | 3 遇-虞 | TS3 | sy1 | sy1 | sy1 | sy1 | søi1 | sy1 |
| 树文读 | 3 遇-虞 | TS3 | søy7 | sø7 | sy7 | sy7 | søi7 | søy2 |
| 区 | 3 遇-虞 | K | $k^hy1$ | $k^hy1$ | $k^hy1$ | $k^hy1$ | $k^høi1$ | $k^hy1$ |
| 具 | 3 遇-虞 | K | køy7 | kø7 | ky7 | ky7 | køi7 | køy2 |
| 娱 | 3 遇-虞 | K | ŋy5 | ŋy5 | ŋy5 | ŋy5 | ŋøi5 | ŋøy5 |
| 遇 | 3 遇-虞 | K | ŋøy7 | ŋø7 | ŋy7 | ŋy7 | ŋøi7 | ŋøy2 |
| 雨文读 | 3 遇-虞 | 喻三 | y2 | y2 | y2 | y2 | i2 | y2 |
| | | | u/ou | u/o | u | u | u/ou | u/ou |
| 夫文读 | 3 遇-虞 | K-P2 | xu1 | hu1 | hu1 | xu1 | hou1 | xu1 |
| 扶文读 | 3 遇-虞 | K-P2 | xu5 | hu5 | hu7 | xu5 | | xou5 |
| 付 | 3 遇-虞 | K-P2 | xou3 | ho3 | hu3 | xu3 | hou3 | xou3 |
| 无文读 | 3 遇-虞 | Ø-P2 | u5 | u5 | u5 | u5 | wou5 | ou5 |
| 初文读 | 3 遇-鱼 | TS2 | $ts^hu1$ | $ts^hu1$ | $ts^hu1$ | | | $ts^hu1$ |

续　表

| 闽　东 | | | 福州 | 福清 | 古田 | 柘荣 | 福安 | 宁德 |
|---|---|---|---|---|---|---|---|---|
| 例字 | 中　古 | 声类 | u/ou | u/o | u | u | u/ou | u/ou |
| 楚文读 | 3 遇-鱼 | TS2 | tsʰu2 | tsʰu2 | tsʰu2 | | tsʰu2 | tsʰu2 |
| 助文读 | 3 遇-鱼 | TS2 | tsou7 | tso7 | tsu7 | | | |
| 疏文读 | 3 遇-鱼 | TS2 | su1 | su1 | su1 | | | su1 |
| 所文读 | 3 遇-鱼 | TS2 | su2 | su2 | su2 | | | |
| 数文读 | 3 遇-虞 | TS2 | sou3 | so3 | su3 | su3 | sou3 | sou3 |

**表 3－3－10　闽北遇摄 3 等文读层次对应表**

| 闽　北 | | | 石陂 | 建阳 | 崇安 | 建瓯 | 政和 | 松溪 |
|---|---|---|---|---|---|---|---|---|
| 例字 | 中　古 | 声类 | y | y | y/əu | y | y | y/œy |
| 虑 | 3 遇-鱼 | T1 | ly7 | ly7 | ləu7 | ly7 | | ly7 |
| 絮 | 3 遇-鱼 | TS1 | sy3 | sy3 | səu3 | sy3 | sy9 | sœy3 |
| 序 | 3 遇-鱼 | TS1 | dzy7 | sy3 | səu3 | sy7 | sy7 | sœy7 |
| 诸 | 3 遇-鱼 | TS3 | tsy1 | tsy1 | tsy1 | tsy1 | | tsy1 |
| 庶 | 3 遇-鱼 | TS3 | sy3 | sy3 | sy3 | sy3 | sy3 | |
| 舒 | 3 遇-鱼 | TS3 | sy1 | sy1 | sy1 | sy1 | sy1 | |
| 据 | 3 遇-鱼 | K | ky3 | ky3 | kəu3 | ky8 | ky7 | ky7 |
| 语 | 3 遇-鱼 | K | ny2 | ŋy2 | ŋəu2 | ŋy2 | ŋy2 | ŋy2 |
| 余 | 3 遇-鱼 | 喻四 | ɦy5 | y5 | həu5 | y2 | y9 | 佘 hœy9 |
| 取 | 3 遇-虞 | TS1 | tsʰy2 | tsʰy2 | tʰəu2 | tsʰy2 | tsʰy2 | tsʰœy2 |
| 须 | 3 遇-虞 | TS1 | sy1 | sy1 | səu1 | sy1 | sy1 | sœy1 |
| 柱文读 | 3 遇-虞 | T2 | | tsy3 | | tsy8 | | |
| 住文读 | 3 遇-虞 | T2 | dzy7 | ly7 | ly7 | tsy7 * 8 | | tsy8 |
| 输 | 3 遇-虞 | TS3 | sy1 | sy1 | sy1 | sy1 | sy1 | sy1 |
| 树文读 | 3 遇-虞 | TS3 | sy7 | sy7 | sy7 | sy7 | sy7 | |
| 区 | 3 遇-虞 | K | kʰy1 | kʰy1 | kʰəu1 | kʰy1 | kʰy1 | kʰy1 |
| 具 | 3 遇-虞 | K | gy7 | ky3 | həu3 | ky8 | ky3 | ky8 |

续 表

| 闽北 | | | 石陂 | 建阳 | 崇安 | 建瓯 | 政和 | 松溪 |
|---|---|---|---|---|---|---|---|---|
| 例字 | 中古 | 声类 | y | y | y/əu | y | y | y/œy |
| 遇 | 3 遇-虞 | K | ŋy7 | ŋy7 | ŋəu7 | ŋy7 | ŋy7 | ŋy7 |
| 雨文读 | 3 遇-虞 | 喻三 | ɦy2 | ɦy2 | həu2 | | | |
| | | | u | o | u | u | u | u/ɒu |
| 夫文读 | 3 遇-虞 | K - P2 | xu1 | xo1 | xu1 | xu1 | xu1 | hu1 |
| 扶文读 | 3 遇-虞 | K - P2 | | xo5 * 2 | xu5 | xu1 * 7 | xu1 | |
| 付 | 3 遇-虞 | K - P2 | xu7 | xo7 | xu3 | xu3 | xu3 | |
| 无文读 | 3 遇-虞 | P2 | ɦu5 | βo5 | | u2 | u9 | hu9 |
| 初 | 3 遇-鱼 | TS2 | $ts^hu1$ | $t^ho1$ | $t^hu1$ | $ts^hu1$ | $ts^hu1$ | $ts^hɒu1$ |
| 楚 | 3 遇-鱼 | TS2 | $ts^hu2$ | $t^ho2$ | $t^hu2$ | $ts^hu2$ | $ts^hu2$ | $ts^hɒu2$ |
| 助 | 3 遇-鱼 | TS2 | dzu7 | | lu7 | tsu7 | tsu3 | tsɒu4 |
| 疏 | 3 遇-鱼 | TS2 | su1 | so1 | su1 | su1 | su1 | sɒu1 |
| 所 | 3 遇-鱼 | TS2 | su2 | so2 | su2 | su2 | su2 | sɒu2 |
| 数 | 3 遇-虞 | TS2 | su3 | so3 | su3 | su3 | su3 | sɒu3 |

3.3.1.2 流摄

表 3-3-12、3-3-13、3-3-14 分别是闽南、闽东、闽北流摄 1 等文读层次对应表，说明如下：

1. 闽南流摄 1 等侯韵字群，无论任何声母条件，漳州腔、潮汕腔均有同读为-ɔ 或-ou 的文读层表现，泉州腔则读为-io，但泉州一地在精庄系声母条件下具条件变体-o。

2. 闽东流摄 1 等侯韵字群，无论任何声母条件，均有同读为-ɛu 或-eu 的文读层表现。但福州、福安、宁德等地均具韵变现象，福州在阴阳去声调下低化为-au，福安在上声调下高化为-eu，宁德则在阴平与上声调下高化为-iɐu。

3. 闽北流摄 1 等侯韵字群，无论任何声母条件，石陂等西北片方言均有同读为-əu 或-iəu 文读层表现，建瓯等东南片方言则读为单元音-ɛ 或-e 或-a。

4. 此外，闽语各次方言流摄 3 等庄系字群的文读多同于 1 等字群，例如下表“邹骤愁搜”等，3 等明母字“谋”的文读亦读同 1 等。

**表 3-3-11**

| 例字 | 中古 | 声类 | 泉州 | 漳州 | 澄海 | 福清 | 古田 | 柘荣 | 石陂 | 建阳 | 建瓯 |
|---|---|---|---|---|---|---|---|---|---|---|---|
| | | | io/o | ɔ | ou | eu | ɛu | ɛu | əu | əu | e |
| 谋 | 3 流-尤 | P1 | bio5 | bɔ5 | mou5 | meu5 | mɛu5 | mɛu5 | məu3 | | me2 |
| 邹 | 3 流-尤 | TS2 | tso1 | tsɔ7 | tsou1 | tseu1 | tsɛu1 | tsɛu1 | tsəu1 | tsəu1 | tse1 |
| 骤 | 3 流-尤 | TS2 | tso3 | tsɔ7 | tsou6 | tseu7 | tsɛu7 | tsɛu3 | | ləu7 | tse3 |
| 愁 | 3 流-尤 | TS2 | | | | $ts^heu5$ | $ts^hɛu5$ | $ts^hɛu5$ | dzəu5 | ləu9 | $ts^he2$ |
| 搜馊 | 3 流-尤 | TS2 | | | | seu1 | sɛu1 | sɛu1 | səu1 | | |

**表 3-3-12　闽南流摄 1 等文读层次对应表**

| 闽南 | | | 南安 | 泉州 | 漳州 | 漳浦 | 澄海 | 揭阳 |
|---|---|---|---|---|---|---|---|---|
| 例字 | 中古 | 声类 | io | io/o | ɔ | ɔu | ou | ou |
| 母文读 | 1 流-侯 | P1 | bio2 | bio2 | | | | |
| 茂 | 1 流-侯 | P1 | bio3 | | bɔ7 | bɔu7 | mou6 | mou6 |
| 贸 | 1 流-侯 | P1 | bio3 | bio3 | mɔ̃7 | bɔu7 | mou3 | mou3 |
| 斗文读 | 1 流-侯 | T1 | tio3 | tio3 | tɔ3 | tɔu3 | tou3 | tou3 |
| 偷文读 | 1 流-侯 | T1 | $t^hio1$ | $t^hio1$ | $t^hɔ1$ | | | |
| 陋 | 1 流-侯 | T1 | lio3 | lio3 | lɔ7 | lɔu7 | lou6 | lou6 |
| 叟 | 1 流-侯 | TS1 | | so2 | sɔ2 | sɔu2 | sou2 | sou2 |
| 奏 | 1 流-侯 | TS1 | tsio3 | tso3 | tsɔ3 | | | |
| 构 | 1 流-侯 | K | kio3 | kio3 | kɔ3 | kɔu2 | kou6 | kou3 |
| 口文读 | 1 流-侯 | K | $k^hio2$ | $k^hio2$ | | $k^hɔu2$ | | |
| 寇 | 1 流-侯 | K | $k^hio3$ | $k^hio3$ | $k^hɔ3$ | $k^hɔu3$ | $k^hou3$ | $k^hou3$ |
| 侯 | 1 流-侯 | K | hio5 | hio5 | hɔ5 | hɔu5 | hou5 | hou5 |
| 后厚 | 1 流-侯 | K | hio6 | hio6 | hɔ7 | hɔu7 | hou6 | hou6 |

**表 3-3-13 闽东流摄 1 等文读层次对应表**

| 闽东 | | | 福州 | 福清 | 古田 | 柘荣 | 福安 | 宁德 |
|---|---|---|---|---|---|---|---|---|
| 例字 | 中古 | 声类 | eu/au | eu | ɛu | ɛu | ɛu/eu | ɛu/iɐu |
| 茂贸 | 1 流-侯 | P1 | mau7 | meu7 | mɛu7 | mɛu7 | mɛu7 | mɛu7 |
| 亩文读 | 1 流-侯 | P1 | meu2 | meu2 | mɛu2 | mɛu2 | meu2 | miɐu2 |
| 斗文读 | 1 流-侯 | T1 | | tcu3 | tɛu3 | tɛu3 | tɛu3 | tɛu3 |
| 偷文读 | 1 流-侯 | T1 | t$^{h}$eu1 | t$^{h}$eu1 | t$^{h}$ɛu1 | t$^{h}$ɛu1 | | |
| 陋 | 1 流-侯 | T1 | | leu7 | | lɛu7 | lɛu7 | lɛu7 |
| 叟 | 1 流-侯 | TS1 | seu2 | seu2 | | sɛu2 | seu2 | |
| 奏 | 1 流-侯 | TS1 | | tseu3 | tsɛu3 | tsɛu3 | tsɛu3 | tsɛu3 |
| 构 | 1 流-侯 | K | kau3 | keu3 | kɛu3 | kɛu3 | kɛu3 | kɛu3 |
| 口文读 | 1 流-侯 | K | k$^{h}$eu2 | k$^{h}$eu2 | k$^{h}$ɛu2 | k$^{h}$ɛu2 | k$^{h}$eu2 | k$^{h}$iɐu2 |
| 寇 | 1 流-侯 | K | | k$^{h}$eu3 | k$^{h}$ɛu3 | k$^{h}$ɛu3 | k$^{h}$ɛu3 | k$^{h}$ɛu3 |
| 侯 | 1 流-侯 | K | xeu5 | heu5 | hɛu5 | xɛu5 | hɛu5 | xɛu5 |
| 后 | 1 流-侯 | K | au7 | heu7 | hɛu7 | xɛu7 | | |
| 厚后 | 1 流-侯 | K | xau7 | heu7 | hɛu7 | xɛu7 | hɛu7 | xɛu7 |
| 瓯文读 | 1 流-侯 | ø | eu1 | eu1 | ɛu1 | ɛu1 | ɛu1 | |

**表 3-3-14 闽北流摄 1 等文读层次对应表**

| 闽北 | | | 石陂 | 建阳 | 崇安 | 建瓯 | 政和 | 松溪 |
|---|---|---|---|---|---|---|---|---|
| 例字 | 中古 | 声类 | əu | əu | iəu | e | ɛ | a |
| 茂贸 | 1 流-侯 | P1 | məu7 | məu7 | miəu7 | me7 | mɛ7 | ma7 |
| 亩 | 1 流-侯 | P1 | məu2 | məu2 | miəu2 | me2 | | ma2 |
| 斗 | 1 流-侯 | T1 | təu3 | təu3 | tiəu3 | te3 | tɛ3 | ta3 |
| 偷 | 1 流-侯 | T1 | t$^{h}$əu1 | həu1 | hiəu1 | t$^{h}$e1 | t$^{h}$ɛ1 | t$^{h}$a1 |
| 陋 | 1 流-侯 | T1 | ləu7 | ləu3 | liəu7 | le7 | | la7 |
| 叟 | 1 流-侯 | TS1 | | səu2 | siəu2 | se7 | | |
| 奏 | 1 流-侯 | TS1 | tsəu3 | tsəu3 | tsiəu3 | tse3 | | tsa3 |
| 构 | 1 流-侯 | K | kəu7 | kəu3 | kiəu3 | ke7 | kɛ7 | ka7 |

**续　表**

| 闽　北 | | | 石陂 | 建阳 | 崇安 | 建瓯 | 政和 | 松溪 |
|---|---|---|---|---|---|---|---|---|
| 例字 | 中　古 | 声类 | əu | əu | iəu | e | ɛ | a |
| 口 | 1 流-侯 | K | kʰəu2 | kʰəu2 | kʰiəu2 | kʰe2 | | kʰa2 |
| 寇 | 1 流-侯 | K | kʰəu3 | | kʰiəu3 | kʰe3 | | |
| 侯 | 1 流-侯 | K | ɦəu5 | xəu5 | xiəu5 | e2 | xɛ9 | ha9 |
| 后 | 1 流-侯 | K | xəu7 | xəu3 | xiəu7 | xe7 | xɛ7 | ha7 |
| 后厚 | 1 流-侯 | K | xəu7 | xəu3 | xiəu7 | | xɛ7 | ha7 |
| 瓯文读 | 1 流-侯 | ø | əu1 | əu1 | | e1 | ɛ1 | a1 |

表 3－3－15、3－3－16、3－3－17 分别是闽南、闽北、闽东流摄 3 等尤韵文读层次对应表，说明如下：

闽南、闽北、闽东流摄 3 等尤韵字群，非古唇音声母者，均有同读为-iu 的文读层表现；①但闽东的福安、宁德等地均具韵变现象，在各自特定的声调条件下读为-eu。而古唇音声母者的文读音均为-u 或-u 的韵变变体，此应视为相同文读层次的声母条件变体。

**表 3－3－15　闽南流摄 3 等文读层次对应表**

| 闽　南 | | | 南安 | 泉州 | 漳州 | 漳浦 | 澄海 | 揭阳 |
|---|---|---|---|---|---|---|---|---|
| 例字 | 中　古 | 声类 | iu/u | iu/u | iu/u | iu/u | iu/u | iu/u |
| 富文读 | 3 流-尤 | K－P2 | hu3 | hu3 | hu3 | hu3 | | |
| 妇文读 | 3 流-尤 | K－P2 | hu6 | hu6 | hu7 | hu7 | hu6 | hu6 |
| 副 | 3 流-尤 | K－P2 | hu3 | hu3 | hu3 | hu3 | hu3 | hu3 |
| 流留 | 3 流-尤 | T1 | liu5 | liu5 | liu5 | liu5 | liu5 | liu5 |
| 羞文读 | 3 流-尤 | TS1 | siu1 | siu1 | siu1 | siu1 | siu1 | siu1 |
| 泅文读 | 3 流-尤 | TS1 | siu5 | siu5 | siu5 | siu5 | siu5 | siu5 |

① 《福安市志》(1999)虽记录福安未发生低化韵变的尤韵上声字音读为-ieu，例如"柳丑九久"等字，但根据我们实际田调所得，未发生低化韵变的尤韵上声字实际韵读应为-iu，林寒生(2002)的语音记录亦与我们相同。

续 表

| 闽 南 | | | 南安 | 泉州 | 漳州 | 漳浦 | 澄海 | 揭阳 |
|---|---|---|---|---|---|---|---|---|
| 例字 | 中 古 | 声类 | iu/u | iu/u | iu/u | iu/u | iu/u | iu/u |
| 昼文读 | 3流-尤 | T2 | | tiu3 | tiu3 | tiu3 | tiu6 | tiu6 |
| 九久 | 3流-尤 | K | kiu2 | kiu2 | kiu2 | kiu2 | kiu2 | kiu2 |
| 邱文读 | 3流-尤 | K | $k^h$iu1 | $k^h$iu1 | $k^h$iu1 | | $k^h$iu1 | |
| 舅文读 | 3流-尤 | K | kiu6 | kiu6 | | kiu7 | | |
| 旧文读 | 3流-尤 | K | kiu3 | kiu3 | | kiu7 | | |
| 牛文读 | 3流-尤 | K | giu5 | giu5 | | | | |
| 有文读 | 3流-尤 | 喻三 | iu2 | iu2 | iu2 | iu2 | iu2 | iu2 |

**表 3-3-16 闽北流摄 3 等文读层次对应表**

| 闽 北 | | | 石陂 | 建阳 | 崇安 | 建瓯 | 政和 | 松溪 |
|---|---|---|---|---|---|---|---|---|
| 例字 | 中 古 | 声类 | iu/u | iu/o | iu/u | iu/u | iu/u | iu/u |
| 富文读 | 3流-尤 | K-P2 | xu3 | xo3 | xu3 | xu3 | xu3 | hu3 |
| 妇文读 | 3流-尤 | K-P2 | xu7 | xo3 | xu3 | xu7 | xu7 | hu7 |
| 副 | 3流-尤 | K-P2 | xu3 | xo7 | xu3 | xu3 | xu3 | hu3 |
| 流留 | 3流-尤 | T1 | liu3 | liu5 | liu5 | liu2 | liu9 | liu9 |
| 昼文读 | 3流-尤 | T2 | diu7 | tiu3 | tiu3 | tiu8 | tiu3 | |
| 九久 | 3流-尤 | K | kiu2 | kiu2 | kiu2 | kiu2 | kiu2 | kiu2 |
| 丘 | 3流-尤 | K | $k^h$iu1 | $k^h$iu1 | $k^h$iu1 | $k^h$iu1 | $k^h$iu1 | |
| 臼 | 3流-尤 | K | $k^h$iu1 | $k^h$iu3 | $k^h$iu7 | $k^h$iu7 | $k^h$iu7 | $k^h$iu7 |
| 舅 | 3流-尤 | K | kiu1 | kiu3 | kiu7 | kiu3 | kiu7 | kiu7 |
| 旧 | 3流-尤 | K | kiu7 | kiu7 | kiu7 | kiu7 | kiu7 | kiu7 |
| 牛 | 3流-尤 | K | niu3 | niu5 | ŋiu5 | niu3 | niu5 | niu5 |
| 有 | 3流-尤 | 喻三 | iu2 | iu2 | jiu2 | iu2 | iu2 | iu2 |

**表 3-3-17 闽东流摄 3 等文读层次对应表**

| 闽东 | | | 福州 | 福清 | 古田 | 柘荣 | 福安 | 宁德 |
|---|---|---|---|---|---|---|---|---|
| 例字 | 中古 | 声类 | u/ou | u/o | u | u | u/ou | u/ou |
| 富文读 | 3 流-尤 | K-P2 | xou3 | ho3 | hu3 | xu3 | hou3 | xou3 |
| 妇文读 | 3 流-尤 | K-P2 | xou7 | ho7 | hu7 | xu7 | hou7 | xou7 |
| 副 | 3 流-尤 | K-P2 | xou3 | ho3 | hu3 | xu3 | hou3 | xou3 |
| | | | iu | iu | iu | iu | ieu/eu | iu/eu |
| 流留 | 3 流-尤 | T1 | niu5 | liu5 | liu5 | liu5 | leu5 | leu5 |
| 羞文读 | 3 流-尤 | TS1 | siu1 | siu1 | siu1 | siu1 | seu1 | siu1 |
| 泅文读 | 3 流-尤 | TS1 | siu5 | siu5 | siu5 | siu5 | seu5 | seu5 |
| 昼文读 | 3 流-尤 | T2 | tiu3 | tiu3 | tiu3 | tiu3 | teu3 | (tiu3) |
| 九久 | 3 流-尤 | K | kiu2 | | kiu2 | kiu2 | kieu2 | kiu2 |
| 丘文读 | 3 流-尤 | K | kʰiu1 | kʰiu1 | kʰiu1 | kʰiu1 | kʰeu1 | kʰiu1 |
| 臼文读 | 3 流-尤 | K | kʰiu7 | kʰiu7 | kʰiu7 | kiu7 | keu7 | kʰeu7 |
| 舅文读 | 3 流-尤 | K | kiu7 | kiu7 | kiu7 | kiu7 | keu7 | keu7 |
| 旧文读 | 3 流-尤 | K | kiu7 | kiu7 | kiu7 | kiu7 | keu7 | keu7 |
| 牛文读 | 3 流-尤 | K | ŋiu5 | ŋiu5 | ŋiu5 | ŋiu5 | ŋeu5 | ŋeu5 |
| 有文读 | 3 流-尤 | 喻三 | iu2 | iu2 | iu2 | iu2 | jieu2 | iu2 |

3.3.1.3 宕摄开口韵

表 3-3-19、3-3-20、3-3-21 分别是闽南、闽东、闽北宕摄开口 1 等文读层次对应表，说明如下：

1. 闽南宕摄开口 1 等唐韵字群，无论任何声母条件，泉州腔、漳州腔均有同读为-ɔŋ 的文读层表现，入声韵读为相应的-ɔk。潮汕腔则读为-aŋ、-ak，但其入声韵有少数例字读为-ok，例如“寞洛索”等，这有两种可能的解释：(1) 相较于泉漳及其他闽语次方言的宕摄开口 1 等文读音，此或为潮汕语音变化的残余，反映早先的语音，不过阳声韵却没有相应的残余迹象；(2) 潮汕地区有一系列的新文读表现，例如模韵字的-u 韵读、阳韵庄系字的-uaŋ 韵读，语音形式都更接近于现代汉语，据此唐韵入声字的-ok 韵读也可能是来自新文读层的影响，至于阳声韵原来的韵读本即接近现代汉语，自然没有相应的新文读表现。从系统性的比较着眼，我们较倾向第二种解释。

2. 闽东宕摄开口1等唐韵字群，无论任何声母条件，均有同读为-ɔŋ、-oŋ 或-ɔuŋ、ouŋ 的文读层表现，入声韵读为相应的-ɔk、-ok 或-ɔuk、-ouk(福州、福清入声韵尾又发生弱化音变)。但福州在阴阳去及阴入调下韵腹低化读为-auŋ、-auʔ。

3. 闽北宕摄开口1等唐韵字群，无论任何声母条件，均有同读为-ɔŋ 的文读层表现，政和、松溪两地则读为-auŋ、-aŋ，但各地入声韵均读为相应的-ɔ 或-o。

4. 与前述遇、流摄文读层一样，闽语各次方言宕摄开口3等庄系字群的文读多同于1等字群，例如下表“庄装壮创霜”等字，入声韵则缺少3等庄系例字。

表 3－3－18

| 例字 | 中古 | 声类 | 泉州 | 漳州 | 澄海 | 福清 | 古田 | 柘荣 | 石陂 | 建阳 | 建瓯 |
|---|---|---|---|---|---|---|---|---|---|---|---|
| | | | ɔŋ | ɔŋ | aŋ | oŋ | ouŋ | oŋ | ɔŋ | ɔŋ | ɔŋ |
| 庄文读 | 3宕-阳 | TS2 | tsɔŋ1 | tsɔŋ1 | tsaŋ1 (tsuaŋ1) | tsoŋ1 | tsouŋ1 | tsoŋ1 | tsɔŋ1 | tsɔŋ1 | tsɔŋ1 |
| 装文读 | 3宕-阳 | TS2 | tsɔŋ1 | tsɔŋ1 | (tsuaŋ1) | tsoŋ1 | tsouŋ1 | tsoŋ1 | tsɔŋ1 | tsɔŋ1 | tsɔŋ1 |
| 壮文读 | 3宕-阳 | TS2 | tsɔŋ3 | tsɔŋ3 | tsaŋ3 | tsoŋ3 | tsouŋ3 | tsoŋ3 | tsɔŋ3 | tsɔŋ3 | |
| 创 | 3宕-阳 | TS2 | $ts^hɔŋ3$ | $ts^hɔŋ3$ | $ts^haŋ3$ | $ts^hoŋ3$ | $ts^houŋ3$ | | $ts^hɔŋ2$ | $t^hɔŋ3$ | $ts^hɔŋ3$ |
| 霜文读 | 3宕-阳 | TS2 | sɔŋ1 | sɔŋ1 | | soŋ1 | souŋ1 | soŋ1 | sɔŋ1 | sɔŋ1 | sɔŋ1 |

5. 此外，需要特别说明闽南潮汕地区3等庄系字群另有一项新文读-uaŋ，例如澄海“装状”等字文读为“tsuaŋ1、tsuaŋ6”，而“庄爽”等字文读音既可读为“tsaŋ1、saŋ2”，也可以读为“tsuaŋ1、suaŋ2”。

**表 3-3-19 闽南宕摄开口 1 等文读层次对应表**

| 闽南 | | | 南安 | 泉州 | 漳州 | 漳浦 | 澄海 | 揭阳 |
|---|---|---|---|---|---|---|---|---|
| 例字 | 中古 | 声类 | ɔŋ | ɔŋ | ɔŋ | ɔŋ | aŋ | aŋ |
| 茫 | 1 宕-唐 | P1 | bɔŋ5 | bɔŋ5 | bɔŋ5 | bɔŋ5 | maŋ1 | maŋ5 |
| 旁 | 1 宕-唐 | P1 | pɔŋ5 | pɔŋ5 | pɔŋ5 | | pʰaŋ5 | pʰaŋ5 |
| 当文读 | 1 宕-唐 | T1 | tɔŋ1 | tɔŋ1 | tɔŋ1 | tɔŋ1 | | |
| 堂文读 | 1 宕-唐 | T1 | tɔŋ5 | tɔŋ5 | tɔŋ5 | tɔŋ5 | tʰaŋ5 | tʰaŋ5 |
| 郎文读 | 1 宕-唐 | T1 | lɔŋ5 | lɔŋ5 | lɔŋ5 | lɔŋ5 | | |
| 仓文读 | 1 宕-唐 | TS1 | tsʰɔŋ1 | tsʰɔŋ1 | tsʰɔŋ1 | | | tsʰaŋ1 |
| 藏脏 | 1 宕-唐 | TS1 | tsɔŋ3 | tsɔŋ3 | tsɔŋ7 | tsɔŋ7 | tsaŋ6 | tsaŋ6 |
| 康 | 1 宕-唐 | K | kʰɔŋ1 | kʰɔŋ1 | | kʰɔŋ1 | kʰaŋ1 | kʰaŋ1 |
| 抗 | 1 宕-唐 | K | kʰɔŋ3 | kʰɔŋ3 | kʰɔŋ3 | kʰɔŋ3 | kʰaŋ3 | kʰaŋ3 |
| | | | ɔk | ɔk | ɔk | ɔk | ak (ok) | ak (ok) |
| 博 | 1 宕-唐 | P1 | pʰɔk4 | pʰɔk4 | pɔk4 * 8 | pʰɔk4 | pʰak4 | pʰak4 |
| 薄文读 | 1 宕-唐 | P1 | pɔk8 | pɔk8 | pʰɔk8 | | | |
| 寞 | 1 宕-唐 | P1 | bɔk8 | bɔk8 | bɔk8 | bɔk8 | (mok8) | (mok8) |
| 托 | 1 宕-唐 | T1 | tʰɔk4 | tʰɔk4 | tʰɔk4 | tʰɔk4 | | |
| 落文读 | 1 宕-唐 | T1 | lɔk8 | lɔk8 | lɔk8 | | | |
| 洛 | 1 宕-唐 | T1 | lɔk8 | lɔk8 | lɔk8 | lɔk8 | | (lok8) |
| 作文读 | 1 宕-唐 | TS1 | tsɔk4 | tsɔk4 | tsɔk4 | tsɔk4 | tsak4 | tsak4 |
| 凿文读 | 1 宕-唐 | TS1 | tsʰɔk8 | tsʰɔk8 | tsʰɔk8 | tsʰɔk8 *<br>sɔk8 | | |
| 索文读 | 1 宕-唐 | TS1 | | sɔk4 | | | (sok4) | (sok4) |
| 各文读 | 1 宕-唐 | K | kɔk4 | kɔk4 | kɔk4 | kɔk4 | kak4 | kak4 |
| 颚 | 1 宕-唐 | K | gɔk8 | gɔk8 | gɔk8 | gɔk8 | ŋak8 | ŋak8 |
| 鹤文读 | 1 宕-唐 | K | hɔk8 | hɔk8 | | hɔk8 | | |
| 恶文读 | 1 宕-唐 | Ø | ɔk4 | ɔk4 | ɔk4 | ɔk4 | ak4 | ak4 |

**表 3-3-20 闽东宕摄开口1等文读层次对应表**

| 闽东 | | | 福州 | 福清 | 古田 | 柘荣 | 福安 | 宁德 |
|---|---|---|---|---|---|---|---|---|
| 例字 | 中古 | 声类 | ouŋ/auŋ | oŋ | ouŋ | oŋ | ɔuŋ | ɔŋ |
| 茫 | 1宕-唐 | P1 | mouŋ5 | moŋ5 | | moŋ5 | mɔuŋ5 | mɔŋ5 |
| 旁 | 1宕-唐 | P1 | pouŋ5 | poŋ5 | | poŋ5 | pɔuŋ5 | pɔŋ5 |
| 当 | 1宕-唐 | T1 | touŋ1 | toŋ1 | touŋ1 | toŋ1 | tɔuŋ1 | tɔŋ1 |
| 汤 | 1宕-唐 | T1 | $t^h$ouŋ1 | $t^h$oŋ1 | $t^h$ouŋ1 | $t^h$oŋ1 | $t^h$ɔuŋ1 | $t^h$ɔŋ1 |
| 堂 | 1宕-唐 | T1 | touŋ5 | toŋ5 | touŋ5 | toŋ5 | tɔuŋ5 | tɔŋ5 |
| 郎 | 1宕-唐 | T1 | nouŋ5 | loŋ5 | louŋ5 | loŋ5 | lɔuŋ5 | lɔŋ5 |
| 仓 | 1宕-唐 | TS1 | $ts^h$ouŋ1 | $ts^h$oŋ1 | $ts^h$ouŋ1 | $ts^h$oŋ1 | $ts^h$ɔuŋ1 | $ts^h$ɔŋ1 |
| 藏西藏 | 1宕-唐 | TS1 | tsauŋ7 | tsoŋ7 | tsouŋ7 | | tsɔuŋ7 | tsɔŋ7 |
| 脏文读 | 1宕-唐 | TS1 | tsauŋ7 | tsoŋ7 | tsouŋ7 | | | tsɔŋ7 |
| 刚 | 1宕-唐 | K | kouŋ1 | koŋ1 | kouŋ1 | koŋ1 | kɔuŋ1 | kɔŋ1 |
| 康 | 1宕-唐 | K | $k^h$ouŋ1 | $k^h$oŋ1 | $k^h$ouŋ1 | $k^h$oŋ1 | $k^h$ɔuŋ1 | $k^h$ɔŋ1 |
| 抗 | 1宕-唐 | K | $k^h$auŋ3 | $k^h$oŋ3 | $k^h$ouŋ3 | $k^h$oŋ3 | $k^h$ɔuŋ3 | $k^h$ɔŋ3 |
| | | | ouʔ/auʔ | oʔ | ouk | ok | ɔuk | ɔk |
| 薄文读 | 1宕-唐 | P1 | pouʔ8 | poʔ8 | $p^h$ouk8 | | pɔuk8 | |
| 寞 | 1宕-唐 | P1 | mouʔ8 | moʔ8 | | mok8 | mɔuk8 | |
| 托文读 | 1宕-唐 | T1 | $t^h$auʔ4 | $t^h$oʔ4 | $t^h$ouk4 | $t^h$ok4 | $t^h$ɔuk4 | $t^h$ɔk4 |
| 落文读 | 1宕-唐 | T1 | nouʔ8 | loʔ8 | louk8 | lok8 | lɔuk8 | lɔk8 |
| 洛 | 1宕-唐 | T1 | nouʔ8 | | | lok8 | lɔuk8 | lɔk8 |
| 作文读 | 1宕-唐 | TS1 | tsauʔ4 | tsoʔ4 | tsouk4 | | (tsouk4) | tsɔk4 |
| 凿文读 | 1宕-唐 | TS1 | tsouʔ8 | | tsouk8 | tsok8 | $ts^h$ɔuk8 | $ts^h$ɔk8 |
| 昨文读 | 1宕-唐 | TS1 | tsouʔ8 | tsoʔ8 | tsouk4 | tsok8 | (tsouk8) | |
| 索文读 | 1宕-唐 | TS1 | sauʔ4 | soʔ4 | souk4 | | | sɔk4 |
| 各文读 | 1宕-唐 | K | kauʔ4 | koʔ4 | kouk4 | kok4 | kɔuk4 | |
| 颚 | 1宕-唐 | K | ŋauʔ4 | | ŋouk4 | | ŋɔuk8 | ŋɔk4 |
| 鹤文读 | 1宕-唐 | K | xouʔ8 | hoʔ8 | houk8 | xok8 | hɔuk8 | xɔk8 |
| 恶文读 | 1宕-唐 | ø | auʔ4 | oʔ4 | ouk4 | ok4 | ɔuk4 | ɔk4 |

**表 3-3-21　闽北宕摄开口 1 等文读层次对应表**

| 闽　北 | | | 石陂 | 建阳 | 崇安 | 建瓯 | 政和 | 松溪 |
|---|---|---|---|---|---|---|---|---|
| 例字 | 中　古 | 声类 | ɔŋ | ɔŋ | ɔŋ | ɔŋ | auŋ | aŋ |
| 茫 | 1 宕-唐 | P1 | mɔŋ3 | mɔŋ5 | mɔŋ5 | | | maŋ9 |
| 旁 | 1 宕-唐 | P1 | bɔŋ5 | βɔŋ5 | | pɔŋ8 | pauŋ9 | paŋ9 |
| 当 | 1 宕-唐 | T1 | tɔŋ1 | tɔŋ1 | tɔŋ1 | tɔŋ1 | tauŋ1 | taŋ1 |
| 汤 | 1 宕-唐 | T1 | $t^h$ɔŋ1 | hɔŋ1 | hɔŋ1 | $t^h$ɔŋ1 | $t^h$auŋ1 | $t^h$aŋ1 |
| 堂 | 1 宕-唐 | T1 | dɔŋ5 | lɔŋ5 | lɔŋ5 | tɔŋ2 | tauŋ9 | taŋ9 |
| 郎文读 | 1 宕-唐 | T1 | lɔŋ3 | lɔŋ5 | lɔŋ5 | lɔŋ3 | lauŋ5 | laŋ5 |
| 仓 | 1 宕-唐 | TS1 | $ts^h$ɔŋ3 | $t^h$ɔŋ1 | $t^h$ɔŋ1 | $ts^h$ɔŋ1 | $ts^h$auŋ1 | $ts^h$aŋ1 |
| 藏西藏 | 1 宕-唐 | TS1 | dzɔŋ7 | lɔŋ7 | lɔŋ7 | tsɔŋ7 | | |
| 脏文读 | 1 宕-唐 | TS1 | dzɔŋ7 | lɔŋ7 | lɔŋ7 | tsɔŋ7 | tsauŋ9 | tsaŋ4 |
| 刚 | 1 宕-唐 | K | kɔŋ1 | kɔŋ1 | kɔŋ1 | kɔŋ1 | | kaŋ1 |
| 康 | 1 宕-唐 | K | $k^h$ɔŋ1 | $k^h$ɔŋ1 | $k^h$ɔŋ1 | $k^h$ɔŋ1 | $k^h$auŋ1 | $k^h$aŋ1 |
| | | | ɔ | ɔ | o | ɔ | ɔ | o |
| 博 | 1 宕-唐 | P1 | pɔ4 | pɔ4 | po4 | pɔ4 | pɔ4 | po4 |
| 薄 | 1 宕-唐 | P1 | bɔ5 | βɔ8 | βo8 | pɔ8 | pɔ3 | po8 |
| 寞 | 1 宕-唐 | P1 | mɔ4 | mɔ4 | mo4 | | mɔ4 | mo4 |
| 托 | 1 宕-唐 | T1 | $t^h$ɔ4 | hɔ4 | ho4 | $t^h$ɔ4 | $t^h$ɔ4 | $t^h$o4 |
| 落 | 1 宕-唐 | T1 | lɔ5 | lɔ8 | lo8 | lɔ8 | lɔ3 | lo8 |
| 洛 | 1 宕-唐 | T1 | lɔ5 | lɔ8 | | lɔ4 * 8 | lɔ3 | lo8 |
| 作 | 1 宕-唐 | TS1 | tsɔ4 | tsɔ4 | tso4 | tsɔ4 | tsɔ4 | tso4 |
| 凿文读 | 1 宕-唐 | TS1 | dzɔ5 | lɔ8 | lo8 | tsɔ8 | | |
| 昨文读 | 1 宕-唐 | TS1 | | lɔ8 | lo2 | | | tso4 |
| 索 | 1 宕-唐 | TS1 | sɔ4 | sɔ4 | so4 | sɔ4 | sɔ4 | so4 |
| 各 | 1 宕-唐 | K | kɔ4 | kɔ4 | ko4 | kɔ4 | kɔ4 | ko4 |
| 鄂 | 1 宕-唐 | K | ŋɔ4 | ŋɔ8 | ŋo8 | ŋɔ4 | ŋɔ4 | ŋo4 |
| 鹤 | 1 宕-唐 | K | xɔ1 | xɔ8 | xo8 | xɔ7 | xɔ7 | ho7 |
| 恶 | 1 宕-唐 | Ø | ɔ4 | ɔ4 | o4 | ɔ4 | | o4 |

表3－3－24、3－3－25、3－3－26分别是闽南、闽东、闽北宕摄开口3等文读层次对应表，说明如下：

1. 闽南宕摄开口3等阳韵字群，无论任何声母条件，泉州腔均有同读为-iɔŋ的文读层表现，入声韵读为相应的-iɔk；漳州腔、潮汕腔则读为-iaŋ、-iak。

2. 闽东宕摄开口3等阳韵字群，无论任何声母条件，均有同读为-yoŋ的文读层表现，入声韵读为相应的-yok或-yøk。闽东韵母系统中，y介音与i介音具有互补分布关系，其y介音乃i介音受到主要元音同化影响而合口化。

3. 闽北宕摄开口3等阳韵字群，无论任何声母条件，均有同读为-iɔŋ或-ioŋ的文读层表现，入声韵读为相应的-iɔ或-io；崇安则读为-yɔŋ、-yo，乃介音受到主要元音同化影响而合口化。

4. 必须加以说明闽东福州、宁德与福安的内部特殊音变：

(1) 福州发生介音混同音变，在声母为舌齿音、主要元音为-o-的条件下，-y-介音混同-u-介音："-y-＞-u- ／{T，TS}__o"，因此福州宕摄开口3等韵的文读音，非舌齿音声母的"香养却约"等字今读为-yoŋ、-yoʔ，与多数闽东方言相应，而舌齿音声母的"张章略雀"等字今读则为-uoŋ、-uoʔ，此为后起的条件变体。

(2) 宁德也发生与福州相似的介音混同音变，但是只发生在舌根韵尾的韵母结构中："-y-＞-u- ／{T，TS}__o［＋velar］"，而且宁德在介音混同音变之外，又发生上升复元音韵腹的随调分化韵变，在阳平、阴阳去及阴入声调下进行高化音变："-uo-＞-u-"、"-yo-＞-y-"，在阴平、上声及阳入声调下进行低化音变："-uo-＞-ɔ-"，但韵腹-yo-仅主要元音受介音影响而前化为-yø-，没有发生低化音变(杜佳伦，2010)；由于宁德内部诸多音变交相发生，使得其宕摄开口3等韵对应的文读音显得十分复杂，现在将宁德这几项音变规律依发生顺序列出，如表3－3－22。推论其原来的-yoŋ、-yok先在阳平、阴阳去及阴入声调下高化为-yŋ、-yk，阴平与上声调下没有高化的-yoŋ、-yok再发生介音混同音变，在舌齿音条件下变读为-uoŋ、-uok，然后与阴平与上声调下没有高化的-uoŋ一起低化为-ɔŋ，据此可将宁德宕摄开口3等韵参差对应的多项韵读均视为后起的条件变体。

**表3-3-22**

| 宁德原始韵读 | | yoŋ、yok | | | | uoŋ、uok | |
|---|---|---|---|---|---|---|---|
| 声母类别 | | P-K-Ø- | | T-TS- | | 全 | |
| 声调类别 | | 1.2.8 | 5.3.7.4 | 1.2.8 | 5.3.7.4 | 1.2.8 | 5.3.7.4 |
| 例字 | | 香若 | 向却 | 章略 | 唱却 | 川远绝月 | 全权说发 |
| 1. | -uo->-u-<br>-yo->-y- | — | yŋ<br>yk | — | yŋ<br>yk | — | uŋ<br>uk |
| 2. | -y->-u- /<br>{T, TS}_o [+velar] | — | — | uoŋ<br>uok | — | — | — |
| 3. | -uo->-ɔ-<br>-yo->-yø- | yøŋ<br>yøk | — | ɔŋ<br>ɔk | — | ɔŋ<br>ɔk | — |
| 今读 | | yøŋ<br>yøk | yŋ<br>yk | ɔŋ<br>ɔk | yŋ<br>yk | ɔŋ<br>ɔk | uŋ<br>uk |

(3) 福安宕摄开口3等韵对应的文读音为-ioŋ、-iok，与其他闽东方言合口化的介音表现大不相同，这可能是福安独特的存古表现，但也可能是福安后起的内部系统性音变。相较于其他闽东方言点，福安的元音系统独独缺少撮口高元音y，如表3-3-23：①

**表3-3-23**

| 例字 | 福安 | 柘荣 | 古田 | 福清 |
|---|---|---|---|---|
| 鱼锯许 | i/øi | y | y | y/ø |
| 银芹近 | iŋ/øŋ | yŋ | yŋ | yŋ/øŋ |
| 宫勇用 | uŋ/øŋ | | | |

① 由于闽东方言许多地方在舌齿音声母条件下又发生介音混同音变，因此这里我们只比较非舌齿音声母的例字。

续 表

| 例 字 | 福 安 | 柘 荣 | 古 田 | 福 清 |
|---|---|---|---|---|
| 菊曲玉 | øk | yk | yk | yʔ/øʔ |
| 茄 桥 | i | yø | yø | yo |
| 言健件 | iŋ | yøŋ | yøŋ | yoŋ |
| 香姜强 | ioŋ | | | |
| 却虐约文 | iok | yøk | yøk | yoʔ |
| 脚白药 | ik | yøʔ | yøʔ | yo |

其中福安鱼类字、银类字、宫类字及菊类字在特定声调条件下的韵读，皆为y元音的韵变音读，而非i元音或u元音的韵变音读，据此可以推知福安本有y元音，但后来内部发生撮口高元音y的条件性音变规律："y>i ∕_［－velar］"、"y>u ∕_［＋velar］"，也就是说，福安的撮口高元音y几乎完全并入i，只有后接舌根成分的条件下并入u。这样看来，福安香类字、却类字也可能是受到该项音变影响而读为-ioŋ、-iok，不见得必然是独特的存古表现。

**表3-3-24 闽南宕摄开口3等文读层次对应表**

| 闽 南 | | | 南安 | 泉州 | 漳州 | 漳浦 | 澄海 | 揭阳 |
|---|---|---|---|---|---|---|---|---|
| 例字 | 中 古 | 声类 | iɔŋ | iɔŋ | iaŋ | iaŋ | iaŋ | iaŋ |
| 两文读 | 3宕-阳 | T1 | liɔŋ2 | liɔŋ2 | liaŋ2 | liaŋ2 | liaŋ2 | liaŋ2 |
| 相文读 | 3宕-阳 | TS1 | siɔŋ1 | siɔŋ1 | siaŋ1 * siɔŋ1 | siaŋ1 | siaŋ1 | siaŋ1 |
| 象文读 | 3宕-阳 | TS1 | siɔŋ6 | siɔŋ6 | siaŋ7 | siaŋ7 | | siaŋ6 |
| 张文读 | 3宕-阳 | T2 | tiɔŋ1 | tiɔŋ1 | tiaŋ1 | tiaŋ1 | tsiaŋ1 | tsiaŋ1 |
| 胀文读 | 3宕-阳 | T2 | tiɔŋ3 | tiɔŋ3 | | tiaŋ3 | tsiaŋ3 | tsiaŋ3 |
| 长文读 | 3宕-阳 | T2 | tiɔŋ5 | tiɔŋ5 | tiaŋ5 | tiaŋ5 | tiaŋ5 * $ts^h$iaŋ5 | $ts^h$iaŋ5 |
| 丈文读 | 3宕-阳 | T2 | tiɔŋ6 | tiɔŋ6 * $t^h$iɔŋ6 | tiɔŋ7 * tiaŋ7 | tiaŋ7 | tsiaŋ6 | tsiaŋ6 |

**续　表**

| 闽　　南 | | | 南安 | 泉州 | 漳州 | 漳浦 | 澄海 | 揭阳 |
|---|---|---|---|---|---|---|---|---|
| 例字 | 中　古 | 声类 | iɔŋ | iɔŋ | iaŋ | iaŋ | iaŋ | iaŋ |
| 杖文读 | 3宕-阳 | T2 | tiɔŋ6 | tiɔŋ6 | | tiaŋ7 | tsiaŋ6 | tsiaŋ6 |
| 章文读 | 3宕-阳 | TS3 | tsiɔŋ1 | tsiɔŋ1 | tsiaŋ1 | | tsiaŋ1 | tsiaŋ1 |
| 伤文读 | 3宕-阳 | TS3 | siɔŋ1 | siɔŋ1 | siaŋ1 | siaŋ1 | | siaŋ1 |
| 让文读 | 3宕-阳 | 日 | liɔŋ3 | liɔŋ3 | | dziaŋ7 | ziaŋ6 | ziaŋ6 |
| 香文读 | 3宕-阳 | K | hiɔŋ1 | hiɔŋ1 | hiaŋ1 | hiaŋ1 | hiaŋ1 | hiaŋ1 |
| 向文读 | 3宕-阳 | K | hiɔŋ3 | hiɔŋ3 | hiaŋ3 | hiaŋ3 | hiaŋ3 | hiaŋ3 |
| 央文读 | 3宕-阳 | Ø | iɔŋ1 | iɔŋ1 | iaŋ1 | iaŋ1 | iaŋ1 | iaŋ1 |
| 秧文读 | 3宕-阳 | Ø | | iɔŋ1 | iaŋ1 | iaŋ1 | iaŋ1 | iaŋ1 |
| 扬文读 | 3宕-阳 | 喻四 | iɔŋ5 | iɔŋ5 | iaŋ5 | iaŋ5 | iaŋ5 | iaŋ5 |
| 养 | 3宕-阳 | 喻四 | iɔŋ2 | iɔŋ2 | iaŋ2 | iaŋ2 | iaŋ2 | iaŋ2 |
| | | | iɔk | iɔk | iak | iak | iak | iak |
| 略文读 | 3宕-阳 | T1 | | liɔk8 | liak8 | liak8 | liak8 | liak8 |
| 雀 | 3宕-阳 | TS1 | | $ts^h$iɔk4 | $ts^h$iak4 | $ts^h$iak4 *<br>siak4 | $ts^h$iak4 | $ts^h$iak4 |
| 着文读 | 3宕-阳 | T2 | tiɔk8 | tiɔk8 | (tiɔk8) | | | |
| 若文读 | 3宕-阳 | 日 | liɔk8 | liɔk8 | dziak8 | dziak4 | ziak8 | ziak8 |
| 却 | 3宕-阳 | K | $k^h$iɔk4 | $k^h$iɔk4 | | $k^h$iak4 | $k^h$iak4 | $k^h$iak4 |
| 约文读 | 3宕-阳 | Ø | iɔk4 | iɔk4 | iak4 | iak4 | iak4 | iak4 |

**表3-3-25　闽东宕摄开口3等文读层次对应表**

| 闽　　东 | | | 福州 | 福清 | 古田 | 柘荣 | 福安 | 宁德 |
|---|---|---|---|---|---|---|---|---|
| 例字 | 中　古 | 声类 | yoŋ/uoŋ | yoŋ | yøŋ | yøŋ | ioŋ | yŋ/ɔŋ<br>yŋ/yøŋ |
| 两文读 | 3宕-阳 | T1 | nuoŋ2 | lyoŋ2 | lyøŋ2 | lyøŋ2 | | lɔŋ2 |
| 相文读 | 3宕-阳 | TS1 | suoŋ1 | syoŋ1 | syøŋ1 | syøŋ1 | sioŋ1 | sɔŋ1 |
| 张 | 3宕-阳 | T2 | tuoŋ1 | tyoŋ1 | tyøŋ1 | tyøŋ1 | tioŋ1 | tɔŋ1 |
| 胀 | 3宕-阳 | T2 | tuoŋ3 | tyoŋ3 | | tyøŋ3 | tioŋ3 | tyŋ3 |

续　表

| 闽东 | | | 福州 | 福清 | 古田 | 柘荣 | 福安 | 宁德 |
|---|---|---|---|---|---|---|---|---|
| 例字 | 中　古 | 声类 | yoŋ/uoŋ | yoŋ | yøŋ | yøŋ | ioŋ | yŋ/ɔŋ<br>yŋ/yøŋ |
| 长文读 | 3宕-阳 | T2 | tuoŋ5 | tyoŋ5 | tyøŋ5 | tyøŋ5 | tioŋ5 | tyŋ5 |
| 章 | 3宕-阳 | TS3 | tsuoŋ1 | tsyoŋ1 | tsyøŋ1 | tsyøŋ1 | tsioŋ1 | tsɔŋ1 |
| 伤文读 | 3宕-阳 | TS3 | suoŋ1 | syoŋ1 | syøŋ1 | syøŋ1 | sioŋ1 | sɔŋ1 |
| 让文读 | 3宕-阳 | 日 | yoŋ7 | yoŋ7 | yøŋ7 | yøŋ7 | jioŋ7 | yŋ7 |
| 疆 | 3宕-阳 | K | kyoŋ1 | kyoŋ1 | kyøŋ1 | kyøŋ1 | kioŋ1 | kyøŋ1 |
| 香 | 3宕-阳 | K | xyoŋ1 | hyoŋ1 | hyøŋ1 | xyøŋ1 | hioŋ1 | xyøŋ1 |
| 向 | 3宕-阳 | K | xyoŋ3 | hyoŋ3 | hyøŋ3 | xyøŋ3 | hioŋ3 | xyŋ3 |
| 央 | 3宕-阳 | ø | yoŋ1 | yoŋ1 | yøŋ1 | yøŋ1 | jioŋ1 | yøŋ1 |
| 秧文读 | 3宕-阳 | ø | yoŋ1 | yoŋ1 | yøŋ1 | | | yøŋ1 |
| 扬 | 3宕-阳 | 喻四 | yoŋ1 | yoŋ5 | yøŋ5 | yøŋ5 | jioŋ5 | yŋ5 |
| 养 | 3宕-阳 | 喻四 | yoŋ2 | yoŋ2 | yøŋ2 | yøŋ2 | jioŋ2 | yøŋ2 |
| | | | yoʔ/uoʔ | yoʔ | yøk | yøk | iok | yk/ɔk<br>yk/yøk |
| 略 | 3宕-阳 | T1 | nuoʔ8 | lyoʔ8 | lyøk8 | lyøk8 | liok8 | lɔk8 |
| 掠 | 3宕-阳 | T1 | nuoʔ4 | lyoʔ8 | lyøk8 | lyøk8 | liok8 | lɔk8 |
| 雀 | 3宕-阳 | TS1 | ts$^h$uoʔ4 | ts$^h$yoʔ4 | ts$^h$yøk4 | ts$^h$yøk4 | ts$^h$iok4 | ts$^h$yk4 |
| 削文读 | 3宕-阳 | TS1 | suoʔ4 | syoʔ4 | (suok4) | syøk4 | siok4 | syk4 |
| 着文读 | 3宕-阳 | T2 | tuoʔ8 | tyoʔ8 | tyøk8 | | | |
| 若文读 | 3宕-阳 | 日 | yoʔ8 | yoʔ8 | yøk8 | yøk8 | jiok8 | yøk8 |
| 脚文读 | 3宕-阳 | K | | | kyøk4 | kyøk4 | k$^h$iok4 | k$^h$yk4 |
| 却 | 3宕-阳 | K | k$^h$yoʔ4 | k$^h$yoʔ4 | k$^h$yøk4 | kyøk4 | k$^h$iok4 | k$^h$yk4 |
| 约文读 | 3宕-阳 | ø | yoʔ4 | yoʔ4 | yøk4 | yøk4 | jiok4 | yk4 |

表 3-3-26　闽北宕摄开口 3 等文读层次对应表

| 闽　　北 | | | 石陂 | 建阳 | 崇安 | 建瓯 | 政和 | 松溪 |
|---|---|---|---|---|---|---|---|---|
| 例字 | 中　古 | 声类 | ioŋ | ioŋ | yɔŋ | ioŋ | iɔŋ | ioŋ |
| 两文读 | 3 宕-阳 | T1 | lioŋ2 | lioŋ2 | lyɔŋ2 | lioŋ2 | liɔŋ2 | lioŋ2 |
| 相文读 | 3 宕-阳 | TS1 | sioŋ1 | sioŋ1 | syɔŋ1 | sioŋ1 | siɔŋ1 | sioŋ1 |
| 象 | 3 宕-阳 | TS1 | sioŋ7 | sioŋ3 | syɔŋ7 | sioŋ7 | siɔŋ7 | sioŋ7 |
| 张 | 3 宕-阳 | T2 | tioŋ1 | tioŋ1 | tyɔŋ1 | tioŋ1 | tiɔŋ1 | tioŋ1 |
| 胀 | 3 宕-阳 | T2 | tioŋ3 | | tyɔŋ3 | tioŋ3 | tiɔŋ3 | |
| 长文读 | 3 宕-阳 | T2 | | | | tioŋ2 | | tioŋ9 |
| 章 | 3 宕-阳 | TS3 | tsioŋ1 | tsioŋ1 | (tsɔŋ1) | tsioŋ1 | tsiɔŋ1 | tsioŋ1 |
| 伤 | 3 宕-阳 | TS3 | sioŋ1 | sioŋ1 | (sɔŋ1) | sioŋ1 | siɔŋ1 | sioŋ1 |
| 疆 | 3 宕-阳 | K | kʰioŋ1 | kioŋ1 | kyɔŋ1 | kʰioŋ1 | | kʰioŋ1 |
| 香 | 3 宕-阳 | K | xioŋ1 | xioŋ1 | xyɔŋ1 | xioŋ1 | xiɔŋ1 | hioŋ1 |
| 向 | 3 宕-阳 | K | xioŋ3 | xioŋ3 | xyɔŋ3 | xioŋ3 | xiɔŋ3 | hioŋ3 |
| 央文读 | 3 宕-阳 | ø | | ioŋ1 | yɔŋ1 | ioŋ1 | iɔŋ1 | ioŋ1 |
| 秧文读 | 3 宕-阳 | ø | ioŋ1 | ioŋ1 | yɔŋ1 | ioŋ1 | | |
| 扬 | 3 宕-阳 | 喻四 | ioŋ3 | ioŋ5 | yɔŋ5 | ioŋ3 | iɔŋ9 | ioŋ9 |
| 养 | 3 宕-阳 | 喻四 | ioŋ2 | ioŋ2 | yɔŋ2 | ioŋ2 | iɔŋ2 | ioŋ2 |
| | | | io | iɔ | yo | iɔ | iɔ | io |
| 略 | 3 宕-阳 | T1 | lio5 | liɔ8 | lyo8 | liɔ4 | liɔ4 | lio4 |
| 掠 | 3 宕-阳 | T1 | | liɔ8 | lyo8 | liɔ4 | liɔ4 | lio4 |
| 雀 | 3 宕-阳 | TS1 | tsʰio4 | tsʰiɔ4 | tsʰyo4 | tsʰiɔ4 | tsʰiɔ4 | tsʰio4 |
| 削文读 | 3 宕-阳 | TS1 | sio4 | siɔ4 | syo4 | siɔ4 | siɔ4 | sio4 |
| 着 | 3 宕-阳 | T2 | tio1 | tiɔ8 | tyo8 | tiɔ7 | tiɔ7 | tio7 |
| 若 | 3 宕-阳 | 日 | ɦio5 | ɦiɔ8 | jyo2 | iɔ4 | iɔ4 | io4 |
| 脚 | 3 宕-阳 | K | kio4 | kiɔ4 | | kiɔ4 | kiɔ4 | kio4 |
| 却 | 3 宕-阳 | K | kʰio4 | kʰiɔ4 | kʰyo4 | kʰiɔ4 | kʰiɔ4 | kʰio4 |
| 约文读 | 3 宕-阳 | ø | io4 | iɔ4 | yo4 | iɔ4 | iɔ4 | io4 |

3.3.1.4 通摄

表 3-3-29、3-3-30、3-3-31 分别是闽南、闽东、闽北通摄 1 等文读层次对应表，说明如下：

1. 闽南通摄 1 等东、冬韵字群，无论任何声母条件，均有同读为 -ɔŋ 或-oŋ 的文读层表现，入声韵读为相应的-ɔk 或-ok。其中泉州腔、漳州腔通摄 1 等文读音与宕摄开口 1 等文读音混同，但潮汕地区及闽东、闽北都一致维持异读关系（如表 3-3-27），由此推知泉、漳通宕两摄 1 等文读音的混同，应为后起的音韵变化。

**表 3-3-27**

| | 泉、漳腔 | 潮汕腔 | 闽东(柘荣) | 闽北(石陂) |
|---|---|---|---|---|
| 通 1 文读音 | ɔŋ-ɔk | oŋ-ok | uŋ-uk | əŋ-u |
| 宕开 1 文读音 | ɔŋ-ɔk | aŋ-ak | oŋ-ok | ɔŋ-ɔ |

2. 闽东通摄 1 等东、冬韵字群，无论任何声母条件，均有同读为 -uŋ 的文读层表现，入声韵读为相应的-uk。但福州、福清、福安、宁德等地均具韵变现象，在各自特定的声调条件下读为-ouŋ 或-oŋ，入声韵读为相应的-ouk 或-ok。

3. 闽北通摄 1 等东、冬韵字群，无论任何声母条件，均有同读为 -əŋ 或-ɔŋ 或-oŋ 的文读层表现，入声韵多数方言点读为-u，唯建阳读为 -o，与遇摄 1 等文读音相同，而松溪一地同样具有条件变体，在舌齿音声母条件下读为下降复元音-ɒu。

4. 闽语各次方言通摄 3 等非系字群及古明母字的文读亦多同于 1 等字群，例如下表“风奉梦福服目”等字：

**表 3-3-28**

| 例字 | 中古 | 声类 | 泉州 | 漳州 | 澄海 | 福清 | 古田 | 柘荣 | 石陂 | 建阳 | 建瓯 |
|---|---|---|---|---|---|---|---|---|---|---|---|
| | | | ɔŋ<br>ɔk | ɔŋ<br>ɔk | oŋ<br>ok | uŋ/oŋ<br>uŋ/oʔ | uŋ<br>uk | uŋ<br>uk | əŋ<br>u | oŋ<br>o | ɔŋ<br>u |
| 风 | 3 通-东 | K-P2 | hɔŋ1 | hɔŋ1 | hoŋ1 | huŋ1 | huŋ1 | xuŋ1 | xəŋ1 | xoŋ1 | xɔŋ1 |
| 凤 | 3 通-东 | K-P2 | hɔŋ3 | hɔŋ7 | hoŋ6 | hoŋ7 | huŋ7 | xuŋ7 | xəŋ7 | | xɔŋ7 |

续 表

| 例字 | 中古 | 声类 | 泉州 | 漳州 | 澄海 | 福清 | 古田 | 柘荣 | 石陂 | 建阳 | 建瓯 |
|---|---|---|---|---|---|---|---|---|---|---|---|
| | | | ɔŋ<br>ɔk | ɔŋ<br>ɔk | oŋ<br>ok | uŋ/oŋ<br>uŋ/oʔ | uŋ<br>uk | uŋ<br>uk | əŋ<br>u | oŋ<br>o | ɔŋ<br>u |
| 梦文读 | 3通-东 | P1 | bɔŋ3 | bɔŋ7 | | moŋ7 | muŋ3 | muŋ3 | məŋ7 | moŋ7 | mɔŋ7 |
| 蜂文读 | 3通-钟 | K-P2 | hɔŋ1 | hɔŋ1 | | 峰<br>huŋ1 | 峰<br>huŋ1 | xuŋ1 | 封<br>xəŋ1 | 封<br>xoŋ1 | xɔŋ1 |
| 奉 | 3通-钟 | K-P2 | hɔŋ6 | hɔŋ7 | hoŋ6 | hoŋ7 | huŋ7 | xuŋ7 | xəŋ7 | xoŋ3 | xɔŋ7 |
| 福 | 3通-东 | K-P2 | hɔk4 | hɔk4 | hok4 | hoʔ4 | huk4 | xuk4 | xu4 | xo4 | xu4 |
| 腹文读 | 3通-东 | K-P2 | hɔk4 | hɔk4 | | hoʔ4 | huk4 | xuk4 | | xo4 | xu4 |
| 服 | 3通-东 | K-P2 | hɔk8 | hɔk8 | hok8 | huʔ8 | huk8 | xuk8 | xu1 | xo8 | xu4 * 7 |
| 目文读 | 3通-东 | P1 | bɔk8 | bɔk8 | | muʔ8 | muk8 | muk8 | mu5 | | mu8 |

**表 3-3-29 闽南通摄 1 等文读层次对应表**

| 闽南 | | | 南安 | 泉州 | 漳州 | 漳浦 | 澄海 | 揭阳 |
|---|---|---|---|---|---|---|---|---|
| 例字 | 中古 | 声类 | ɔŋ | ɔŋ | ɔŋ | ɔŋ | oŋ | oŋ |
| 蒙 | 1通-东 | P1 | bɔŋ5 | bɔŋ5 | bɔŋ5 | bɔŋ5 | moŋ5 | |
| 东文读 | 1通-东 | T1 | tɔŋ1 | tɔŋ1 | tɔŋ1 | tɔŋ1 | toŋ1 | toŋ1 |
| 童 | 1通-东 | T1 | tɔŋ5 | tɔŋ5 | tɔŋ5 | tɔŋ5 | $t^h$oŋ5 | $t^h$oŋ5 |
| 动文读 | 1通-东 | T1 | tɔŋ6 | tɔŋ6 | tɔŋ7 | tɔŋ7 | toŋ7 * 6 | toŋ6 |
| 总文读 | 1通-东 | TS1 | tsɔŋ2 | tsɔŋ2 | tsɔŋ2 | tsɔŋ2 | tsoŋ2 | tsoŋ2 |
| 送文读 | 1通-东 | TS1 | sɔŋ3 | sɔŋ3 | sɔŋ3 | sɔŋ3 | | |
| 公文读 | 1通-东 | K | kɔŋ1 | kɔŋ1 | kɔŋ1 | kɔŋ1 | koŋ1 | koŋ1 |
| 贡 | 1通-东 | K | kɔŋ3 | kɔŋ3 | kɔŋ3 | kɔŋ3 | koŋ3 | koŋ3 |
| 空文读 | 1通-东 | K | $k^h$ɔŋ1 | $k^h$ɔŋ1 | $k^h$ɔŋ1 | $k^h$ɔŋ1 | $k^h$oŋ1 | $k^h$oŋ1 |
| 红文读 | 1通-东 | K | hɔŋ5 | hɔŋ5 | hɔŋ5 | hɔŋ5 | hoŋ5 | |
| 翁文读 | 1通-东 | Ø | ɔŋ1 | ɔŋ1 | ɔŋ1 | ɔŋ1 | oŋ1 | oŋ1 |
| 冬文读 | 1通-冬 | T1 | tɔŋ1 | tɔŋ1 | tɔŋ1 | tɔŋ1 | | |
| 统 | 1通-冬 | T1 | | $t^h$ɔŋ2 | $t^h$ɔŋ2 | $t^h$ɔŋ2 | $t^h$oŋ2 | $t^h$oŋ2 |
| 宗 | 1通-冬 | TS1 | tsɔŋ1 | tsɔŋ1 | tsɔŋ1 | tsɔŋ1 | tsoŋ1 | tsoŋ1 |

续　表

| 闽　南 | | | 南安 | 泉州 | 漳州 | 漳浦 | 澄海 | 揭阳 |
|---|---|---|---|---|---|---|---|---|
| 例字 | 中　古 | 声类 | ɔŋ | ɔŋ | ɔŋ | ɔŋ | oŋ | oŋ |
| 松文读 | 1 通-冬 | TS1 | sɔŋ1 | sɔŋ1 | sɔŋ1 | | soŋ1 | soŋ1 |
| 宋 | 1 通-冬 | TS1 | sɔŋ3 | sɔŋ3 | sɔŋ3 | sɔŋ3 | soŋ3 | soŋ3 |
| | | | ɔk | ɔk | ɔk | ɔk | ok | ok |
| 曝文读 | 1 通-东 | P1 | | pʰɔk8 | pʰɔk8 | pʰɔk8 | | |
| 木文读 | 1 通-东 | P1 | bɔk8 | bɔk8 | bɔk8 | bɔk8 | 沐 mok8 | |
| 独 | 1 通-东 | T1 | tɔk8 | tɔk8 | tɔk8 | tɔk8 | tok8 | tok8 |
| 读文读 | 1 通-东 | T1 | tʰɔk8 | tʰɔk8 | | tʰɔk8 | | |
| 族 | 1 通-东 | TS1 | tsɔk8 | tsɔk8 | tsɔk8 | tsɔk8 | tsok8 | tsok8 |
| 速 | 1 通-东 | TS1 | sɔk4 | sɔk4 | sɔk4 | sɔk4 | sok4 | sok4 |
| 谷 | 1 通-东 | K | kɔk4 | kɔk4 | | kɔk4 | kok4 | kok4 |
| 屋 | 1 通-东 | ø | ɔk4 | ɔk4 | ɔk4 | ɔk4 | ok4 | ok4 |
| 笃督 | 1 通-冬 | T1 | tɔk4 | tɔk4 | tɔk4 | tɔk4 | tok4 | tok4 |
| 毒文读 | 1 通-冬 | T1 | tɔk8 | tɔk8 | tɔk8 | tɔk8 | | |
| 酷 | 1 通-冬 | K | kʰɔk4 | kʰɔk4 | kʰɔk4 | kʰɔk4 | kʰok4 | kok4 |
| 哭 | 1 通-冬 | K | kʰɔk4 | kʰɔk4 | kʰɔk4 | kʰɔk4 | | kʰok4 |
| 沃文读 | 1 通-冬 | ø | ɔk4 | ɔk4 | ɔk4 | | ok4 | ok4 |

**表 3-3-30　闽东通摄 1 等文读层次对应表**

| 闽　东 | | | 福州 | 福清 | 古田 | 柘荣 | 福安 | 宁德 |
|---|---|---|---|---|---|---|---|---|
| 例字 | 中　古 | 声类 | uŋ/ouŋ | uŋ/oŋ | uŋ | uŋ | uŋ/ouŋ | uŋ/oŋ |
| 蒙 | 1 通-东 | P1 | muŋ5 | muŋ5 | | muŋ5 | mouŋ5 | moŋ5 |
| 东文读 | 1 通-东 | T1 | tuŋ1 | tuŋ1 | tuŋ1 | tuŋ1 | touŋ1 | tuŋ1 |
| 童 | 1 通-东 | T1 | tuŋ5 | tuŋ5 | tuŋ5 | tuŋ5 | touŋ5 | toŋ5 |
| 动文读 | 1 通-东 | T1 | touŋ7 | toŋ7 | tuŋ7 | tuŋ7 | touŋ7 | toŋ7 |
| 总文读 | 1 通-东 | TS1 | tsuŋ2 | tsuŋ2 | tsuŋ2 | tsuŋ2 | tsuŋ2 | tsuŋ2 |
| 送文读 | 1 通-东 | TS1 | souŋ3 | soŋ3 | | suŋ3 | souŋ3 | |

**续　表**

| 闽　东 | | | 福州 | 福清 | 古田 | 柘荣 | 福安 | 宁德 |
|---|---|---|---|---|---|---|---|---|
| 例字 | 中　古 | 声类 | uŋ/ouŋ | uŋ/oŋ | uŋ | uŋ | uŋ/ouŋ | uŋ/oŋ |
| 公文读 | 1 通-东 | K | kuŋ1 | kuŋ1 | kuŋ1 | kuŋ1 | kouŋ1 | kuŋ1 |
| 贡 | 1 通-东 | K | kouŋ3 | koŋ3 | kuŋ3 | kuŋ3 | kouŋ3 | koŋ3 |
| 空文读 | 1 通-东 | K | $k^h$uŋ1 | $k^h$uŋ1 | $k^h$uŋ1 | $k^h$uŋ1 | $k^h$ouŋ1 | $k^h$uŋ1 |
| 红 | 1 通-东 | K | xuŋ5 | huŋ5 | huŋ5 | xuŋ5 | houŋ5 | xoŋ5 |
| 翁文读 | 1 通-东 | Ø | | uŋ1 | uŋ1 | uŋ1 | ouŋ1 | uŋ1 |
| 冬文读 | 1 通-冬 | T1 | | | tuŋ1 | tuŋ1 | touŋ1 | |
| 统 | 1 通-冬 | T1 | $t^h$uŋ2 | $t^h$uŋ2 | $t^h$uŋ2 | $t^h$uŋ2 | $t^h$uŋ2 | $t^h$uŋ2 |
| 宗 | 1 通-冬 | TS1 | tsuŋ1 | tsuŋ1 | tsuŋ1 | tsuŋ1 | tsouŋ1 | tsuŋ1 |
| 松文读 | 1 通-冬 | TS1 | | | suŋ1 | suŋ1 | | |
| 宋文读 | 1 通-冬 | TS1 | souŋ3 | soŋ3 | suŋ3 | suŋ3 | souŋ3 | |
| | | | uʔ/ouʔ | uʔ/oʔ | uk | uk | ouk | uk/ok |
| 曝文读 | 1 通-东 | P1 | puʔ8 | puʔ8 | puk8 | | | |
| 木文读 | 1 通-东 | P1 | muʔ8 | muʔ8 | muk8 | muk8 | mouk8 | muk8 |
| 独 | 1 通-东 | T1 | tuʔ8 | tuʔ8 | tuk8 | tuk8 | touk8 | tuk8 |
| 读文读 | 1 通-东 | T1 | $t^h$uʔ8 | $t^h$uʔ8 | $t^h$uk8 | tuk8 | $t^h$ouk8 | $t^h$uk8 |
| 族 | 1 通-东 | TS1 | tsuʔ8 | tsuʔ8 | tsuk8 | tsuk8 | tsouk8 | tsuk8 |
| 速 | 1 通-东 | TS1 | souʔ4 | soʔ4 | suk4 | suk4 | souk4 | sok4 |
| 谷 | 1 通-东 | K | kouʔ4 | koʔ4 | kuk4 | kuk4 | (kok4) | kok4 |
| 屋 | 1 通-东 | Ø | ouʔ4 | oʔ4 | uk4 | uk4 | ouk4 | ok4 |
| 笃督 | 1 通-冬 | T1 | touʔ4 | toʔ4 | | tuk4 | touk4 | tok4 |
| 毒文读 | 1 通-冬 | T1 | tuʔ8 | tuʔ8 | tuk8 | tuk8 | touk8 | tuk8 |
| 酷 | 1 通-冬 | K | | koʔ4 | kuk4 | $k^h$uk4 | (kok4) | $k^h$ok4 |
| 哭 | 1 通-冬 | K | $k^h$ouʔ4 | $k^h$oʔ4 | $k^h$uk4 | $k^h$uk4 | $k^h$ouk4 | $k^h$ok4 |
| 沃文读 | 1 通-冬 | Ø | | oʔ4 | (ouk4) | | (ɔuk4) | ok4 |

**表 3-3-31　闽北通摄 1 等文读层次对应表**

| 闽北 | | | 石陂 | 建阳 | 崇安 | 建瓯 | 政和 | 松溪 |
|---|---|---|---|---|---|---|---|---|
| 例字 | 中古 | 声类 | əŋ | oŋ | əŋ | ɔŋ | ɔŋ | oŋ |
| 蒙 | 1 通-东 | P1 | məŋ3 | moŋ5 | məŋ5 | mɔŋ2 | mɔŋ9 | moŋ9 |
| 东 | 1 通-东 | T1 | təŋ1 | toŋ1 | təŋ1 | tɔŋ1 | tɔŋ1 | toŋ1 |
| 童 | 1 通-东 | T1 | dəŋ5 | loŋ5 | ləŋ5 | tɔŋ2 | | toŋ9 |
| 动 | 1 通-东 | T1 | dəŋ3 | loŋ3 | ləŋ3 | tɔŋ8 | tɔŋ3 | toŋ8 |
| 总 | 1 通-东 | TS1 | tsəŋ2 | tsoŋ2 | tsəŋ2 | tsɔŋ2 | tsɔŋ2 | tsoŋ2 |
| 送 | 1 通-东 | TS1 | səŋ3 | soŋ3 | səŋ3 | sɔŋ3 | sɔŋ3 | soŋ3 |
| 公 | 1 通-东 | K | kəŋ1 | koŋ1 | kəŋ1 | kɔŋ1 | kɔŋ1 | koŋ1 |
| 工 | 1 通-东 | K | kəŋ1 | koŋ1 | kəŋ1 | kɔŋ1 | kɔŋ1 | koŋ1 |
| 贡 | 1 通-东 | K | kəŋ3 | koŋ3 | kəŋ3 | kɔŋ3 | kɔŋ3 | koŋ3 |
| 空 | 1 通-东 | K | $k^{h}$əŋ1 | $k^{h}$oŋ1 | $k^{h}$əŋ1 | $k^{h}$ɔŋ1 | $k^{h}$ɔŋ1 | $k^{h}$oŋ1 |
| 红文读 | 1 通-东 | K | | xoŋ5 | xəŋ5 | | xɔŋ9 | hoŋ9 |
| 翁 | 1 通-东 | Ø | əŋ1 | oŋ1 | əŋ1 | ɔŋ1 | ɔŋ1 | oŋ1 |
| 冬 | 1 通-冬 | T1 | təŋ1 | toŋ1 | təŋ1 | tɔŋ1 | tɔŋ1 | toŋ1 |
| 统 | 1 通-冬 | T1 | $t^{h}$əŋ2 | hoŋ2 | həŋ2 | $t^{h}$ɔŋ2 | | $t^{h}$oŋ2 |
| 宗 | 1 通-冬 | TS1 | tsəŋ1 | tsoŋ1 | tsəŋ1 | tsɔŋ1 | tsɔŋ1 | tsoŋ1 |
| 松 | 1 通-冬 | TS1 | səŋ1 | soŋ1 | | | sɔŋ1 | soŋ1 |
| 宋 | 1 通-冬 | TS1 | səŋ3 | soŋ3 | səŋ3 | sɔŋ3 | sɔŋ3 | soŋ3 |
| | | | u | o | u | u | u | u/ɒu |
| 曝 | 1 通-东 | P1 | | | | $p^{h}$u7 | $p^{h}$u7 | $p^{h}$u7 |
| 木 | 1 通-东 | P1 | mu5 | | mu7 | mu8 | mu3 | mu8 |
| 独 | 1 通-东 | T1 | tu1＊4 | lo8 | lu8 | tu4 | tu4 | tɒu4 |
| 读 | 1 通-东 | T1 | du5 | $t^{h}$o8 | lu8 | tu4 | tu4 | tɒu4 |
| 族 | 1 通-东 | TS1 | dzu5 | lo8 | lu8 | tsu8 | tsu9 | tsɒu4 |
| 速 | 1 通-东 | TS1 | su4 | so4 | su4 | su4 | su4 | sɒu4 |
| 谷 | 1 通-东 | K | ku4 | | ku4 | ku4 | ku4 | ku4 |
| 屋 | 1 通-东 | Ø | u4 | o4 | u4 | u4 | u4 | u4 |

**续　表**

| 闽　北 | | | 石陂 | 建阳 | 崇安 | 建瓯 | 政和 | 松溪 |
|---|---|---|---|---|---|---|---|---|
| 例字 | 中　古 | 声类 | u | o | u | u | u | u/ɒu |
| 笃督 | 1通-冬 | T1 | tu4 | to4 | tu4 | tu4 | tu4 | tɒu4 |
| 毒文读 | 1通-冬 | T1 | du5 | lo8 | lu8 | tu8 | tu3 | tɒu8 |
| 酷 | 1通-冬 | K | | $k^h$o4 | $k^h$u4 | $k^h$u4 | $k^h$u1 | |
| 哭 | 1通-冬 | K | $k^h$u4 | $k^h$o4 | $k^h$u4 | $k^h$u4 | $k^h$u2 | |
| 沃文读 | 1通-冬 | ø | u4 | | | u4 | u4 | |

表 3－3－32、3－3－33、3－3－34 分别是闽南、闽东、闽北通摄 3 等文读层次对应表，说明如下：

1. 闽南通摄 3 等东、钟韵字群，无论任何声母条件，泉州腔、漳州腔均有同读为-iɔŋ 的文读层表现，入声韵读为相应的-iɔk。相较于此，潮汕腔则具有条件变体，在非舌齿音声母条件下亦读为-ioŋ、-iok，但在舌齿音声母条件下，却多读同 1 等韵的-oŋ、-ok，[①]就其共时平面上的条件性分布，应将-ioŋ、-iok 与-oŋ、-ok 视为同一来源的条件变体。然而，若从层次系统性比较与方言比较来看，可以有另一种较为复杂的解释与分析。(参见 5.4.2 讨论)

2. 闽东福州、福清、古田及宁德的通摄 3 等东、钟韵字群，无论任何声母条件，均有同读为-yŋ 的文读层表现，入声韵读为相应的-yk；但福州、福清、宁德具韵变现象，在各自特定的声调条件下读为-øyŋ 或-øŋ，入声韵读为相应的-øyk 或-øk(福州、福清入声韵尾又发生弱化音变)。相较于此，柘荣、福安等北片方言点则具有声母条件变体，在非舌齿音声母条件下[②]亦读为-yŋ、-yk(福安因发生韵变而

---

① 日母字文读声母在潮汕读为 z-，亦属舌齿音声母一类，但此声母条件下韵读表现有方言差异：澄海亦为-oŋ、-ok；但揭阳在此声母条件下阳声韵却为-ioŋ，例如"绒茸"二字。

② 不过，福安在零声母条件下，-yŋ 也发生语音变化："yŋ>yuŋ>juŋ"，乃韵腹-y-受到舌根韵尾影响，衍生后部元音(u)，然后-y-转为半元音-j-，入声韵有相应变化"yk>yuk>juk"。这类零声母条件变体(juŋ、juk)因音值的差异运行另一韵变规律"-u->-ou-"，与舌根声母者(-y->-ø-)表现并不一致。

非上声字读为-øŋ、-øk)，但在舌齿音声母条件下，却多读同 1 等韵的-uŋ、-uk(福安非上声调读为-ouŋ、-ouk)，单就文读层在共时平面上的条件性分布，也应将-yŋ、-yk 与-uŋ、-uk 视为同一来源的条件变体。然而，5.4.2 节也从层次系统性比较与方言比较切入，提出另一种看法。

3. 闽北通摄 3 等东、钟韵字群的入声韵，均读同遇摄 3 等文读音-y(而且崇安、松溪两地也同样交杂另一项近似条件分布的韵读)；但阳声韵读对应略有参差，建瓯等东南片方言读为-œyŋ，石陂等西北片方言则读为-ueiŋ 或-eiŋ 或-əŋ。

**表 3-3-32　闽南通摄 3 等文读层次对应表**

| 闽南 | | | 南安 | 泉州 | 漳州 | 漳浦 | 澄海 | 揭阳 |
|---|---|---|---|---|---|---|---|---|
| 例字 | 中古 | 声类 | iɔŋ | iɔŋ | iɔŋ | iɔŋ | ioŋ/oŋ | ioŋ/oŋ |
| 中平声 | 3 通-东 | T2 | tiɔŋ1 | tiɔŋ1 | tiɔŋ1 | tiɔŋ1 | toŋ1 | toŋ1 |
| 终 | 3 通-东 | TS3 | tsiɔŋ1 | tsiɔŋ1 | tsiɔŋ1 | tsiɔŋ1 | tsoŋ1 | tsoŋ1 |
| 充 | 3 通-东 | TS3 | $ts^h$iɔŋ1 | $ts^h$iɔŋ1 | $ts^h$iɔŋ1 | $ts^h$iɔŋ1<br>* siɔŋ1 | $ts^h$oŋ1 | $ts^h$oŋ1 |
| 绒 | 3 通-东 | 日 | liɔŋ5 | liɔŋ5 | dziɔŋ5 | dziɔŋ5 | zoŋ5 | zioŋ5 |
| 松文读 | 3 通-钟 | TS1 | siɔŋ5 | siɔŋ5 | siɔŋ5 | siɔŋ5 | soŋ5 | soŋ5 |
| 颂 | 3 通-钟 | TS1 | siɔŋ3 | siɔŋ3 | (sɔŋ3) | siɔŋ7 | soŋ6 | |
| 重上声 | 3 通-钟 | T2 | tiɔŋ6 | tiɔŋ6 | tiɔŋ7 | tiɔŋ7 | toŋ6 | toŋ6 |
| 种上声 | 3 通-钟 | TS3 | tsiɔŋ2 | tsiɔŋ2 | tsiɔŋ2 | tsiɔŋ2 | | |
| 茸 | 3 通-钟 | 日 | liɔŋ5 | liɔŋ5 | dziɔŋ5 | dziɔŋ5 | zoŋ5 | zioŋ5 |
| 穷文读 | 3 通-东 | K | kiɔŋ5 | kiɔŋ5 | kiɔŋ5 | kiɔŋ5 | $k^h$ioŋ5 | $k^h$ioŋ5 |
| 雄 | 3 通-东 | K | hiɔŋ5 | hiɔŋ5 | hiɔŋ5 | hiɔŋ5 | hioŋ5 | hioŋ5 |
| 恭 | 3 通-钟 | K | kiɔŋ1 | kiɔŋ1 | kiɔŋ1 | kiɔŋ1 | kioŋ1 | kioŋ1 |
| 凶 | 3 通-钟 | K | hiɔŋ1 | hiɔŋ1 | hiɔŋ1 | hiɔŋ1 | hioŋ1 | hioŋ1 |
| 容 | 3 通-钟 | 喻四 | iɔŋ5 | iɔŋ5 | iɔŋ5 | iɔŋ5 | ioŋ5 | ioŋ5 |

续 表

| 闽 南 | | | 南安 | 泉州 | 漳州 | 漳浦 | 澄海 | 揭阳 |
|---|---|---|---|---|---|---|---|---|
| 例字 | 中 古 | 声类 | iɔk | iɔk | iɔk | iɔk | iok/ok | iok/ok |
| 六陆 | 3 通-东 | T1 | liɔk8 | liɔk8 | liɔk8 | liɔk8 | | lok8 |
| 肃 | 3 通-东 | TS1 | siɔk4 | | siɔk4 | siɔk4 | sok4 | sok4 |
| 祝 | 3 通-东 | TS3 | tsiɔk4 | tsiɔk4 | tsiɔk4 | tsiɔk4 | tsok4 | tsok4 |
| 叔淑 | 3 通-东 | TS3 | siɔk4 | siɔk4 | siɔk4 | siɔk4 | sok4 | sok4 |
| 足 | 3 通-钟 | TS1 | tsiɔk4 | tsiɔk4 | tsiɔk4 | tsiɔk4 | tsok4 | tsok4 |
| 促文读 | 3 通-钟 | TS1 | $ts^hiɔk4$ | $ts^hiɔk4$ | $ts^hiɔk4$ | $ts^hiɔk4$ | $ts^hok4$ | $ts^hok4$ |
| 俗赎 | 3 通-钟 | TS1 | siɔk8 | siɔk8 | siɔk8 | siɔk8 | sok8 | sok8 |
| 辱 | 3 通-钟 | 日 | liɔk8 | liɔk8 | dziɔk8 | dziɔk8 | zok8 | zok8 |
| 菊文读 | 3 通-东 | K | kiɔk4 | kiɔk4 | kiɔk4 | kiɔk4 | | |
| 育 | 3 通-东 | 喻四 | iɔk8 | iɔk8 | iɔk8 | iɔk8 | iok8 | iok8 |
| 曲文读 | 3 通-钟 | K | $k^hiɔk4$ | $k^hiɔk4$ | $k^hiɔk4$ | $k^hiɔk4$ | $k^hiok4$ | $k^hiok4$ |
| 局文读 | 3 通-钟 | K | kiɔk8 | kiɔk8 | kiɔk8 | kiɔk8 | | |
| 玉文读 | 3 通-钟 | K | giɔk8 | giɔk8 | giɔk8 | giɔk8 | | |
| 浴文读 | 3 通-钟 | 喻四 | iɔk8 | iɔk8 | iɔk8 | iɔk8 | iok8 | iok8 |

**表 3-3-33 闽东通摄 3 等文读层次对应表**

| 闽 东 | | | 福州 | 福清 | 古田 | 柘荣 | 福安 | 宁德 |
|---|---|---|---|---|---|---|---|---|
| 例字 | 中 古 | 声类 | yŋ/øyŋ | yŋ/øŋ | yŋ | yŋ/uŋ | uŋ/øŋ<br>uŋ/ouŋ | yŋ/øŋ |
| 中平声 | 3 通-东 | T2 | tyŋ1 | tyŋ1 | tyŋ1 | tuŋ1 | touŋ1 | tyŋ1 |
| 终 | 3 通-东 | TS3 | tsyŋ1 | (tsuŋ1) | tsyŋ1 | tsuŋ1 | tsouŋ1 | tsyŋ1 |
| 众 | 3 通-东 | TS3 | tsøyŋ3 | tsøŋ3 | tsyŋ3 | tsuŋ3 | tsouŋ3 | tsøŋ3 |
| 充 | 3 通-东 | TS3 | $ts^hyŋ1$ | $ts^hyŋ1$ | $ts^hyŋ1$ | $ts^huŋ1$ | $ts^houŋ1$ | $ts^hyŋ1$ |
| 松 | 3 通-钟 | TS1 | syŋ5 | syŋ5 | syŋ5 | suŋ5 | souŋ5 | søŋ5 |
| 颂 | 3 通-钟 | TS1 | søyŋ7 | søŋ7 | syŋ7 | suŋ7 | souŋ7 | søŋ7 |
| 重平声 | 3 通-钟 | T2 | tyŋ5 | tyŋ5 | | tuŋ5 | touŋ5 | tøŋ5 |

**续 表**

| 闽 东 | | | 福州 | 福清 | 古田 | 柘荣 | 福安 | 宁德 |
|---|---|---|---|---|---|---|---|---|
| 例字 | 中 古 | 声类 | yŋ/øyŋ | yŋ/øŋ | yŋ | yŋ/uŋ | uŋ/øŋ<br>uŋ/ouŋ | yŋ/øŋ |
| 种上声 | 3 通-钟 | TS3 | tsyŋ2 | tsyŋ2 | tsyŋ2 | tsuŋ2 | tsuŋ2 | tsyŋ2 |
| 绒 | 3 通-东 | 日 | yŋ5 | yŋ5 | yŋ5 | yŋ5 | jouŋ5 | øŋ5 |
| 穷 | 3 通-东 | K | kyŋ5 | kyŋ5 | kyŋ5 | kyŋ5 | køŋ5 | køŋ5 |
| 雄 | 3 通-东 | K | xyŋ5 | hyŋ5 | | xyŋ5 | høŋ5 | xøŋ5 |
| 茸 | 3 通-钟 | 日 | yŋ5 | yŋ5 | | yŋ5 | jouŋ5 | øŋ5 |
| 恭 | 3 通-钟 | K | kyŋ1 | kyŋ1 | kyŋ1 | kyŋ1 | køŋ1 | kyŋ1 |
| 恐 | 3 通-钟 | K | $k^h$yŋ2 | $k^h$yŋ2 | $k^h$yŋ2 | $k^h$yŋ2 | $k^h$uŋ2 | $k^h$yŋ2 |
| 凶 | 3 通-钟 | K | xyŋ1 | hyŋ1 | hyŋ1 | xyŋ1 | høŋ1 | xyŋ1 |
| 容 | 3 通-钟 | 喻四 | yŋ5 | yŋ5 | yŋ5 | yŋ5 | jouŋ5 | øŋ5 |
| | | | yʔ/øyʔ | yʔ/øʔ | yk | yk/uk | øk<br>ouk | yk/øk |
| 六陆 | 3 通-东 | T1 | nyʔ8 | (luʔ8) | lyk8 | luk8 | louk8 | lyk8 |
| 肃 | 3 通-东 | TS1 | søyʔ4 | søʔ4 | | suk4 | souk4 | søk4 |
| 祝 | 3 通-东 | TS3 | tsøyʔ4 | (tsoʔ4) | tsyk4 | tsuk4 | tsouk4 | tsøk4 |
| 叔淑 | 3 通-东 | TS3 | søyʔ4 | søʔ4 | | suk4 | souk4 | søk4 |
| 足 | 3 通-钟 | TS1 | tsøyʔ4 | (tsoʔ4) | tsyk4 | tsuk4 | tsouk4 | tsøk4 |
| 促文读 | 3 通-钟 | TS1 | $ts^h$øyʔ4 | | | $ts^h$uk8 | | $ts^h$øk4 |
| 俗赎 | 3 通-钟 | TS1 | syʔ8 | syʔ8 | syk8 | suk8 | souk8 | syk8 |
| 菊 | 3 通-东 | K | køyʔ4 | køʔ4 | kyk4 | kyk4 | køk4 | køk4 |
| 育 | 3 通-东 | 喻四 | yʔ8 | yʔ8 | yk8 | yk8 | jouk8 | yk8 |
| 辱 | 3 通-钟 | 日 | yʔ8 | yʔ8 | yk8 | yk8 | jouk8 | yk8 |
| 曲文读 | 3 通-钟 | K | $k^h$øyʔ4 | $k^h$øʔ4 | $k^h$yk4 | $k^h$yk4 | $k^h$øk4 | $k^h$øk4 |
| 玉文读 | 3 通-钟 | K | ŋyʔ8 | ŋyʔ8 | ŋyk8 | ŋyk8 | ŋøk8 | ŋyk8 |
| 浴 | 3 通-钟 | 喻四 | yʔ8 | yʔ8 | yk8 | yk8 | jouk8 | yk8 |

**表 3-3-34　闽北通摄 3 等文读层次对应表**

| 闽　北 | | | 石陂 | 建阳 | 崇安 | 建瓯 | 政和 | 松溪 |
|---|---|---|---|---|---|---|---|---|
| 例字 | 中　古 | 声类 | ueiŋ | eiŋ | əŋ | œyŋ | œyŋ | œyŋ |
| 中平声 | 3 通-东 | T2 | tueiŋ1 | teiŋ1 | təŋ1 | tœyŋ1 | tœyŋ1 | tœyŋ1 |
| 终 | 3 通-东 | TS3 | tsueiŋ1 | tseiŋ1 | tsəŋ1 | tsœyŋ1 | tsœyŋ1 | tsœyŋ1 |
| 充 | 3 通-东 | TS3 | (ts$^h$əŋ1) | t$^h$eiŋ1 | t$^h$əŋ1 | ts$^h$œyŋ1 | ts$^h$œyŋ1 | ts$^h$œyŋ1 |
| 绒 | 3 通-东 | 日 | ɦueiŋ5 | ɦeiŋ5 | həŋ5 | 戎 œyŋ2 | lœyŋ9 | hœyŋ9 |
| 穷 | 3 通-东 | K | kueiŋ3 | keiŋ5 | kəŋ5 | kœyŋ2*3 | kœyŋ5 | kœyŋ9 |
| 雄 | 3 通-东 | K | xueiŋ2 | xeiŋ5 | xəŋ5 | xœyŋ2*3 | xœyŋ9 | hœyŋ9 |
| 松 | 3 通-钟 | TS1 | dzueiŋ5 | seiŋ5 | ləŋ5 | tsœyŋ2 | tsœyŋ9 | tsœyŋ9 |
| 颂 | 3 通-钟 | TS1 | sueiŋ7 | seiŋ7 | səŋ7 | sœyŋ7 | sœyŋ7 | sœyŋ7 |
| 重平声 | 3 通-钟 | T2 | dueiŋ5 | leiŋ5 | ləŋ5 | tœyŋ2 | tœyŋ9 | tœyŋ9 |
| 种上声 | 3 通-钟 | TS3 | tsueiŋ2 | tseiŋ2 | tsəŋ2 | tsœyŋ2 | tsœyŋ2 | tsœyŋ2 |
| 茸 | 3 通-钟 | 日 | ɦueiŋ5 | ɦeiŋ5 | həŋ5 | œyŋ2 | lœyŋ9 | hœyŋ9 |
| 恭 | 3 通-钟 | K | | keiŋ1 | kəŋ1 | kœyŋ1 | | kœyŋ1 |
| 共文读 | 3 通-钟 | K | kueiŋ7 | keiŋ7 | həŋ7 | | | kœyŋ7 |
| 凶 | 3 通-钟 | K | xueiŋ1 | xeiŋ1 | xəŋ1 | xœyŋ1 | xœyŋ1 | hœyŋ1 |
| 容 | 3 通-钟 | 喻四 | ɦueiŋ5 | eiŋ5 | | œyŋ2 | xœyŋ9 | hœyŋ9 |
| | | | y | y | y/əu | y | y | y/œy |
| 六陆 | 3 通-东 | T1 | ly5 | ly8 | ləu8 | ly8 | ly3 | lœy8 |
| 祝 | 3 通-东 | TS3 | tsy4 | tsy4 | tsy4 | tsy4 | | tsy4 |
| 叔淑 | 3 通-东 | TS3 | sy7*4 | sy4 | sy4 | sy4 | sy4 | sy4 |
| 菊 | 3 通-东 | K | ky4 | ky4 | kəu4 | ky4 | ky4 | ky4 |
| 育 | 3 通-东 | 喻四 | y4 | ɦy8 | əu4 | y4 | xy4 | hœy4 |
| 足 | 3 通-钟 | TS1 | tsy4 | tsy4 | tsəu4 | tsy4 | tsy4 | tsœy4 |
| 促文读 | 3 通-钟 | TS1 | | ts$^h$y4 | t$^h$əu4 | ts$^h$y4 | | ts$^h$œy4 |
| 粟 | 3 通-钟 | TS1 | sy4 | sy4 | səu4 | sy4 | sy4 | sœy4 |
| 俗 | 3 通-钟 | TS1 | sy1 | sy8 | səu8 | sy4 | sy4 | sœy4 |
| 烛 | 3 通-钟 | TS3 | tsy4 | tsy4 | tsy4 | tsy4 | | tsy4 |

**续 表**

| 闽北 | | | 石陂 | 建阳 | 崇安 | 建瓯 | 政和 | 松溪 |
|---|---|---|---|---|---|---|---|---|
| 例字 | 中古 | 声类 | y | y | y/əu | y | y | y/œy |
| 辱 | 3通-钟 | 日 | y4 | ɦy8 | həu8 | y8 | ly4 | y4 |
| 曲 | 3通-钟 | K | kʰy4 | kʰy4 | kʰəu4 | kʰy4 | kʰy4 | ky4 |
| 玉狱 | 3通-钟 | K | ŋy5 | ŋy8 | ŋəu8 | ŋy8 | ŋy3 | ŋy8 |
| 浴 | 3通-钟 | 喻四 | ɦy5 | | həu8 | y8 | y4 | hœy8 |

### 3.3.2 3等独读的白读层次(B)

遇、流、宕开、通四个韵摄字群在1、3等有别的文读层次之外，均有另一项3等独读的白读层次，而且遇摄3等鱼韵与虞韵表现有别，虞韵读同尤韵，本小节将鱼韵与阳韵一同进行系统性的观察分析，虞韵则与尤韵、东钟韵一起讨论。

#### 3.3.2.1 鱼韵与阳韵

表3-3-38、3-3-39分别是闽南鱼韵3等独读层次对应表，以及闽东、闽北相对应的韵读，说明如下：

1. 闽南遇摄3等鱼韵字群有独立的白读韵，泉州腔读为-ɯ，漳州腔读为-i，潮汕腔读为-ə。① 如上一小节所述，泉、漳地区韵书时代鱼韵的文白读没有语音形式的差异，后来在舌齿音声母条件下逐渐接受新文读-u，遂使闽南鱼韵今读具有较为明显的文白异读，但舌根音声母条件下还是没有文白音韵形式的差异：

**表3-3-35**

| 韵目 | 声类 | 例字 | 泉州 | 漳州 | 澄海 |
|---|---|---|---|---|---|
| 鱼文读 | T-TS | 序诸处 | ɯ* u | i* u | u |
| 鱼白读1 | T-TS-K | 箸鼠鱼 | ɯ | i | ə |

① 唯汕头韵读表现同于泉州腔，也读为-ɯ。

2. 泉、漳两腔的鱼韵原来都没有文白读的语音差异，但从层次系统性比较来看，意义并不相同，泉、漳两腔文白层次的鱼虞关系如表3－3－36：(1) 着眼于音韵层次，可以说泉腔方言一直没有接受中古鱼虞无别的文读韵，直到韵书时代以后才逐渐接受鱼虞无别的新文读-u；但着眼于历史时间层次系统，我们认为泉腔方言面对唐宋文读系统中的鱼韵字，乃以自身白读系统的强劲音韵结构去调整改读，由此角度切入分析，则泉腔方言鱼韵的唐宋文读层与3等独读白读层可以说是“异层同读”。(2) 漳腔方言倒是接受了中古鱼虞无别的文读韵，调整读为-i，恰与鱼韵的白读形式完全一致，韵书时代以后才又逐渐接受同样鱼虞无别的新文读-u；海南文昌鱼韵的文白异读可以帮助我们确定漳州异层恰好同读的现象，文昌鱼韵的白读形式为-u，而中古鱼虞无别的文读韵同样读为-i，与漳州的调整方式一致，但其鱼韵呈现文白截然相异的对立关系：

**表3－3－36**

<table>
<tr><th rowspan="2">层次</th><th rowspan="2">鱼韵<br>例字</th><th colspan="2">泉　州</th><th colspan="2">漳　州</th><th colspan="2">文　昌</th></tr>
<tr><th>鱼</th><th>虞</th><th>鱼</th><th>虞</th><th>鱼</th><th>虞</th></tr>
<tr><td>新文读</td><td rowspan="2">絮诸处<br>据语与</td><td colspan="2">u</td><td colspan="2">u</td><td colspan="2" rowspan="2">i</td></tr>
<tr><td>文读</td><td>ɯ</td><td>u</td><td colspan="2">i</td></tr>
<tr><td>白读1</td><td>箸猪鱼</td><td>ɯ</td><td>iu</td><td>i</td><td>iu</td><td>u</td><td>iu</td></tr>
<tr><td>白读2</td><td>苎初梳</td><td>ue</td><td>u/ɔ</td><td>e</td><td>u/ɔ</td><td>iu</td><td>u/ou</td></tr>
</table>

3. 闽东、闽北的遇摄3等鱼韵字群，缺少明显相应的独立白读音。这有两种可能的解释：(1) 只有闽南具有鱼韵3等独读的历史层次；(2) 依据方言共同历史层次的对应性，闽东、闽北该层次韵读在音值上恰与后来进入的文读层同音。我们比较倾向第二种解释，理由是：(1) 如表3－3－37及表3－3－39所示，同样来自古书母的“舒书黍鼠”等字具有文白异读，闽东相应于闽南“书 tsə1”、“鼠 ts$^h$ə2”的白读音为 tsy1、ts$^h$y2，白读韵母形式与文读音没有分别，又其他仅有

一读的白读例字，例如“猪箸锄蕗鱼去”等，多为基本语词，在闽东、闽北所对应的韵读皆与文读层一致。

**表 3-3-37**

| 例　字 | 闽　南（潮汕） | 闽　东 | 闽　北 |
|---|---|---|---|
| 舒文读 | su1 | sy1 | sy1 |
| 书白读 | tsə1 | tsy1 | |
| 黍文读 | su2 | sy2 | sy2 |
| 鼠 | $ts^{h}$ə2 | $ts^{h}$y2 | $ts^{h}$y2 |

（2）单从音韵层次而言，可以说闽东、闽北只有遇摄 3 等鱼虞同读的文读音，而没有鱼韵 3 等独读的白读音；然而，着眼于同群方言的共同历史层次，除非我们能证明鱼韵 3 等独读的层次为闽南个别接触吸收或独特发展的音韵系统，否则闽东、闽北必然具有相应的鱼韵 3 等独读层次，只是因其后起的内部音变而与文读音合流。

**表 3-3-38　闽南鱼韵 3 等独读层次对应表**

| 闽　南 | | | 南安 | 泉州 | 漳州 | 漳浦 | 澄海 | 揭阳 |
|---|---|---|---|---|---|---|---|---|
| 例字 | 中　古 | 声类 | ɯ | ɯ | i | i | ə | ə |
| 驴 | 3 遇-鱼 | T1 | lɯ5 | lɯ5 | li5 | li5 | lə5 | lə5 |
| 煮 | 3 遇-鱼 | TS3 | tsɯ2 | tsɯ2 | tsi2 | tsi2 | tsə2 | tsə2 |
| 猪 | 3 遇-鱼 | T2 | tɯ1 | tɯ1 | ti1 | ti1 | tə1 | tə1 |
| 箸 | 3 遇-鱼 | T2 | tɯ3 | tɯ3 | ti7 | ti7 | tə7 | |
| 锄 | 3 遇-鱼 | TS2 | tɯ5 | tɯ5 | ti5 | ti5 | tə5 | |
| 贮白读 | 3 遇-鱼 | T2 | $t^{h}$ɯ2 | $t^{h}$ɯ2 | | $t^{h}$i2 | | |
| 苎白读 | 3 遇-鱼 | T2 | $t^{h}$ɯ2 | tɯ6 | | $t^{h}$i2 | | |
| 鼠 | 3 遇-鱼 | TS3 | $ts^{h}$ɯ2 | $ts^{h}$ɯ2 | $ts^{h}$i2 | $ts^{h}$i2 * si2 | $ts^{h}$ə2 | $ts^{h}$ə2 |
| 蕗 | 3 遇-鱼 | TS3 | tsɯ5 | tsɯ5 | tsi5 | tsi5 | tsə5 | tsə5 |
| 锯 | 3 遇-鱼 | K | kɯ3 | kɯ3 | ki3 | ki3 | kə3 | kə3 |

**续　表**

| 闽　　南 | | | 南安 | 泉州 | 漳州 | 漳浦 | 澄海 | 揭阳 |
|---|---|---|---|---|---|---|---|---|
| 例字 | 中　古 | 声类 | ɯ | ɯ | i | i | ə | ə |
| 去 | 3 遇-鱼 | K | k$^h$ɯ3 | k$^h$ɯ3 | k$^h$i3 | k$^h$i3 | k$^h$ə3 | k$^h$ə3 |
| 鱼 | 3 遇-鱼 | K | hɯ5 | hɯ5 | hi5 | hi5 | hə5 | hə5 |
| 许白读 | 3 遇-鱼 | K | hɯ2 | hɯ2 | hi2 | hi2 | hə2 | hə2 |

**表 3-3-39　闽东、闽北对应于闽南鱼韵 3 等独读层次的音读**

| 例字 | 中古 | 声类 | 泉州 | 漳州 | 澄海 | 福清 | 古田 | 柘荣 | 石陂 | 建阳 | 建瓯 |
|---|---|---|---|---|---|---|---|---|---|---|---|
| | | | ɯ | i | ə | y/ø | y | y | y | y | y |
| 驴 | 3 遇-鱼 | T1 | lɯ5 | li5 | lə5 | | ly5 | | ly3 | ly5 | ly3 |
| 煮 | 3 遇-鱼 | TS3 | tsɯ2 | tsi2 | tsə2 | tsy2 | tsy2 | tsy2 | tsy2 | tsy2 | tsy2 |
| 猪 | 3 遇-鱼 | T2 | tɯ1 | ti1 | tə1 | ty1 | ty1 | ty1 | ty1 | | |
| 箸 | 3 遇-鱼 | T2 | tɯ3 | ti7 | tə7 | tø7 | ty7 | ty7 | ty7 | ty7 | ty7 |
| 锄 | 3 遇-鱼 | TS2 | tɯ5 | ti5 | tə5 | t$^h$y5 | t$^h$y5 | t$^h$y5 | dy5 | ly9*<br>hy5 | t$^h$y3 |
| 贮白读 | 3 遇-鱼 | T2 | t$^h$ɯ2 | | | t$^h$y2 | ty2 | ty2 | | | |
| 鼠 | 3 遇-鱼 | TS3 | ts$^h$ɯ2 | ts$^h$i2 | ts$^h$ə2 | ts$^h$y2 | ts$^h$y2 | ts$^h$y2 | ts$^h$y2 | ts$^h$y2 | ts$^h$y2 |
| 藷 | 3 遇-鱼 | TS3 | tsɯ5 | tsi5 | tsə5 | sy5 | sy5 | sy5 | tsy3 | tsy5 | tsy3* y2 |
| 锯 | 3 遇-鱼 | K | kɯ3 | ki3 | kə3 | kø3 | ky3 | ky3 | ky3 | ky3 | ky3 |
| 去 | 3 遇-鱼 | K | k$^h$ɯ3 | k$^h$i3 | k$^h$ə3 | k$^h$ø3 | k$^h$y3 | k$^h$y3 | k$^h$y3 | k$^h$y3 | |
| 鱼 | 3 遇-鱼 | K | hɯ5 | hi5 | hə5 | ŋy5 | ŋy5 | ŋy5 | ŋy3 | ŋy5 | ŋy3 |
| 许白读 | 3 遇-鱼 | K | hɯ2 | hi2 | hə2 | hy2 | hy2 | xy2 | xy2 | xy2 | xy2 |

表 3-3-42、3-3-43 分别是闽南阳韵 3 等独读层次对应表，以及闽东、闽北相对应的韵读，说明如下：

1. 闽南宕摄开口 3 等阳韵字群有独立的白读韵，读为-iũ或-iõ 或-iẽ，入声韵读为相应的-ioʔ 或-ieʔ，而且梗摄开口 3 等清韵入声字有相同的白读韵，例如“借尺石”等。

2. 闽东、闽北的宕摄开口 3 等阳韵字群，阳声韵缺少明显相应的白读音，与前述一样，我们认为闽东、闽北3等阳韵独读的白读音，在音值上与后来进入的文读层合流。理由是：(1) 如表3－3－40及表3－3－43所示，“象上让养”等字在闽语各次方言均具有文白异读，而闽东、闽北相应于闽南的白读韵母形式与其文读韵母形式没有分别。

**表3－3－40**

| 例　字 | 闽　南<br>(漳州) | 闽　东<br>(福清) | 闽　北<br>(石陂) |
|---|---|---|---|
| 象文读 | siaŋ7 | syoŋ3 | sioŋ7 |
| 像象白读 | $ts^h$iō7 | $ts^h$yoŋ7 | $ts^h$ioŋ7 |
| 上文读 | siaŋ7 | syoŋ7 | sioŋ7 |
| 上白读 | $ts^h$iō7 | $ts^h$yoŋ7 | $ts^h$ioŋ7 |
| 让文读 | dziaŋ7 | yoŋ7 | ɦioŋ3 |
| 让白读 | niō7 | nyoŋ7 | nioŋ7 |
| 养 | iaŋ2 | yoŋ2 | ioŋ2 |
| 痒 | tsiō7 | syoŋ7 | dzioŋ3 |

(2) 闽东宕摄开口3等阳韵字群的阳声韵虽无文白音韵形式的差异，但其入声韵维持文白相异的音读形式，如表3－3－41所示，从其文白相异的入声韵可以推知阳声韵应该也有相应的文白两项历史层次，只是异层恰好同读。

**表3－3－41**

| 层　次 | 例　字 | 闽南<br>(漳州) | 闽东<br>(福清) | 闽东<br>(古田) | 闽东<br>(柘荣) |
|---|---|---|---|---|---|
| 阳韵文读 | 昌商强爵却 | iaŋ-iak | yoŋ-yoʔ | yøŋ-yøk | yøŋ-yøk |
| 阳韵白读1 | 浆抢痒箬药 | iō-ioʔ | yoŋ-yo | yøŋ-yøʔ | yøŋ-yøʔ |

3. 闽南、闽东、闽北的梗摄开口3等清韵入声字的白读音均同于阳韵的入声白读，反映古鱼部3等字与古宵部3等字同读，而且该项历史层次中，“借惜席尺石液”等古鱼部3等字，尚未如中古韵书著录一样分入昔韵，此为闽语该项历史层次的重要韵读特色。

**表 3-3-42　闽南阳韵 3 等独读层次对应表**

| 闽南 | | | 南安 | 泉州 | 漳州 | 漳浦 | 澄海 | 揭阳 |
|---|---|---|---|---|---|---|---|---|
| 例字 | 中古 | 声类 | iũ | iũ | iõ | iũ | iẽ | iõ |
| 娘白读 | 3 宕-阳 | T1 | niũ5 | niũ5 | niõ5 | niũ5 | niẽ5 | (nio5) |
| 量平声 | 3 宕-阳 | T1 | niũ5 | niũ5 | niõ5 | niũ5 | niẽ5 | niõ5 |
| 浆 | 3 宕-阳 | TS1 | tsiũ1 | tsiũ1 | tsiõ1 | tsiũ1 | tsiẽ1 | tsiõ1 |
| 象白读 | 3 宕-阳 | TS1 | ts$^h$iũ6 | ts$^h$iũ6 | ts$^h$iõ7 | ts$^h$iũ7 | ts$^h$iẽ6 | ts$^h$iõ6 |
| 胀白读 | 3 宕-阳 | T2 | tiũ3 | tiũ3 | tiõ3 | tiũ3 | tiẽ3 | tiõ3 |
| 丈白读 | 3 宕-阳 | T2 | tiũ6 | tiũ6 | tiõ7 | tiũ7 | tiẽ6 | tiõ6 |
| 上上山 | 3 宕-阳 | TS3 | tsiũ6 | tsiũ6 | tsiõ7 | tsiũ7 | tsiẽ6 | tsiõ6 |
| 上上水 | 3 宕-阳 | TS3 | | ts$^h$iũ6 | ts$^h$iõ7 | | | |
| 让白读 | 3 宕-阳 | 日 | niũ3 | niũ3 | niõ7 | niũ7 | niẽ7 | |
| 姜 | 3 宕-阳 | K | kiũ1 | kiũ1 | kiõ1 | | | kiõ1 |
| 香白读 | 3 宕-阳 | K | hiũ1 | hiũ1 | hiõ1 | hiũ1 | hiẽ1 | hiõ1 |
| 疡 | 3 宕-阳 | 喻四 | siũ5 | siũ5 | siõ5 | siũ5 | | |
| 痒 | 3 宕-阳 | 喻四 | tsiũ6 | tsiũ6 | tsiõ7 | tsiũ7 | tsiẽ6 | |
| | | | ioʔ | ioʔ | ioʔ | ioʔ | ieʔ | ioʔ |
| 略白读 | 3 宕-阳 | T1 | lioʔ8 | lioʔ8 | lioʔ8 | | lieʔ8 | |
| 着白读 | 3 宕-阳 | T2 | tioʔ8 | tioʔ8 | tioʔ8 | tioʔ8 | tieʔ8 | tioʔ8 |
| 箬叶 | 3 宕-阳 | 日 | hioʔ8 | hioʔ8 | hioʔ8 | hioʔ8 | hieʔ8 | hioʔ8 |
| 脚 | 3 宕-阳 | K | kioʔ4 | kioʔ4 | kioʔ4 | kioʔ4 | kieʔ4 | kioʔ4 |
| 约 | 3 宕-阳 | Ø | ioʔ4 | ioʔ4 | ioʔ4 | ioʔ4 | ieʔ4 | ioʔ4 |
| 药 | 3 宕-阳 | 喻四 | ioʔ8 | ioʔ8 | ioʔ8 | ioʔ8 | ieʔ8 | ioʔ8 |
| 借 | 3 梗-清 | TS1 | tsioʔ4 | tsioʔ4 | tsioʔ4 | tsioʔ4 | tsieʔ4 | tsioʔ4 |
| 惜 | 3 梗-清 | TS1 | sioʔ4 | sioʔ4 | sioʔ4 | sioʔ4 | sieʔ4 | sioʔ4 |
| 尺 | 3 梗-清 | TS3 | ts$^h$ioʔ4 | ts$^h$ioʔ4 | ts$^h$ioʔ4 | ts$^h$ioʔ4<br>* sioʔ4 | ts$^h$ieʔ4 | ts$^h$ioʔ4 |
| 石 | 3 梗-清 | TS3 | tsioʔ8 | tsioʔ8 | tsioʔ8 | tsioʔ8 | tsieʔ8 | tsioʔ8 |
| 液 | 3 梗-清 | 喻四 | sioʔ8 | sioʔ8 | sioʔ8 | | sieʔ8 | |

表 3-3-43 闽东、闽北对应于闽南阳韵 3 等独读层次的音读

| 例字 | 中古 | 声类 | 泉州 | 漳州 | 澄海 | 福清 | 古田 | 柘荣 | 石陂 | 建阳 | 建瓯 |
|---|---|---|---|---|---|---|---|---|---|---|---|
| | | | iũ | iõ | iẽ | yoŋ | yøŋ | yøŋ | ioŋ | ioŋ | ioŋ |
| 象像 | 3宕-阳 | TS1 | tsʰiũ6 | tsʰiõ7 | tsʰiẽ6 | tsʰyoŋ7 | tsʰyøŋ7 | tsʰyøŋ7 | tsʰioŋ7 | | sioŋ7 |
| 丈 | 3宕-阳 | T2 | tiũ6 | tiõ7 | tiẽ6 | tyoŋ7 | tyøŋ7 | | tioŋ1 | tioŋ3 | tioŋ7 |
| 杖 | 3宕-阳 | T2 | | | | tʰyoŋ7 | | tʰyøŋ7 | dioŋ7 | hioŋ3 | tʰioŋ7 |
| 让白读 | 3宕-阳 | 日 | niũ3 | niõ7 | niẽ7 | nyoŋ7 | nyøŋ7 | nyøŋ3 | nioŋ7 | ɦioŋ3 | nioŋ7 |
| 娘姑娘 | 3宕-阳 | T1 | niũ5 | niõ5 | niẽ5 | nyoŋ5 | nyøŋ5 | nyøŋ5 | nioŋ3 | nioŋ5 | nioŋ2*3 |
| 量平声 | 3宕-阳 | T1 | niũ5 | niõ5 | niẽ5 | lyoŋ5 | lyøŋ5 | lyøŋ5 | lioŋ3 | lioŋ5 | lioŋ3 |
| 浆 | 3宕-阳 | TS1 | tsiũ1 | tsiõ1 | tsiẽ1 | tsyoŋ1 | tsyøŋ1 | tsyøŋ1 | tsioŋ1 | tsioŋ1 | tsioŋ1 |
| 墙 | 3宕-阳 | TS1 | tsʰiũ5 | tsʰiõ5 | tsʰiẽ5 | tsʰyoŋ5 | tsʰyøŋ5 | tsʰyøŋ5 | tsioŋ3 | tsioŋ5 | tsioŋ3 |
| 上上下 | 3宕-阳 | TS3 | tsiũ6 | tsiõ7 | tsiẽ6 | | | | tsioŋ7 | tsioŋ3 | tsioŋ7 |
| 上上水 | 3宕-阳 | TS3 | tsʰiũ6 | tsʰiõ7 | | tsʰyoŋ7 | tsʰyøŋ7 | tsʰyøŋ7 | | | tsʰioŋ7 |
| 痒 | 3宕-阳 | 喻四 | tsiũ6 | tsiõ7 | tsiẽ6 | syoŋ7 | syøŋ7 | syøŋ7 | dzioŋ3 | lioŋ3 | tsioŋ8 |
| | | | ioʔ | ioʔ | ieʔ | yo | yøʔ | yøʔ | io | iɔ | iɔ |
| 着白读 | 3宕-阳 | T2 | tioʔ8 | tioʔ8 | tieʔ8 | tyo1 | | tyøʔ8 | tio1 | tiɔ8 | tioo7 |
| 箬 | 3宕-阳 | 日 | hioʔ8 | hioʔ8 | hieʔ8 | nyo1 | | nyøʔ8 | nio5 | niɔ8 | niɔ8 |
| 脚白读 | 3宕-阳 | K | kioʔ4 | kioʔ4 | kieʔ4 | kyo3 | kyøʔ4 | | kio4 | kiɔ4 | kiɔ4 |
| 约白读 | 3宕-阳 | ø | ioʔ4 | ioʔ4 | ieʔ4 | yo3 | yøʔ4 | | io4 | iɔ4 | iɔ4 |
| 药 | 3宕-阳 | 喻四 | ioʔ8 | ioʔ8 | ieʔ8 | yo1 | yøʔ8 | yøʔ8 | ɦio5 | ɦiɔ8 | iɔ8 |
| 借 | 3梗-清 | TS1 | tsioʔ4 | tsioʔ4 | tsieʔ4 | tsyo3 | tsyøʔ4 | tsyøʔ4 | tsio4 | tsiɔ4 | tsiɔ4 |
| 惜 | 3梗-清 | TS1 | sioʔ4 | sioʔ4 | sieʔ4 | | | syøʔ4 | tsʰio4 | tsʰiɔ4 | tsʰiɔ4 |
| 席 | 3梗-清 | TS1 | tsʰioʔ8 | tsʰioʔ8 | tsʰieʔ8 | tsʰyo1 | tsʰyøʔ8 | tsʰyøʔ8 | sio1 | siɔ8 | siɔ7 |
| 尺 | 3梗-清 | TS3 | tsʰioʔ4 | tsʰioʔ4 | tsʰieʔ4 | tsʰyo3 | tsʰyøʔ4 | tsʰyøʔ4 | tsʰio4 | tsʰiɔ4 | tsʰiɔ4 |
| 石 | 3梗-清 | TS3 | tsioʔ8 | tsioʔ8 | tsieʔ8 | syo1 | | syøʔ8 | tsio1 | tsiɔ8 | tsiɔ7 |

总合上述鱼、阳两韵3等独读的白读层一同观察，如表3-3-44，两者都表现3等韵的独特发展；又从其古韵来源来看，3等鱼韵来自古鱼部，3等阳韵来自古阳部(入声则来自古鱼部与宵部入声)。但在

此历史时间层次上，古鱼、阳两韵部阴阳相应的关系略有改变，单从音读上已看不出两者相应的韵读，不过古鱼、阳两韵部阳入相应的关系仍在，并且有宵部 3 等入声字并入，而同时宵部 3 等阴声韵也发展出与之相应的韵读，即 3.1.3 所讨论，与 2、4 等同读层次相同历史时间的效摄 3 等独读表现（不过闽东、闽北多数方言点又发生层次替代）。值得注意的是，有零星几个 3 等鱼韵字在闽东具有与阳韵相应的韵读，例如“去贮”等字，[①]以往总认为这些字的韵读表现特殊，不成层次，然而联系阳韵一起进行系统性的层次分析，我们认为其韵读表现乃反映古鱼部 3 等阴声韵在逐渐失去与阳部 3 等韵相应的韵读关系时，仍有少数残余例字与阳部及鱼部入声进行相应的演变，因而与宵部 3 等阴声韵同读。

**表 3－3－44**

<table>
<tr><th>上古</th><th>中古</th><th>例字</th><th>泉州</th><th>漳州</th><th>澄海</th><th>福清</th><th>古田</th><th>柘荣</th><th>石陂</th><th>建阳</th><th>建瓯</th></tr>
<tr><td>鱼</td><td>鱼 3</td><td>箸猪鼠鱼</td><td>ɯ</td><td>i</td><td>ə</td><td>y/ø</td><td>y</td><td>y</td><td>y</td><td>y</td><td>y</td></tr>
<tr><td>阳</td><td>阳 3</td><td>象上香痒</td><td>iũ</td><td>iõ</td><td>iẽ</td><td>yoŋ</td><td>yøŋ</td><td>yøŋ</td><td>ioŋ</td><td>ioŋ</td><td>ioŋ</td></tr>
<tr><td>鱼宵</td><td>阳 3<br>清 3</td><td>着箬约药<br>惜尺席石</td><td>ioʔ</td><td>ioʔ</td><td>ieʔ</td><td>yo</td><td>yøʔ</td><td>yøʔ</td><td>io</td><td>iɔ</td><td>iɔ</td></tr>
<tr><td>鱼</td><td>鱼 3</td><td>去贮(茄)</td><td rowspan="2">io</td><td rowspan="2">io</td><td rowspan="2">ie</td><td rowspan="2">yo<br>(ieu)</td><td rowspan="2">yø<br>(iau)</td><td rowspan="2">yø<br>(iau)</td><td rowspan="2">io<br>(iau)</td><td rowspan="2">iɔ</td><td rowspan="2">iɔ<br>(iau)</td></tr>
<tr><td>宵</td><td>宵 3</td><td>藨少笑桥</td></tr>
</table>

3.3.2.2　尤韵、虞韵与东钟韵

表 3－3－47、3－3－48、3－3－49 分别是闽南、闽东、闽北尤、虞两韵同读的 3 等独读层次对应表，说明如下：

1. 闽南、闽东、闽北的流摄 3 等尤韵均有独立的白读韵-iu，虽与文读音相混，但具有文白异读的“羞泅愁手守”等字，白读韵母皆为-iu。不过，白读韵-iu 仅分布于舌齿音声母条件下，非舌齿音声母例字

① 此外，还有来自古歌部的“茄”字在闽南、闽东及闽北各次方言均一致读为相应的韵读，“茄”字虽非古鱼部字，但很可能魏晋时期古鱼、歌两部密切往来时与鱼部字相混。

的白读韵在闽南、闽东皆为-u或-u的韵变音读，例如“富妇韭牛有”等字的白读音；而闽北在唇音声母条件下，石陂、建瓯、松溪三地读为-y，崇安则读为前述-y韵母的条件变体-əu(参见3.3.1.1)，但舌根声母条件下全读为-iu，没有清楚可辨的文白异读。我们将各次方言的相关音读对应整理如下：

表3-3-45

| 中古 | 声 类 | 例 字 | 闽南(泉州) | 闽东(古田) | 闽北(建瓯) |
|---|---|---|---|---|---|
| 尤韵 | P | 富妇浮 | u | u | y |
| | T-TS | 泅咒手 | iu | iu | iu |
| | K | 旧久牛有 | u | u | (iu) |

尤韵的-u与-iu这两项白读韵具有声母条件互补分布关系，共时平面上应分析为相同音韵层次的条件变体，建瓯等地唇音例字的-y韵读即反映了原来3等韵具细音成分的痕迹；此外，闽北各地“浮伏孵”等弱化读为零声母的古唇音语词(如表3-3-46)，韵读即为与舌齿音声母例字相同的-iu。闽北唇音声母条件下的-y韵读可以推论乃由-iu变化而来；然而，闽南、闽东在双唇及舌根声母条件下，如何发生“iu>u”的韵读变化，需要再深入思考。(参见5.4.2讨论)

表3-3-46

| 闽 北 | | | 石陂 | 建阳 | 崇安 | 建瓯 | 政和 | 松溪 |
|---|---|---|---|---|---|---|---|---|
| 例字 | 中 古 | 声类 | iu | iu | iu | iu | iu | iu |
| 浮白读 | 3流-尤 | P2 | ɦiu5 | ɦiu9 | ($p^h$iəu5) | iu2 | iu9 | iu9 |
| 伏孵 | 3流-尤 | P2 | iu3 | | iu3 | iu3 | iu3 | |

2. 闽语各次方言遇摄3等虞韵独立的白读韵亦为-iu，与尤韵表现相同，-iu也仅分布于舌齿音声母条件下，例如“须珠蛀树”等字，而且有少数唇音声母例字也读为-u或-y，例如“殕腐斧”等字。不过虞韵缺乏舌根声母条件下读为-u或-iu的例字，只有闽南保有“句躯”二字

在泉、漳、潮汕均读为白读韵-u。尤、虞两韵3等独读的音韵形式完全相同，可能是经过闽地调整音变的结果。

**表3-3-47　闽南尤、虞韵3等独读层次对应表**

| 闽南 | | | 南安 | 泉州 | 漳州 | 漳浦 | 澄海 | 揭阳 |
|---|---|---|---|---|---|---|---|---|
| 例字 | 中古 | 声类 | u | u | u | u | u | u |
| 富白读 | 3流-尤 | P2 | pu3 | pu3 | pu3 | pu3 | pu3 | pu3 |
| 浮 | 3流-尤 | P2 | $p^hu5$ | $p^hu5$ | $p^hu5$ | $p^hu5$ | $p^hu5$ | $p^hu5$ |
| 妇白读 | 3流-尤 | P2 | pu6 | pu6 | pu7 | pu7 | | |
| 伏孵 | 3流-尤 | P2 | pu3 | pu3 | pu7 | pu7 | pu7 | |
| 久韭 | 3流-尤 | K | ku2 | ku2 | ku2 | ku2 | ku2 | ku2 |
| 邱白读 | 3流-尤 | K | | $k^hu1$ | $k^hu1$ | $k^hu1$ | | ku1 |
| 臼 | 3流-尤 | K | $k^hu6$ | $k^hu6$ | $k^hu7$ | $k^hu7$ | $k^hu6$ | $k^hu6$ |
| 舅白读 | 3流-尤 | K | ku6 | ku6 | ku7 | ku7 | ku6 | ku6 |
| 旧白读 | 3流-尤 | K | ku3 | ku3 | ku7 | ku7 | ku7 | ku7 |
| 牛白读 | 3流-尤 | K | gu5 | gu5 | gu5 | gu5 | gu5 | gu5 |
| 有 | 3流-尤 | 喻三 | u6 | u6 | u7 | u7 | u6 | u6 |
| 殕霉 | 3遇-虞 | P2 | $p^hu2$ | $p^hu2$ | $p^hu2$ | $p^hu2$ | | |
| 芙 | 3遇-虞 | P2 | $p^hu5$ | $p^hu5$ | $p^hu5$ | | | |
| 句 | 3遇-虞 | K | ku3 | ku3 | ku3 | ku3 | ku3 | ku3 |
| 躯 | 3遇-虞 | K | $k^hu1$ | $k^hu1$ | $k^hu1$ | | $k^hu1$ | $k^hu1$ |
| | | | iu | iu | iu | iu | iu | iu |
| 酒 | 3流-尤 | TS1 | tsiu2 | tsiu2 | tsiu2 | tsiu2 | tsiu2 | tsiu2 |
| 秋 | 3流-尤 | TS1 | $ts^hiu1$ | $ts^hiu1$ | $ts^hiu1$ | $ts^hiu1$ * siu1 | $ts^hiu1$ | $ts^hiu1$ |
| 羞白读 | 3流-尤 | TS1 | $ts^hiu1$ | $ts^hiu1$ | $ts^hiu1$ | | | |
| 泅白读 | 3流-尤 | TS1 | | $ts^hiu5$ | $ts^hiu5$ | | | |
| 咒 | 3流-尤 | TS3 | tsiu3 | tsiu3 | tsiu3 | tsiu3 | tsiu3 | tsiu3 |
| 手 | 3流-尤 | TS3 | $ts^hiu2$ | $ts^hiu2$ | $ts^hiu2$ | $ts^hiu2$ * siu2 | $ts^hiu2$ | $ts^hiu2$ |

续　表

| 闽　南 | | | 南安 | 泉州 | 漳州 | 漳浦 | 澄海 | 揭阳 |
|---|---|---|---|---|---|---|---|---|
| 例字 | 中　古 | 声类 | iu | iu | iu | iu | iu | iu |
| 守白读 | 3 流-尤 | TS3 | tsiu2 | tsiu2 | tsiu2 | tsiu2 | | |
| 须 | 3 遇-虞 | TS1 | tsʰiu1 | tsʰiu1 | tsʰiu1 | tsʰiu1 * siu1 | | tsʰiu1 |
| 住白读 | 3 遇-虞 | T2 | tiu3 | tiu3 | | | tiu7 | |
| 珠白读 | 3 遇-虞 | TS3 | tsiu1 | tsiu1 | tsiu1 | tsiu1 | | |
| 蛀白读 | 3 遇-虞 | TS3 | tsiu3 | tsiu3 | tsiu3 | tsiu3 | | |
| 树 | 3 遇-虞 | TS3 | tsʰiu3 | tsʰiu3 | tsʰiu7 | tsʰiu7 * siu7 | tsʰiu7 | tsʰiu7 |

**表 3-3-48　闽东尤、虞韵 3 等独读层次对应表**

| 闽　东 | | | 福州 | 福清 | 古田 | 柘荣 | 福安 | 宁德 |
|---|---|---|---|---|---|---|---|---|
| 例字 | 中　古 | 声类 | u/ou | u/o | u | u | u/ou | u/ou |
| 富白读 | 3 流-尤 | P2 | pou3 | po3 | pu3 | pu3 | pou3 | pou3 |
| 浮白读 | 3 流-尤 | P2 | pʰu5 | pʰu5 | pʰu5 | pʰu5 | | pʰou5 |
| 妇白读 | 3 流-尤 | P2 | pou7 | po7 | pu7 | pu7 | pou7 | |
| 伏孵 | 3 流-尤 | P2 | pou7 | po7 | pu7 | pu7 | pou7 | pou7 |
| 久白读 | 3 流-尤 | K | ku2 | | ku2 | | | |
| 丘白读 | 3 流-尤 | K | kʰu1 | kʰu1 | kʰu1 | kʰu1 | kʰou1 | |
| 臼白读 | 3 流-尤 | K | kʰou7 | kʰo7 | kʰu7 | kʰu7 | kʰou3 | kʰou7 |
| 舅白读 | 3 流-尤 | K | | (ke7) | ku7 | ku7 | kou7 | kou7 |
| 旧白读 | 3 流-尤 | K | kou7 | ko7 | ku7 | ku7 | kou7 | kou7 |
| 牛白读 | 3 流-尤 | K | ŋu5 | ŋu5 | ŋu5 | ŋu5 | ŋou5 | ŋou5 |
| 有 | 3 流-尤 | 喻三 | ou7 | o7 | u7 | u7 | ou7 | ou7 |
| 殕霉 | 3 遇-虞 | P2 | pʰu2 | pʰu2 | pʰu2 | pʰu2 | pʰu2 | |
| 腐白读 | 3 遇-虞 | P2 | pou7 | po7 | pu7 | pu7 | pou7 | pou7 |

续　表

| 闽　东 | | | 福州 | 福清 | 古田 | 柘荣 | 福安 | 宁德 |
|---|---|---|---|---|---|---|---|---|
| 例字 | 中　古 | 声类 | iu | iu | iu | iu | ieu/eu | iu/eu |
| 酒 | 3 流-尤 | TS1 | tsiu2 | tsiu2 | tsiu2 | tsiu2 | tsieu2 | tsiu2 |
| 秋 | 3 流-尤 | TS1 | ts$^h$iu1 | ts$^h$iu1 | ts$^h$iu1 | ts$^h$iu1 | ts$^h$eu1 | ts$^h$iu1 |
| 羞白读 | 3 流-尤 | TS1 | ts$^h$iu1 | | | | | |
| 泅白读 | 3 流-尤 | TS1 | ts$^h$iu5 | | | | | |
| 咒 | 3 流-尤 | TS3 | tsiu3 | tsiu3 | | tsiu3 | tseu3 | (tsiu3) |
| 手 | 3 流-尤 | TS3 | ts$^h$iu2 | ts$^h$iu2 | ts$^h$iu2 | ts$^h$iu2 | ts$^h$ieu2 | ts$^h$iu2 |
| 须 | 3 遇-虞 | TS1 | ts$^h$iu1 | ts$^h$iu1 | ts$^h$iu1 | ts$^h$iu1 | seu1 | siu1 |
| 住白读 | 3 遇-虞 | T2 | tiu7 | | tiu7 | | teu7 | teu7 |
| 珠白读 | 3 遇-虞 | TS3 | tsiu1 | tsiu1 | tsiu1 | | tseu1 | tsiu1 |
| 蛀白读 | 3 遇-虞 | TS3 | tsiu3 | tsiu3 | tsiu3 | tsiu3 | tseu3 | tseu3 |
| 树 | 3 遇-虞 | TS3 | ts$^h$iu3 | ts$^h$iu3 | ts$^h$iu3 | ts$^h$iu3 | ts$^h$eu3 | ts$^h$eu3 |
| 柱白读 | 3 遇-虞 | T2 | t$^h$iu7 | t$^h$iu7 | t$^h$iu7 | t$^h$iu7 | t$^h$eu7 | t$^h$eu7 |

**表 3-3-49　闽北尤、虞韵 3 等独读层次对应表**

| 闽　北 | | | 石陂 | 建阳 | 崇安 | 建瓯 | 政和 | 松溪 |
|---|---|---|---|---|---|---|---|---|
| 例字 | 中　古 | 声类 | y | o | əu | y | u | y |
| 妇白读 | 3 流-尤 | P2 | (xu1) | mo3 | βəu3 | py8 | pu3 | py8 |
| 殕霉 | 3 遇-虞 | P2 | p$^h$y2 | | həu2 | | p$^h$u2 | p$^h$y2 |
| 扶白读 | 3 遇-虞 | P2 | p$^h$y3 | | | p$^h$y3 | | p$^h$y5 |
| 斧 | 3 遇-虞 | P2 | py3 | po2 | pəu2 | | p$^h$u4 | py2*<br>p$^h$y2 |
| | | | iu | iu | iu | iu | iu | iu |
| 酒 | 3 流-尤 | TS1 | tsiu2 | tsiu2 | tsiu2 | tsiu2 | tsiu2 | tsiu2 |
| 秋 | 3 流-尤 | TS1 | ts$^h$iu1 | ts$^h$iu1 | ts$^h$iu1 | ts$^h$iu1 | ts$^h$iu1 | ts$^h$iu1 |
| 咒 | 3 流-尤 | TS3 | tsiu3 | tsiu3 | | tsiu3 | tsiu3 | tsiu3 |
| 手 | 3 流-尤 | TS3 | siu2 | siu2 | siu2 | siu2 | siu2 | siu2 |
| 须 | 3 遇-虞 | TS1 | | | ts$^h$iu1 | | ts$^h$iu1 | ts$^h$iu1 |

**续　表**

| 闽　北 | | | 石陂 | 建阳 | 崇安 | 建瓯 | 政和 | 松溪 |
|---|---|---|---|---|---|---|---|---|
| 例字 | 中　古 | 声类 | iu | iu | iu | iu | iu | iu |
| 住白读 | 3 遇-虞 | T2 | tiu7 | tiu7 | tiu7 | tiu7 | tiu7 | tiu7 |
| 珠白读 | 3 遇-虞 | TS3 | tsiu1 | | | | | tsiu1 |
| 树白读 | 3 遇-虞 | TS3 | $ts^h$iu7 | $ts^h$iu7 | $ts^h$iu7 | | $ts^h$iu7 | $ts^h$iu7 |
| 柱白读 | 3 遇-虞 | T2 | $t^h$iu1 | hiu3 | hiu7 | $t^h$iu7 | $t^h$iu7 | $t^h$iu7 |

表 3－3－51、3－3－52 分别是闽南东、钟韵 3 等独读层次对应表，以及闽东、闽北相对应的韵读，说明如下：

1. 闽南的通摄 3 等东、钟韵有独立的白读韵-iŋ 或-eŋ，入声韵读为相应的-ik 或-ek，泉州则读为-iak。唯漳浦一地完全没有相应的白读表现，透过同源语词对应比较，“铳肿春”等其他闽南方言仅有白读的口语词，在漳浦分别读为 $ts^h$iɔŋ3、tsiɔŋ2、tsiɔŋ1，据此推测漳浦相对应的韵读为-iɔŋ、-iɔk，音读形式乃与文读韵合流。

2. 闽东、闽北的通摄 3 等东、钟韵字群缺少明显相应的白读音，透过同源语词比较，如表 3－3－52 所示，闽东东、钟韵字群相应的韵读多为-yŋ、-yk，音韵形式同于前述的文读音；闽北东、钟韵字群也是完全读同文读音。

3. 前述闽东柘荣、福安等地通摄 3 等文读层具声母条件变体，舌齿音声母条件下读为-uŋ、-uk；然而，白读层仅阳声韵具声母条件变体，例如“铳肿春”等舌齿音声母例字韵读亦为-uŋ，而入声韵“竹叔熟”等舌齿音声母例字仍然读为-yk。以入声韵的文白差异为例如下：

**表 3－3－50**

| 中古 | 声类 | 例　字 | 福清 | 柘荣 | 福安 |
|---|---|---|---|---|---|
| 通 3文读 | T－TS | 祝淑叔文 | yk | uk | ouk |
| | K－Ø | 育辱玉文 | | yk | øk |
| 通 3白读1 | T－TS－K | 粥叔白熟绿 | yk | yk | øk |

据此，闽东今读-yk 应该原有文白层次的音读差异，文读层次先形成声母条件变体(此与闽南潮汕方言相互呼应)，然后再与白读层韵母混同。

**表 3-3-51 闽南东、钟韵 3 等独读层次对应表**

| 闽南 | | | 南安 | 泉州 | 漳州 | 漳浦 | 澄海 | 揭阳 |
|---|---|---|---|---|---|---|---|---|
| 例字 | 中古 | 声类 | iŋ | iŋ | iŋ | (iɔŋ) | eŋ | eŋ |
| 中去声 | 3 通-东 | T2 | tiŋ3 | tiŋ3 | tiŋ3 | | teŋ3 | |
| 众白读 | 3 通-东 | TS3 | tsiŋ3 | tsiŋ3 | | | tseŋ3 | |
| 铳 | 3 通-东 | TS3 | $ts^h$iŋ3 | $ts^h$iŋ3 | $ts^h$iŋ3 | $ts^h$iɔŋ3<br>* siɔŋ3 | $ts^h$eŋ3 | |
| 弓宫 | 3 通-东 | K | kiŋ1 | kiŋ1 | | | keŋ1 | keŋ1 |
| 穷白读 | 3 通-东 | K | kiŋ5 *<br>$k^h$iŋ5 | kiŋ5 *<br>$k^h$iŋ5 | kiŋ5 *<br>$k^h$iŋ5 | | keŋ5 | |
| 龙白读 | 3 通-钟 | T1 | liŋ5 | liŋ5 | liŋ5 | | leŋ5 | leŋ5 |
| 松白读 | 3 通-钟 | TS1 | tsiŋ5 | tsiŋ5 | tsiŋ5 | | $ts^h$eŋ5 | |
| 重平声 | 3 通-钟 | T2 | tiŋ5 | tiŋ5 | tiŋ5 | | teŋ5 | teŋ5 |
| 钟白读 | 3 通-钟 | TS3 | tsiŋ1 | tsiŋ1 | tsiŋ1 | | tseŋ1 | tseŋ1 |
| 种上声 | 3 通-钟 | TS3 | tsiŋ2 | tsiŋ2 | tsiŋ2 | | tseŋ2 | tseŋ2 |
| 肿 | 3 通-钟 | TS3 | tsiŋ2 | tsiŋ2 | tsiŋ2 | tsiɔŋ2 | tseŋ2 | tseŋ2 |
| 舂 | 3 通-钟 | TS3 | tsiŋ1 | tsiŋ1 | tsiŋ1 | tsiɔŋ1 | tseŋ1 | tseŋ1 |
| 供平声 | 3 通-钟 | K | kiŋ1 | kiŋ1 | kiŋ1 | | keŋ1 | keŋ1 |
| 胸白读 | 3 通-钟 | K | | hiŋ1 | hiŋ1 | | heŋ1 | heŋ1 |
| 用白读 | 3 通-钟 | 喻四 | iŋ3 | iŋ3 | | | eŋ7 | eŋ7 |
| | | | ik | iak | ik | (iɔk) | ek | ek |
| 陆白读 | 3 通-东 | T1 | | | | | lek8 | lek8 |
| 竹白读 | 3 通-东 | T2 | tik4 | tiak4 | tik4 | | tek4 | tek4 |
| 叔白读 | 3 通-东 | TS3 | tsik4 | tsiak4 | tsik4 | | tsek4 | tsek4 |
| 熟白读 | 3 通-东 | TS3 | sik8 | siak8 | sik8 | | sek8 | sek8 |
| 肉白读 | 3 通-东 | 日 | hik8 | | | | nek8 | nek8 |

续 表

| 闽南 | | | 南安 | 泉州 | 漳州 | 漳浦 | 澄海 | 揭阳 |
|---|---|---|---|---|---|---|---|---|
| 例字 | 中古 | 声类 | ik | iak | ik | (iɔk) | ek | ek |
| 菊白读 | 3通-东 | K | | | | | kek4 | kek4 |
| 绿 | 3通-钟 | T1 | lik8 | liak8 | lik8 | | lek8 | lek8 |
| 促白读 | 3通-钟 | TS1 | | tsʰiak4 | tsʰik4 | | | |
| 粟白读 | 3通-钟 | TS1 | tsʰik4 | tsʰiak4 | tsʰik4 | | tsʰek4 | tsʰek4 |
| 烛白读 | 3通-钟 | TS3 | tsik4 | tsiak4 | tsik4 | | tsek4 | tsek4 |
| 曲白读 | 3通-钟 | K | kʰik4 | kʰiak4 | kʰik4 | | kʰek4 | kʰek4 |
| 局白读 | 3通-钟 | K | kik8 | kiak8 | kik8 | | kek8 | kek8 |
| 玉白读 | 3通-钟 | K | gik8 | giak8 | | | gek8 | gek8 |
| 浴白读 | 3通-钟 | 喻四 | | | <u>ik8</u> | | ek8 | |

**表3-3-52 闽东、闽北对应于闽南东、钟韵3等独读层次的音读**

| 例字 | 中古 | 声类 | 泉州 | 漳州 | 澄海 | 福清 | 古田 | 柘荣 | 石陂 | 建阳 | 建瓯 |
|---|---|---|---|---|---|---|---|---|---|---|---|
| | | | iŋ | iŋ | eŋ | yŋ/øŋ | yŋ | yŋ<br>(uŋ) | ueiŋ | eiŋ | œyŋ |
| 铳 | 3通-东 | TS3 | tsʰiŋ3 | tsʰiŋ3 | tsʰeŋ3 | tsʰøŋ3 | tsʰyŋ3 | tsʰuŋ3 | tsʰueiŋ3 | tʰeiŋ3 | tsʰœyŋ3 |
| 肿 | 3通-钟 | TS3 | tsiŋ2 | tsiŋ2 | tseŋ2 | tsyŋ2 | tsyŋ2 | tsuŋ2 | tsueiŋ2 | tseiŋ2 | tsœyŋ2 |
| 舂 | 3通-钟 | TS3 | tsiŋ1 | tsiŋ1 | tseŋ1 | tsyŋ1 | tsyŋ1 | tsuŋ1 | sueiŋ1 | tʰeiŋ1 | tsʰœyŋ1 |
| 穷 | 3通-东 | K | kiŋ5 *<br>kʰiŋ5 | kiŋ5 *<br>kʰiŋ5 | keŋ5 | kyŋ5 | kyŋ5 | kyŋ5 | kueiŋ3 | keiŋ5 | kœyŋ2 * 3 |
| 胸 | 3通-钟 | K | hiŋ1 | hiŋ1 | heŋ1 | hyŋ1 | hyŋ1 | xyŋ1 | xueiŋ1 | xeiŋ1 | xœyŋ1 |
| | | | iak | ik | ek | yʔ/øʔ | yk | yk | y | y | y |
| 竹 | 3通-东 | T2 | tiak4 | tik4 | tek4 | tøʔ4 | tyk4 | tyk4 | ty4 | ty4 | ty4 |
| 叔白读 | 3通-东 | TS3 | tsiak4 | tsik4 | tsek4 | tsøʔ4 | tsyk4 | <u>tsyk4</u> | | | |
| 熟 | 3通-东 | TS3 | siak8 | sik8 | sek8 | syʔ8 | syk8 | syk8 | sy1 | sy8 | sy7 |
| 肉 | 3通-东 | 日 | <u>hik8</u> | | nek8 | nyʔ8 | nyk8 | nyk8 | ny5 | ny8 | ny8 |
| 绿 | 3通-钟 | T1 | liak8 | lik8 | lek8 | lyʔ8 | lyk8 | | ly5 | ly8 | ly8 |

续　表

| 例字 | 中古 | 声类 | 泉州 | 漳州 | 澄海 | 福清 | 古田 | 柘荣 | 石陂 | 建阳 | 建瓯 |
|---|---|---|---|---|---|---|---|---|---|---|---|
| | | | iak | ik | ek | yʔ/øʔ | yk | yk | y | y | y |
| 烛白读 | 3 通-钟 | TS3 | tsiak4 | tsik4 | tsek4 | tsøʔ4 | tsyk4 | | tsy4 | tsy4 | tsy4 |
| 曲白读 | 3 通-钟 | K | kʰiak4 | kʰik4 | kʰek4 | kʰøʔ4 | kʰyk4 | kʰyk4 | kʰy4 | kʰy4 | kʰy4 |
| 局白读 | 3 通-钟 | K | kiak8 | kik8 | kek8 | kyʔ8 | | | gy5 | ky8 | ky7 |
| 玉白读 | 3 通-钟 | K | giak8 | | gek8 | ŋyʔ8 | ŋyk8 | ŋyk8 | ŋy5 | ŋy8 | ŋy8 |

总合上述虞、尤、东、钟等 3 等独读的白读层一同观察，如表 3-3-53，可以发现尤、虞两韵的分合关系与东、钟两韵的分合关系相互呼应：尤、虞韵同读反映闽地古幽、侯两部密切往来的音韵特点；而东韵与钟韵同读，乃相应于尤虞同读，反映闽地古中、东两部没有分别的音韵特点。

**表 3-3-53**

| 上古 | 中古 | 泉州 | 漳州 | 澄海 | 福清 | 古田 | 柘荣 | 石陂 | 建阳 | 建瓯 |
|---|---|---|---|---|---|---|---|---|---|---|
| 幽侯 | 尤=虞 | u | u | u | u/o | u | u | y | o | y |
| | | iu | iu | iu | iu | iu | iu | iu | iu | iu |
| 中东 | 东=钟 | iŋ | iŋ | eŋ | yŋ/øŋ | yŋ | yŋ/uŋ | ueiŋ | eiŋ | œyŋ |
| 幽侯 | 东入=钟入 | iak | ik | ek | yʔ/øʔ | yk | yk | y | y | y |

### 3.3.3　1、3 等同读的白读层次(C)

遇、流、宕开、通四个韵摄字群还有一项 1、3 等同读的白读层次，其中遇摄 3 等虞韵读同模韵，而鱼韵则表现为另一项相异的洪音韵读，本小节同样将之与唐阳韵一同进行系统性的观察分析，而侯尤韵则与东冬钟韵一起讨论。

#### 3.3.3.1　模虞韵、鱼韵与唐阳韵

表 3-3-56、3-3-57、3-3-58 分别是闽南、闽东模、虞韵 1、3 等同读层次对应表，以及闽北相对应的韵读，说明如下：

1. 闽南遇摄 1、3 等模、虞韵字群有同读为-ɔ 或-ou 的白读表现。[①] 相应于此，闽东遇摄 1、3 等模、虞韵字群有同读为-uo 的白读表现，其中福安、宁德具韵变现象，福安全面读为-u，宁德则在非上声调下读为-u，上声调下读为-o。

2. 进一步比较闽南与闽东模虞同读的韵读对应关系，如表 3－3－58所示，会发现闽南具有条件变体，整理如下：

**表 3－3－54**

| 中　古 | 声　类 | 例　字 | 闽南（漳州） | 闽东（福清） | 莆仙（仙游） |
|---|---|---|---|---|---|
| 虞 3白读1 | TS3 | 珠注戍输 | u | uo | ɔu |
| | P－T－K－∅ | 大雨芋厨 | ɔ | | |
| 模 1白读 | P－T－K－∅ | 布补屠误 | | | |

闽南在章系声母条件下，韵读变为-u，例如“珠主注戍房屋输”等字，透过与闽东及莆仙的对应比较，尤其是白读多半反映闽南特点的莆仙方言，显示珠类字原来应该也是读同 1 等模韵，但闽南在章系声母条件下发生元音高化音变。

3. 闽北缺少完全相应的白读音，但遇摄 1 等模韵字群有白读-io 或-iɔ 的特殊表现，多分布于唇音声母例字，政和、松溪两地则读为-ɔ 或-o：

**表 3－3－55**

| 闽　北 | | | 石陂 | 建阳 | 崇安 | 建瓯 | 政和 | 松溪 |
|---|---|---|---|---|---|---|---|---|
| 例字 | 中　古 | 声类 | io | iɔ | yo | iɔ | ɔ/iɔ | o/io |
| 补白读 | 1 遇-模 | P1 | bio2 | βiɔ2 | jyo2 | piɔ2 | pɔ9 | po9 |
| 布白读 | 1 遇-模 | P1 | pio3 | | | piɔ3 | pɔ3 | po3 |

① 此外，闽南有一鱼韵字“许”作为姓氏时韵读亦为-ɔ 或-ou，联系闽东“去”字白读为-o或-ɔ，出现的声母条件仅为舌根音，恰与只出现在舌齿音声母的另一项鱼韵白读（泉州为-ue，闽东为-œ）形成互补分布。

续 表

| 闽 北 | | | 石陂 | 建阳 | 崇安 | 建瓯 | 政和 | 松溪 |
|---|---|---|---|---|---|---|---|---|
| 例字 | 中 古 | 声类 | io | iɔ | yo | iɔ | ɔ/iɔ | o/io |
| 步白读 | 1 遇-模 | P1 | | | | | pɔ9 | po4 |
| 哺白读 | 1 遇-模 | P1 | pio7 | | | piɔ7 | pɔ7 | po7 |
| 墿路 | 1 遇-模 | T1 | | | lyo7 | | tiɔ9 | tio4 |

透过同源语词比较,如表 3-3-58 所示,闽北白读-io 大致相应于闽东的-uo。不过闽北的层次替代情况相当厉害,其遇摄 1 等模韵字群,尤其是非唇音声母者,多为文读层-u 或-o 取代,例如"屠误"等字;而 3 等虞韵字群亦改读为文读层的-y,例如"珠输雨芋"等字;唇音声母者则多读为前述虞韵 3 等独读的白读韵条件变体-y,例如"脯斧扶"等字。因而闽北白读-io 仅剩极少数残余例字。

**表 3-3-56 闽南模、虞韵 1、3 等同读层次对应表**

| 闽 南 | | | 南安 | 泉州 | 漳州 | 漳浦 | 澄海 | 揭阳 |
|---|---|---|---|---|---|---|---|---|
| 例字 | 中 古 | 声类 | ɔ | ɔ | ɔ | ɔu | ou | ou |
| 姥妻子 | 1 遇-模 | P1 | bɔ2 | bɔ2 | bɔ2 | bɔu2 | bou2 | |
| 肚腹肚 | 1 遇-模 | T1 | tɔ2 | tɔ2 | tɔ2 | tɔu2 | tou2 | tou2 |
| 呼白读 | 1 遇-模 | K | | $k^h$ɔ1 | $k^h$ɔ1 | $k^h$ɔu1 | $k^h$ou1 | |
| 糊白读 | 1 遇-模 | K | kɔ5 | kɔ5 | kɔ5 | kɔu5 | kou5 | |
| 湖白读 | 1 遇-模 | ∅-匣 | ɔ5 | ɔ5 | ɔ5 | ɔu5 | ou5 | ou5 |
| 夫白读 | 3 遇-虞 | P1 | pɔ1 | pɔ1 | pɔ1 | | | |
| 脯白读 | 3 遇-虞 | P1 | pɔ2 | pɔ2 | pɔ2 | pɔu2 | pou2 | pou2 |
| 斧白读 | 3 遇-虞 | P1 | pɔ2 | pɔ2 | ($p^h$u2) | (pu2) | pou2 | pou2 |
| 扶白读 | 3 遇-虞 | P1 | $p^h$ɔ5 | $p^h$ɔ5 | $p^h$ɔ5 | $p^h$ɔu5 | | |
| 厨 | 3 遇-虞 | T2 | | tɔ5 | tɔ5 | tɔu5 | tou5 | tou5 |
| 雨白读 | 3 遇-虞 | K | hɔ6 | hɔ6 | hɔ7 | hɔu7 | hou6 | hou6 |
| 芋 | 3 遇-虞 | 喻三 | | ɔ3 | ɔ7 | ɔu7 | ou7 | ou7 |

**表 3－3－57　闽东模、虞韵 1、3 等同读层次对应表**

| 闽　东 | | | 福州 | 福清 | 古田 | 柘荣 | 福安 | 宁德 |
|---|---|---|---|---|---|---|---|---|
| 例字 | 中　古 | 声类 | uo | uo | uo | uo | u | u / o |
| 补 | 1 遇-模 | P1 | puo2 | puo2 | puo2 | puo2 | pu2 | po2 |
| 布 | 1 遇-模 | P1 | puo3 | puo3 | puo3 | puo3 | pu3 | pu3 |
| 步 | 1 遇-模 | P1 | puo7 | puo7 | puo7 | puo7 | pu3 | pu2 |
| 姥妻子 | 1 遇-模 | P1 | muo2 | muo2 | muo2 | | mu2 | (mu2) |
| 屠白读 | 1 遇-模 | T1 | | tuo5 | tuo5 | tuo5 | tu5 | |
| 墿路 | 1 遇-模 | T1 | tuo7 | tuo7 | tuo7 | tuo7 | tu7 | tu2 |
| 误悟 | 1 遇-模 | K | ŋuo7 | ŋuo7 | ŋuo7 | ŋuo7 | ŋu7 | ŋu2 |
| 夫白读 | 3 遇-虞 | P1 | puo1 | puo1 | puo1 | puo1 | | pu1 |
| 脯白读 | 3 遇-虞 | P1 | $p^h$uo2 | puo2 *<br>$p^h$uo2 | | $p^h$uo2 | $p^h$u2 | |
| 斧白读 | 3 遇-虞 | P1 | $p^h$uo2 | puo2 | puo2 *<br>$p^h$uo2 | puo2 | | $p^h$o2 |
| 扶白读 | 3 遇-虞 | P1 | $p^h$uo5 | $p^h$uo5 | $p^h$uo5 | $p^h$uo5 | | |
| 厨白读 | 3 遇-虞 | T2 | tuo5 | tuo5 | tuo5 | tuo5 | tu5 | tu5 |
| 雨白读 | 3 遇-虞 | K | | huo7 | huo7 | | hu7 | xu2 |
| 芋 | 3 遇-虞 | 喻三 | uo7 | uo7 | uo7 | uo7 | wu7 | |
| 厨 | 3 遇-虞 | T2 | tuo5 | tuo5 | tuo5 | tuo5 | tu5 | tu5 |
| 珠白读 | 3 遇-虞 | TS3 | tsuo1 | tsuo1 | tsuo1 | tsuo1 | tsu1 | tsu1 |
| 主白读 | 3 遇-虞 | TS3 | tsuo2 | tsuo2 | tsuo2 | tsuo2 | tsu2 | tso2 |
| 注白读 | 3 遇-虞 | TS3 | tsuo3 | tsuo3 | tsuo3 | tsuoh4 | tsu3 | |
| 戍房屋 | 3 遇-虞 | TS3 | $ts^h$uo3 | $ts^h$uo3 | $ts^h$uo3 | $ts^h$uoʔ4 | $ts^h$u3 | $ts^h$u3 |
| 输白读 | 3 遇-虞 | TS3 | suo1 | suo1 | suo1 | suo1 | su1 | su1 |

## 表 3-3-58　闽南、闽北对应于闽东模、虞韵 1、3 等同读层次的音读

| 例字 | 中古 | 声类 | 泉州 | 漳州 | 澄海 | 福清 | 古田 | 柘荣 | 石陂 | 建阳 | 建瓯 |
|---|---|---|---|---|---|---|---|---|---|---|---|
| | | | ɔ | ɔ | ou | uo | uo | uo | io | iɔ | iɔ |
| 布白读 | 1 遇-模 | P1 | pɔ3 | pɔ3 | pou3 | puo3 | puo3 | puo3 | pio3 | | piɔ3 |
| 步 | 1 遇-模 | P1 | pɔ3 | pɔ7 | pou7 | puo7 | puo7 | puo7 | (bu7) | (βo7) | (pu7) |
| 补白读 | 1 遇-模 | P1 | pɔ2 | pɔ2 | pou2 | puo2 | puo2 | puo2 | bio2 | βiɔ2 | piɔ2 |
| 哺白读 | 1 遇-模 | P1 | pɔ3 | pɔ7 | | puo7 | pʰuo2 | puo2 | pio7 | | piɔ7 |
| 姥妻子 | 1 遇-模 | P1 | bɔ2 | bɔ2 | bou2 | muo2 | muo2 | | | | |
| 墿路 | 1 遇-模 | T1 | | | | tuo7 | tuo7 | tuo7 | | | tiɔ2 |
| 屠白读 | 1 遇-模 | T1 | tɔ5 | tɔ5 | tou5 | tuo5 | tuo5 | tuo5 | (du5) | (lo9) | (tu2) |
| 误 | 1 遇-模 | K | gɔ3 | gɔ7 | gou7 | ŋuo7 | ŋuo7 | ŋuo7 | (ŋu7) | (ŋo7) | (ŋu7) |
| 夫白读 | 3 遇-虞 | P1 | pɔ1 | pɔ1 | | puo1 | puo1 | puo1 | | | |
| 脯白读 | 3 遇-虞 | P1 | pɔ2 | pɔ2 | pou2 | puo2 * pʰuo2 | | pʰuo2 | | | (py2) |
| 斧白读 | 3 遇-虞 | P1 | pɔ2 | (pʰu2) | pou2 | puo2 | puo2 * pʰuo2 | puo2 | (py3) | (po2) | |
| 扶白读 | 3 遇-虞 | P1 | pʰɔ5 | pʰɔ5 | | pʰuo5 | pʰuo5 | pʰuo5 | (phy3) | | (phy3) |
| 厨白读 | 3 遇-虞 | T2 | tɔ5 | tɔ5 | tou5 | tuo5 | tuo5 | tuo5 | (dy5) | | (ty3) |
| 雨白读 | 3 遇-虞 | K | hɔ6 | hɔ7 | hou6 | huo7 | huo7 | | (xy1) | (xy3) | (xy7) |
| 芋 | 3 遇-虞 | 喻三 | ɔ3 | ɔ7 | ou7 | uo7 | uo7 | uo7 | (y7) | (y7) | (y7) |
| | | | u | u | u | uo | uo | uo | io | iɔ | iɔ |
| 戍房屋 | 3 遇-虞 | TS3 | tsʰu3 | tsʰu3 | tsʰu3 | tsʰuo3 | tsʰuo3 | tsʰuoʔ4 | tsʰio3 | tsʰiɔ3 | tsʰiɔ3 |
| 珠白读 | 3 遇-虞 | TS3 | tsu1 | tsu1 | tsu1 | tsuo1 | tsuo1 | tsuo1 | (tsy1) | (tsy1) | (tsy1) |
| 主白读 | 3 遇-虞 | TS3 | tsu2 | tsu2 | tsu2 | tsuo2 | tsuo2 | tsuo2 | (tsy2) | (tsy2) | (tsy2) |
| 注白读 | 3 遇-虞 | TS3 | tsu3 | tsu3 | tsu3 | tsuo3 | tsuo3 | tsuoh4 | (tsy3) | (tsy3) | (tsy3) |
| 输白读 | 3 遇-虞 | TS3 | | su1 | su1 | suo1 | suo1 | suo1 | (sy1) | (sy1) | (sy1) |

上述遇摄1、3等同读的音韵表现仅为模、虞韵字群，鱼韵字群则表现为另一项相异的韵读，如表3－3－61、3－3－62所示，闽南泉、漳地区读为-ue或-e，潮汕地区读为-iu，闽东则一致读为-œ或-ø，闽北没有成层相应的白读韵。本书认为闽南、闽东鱼韵的这项韵读，乃反映与模虞同读者相同历史时间的层次特色，理由有二：(1)相较于3.3.2所分析鱼韵3等独读细音的音韵层次，这项韵读显然较倾向洪音表现，如表3－3－59；唯潮汕地区的表现与其他方言点相反，以澄海为例，相较于鱼韵3等独读-ə，韵读-iu似乎较倾向细音韵读。

**表3－3－59**

| 鱼韵层次 | 例　字 | 闽南（泉州） | 闽南（漳州） | 闽南（澄海） | 闽东（柘荣） |
|---|---|---|---|---|---|
| 3等独读细音 | 箸猪煮鱼 | ɯ | i | ə | y |
| 另一项白读韵 | 絮苎初梳 | ue | e | iu | œ |

不过，我们还是根据闽南泉、漳与闽东等多数方言点的一致表现来进行判定，暂时将潮汕的情形视为个别的内部演变，可以参照靠近潮汕地区的几个漳腔方言点，例如漳浦、漳平均有将洪音韵读为细音韵的个别表现：

**表3－3－60**

| 层　次 | 例　字 | 泉州 | 漳州 | 漳浦 | 漳平 | 闽东 |
|---|---|---|---|---|---|---|
| 之微歌1等同读 | (T－TS)胎袋坐螺 | ə | e | ɛ | ie | oi |
| 蟹摄2、4等同读 | 买细题街 | ue | e | iei | ei | ɛ |
| 鱼韵3等洪读 | 絮苎初梳 | ue | e | iei | iu | œ |

(2)除了今读的洪细差异，泉州腔有极少数1等模韵字也能读为-ue，例如“做”的白读为tsue3、“卤厚卤”读为lue6，据此，我们倾向将闽南泉、漳鱼韵的-ue或-e韵读归为1、3等同读的历史时间层。

**表 3-3-61　闽南鱼韵另一项白读层次对应表**

| 闽南 | | | 南安 | 泉州 | 漳州 | 漳浦 | 澄海 | 揭阳 |
|---|---|---|---|---|---|---|---|---|
| 例字 | 中古 | 声类 | ue | ue | e | iei | iu | iu |
| 鑢 | 3 遇-鱼 | T1 | lue3 | | le3 | | | |
| 絮锅刷 | 3 遇-鱼 | TS1 | $ts^hue3$ | | $ts^he3$ | $ts^hiei3$ *siei3 | $ts^hiu3$ | |
| 贮白读 | 3 遇-鱼 | T2 | tue2 | tue2 | te2 | tiei2 | | tiu2 |
| 苎白读 | 3 遇-鱼 | T2 | tue6 | tue6 | te7 | (tε7)① | | tiu6 |
| 初白读 | 3 遇-鱼 | TS2 | $ts^hue1$ | $ts^hue1$ | $ts^he1$ | $ts^hiei1$ *siei1 | $ts^hiu1$ | |
| 梳白读 | 3 遇-鱼 | TS2 | sue1 | sue1 | se1 | siei1 | siu1 | siu1 |
| 疏白读 | 3 遇-鱼 | TS2 | sue1 | sue1 | se1 | siei1 | | |
| 黍白读 | 3 遇-鱼 | TS3 | | sue2 | se2 | (sε2) | | |

**表 3-3-62　闽东鱼韵另一项白读层次对应表**

| 闽东 | | | 福州 | 福清 | 古田 | 柘荣 | 福安 | 宁德 |
|---|---|---|---|---|---|---|---|---|
| 例字 | 中古 | 声类 | œ/ɔ | ø | œ | œ | œ | œ |
| 鑢 | 3 遇-鱼 | T1 | nɔ3 | lø3 | | lœ3 | lœ3 | lœ3 |
| 驴白读 | 3 遇-鱼 | T1 | nœ5 | lø5 | lœ5 | lœ5 | lœ5 | lœ5 |
| 絮锅刷 | 3 遇-鱼 | TS1 | $ts^hɔ3$ | $ts^hø3$ | $ts^hœ3$ | $ts^hœ3$ | | $ts^hœ3$ |
| 苎 | 3 遇-鱼 | T2 | tɔ7 | tø7 | tœ7 | tœ7 | tœ7 | tœ2 |
| 初白读 | 3 遇-鱼 | TS2 | $ts^hœ1$ | $ts^hø1$ | $ts^hœ1$ | $ts^hœ1$ | $ts^hœ1$ | $ts^hœ1$ |
| 楚白读 | 3 遇-鱼 | TS2 | | | | $ts^hœ2$ | $ts^hœ2$ | $ts^hœ2$ |
| 助白读 | 3 遇-鱼 | TS2 | | | tsœ7 | tsœ7 | tsœ7 | tsœ2 |

① 漳浦“苎黍”二字韵读不为-iei，而读为-ε；相应于此，闽东福安、宁德的“所”字也个别读为-ε。这有两种可能的解释：一是鱼韵除了本节所讨论的两项白读，还有另一项层次遗迹，但例字非常零散，需要再扩大观察；二是漳浦可能受到其他漳州音的影响，将“苎黍”二字读为-ε，不读为-iei，而闽东福安、宁德则是发生-œ、-ε的部分混读，根据其他闽东方言的表现，鱼韵应读为-œ，福安、宁德却将“所”字读为-ε，蟹摄开口2、4等应读为-ε，福安、宁德却将“差妻”二字读为-œ。这两种解释都有待搜集更多的相关语料加以论证。

**续　表**

| 闽东 | | | 福州 | 福清 | 古田 | 柘荣 | 福安 | 宁德 |
|---|---|---|---|---|---|---|---|---|
| 例字 | 中古 | 声类 | œ/ɔ | ø | œ | œ | œ | œ |
| 梳 | 3遇-鱼 | TS2 | sœ1 | sø1 | sœ1 | sœ1 | sœ1 | sœ1 |
| 疏白读 | 3遇-鱼 | TS2 | sœ1 | sø1 | sœ1 | sœ1 | sœ1 | sœ1 |
| 黍白读 | 3遇-鱼 | TS3 | sœ2 | sø2 | | sœ2 | | sœ2 |
| 所白读 | 3遇-鱼 | TS2 | | sø2 | | | (sɛ2) | (sɛ2) |

表3-3-65、3-3-66分别是闽南唐、阳韵1、3等同读层次对应表，以及闽东、闽北相对应的韵读，说明如下：

1. 闽南宕摄1、3等唐、阳韵字群有同读为-ŋ的白读表现，相应的入声韵为-oʔ，但3等入声字读为-oʔ仅有"着"字，平行于3等阳声韵"长疮瓤秧"等字读同1等的表现。

2. 闽东、闽北缺少明显相应的白读音，透过同源语词比较，如表3-3-66所示，闽东相应的韵读为-oŋ、-ɔʔ，闽北相应的韵读为-ɔŋ、-ɔ，与前述一样，我们认为闽东、闽北1、3等唐、阳韵字群同读的白读音，在音值上多与后来进入的1等文读层合流。理由是：(1) 闽南有一群3等阳韵字，例如"长肠瓤秧"等，其白读韵一致读同1等的白读韵，以"长"为例如下表：

**表3-3-63**

| 例字 | 闽南(泉州) | 闽东(福清) | 闽北(建瓯) |
|---|---|---|---|
| 长文读 | tiɔŋ5 | tyoŋ5 | tioŋ2 |
| 长白读 | tŋ5 | toŋ5 | tɔŋ2 |
| 堂白读 | tŋ5 | toŋ5 | tɔŋ2 |
| 堂文读 | tɔŋ5 | | |

闽南"长"的白读与1等"堂"的白读相同；相应于此，闽东、闽北的"长"字白读韵，也都读同1等"堂"，据此，闽东、闽北1等的韵读-oŋ或

-ɔŋ 应视为文白异层同读。(2) 闽东宕摄开口 1 等唐韵字群的阳声韵虽无文白音韵形式的差异，但其入声韵维持文白相异的音读形式，如表 3-3-64 所示，从其文白相异的入声韵可以推知阳声韵应该也有相应的文白两项历史层次，只是异层恰好同读。

**表 3-3-64**

| 中　古 | 例　字 | 闽南(泉州) | 闽东(福清) | 闽东(古田) | 闽东(柘荣) |
|---|---|---|---|---|---|
| 唐韵文读 | 旁藏西藏抗寞洛各 | ɔŋ-ɔk | oŋ-oʔ | ouŋ-ouk | oŋ-ok |
| 唐韵白读 | 糖糠囥粕昨阁 | ŋ-oʔ | oŋ-o | ouŋ-oʔ | oŋ-ɔʔ |

**表 3-3-65　闽南唐阳韵 1、3 等同读层次对应表**

| 闽　南 | | | 南安 | 泉州 | 漳州 | 漳浦 | 澄海 | 揭阳 |
|---|---|---|---|---|---|---|---|---|
| 例字 | 中　古 | 声类 | ŋ | ŋ | ŋ | ŋ | əŋ | ŋ |
| 榜白读 | 1 宕-唐 | P1 | pŋ2 | | pŋ2 | pŋ2 * 7 | | |
| 汤白读 | 1 宕-唐 | T1 | tʰŋ1 | tʰŋ1 | tʰŋ1 | tʰŋ1 | tʰəŋ1 | tʰŋ1 |
| 糖 | 1 宕-唐 | T1 | tʰŋ5 | tʰŋ5 | tʰŋ5 | tʰŋ5 | tʰəŋ5 | tʰŋ5 |
| 郎白读 | 1 宕-唐 | T1 | nŋ5 | nŋ5 | nŋ5 | nŋ5 | nəŋ5 | nŋ5 |
| 仓 | 1 宕-唐 | TS1 | tsʰŋ1 | tsʰŋ1 | tsʰŋ1 | tsʰŋ1 | tsʰəŋ1 | tsʰŋ1 |
| 脏白读 | 1 宕-唐 | TS1 | tsŋ3 | tsəŋ3 | tsŋ7 | tsŋ7 | | |
| 缸 | 1 宕-唐 | K | kŋ1 | kŋ1 | kŋ1 | kŋ1 | kəŋ1 | kŋ1 |
| 囥藏 | 1 宕-唐 | K | kʰŋ3 | kʰŋ3 | kʰŋ3 | kʰŋ3 | kʰəŋ3 | |
| 两白读 | 3 宕-阳 | T1 | | nŋ6 | | | (no6) | (no6) |
| 长白读 | 3 宕-阳 | T2 | tŋ5 | tŋ5 | tŋ5 | tŋ5 | təŋ5 | |
| 丈白读 | 3 宕-阳 | T2 | tŋ6 | tŋ6 | | tŋ7 | təŋ6 | tŋ6 |
| 杖孝杖 | 3 宕-阳 | T2 | tʰŋ6 | tʰŋ6 | tʰŋ7 | tʰŋ7 | | |
| 庄白读 | 3 宕-阳 | TS2 | tsŋ1 | tsŋ1 | tsŋ1 | tsŋ1 | tsəŋ1 | tsŋ1 |
| 床笼床 | 3 宕-阳 | TS2 | sŋ5 | sŋ5 | sŋ5 | sŋ5 | səŋ5 | |
| 床眠床 | 3 宕-阳 | TS2 | tsʰŋ5 | tsʰŋ5 | tsʰŋ5 | tsʰŋ5 | tsʰəŋ5 | tsʰŋ5 |
| 霜白读 | 3 宕-阳 | TS2 | sŋ1 | sŋ1 | sŋ1 | sŋ1 | səŋ1 | sŋ1 |

**续 表**

| 闽南 | | | 南安 | 泉州 | 漳州 | 漳浦 | 澄海 | 揭阳 |
|---|---|---|---|---|---|---|---|---|
| 例字 | 中古 | 声类 | ŋ | ŋ | ŋ | ŋ | əŋ | ŋ |
| 瓤 | 3宕-阳 | 日 | nŋ5 | nŋ5 | | | nəŋ5 | |
| 向白读 | 3宕-阳 | ø-晓 | ŋ3 | ŋ3 | | ŋ3 | ŋ3 | |
| 央秧 | 3宕-阳 | ø | ŋ1 | ŋ1 | ŋ1 | ŋ1 | | |
| | | | oʔ | oʔ | oʔ | oʔ | oʔ | oʔ |
| 粕 | 1宕-唐 | P1 | pʰoʔ4 | pʰoʔ4 | pʰoʔ4 | pʰoʔ4 | pʰoʔ4 | |
| 薄白读 | 1宕-唐 | P1 | poʔ8 | poʔ8 | poʔ8 | poʔ8 | poʔ8 | poʔ8 |
| 膜 | 1宕-唐 | P1 | boʔ8 | boʔ4 * 8 | moʔ8 | moʔ8 | moʔ8 | moʔ8 |
| 落白读 | 1宕-唐 | T1 | loʔ8 | loʔ8 | loʔ8 | loʔ8 | loʔ8 | loʔ8 |
| 作白读 | 1宕-唐 | TS1 | tsoʔ4 | tsoʔ4 | tsoʔ4 | tsoʔ4 | tsoʔ4 | |
| 昨前天 | 1宕-唐 | TS1 | | tsoʔ8 | tsoʔ8 | tsoʔ8 | | |
| 索白读 | 1宕-唐 | TS1 | soʔ4 | soʔ4 | soʔ4 | soʔ4 | soʔ4 | soʔ4 |
| 阁 | 1宕-唐 | K | koʔ4 | koʔ4 | koʔ4 | koʔ4 | koʔ4 | koʔ4 |
| 鹤白读 | 1宕-唐 | K | hoʔ8 | hoʔ8 | hoʔ8 | hoʔ8 | hoʔ8 | hoʔ8 |
| 恶白读 | 1宕-唐 | ø | oʔ4 | oʔ4 | oʔ4 | oʔ4 | oʔ4 | |
| 着白读 | 3宕-阳 | T2 | toʔ8 | toʔ8 | toʔ8 | toʔ8 | | |

**表3-3-66 闽东、闽北对应于闽南唐阳韵1、3等同读层次的音读**

| 例字 | 中古 | 声类 | 泉州 | 漳州 | 澄海 | 福清 | 古田 | 柘荣 | 石陂 | 建阳 | 建瓯 |
|---|---|---|---|---|---|---|---|---|---|---|---|
| | | | ŋ | ŋ | əŋ | oŋ | ouŋ | oŋ | ɔŋ | ɔŋ | ɔŋ |
| 糖 | 1宕-唐 | T1 | tʰŋ5 | tʰŋ5 | tʰəŋ5 | tʰoŋ5 | tʰouŋ5 | tʰoŋ5 | tʰɔŋ3 | hɔŋ5 | tʰɔŋ3 |
| 郎白读 | 1宕-唐 | T1 | nŋ5 | nŋ5 | nəŋ5 | | | | sɔŋ3 | sɔŋ5 | sɔŋ3 |
| 仓 | 1宕-唐 | TS1 | tsʰŋ1 | tsʰŋ1 | tsʰəŋ1 | tsʰoŋ1 | tsʰouŋ1 | tsʰoŋ1 | | | |
| 缸 | 1宕-唐 | K | kŋ1 | kŋ1 | kəŋ1 | koŋ1 | kouŋ1 | koŋ1 | gɔŋ5 | kɔŋ9 | kɔŋ8 |
| 糠 | 1宕-唐 | K | kʰŋ1 | kʰŋ1 | kʰəŋ1 | kʰoŋ1 | kʰouŋ1 | kʰoŋ1 | kʰɔŋ1 | kʰɔŋ1 | kʰɔŋ1 |
| 囥藏 | 1宕-唐 | K | kʰŋ3 | kʰŋ3 | kʰəŋ3 | kʰoŋ3 | kʰouŋ3 | kʰoŋ3 | kʰɔŋ3 | | |
| 两白读 | 3宕-阳 | T1 | nŋ6 | | (no6) | | | | sɔŋ1 | sɔŋ3 | |

**续 表**

| 例字 | 中古 | 声类 | 泉州 | 漳州 | 澄海 | 福清 | 古田 | 柘荣 | 石陂 | 建阳 | 建瓯 |
|---|---|---|---|---|---|---|---|---|---|---|---|
| | | | ŋ | ŋ | əŋ | oŋ | ouŋ | oŋ | ɔŋ | ɔŋ | ɔŋ |
| 长白读 | 3 宕-阳 | T2 | tŋ5 | tŋ5 | təŋ5 | toŋ5 | touŋ5 | toŋ5 | dɔŋ5 | lɔŋ9 | |
| 肠白读 | 3 宕-阳 | T2 | tŋ5 | tŋ5 | təŋ5 | toŋ5 | touŋ5 | | tɔŋ3 | tɔŋ5 | tsɔŋ7 |
| 丈白读 | 3 宕-阳 | T2 | tŋ6 | | təŋ6 | toŋ7 | touŋ7 | toŋ7 | | | |
| 疮 | 3 宕-阳 | TS2 | $ts^hŋ1$ | $ts^hŋ1$ | $ts^həŋ1$ | | | | $ts^hɔŋ1$ | $t^hɔŋ1$ | $ts^hɔŋ1$ |
| 床笼床 | 3 宕-阳 | TS2 | $ts^hŋ5$ | $ts^hŋ5$ | $ts^həŋ5$ | $ts^hoŋ5$ | $ts^houŋ5$ | $ts^hoŋ5$ | $ts^hɔŋ3$ | | $ts^hɔŋ3$ |
| 瓤 | 3 宕-阳 | 日 | nŋ5 | | nəŋ5 | | nouŋ5 | noŋ5 | nɔŋ3 | nɔŋ5 | |
| 央白读 | 3 宕-阳 | ø | ŋ1 | ŋ1 | | | | | ɔŋ1 | | ɔŋ1 |
| 秧白读 | 3 宕-阳 | ø | ŋ1 | ŋ1 | ŋ1 | oŋ1 | ouŋ1 | oŋ1 | ɔŋ1 | | ɔŋ1 |
| | | | oʔ | oʔ | oʔ | o | oʔ | ɔʔ | ɔ | ɔ | ɔ |
| 粕 | 1 宕-唐 | P1 | $p^hoʔ4$ | $p^hoʔ4$ | $p^hoʔ4$ | $p^ho3$ | $p^hoʔ4$ | $p^hɔʔ4$ | | | $p^hɔ4$ |
| 薄白读 | 1 宕-唐 | P1 | poʔ8 | poʔ8 | poʔ8 | po1 | poʔ8 | pɔʔ8 | bɔ5 | βɔ8 | pɔ8 |
| 膜 | 1 宕-唐 | P1 | boʔ4* 8 | boʔ8*<br>moʔ8 | moʔ8 | mo1 | moʔ8 | mɔʔ4 | mɔ4 | mɔ4 | mɔ4 |
| 落白读 | 1 宕-唐 | T1 | loʔ8 | loʔ8 | loʔ8 | lo1 | loʔ8 | lɔʔ8 | lɔ5 | lɔ8 | lɔ8 |
| 作白读 | 1 宕-唐 | TS1 | tsoʔ4 | tsoʔ4 | tsoʔ4 | tso3 | | tsɔʔ4 | tsɔ4 | tsɔ4 | tsɔ4 |
| 昨白读 | 1 宕-唐 | TS1 | tsoʔ8 | tsoʔ8 | | so1 | | | | lɔ8 | |
| 索白读 | 1 宕-唐 | TS1 | soʔ4 | soʔ4 | soʔ4 | so3 | soʔ4 | sɔʔ4 | sɔ4 | sɔ4 | sɔ4 |
| 阁 | 1 宕-唐 | K | koʔ4 | koʔ4 | koʔ4 | ko3 | koʔ4 | | kɔ4 | kɔ4 | kɔ4 |
| 鹤白读 | 1 宕-唐 | K | hoʔ8 | hoʔ8 | hoʔ8 | | | | xɔ1 | xɔ8 | xɔ7 |
| 恶白读 | 1 宕-唐 | ø | oʔ4 | oʔ4 | oʔ4 | o3 | oʔ4 | ɔʔ4 | ɔ4 | ɔ4 | ɔ4 |
| 着白读 | 3 宕-阳 | T2 | toʔ8 | toʔ8 | | | | | | | |

总合上述遇摄、宕摄 1、3 等同读的白读层一同观察，如表 3－3－67，两者都表现 3 等韵读同 1 等洪音的特殊发展；又从其古韵来源来看，与前述相同，在此历史时间层次上，古鱼、阳两部阴阳相应的关系发生改变，而且有侯部 3 等字并入鱼部，单从音读上已看不出两者相应的韵读，不过古鱼、阳两部阳、入相应的关系仍在，并且有宵部 1 等入

声字并入，而同时宵、幽部 1 等阴声韵合为豪韵，也发展出与之相应的韵读，即 3.2.5 所讨论，效摄 1 等与 2 等有别的白读层次(不过闽北多数方言点又发生层次竞争)。值得注意的是，有零星几个遇摄字具有与阳韵相应的韵读，例如“做错无”等字，以往认为这些字的韵读表现特殊，不成层次，然而联系阳韵一起进行系统性的层次分析，我们认为其韵读表现乃反映古鱼部阴声韵在逐渐失去与阳部相应的韵读关系时，仍有少数残余例字与阳部及鱼部入声进行相应的演变，因而读同豪韵。

**表 3-3-67**

| 上古 | 中古 | 例字 | 泉州 | 漳州 | 澄海 | 福清 | 古田 | 柘荣 | 石陂 | 建阳 | 建瓯 |
|---|---|---|---|---|---|---|---|---|---|---|---|
| 鱼侯 | 模虞 | 布屠误夫<br>厨珠输雨 | ɔ/u | ɔ/u | ou/u | uo | uo | uo | io | iɔ | iɔ |
| 鱼 | 鱼 | 初梳絮苎 | ue | e | iu | ø | œ | œ | — | — | — |
| 阳 | 唐阳 | 糖园长央 | ŋ | ŋ | əŋ | oŋ | ouŋ | oŋ | ɔŋ | ɔŋ | ɔŋ |
| 鱼宵 | 唐阳 | 粕素鹤着 | oʔ | oʔ | oʔ | o | oʔ | ɔʔ | ɔ | ɔ | ɔ |
| 鱼 | 模虞 | 做错无 | o | o | o | o | o | ɔ | ɔ | ɔ<br>(au) | ɔ<br>(au) |
| 宵幽 | 豪 | 桃臊洘好 | | | | | | | | | |

3.3.3.2 侯尤韵与东冬钟韵

表 3-3-70、3-3-71、3-3-72 分别是闽南、闽东侯、尤韵 1、3 等同读层次对应表，以及闽北相对应的韵读，说明如下：

1. 闽南、闽东流摄 1、3 等侯、尤韵字群有同读为-au 的白读表现，其中福安具韵变现象，在上声调下读为-ou。

2. 闽北缺少明显相应的白读音，透过同源语词比较，如表 3-3-72 所示，闽北相应的韵读应为-əu 或-e，与前述一样，我们认为闽北 1、3 等侯、尤韵字群同读的白读韵，在音值上多与后来进入的 1 等文读层合流。理由是：(1) 如表 3-3-68 所示，“侯猴后厚”等字在闽语各次方言均具有文白异读，而闽北相应于闽南、闽东的白读韵母形式与其文读韵母形式没有分别。

**表 3-3-68**

| 例 字 | 闽南<br>(泉州) | 闽东<br>(福清) | 闽北<br>(石陂) |
|---|---|---|---|
| 侯文读 | hio5 | heu5 | ɦəu5 |
| 猴白读 | kau5 | kau5 | gəu5 |
| 后文读 | hio6 | heu7 | xəu7 |
| 后白读 | au6 | au7 | — |
| 厚文读 | hio6 | heu7 | xəu7 |
| 厚白读 | kau6 | kau7 | gəu3 |

(2) 闽南、闽东有一群 3 等尤韵字,例如“留昼臭九”等,其白读韵一致读同 1 等的白读韵,以“昼”为例如下表:

**表 3-3-69**

<table>
<tr><th>例 字</th><th>闽南<br>(泉州)</th><th>闽东<br>(福清)</th><th>闽北<br>(石陂)</th></tr>
<tr><td>昼文读</td><td>tiu3</td><td>tiu3</td><td>diu7</td></tr>
<tr><td>昼白读</td><td>tau3</td><td>tau3</td><td>təu3</td></tr>
<tr><td>斗(战斗)白读</td><td>tau3</td><td>tau3</td><td rowspan="2">təu3</td></tr>
<tr><td>斗(战斗)文读</td><td>tio3</td><td>teu3</td></tr>
</table>

闽南、闽东“昼”的白读与 1 等“斗战斗”的白读相同;相应于此,闽北的“昼”字白读韵,也同于 1 等“斗战斗”,据此,闽北 1 等的韵读-əu 应视为文白异层同读。

**表 3-3-70 闽南侯、尤韵 1、3 等同读层次对应表**

| 闽 南 | | | 南安 | 泉州 | 漳州 | 漳浦 | 澄海 | 揭阳 |
|---|---|---|---|---|---|---|---|---|
| 例字 | 中 古 | 声类 | au | au | au | au | au | au |
| 斗(战斗)白读 | 1 流-侯 | T1 | tau3 | tau3 | tau3 | tau3 | tau3 | |
| 偷白读 | 1 流-侯 | T1 | $t^h$au1 | $t^h$au1 | $t^h$au1 | $t^h$au1 | $t^h$au1 | $t^h$au1 |
| 豆白读 | 1 流-侯 | T1 | | tau3 | tau7 | tau7 | tau7 | tau7 |

续 表

| 闽南 | | | 南安 | 泉州 | 漳州 | 漳浦 | 澄海 | 揭阳 |
|---|---|---|---|---|---|---|---|---|
| 例字 | 中古 | 声类 | au | au | au | au | au | au |
| 漏 | 1流-侯 | T1 | lau3 | lau3 | lau7 | lau7 | lau7 | lau7 |
| 嗽 | 1流-侯 | TS1 | sau3 | sau3 | sau3 | sau3 | sau3 | sau3 |
| 垢 | 1流-侯 | K | | kau2 | kau2 | kau2 | | |
| 口白读 | 1流-侯 | K | kʰau2 | kʰau2 | kʰau2 | kʰau2 | kʰau2 | kʰau2 |
| 猴 | 1流-侯 | K | kau5 | kau5 | kau5 | kau5 | kau5 | kau5 |
| 后后生 | 1流-侯 | K | | hau6 | hau7 | hau7 | | |
| 后后面 | 1流-侯 | Ø-匣 | au6 | au6 | au7 | au7 | au6 | au6 |
| 厚白读 | 1流-侯 | K | kau6 | kau6 | kau7 | kau7 | kau6 | kau6 |
| 鲎 | 1流-侯 | K | hau3 | | hau7 | hau7 | hau7 | |
| 瓯 | 1流-侯 | Ø | au1 | au1 | au1 | au1 | au1 | au1 |
| 矛 | 3流-尤 | P1 | bau5 | bau5 | maũ5 | maũ5 | mau5 | mau5 |
| 流留 | 3流-尤 | T1 | lau5 | lau5 | lau5 | lau5 | lau5 | |
| 昼白读 | 3流-尤 | T1 | | tau3 | tau3 | tau3 | | |
| 臭 | 3流-尤 | TS3 | tsʰau3 | tsʰau3 | tsʰau3 | tsʰau3<br>* sau3 | tsʰau3 | (tsʰou3) |
| 九白读 | 3流-尤 | K | kau2 | kau2 | kau2 | kau2 | kau2 | kau2 |
| 阄 | 3流-尤 | K | kʰau1 | kʰau1 | kʰau1 | kʰau1 | kʰau1 | |

**表 3-3-71 闽东侯、尤韵 1、3 等同读层次对应表**

| 闽东 | | | 福州 | 福清 | 古田 | 柘荣 | 福安 | 宁德 |
|---|---|---|---|---|---|---|---|---|
| 例字 | 中古 | 声类 | au | au | au | au | au/ou | au |
| 斗(战斗)白读 | 1流-侯 | T1 | tau3 | tau3 | | tau3 | | |
| 偷白读 | 1流-侯 | T1 | tʰau1 | tʰau1 | tʰau1 | tʰau1 | tʰau1 | tʰau1 |
| 豆白读 | 1流-侯 | T1 | tau7 | tau7 | tau7 | tau7 | tau7 | tau7 |
| 漏 | 1流-侯 | T1 | nau3 * 7 | lau7 | lau3 * 7 | lau3 * 7 | lau7 | lau7 |
| 楼白读 | 1流-侯 | T1 | nau5 | lau5 | lau5 | lau5 | lau5 | lau5 |

续　表

| 闽东 | | | 福州 | 福清 | 古田 | 柘荣 | 福安 | 宁德 |
|---|---|---|---|---|---|---|---|---|
| 例字 | 中　古 | 声类 | au | au | au | au | au/ou | au |
| 嗽 | 1 流-侯 | TS1 | sau3 | sau3 | sau3 | sau3 | sau3 | sau3 |
| 垢 | 1 流-侯 | K | kau2 | kau2 | kau2 | kau2 | kou2 | kau2 |
| 口白读 | 1 流-侯 | K | $k^h$au2 | $k^h$au2 | $k^h$au2 | $k^h$au2 | $k^h$ou2 | $k^h$au2 |
| 猴 | 1 流-侯 | K | kau5 | kau5 | kau5 | kau5 | kau5 | kau5 |
| 后白读 | 1 流-侯 | ø-匣 | au7 | au7 | au7 | au7 | au7 | au7 |
| 厚白读 | 1 流-侯 | K | kau7 | kau7 | kau7 | kau7 | kau7 | kau7 |
| 鲎 | 1 流-侯 | K | xau3 | hau3 | hau3 | xau3 | | xau3 |
| 瓯白读 | 1 流-侯 | ø | | | | | | au1 |
| 矛 | 3 流-尤 | P1 | mau5 | mau5 | mau5 | mau5 | mau5 | mau5 |
| 流留 | 3 流-尤 | T1 | nau5 | lau5 | lau5 | lau5 | lau5 | lau5 |
| 昼白读 | 3 流-尤 | T1 | tau3 | tau3 | tau3 | tau3 | tau3 | tau3 |
| 臭白读 | 3 流-尤 | TS3 | $ts^h$au3 | $ts^h$au3 | $ts^h$au3 | $ts^h$au3 | $ts^h$au3 | $ts^h$au3 |
| 九白读 | 3 流-尤 | K | kau2 | kau2 | kau2 | kau2 | kou2 | kau2 |
| 阄 | 3 流-尤 | K | $k^h$au1 | $k^h$au1 | $k^h$au1 | $k^h$au1 | $k^h$au1 | $k^h$au1 |

**表 3-3-72　闽北对应于闽南、闽东侯尤韵 1、3 等同读层次的音读**

| 例字 | 中古 | 声类 | 泉州 | 漳州 | 澄海 | 福清 | 古田 | 柘荣 | 石陂 | 建阳 | 建瓯 |
|---|---|---|---|---|---|---|---|---|---|---|---|
| | | | au | au | au | au | au | au | əu | əu | e |
| 斗(战斗)白读 | 1 流-侯 | T1 | tau3 | tau3 | tau3 | tau3 | | tau3 | təu3 | təu3 | te3 |
| 偷白读 | 1 流-侯 | T1 | $t^h$au1 | $t^h$au1 | $t^h$au1 | $t^h$au1 | $t^h$au1 | $t^h$au1 | $t^h$əu1 | həu1 | $t^h$e1 |
| 豆白读 | 1 流-侯 | T1 | tau3 | tau7 | tau7 | tau7 | tau7 | tau7 | təu7 | təu7 | te7 |
| 漏 | 1 流-侯 | T1 | lau3 | lau7 | lau7 | lau7 | lau3*7 | lau3*7 | ləu7 | ləu3 | le7 |
| 楼白读 | 1 流-侯 | T1 | lau5 | lau5 | lau5 | lau5 | lau5 | lau5 | ləu3 | ləu5 | le3 |
| 嗽 | 1 流-侯 | TS1 | sau3 | sau3 | sau3 | sau3 | sau3 | sau3 | səu3 | səu3 | |
| 口白读 | 1 流-侯 | K | $k^h$au2 | $k^h$au2 | $k^h$au2 | $k^h$au2 | $k^h$au2 | $k^h$au2 | $k^h$əu2 | $k^h$əu2 | $k^h$e2 |
| 猴 | 1 流-侯 | K | kau5 | kau5 | kau5 | kau5 | kau5 | kau5 | gəu5 | kəu9 | ke2 |

**续　表**

| 例字 | 中古 | 声类 | 泉州 | 漳州 | 澄海 | 福清 | 古田 | 柘荣 | 石陂 | 建阳 | 建瓯 |
|---|---|---|---|---|---|---|---|---|---|---|---|
| | | | au | au | au | au | au | au | əu | əu | e |
| 厚白读 | 1流-侯 | K | kau6 | kau7 | kau6 | kau7 | kau7 | kau7 | gəu3 | kəu3 | ke8 |
| 瓯 | 1流-侯 | ø | au1 | au1 | au1 | | | | əu1 | əu1 | e1 |
| 留白读 | 3流-尤 | T1 | lau5 | lau5 | lau5 | | lau5 | lau5 | | səu5 | |
| 刘白读 | 3流-尤 | T1 | lau5 | lau5 | lau5 | lau5 | lau5 | lau5 | | səu5 | |
| 昼白读 | 3流-尤 | T1 | tau3 | tau3 | | tau3 | tau3 | tau3 | təu3 | | |
| 臭 | 3流-尤 | TS3 | ts$^{h}$au3 | ts$^{h}$au3 | ts$^{h}$au3 | ts$^{h}$au3 | ts$^{h}$au3 | ts$^{h}$au3 | ts$^{h}$əu3 | t$^{h}$əu3 | ts$^{h}$e3 |
| 阄 | 3流-尤 | K | k$^{h}$au1 | k$^{h}$au1 | k$^{h}$au1 | k$^{h}$au1 | k$^{h}$au1 | k$^{h}$au1 | kəu1 | kəu1 | |

表3－3－74、3－3－75、3－3－77分别是闽南、闽东东、冬、钟韵1、3等同读层次对应表，以及闽北相对应的韵读，说明如下：

1. 闽南通摄1、3等东、冬、钟韵字群有同读为-aŋ的白读表现，入声韵读为相应的-ak。而闽东通摄1、3等东、冬、钟韵字群有同读为-œŋ或-øŋ或-øyŋ的白读表现，入声韵读为相应的-œk或-øk或-øyk（福州、福清另外发生韵尾弱化音变）；其中福州具韵变现象，在阴阳去与阴入调下读为-oyŋ、-oyʔ。

2. 此外，闽东还有一项3等钟韵入声与1等同读为-uoʔ的白读韵，但阳声韵没有相应的独立韵读，闽南、闽北也不具这项韵读层次，此为闽东保留3等东钟有别的特殊表现。

3. 透过同源语词比较，如表3－3－77所示，闽北相应的韵读同于通摄1等的文读韵，与前述一样，我们认为此乃闽北1、3等东、冬、钟韵字群同读的白读韵，在音值上与后来进入的1等文读层合流。理由是：闽南、闽东有一群3等东、钟韵字，例如“虫重上声共目六”等，其白读韵一致读同1等的白读韵，以“重上声”为例如下表：

**表 3-3-73**

<table>
<tr><th>例　字</th><th>闽南<br>（泉州）</th><th>闽东<br>（古田）</th><th>闽北<br>（建瓯）</th></tr>
<tr><td>重文读</td><td>tiɔŋ6</td><td>tyŋ7</td><td>重平声 tœyŋ2</td></tr>
<tr><td>重白读</td><td>taŋ6</td><td>tøyŋ7</td><td>tɔŋ7</td></tr>
<tr><td>动白读</td><td>taŋ6</td><td>tøyŋ7</td><td rowspan="2">tɔŋ8</td></tr>
<tr><td>动文读</td><td>tɔŋ6</td><td>tuŋ7</td></tr>
</table>

闽南、闽东“重上声”的白读与 1 等“动”的白读相同；相应于此，闽北的“重”字白读韵母，也同于 1 等“动”，据此，闽北通摄 1 等的韵读 -ɔŋ 应视为文白异层同读。

**表 3-3-74　闽南东冬钟韵 1、3 等同读层次对应表**

| 闽　南 | | | 南安 | 泉州 | 漳州 | 漳浦 | 澄海 | 揭阳 |
|---|---|---|---|---|---|---|---|---|
| 例字 | 中　古 | 声类 | aŋ | aŋ | aŋ | aŋ | aŋ | aŋ |
| 蠓 | 1 通-东 | P1 | baŋ2 | baŋ2 | baŋ2 | baŋ2 | maŋ2 | |
| 桶 | 1 通-东 | T1 | tʰaŋ2 | tʰaŋ2 | tʰaŋ2 | tʰaŋ2 | | tʰaŋ2 |
| 聋 | 1 通-东 | T1 | | laŋ5 | laŋ5 | laŋ5 | laŋ5 | laŋ5 |
| 粽 | 1 通-东 | TS1 | tsaŋ3 | tsaŋ3 | tsaŋ3 | tsaŋ3 | tsaŋ3 | tsaŋ3 |
| 葱 | 1 通-东 | TS1 | tsʰaŋ1 | tsʰaŋ1 | tsʰaŋ1 | saŋ1 | tsʰaŋ1 | tsʰaŋ1 |
| 公工 | 1 通-东 | K | kaŋ1 | kaŋ1 | kaŋ1 | kaŋ1 | kaŋ1 | kaŋ1 |
| 空 | 1 通-东 | K | kʰaŋ1 | kʰaŋ1 | kʰaŋ1 | kʰaŋ1 | kʰaŋ1 | |
| 红白读 | 1 通-东 | 匣 | aŋ5 | aŋ5 | aŋ5 | aŋ5 | aŋ5 | aŋ5 |
| 冬白读 | 1 通-冬 | T1 | taŋ1 | taŋ1 | taŋ1 | taŋ1 | taŋ1 | taŋ1 |
| 脓侬 | 1 通-冬 | T1 | laŋ5 | laŋ5 | laŋ5 | laŋ5 | naŋ5 | naŋ5 |
| 松白读 | 1 通-冬 | TS1 | saŋ1 | saŋ1 | saŋ1 | saŋ1 | saŋ1 | |
| 冯 | 3 通-东 | P2 | paŋ5 | paŋ5 | paŋ5 | paŋ5 | paŋ5 | paŋ5 |
| 梦白读 | 3 通-东 | P1 | baŋ3 | baŋ3 | baŋ7 | baŋ7 | maŋ7 | maŋ7 |
| 虫白读 | 3 通-东 | T2 | tʰaŋ5 | tʰaŋ5 | tʰaŋ5 | tʰaŋ5 | tʰaŋ5 | tʰaŋ5 |
| 蜂白读 | 3 通-钟 | P2 | pʰaŋ1 | pʰaŋ1 | pʰaŋ1 | pʰaŋ1 | pʰaŋ1 | pʰaŋ1 |

续　表

| 闽　南 | | | 南安 | 泉州 | 漳州 | 漳浦 | 澄海 | 揭阳 |
|---|---|---|---|---|---|---|---|---|
| 例字 | 中　古 | 声类 | aŋ | aŋ | aŋ | aŋ | aŋ | aŋ |
| 捀 | 3 通-钟 | P2 | pʰaŋ5 | pʰaŋ5 | pʰaŋ5 | pʰaŋ5 | | |
| 缝去声 | 3 通-钟 | P2 | pʰaŋ3 | pʰaŋ3 | pʰaŋ7 | pʰaŋ7 | pʰaŋ7 | pʰaŋ7 |
| 重上声 | 3 通-钟 | T2 | | taŋ6 | taŋ7 | taŋ7 | taŋ6 | |
| 共白读 | 3 通-钟 | K | kaŋ3 | kaŋ3 | kaŋ7 | kaŋ7 | kaŋ7 | kaŋ7 |
| | | | ak | ak | ak | ak | ak | ak |
| 曝白读 | 1 通-东 | P1 | pʰak8 | pʰak8 | pʰak8 | pʰak8 | pʰak8 | |
| 木白读 | 1 通-东 | P1 | bak8 | bak8 | bak8 | bak8 | bak8 | bak8 |
| 读白读 | 1 通-东 | T1 | tʰak8 | tʰak8 | tʰak8 | tʰak8 | tʰak8 | tʰak8 |
| 斛 | 1 通-东 | K | hak8 | hak8 | hak8 | hak8 | | |
| 毒白读 | 1 通-冬 | T1 | tak8 | tak8 | | | tak8 | tak8 |
| 沃白读 | 1 通-冬 | ø | | ak4 | ak4 | ak4 | ak4 | |
| 幅 | 3 通-东 | P2 | pak4 | pak4 | pak4 | pak4 | pak4 | pak4 |
| 目 | 3 通-东 | P1 | bak8 | bak8 | bak8 | bak8 | mak8 | mak8 |
| 六陆 | 3 通-东 | T1 | lak8 | lak8 | lak8 | lak8 | lak8 | lak8 |
| 逐白读 | 3 通-东 | T2 | tak8 | tak8 | tak8 | | | |
| 狱 | 3 通-钟 | K | gak8 | gak8 | gak8 | gak8 | | |

**表 3-3-75　闽东东冬钟韵 1、3 等同读层次对应表**

| 闽　东 | | | 福州 | 福清 | 古田 | 柘荣 | 福安 | 宁德 |
|---|---|---|---|---|---|---|---|---|
| 例字 | 中　古 | 声类 | øyŋ/oyŋ | øŋ | øyŋ | œŋ | œŋ/øŋ | œŋ |
| 蠓 | 1 通-东 | P1 | møyŋ2 | møŋ2 | møyŋ2 | | | mœŋ2 |
| 桶 | 1 通-东 | T1 | tʰøyŋ2 | tʰøŋ2 | tʰøyŋ2 | tʰœŋ2 | tʰøŋ2 | tʰœŋ2 |
| 聋 | 1 通-东 | T1 | nøyŋ5 | løŋ5 | løyŋ5 | lœŋ5 | lœŋ5 | lœŋ5 |
| 粽 | 1 通-东 | TS1 | tsoyŋ3 | tsøŋ3 | tsøyŋ3 | tsœŋ3 | tsœŋ3 | tsœŋ3 |
| 葱 | 1 通-东 | TS1 | tsʰøyŋ1 | tsʰøŋ1 | tsʰøyŋ1 | tsʰœŋ1 | tsʰœŋ1 | tsʰœŋ1 |
| 公工 | 1 通-东 | K | køyŋ1 | køŋ1 | køyŋ1 | kœŋ1 | kœŋ1 | kœŋ1 |

**续　表**

| 闽　东 | | | 福州 | 福清 | 古田 | 柘荣 | 福安 | 宁德 |
|---|---|---|---|---|---|---|---|---|
| 例字 | 中　古 | 声类 | øyŋ/oyŋ | øŋ | øyŋ | œŋ | œŋ/øŋ | œŋ |
| 空 | 1 通-东 | K | k$^h$øyŋ1 | k$^h$øŋ1 | k$^h$øyŋ1 | k$^h$œŋ1 | k$^h$œŋ1 | k$^h$œŋ1 |
| 红白读 | 1 通-东 | 匣 | øyŋ5 | øŋ5 | øyŋ5 | | œŋ5 | œŋ5 |
| 冬白读 | 1 通-冬 | T1 | tøyŋ1 | tøŋ1 | tøyŋ1 | tœŋ1 | tœŋ1 | tœŋ1 |
| 脓侬 | 1 通-冬 | T1 | nøyŋ5 | nøŋ5 | nøyŋ5 | nœŋ5 | nœŋ5 | nœŋ5 |
| 松白读 | 1 通-冬 | TS1 | søyŋ1 | søŋ1 | søyŋ1 | | | |
| 宋白读 | 1 通-冬 | TS1 | soyŋ3 | søŋ3 | søyŋ3 | | | sœŋ3 |
| 梦白读 | 3 通-东 | P1 | moyŋ3 | møŋ3 | møyŋ3 | | mœŋ3 | mœŋ3 |
| 虫白读 | 3 通-东 | T2 | t$^h$øyŋ5 | | t$^h$øyŋ5 | t$^h$œŋ5 | t$^h$œŋ5 | t$^h$œŋ5 |
| 重上声 | 3 通-钟 | T2 | | tøŋ7 | tøyŋ7 | tœŋ7 | tœŋ7 | tœŋ7 |
| 共白读 | 3 通-钟 | K | koyŋ7 | køŋ7 | køyŋ7 | kœŋ7 | | |
| | | | øyʔ /oyʔ | øʔ | øyk | œk | œk | œk |
| 木白读 | 1 通-东 | P1 | møyʔ8 | møʔ8 | møyk8 | | | |
| 读白读 | 1 通-东 | T1 | t$^h$øyʔ8 | t$^h$øʔ8 | t$^h$øyk8 | | t$^h$œk8 | t$^h$œk8 |
| 斛 | 1 通-东 | K | xøyʔ8 | høʔ8 | | | | |
| 毒白读 | 1 通-冬 | T1 | tøyʔ8 | tøʔ8 | tøyk8 | tœk8 | | |
| 目 | 3 通-东 | P1 | møyʔ8 | møʔ8 | møyk8 | | mœk8 | mœk8 |
| 六陆 | 3 通-东 | T1 | nøyʔ8 | løʔ8 | løyk8 | lœk8 | lœk8 | lœk8 |

**表 3-3-76**

| 闽　东 | | | 福州 | 福清 | 古田 | 柘荣 | 福安 | 宁德 |
|---|---|---|---|---|---|---|---|---|
| | | | uoʔ | uo | uoʔ | uoʔ | uk | uoʔ/uk |
| 曝 | 1 通-东 | P1 | p$^h$uoʔ8 | p$^h$uo1 | p$^h$uoʔ8 | p$^h$uoʔ8 | p$^h$uk8 | p$^h$uoʔ8 |
| 沃 | 1 通-冬 | Ø | uoʔ4 | uo3 | uoʔ4 | uoʔ4 | uk4 | uk4 |
| 绿白读 | 3 通-钟 | T1 | nuoʔ8 | luo1 | luoʔ8 | luoʔ8 | luk8 | luoʔ8 |
| 粟白读 | 3 通-钟 | TS1 | | ts$^h$uo3 | | ts$^h$uoʔ4 | | ts$^h$uk4 |
| 烛白读 | 3 通-钟 | TS3 | tsuoʔ4 | tsuo3 | tsuoʔ4 | tsuoʔ4 | tsuk4 | tsuk4 |

续　表

| 闽　　东 | | | 福州 | 福清 | 古田 | 柘荣 | 福安 | 宁德 |
|---|---|---|---|---|---|---|---|---|
| | | | uoʔ | uo | uoʔ | uoʔ | uk | uoʔ/uk |
| 曲白读 | 3通-钟 | K | kʰuoʔ4 | kʰuo3 | kʰuoʔ4 | kʰuoʔ4 | | kʰuk4 |
| 局白读 | 3通-钟 | K | kuoʔ8 | kuo1 | kuoʔ8 | | kuk8 | |
| 玉白读 | 3通-钟 | K | ŋuoʔ8 | ŋuo1 | ŋuoʔ8 | ŋuoʔ8 | ŋuk8 | ŋuoʔ8 |
| 狱白读 | 3通-钟 | K | ŋuoʔ8 | ŋuo1 | | ŋuoʔ8 | ŋuk8 | ŋuoʔ8 |

**表 3-3-77　闽北对应于闽南、闽东东冬钟韵 1、3 等同读层次的音读**

| 例字 | 中古 | 声类 | 泉州 | 漳州 | 澄海 | 福清 | 古田 | 柘荣 | 石陂 | 建阳 | 建瓯 |
|---|---|---|---|---|---|---|---|---|---|---|---|
| | | | aŋ | aŋ | aŋ | øŋ | øyŋ | œŋ | əŋ | oŋ | ɔŋ |
| 蠓 | 1通-东 | P1 | baŋ2 | baŋ2 | maŋ2 | møŋ2 | møyŋ2 | | məŋ2 | moŋ2 | |
| 聋 | 1通-东 | T1 | laŋ5 | laŋ5 | laŋ5 | løŋ5 | løyŋ5 | lœŋ5 | səŋ3 | soŋ5 | sɔŋ3 |
| 粽 | 1通-东 | TS1 | tsaŋ3 | tsaŋ3 | tsaŋ3 | tsøŋ3 | tsøyŋ3 | tsœŋ3 | tsəŋ3 | tsoŋ3 | tsɔŋ3 |
| 葱 | 1通-东 | TS1 | tsʰaŋ1 | tsʰaŋ1 | tsʰaŋ1 | tsʰøŋ1 | tsʰøyŋ1 | tsʰœŋ1 | tsʰəŋ1 | tʰoŋ1 | tsʰɔŋ1 |
| 红白读 | 1通-东 | 匣 | aŋ5 | aŋ5 | aŋ5 | øŋ5 | øyŋ5 | | ɦəŋ5 | ɦoŋ9 | ɔŋ2 |
| 脓白读 | 1通-冬 | T1 | laŋ5 | laŋ5 | | nøŋ5 | nøyŋ5 | nœŋ5 | nəŋ3 | noŋ9 | nɔŋ7 |
| 虫白读 | 3通-东 | T2 | tʰaŋ5 | tʰaŋ5 | tʰaŋ5 | | tʰøyŋ5 | tʰœŋ5 | tʰəŋ3 | hoŋ5 | tʰɔŋ3 |
| 重上声 | 3通-钟 | T2 | taŋ6 | taŋ7 | taŋ6 | tøŋ7 | tøyŋ7 | tœŋ7 | təŋ1 | | tɔŋ7 |
| 蜂白读 | 3通-钟 | P2 | pʰaŋ1 | pʰaŋ1 | pʰaŋ1 | (pʰuŋ1) | | (pʰuŋ1) | pʰəŋ1 | pʰoŋ1 | pʰɔŋ1 |
| 缝去声 | 3通-钟 | P2 | pʰaŋ3 | pʰaŋ7 | pʰaŋ7 | (pʰoŋ3) | (pʰuŋ3) | (xuŋ7) | pʰəŋ7 | pʰoŋ7 | pʰɔŋ7 |
| | | | ak | ak | ak | øʔ | øyk | œk | u | o | u |
| 木白读 | 1通-东 | P1 | bak8 | bak8 | bak8 | møʔ8 | møyk8 | | mu5 | | mu8 |
| 读白读 | 1通-东 | T1 | tʰak8 | tʰak8 | tʰak8 | tʰøʔ8 | tʰøyk8 | | du5 | tʰo8 | tu4 |
| 毒白读 | 1通-冬 | T1 | tak8 | | tak8 | tøʔ8 | tøyk8 | tœk8 | tʰu1 | | tʰu7 |
| 目 | 3通-东 | P1 | bak8 | bak8 | mak8 | møʔ8 | møyk8 | | mu5 | | mu8 |
| 腹白读 | 3通-东 | P2 | pak4 | | | (poʔ4) | (puk4) | (puk4) | pu4 | po4 | pu4 |
| 六白读 | 3通-东 | T1 | lak8 | lak8 | lak8 | løʔ8 | løyk8 | lœk8 | | so8 | |
| 促白读 | 3通-钟 | TS1 | | | | tsʰøʔ4 | tsʰøyk4 | | tsʰu4 | | tsʰu4 |

总合上述流摄、通摄1、3等同读的白读层一同观察，如表3－3－78，两者都表现3等韵读同1等洪音的特殊发展；除去闽东入声带有“东钟有分”的特殊韵读，这项音韵层次同样反映古幽、侯两部在闽地密切往来的痕迹，相应地古中、东两部在闽地亦无别；然而，若跨越流摄、通摄进行检视，实际上还涉及效、江两摄同样来自古幽侯、中东等韵部的例字，因此我们认为这项音韵层次恐怕同时兼具两种历史时间的系统特色，一是同韵摄1、3等同读的历史层次，一是上古韵部四等同读的历史层次，下一小节会进行后者的相关讨论。

**表3－3－78**

| 上古 | 中　古 | 泉州 | 漳州 | 澄海 | 福清 | 古田 | 柘荣 | 石陂 | 建阳 | 建瓯 |
|---|---|---|---|---|---|---|---|---|---|---|
| 幽侯 | 侯　尤 | au | au | au | au | au | au | əu | əu | e |
| 中东 | 东冬钟 | aŋ | aŋ | aŋ | øŋ | øyŋ | œŋ | əŋ | oŋ | ɔŋ |
| 幽侯 | 东　入 | ak | ak | ak | øʔ | øyk | œk | u | o | u |
| 侯(宵) | 冬钟入 | | | | uo | uoʔ | uoʔ | | | |

## 3.3.4　上古韵部同读的层次(D)

中古遇、流、宕开、通四个韵摄字群的韵读表现，可以明显地辨析出前述的三项历史层次；然而，我们观察宕摄开口字群时，发现还有一项白读层次，例字虽然零散，但是联系其他韵摄的字群一同观察，以上古的音韵分部来检视其音韵特点，还是可以建立成系统的层次特色。

### 3.3.4.1　鱼、阳两部相应的同读层次

表3－3－80是闽语古鱼、阳部相应的四等同读层次，说明如下：

1. 闽南宕摄开口1、3等字群有零星读为-ã、-aʔ的白读表现，例如泉州“相骂”的“相”读为sã1，漳州指称现在的“当”读为tã1，而相应的入声韵例字较多，例如指称昨天的“昨昨昏”在泉州读为tsaʔ8，指称行为恶劣霸道的“恶恶霸”在泉州读为aʔ4，又指称竹叶的“箬粽箬”，在泉

州、揭阳均可说 haʔ8 或 haʔ4。这项音韵层次着实异于前述宕摄开口1、3 等同读的-ŋ、-oʔ,例字虽然零散,但跨越中古宕摄来看,闽南在梗摄 2 等庚韵也有几个来自古鱼部的入声例字读为-aʔ,例如“百拍吓”等,以往总被视为梗摄 2 等庚韵入声的例外韵读。将这两小批所谓“例外韵读”联系起来,会发现这恐怕是古鱼、阳部相应的早期韵读,不能单以中古韵摄架构设限。

2. 相较于闽南,闽东、闽北这项历史音韵层次的表现更为稀疏,但有几个重要线索:(1) 闽东福清宕摄字群有零星读为-øŋ 的白读表现,例如“相相骂”读为 søŋ1,指称女人的“娘诸娘”读为 nøŋ5,指称男人的“丈丈夫侬”读为 tøŋ7;(2) 闽北石陂指称昨天的“昨”与“昏”合音读为 dzaŋ5,显示“昨”有表现为 a 元音的痕迹,松溪的“相相帮”也读为 saŋ1。闽东宕摄字读为-øŋ 以及闽北宕摄字读为-aŋ,均是特殊韵读,异于前述 1、3 等同读的-oŋ、-o 或-ɔŋ、-ɔ,根据这细微的韵读遗迹,并且透过泉州、福清与松溪三地作为副词的“相”字的韵读对应,我们认为闽东、闽北也有相应的历史音韵层次,只是几乎被取代将尽。

3. 闽东、闽北梗摄 2 等庚韵的鱼部入声例字“百拍”也读为-aʔ 或-a;然而,由于闽东、闽北其他梗摄入声字本具有-aʔ 或-a 的音韵层次,对应于闽南的-eʔ 或-ɛʔ,例如“客册”等,因此不容易判断闽东、闽北“百拍”等字读为-aʔ 或-a 究竟是梗摄入声字的白读层次,还是相应于闽南的古鱼部入声残留的早期韵读。不过,至少指称拍打的常用字“拍”,闽南各地一致维持鱼部早期韵读 aʔ,不读为-eʔ 或-ɛʔ,则闽东、闽北该字的相应韵读应该同样反映鱼部同读的层次。

4. 相较于阳、入声韵,鱼部阴声韵相应的层次痕迹更加稀少,根据目前掌握的语料,只有闽北“做”字普遍读为 tsa3,还有闽东福清“蜈蜈蚣”读为 ŋa5,而闽南漳州读为 gia5 可能是衍生细音介音的后起音变。此外,还有需要稍加说明的一例:闽南泉、漳指称女人为 tsa1 bɔ2,相对应于闽南潮汕指称女人为“诸娘 tsə1 niẽ5”,闽东福清指称女人亦为“诸娘 tsy1 nyoŋ5”(或 tsy1 nøŋ5),我们认为闽南这个语词即可能与汉语文献上记载指称妇人的“诸母”二字为同源词，也就是说鱼部字“诸”可以读为 tsa1，这项韵读不能单以中古鱼韵的表现来衡量，必须推溯到更早古鱼部尚未分化的历史音韵系统。

5. 1—4 所述古鱼、阳相应的早期韵读层次没有等第区别，①但需要进一步说明，其中 3 等字群另有读为-iã、-iaʔ 的细音韵读表现，如下表：

**表 3－3－79**

| 例　字 | 上　古 | 中　古 | 泉　州 | 柘　荣 | 石　陂 |
|---|---|---|---|---|---|
| | | | iã<br>iaʔ | iaʔ | iaŋ<br>ia |
| 向白读 | 阳 | 3 宕-阳 | hiã3 | | |
| 娘白读 | 阳 | 3 宕-阳 | niã5 | | niaŋ5 |
| 扬扬扇 | 阳 | 3 宕-阳 | iã6 | | |
| 掠 | 鱼 | 3 宕-阳 | liaʔ8 | | |
| 雀 | 宵 | 3 宕-阳 | tsiaʔ4 | ts$^{h}$iak4 | tsia7 |
| 削 | 宵 | 3 宕-阳 | siaʔ4 | | sia7 |
| 勺 | 宵 | 3 宕-阳 | siaʔ8 | ts$^{h}$iaʔ8 | ts$^{h}$ia1 |

我们认为这是稍晚时期接受的韵读，主要元音仍为低元音，但 3 等介音成分没有丢失。设想闽地民族在学习北方古汉语时，最初倾向完全脱落介音成分，因而形成四等同读层次，但在长期接触学习的过程中逐渐接受 3 等介音的读法，因而形成前述 3 等独读细音的层次；而这项-iã、-iaʔ 的细音韵读即处于由四等同读层逐渐迈进 3 等独读层的过渡时间中，反映闽地民族对于 3 等介音的逐步掌握。据此，本书仍然将之归同古鱼、阳相应的历史时间层，但可以视为过渡性的小层次，而且实际上已有少数宵部入声字并入。

① 不过古鱼部阴声韵 2 等字白读为-a 的表现非常难寻，我们仅发现一例，泉州假摄 2 等麻韵的鱼部字“蛇”可以读为 t$^{h}$e3 或 t$^{h}$a3，后者极可能是古鱼部同读的韵读痕迹。

**表 3－3－80　闽语古鱼、阳部相应的四等同读层次**

| 例字 | 上古 | 中古 | 声类 | 泉州 | 漳州 | 澄海 | 福清 | 古田 | 柘荣 | 石陂 | 建阳 | 建瓯 |
|---|---|---|---|---|---|---|---|---|---|---|---|---|
| | | | | ã<br>aʔ | ã<br>aʔ | ã<br>aʔ | øŋ<br>a | (øyŋ)<br>aʔ | œŋ<br>aʔ | aŋ<br>a | aŋ<br>a | aŋ<br>a |
| 当现在 | 阳 | 1宕-唐 | T1 | | tã1 | | | | | | | |
| 昨白读 | 鱼 | 1宕-唐 | TS1 | tsaʔ8 | tsa7 | tsa2 | | | | dzaŋ5 | | |
| 恶白读 | 鱼 | 1宕-唐 | ø | aʔ4 | | | | | | | | |
| 娘白读 | 阳 | 3宕-阳 | T1 | | | | nøŋ5 | | nœŋ5 | | | |
| 相白读 | 阳 | 3宕-阳 | TS1 | sã1 | | | søŋ1 | | | | | saŋ1 |
| 丈白读 | 阳 | 3宕-阳 | T2 | | | | tøŋ7 | | | | | |
| 若如果 | 鱼 | 3宕-阳 | 日 | nã6 | nã7 | | | | | | | |
| 箬白读 | 鱼 | 3宕-阳 | 日 | haʔ8 | | haʔ4 | | | | | | |
| 百 | 鱼 | 2梗-庚 | P1 | paʔ4 | paʔ4 | | pa3 | paʔ4 | paʔ4 | pa4 | pa4 | pa4 |
| 拍 | 鱼 | 2梗-庚 | P1 | pʰaʔ4 | pʰaʔ4 | pʰaʔ4 | pʰa3 | pʰaʔ4 | pʰaʔ4 | | pʰa4 | pʰa4 |
| 吓白读 | 鱼 | 2梗-庚 | K | | hãʔ4 | | | | | | | |
| | | | | (a) | (a) | (a) | a | (a) | (a) | a | a | a |
| 做 | 鱼 | 1遇-模 | TS1 | | | | | | | tsa3 | tsa3 | tsa3 |
| 蜈 | 鱼 | 1遇-模 | K | | (gia5) | (ge5) | ŋa5 | | (ŋy5) | (ŋye3) | | |
| 诸白读 | 鱼 | 3遇-鱼 | TS3 | tsa1 | tsa1 | (tsə1) | | | | | | |

#### 3.3.4.2　幽、侯部与中、东部相应的同读层次

表 3－3－82 是闽语古幽侯、中东部相应的四等同读层次，说明如下：

1. 跨越中古韵摄等第来看，前一小节所述流摄、通摄 1、3 等同读的韵读层次，同时也是表现古幽侯部、中东部同读的音韵特色，而且不限于流摄、通摄字群，效摄的古幽部字，例如“老糟蚤扫啸”等，江摄的古侯、东部字，例如“双港斲角壳”等，其早期白读均同于这项韵读

对应关系。也就是说，从层次的系统性比较着眼，这项韵读层次很可能跨越了两个历史时间层，兼具两项音韵特色：一是流摄、通摄 1、3 等同读，[①]与遇摄、宕摄 1、3 等同读的韵读层次处于相同的历史时间；一是古幽侯部、中东部同读，与古鱼、阳部相应同读的韵读层次处于相同的历史时间。

2. 与古鱼、阳部相应同读的表现一致，古幽侯部、中东部同读的韵读层次没有等第区别，但同样地其中 3 等阴声字群另有读为-iau 的白读表现，闽东读为-eu，如表 3－3－81 所示。同前所述，我们认为这是由四等同读层逐渐迈进 3 等独读层的过渡小层次，亦将之归同古幽侯部同读的历史时间层。

**表 3－3－81**

| 例　字 | 上　古 | 中　古 | 漳　州 | 福　清 | 石　陂 |
|---|---|---|---|---|---|
| | | | iau | eu | iau |
| 泅 | 幽 | 3 流-尤 | | | siau3 |
| 廖 | 幽 | 3 流-尤 | liau7 | leu7 | liau7 |
| 搜 | 幽 | 3 流-尤 | ts$^{h}$iau1 | seu1 | |
| 皱 | 侯 | 3 流-尤 | | tseu3 | |
| 周均匀[②] | 幽 | 3 流-尤 | tsiau5 | seu5 | (tsəu3) |
| 杵白读 | 侯 | 3 遇-虞 | t$^{h}$iau7 | t$^{h}$eu7 | |
| 数帐 | 侯 | 3 遇-虞 | siau3 | | |

① 不过，如果考虑层次竞争与音韵变化的相关性，我们有另一种不同的分析结果，参见 5. 4. 2 的讨论。

② 本书认为闽南、闽东指称“均匀”的语词应为同源词“周”，在此联系词族关系简要说明：(1)“周”字历史上虽为全清章母，但从其衍生的同族语词却多为浊声母音读，例如“调”为定母、“稠绸”为澄母，这样说来“周”类词族中因为构词衍生关系而读为浊声母是极有可能的；(2)《说文》著录“周”为“密也”之义，又著录异体字“匔”为“帀徧也”，相应于《说文》著录“匀”为“周匝”之义，我们认为从“周遍”衍生出“均匀”之义是相当自然的，而且台湾闽南语指称人做事周延或准备周全为“tsiau5 un5”，此即“周匀”两字构成的同义复合词。(详见杜佳伦，2012)

## 表 3-3-82 闽语古幽侯、中东部相应的四等同读层次

| 例字 | 上古 | 中古 | 声类 | 泉州 | 漳州 | 澄海 | 福清 | 古田 | 柘荣 | 石陂 | 建阳 | 建瓯 |
|---|---|---|---|---|---|---|---|---|---|---|---|---|
| | | | | au | au | au | au | au | au | əu | əu | e |
| 头白读 | 侯 | 1 流-侯 | T1 | $t^h$au5 | $t^h$au5 | $t^h$au5 | $t^h$au5 | $t^h$au5 | $t^h$au5 | $t^h$əu3 | həu5 | $t^h$e3 |
| 猴白读 | 侯 | 1 流-侯 | K | kau5 | kau5 | kau5 | kau5 | kau5 | kau5 | gəu5 | kəu9 | ke2 |
| 厚 | 侯 | 1 流-侯 | K | kau6 | kau7 | kau7 | kau7 | kau7 | kau7 | gəu3 | kəu3 | ke8 |
| 昼 | 侯 | 3 流-尤 | T2 | tau3 | tau3 | | tau3 | tau3 | tau3 | təu3 | (to3) | |
| 臭 | 幽 | 3 流-尤 | TS3 | $ts^h$au3 | $ts^h$au3 | $ts^h$au | $ts^h$au3 | $ts^h$au3 | $ts^h$au3 | $ts^h$əu3 | $t^h$əu3 | $ts^h$e3 |
| 阄 | 侯 | 3 流-尤 | K | $k^h$au1 | $k^h$au1 | $k^h$au1 | $k^h$au1 | $k^h$au1 | $k^h$au1 | kəu1 | kəu1 | |
| 毒毒杀 | 幽 | 1 通-冬 | T2 | $t^h$au3 | $t^h$au7 | | | | $t^h$au3 | $t^h$əu7 | həu7 | $t^h$e7 |
| 老 | 幽 | 1 效-豪 | T1 | lau6 | lau7 | lau6 | lau7 | lau7 | lau7 | səu1 | səu3 | se7 |
| 糟 | 幽 | 1 效-豪 | TS1 | tsau1 | tsau1 | tsau1 | tsau1 | tsau1 | tsau1 | tsəu1 | tsəu1 | tse1 |
| 蚤 | 幽 | 1 效-豪 | TS1 | tsau2 | tsau2 | tsau2 | tsau2 | tsau2 | tsau2 | tsəu2 | 枣 tsəu2 | tse2 |
| 扫白读 | 幽 | 1 效-豪 | TS1 | sau3 | sau3 | sau3 | sau3 | sau3 | sau3 | səu3 | səu3 | se3 |
| 啸白读 | 幽 | 4 效-萧 | TS1 | | | sau3 | | | sau3 | | | |
| 株 | 侯 | 3 遇-虞 | T2 | tau1 | tau1 | | tau1 | tau1 | | təu1 | | |
| | | | | aŋ<br>ak | aŋ<br>ak | aŋ<br>ak | øŋ<br>øʔ | øyŋ<br>øyk | œŋ<br>œk | əŋ<br>u | oŋ<br>o | ɔŋ<br>u |
| 聋 | 东 | 1 通-东 | T1 | laŋ5 | laŋ5 | laŋ5 | løŋ5 | løyŋ5 | lœŋ5 | səŋ3 | soŋ5 | sɔŋ3 |
| 红白读 | 东 | 1 通-东 | 匣 | aŋ5 | aŋ5 | aŋ5 | øŋ5 | øyŋ5 | | ɦəŋ5 | ɦoŋ9 | ɔŋ2 |
| 虫白读 | 中 | 3 通-东 | T2 | $t^h$aŋ5 | $t^h$aŋ5 | $t^h$aŋ5 | | $t^h$øyŋ5 | $t^h$œŋ5 | $t^h$əŋ3 | hoŋ5 | $t^h$ɔŋ3 |
| 重上声 | 东 | 3 通-钟 | T2 | taŋ6 | taŋ7 | taŋ6 | tøŋ7 | tøyŋ7 | tœŋ7 | təŋ1 | | tɔŋ7 |
| 共白读 | 东 | 3 通-钟 | K | kaŋ3 | kaŋ7 | kaŋ7 | køŋ7 | køyŋ7 | kœŋ7 | | | kɔŋ7 |
| 斛 | 侯 | 1 通-东 | K | hak8 | hak8 | | høʔ8 | | | | | xu4 |
| 毒白读 | 幽 | 1 通-冬 | T1 | tak8 | | tak8 | tøʔ8 | tøyk8 | tœk8 | $t^h$u1 | | $t^h$u7 |
| 六白读 | 幽 | 3 通-东 | T1 | lak8 | lak8 | lak8 | løʔ8 | løyk8 | lœk8 | | so8 | |
| 双 | 东 | 2 江-江 | TS2 | saŋ1 | siaŋ1 | saŋ1 | søŋ1 | søyŋ1 | | səŋ1 | soŋ1 | sɔŋ1 |
| 江 | 东 | 2 江-江 | K | kaŋ1 | kaŋ1 | kaŋ1 | køŋ1 | køyŋ1 | | | | |
| 港 | 东 | 2 江-江 | K | kaŋ2 | kaŋ2 | kaŋ2 | køŋ2 | køyŋ2 | kœŋ2 | kəŋ2 | | kɔŋ2 |

**续　表**

| 例字 | 上古 | 中古 | 声类 | 泉州 | 漳州 | 澄海 | 福清 | 古田 | 柘荣 | 石陂 | 建阳 | 建瓯 |
|---|---|---|---|---|---|---|---|---|---|---|---|---|
| | | | | aŋ<br>ak | aŋ<br>ak | aŋ<br>ak | øŋ<br>øʔ | øyŋ<br>øyk | œŋ<br>œk | əŋ<br>u | oŋ<br>o | ɔŋ<br>u |
| 巷 | 东 | 2 江-江 | K | haŋ3 | haŋ7 | haŋ7 | høŋ3 | høyŋ3 | xœŋ3 | | xoŋ7 | xɔŋ7 |
| 斲牛相斗 | 侯 | 2 江-江 | T2 | tak4 | tak4 | | tøʔ4 | | tœk4 | | | tu2 |
| 角 | 侯 | 2 江-江 | K | kak4 | kak4 | kak4 | køʔ4 | køyk4 | kœk4 | ku4 | ko4 | ku4 |
| 壳 | 侯 | 2 江-江 | K | $k^{h}$ak4 | $k^{h}$ak4 | $k^{h}$ak4 | $k^{h}$øʔ4 | $k^{h}$øyk4 | $k^{h}$œk4 | | $k^{h}$o4 | $k^{h}$u4 |

### 3.3.5　历史时间与地域来源

总结以上韵读层次的分析，闽语遇、流、宕开、通四个韵摄的历史层次主要分为四项：(A) 1、3 等有别的文读层次；(B) 3 等独读的白读层次；(C) 1、3 等同读的白读层次；(D) 上古韵部四等同读的历史层次。闽南、闽东、闽北各次方言的音读对应关系，各取三个方言点为例，整理如表 3-3-83、3-3-85、3-3-86、3-3-91，以下分别讨论这四项历史层次所反映的历史时间或地域来源。

#### 3.3.5.1　历史层次 A：唐宋文读层

**表 3-3-83　闽语遇、流、宕开、通四摄字群历史层次 A 的音读对应表**

| 历史层次 A | 泉州 | 漳州 | 澄海 | 福清 | 古田 | 柘荣 | 石陂 | 建阳 | 建瓯 |
|---|---|---|---|---|---|---|---|---|---|
| 遇摄 1 等文读 | ɔ | ɔ | ou (u) | u/o | u | u | u | o | u |
| 流摄 1 等文读 | io/o | ɔ | ou | eu | ɛu | ɛu | əu | əu | e |
| 宕开 1 等文读 | ɔŋ | ɔŋ | aŋ | oŋ | ouŋ | oŋ | ɔŋ | ɔŋ | ɔŋ |
| | ɔk | ɔk | ak | oʔ | ouk | ok | ɔ | ɔ | ɔ |
| 通摄 1 等文读 | ɔŋ | ɔŋ | oŋ | uŋ/oŋ | uŋ | uŋ | əŋ | oŋ | ɔŋ |
| | ɔk | ɔk | ok | uʔ/oʔ | uk | uk | u | o | u |
| 遇摄 3 等文读 | 鱼 ɯ (u) | i (u) | u | y * ø/ u * o | y/u | y/u | y/u | y/o | y/u |
| | 虞 u | i (u) | u | | | | | | |

**续 表**

| 历史层次 A | 泉州 | 漳州 | 澄海 | 福清 | 古田 | 柘荣 | 石陂 | 建阳 | 建瓯 |
|---|---|---|---|---|---|---|---|---|---|
| 流摄 3 等文读 | iu/u | iu/u | iu/u | iu/u* o | iu/u | iu/u | iu/u | iu/o | iu/u |
| 宕开 3 等文读 | iɔŋ | iaŋ | iaŋ | yoŋ | yøŋ | yøŋ | ioŋ | ioŋ | ioŋ |
| | iɔk | iak | iak | yoʔ | yøk | yøk | io | iɔ | iɔ |
| 通摄 3 等文读 | iɔŋ | iɔŋ | ioŋ/oŋ | yŋ/øŋ | yŋ | yŋ/uŋ | ueiŋ | eiŋ | œyŋ |
| | iɔk | iɔk | iok/ok | yʔ/øʔ | yk | yk/uk | y | y | y |

历史层次 A 是闽语的文读层次,大致符应唐宋以来的音韵发展,1、3 等明显有别,1 等读为洪音,3 等读为相应的细音,需要特别说明的是:

1. 闽南潮汕地区在相应的文读层之外,有些韵摄字群出现新文读:遇摄 1 等模韵有新文读-u、宕摄 3 等阳韵庄系字有新文读-uaŋ。杨秀芳(1982)分析闽南潮州方言的文白系统时,即提出该方言具有泉、漳、厦所没有的新文读层次,何大安(1981a)分析海南澄迈方言的文白异读时,也提出海南方言具有新文读层次,潮汕方言与海南方言的新文读系统在声母与韵母部分的表现相当一致,根据社会地理关系,该层次的接触来源可能是邻近的粤方言(何大安,1981a: 131);但是从语音特点来看,潮汕地区的新文读似乎更接近于现代北方汉语。

2. 闽语文读层次大致具有"鱼虞不分"的特点,唯泉州腔表现不同,以"书输"二字为例:

**表 3-3-84**

| 例　字 | 闽南(泉州) | 闽南(漳州) | 闽东(柘荣) | 闽北(建瓯) |
|---|---|---|---|---|
| 书文读 | sɯ1 | si1 | <u>sy1</u> | sy1 |
| 输文读 | su1 | si1 | sy1 | sy1 |

这可能是闽南在接触唐宋文读音韵系统时,受到本地音读习惯限制而发生调整音变,漳州均调整读为-i,而泉州仍然维持强势的"鱼

虞有别”音韵表现，晚近才逐渐接受另一项也是“鱼虞不分”的新文读-u。

3. 遇、流、宕开、通四个韵摄的3等文读韵，其非系、庄系等声母条件下均为条件变体，异于其他声母例字。其中除了闽南遇、流摄3等非系字韵读为-u，潮汕方言遇摄3等庄系字韵读为-o，不同于同摄1等文读韵；其他各地3等非系字、庄系字均读同同摄1等的文读韵，此合于唐宋时期的汉语音韵演变特点（董同龢，1998：206）。

3.3.5.2　历史层次B、C：晋代北方层、南朝江东层

**表3-3-85　闽语遇、流、宕开、通四摄字群历史层次B的音读对应表**

| 历史层次B | 泉州 | 漳州 | 澄海 | 福清 | 古田 | 柘荣 | 石陂 | 建阳 | 建瓯 |
|---|---|---|---|---|---|---|---|---|---|
| 鱼韵3等独读 | ɯ | i | ə | y/ø | y | y | y | y | y |
| 尤虞韵3等独读 | iu/u | iu/u | iu/u | iu/u* o | iu/u | iu/u | iu/y | iu/o | iu/y |
| 阳韵3等独读 | iũ | iõ | iẽ | yoŋ | yøŋ | yøŋ | ioŋ | ioŋ | ioŋ |
| | ioʔ | ioʔ | ieʔ | yo | yøʔ | yøʔ | io | iɔ | iɔ |
| 东钟韵3等独读 | iŋ | iŋ | eŋ | yŋ/øŋ | yŋ | yŋ | ueiŋ | eiŋ | œyŋ |
| | iak | ik | ek | yʔ/øʔ | yk | yk | y | y | y |

**表3-3-86　闽语遇、流、宕开、通四摄字群历史层次C的音读对应表**

| 历史层次C | 泉州 | 漳州 | 澄海 | 福清 | 古田 | 柘荣 | 石陂 | 建阳 | 建瓯 |
|---|---|---|---|---|---|---|---|---|---|
| 鱼韵另一项白读 | ue | e | iu | ø | œ | œ | — | — | — |
| 模虞韵1、3等同读 | ɔ/u | ɔ/u | ou/u | uo | uo | uo | io | iɔ | iɔ |
| 侯尤韵1、3等同读 | au | au | au | au | au | au | əu | əu | e |
| 唐阳韵1、3等同读 | ŋ | ŋ | əŋ | oŋ | ouŋ | oŋ | ɔŋ | ɔŋ | ɔŋ |
| | oʔ | oʔ | oʔ | o | oʔ | ɔʔ | ɔ | ɔ | ɔ |
| 东冬钟韵1、3等同读 | aŋ | aŋ | aŋ | øŋ | øyŋ | œŋ | əŋ | oŋ | ɔŋ |
| | ak | ak | ak | øʔ | øyk | œk | u | o | u |
| | | | | uo | uoʔ | uoʔ | | | |

本书在3.1节根据移民历史，以及蟹、山、咸、效四个韵摄开口字群共同表现的层次系统差异，推论应将闽语韵读的历史时间层次分为四段：唐宋文读层、南朝江东层、晋代北方层与上古层。本节另以遇、流、宕开、通等韵摄字群作为层次分析的对象，同样也辨析出四项系统特色或语音特性相异的历史层次，其中文读层次A如上一小节所述，确实符合唐宋时期的汉语音韵演变特点；而白读层又能细分为三，其中层次D超越中古音韵架构，必须以上古韵部加以检视，方能得出严整的音韵对应关系，因此我们将层次D归为最早的上古层，下一小节再进行相关讨论；至于层次B、C大致能以中古音韵架构作为参照来进行解释，并且约略反映古韵部自魏晋以降的分合演变，但两者呈现的音韵演变特点相当不同，本小节即探讨层次B、C各自所反映的历史时间与接触引入的音韵系统来源。

闽语遇、流、宕开、通等韵摄字群共同表现层次B为3等独读的白读层次，层次C为1、3等同读的白读层次，也就是说层次B的音韵系统特色是3等韵与1等韵截然有别，而层次C的音韵系统特色则是1等韵与3等韵同读，两者显然来自完全不同的音韵系统，因而运行不一致的音变规律。我们推论3等独读的层次B反映自西晋以来由北方地区引进的音韵系统，1、3等同读的层次C则是反映六朝时期江东本地的音韵特色，主要依据有三：

1. 江东方言“阁石、成冈韵母相同”：何大安(1993)推论六朝时期吴语的层次可分为：非汉语层、江东庶民层、江东文读层以及反映西晋洛阳音的北方士庶层，该文根据文献材料归纳各层次的语音特点，其中引用《三国志》所载的江东童谣来说明当地耕阳不分的表现：

> 童谣曰：“诸葛恪，芦苇单衣篾钩落，于何相求成子阁。”成子阁者，反语石子冈也。建业南有长陵，葬者依焉。

童谣的反语乃以“成阁”反“石”字，以“阁成”反“冈”字，也就是说“阁石”韵母相同、“成冈”韵母相同，这条材料除了反映江东耕阳不分的特点，本书认为还反映当地鱼、阳韵的1等与3等未有严格区别的语音特性,因此1等字“阁”可以作为3等字“石”的反语下字,而3等字“成”也可以做为1等字“冈”的反语下字。

2. 南朝诗歌音韵特点:根据丁邦新(1975)所归纳的魏晋南北朝相关韵部分合关系以及所构拟的韵读如表3-3-87:

**表3-3-87　魏晋南北朝相关音韵分合关系**

| 中古 | 上古 | 魏晋 | | 南北朝 | |
|---|---|---|---|---|---|
| 模1 | 鱼 | 鱼 o | | 虞模 uo | |
| 鱼3 | 鱼 | 鱼 jo | | 鱼 jo | |
| 虞3 | 侯<br>鱼 | 鱼 juo | | 虞模 juo | |
| 唐铎1 | 阳鱼<br>宵 | 阳 aŋ | 药 ak | 唐阳 aŋ | 铎药 ak |
| 阳药3 | 阳鱼<br>宵 | 阳 jaŋ | 药 jak | 唐阳 jaŋ | 铎药 jak |
| 东屋1 | 东侯 | 东 uŋ | 屋 uk | 东 uŋ | 屋 uk |
| 东屋3 | 蒸之<br>中幽<br>侵 | 冬 joŋ | 沃 jok | 东 juŋ | 屋 juk |
| 冬沃1 | 中幽 | 冬 oŋ | 沃 ok | 冬钟 uoŋ | 沃烛 uok |
| 钟烛3 | 东侯 | 东 juŋ | 屋 juk | 冬钟 juoŋ | 沃烛 juok |
| 侯1 | 侯 | 幽 ou | | 尤侯幽 əu | |
| 尤3 | 之<br>幽 | 幽 jou | | 尤侯幽 jəu | |

表3-3-87显示南北朝时期诗歌押韵特点如下:(1)虞模无别,但鱼虞有别:魏晋时期模、鱼、虞多一同押韵,但当时江东地区即有明显“虞模与鱼分韵”的方音特色(丁邦新,1975:263—264),到了南北朝时期,鱼韵正式独立,与虞、模不再一起押韵。(2)冬钟无别:魏晋时期同样来自古中部的冬韵与东3韵多一同押韵,而来自古东部的钟韵则多与东1韵一同押韵,也就是说魏晋时期还维持“古东中有别”的

分韵表现,但当时江东地区另有“古东中不分”的方音特色(丁邦新,1975：264),两种特色在六朝时期相互接触融合,形成南北朝诗歌新的押韵特点,冬韵转与钟韵一同押韵,而东1韵与东3韵合为东韵。(3) 尤侯无别、唐阳无别：魏晋时期尤韵与侯韵合为幽韵往来密切,而唐、阳则仍一同押韵,到了南北朝时期,这项特点依然没有改变。然而,相较于蟹、山、咸、效等韵摄的3等韵在魏晋南北朝时期的押韵特点(参见3.1节),会发现尤、阳、虞、东钟等3等韵的表现与之大不相同,以流摄与效摄为例比较如下：

**表3-3-88**

| 中　古 | 魏　晋 | 南 北 朝 |
|---|---|---|
| 侯1 | 幽 ou | 尤侯幽 əu |
| 尤3 | 幽 jou | 尤侯幽 jəu |
| 豪1 | 豪 au | 豪 âu |
| 肴2 | 豪 rau | 肴 au |
| 宵3 | 宵 jau | 宵萧 jæu |
| 萧4 | 宵 iau | 宵萧 iæu |

就1、3等韵的表现来看,魏晋时期宵韵与豪韵的分立乃基于统计上的差异,但实际上豪、宵两韵没有清楚的分际(丁邦新,1975：206),到了南北朝时期,3等宵韵与4等萧韵合为宵萧韵往来密切,与1等豪韵迥然有别;相较于此,3等尤韵无论在魏晋时期或南北朝时期都与1等侯韵往来密切。也就是说,魏晋时期的3等韵普遍与1等韵没有押韵上的鲜明隔阂,但是南北朝时期的3等韵分成两种情况：一是与4等韵合为独立的韵,与1等韵截然不同,例如3等宵韵、祭韵、仙韵、盐韵;一是仍与1等韵往来密切,例如3等尤韵、虞韵、阳韵、钟韵。据此,我们推论自上古到魏晋时期的3等介音尚不影响主要元音的音值表现,到了南北朝时期,宵韵一类的3等介音对主要元音产生音值上的影响,而尤韵一类的3等介音不然,这种演变差异可能与主要元

音的语音征性相关。[①] 联系上述 1. 江东地区鱼阳韵的 1 等与 3 等未有严格的区别，则南朝诗歌“虞模无别、冬钟无别、尤侯无别、唐阳无别”等 1、3 等不分的押韵特点，不仅是一种存古表现，更是江东地区异于北方的语音特性；这也支持我们在 3.1 节的推论，《切韵序》所言“先仙尤侯俱论是切”，应是评论南方之非当。

3.《韵集》以成仍宏登合成两韵，为奇益石分作四章：这是《颜氏家训·音辞篇》对于吕静《韵集》的批评，根据中古分韵，“成仍宏登合成两韵”指的是《韵集》将清、蒸两韵合为一韵，也将耕、登两韵合为一韵；而“为奇益石分作四章”指的是《韵集》将中古同为支韵的为、奇分作两类，又将中古同为昔韵的益、石分作两类。这段批评有两个重要的线索：(1) 吕静的《韵集》大致反映晋代北方音韵，其中益、石分作两类，与魏晋时期药韵与锡韵分别相符(丁邦新，1975：242)，而闽语也具“益石分韵”的层次表现：益类字的锡韵读为-iaʔ，石类字的药韵读为-ioʔ，后者即是 3 等阳韵独读的层次，则其历史时间应属晋代北方层；(2)《韵集》清蒸合韵、耕登合韵不仅反映晋代北方古蒸、耕不分的特点，有别于江东地区古耕阳不分的表现，同时也显示 3 等韵与 1、2 等韵分立的现象。这样说来，魏晋时期的诗歌押韵情形，虽是没有鲜明的等第区隔，但实际上语音的等第差异可能表现在介音的不同，而闽语在该项历史层次上 3 等韵介音大致维持稳固的介音结构。

综合以上三点讨论所揭示的时代或地域的音韵差异，本书推论闽语遇、流、宕开、通等韵摄字群 1、3 等同读的层次 C，乃反映江东地区的南方音韵系统；而 3 等独读的层次 B 则反映自西晋以来由河北

---

① 尤韵一类的主要元音多带有[＋后]的征性，可能因此使得 3 等介音的高前化作用不如宵韵一类深刻。其中唐、阳韵的主要元音虽构拟为-a，似乎不应带有[＋后]的征性；但极可能受到韵尾-ŋ、-k 的同化影响，也沾染[＋后]的征性，我们认为其主要元音实际音值恐怕更接近于[ɑ]。

地区引进的北方音韵系统。[1] 以遇摄为例说明这两个历史层次音韵演变趋向的差异性：

**表 3－3－89**

| 北方层 | 上古 | 魏　晋 | 例　字 | 漳州 | 柘荣 | 石陂 |
|---|---|---|---|---|---|---|
| 虞 3 | 鱼侯 | 鱼 juo | 珠树须斧 | ɪu/u | iu/u | iu/y |
| 鱼 3 | 鱼 | 鱼 jo | 猪箸藷鱼 | i | y | y |

**表 3－3－90**

<table>
<tr><th>江东层</th><th>上古</th><th>南北朝</th><th>例　字</th><th>漳州</th><th>柘荣</th><th>石陂</th></tr>
<tr><td>遇 1</td><td>鱼</td><td>虞模 uo</td><td>布补墿误</td><td rowspan="2">ɔ/u</td><td rowspan="2">uo</td><td rowspan="2">io</td></tr>
<tr><td>虞 3</td><td>鱼侯</td><td>虞模 juo</td><td>戍输夫雨</td></tr>
<tr><td>鱼 3</td><td>鱼</td><td>鱼 jo</td><td>苎初梳絮</td><td>e</td><td>œ</td><td>—</td></tr>
</table>

对照魏晋南北朝相关韵读与闽语层次 B、C 的次方言音读对应关系，我们推论闽地在接触融合晋代以来的北方音韵系统时(层次 B)，3 等韵介音( * -j-)相当稳固，形成带有高元音的细音韵母结构，与 3. 1 所讨论的相同历史时间层次的其他 3 等韵演变非常一致。相对于此，闽地在引进南朝江东音韵系统时(层次 C)，则是往来密切的 1、3 等韵发生合流音变，3 等韵介音( * -j-)几乎没有留下痕迹地消失而与 1 等韵合流。[2]

---

① 根据王仁昫《刊谬补缺切韵》所注记各家韵书的音韵分合梗概，吕静《韵集》阳唐无别，夏侯咏《韵略》阳唐分立，这两家韵书唐阳的分合并不符合其他历史记载所显示的晋代北方音韵以及南朝江东音韵。不过，吕静书中其他 1 等韵多与 3 等韵分立，唯阳唐不别；而其他南北朝各家韵书均合阳唐为一韵，唯夏侯书阳唐分立，且南朝诗歌表现亦为阳唐合韵，因此我们暂时不讨论吕静书与夏侯书关于阳唐分合的例外表现，这部分有待将来深入探讨。

② 闽北的模虞同读-io 大量出现于 1 等韵的唇音声母字，我们推测是-uo 的异化结果，而非 3 等韵介音的遗留。

### 3.3.5.3 历史层次D：上古层

**表3-3-91 闽语遇、流、宕开、通四摄字群历史层次D的音读对应表**

| 历史层次D | 泉州 | 漳州 | 澄海 | 福清 | 古田 | 柘荣 | 石陂 | 建阳 | 建瓯 |
|---|---|---|---|---|---|---|---|---|---|
| 鱼部四等同读 | (a) | (a) | (a) | (a) | (a) | (a) | a | a | a |
| | aʔ | aʔ | aʔ | a | aʔ | aʔ | a | a | a |
| 阳部四等同读 | ã | ã | ã | øŋ | (øyŋ) | œŋ | aŋ | aŋ | aŋ |
| 幽侯部四等同读 | au | au | au | au | au | au | əu | əu | e |
| | ak | ak | ak | øʔ | øyk | œk | u | o | u |
| 中东部四等同读 | aŋ | aŋ | aŋ | øŋ | øyŋ | œŋ | əŋ | oŋ | ɔŋ |

闽语遇、流、宕开、通等韵摄字群中，另有一项“上古韵部四等同读”的共同层次D，这项韵读层次的例字不多，而且超出中古音韵架构，必须跨越中古韵摄等第，以上古韵部加以检视，方能得出较为严整的对应关系，本节分析讨论的音读对应有两项：

1. 上古鱼、阳两部四等同读阴、阳、入相应的洪音，以闽南为例，分别是-a、-ã-、-aʔ。

2. 上古幽侯、中东等韵部四等同读阴、阳、入相应的洪音，以闽南为例，分别是-au、-aŋ、-ak。

此均合于3.1节所归纳的上古层特色：(1)没有等第的分布限制，2、3、4等韵字群均能与1等同读，闽地在这项历史层次上可能普遍发生介音脱落的调整音变。(2)以上古分韵为参照，可以得出阴、阳、入声韵对应相当严整的音读表现。

需要特别说明的是，自最早的上古层起，闽地韵读即具有“幽侯不分”、“中东不分”的重要特色，此与北方古汉语的表现相当不同。而且闽地在六朝时期接触河北与江东的音韵系统时，这项本地韵读特点还强劲地影响该两项历史层次的叠置与融合，举例说明如下：

表 3-3-92

<table>
<tr><td>北方层</td><td>上 古</td><td>魏 晋</td><td>例 字</td><td>漳州</td><td>古田</td><td>建瓯</td></tr>
<tr><td>尤 3</td><td>幽(之)</td><td>幽 jou</td><td>秋酒手</td><td rowspan="2">iu</td><td rowspan="2">iu</td><td rowspan="2">iu</td></tr>
<tr><td>虞 3</td><td>侯(鱼)</td><td>鱼 juo</td><td>树须珠</td></tr>
<tr><td>东 3</td><td>中(蒸侵)</td><td>冬 joŋ</td><td>中铳宫</td><td rowspan="2">iŋ</td><td rowspan="2">yŋ</td><td rowspan="2">œyŋ</td></tr>
<tr><td>钟 3</td><td>东</td><td>东 juŋ</td><td>肿春胸</td></tr>
</table>

表 3-3-93

<table>
<tr><td>江东层</td><td>上 古</td><td>南北朝</td><td>例 字</td><td>漳州</td><td>古田</td><td>建瓯</td></tr>
<tr><td>侯 1</td><td>侯</td><td>尤侯幽 əu</td><td>楼走够</td><td rowspan="2">au</td><td rowspan="2">au</td><td rowspan="2">e</td></tr>
<tr><td>尤 3</td><td>幽(之)</td><td>尤侯幽 jəu</td><td>留臭九</td></tr>
<tr><td>东 1</td><td>东</td><td>东 uŋ</td><td>东葱工</td><td rowspan="4">aŋ</td><td rowspan="4">øyŋ</td><td rowspan="4">ɔŋ</td></tr>
<tr><td>东 3</td><td>中(蒸侵)</td><td>东 juŋ</td><td>梦 虫</td></tr>
<tr><td>冬 1</td><td>中</td><td>冬钟 uoŋ</td><td>冬脓松</td></tr>
<tr><td>钟 3</td><td>东</td><td>冬钟 juoŋ</td><td>重 共</td></tr>
</table>

对照魏晋南北朝相关韵读与闽语北方层及江东层的次方言音读对应关系,会发现闽地在引进这两项历史层次时可能进行的调整音变:(1) 接触融合晋代北方音韵系统时,一方面维持该系统稳固的 3 等韵介音,另一方面则受到本地原有音韵系统“幽侯不分、中东不分”的影响,将北方音韵具有区别的尤、虞两韵,东、钟两韵分别合流同读;(2) 接触融合江东音韵系统时亦然,一方面接受该系统部分 1、3 等韵分别不清的特点,另一方面则将江东音韵具有区别的东韵与冬钟韵合流同读(唯闽东在入声部分保留相异的韵读)。

闽语“鱼阳相应”、“幽侯不分、中东不分”的上古层韵读,主要元音今多为低元音 a。对照李方桂(1998)构拟的鱼阳、幽中、侯东等上古韵读与闽语今读如下表:

**表 3－3－94**

| 上古 | 李方桂(1998) | 闽南(泉州) | 闽东(柘荣) | 闽北(石陂) |
|---|---|---|---|---|
| 鱼阳 | * ag/* ak/* aŋ | a/aʔ/ã | a/aʔ/œŋ | a/a/aŋ |
| 幽中 | * əgw/* əkw/* əŋw | au/ak/aŋ | au/œk/œŋ | əu/u/əŋ |
| 侯东 | * ug/* uk/* uŋ | | | |

我们推论闽地在这项历史层次上具有以下音韵演变趋向，可与3.1节的讨论相互呼应：

(1) 高元音低化音变：上古为高元音(*-u-)的侯东部发生低化音变而与央元音(*-ə-)的幽中部合流，然后其中大部分在各次方言再继续低化为-a-，但闽东的阳、入声韵另有前化演变趋向。

(2) 闽南鼻化音变的条件限制：上古为低元音(*-a-)的阳部发生鼻韵尾脱落而元音鼻化，相应的辅音塞尾则发生弱化音变；而上古非低元音的中东部，闽地合流为央元音(*-ə-)，则维持辅音韵尾，不发生鼻化音变或弱化音变。

3.3.5.4　小结

本节观察分析闽语遇、流、宕开、通这四个韵摄字群的韵读层次对应关系，依其音韵系统表现差异，将历史时间层次分为四项：(A) 1、3等截然有别的文读层次；(B) 3等独读的白读层次；(C) 1、3等同读的白读层次；(D) 上古韵部四等同读的白读层次。我们首先以比较大量同源语词的方法，分别辨析这四项历史层次在闽南、闽东、闽北等次方言的分布情形与音读对应关系。然后归纳这四项历史时间层次的音韵系统特色以及可能发生的调整音变：

层次A：1等读为洪音，3等读为相应的细音；且3等非系字、庄系字多读同同摄1等韵。

层次B：3等韵读为独立的细音韵母结构；其中尤、虞两韵合流同读，相应的东、钟两韵也合流同读。

层次C：同摄1、3等韵音读相同，显示3等介音完全脱落；其中东韵与冬钟韵合流同读(唯闽东入声有别)。

层次 D: 没有韵摄等第的分布限制,以上古韵部加以检视,可得其阴、阳、入声韵的严整对应系统;但相对于北方古汉语分韵,闽地具有“幽侯不分、中东不分”的音韵特点。

最后,依其音韵系统特色,推论这四项历史层次所反映的历史时间或地域来源分别是:

层次 A: 反映唐宋以来的文读系统。

层次 B: 反映西晋以来南移的北方音韵系统。

层次 C: 反映南朝时期的江东音韵系统。

层次 D: 反映两汉以前的上古音韵系统,但其中带有闽地本身的方音特点。

总结本节分析,各次方言遇、流、宕开、通等韵摄字群的整体历史层次对应关系,整理如表 3-3-95、3-3-96、3-3-97。

**表 3-3-95 闽南遇、流、宕开、通等韵摄字群的历史层次对应关系**

| 闽南(漳州) | 遇 | | | 流 | | 宕开 | | 通 | | | |
|---|---|---|---|---|---|---|---|---|---|---|---|
| | 模 1 | 虞 3 | 鱼 3 | 侯 1 | 尤 3 | 唐 1 | 阳 3 | 东 1 | 冬 1 | 东 3 | 钟 3 |
| 唐宋文读层 | ɔ | i/u | | ɔ | iu/u | ɔŋ | iaŋ | ɔŋ | | iɔŋ | |
| 南朝江东层 | ɔ/u | | e | au | | ŋ | | aŋ | | | |
| 晋代北方层 | (ɔ) | iu/u | i | (au) | iu/u | (ŋ) | iɔ̃ | (aŋ) | | iŋ | |
| 上古层 | 鱼 a、ia<br>侯 au、iau | | | 幽侯 au、iau | | 阳 ã、iã | | 中东 aŋ | | | |

**表 3-3-96 闽东遇、流、宕开、通等韵摄字群的历史层次对应关系**

| 闽东(柘荣) | 遇 | | | 流 | | 宕开 | | 通 | | | |
|---|---|---|---|---|---|---|---|---|---|---|---|
| | 模 1 | 虞 3 | 鱼 3 | 侯 1 | 尤 3 | 唐 1 | 阳 3 | 东 1 | 冬 1 | 东 3 | 钟 3 |
| 唐宋文读层 | u | y/u | | ɛu | iu/u | oŋ | yøŋ | uŋ | | yŋ/uŋ | |
| 南朝江东层 | uo | | œ | au | | oŋ | | œŋ (冬钟入 uoʔ) | | | |
| 晋代北方层 | (uo) | iu/u | y | (au) | iu/u | (oŋ) | yøŋ | (uŋ) | | yŋ | |
| 上古层 | 鱼 a<br>侯 au、ɛu | | | 幽侯 au、ɛu | | 阳 œŋ | | 中东 œŋ | | | |

**表 3-3-97　闽北遇、流、宕开、通等韵摄字群的历史层次对应关系**

| 闽北（石陂） | 遇 | | | 流 | | 宕开 | | 通 | | | |
|---|---|---|---|---|---|---|---|---|---|---|---|
| | 模 1 | 虞 3 | 鱼 3 | 侯 1 | 尤 3 | 唐 1 | 阳 3 | 东 1 | 冬 1 | 东 3 | 钟 3 |
| 唐宋文读层 | u | y/u | | əu | iu/u | ɔŋ | iɔŋ | əŋ | | ueiŋ | |
| 南朝江东层 | io | | — | əu | | ɔŋ | | əŋ | | | |
| 晋代北方层 | (io) | iu/u | y | (əu) | iu/y | (ɔŋ) | iɔŋ | (əŋ) | | ueiŋ | |
| 上古层 | 鱼 a | | | 幽侯 əu | | 阳 aŋ | | 中东 əŋ | | | |

## 3.4　止、臻、曾、深四摄 3 等开口字群的历史层次

中古止摄开口支、脂、之三韵的分合关系，一直是汉语方言历史音韵研究的重要论题，闽语的历史层次也能以之作为探析的关键窗口。我们依据音韵系统表现差异，将闽语支、脂、之三韵的历史层次分为四项：(A) 支脂之无别的文读层次；(B) 支与脂之有别的白读层次；(C) 支脂之无别的白读层次；(D) 上古歌祭部与脂之部相异的白读层次。以此为出发点，延伸辨析中古真韵、蒸韵、深韵等开口阳、入声韵字群，找出相应的层次系统表现，并且归纳各次方言的层次对应关系，最后讨论这四项历史层次所反映的历史时间或地域来源。

### 3.4.1　文读层次(A)

止、臻、曾、深四摄 3 等开口字群的文读层表现相当一致，均为相应的细音韵读，其中止摄开口支、脂、之三韵在古精庄系声母下具有条件变体，但各地经过调整后的韵读参差。以下分从四个韵摄进行分析与说明。

3.4.1.1　支、脂、之三韵

表 3-4-4、3-4-5、3-4-6 是闽南、闽东、闽北各地支、脂、之三韵开口字群的文读韵对应表，说明如下：

1. 闽南各地支、脂、之三韵在精庄系声母条件下有共同的文读韵，泉腔为-ɯ、漳腔为-u、潮汕腔为-ə(但汕头为-ɯ)。本书使用的漳州

语料(马重奇,1993)虽然缺少这项文读韵表现,但根据其他漳州系统的方言点,例如龙溪(董同龢,1959)、漳平(张振兴,1992)、漳浦(方荣和,1998),均具有这项文读韵,我们怀疑是该篇漳州语料在著录上发生缺漏,漳州止摄3等开口精庄母字应有相应的文读韵-u。闽东与闽北各地支、脂、之三韵,在精庄系声母条件下也有相应的文读韵:闽东南片读为-y(福州、福清在特定的声调条件下低化为-øy或ø),北片读为-u(福安、宁德在特定的声调条件下低化为-ou);闽北各地读为-u,唯建阳一地读为-o。

2. 闽南支、脂、之三韵在非精庄系声母条件下文读韵为-i。单从闽南的共时平面来看,其支、脂、之三韵,无论任何声母条件,有共同的韵读-i,但这项韵读同时兼具文白色彩,以泉州为例如下:

**表3-4-1**

| 泉州例字 | 皮 | 知 | 骑 | 利 | 里 |
|---|---|---|---|---|---|
| i文 | pʰi5 | ti1 | ki5 | li3 | li2 |
| 其他白读 | pʰə5 | tsai1 | kʰia5 | lai3 | lai6 |
| 泉州例字 | 紫 | 私 | 四 | 字 | 耳 |
| 文读 | tsɯ2 | sɯ1 | sɯ3 | tsɯ3 | nĩ2 |
| i白 | tsi2 | si1 | si3 | li3 | hi6 |

作为文读的-i与上述文读-ɯ具有声母条件上的互补分布关系,应视为同一层次的条件变体;而白读-i则为另一项层次。也就是说,闽南支、脂、之三韵的韵读-i实际上分属两项历史层次。关于白读-i的分析与讨论请参见3.4.2节。

3. 闽东及闽北各地也有一致的情形:其支、脂、之三韵,无论任何声母条件,有共同的韵读-i(闽东部分方言点在特定声调条件下低化韵变为-ei或-e;闽北建阳、崇安、松溪三地在非章见系条件下读为-ɔi或-ei),和闽南一样,这项韵读同时兼具文白色彩,以柘荣与石陂为例如下:

**表 3－4－2**

| 柘荣例字 | 皮 | 驰池 | 骑 | 指 | 里里 |
|---|---|---|---|---|---|
| $i_{文}$ | $p^hi5$ | 驰 ti5 | $k^hi5$ | tsi2 | 里 li2 |
| 其他白读 | $p^hu\varepsilon5$ | 池 tie5 | $k^hia5$ | tsai2 | 里 tie2 |
| 柘荣例字 | 私 | 四 | 子 | 饲 | 齿 |
| 文读 | su1 | su3 | tsu2 | su7 | $ts^hi2$ |
| $i_{白}$ | si1 | si3 | tsi2 | $ts^hi3$ | $k^hi2$ |

**表 3－4－3**

| 石陂例字 | 被 | 儿 | 篱 | 狸 | 起 |
|---|---|---|---|---|---|
| $i_{文}$ | pi7 | ɦi5 | li3 | li5 | $k^hi2$ |
| 其他白读 | $p^ho1$ | nie3 | lie3 | se3 | $k^he2$ |
| 石陂例字 | 自 | 私 | 事 | 思丝 | 耳 |
| 文读 | dzu7 | su1 | su7 | 思 su1 | ɦi2 |
| $i_{白}$ | tsi7 | si1 | ti7 | 丝 si1 | ni3 |

柘荣、石陂作为文读的-i 与前述精庄系文读-u 具有声母条件上的互补分布关系，应视为同一层次的条件变体；而白读-i 则为另一项层次，而且不同于闽南的是，闽东、闽北的白读-i 不分布于支韵字。也就是说，闽东、闽北止摄字群的韵读-i 实际上跨越两项历史层次：一是文读层次，分布于支、脂、之三韵的非精庄系字群；一是白读层次，仅分布于脂、之二韵，相同历史层次的支韵字则读为-ie。关于白读-i、-ie 的分析与讨论请参见 3. 4. 2 节。

**表 3－4－4　闽南支、脂、之三韵文读层次对应表**

| 闽　南 | | | 南安 | 泉州 | 漳州 | 漳浦 | 澄海 | 揭阳 |
|---|---|---|---|---|---|---|---|---|
| 例字 | 中　古 | 声类 | ɯ | ɯ | (u) | u | ə | ə |
| 斯 | 3 止-支 | TS1 | sɯ1 | sɯ1 | | su1 | sə1 | sə1 |
| 赐 | 3 止-支 | TS1 | | sɯ3 | | su3 | | sə3 |

续 表

| 闽南 | | | 南安 | 泉州 | 漳州 | 漳浦 | 澄海 | 揭阳 |
|---|---|---|---|---|---|---|---|---|
| 例字 | 中古 | 声类 | ɯ | ɯ | (u) | u | ə | ə |
| 资 | 3 止-脂 | TS1 | tsɯ1 | tsɯ1 | | tsu1 | tsə1 | tsə1 |
| 私文读 | 3 止-脂 | TS1 | sɯ1 | sɯ1 | | su1 | sə1 | sə1 |
| 四文读 | 3 止-脂 | TS1 | sɯ3 | sɯ3 | | su3 | sə3 | 肆 sə3 |
| 师文读 | 3 止-脂 | TS2 | | sɯ1 | | su1 | sə1 | sə1 |
| 思文读 | 3 止-之 | TS1 | sɯ1 | sɯ1 | | su1 | sə1 | sə1 |
| 辞文读 | 3 止-之 | TS1 | sɯ5 | sɯ5 | | su5 | sə5 | sə5 |
| 士 | 3 止-之 | TS2 | | sɯ6 | | su7 | sə6 | sə6 |
| 事文读 | 3 止-之 | TS2 | | sɯ3 | | su7 | sə7 | sə7 |
| 史 | 3 止-之 | TS2 | sɯ2 | sɯ2 | | su2 | sə2 | sə2 |
| | | | i | i | i | i | i | i |
| 被文读 | 3 止-支 | P1 | pi6 | pi6 | pi7 | pi7 | pi6 | pi6 |
| 知文读 | 3 止-支 | T2 | ti1 | ti1 | ti1 | ti1 | ti1 | ti1 |
| 是 | 3 止-支 | TS3 | i6 | si6 | si7 | si7 | | si6 |
| 奇奇怪 | 3 止-支 | K | ki5 | ki5 | ki5 | ki5 | $k^hi5$ | |
| 牺 | 3 止-支 | K | hi1 | hi1 | hi1 | hi1 | hi1 | hi1 |
| 倚文读 | 3 止-支 | Ø | i2 | i2 | i2 | i2 | i2 | ĩ2 |
| 备 | 3 止-脂 | P1 | pi3 | pi3 | pi7 | pi7 | pi6 | pi6 |
| 利利益 | 3 止-脂 | T1 | li3 | li3 | li7 | li7 | li6 | li6 |
| 迟 | 3 止-脂 | T2 | ti5 | ti5 | ti5 | ti5 | | |
| 指文读 | 3 止-脂 | TS3 | tsi2 | tsi2 | tsi2 | tsi2 | tsi2 | tsi2 |
| 尸 | 3 止-脂 | TS3 | si1 | si1 | si1 | si1 | si1 | si1 |
| 器 | 3 止-脂 | K | $k^hi3$ | $k^hi3$ | $k^hi3$ | $k^hi3$ | $k^hi3$ | $k^hi3$ |
| 伊 | 3 止-脂 | Ø | i1 | i1 | i1 | i1 | i1 | i1 |
| 李 | 3 止-之 | T1 | li2 | li2 | li2 | li2 | li2 | li2 |
| 止 | 3 止-之 | TS3 | tsi2 | tsi2 | tsi2 | tsi2 | tsi2 | tsi2 |
| 诗 | 3 止-之 | TS3 | si1 | si1 | si1 | si1 | si1 | si1 |
| 记 | 3 止-之 | K | ki3 | ki3 | ki3 | ki3 | ki3 | ki3 |
| 疑 | 3 止-之 | K | gi5 | gi5 | gi5 | gi5 | gi5 | gi5 |
| 喜 | 3 止-之 | K | hi2 | hi2 | hi2 | hi2 | hi2 | hi2 |

## 表 3-4-5　闽东支、脂、之三韵文读层次对应表

| 闽东 | | | 福州 | 福清 | 古田 | 柘荣 | 福安 | 宁德 |
|---|---|---|---|---|---|---|---|---|
| 例字 | 中古 | 声类 | y/øy | y/ø | y | u | u/ou | u/ou |
| 斯 | 3 止-支 | TS1 | sy1 | sy1 | | su1 | sou1 | su1 |
| 赐 | 3 止-支 | TS1 | søy3 | sø3 | sy3 | su3 | sou3 | sou3 |
| 资 | 3 止-脂 | TS1 | | tsy1 | tsy1 | tsu1 | tsou1 | tsu1 |
| 私文读 | 3 止-脂 | TS1 | sy1 | sy1 | | su1 | sou1 | su1 |
| 四文读 | 3 止-脂 | TS1 | søy3 | | | su3 | sou3 | |
| 师文读 | 3 止-脂 | TS2 | sy1 | sy1 | sy1 | su1 | sou1 | su1 |
| 思文读 | 3 止-之 | TS1 | sy1 | sy1 | sy1 | su1 | sou1 | |
| 辞文读 | 3 止-之 | TS1 | sy5 | sy5 | sy5 | su5 | sou5 | sou5 |
| 士 | 3 止-之 | TS2 | søy7 | sø7 | sy7 | su7 | sou7 | sou7 |
| 事文读 | 3 止-之 | TS2 | søy7 | sø7 | sy7 | su7 | sou7 | sou7 |
| 史 | 3 止-之 | TS2 | sy2 | sy2 | sy2 | su2 | su2 | su2 |
| | | | i/ei | i/e | i | i | i/ei | i/ei |
| 被文读 | 3 止-支 | P1 | pei7 | pe7 | pi7 | | pei7 | pei7 |
| 知 | 3 止-支 | T2 | ti1 | ti1 | ti1 | ti1 | tei1 | ti1 |
| 是 | 3 止-支 | TS3 | sei7 | se7 | si7 | si7 | sei7 | sei7 |
| 奇奇怪 | 3 止-支 | K | ki5 | ki5 | ki5 | ki5 | kei5 | kei5 |
| 牺 | 3 止-支 | K | | hi1 | hi1 | xi1 | hei1 | xi1 |
| 倚文读 | 3 止-支 | Ø | i2 | i2 | | i2 | i2 | i2 |
| 备 | 3 止-脂 | P1 | pei7 | pe7 | pi7 | pi7 | pei7 | pei7 |
| 利利益 | 3 止-脂 | T1 | nei3 | le3 | li3 | li3 | lei3 | lei3 |
| 迟 | 3 止-脂 | T2 | ti5 | ti5 | ti5 | ti5 | tei5 | tei5 |
| 指文读 | 3 止-脂 | TS3 | tsi2 | tsi2 | tsi2 | tsi2 | tsi2 | tsi2 |
| 尸 | 3 止-脂 | TS3 | si1 | si1 | si1 | si1 | sei1 | si1 |
| 器 | 3 止-脂 | K | $k^hei3$ | $k^he3$ | $k^hi3$ | $k^hi3$ | $k^hei3$ | $k^hei3$ |
| 伊 | 3 止-脂 | Ø | i1 | i1 | i1 | i1 | ei1 | i1 |
| 李 | 3 止-之 | T1 | ni2 | li2 | li2 | li2 | li2 | li2 |

续 表

| 闽 东 | | | 福州 | 福清 | 古田 | 柘荣 | 福安 | 宁德 |
|---|---|---|---|---|---|---|---|---|
| 例字 | 中 古 | 声类 | i/ei | i/e | i | i | i/ei | i/ei |
| 止 | 3 止-之 | TS3 | tsi2 | tsi2 | tsi2 | tsi2 | tsi2 | tsi2 |
| 诗 | 3 止-之 | TS3 | si1 | si1 | si1 | si1 | sei1 | si1 |
| 记 | 3 止-之 | K | kei3 | ke3 | ki3 | kı3 | kei3 | ki3 |
| 疑 | 3 止-之 | K | ŋi5 | ŋi5 | | ŋi5 | ŋei5 | ŋei5 |
| 喜 | 3 止-之 | K | xi2 | hi2 | hi2 | xi2 | hi2 | |

**表 3-4-6 闽北支、脂、之三韵文读层次对应表**

| 闽 北 | | | 石陂 | 建阳 | 崇安 | 建瓯 | 政和 | 松溪 |
|---|---|---|---|---|---|---|---|---|
| 例字 | 中 古 | 声类 | u | o | u | u | u | u |
| 此 | 3 止-支 | TS1 | | $t^ho2$ | $t^hu2$ | $ts^hu2$ | $ts^hu2$ | $ts^hu2$ |
| 赐 | 3 止-支 | TS1 | su3 | so3 | su3 | su3 | su3 | su3 |
| 资 | 3 止-脂 | TS1 | tsu1 | tso1 | tsu1 | tsu1 | tsu1 | tsu1 |
| 私文读 | 3 止-脂 | TS1 | su1 | so1 | su1 | su1 | su1 | su1 |
| 师文读 | 3 止-脂 | TS2 | su1 | so1 | su1 | su1 | su1 | su1 |
| 思文读 | 3 止-之 | TS1 | su1 | so1 | su1 | su1 | su1 | su1 |
| 辞文读 | 3 止-之 | TS1 | dzu5 | so5 | su5 | tsu2 | tsu9 | tsu9 |
| 士 | 3 止-之 | TS2 | su7 | so7 | su7 | su7 | su7 | su7 |
| 事文读 | 3 止-之 | TS2 | su7 | so7 | su7 | su7 | su7 | su7 |
| 史 | 3 止-之 | TS2 | su2 | so2 | su2 | su2 | | su2 |
| | | | i | i/ɔi | i/ei | i | i | i/ei |
| 被文读 | 3 止-支 | P1 | pi7 | βɔi7 | βei3 | pi7 | | $p^hei7$ |
| 知 | 3 止-支 | T2 | ti1 | tɔi1 | tei1 | ti1 | ti1 | tei1 |
| 是 | 3 止-支 | TS3 | si4 * 1 | si3 | si3 | si7 | si7 | (siŋ7) |
| 奇奇怪 | 3 止-支 | K | gi5 | ki5 | ji5 | ki2 | ki9 | ki9 |
| 牺 | 3 止-支 | K | xi1 | xi1 | xi1 | xi1 | xi1 | hi1 |
| 倚文读 | 3 止-支 | Ø | | i2 | | i2 | | |

**续 表**

| 闽 北 | | | 石陂 | 建阳 | 崇安 | 建瓯 | 政和 | 松溪 |
|---|---|---|---|---|---|---|---|---|
| 例字 | 中 古 | 声类 | i | i/ɔi | i/ei | i | i | i/ei |
| 备 | 3 止-脂 | P1 | pi7 | βɔi7 | βei7 | pi7 | pi3 | pei8 |
| 利利益 | 3 止-脂 | T1 | li7 | lɔi7 | lei7 | li7 | li7 | lei7 |
| 迟 | 3 止-脂 | T2 | di5 | lɔi5 | lei5 | ti2 | ti9 | tei9 |
| 指文读 | 3 止-脂 | TS3 | tsi2 | tsi2 | tsi2 | tsi2 | tsi2 | tsi2 |
| 尸 | 3 止-脂 | TS3 | | $ts^hi1$ | $ts^hi1$ | $ts^hi1$ | $ts^hi1$ | $ts^hi1$ |
| 器 | 3 止-脂 | K | $k^hi3$ | $k^hi3$ | $k^hi3$ | $k^hi3$ | $k^hi3$ | $k^hi3$ |
| 伊 | 3 止-脂 | ø | | i1 | i1 | i1 | i1 | |
| 李 | 3 止-之 | T1 | li2 | lɔi2 | lei2 | li2 | li2 | lei2 |
| 止 | 3 止-之 | TS3 | tsi2 | tsi2 | tsi2 | tsi2 | tsi2 | tsi2 |
| 诗 | 3 止-之 | TS3 | si1 | si1 | si1 | si1 | si1 | si1 |
| 记 | 3 止-之 | K | ki3 | ki3 | ki3 | ki3 | ki3 | ki3 |
| 疑 | 3 止-之 | K | ŋi3 | ŋi5 | ŋi5 | ŋi2 | ŋi9 | ŋi9 |
| 喜 | 3 止-之 | K | xi2 | xi2 | xi2 | xi2 | xi2 | hi2 |

3.4.1.2 真韵

表 3-4-7、3-4-8、3-4-9 是闽南、闽东、闽北各地臻摄 3 等真韵字群的文读韵对应表，说明如下：

1. 闽南真韵字群，泉漳腔文读韵为-in、-it，潮汕地区因发生韵尾归并音变而读为-iŋ、-ik 或-eŋ、-ek。

2. 闽东真韵字群，文读韵为-iŋ、-ik，福州、福清入声韵尾发生弱化音变，而部分方言点在特定声调条件下韵腹低化为-ei-或-e-。

3. 闽北真韵字群的文读，阳声韵多为-eiŋ，建阳、崇安两地具条件变体，在非章见系声母条件下读为-oiŋ 或-eiŋ，在章见声母条件下则读为-iŋ；而入声韵表现与支、脂、之三韵一致，各地韵读多为-i，建阳、崇安、松溪三地在非章见系声母条件下读为-ɔi 或-ei。

**表 3-4-7　闽南真韵文读层次对应表**

| 闽南 | | | 南安 | 泉州 | 漳州 | 漳浦 | 澄海 | 揭阳 |
|---|---|---|---|---|---|---|---|---|
| 例字 | 中　古 | 声类 | in | in | in | in | iŋ | eŋ |
| 贫 | 3 臻-真 | P1 | pin5 | pin5 | pin5 | pin5 | $p^h$iŋ5 | $p^h$eŋ5 |
| 民 | 3 臻-真 | P1 | bin5 | bin5 | bin5 | bin5 | miŋ5 | meŋ5 |
| 鳞文读 | 3 臻-真 | T1 | | lin5 | lin5 | | liŋ5 | leŋ5 |
| 进 | 3 臻-真 | TS1 | tsin3 | tsin3 | tsin3 | tsin3 | tsiŋ3 | tseŋ3 |
| 陈文读 | 3 臻-真 | T2 | tin5 | tin5 | tin5 | tin5 | tiŋ5 | $t^h$eŋ5 |
| 尘文读 | 3 臻-真 | T2 | tin5 | tin5 | tin5 | tin5 | tiŋ5 | teŋ5 |
| 阵文读 | 3 臻-真 | T2 | tin3 | tin3 | tin7 | tin7 | tiŋ7 | teŋ7 |
| 震 | 3 臻-真 | TS3 | tsin2 | tsin2 | tsin2 | tsin2 | tsiŋ2 | tseŋ2 |
| 伸文读 | 3 臻-真 | TS3 | sin1 | sin1 | sin1 | sin1 | siŋ1 | seŋ1 |
| 人 | 3 臻-真 | 日 | lin5 | lin5 | dzin5 | dzin5 | ziŋ5 | zeŋ5 |
| 紧要紧 | 3 臻-真 | K | kin2 | kin2 | kin2 | kin2 | kiŋ2 | keŋ2 |
| 印 | 3 臻-真 | Ø | in3 | in3 | in3 | in3 | iŋ3 | eŋ3 |
| | | | it | it | it | it | ik | ek |
| 笔 | 3 臻-真 | P1 | pit4 | pit4 | pit4 | pit4 | pik4 | pek4 |
| 必 | 3 臻-真 | P1 | pit4 | pit4 | pit4 | pit4 | pik4 | pek4 |
| 密文读 | 3 臻-真 | P1 | bit4 | bit8 | bit8 | bit8 | mik8 | mek8 |
| 疾 | 3 臻-真 | TS1 | tsit8 | tsit8 | tsit8 | tsit8 | tsik8 | tsek8 |
| 实文读 | 3 臻-真 | TS3 | sit8 | | sit8 | sit8 | sik8 | sek8 |
| 失 | 3 臻-真 | TS3 | sit4 | sit4 | sit4 | sit4 | sik4 | sek4 |
| 乙 | 3 臻-真 | Ø | it4 | it4 | it4 | it4 | ik4 | ek4 |
| 一 | 3 臻-真 | Ø | it4 | it4 | it4 | it4 | ik4 | ek4 |

**表 3-4-8　闽东真韵文读层次对应表**

| 闽东 | | | 福州 | 福清 | 古田 | 柘荣 | 福安 | 宁德 |
|---|---|---|---|---|---|---|---|---|
| 例字 | 中　古 | 声类 | iŋ/eiŋ | iŋ/eŋ | iŋ | iŋ | iŋ/eiŋ | iŋ/eŋ |
| 贫 | 3 臻-真 | P1 | | piŋ5 | piŋ5 | piŋ5 | peiŋ5 | peŋ5 |
| 民 | 3 臻-真 | P1 | miŋ5 | miŋ5 | miŋ5 | miŋ5 | meiŋ5 | meŋ5 |

**续　表**

| 闽　东 | | | 福州 | 福清 | 古田 | 柘荣 | 福安 | 宁德 |
|---|---|---|---|---|---|---|---|---|
| 例字 | 中　古 | 声类 | iŋ/eiŋ | iŋ/eŋ | iŋ | iŋ | iŋ/eiŋ | iŋ/eŋ |
| 鳞文读 | 3 臻-真 | T1 | | liŋ5 | liŋ5 | liŋ5 | leiŋ5 | leŋ5 |
| 进 | 3 臻-真 | TS1 | tseiŋ3 | tseŋ3 | tsiŋ3 | tsiŋ3 | tseiŋ3 | tseŋ3 |
| 陈文读 | 3 臻-真 | T2 | tiŋ5 | tiŋ5 | tiŋ5 | tiŋ5 | teiŋ5 | teŋ5 |
| 尘文读 | 3 臻-真 | T2 | tiŋ5 | tiŋ5 | tiŋ5 | tiŋ5 | teiŋ5 | teŋ5 |
| 阵文读 | 3 臻-真 | T2 | teiŋ7 | teŋ7 | tiŋ7 | tiŋ7 | teiŋ7 | teŋ7 |
| 震 | 3 臻-真 | TS3 | tsiŋ2 | tsiŋ2 | tsiŋ2 | tsiŋ2 | tseiŋ3 | tsiŋ2 |
| 伸文读 | 3 臻-真 | TS3 | siŋ1 | siŋ1 | siŋ1 | siŋ1 | seiŋ1 | siŋ1 |
| 人 | 3 臻-真 | 日 | iŋ5 | iŋ5 | iŋ5 | iŋ5 | jeiŋ5 | eŋ5 |
| 紧要紧 | 3 臻-真 | K | kiŋ2 | kiŋ2 | kiŋ2 | kiŋ2 | kiŋ2 | kiŋ2 |
| 印 | 3 臻-真 | Ø | eiŋ3 | eŋ3 | iŋ3 | iŋ3 | eiŋ3 | eŋ3 |
| | | | iʔ/eiʔ | iʔ/eʔ | ik | ik | eik | ik/ek |
| 笔 | 3 臻-真 | P1 | peiʔ4 | peʔ4 | pik4 | pik4 | peik4 | pek4 |
| 必 | 3 臻-真 | P1 | peiʔ4 | peʔ4 | pik4 | pik4 | peik4 | pek4 |
| 密文读 | 3 臻-真 | P1 | miʔ8 | miʔ8 | mik8 | mik8 | meik8 | mik8 |
| 疾 | 3 臻-真 | TS1 | tsiʔ8 | tsiʔ8 | tsik8 | tsik8 | tseik8 | tsik8 |
| 实文读 | 3 臻-真 | TS3 | siʔ8 | siʔ8 | sik8 | sik8 | seik8 | sik8 |
| 失 | 3 臻-真 | TS3 | seiʔ4 | seʔ4 | sik4 | sik4 | seik4 | |
| 乙 | 3 臻-真 | Ø | eiʔ4 | eʔ4 | ik4 | ik4 | eik4 | ek4 |
| 一 | 3 臻-真 | Ø | eiʔ4 | eʔ4 | ik4 | ik4 | eik4 | ek4 |

**表 3-4-9　闽北真韵文读层次对应表**

| 闽　北 | | | 石陂 | 建阳 | 崇安 | 建瓯 | 政和 | 松溪 |
|---|---|---|---|---|---|---|---|---|
| 例字 | 中　古 | 声类 | eiŋ | iŋ/oiŋ | iŋ/eiŋ | eiŋ | eiŋ | eiŋ |
| 贫 | 3 臻-真 | P1 | beiŋ5 | βoiŋ5 | βeiŋ5 | peiŋ2 | | peiŋ9 |
| 民 | 3 臻-真 | P1 | meiŋ3 | | meiŋ5 | meiŋ2 | meiŋ9 | meiŋ9 |
| 鳞文读 | 3 臻-真 | T1 | | loiŋ5 | leiŋ5 | | leiŋ9 | |

续 表

| 闽 北 | | | 石陂 | 建阳 | 崇安 | 建瓯 | 政和 | 松溪 |
|---|---|---|---|---|---|---|---|---|
| 例字 | 中 古 | 声类 | eiŋ | iŋ/oiŋ | iŋ/eiŋ | eiŋ | eiŋ | eiŋ |
| 进 | 3臻-真 | TS1 | tseiŋ3 | tsoiŋ3 | tseiŋ3 | tseiŋ3 | tseiŋ3 | tseiŋ3 |
| 陈文读 | 3臻-真 | T2 | deiŋ5 | toiŋ5 | teiŋ5 | teiŋ2 | teiŋ5 | teiŋ5 |
| 尘文读 | 3臻-真 | T2 | teiŋ3 | toiŋ5 | teiŋ5 | teiŋ3 | teiŋ5 | teiŋ9 |
| 阵文读 | 3臻-真 | T2 | deiŋ7 | loiŋ7 | leiŋ7 | teiŋ7 | teiŋ7 | teiŋ7 |
| 震 | 3臻-真 | TS3 | tseiŋ2 | tsiŋ2 | tsiŋ2 | tseiŋ2 | tseiŋ2 | tseiŋ2 |
| 伸文读 | 3臻-真 | TS3 | seiŋ1 | siŋ1 | siŋ1 | seiŋ1 | seiŋ1 | |
| 人文读 | 3臻-真 | 日 | | ɦiŋ5 | jiŋ5 | | | |
| 紧 | 3臻-真 | K | keiŋ2 | kiŋ2 | kiŋ2 | keiŋ2 | keiŋ2 | keiŋ2 |
| 印 | 3臻-真 | ø | eiŋ3 | iŋ3 | iŋ3 | eiŋ3 | eiŋ3 | eiŋ3 |
| | | | i | i/ɔi | i/ei | i | i | i/ei |
| 笔 | 3臻-真 | P1 | pi4 | pɔi4 | pei4 | pi4 | pi4 | pei4 |
| 必 | 3臻-真 | P1 | pi4 | pɔi4 | pei4 | pi4 | pi4 | pei4 |
| 密文读 | 3臻-真 | P1 | mi4 | mɔi8 | mei8 | mi4 | mi4 | mei4 |
| 疾 | 3臻-真 | TS1 | dzi5 | lɔi8 | lei8 | tsʰi4 | tsi3 | tsei4 |
| 实文读 | 3臻-真 | TS3 | si1*4 | si8 | si8 | si4 | | si4 |
| 失 | 3臻-真 | TS3 | si4 | si4 | si4 | si4 | si4 | si4 |
| 乙 | 3臻-真 | ø | i4 | i4 | i4 | i4 | i4 | i4 |
| 一 | 3臻-真 | ø | i4 | i4 | i4 | i4 | i4 | i4 |

3.4.1.3 蒸韵

表3-4-10、3-4-11、3-4-12是闽南、闽东、闽北各地曾摄3等蒸韵开口字群的文读韵对应表，说明如下：

1. 闽南蒸韵开口字群的文读韵，泉腔为-iŋ、-ik(其中泉州入声较为特别，读为-iak)，潮汕腔则为-eŋ、-ek；漳腔介于其间，漳州读同泉腔，漳浦接近潮汕腔。

2. 闽东、闽北蒸韵开口字群的文读韵，与前述真韵的文读表现完全一致。

**表 3－4－10 闽南蒸韵文读层次对应表**

| 闽南 | | | 南安 | 泉州 | 漳州 | 漳浦 | 澄海 | 揭阳 |
|---|---|---|---|---|---|---|---|---|
| 例字 | 中古 | 声类 | iŋ | iŋ | iŋ | ɛŋ | eŋ | eŋ |
| 冰文读 | 3 曾-蒸 | P1 | | piŋ1 | piŋ1 | pɛŋ1 | | |
| 陵 | 3 曾-蒸 | T1 | liŋ5 | liŋ5 | liŋ5 | lɛŋ5 | leŋ5 | leŋ5 |
| 称称呼 | 3 曾-蒸 | TS3 | $ts^h$iŋ1 | $ts^h$iŋ1 | $ts^h$iŋ1 | $ts^h$ɛŋ1 *<br>sɛŋ1 | $ts^h$eŋ1 | $ts^h$eŋ1 |
| 乘 | 3 曾-蒸 | TS3 | siŋ5 | siŋ5 | siŋ5 | | seŋ5 | seŋ5 |
| 胜 | 3 曾-蒸 | TS3 | siŋ3 | siŋ3 | siŋ3 | | seŋ3 | seŋ3 |
| 升文读 | 3 曾-蒸 | TS3 | siŋ1 | siŋ1 | siŋ1 | sɛŋ1 | seŋ1 | seŋ1 |
| 承文读 | 3 曾-蒸 | TS3 | siŋ5 | siŋ5 | siŋ5 | | seŋ5 | seŋ5 |
| 兴兴旺 | 3 曾-蒸 | K | hiŋ1 | hiŋ1 | hiŋ1 | hɛŋ1 | heŋ1 | heŋ1 |
| 应应对 | 3 曾-蒸 | Ø | iŋ3 | iŋ3 | iŋ3 | ɛŋ3 | eŋ3 | eŋ3 |
| | | | ik | iak | ik | ɛk | ek | ek |
| 逼 | 3 曾-蒸 | P1 | pik4 | piak4 | pik4 | | pek4 | pek4 |
| 力文读 | 3 曾-蒸 | T1 | lik8 | liak8 | lik8 | | | |
| 息文读 | 3 曾-蒸 | TS1 | | siak4 | sik4 | | sek4 | sek4 |
| 值值日 | 3 曾-蒸 | T2 | | | tik8 | | tek8 | tek8 |
| 色 | 3 曾-蒸 | TS2 | sik4 | siak4 | sik4 | sɛk4 | sek4 | sek4 |
| 式 | 3 曾-蒸 | TS3 | sik4 | siak4 | sik4 | (sit4) | sek4 | sek4 |
| 极 | 3 曾-蒸 | K | kik8 | kiak8 | kik8 | kɛk8 | kek4 | kek8 |
| 翼文读 | 3 曾-蒸 | 喻四 | ik8 | | ik8 | ɛk8 | ek8 | ek8 |

**表 3－4－11 闽东蒸韵文读层次对应表**

| 闽东 | | | 福州 | 福清 | 古田 | 柘荣 | 福安 | 宁德 |
|---|---|---|---|---|---|---|---|---|
| 例字 | 中古 | 声类 | iŋ/eiŋ | iŋ/eŋ | iŋ | iŋ | iŋ/eiŋ | iŋ/eŋ |
| 冰 | 3 曾-蒸 | P1 | piŋ1 | piŋ1 | piŋ1 | piŋ1 | peiŋ1 | piŋ1 |
| 凭 | 3 曾-蒸 | P1 | piŋ5 | piŋ5 | piŋ5 | piŋ5 | peiŋ5 | peŋ5 |
| 陵 | 3 曾-蒸 | T1 | niŋ5 | liŋ5 | liŋ5 | liŋ5 | leiŋ5 | leŋ5 |

**续 表**

| 闽东 | | | 福州 | 福清 | 古田 | 柘荣 | 福安 | 宁德 |
|---|---|---|---|---|---|---|---|---|
| 例字 | 中古 | 声类 | iŋ/eiŋ | iŋ/eŋ | iŋ | iŋ | iŋ/eiŋ | iŋ/eŋ |
| 称称呼 | 3 曾-蒸 | TS3 | ts$^h$iŋ1 | ts$^h$iŋ1 | ts$^h$iŋ1 | ts$^h$iŋ1 | ts$^h$eiŋ1 | ts$^h$iŋ1 |
| 乘 | 3 曾-蒸 | TS3 | siŋ5 | siŋ5 | siŋ5 | siŋ5 | seiŋ5 | seŋ5 |
| 胜 | 3 曾-蒸 | TS3 | seiŋ3 | seŋ3 | siŋ3 | siŋ3 | seiŋ3 | seŋ3 |
| 兴兴旺 | 3 曾-蒸 | K | xiŋ1 | hiŋ1 | hiŋ1 | xiŋ1 | heiŋ1 | xiŋ1 |
| 应应答 | 3 曾-蒸 | ø | eiŋ3 | eŋ3 | iŋ3 | iŋ3 | eiŋ3 | eŋ3 |
| | | | iʔ/eiʔ | iʔ/eʔ | ik | ik | eik | ik/ek |
| 逼 | 3 曾-蒸 | P1 | peiʔ4 | peʔ4 | pik4 | pik4 | peik4 | pek4 |
| 力文读 | 3 曾-蒸 | T1 | niʔ8 | liʔ8 | lik8 | lik8 | leik8 | lik8 |
| 息 | 3 曾-蒸 | TS1 | seiʔ4 | seʔ4 | sik4 | sik4 | seik4 | sek4 |
| 值 | 3 曾-蒸 | T2 | tiʔ8 | tiʔ8 | tik8 | tik8 | teik8 | tik8 |
| 式 | 3 曾-蒸 | TS3 | seiʔ4 | seʔ4 | sik4 | | seik4 | sek4 |
| 织 | 3 曾-蒸 | TS3 | tseiʔ4 | tseʔ4 | tsik4 | tsik4 | tseik4 | tsek4 |
| 极 | 3 曾-蒸 | K | kiʔ8 | kiʔ8 | kik8 | kik8 | keik8 | kik8 |
| 翼文读 | 3 曾-蒸 | ø | iʔ8 | iʔ8 | ik8 | ik8 | eik8 | ik8 |

## 表 3-4-12 闽北蒸韵文读层次对应表

| 闽北 | | | 石陂 | 建阳 | 崇安 | 建瓯 | 政和 | 松溪 |
|---|---|---|---|---|---|---|---|---|
| 例字 | 中古 | 声类 | eiŋ | iŋ/oiŋ | iŋ/eiŋ | eiŋ | eiŋ | eiŋ |
| 冰文读 | 3 曾-蒸 | P1 | peiŋ1 | | | peiŋ1 | | |
| 凭 | 3 曾-蒸 | P1 | beiŋ5 | βoiŋ9 | βeiŋ3 | peiŋ2 | peiŋ9 | peiŋ9 |
| 陵 | 3 曾-蒸 | T1 | leiŋ3 | loiŋ5 | leiŋ5 | leiŋ2 | leiŋ9 | leiŋ9 |
| 称称呼 | 3 曾-蒸 | TS3 | ts$^h$eiŋ1 | ts$^h$iŋ1 | ts$^h$iŋ1 | ts$^h$eiŋ1 | ts$^h$eiŋ1 | |
| 升 | 3 曾-蒸 | TS3 | seiŋ1 | | siŋ1 | seiŋ1 | seiŋ1 | seiŋ1 |
| 胜 | 3 曾-蒸 | TS3 | seiŋ3 | siŋ3 | siŋ7 | seiŋ3 | seiŋ7 | seiŋ3 |
| 应应对 | 3 曾-蒸 | ø | eiŋ3 | iŋ3 | iŋ3 | eiŋ3 | eiŋ3 | eiŋ3 |

**续 表**

| 闽北 | | | 石陂 | 建阳 | 崇安 | 建瓯 | 政和 | 松溪 |
|---|---|---|---|---|---|---|---|---|
| 例字 | 中古 | 声类 | i | i/ɔi | i/ei | i | i | i/ei |
| 逼 | 3曾-蒸 | P1 | pi4 | pɔi4 | pei4 | pi4 | pi4 | pei4 |
| 力文读 | 3曾-蒸 | T1 | | lɔi8 | lei8 | li8 | li3 | lei8 |
| 息 | 3曾-蒸 | TS1 | si4 | sɔi4 | sei4 | si4 | | sei4 |
| 值文读 | 3曾-蒸 | T2 | di5 | lɔi8 | lei8 | ti8 | ti3 | tei4 * 8 |
| 式 | 3曾-蒸 | TS3 | si4 | si4 | si4 | si4 | | si3 |
| 织 | 3曾-蒸 | TS3 | tsi4 | tsi4 | tsi8 | tsi4 | tsi4 | tsi7 |
| 极 | 3曾-蒸 | K | ki4 | ki8 | ji8 | ki4 | ki4 | ki4 |
| 翼文读 | 3曾-蒸 | Ø | | ɦi8 | i8 | i7 | i3 | |

3.4.1.4 侵韵

表3-4-13、3-4-14、3-4-15是闽南、闽东、闽北各地深摄3等侵韵字群的文读韵对应表,说明如下:

1. 闽南侵韵字群的文读韵为-im、-ip,澄海一地发生韵尾归并音变而读为-iŋ、-ik。

2. 闽东、闽北侵韵字群的文读韵,与前述真、蒸二韵的文读表现完全一致;唯宁德一地还保有双唇韵尾,文读韵为-im、-ip,在特定声调条件下韵腹低化为-e-,但其入声韵尾约略有并入-k的音变趋向,两者正处于自由变体的阶段。

**表3-4-13 闽南侵韵文读层次对应表**

| 闽南 | | | 南安 | 泉州 | 漳州 | 漳浦 | 澄海 | 揭阳 |
|---|---|---|---|---|---|---|---|---|
| 例字 | 中古 | 声类 | im | im | im | im | iŋ | im |
| 林文读 | 3深-侵 | T1 | lim5 | lim5 | lim5 | lim5 | niŋ5 | lim5 |
| 淋文读 | 3深-侵 | T1 | lim5 | lim5 | lim5 | lim5 | niŋ5 | lim5 |
| 临文读 | 3深-侵 | T1 | lim5 | lim5 | lim5 | lim5 | | lim5 |
| 侵 | 3深-侵 | TS1 | $ts^him1$ | $ts^him1$ | $ts^him1$ | $ts^him1$ * sim1 | $ts^hiŋ1$ | $ts^him1$ |

续　表

| 闽南 | | | 南安 | 泉州 | 漳州 | 漳浦 | 澄海 | 揭阳 |
|---|---|---|---|---|---|---|---|---|
| 例字 | 中古 | 声类 | im | im | im | im | iŋ | im |
| 寻文读 | 3深-侵 | TS1 | sim5 | sim5 | sim5 | sim5 | $ts^h$iŋ1 | $ts^h$im1 |
| 沉文读 | 3深-侵 | T2 | tim5 | tim5 | tim5 | tim5 | tiŋ5 | tim5 |
| 渗文读 | 3深-侵 | TS2 | | sim3 | sim3 | | | sim3 |
| 枕文读 | 3深-侵 | TS3 | tsim2 | tsim2 | tsim2 | tsim2 | tsiŋ2 | tsim2 |
| 审 | 3深-侵 | TS3 | sim2 | sim2 | sim2 | sim2 | siŋ2 | sim2 |
| 今 | 3深-侵 | K | kim1 | kim1 | kim1 | kim1 | kiŋ1 | kim1 |
| 禁 | 3深-侵 | K | kim3 | kim3 | kim3 | kim3 | kiŋ3 | kim3 |
| 阴文读 | 3深-侵 | Ø | im1 | im1 | im1 | im1 | iŋ1 | im1 |
| 饮文读 | 3深-侵 | Ø | im2 | im2 | im2 | im2 | iŋ2 | im2 |
| | | | ip | ip | ip | ip | ik | ip |
| 立 | 3深-侵 | T1 | lip8 | lip8 | lip8 | lip8 | lik8 | lip8 |
| 集 | 3深-侵 | TS1 | tsip8 | tsip8 | tsip8 | tsip8 | tsik8 | tsip8 |
| 习 | 3深-侵 | TS1 | sip8 | sip8 | sip8 | sip8 | sik8 | sip8 |
| 执 | 3深-侵 | TS3 | tsip4 | tsip4 | tsip4 | tsip4 | tsik4 | tsip4 |
| 十文读 | 3深-侵 | TS3 | sip8 | sip8 | sip8 | sip8 | | 拾 sip8 |
| 入 | 3深-侵 | 日 | lip8 | lip8 | dzip8 | dzip8 | zik8 | zip8 |
| 急 | 3深-侵 | K | kip4 | kip4 | kip4 | kip4 | kik4 | kip4 |
| 及 | 3深-侵 | K | kip8 | kip8 | kip8 | kip8 | kik8 | kip8 |
| 揖 | 3深-侵 | Ø | ip4 | ip4 | ip4 | ip4 | ik4 | ip4 |

**表 3-4-14　闽东侵韵文读层次对应表**

| 闽东 | | | 福州 | 福清 | 古田 | 柘荣 | 福安 | 宁德 |
|---|---|---|---|---|---|---|---|---|
| 例字 | 中古 | 声类 | iŋ/eiŋ | iŋ/eŋ | iŋ | iŋ | iŋ/eiŋ | im/em |
| 林文读 | 3深-侵 | T1 | | liŋ5 | liŋ5 | | | |
| 淋文读 | 3深-侵 | T1 | | liŋ5 | liŋ5 | liŋ5 | | |
| 临文读 | 3深-侵 | T1 | | liŋ5 | liŋ5 | liŋ5 | leiŋ5 | |

**续　表**

| 闽　东 | | | 福州 | 福清 | 古田 | 柘荣 | 福安 | 宁德 |
|---|---|---|---|---|---|---|---|---|
| 例字 | 中　古 | 声类 | iŋ/eiŋ | iŋ/eŋ | iŋ | iŋ | iŋ/eiŋ | im/em |
| 侵 | 3 深-侵 | TS1 | ts$^{h}$iŋ2 | ts$^{h}$iŋ1 | ts$^{h}$iŋ1 | ts$^{h}$iŋ1 | ts$^{h}$eiŋ1 | ts$^{h}$im1 |
| 寻文读 | 3 深-侵 | TS1 | siŋ5 | siŋ5 | siŋ5 | siŋ5 | seiŋ5 | |
| 沉文读 | 3 深-侵 | T2 | t$^{h}$iŋ5 | t$^{h}$iŋ5 | tiŋ5 | tiŋ5 *<br>t$^{h}$iŋ5 | teiŋ5 | t$^{h}$em5 |
| 枕文读 | 3 深-侵 | TS3 | tsiŋ2 | tsiŋ2 | tsiŋ2 | tsiŋ2 | tsiŋ2 | tsim2 |
| 审 | 3 深-侵 | TS3 | siŋ2 | siŋ2 | siŋ2 | siŋ2 | siŋ2 | sim2 |
| 今 | 3 深-侵 | K | kiŋ1 | kiŋ1 | kiŋ1 | kiŋ1 | keiŋ1 | kim1 |
| 禁 | 3 深-侵 | K | keiŋ3 | keŋ3 | kiŋ3 | kiŋ3 | keiŋ3 | kem3 |
| 阴文读 | 3 深-侵 | ∅ | iŋ1 | iŋ1 | iŋ1 | iŋ1 | eiŋ1 | im1 |
| 饮文读 | 3 深-侵 | ∅ | iŋ2 | iŋ2 | iŋ2 | iŋ2 | iŋ2 | im2 |
| | | | iʔ/eiʔ | iʔ/eʔ | ik | ik | eik | ip(k)/<br>ep(k) |
| 立 | 3 深-侵 | T1 | niʔ8 | liʔ8 | lik8 | lik8 | leik8 | lip8 |
| 集 | 3 深-侵 | TS1 | tsiʔ8 | tsiʔ8 | tsik8 | tsik8 | tseik8 | tsip8 |
| 习 | 3 深-侵 | TS1 | siʔ8 | siʔ8 | sik8 | sik8 | tseik8 | sik8 |
| 执 | 3 深-侵 | TS3 | tseiʔ4 | tseʔ4 | tsik4 | tsik4 | tseik4 | tsik4 |
| 入 | 3 深-侵 | 日 | iʔ8 | iʔ8 | ik8 | | jeik8 | ip8 |
| 急 | 3 深-侵 | K | keiʔ4 | keʔ4 | kik4 | kik4 | keik4 | kek4 |
| 及 | 3 深-侵 | K | kiʔ8 | kiʔ8 | kik8 | kik8 | keik8 | kip8 *<br>kik8 |
| 揖文读 | 3 深-侵 | ∅ | eiʔ4 | eʔ4 | | ik4 | eik4 | |

**表 3－4－15　闽北侵韵文读层次对应表**

| 闽　北 | | | 石陂 | 建阳 | 崇安 | 建瓯 | 政和 | 松溪 |
|---|---|---|---|---|---|---|---|---|
| 例字 | 中　古 | 声类 | eiŋ | iŋ/oiŋ | iŋ/eiŋ | eiŋ | eiŋ | eiŋ |
| 林文读 | 3 深-侵 | T1 | leiŋ3 | loiŋ5 | leiŋ5 | leiŋ3 | leiŋ5 | leiŋ5 |
| 淋 | 3 深-侵 | T1 | leiŋ3 | loiŋ5 | leiŋ5 | leiŋ3 | leiŋ5 | leiŋ5 |

**续 表**

| 闽 北 | | | 石陂 | 建阳 | 崇安 | 建瓯 | 政和 | 松溪 |
|---|---|---|---|---|---|---|---|---|
| 例字 | 中 古 | 声类 | eiŋ | iŋ/oiŋ | iŋ/eiŋ | eiŋ | eiŋ | eiŋ |
| 临 | 3 深-侵 | T1 | leiŋ3 | loiŋ5 | leiŋ5 | leiŋ2 | leiŋ9 | leiŋ9 |
| 侵 | 3 深-侵 | TS1 | $ts^{h}$eiŋ1 | $t^{h}$oiŋ1 | $t^{h}$eiŋ1 | | tseiŋ1 | tseiŋ1 |
| 寻文读 | 3 深-侵 | TS1 | dzeiŋ5 | | | tseiŋ2 | tseiŋ9 | |
| 沉文读 | 3 深-侵 | T2 | ($t^{h}$aiŋ3) | loiŋ5 | teiŋ5 | teiŋ3 | teiŋ5 | teiŋ5 * 9 |
| 枕 | 3 深-侵 | TS3 | tseiŋ2 | tsiŋ2 | tsiŋ2 | tseiŋ2 | tseiŋ2 | tseiŋ2 |
| 审 | 3 深-侵 | TS3 | seiŋ2 | siŋ2 | siŋ2 | seiŋ2 | seiŋ2 | seiŋ2 |
| 今 | 3 深-侵 | K | keiŋ1 | kiŋ1 | | keiŋ1 | keiŋ1 | keiŋ1 |
| 禁 | 3 深-侵 | K | keiŋ3 * 7 | kiŋ3 | kiŋ3 | keiŋ3 * 7 | keiŋ3 | keiŋ3 |
| 阴 | 3 深-侵 | Ø | eiŋ1 | iŋ1 | iŋ1 | eiŋ1 | eiŋ1 | eiŋ1 |
| 饮文读 | 3 深-侵 | Ø | ɦeiŋ2 | ɦiŋ2 | iŋ2 | eiŋ2 | | eiŋ2 |
| | | | i | i/ɔi | i/ei | i | i | i/ei |
| 立 | 3 深-侵 | T1 | li5 | lɔi8 | lei8 | li8 | li3 | lei8 |
| 集 | 3 深-侵 | TS1 | dzi5 | lɔi8 | lei8 | tsi8 | tsi3 | tsei8 |
| 习 | 3 深-侵 | TS1 | si4 | | sei8 | si4 | si4 | sei4 |
| 执 | 3 深-侵 | TS3 | tsi4 | tsi4 | tsi4 | tsi4 | tsi4 | tsi4 |
| 十文读 | 3 深-侵 | TS3 | si1 | 什 si8 | si8 | si1 * 7 | tsi7 | si7 * tsi7 |
| 入 | 3 深-侵 | 日 | ni5 | nɔi8 | nei8 | ni8 | (neiŋ3) | nei8 |
| 急文读 | 3 深-侵 | K | ki4 | ki4 | ki4 | ki4 | ki4 | ki4 |
| 及 | 3 深-侵 | K | ki4 | ki8 | ji8 | ki4 | ki4 | ki4 |

### 3.4.1.5 小结

**表 3-4-16 闽语止、臻、曾、深四摄 3 等开口字群文读层次对应表**

| 文读层次 A | 泉州 | 漳州 | 澄海 | 揭阳 | 福清 | 古田 | 柘荣 | 宁德 | 石陂 | 建阳 | 建瓯 | 松溪 |
|---|---|---|---|---|---|---|---|---|---|---|---|---|
| 支脂之三韵 | ɯ | u | ə | ə | y/ø | y | u | u/ou | u | o | u | u |
| | i | i | i | i | i/ei | i | i | i/ei | i | i/ɔi | i | i/ei |

**续　表**

| 文读层次 A | 泉州 | 漳州 | 澄海 | 揭阳 | 福清 | 古田 | 柘荣 | 宁德 | 石陂 | 建阳 | 建瓯 | 松溪 |
|---|---|---|---|---|---|---|---|---|---|---|---|---|
| 真　韵 | in | in | iŋ | eŋ | iŋ/eŋ | iŋ | iŋ | iŋ/eŋ | eiŋ | iŋ/oiŋ | eiŋ | eiŋ |
| | it | it | ik | ek | iʔ/eʔ | ik | ik | ik/ek | i | i/ɔi | i | i/ei |
| 蒸　韵 | iŋ | iŋ | eŋ | eŋ | iŋ/eŋ | iŋ | iŋ | iŋ/eŋ | eiŋ | iŋ/oiŋ | eiŋ | eiŋ |
| | iak | ik | ek | ek | iʔ/eʔ | ik | ik | ik/ek | i | i/ɔi | i | i/ei |
| 侵　韵 | im | im | iŋ | im | iŋ/eŋ | iŋ | iŋ | im/em | eiŋ | iŋ/oiŋ | eiŋ | eiŋ |
| | ip | ip | ik | ip | iʔ/eʔ | ik | ik | ip/ep | i | i/ɔi | i | i/ei |

总合闽语各地止、臻、曾、深四摄 3 等开口字群的文读韵如表 3－4－16,各次方言各取四个方言点为例,同时透过单一方言点的系统性观察与跨方言的比较,有几点需要说明:

1. 新进入的音韵系统中具有本地缺少的特殊音读时,本地会以原有系统中音值较为接近的语音转读,本书称之为“音读调整”。止摄 3 等开口精庄系声母条件下的独立文读,各地表现相当参差,此乃各方言点本身原有音韵系统即不相同,则其调整音读的方向与选择也有差异:(1) 闽南泉腔与潮汕腔以非圆唇性的后元音或央元音转读;(2) 闽东南片以圆唇性的前高元音转读;(3) 闽南漳腔、闽东北片与闽北方言则均以圆唇性的后高元音转读。

2. 闽语真、蒸、侵三韵的文读韵尾应有区别,这在闽南泉、漳地区仍保持得很好;但潮汕地区、闽东、闽北均发生韵尾归并音变,归并情形不一:(1) 澄海的辅音韵尾归并为单一套舌根音,真、侵二韵完全相同,但蒸韵韵腹低化与之有别;揭阳则保留双唇韵尾,但舌尖韵尾归并入舌根韵尾,真、蒸二韵完全相同。(2) 闽东多数方言点的辅音韵尾归并为单一套舌根音,则其真、蒸、侵三韵完全相同;少数北片方言点保留双唇韵尾或舌尖韵尾,例如宁德保留双唇韵尾,但舌尖韵尾归并入舌根韵尾,则其侵韵与真、蒸二韵有别,又如周宁保留舌尖韵尾,且双唇韵尾并入舌尖韵尾,则其蒸韵与真、侵二韵有别,如下表:

**表 3－4－17**

| 周　宁 | 蒸韵 | 乘 seŋ5 | 拯 tsiŋ2 | 鹰 iŋ1 |
|---|---|---|---|---|
| | 真韵 | 神 sen5 | 诊 tsin2 | 姻 in1 |
| | 侵韵 | 寻 sen5 | 枕 tsin2 | 音 in1 |

（3）闽北的鼻音韵尾归并为单一套舌根音，入声韵尾完全脱落，则其真、蒸、侵三韵完全相同，且入声韵均读同支、脂、之三韵非精庄系声母的文读韵。虽然闽语各地普遍发生韵尾归并，但透过方言比较，闽南泉、漳地区以及闽东少数北片方言点还是保留了足够的语料证据，帮助我们推论闽语文读层次乃三套辅音韵尾俱全的音韵系统。

3. 从表 3－4－16 的对应关系看来，闽语的前高元音韵腹往往有低化与复化的音变趋向：（1）闽东发生以声调为条件的韵变现象，如福清与宁德，韵腹-i-在特定声调条件下低化或复化为-e-、-ei-；（2）闽北则发生以古声母来源为条件的韵读变异现象，如建阳与松溪，建阳韵腹-i-只出现在章见系声母条件，而韵腹-ɔi-或-oi-则只出现在非章见系声母条件，松溪阴、入声韵-i 只出现在章见系声母条件，而阴、入声韵-ei 则只出现在非章见系声母条件，需要特别说明古知系字与古日母字：

**表 3－4－18**

| 例　字 | 声　类 | 建　阳 | 松　溪 |
|---|---|---|---|
| 儿 | K－日 | ɦi5 | hi9 |
| 二 | T－日 | nɔi7 | nei7 |
| 耳文 | K－日 | ɦi2 | |
| 耳白 | T－日 | nɔiŋ3 | nei8 |
| 人文 | K－日 | ɦiŋ5 | |
| 人白 | T－日 | noiŋ5 | |
| 耻 | TS－彻 | | $ts^hi2$ |
| 持 | T－澄 | | tei9 |

古知系字与古日母字的声母今读有层次差异，早期层次读为舌尖音者同端系，韵腹亦为复化元音-ɔi-、-oi-或-ei-，如上表“二耳白 人白 持”，读为塞擦音或喉擦音者同章见系，韵腹则为-i-，如上表“儿耳文 人文 耻”。由此可见这两类韵母应为声母条件变体，而且反映章系声母与精庄系有别的音韵特点；由前高元音的复化音变来看，这同时也是闽语的共同趋向。至于石陂、建瓯虽不具声母条件变体，但其阳声韵腹为-ei-，相应的阴、入声韵腹却为-i-，从系统对应来看，也是具有前高元音发生复化的历史迹象。

4. 单从文读层次的方言对应或系统对应来看，闽语的前高元音韵腹确实具有低化与复化的音变趋向；然而，若从历史层次的音韵演变来看，支、脂、之三韵与真、蒸、侵三韵，其早期层次韵读多为低元音，晚期层次韵读逐步高化，以福清韵读为例：

**表 3-4-19**

| | 指 | 淋 | 值 | 呻伸 |
|---|---|---|---|---|
| Ⅰ | tsi2 | liŋ5 | tiʔ8 | siŋ1 |
| Ⅱ | tsie2 | lieŋ5 | tia1 | |
| Ⅲ | tsai2 | laŋ5 | teʔ8 | 呻 tsheŋ1 |

“指淋值”三字在福清均具三种韵读，Ⅰ为高元音韵腹，Ⅱ为细音韵读，Ⅲ为洪音韵读；而在历史分层上，Ⅲ为最早四等同读的层次，Ⅰ为最晚的文读层次，Ⅱ则介于其间。不同的层次韵读虽不具演变关系，但还是可以据此探知闽地的3等韵读由低元音洪音韵读逐步转为高元音细音韵读的层次递进过程，也就是说，将3等韵读同洪音是闽地原有的语音特点，然后才逐渐接受北方汉语中3等细音介音的影响。从这个角度来看闽语文读层前高元音韵腹的变异，则其较低元音的表现乃反映闽地原有系统对文读韵的影响与调整。

### 3.4.2　相应于支与脂之有别的白读层次(B)

止摄3等开口字群具有“支与脂之有别”的白读层次；真、蒸二韵有相应的同读层次，与仙、清二韵有别；而侵韵相应的层次韵读并不明显，但少数例字有迹可循，以下分别进行分析与说明。

#### 3.4.2.1　支与脂之有别

表3-4-21、3-4-22是闽东、闽北各地“支与脂之有别”的韵读对应表，表3-4-23则是闽南与闽东、闽北相应的韵读比较表，说明如下：

1. 相较于闽南，闽东、闽北止摄开口字群多了一项韵读-ie或-iɛ(福安、宁德在特定的声调条件下高化为-i；崇安、建瓯已全面高化为-i)，且几乎都分布于支韵(有少数脂、之韵例字，如“脂芝厘里里面”，待下一小节讨论)。而上一小节提及，闽东、闽北止摄开口字群的白读-i不分布于支韵字，如表3-4-21、3-4-22脂、之二韵“姊餈四子丝饲”等精系字的白读为-i，但支韵“紫刺”等精系字的白读则为-ie或-iɛ，据此可以辨析闽东、闽北具有“支与脂之有别”的层次表现。除了精系字的白读，脂、之二韵还有一批白读语词或基本词汇，例如“鼻柿齿痣试市耳耳朵”等，不应读为文读韵，则其韵读-i应也属于“支与脂之有别”的层次，而非文读层。

2. 闽南虽然缺少与脂之有别的支韵白读，但透过同源语词比较，如表3-4-23所示，闽南应是发生“ie>i”的高化音变，本书在3.1节讨论蟹、山、咸三摄“3、4等同读层次”时，即从方言比较与系统比较推论闽南全面发生“-ie->-i-”的韵腹高化音变，如下表所示：

**表3-4-20**

| | 闽南<br>(泉州) | 闽东<br>(古田) | 闽北<br>(建阳) |
|---|---|---|---|
| | -i- | -ie- | -ie-/-iei- |
| 匙 | si5 | sie5 | tsie5 |
| 世 | si3 | sie3 | sie3 |

**续　表**

| | 闽南（泉州） | 闽东（古田） | 闽北（建阳） |
|---|---|---|---|
| | -i- | -ie- | -ie-/-iei- |
| 钱 | tsĩ5 | tsieŋ5 | tsieiŋ5 |
| 添 | $t^h$ĩ1 | $t^h$ieŋ1 | hieing1 |
| | -i- | -i- | -i- |
| 市 | $ts^h$i6 | $ts^h$i7 | $ts^h$i7 |
| 真 | tsin1 | tsiŋ1 | tsiŋ1 |
| 秤 | $ts^h$in3 | $ts^h$iŋ3 | $ts^h$iŋ3 |
| 深 | $ts^h$im1 | $ts^h$iŋ1 | $ts^h$iŋ1 |

闽南、闽东、闽北具有韵腹“i-ie-ie”的规则对应，另有韵腹“i-i-i”的规则对应，据此可以推论闽南乃发生“-ie->-i-”的系统性内部音变，使得原来“支与脂之有别”的韵读合流不分。

**表 3-4-21　闽东支与脂之有别韵读对应表**

| 闽　东 | | | 福州 | 福清 | 古田 | 柘荣 | 福安 | 宁德 |
|---|---|---|---|---|---|---|---|---|
| 例字 | 中　古 | 声类 | ie | ie | ie | ie | i | i/e |
| 臂 | 3 止-支 | P1 | pie3 | pie3 | pie3 | pie3 | pi3 | pi3 |
| 篱 | 3 止-支 | T1 | nie5 | lie5 | lie5 | lie5 | li5 | li5 |
| 紫 | 3 止-支 | TS1 | tsie2 | tsie2 | tsie2 | tsie2 | tsi2 | tse2 |
| 刺 | 3 止-支 | TS1 | $ts^h$ie3 | $ts^h$ie3 | $ts^h$ie3 | | $ts^h$i3 | $ts^h$i3 |
| 池 | 3 止-支 | T2 | tie5 | tie5 | tie5 | tie5 | ti5 | ti5 |
| 支枝 | 3 止-支 | TS3 | tsie1 | tsie1 | tsie1 | tsie1 | tsi1 | tsi1 |
| 匙 | 3 止-支 | TS3 | sie5 | sie5 | sie5 | sie5 | si5 | si5 |
| 豉 | 3 止-支 | TS3 | sie7 | sie7 | sie7 | sie7 | si7 | si2 |
| 义 | 3 止-支 | K | ŋie7 | ŋie7 | ŋie7 | ŋie7 | ŋi7 | ŋi2 |
| 戏 | 3 止-支 | K | xie3 | hie3 | | xie3 | hi3 | xi3 |
| 椅 | 3 止-支 | ø | ie2 | ie2 | ie2 | ie2 | i2 | e2 |
| 移 | 3 止-支 | ø | ie5 | ie5 | ie5 | ie5 | (ei5) | i5 |

**续　表**

| 闽　东 | | | 福州 | 福清 | 古田 | 柘荣 | 福安 | 宁德 |
|---|---|---|---|---|---|---|---|---|
| 例字 | 中　古 | 声类 | i/ei | i/e | i | i | i/ei | i/ei |
| 姊 | 3止-脂 | TS1 | | tsi2 | tsi3 | tsi2 | tsi2 | tsi2 |
| 餈米制品 | 3止-脂 | TS1 | si5 | si5 | si5 | si5 | sei5 | sei5 |
| 死 | 3止-脂 | TS1 | si2 | si2 | si2 | si2 | si2 | si2 |
| 四白读 | 3止-脂 | TS1 | sei3 | se3 | si3 | si3 | sei3 | sei3 |
| 子种子 | 3止-之 | TS1 | tsi2 | (tsie2) | tsi2 | tsi2 | tsi2 | tsi2 |
| 字 | 3止-之 | TS1 | tsei7 | tse7 | tsi7 | tsi7 | tsei7 | tsei7 |
| 丝 | 3止-之 | TS1 | si1 | si1 | si1 | si1 | sei1 | si1 |
| 饲喂养 | 3止-之 | TS1 | ts$^h$ei3 | ts$^h$e3 | ts$^h$i3 | ts$^h$i3 | ts$^h$ei3 | ts$^h$ei3 |
| 柿 | 3止-之 | TS2 | k$^h$ei7 | k$^h$e7 | k$^h$i7 | k$^h$i7 | k$^h$ei7 | k$^h$ei7 |
| 齿 | 3止-之 | TS3 | k$^h$i2 | k$^h$i2 | k$^h$i2 | k$^h$i2 | k$^h$i2 | |
| 试 | 3止-之 | TS3 | ts$^h$ei3 | ts$^h$e3 | ts$^h$i3 | ts$^h$i3 | | |
| 市 | 3止-之 | TS3 | ts$^h$ei7 | ts$^h$e7 | ts$^h$i7 | ts$^h$i7 | ts$^h$ei7 | ts$^h$ei7 |
| 耳耳朵 | 3止-之 | 日 | ŋei7 | ŋe7 | ŋi7 | ŋi3 | ŋei7 | ŋei7 |
| 鼻 | 3止-脂 | P1 | p$^h$ei3 | p$^h$e3 | p$^h$i3 | p$^h$i3 | p$^h$ei3 | p$^h$ei3 |

**表3-4-22　闽北支与脂之有别韵读对应表**

| 闽　北 | | | 石陂 | 建阳 | 崇安 | 建瓯 | 政和 | 松溪 |
|---|---|---|---|---|---|---|---|---|
| 例字 | 中　古 | 声类 | ie | ie | i/ei | i | iɛ | ie |
| 篱 | 3止-支 | T1 | lie3<br>(li3) | (lɔi5) | lei5 | li3 | | lie5 |
| 刺 | 3止-支 | TS1 | | | | ts$^h$i3 | ts$^h$iɛ3 | |
| 池 | 3止-支 | T2 | (di5) | (lɔi5) | lei5 | (ti2) | tiɛ9 | (tei9) |
| 支 | 3止-支 | TS3 | tsie1 | tsie1 | tsi1 | tsi1 | tsiɛ1 | tsie1 |
| 枝 | 3止-支 | TS3 | tsie1 | tsie1 | | | tsiɛ1 | tsie1 |
| 施 | 3止-支 | TS3 | sie1 | (si1) | si1 | si1 | (si1) | sie1 |
| 匙 | 3止-支 | TS3 | tsie3 | tsie5 | tsi5 | i2 | tsiɛ5 | tsie5 |
| 椅 | 3止-支 | Ø | ie2 | ie2 | i2 | i2 | | ie2 |

**续　表**

| 闽　北 | | | 石陂 | 建阳 | 崇安 | 建瓯 | 政和 | 松溪 |
|---|---|---|---|---|---|---|---|---|
| 例字 | 中　古 | 声类 | i | i/ɔi | i/ei | i | i | i/ei |
| 姊 | 3 止-脂 | TS1 | tsi2 | tsɔi2 | tsei2 | tsi3 | tsi2 | tsei2 |
| 餈米制食品 | 3 止-脂 | TS1 | tsi3 | tsɔi5 | | tsi3 | tsi5 | tsei5 |
| 死 | 3 止-脂 | TS1 | si2 | sɔi2 | sei2 | si2 | si2 | sei2 |
| 四白读 | 3 止-脂 | TS1 | si3 | sɔi3 | sei3 | si3 | si3 | sei3 |
| 字 | 3 止-之 | TS1 | dzi7 | lɔi7 | lei7 | tsi7 | tsi9 | tsei4 |
| 丝 | 3 止-之 | TS1 | si1 | sɔi1 | sei1 | si1 | si1 | sei1 |
| 寺 | 3 止-之 | TS1 | dzi7 | lɔi7 | lei7 | tsi7 | | tsei4 |
| 饲喂养 | 3 止-之 | TS1 | si7 | | si7 | si7 | si7 | si7 |
| 柿 | 3 止-之 | TS2 | kʰi1 | kʰi3 | kʰi7 | kʰi7 | khi7 | khi7 |
| 齿 | 3 止-之 | TS3 | | tsʰi2 | tsʰi2 | tsʰi2 | tshi2 | tshi2 |
| 试 | 3 止-之 | TS3 | tsʰi3 | tsʰi3 | tsʰi3 | tsʰi3 | tshi3 | tshi3 |
| 市 | 3 止-之 | TS3 | tsʰi7 | tsʰi7 | tsʰi7 | tsʰi7 | tshi7 | tshi7 |
| 耳耳朵 | 3 止-之 | 日 | ni3 | (nɔiŋ3) | (neiŋ3) | (neiŋ8) | (neiŋ3) | nei8<br>(niŋ9) |
| 鼻 | 3 止-脂 | P1 | pʰi7 | pʰɔi7 | hei7 | pʰi7 | phi7 | phei7 |

**表 3-4-23　闽语支与脂之有别层次对应表**

| 例字 | 中古 | 声类 | 泉州 | 漳州 | 澄海 | 福清 | 古田 | 柘荣 | 石陂 | 建阳 | 建瓯 |
|---|---|---|---|---|---|---|---|---|---|---|---|
| | | | i | i | i | ie | ie | ie | ie | ie | i |
| 披 | 3 止-支 | P1 | pʰi1 | pʰi1 | pʰi1 | pʰie1 | pʰie1 | pʰie1 | pʰie1 | | pʰi1 |
| 臂 | 3 止-支 | P1 | pi3 | pi3 | pi3 | pie3 | pie3 | pie3 | | | pʰi4 |
| 篱 | 3 止-支 | T1 | li5 | li5 | | lie5 | lie5 | lie5 | lie3 | (lɔi5) | li3 |
| 紫 | 3 止-支 | TS1 | tsi2 | tsi2 | tsi2 | tsie2 | tsie2 | tsie2 | (tsu2) | (tso2) | (tsu2) |
| 刺 | 3 止-支 | TS1 | tsʰi3 | tsʰi3 | tsʰi3 | tsʰie3 | tsʰie3 | | (tsʰu3) | (tʰo3) | tsʰi3 |
| 池 | 3 止-支 | T2 | ti5 | ti5 | ti5 | tie5 | tie5 | tie5 | (di5) | (lɔi5) | (ti2) |
| 支 | 3 止-支 | TS3 | tsi1 | tsi1 | tsĩ1 | tsie1 | tsie1 | tsie1 | tsie1 | tsie1 | tsi1 |
| 枝 | 3 止-支 | TS3 | tsi1 | tsi1 | | tsie1 | tsie1 | tsie1 | tsie1 | tsie1 | |

续 表

| 例字 | 中古 | 声类 | 泉州 | 漳州 | 澄海 | 福清 | 古田 | 柘荣 | 石陂 | 建阳 | 建瓯 |
| --- | --- | --- | --- | --- | --- | --- | --- | --- | --- | --- | --- |
| | | | [i] | [i] | [i] | ie | ie | ie | ie | ie | i |
| 施 | 3 止-支 | TS3 | si1 | si1 | si1 | sie1 | sie1 | sie1 | sie1 | (si1) | si1 |
| 匙 | 3 止-支 | TS3 | si5 | si5 | si5 | sie5 | sie5 | sie5 | tsie3 | tsie5 | i2 |
| 豉 | 3 止-支 | TS3 | si3 | si7 * sĩ7 | si7 | sie7 | sie7 | sie7 | (ts$^h$i7) | (ts$^h$i7) | (ts$^h$i7) |
| 义 | 3 止-支 | K | gi3 | gi7 | ŋi6 | ŋie7 | ŋie7 | ŋie7 | (ŋi7) | (ŋi7) | (ŋi7) |
| 戏 | 3 止-支 | K | hi3 | hi3 | hi3 | hie3 | | xie3 | (xi3) | (xi3) | (xi3) |
| 椅 | 3 止-支 | ø | i2 | i2 | ĩ2 | ie2 | ie2 | ie2 | ie2 | ie2 | i2 |
| | | | i | i | i | i/e | i | i | i | i/ɔi | i |
| 姊 | 3 止-脂 | TS1 | tsi2 | tsi2 | tsi2 | tsi2 | tsi3 | tsi2 | tsi2 | tsɔi2 | tsi3 |
| 餈米制品 | 3 止-脂 | TS1 | tsi5 | tsi5 | | si5 | si5 | si5 | tsi3 | tsɔi5 | tsi3 |
| 死 | 3 止-脂 | TS1 | si2 | si2 | si2 | si2 | si2 | si2 | si2 | sɔi2 | si2 |
| 四白读 | 3 止-脂 | TS1 | si3 | si3 | si3 | se3 | si3 | si3 | si3 | sɔi3 | si3 |
| 子种子 | 3 止-之 | TS1 | tsi2 | tsi2 | | | tsi2 | tsi2 | | | |
| 字 | 3 止-之 | TS1 | li3 | | zi7 | tse7 | tsi7 | tsi7 | dzi7 | lɔi7 | tsi7 |
| 丝 | 3 止-之 | TS1 | si1 | si1 | si1 | si1 | si1 | si1 | si1 | sɔi1 | si1 |
| 寺 | 3 止-之 | TS1 | si3 | si7 | zi7 | se7 | si7 | | dzi7 | lɔi7 | tsi7 |
| 饲喂养 | 3 止-之 | TS1 | ts$^h$i3 | ts$^h$i7 | ts$^h$i7 | ts$^h$e3 | ts$^h$i3 | ts$^h$i3 | si7 | | si7 |
| 鼻 | 3 止-脂 | P1 | p$^h$i3 | p$^h$ ĩ7 | p$^h$ ĩ7 | p$^h$e3 | p$^h$i3 | p$^h$i3 | p$^h$i7 | p$^h$ɔi7 | p$^h$i7 |
| 柿 | 3 止-之 | TS2 | k$^h$i6 | k$^h$i7 | | k$^h$e7 | k$^h$i7 | k$^h$i7 | k$^h$i1 | k$^h$i3 | k$^h$i7 |
| 齿 | 3 止-之 | TS3 | k$^h$i2 | k$^h$i2 | k$^h$i2 | k$^h$i2 | k$^h$i2 | k$^h$i2 | | ts$^h$i2 | ts$^h$i2 |
| 试 | 3 止-之 | TS3 | ts$^h$i3 | ts$^h$i3 | ts$^h$i3 | ts$^h$e3 | ts$^h$i3 | ts$^h$i3 | ts$^h$i3 | ts$^h$i3 | ts$^h$i3 |
| 市 | 3 止-之 | TS3 | ts$^h$i6 | ts$^h$i7 | ts$^h$i6 | ts$^h$e7 | ts$^h$i7 | ts$^h$i7 | ts$^h$i7 | ts$^h$i7 | ts$^h$i7 |
| 耳耳朵 | 3 止-之 | 日 | hi6 | hi7 | hĩ6 | ŋe7 | ŋi7 | ŋi3 | ni3 | (nɔiŋ3) | (neiŋ8) |

### 3.4.2.2 真蒸韵同读

表 3-4-29 是闽南“真蒸韵同读”的韵读对应表，表 3-4-30、3-4-31 则是闽语“真蒸韵同读”与蒸韵文读的层次差异比较表，说明

如下：

1. 闽南泉、漳地区蒸韵有白读韵-in、-it，相异于文读韵-iŋ、-ik，而与真韵同读；潮汕地区虽发生韵尾归并音变，但澄海的蒸韵白读为-iŋ、-ik，还是相异于文读韵-eŋ、-ek，而与真韵同读，唯揭阳一地已经无法从音韵形式上区辨蒸韵的文读韵与“真蒸同读”的白读韵。再从真韵表现来看，上一小节归纳其文读韵在泉、漳地区为-in、-it，在潮汕地区为-iŋ、-ik 或-eŋ、-ek；但根据脂、之二韵的韵读-i 同时是文读层，也是“支与脂之有别”的白读层，我们怀疑真韵的-in、-it 也可能既是文读层，亦为“真蒸同读”的白读层。真韵有一批基本语词可以支持我们的推论，例如“新真身紧快七日”等基本语词的韵读均为-in、-it，尤其“新”、“日太阳”属于核心语词，不应读为文读韵，则真韵的韵读-in、-it 应属“文白同读”的情形，在历史分层上，文读层的-in、-it 与蒸韵的文读-iŋ、-ik 具有区别，但白读层的-in、-it 则与蒸韵的白读-in、-it 没有分别。如下表所示(以漳州为例)：

**表 3－4－24**

<table>
<tr><th colspan="2">层　　次</th><th>真　韵</th><th>蒸　韵</th></tr>
<tr><td rowspan="3">文读层</td><td rowspan="3">真蒸有别</td><td>in-it</td><td>iŋ-ik</td></tr>
<tr><td>辛 sin1</td><td>升 siŋ1</td></tr>
<tr><td>漆 tsʰit4</td><td>式 sik4</td></tr>
<tr><td rowspan="3">白读层</td><td rowspan="3">真蒸同读</td><td>in-it</td><td>in-it</td></tr>
<tr><td>新 sin1</td><td>升 tsin1</td></tr>
<tr><td>七 tsʰit4</td><td>拭 tsʰit4</td></tr>
</table>

2. 由于闽北各地鼻音韵尾均归并为单一套舌根音，入声韵尾也全部脱落，则其真、蒸二韵同读与否的层次差异完全无法显现；而闽东多数方言点的辅音韵尾也归并为单一套舌根音，虽有少数北片方言点保留舌尖韵尾，例如周宁大致维持舌尖鼻韵尾，但其蒸韵字群的-iŋ、-in 异读情形(阳平与阴阳去声调下韵腹低化为-eŋ 与-en)，在

1993 年的方言志中却较倾向为自由变体的混读。

**表 3 - 4 - 25**

| 周宁蒸韵(1993 年县志) | |
|---|---|
| iŋ/eŋ | 凭称去声乘胜兴去声应答应孕蝇冰拯升鹰 |
| in/en | 陵菱凌证症仍征称平声兴平声 |

不过,稍早的周宁语料(陈章太、李如龙,1991)显示其蒸韵字群多读为-in/-en,例如“冰蝇”等语词,且根据《安腔八音》的著录(马重奇,2001),当时还具有三套辅音韵尾的闽东北片方言,其蒸韵字乃与真韵字同归“宾韵”(* ein/t),例如“陵冰升承绳应”等字,有别于中古梗摄字所归读的“厅韵”(* eiŋ/k)。据此我们认为闽东的蒸韵原来多与真韵同读为舌尖韵尾,此相应于闽南“真蒸韵同读”的白读层次,但多数方言点在韵尾归并之后,失去这项韵类分合的特点;周宁的音韵系统虽大致维持舌尖韵尾与舌根韵尾的区别,但蒸韵字群在文读层次干扰之下,逐渐发生-n>-ŋ 的韵尾混读,而真韵字则仍维持稳定的舌尖韵尾。

3. 从系统性的层次比较来看,闽语“真蒸韵同读”的白读层次可以与“支与脂之有别”的白读层次相互呼应。就古韵来源而言,中古的脂韵与真韵多来自上古脂真部,而之韵与蒸韵则多来自上古之蒸部,因此阴声韵的脂之同读与阳入声韵的真蒸同读,极可能反映同一历史时间层次的音韵系统表现。依循这样的系统性思路,既然阴声韵的支韵与脂之韵有别,那阳入声韵应该也存在与真蒸韵有别的相应韵类;中古支韵多来自上古歌、佳两部,相应的阳声韵部为元、耕两部,其 3 等字在中古主要进入仙韵与清韵,那么“真蒸韵同读”的白读层次应该要与仙、清二韵有别。本书在 3.1 节分析山摄有一项“3、4 等同读”的白读层,其与“真蒸韵同读”的韵读差异确实相应于“支与脂之有别”的韵读差异;而清韵的两项白读韵,亦与“真蒸韵同读”截然有别:

**表 3－4－26**

| 层　　次 | 闽南（漳州） | 闽东（古田） | 闽北（石陂） |
|---|---|---|---|
| 真蒸同读 | in-it | iŋ-ik | eiŋ-i |
| 山摄 3、4 等同读 | ĩ-iʔ | ieŋ-iek | iŋ-ie |
| 清韵白读 | iã | iaŋ | iaŋ |
|  | ẽ | aŋ | aŋ |

4. 承上，“真蒸韵同读”虽与仙、清二韵有别，但是我们发现仙、清二韵各有少数例字读同真蒸韵，如表 3－4－27 所示。其中“眠怜眩”等字来自上古真部，中古韵书虽将之著录为先韵，但闽地在该项历史层次上很可能将这三个语词读入真韵；至于“面清冷轻”等字，目前只能将之视为音韵演变的例外，不过由于闽语各地对应相当严整，反而成为该项音韵层次的重要例字。

**表 3－4－27**

| 中古 | 例字 | 闽南（漳州） | 闽东（古田） | 闽北（建瓯） |
|---|---|---|---|---|
|  |  | in-it | iŋ-ik | eiŋ-i |
| 仙先 | 眠 | bin5 | miŋ5 | meiŋ3 |
|  | 怜 | lin5 | liŋ5 | leiŋ2 |
|  | 眩晕眩 | hin5 | hiŋ5 | xeiŋ3 |
|  | 面 | bin7 | miŋ3 |  |
| 清 | 清冷 | ts$^{h}$in3 | ts$^{h}$iŋ3 | ts$^{h}$eiŋ3 |
|  | 轻 | k$^{h}$in1 | k$^{h}$iŋ1 |  |

5. 此外，还需要特别说明，“真蒸韵同读”的白读韵涉及少数来自古蒸部的 1 等例字，例如登韵的“藤得”等字；相应于此，“脂之韵同读”的白读韵也有少数来自古之部的 1 等例字，例如咍韵的“戴苔鳃来”等字，但闽北完全没有这一类表现。

表 3-4-28

| 中古 | 例字 | 闽南（漳州） | 闽东（古田） |
|---|---|---|---|
| | | i-in-it | i-iŋ-ik |
| 登 | 藤 | tin5 | tiŋ5 |
| | 得 | tit4 | |
| 咍 | 戴戴帽 | ti3 | ti3 |
| | 苔青苔 | $t^hi5$ | $t^hi5$ |
| | 来 | | li5 |
| | 鳃鱼鳃 | $ts^hi1$ | $ts^hi1$ |

表 3-4-29　闽南真蒸韵同读的韵读对应表

| 闽南 | | | 南安 | 泉州 | 漳州 | 漳浦 | 澄海 | 揭阳 |
|---|---|---|---|---|---|---|---|---|
| 例字 | 中古 | 声类 | in | in | in | in | iŋ | eŋ |
| 凭 | 3 曾-蒸 | P1 | pin5 | pin5 | pin5 | pin5 | | peŋ5 |
| 拯 | 3 曾-蒸 | TS3 | | tsin2 | tsin2 | tsin2 | tsiŋ2 | tseŋ2 |
| 秤 | 3 曾-蒸 | TS3 | $ts^hin3$ | $ts^hin3$ | $ts^hin3$ | $ts^hin3$ *<br>sin3 | $ts^hiŋ3$ | $ts^heŋ3$ |
| 绳 | 3 曾-蒸 | TS3 | sin5 *<br>tsin5 | sin5 *<br>tsin5 | | sin5 | siŋ5 | seŋ5 |
| 升一升 | 3 曾-蒸 | TS3 | | tsin1 | tsin1 | tsin1 | | |
| 承接 | 3 曾-蒸 | TS3 | sin5 | sin5 | sin5 | sin5 | | |
| 兴白读 | 3 曾-蒸 | K | | | hin1 | hin1 | | |
| 应应答 | 3 曾-蒸 | Ø | in3 | in3 | in3 | in3 | | |
| 蝇 | 3 曾-蒸 | 喻四 | sin5 | sin5 | sin5 | sin5 | siŋ5 | seŋ5 |
| 新 | 3 臻-真 | TS1 | sin1 | sin1 | sin1 | sin1 | siŋ1 | seŋ1 |
| 真 | 3 臻-真 | TS3 | tsin1 | tsin1 | tsin1 | tsin1 | tsiŋ1 | tseŋ1 |
| 身 | 3 臻-真 | TS3 | sin1 | sin1 | sin1 | sin1 | siŋ1 | seŋ1 |
| 紧快 | 3 臻-真 | K | kin2 | kin2 | kin2 | kin2 | kiŋ2 | keŋ2 |

**续 表**

| 闽南 | | | 南安 | 泉州 | 漳州 | 漳浦 | 澄海 | 揭阳 |
|---|---|---|---|---|---|---|---|---|
| 例字 | 中古 | 声类 | it | it | it | it | ik | ek |
| 鲫 | 3 曾-蒸 | TS1 | | tsit4 | tsit4 | tsit4 | tsik4 | tsek4 |
| 熄 | 3 曾-蒸 | TS1 | sit4 | sit4 | sit4 | sit4 | | |
| 直 | 3 曾-蒸 | T2 | tit8 | tit8 | tit8 | tit8 | tik8 | tek8 |
| 值值得 | 3 曾-蒸 | T2 | tit8 | tit8 | tit8 | tit8 | | |
| 织 | 3 曾-蒸 | TS3 | tsit4 | tsit4 | tsit4 | tsit4 | tsik4 | (tseʔ4) |
| 食食物 | 3 曾-蒸 | TS3 | sit8 | sit8 | sit8 | sit8 | | |
| 拭 | 3 曾-蒸 | TS3 | ts$^h$it4 | ts$^h$it4 | ts$^h$it4 | ts$^h$it4 *<br>sit4 | ts$^h$ik4 | ts$^h$ek4 |
| 翼翅 | 3 曾-蒸 | 喻四 | sit8 | sit8 | sit8 | sit8 | | |
| 七 | 3 臻-真 | TS1 | ts$^h$it4 | ts$^h$it4 | ts$^h$it4 | ts$^h$it4 *<br>sit4 | ts$^h$ik4 | ts$^h$ek4 |
| 日 | 3 臻-真 | 日 | lit8 | lit8 | dzit4 | dzit4 | zik8 | zek8 |

**表 3-4-30 闽语真蒸韵同读与蒸韵文读的异层对应表(阳声韵)**

| 例字 | 中古 | 声类 | 泉州 | 漳州 | 澄海 | 福清 | 古田 | 柘荣 | 石陂 | 建阳 | 建瓯 |
|---|---|---|---|---|---|---|---|---|---|---|---|
| 蒸韵文读 | | | iŋ | iŋ | eŋ | iŋ/eŋ | iŋ | iŋ | eiŋ | oiŋ/iŋ | eiŋ |
| 称对称 | 3 曾-蒸 | TS3 | ts$^h$iŋ3 | ts$^h$iŋ3 | ts$^h$eŋ3 | ts$^h$eŋ3 | ts$^h$iŋ3 | ts$^h$iŋ3 | ts$^h$eiŋ3 | ts$^h$iŋ3 | ts$^h$eiŋ3 |
| 乘 | 3 曾-蒸 | TS3 | siŋ5 | siŋ5 | seŋ5 | siŋ5 | siŋ5 | siŋ5 | ts$^h$eiŋ2 | siŋ9 | ts$^h$eiŋ2 |
| 胜 | 3 曾-蒸 | TS3 | siŋ3 | siŋ3 | seŋ3 | seŋ3 | siŋ3 | siŋ3 | seiŋ3 | siŋ3 | seiŋ3 |
| 兴高兴 | 3 曾-蒸 | K | hiŋ3 | hiŋ3 | heŋ3 | heŋ3 | hiŋ3 | xɪŋ3 | xeiŋ7 | xiŋ3 | xciŋ7 |
| 应应对 | 3 曾-蒸 | ø | iŋ3 | iŋ3 | eŋ3 | eŋ3 | iŋ3 | iŋ3 | eiŋ3 | iŋ3 | eiŋ3 |
| 真蒸同读 | | | in | in | iŋ | iŋ/eŋ | iŋ | iŋ | eiŋ | oiŋ/iŋ | eiŋ |
| 拯 | 3 曾-蒸 | TS3 | tsin2 | tsin2 | tsiŋ2 | tsiŋ2 | | tsiŋ2 | tseiŋ2 | tsiŋ2 | tseiŋ2 |
| 秤 | 3 曾-蒸 | TS3 | ts$^h$in3 | ts$^h$in3 | ts$^h$iŋ3 | ts$^h$eŋ3 | ts$^h$iŋ3 | ts$^h$iŋ3 | ts$^h$eiŋ3 | ts$^h$iŋ3 | ts$^h$eiŋ3 |
| 绳 | 3 曾-蒸 | TS3 | sin5 *<br>tsin5 | sin5 | siŋ5 | siŋ5 | siŋ5 | siŋ5 | seiŋ3 | (sieiŋ5) | |
| 升一升 | 3 曾-蒸 | TS3 | tsin1 | tsin1 | | tsiŋ1 | tsiŋ1 | | | | |
| 承接 | 3 曾-蒸 | TS3 | sin5 | sin5 | | siŋ5 | siŋ5 | siŋ5 | ts$^h$eiŋ2 | siŋ5 | ts$^h$eiŋ2 |
| 蝇 | 3 曾-蒸 | 喻四 | sin5 | sin5 | siŋ5 | siŋ5 | siŋ5 | | seiŋ3 | (sioŋ5) | (saiŋ3) |

**表 3-4-31　闽语真蒸韵同读与蒸韵文读的异层对应表(入声韵)**

| 例字 | 中古 | 声类 | 泉州 | 漳州 | 澄海 | 福清 | 古田 | 柘荣 | 石陂 | 建阳 | 建瓯 |
|---|---|---|---|---|---|---|---|---|---|---|---|
| 蒸韵文读 | | | iak | ik | ek | iʔ/eʔ | ik | ik | i | ɔi/i | i |
| 息文读 | 3 曾-蒸 | TS1 | siak4 | sik4 | sek4 | seʔ4 | sik4 | sik4 | si4 | sɔi4 | si4 |
| 值值日 | 3 曾-蒸 | T2 | | tik8 | tek8 | tiʔ8 | tik8 | tik8 | di5 | lɔi8 | ti8 |
| 识 | 3 曾-蒸 | TS3 | siak4 | sik4 | sek4 | seʔ4 | 式 sik4 | sik4 | si4 | 式 si4 | si4 |
| 极 | 3 曾-蒸 | K | kiak8 | kik8 | kek4 | kiʔ8 | kik8 | kik8 | ki4 | ki8 | ki4 |
| 翼文读 | 3 曾-蒸 | ø | ik8 | ik8 | ek8 | iʔ8 | ik8 | ik8 | | ɦi8 | i7 |
| 真蒸同读 | | | it | it | ik | iʔ/eʔ | ik | ik | i | ɔi/i | i |
| 直 | 3 曾-蒸 | T2 | tit8 | tit8 | tik8 | tiʔ8 | tik8 | tik8 | | lɔi8 | |
| 值值得 | 3 曾-蒸 | T2 | tit8 | tit8 | | tiʔ8 | tik8 | tik8 | di5 | lɔi8 | ti8 |
| 食食物 | 3 曾-蒸 | TS3 | sit8 | sit8 | | siʔ8 | sik8 | sik8 | si1 | si8 | si7 |
| 拭 | 3 曾-蒸 | TS3 | ts$^h$it4 | ts$^h$it4 | ts$^h$ik4 | ts$^h$eʔ4 | ts$^h$ik4 | ts$^h$ik4 | | (sie4) | |
| 翼翅 | 3 曾-蒸 | 喻四 | sit8 | sit8 | | siʔ8 | sik8 | (siek8) | (sia1) | | (siɛ7) |

3.4.2.3　侵韵

表 3-4-32 是闽语各地相应于"真蒸同读"层次的侵韵韵读对应表,表 3-4-33 则是闽东、闽北与盐添韵同读的侵韵特殊韵读,说明如下:

1. 上一小节归纳侵韵的文读韵在闽南为-im、-ip;但由于前述脂、之二韵的韵读-i,以及真韵的-in、-it 均跨越文白层次,相应于此,我们认为侵韵的-im、-ip 也是兼含文白层。侵韵也有一批基本语词可以支持我们的推论,如表 3-4-32 所示,"心深婶金妗"等基本语词的韵读均为-im,尤其"心"属于核心语词,"婶妗"为亲属称谓,不应读为文读韵,则侵韵的韵读-im、-ip 极可能亦属"文白同读"的情形,白读有别于盐韵的-ĩ、-iʔ。

2. 然而,闽东、闽北有少数侵韵字读同盐添韵,如表 3-4-33 所示,此相应于前述仙、清二韵有与真、蒸二韵同读的例外现象,可能是相同历史时间的两项音韵规律发生些微的纠葛,这部分有待将来再深入探讨。

**表 3-4-32　闽语侵韵与"真蒸同读"相同历史时间的层次对应表**

| 例字 | 中古 | 声类 | 泉州 | 漳州 | 澄海 | 福清 | 古田 | 柘荣 | 石陂 | 建阳 | 建瓯 |
|---|---|---|---|---|---|---|---|---|---|---|---|
| | | | im | im | iŋ | iŋ/eŋ | iŋ | iŋ | eiŋ | iŋ/oiŋ | eiŋ |
| 心 | 3深-侵 | TS1 | sim1 | sim1 | siŋ1 | siŋ1 | siŋ1 | siŋ1 | seiŋ1 | soiŋ1 | seiŋ1 |
| 深 | 3深-侵 | TS3 | $ts^{h}$im1 | $ts^{h}$im1 | $ts^{h}$iŋ1 | $ts^{h}$iŋ1 | $ts^{h}$iŋ1 | $ts^{h}$iŋ1 | $ts^{h}$eiŋ1 | $ts^{h}$iŋ1 | $ts^{h}$eiŋ1 |
| 婶 | 3深-侵 | TS3 | tsim2<br>sim2 | tsim2 | siŋ2 | siŋ2 | siŋ2 | siŋ2 | seiŋ2 | siŋ2 | seiŋ3 |
| 金 | 3深-侵 | K | kim1 | kim1 | kiŋ1 | kiŋ1 | kiŋ1 | kiŋ1 | keiŋ1 | kiŋ1 | keiŋ1 |
| 妗 | 3深-侵 | K | kim6 | kim7 | kiŋ6 | keŋ7 | kiŋ7 | kiŋ7 | keiŋ1 | kiŋ3 | |

**表 3-4-33　闽东、闽北侵韵与盐添韵同读的韵读对应表**

| 闽　东 | | | 福州 | 福清 | 古田 | 柘荣 | 福安 | 宁德 |
|---|---|---|---|---|---|---|---|---|
| 例字 | 中　古 | 声类 | ieŋ | ieŋ | ieŋ | ieŋ | iŋ | im |
| 林姓 | 3深-侵 | T1 | | lieŋ1 | lieŋ5 | lieŋ5 | liŋ5 | lim5 |
| 寻量词 | 3深-侵 | TS1 | $ts^{h}$ieŋ5 | $ts^{h}$ieŋ5 | $ts^{h}$ieŋ5 | $ts^{h}$ieŋ5 | $ts^{h}$iŋ5 | $ts^{h}$im5 |
| 枕白读 | 3深-侵 | TS3 | tsieŋ2 | tsieŋ2 | tsieŋ2 | | | |
| 擒 | 3深-侵 | K | $k^{h}$ieŋ5 | $k^{h}$ieŋ5 | $k^{h}$ieŋ5 | $k^{h}$ieŋ5 | $k^{h}$iŋ5 | ($k^{h}$em5) |
| 闽　北 | | | 石陂 | 建阳 | 崇安 | 建瓯 | 政和 | 松溪 |
| 例字 | 中　古 | 声类 | iŋ<br>ie | ieiŋ<br>ie | iŋ<br>i | iŋ<br>iɛ | iŋ<br>iɛ | iŋ<br>ie |
| 寻量词 | 3深-侵 | TS1 | | sieiŋ5 | siŋ5 | | siŋ5 | siŋ5 |
| 湿 | 3深-侵 | TS3 | $ts^{h}$ie4 | $ts^{h}$ie4 | $ts^{h}$i4 | $ts^{h}$iɛ4 | $ts^{h}$iɛ4 | $ts^{h}$ie4 |
| 急 | 3深-侵 | K | kie4 | | | kiɛ4 | kiɛ4 | |

### 3.4.2.4　小结

**表 3-4-34　闽语止、臻、曾、深四摄 3 等开口字群历史层次 B 对应表**

| 历史层次 B | 泉州 | 漳州 | 澄海 | 福清 | 古田 | 柘荣 | 石陂 | 建阳 | 建瓯 |
|---|---|---|---|---|---|---|---|---|---|
| 支　韵 | i | i | i | ie | ie | ie | ie | ie | i |
| 脂之韵 | i | i | i | i/e | i | i | i | i/ɔi | i |

续 表

| 历史层次B | 泉州 | 漳州 | 澄海 | 福清 | 古田 | 柘荣 | 石陂 | 建阳 | 建瓯 |
|---|---|---|---|---|---|---|---|---|---|
| 真蒸韵 | in | in | iŋ | iŋ/eŋ | iŋ | iŋ | eiŋ | iŋ/oiŋ | eiŋ |
| | it | it | ik | iʔ/eʔ | ik | ik | i | i/ɔi | i |
| 侵　韵 | im | im | iŋ | iŋ/eŋ | iŋ | iŋ | eiŋ | iŋ/oiŋ | eiŋ |
| | ip | ip | ik | iʔ/eʔ | ik | ik | i | i/ɔi | i |
| 祭齐韵 | i | i | i | ie | ie | ie | ie | ie | i |
| 仙先韵<br>盐添韵 | ĩ | ĩ | ĩ | ieŋ | ieŋ | ieŋ | iŋ | ieiŋ | iŋ |
| | iʔ | iʔ | iʔ | ieʔ | iek | iek | ie | ie | iɛ |

总合闽语各地止、臻、曾、深四摄3等开口字群的历史层次B如表3-4-34,各次方言各取三个方言点为例,同时与3.1节所讨论的同摄3、4等同读层次相互比较:

1. 从系统性比较来看,可以循着“支与脂之有别”的韵读分合线索,找寻相应的阳入声韵层次:(1) 脂之同读即与真蒸同读相应;(2) 不与脂之同读的支韵,即与仙先同读相应,并且恰与同一历史层次的祭齐同读者完全一致;(3) 侵韵与盐添韵有别的白读层,则分别相应于(1)与(2)。

2. 就支韵、祭齐韵、仙先韵及盐添韵相应的韵读层次来看,闽南一致进行辅音韵尾弱化而元音鼻化的音变以及韵腹的高化音变;而脂之韵、真蒸韵及侵韵相应的韵读层次,则不发生韵尾弱化与元音鼻化音变。这样看来,闽南的韵尾弱化与元音鼻化音变确实与韵腹条件密切相关,高元音韵腹者并不发生韵尾弱化与元音鼻化音变,从音变规律的逻辑顺序来看,也就是韵腹高化音变应在韵尾弱化与元音鼻化音变之后运行。

### 3.4.3 相应于支脂之无别的白读层次(C)

止摄3等开口字群具有另一项“支脂之无别”的白读层次,与祭韵3等独读者一致;侵韵有相应的层次韵读;而真、蒸二韵相应的韵读并不明显，但少数方言点有零星例字，反映该项层次遗迹，以下分别进行分析与说明。

3.4.3.1　支脂之无别的白读韵

表3－4－36、3－4－37、3－4－38是闽语各次方言止摄3等开口字群“支脂之无别”的层次韵读表，表3－4－39则是归纳这项层次的方言韵读对应关系，说明如下：

1. 表3－4－36、3－4－37显示闽东、闽北脂、之二韵有少数例字读同支韵，例如“脂芝”二字在闽东、闽北各地具有相当严整稳定的对应，特别是福清一地读同支韵的脂之韵例字更多，还有“指嗜厘子耻”等，而且同为止摄开口的微韵字“毅”也有相同的韵读。我们认为这些例字的韵读不是“支与脂之有别”的例外表现，而是反映另一项“支脂之无别”的白读层次。

2. 闽南也有一项止摄开口均同读的韵读表现，泉、漳地区多读为-e或-iei，潮汕地区则读为-i，透过同源语词的对应比较，如表3－4－39的“地璃荔毅”，闽南这项韵读乃相应于闽东、闽北“支脂之无别”的白读层次。

3. 前一小节提及“支与脂之有别”层次的支韵音读与3.1节所讨论的祭齐韵同读者一致，而此项“支脂之无别”的层次韵读对应，则恰与祭韵另一项3等独读者完全相同，如表3－4－39所列“例祭誓”等字所示。这样看来，闽语支韵与祭韵在白读层次的韵读表现完全相同。

**表3－4－35**

| 例字 | 中古 | 泉州 | 漳州 | 澄海 | 福清 | 古田 | 柘荣 | 石陂 | 建阳 | 建瓯 |
|---|---|---|---|---|---|---|---|---|---|---|
| 支韵(与脂之有别)<br>＝祭齐韵3、4等同读 | | i | i | i | ie | ie | ie | ie | ie | i |
| 施 | 3止-支 | si1 | si1 | si1 | sie1 | sie1 | sie1 | sie1 | (si1) | si1 |
| 世 | 3蟹-祭 | si3 | si3 | si3 | sie3 | sie3 | sie3 | sie3 | sie3 | si3 |

**续　表**

| 例字 | 中　古 | 泉州 | 漳州 | 澄海 | 福清 | 古田 | 柘荣 | 石陂 | 建阳 | 建瓯 |
|---|---|---|---|---|---|---|---|---|---|---|
| 支脂之无别＝祭韵3等独读 | | e | e | i | ie | ie | ie | ie | ie | i |
| 荔 | 3止-支 | (lian3) | le7 | li6 | lie7 | lie7 | (lik8) | | | |
| 例 | 3蟹-祭 | le3 | le7 | li7 | lie7 | lie7 | lie7 | lie7 | lie3 | li7 |
| 古歌祭部同读(少佳部) | | ia/ua | ia/ua | ia/ua | ia | ia～ie | ia | ye | ye | yɛ |
| 纸 | 3止-支 | tsua2 | tsua2 | tsua2 | tsia2 | tsie2 | tsia2 | tsye2 | tsye2 | tsyɛ2 |
| 逝 | 3蟹-祭 | tsua3 | tsua7 | tsua7 | | | | 际 tsye3 | | 祭 tsyɛ3 |

其中祭韵3等独读者，如3.1节所讨论，又相应于山、咸摄的3等独读层次，共同的韵腹可以设想为-ia-。表3－4－39的"地"字，在福清、石陂、建瓯均读为-ia，极可能便是原始韵读的残存表现。

**表3－4－36　闽东支脂之无别韵读对应表**

| 闽　东 | | | 福州 | 福清 | 古田 | 柘荣 | 福安 | 宁德 |
|---|---|---|---|---|---|---|---|---|
| 例字 | 中　古 | 声类 | ie | ie | ie | ie | i | i/e |
| 脂 | 3止-脂 | TS3 | tsie1 | tsie1 | tsie1 | | tsi1 | tsi1 |
| 地 | 3止-脂 | T1 | | (tia7) | tie7 | | | |
| 芝 | 3止-之 | TS3 | tsie1 | tsie1 | tsie1 | tsie1 | tsi1 | tsi1 |
| 厘 | 3止-之 | T1 | nie5 | lie5 | lie5 | (lɛ5) | (lɛ5) | (lɛ5) |
| 毅 | 3止-微 | K | | ŋie7 | | ŋie7 | ŋi7 | ŋi2 |

**表3－4－37　闽北支脂之无别韵读对应表**

| 闽　北 | | | 石陂 | 建阳 | 崇安 | 建瓯 | 政和 | 松溪 |
|---|---|---|---|---|---|---|---|---|
| 例字 | 中　古 | 声类 | ie | ie | i | i | iɛ | ie |
| 脂 | 3止-脂 | TS3 | tsie1 | tsie1 | | tsi1 | | tsie1 |
| 地 | 3止-脂 | T1 | (tia7) | | (tia7) | (tia1) | tiɛ7 | tie7 |
| 芝 | 3止-之 | TS3 | | tsie1 | tsi1 | tsi1 | tsiɛ1 | tsie1 |

**表 3－4－38　闽南支脂之无别韵读对应表**

| 闽南 | | | 南安 | 泉州 | 漳州 | 漳浦 | 澄海 | 揭阳 |
|---|---|---|---|---|---|---|---|---|
| 例字 | 中古 | 声类 | e | e | e | iei | i | i |
| 璃 | 3止-支 | T1 | le5 | le5 | le5 | (li5) | li5 | li5 |
| 荔 | 3止-支 | T1 | | (lian3) | le7 | liei7 | li6 | li6 |
| 梨 | 3止-脂 | T1 | le5 | le5 | le5 | | | |
| 地 | 3止-脂 | T1 | te3*<br>tue3 | te3*<br>tue3 | te7 | tiei7 | | |
| 毅 | 3止-微 | K | ge3 | ge3 | ge7 | giei7 | ŋi5 | ŋi6 |

**表 3－4－39　闽语支脂之无别白读层次对应表**

| 例字 | 中古 | 声类 | 泉州 | 漳州 | 澄海 | 福清 | 古田 | 柘荣 | 石陂 | 建阳 | 建瓯 |
|---|---|---|---|---|---|---|---|---|---|---|---|
| | | | e | e | i | ie | ie | ie | ie | ie | i |
| 脂 | 3止-脂 | TS3 | (tsi1) | (tsi1) | (tsĩ1) | tsie1 | tsie1 | | tsie1 | tsie1 | tsi1 |
| 地 | 3止-脂 | T1 | te3<br>(tue3) | te7 | | (tia7) | tie7 | | (tia7) | 政和<br>tiɛ7 | (tia1) |
| 芝 | 3止-之 | TS3 | (tsi1) | (tsi1) | (tsə1) | tsie1 | tsie1 | tsie1 | | tsie1 | tsi1 |
| 厘 | 3止-之 | T1 | (li5) | (li5) | (li5) | lie5 | lie5 | (lɛ5) | | (lɔi5) | (li3) |
| 璃 | 3止-支 | T1 | le5 | le5 | li5 | lie5 | | lie5 | | | |
| 荔 | 3止-支 | T1 | (lian3) | le7 | li6 | lie7 | lie7 | (lik8) | | | |
| 毅 | 3止-微 | K | ge3 | ge7 | ŋi6 | ŋie7 | | ŋie7 | | | |
| 例 | 3蟹-祭 | T1 | le3 | le7 | li7 | lie7 | lie7 | lie7 | lie7 | lie3 | li7 |
| 祭 | 3蟹-祭 | TS1 | tse3 | tse3 | tsi3 | tsie3 | tsie3 | tsie3 | tsie3 | (tsɔi3) | tsi3 |
| 誓 | 3蟹-祭 | TS3 | se3 | | si3 | sie7 | sie7 | sie7 | ie7 | (si3) | si7*4 |

### 3.4.3.2　侵韵

表 3－4－41、3－4－42 是闽南、闽东侵韵 3 等独读的白读层次韵读表，与“支脂之无别”应处于相同的历史时间层次，表 3－4－43 则是

闽语各地这项层次的方言韵读对应关系,说明如下:

1. 闽南侵韵有3等独立的白读韵-iam、-iap(澄海因韵尾归并而读为-iaŋ、-iak);表3-4-42显示闽东与之相应的白读韵,宁德还保留双唇韵尾为-ɛm、-ɛp,其他多数方言点均因韵尾归并而读为-ɛŋ、-ɛk或-eiŋ、-eik等同类韵母,唯福州在特定声调条件下韵腹低化为-ai-。闽北缺少明显相应的3等独读表现,即使透过同源语词的对应比较,如表3-4-43所示,其层次对应也相当参差,例如"砧针粒汁"等例字,闽北均读为前述文白同读的韵读层次,而"参人参渗涩"等例字则读为四等同读的上古层次(参见下一小节讨论),我们无法清楚辨析闽北侵韵3等独立的白读韵,很可能这项韵读已在层次竞争中完全被替代。

2. 闽南、闽东这项侵韵3等独读的白读韵,与3.1节所讨论祭韵、盐韵、仙韵、宵韵等3等独读者具有相同的音韵系统特色,但侵韵与盐韵依然具有区别:

**表 3-4-40**

| 例字 | 中古 | 泉州 | 漳州 | 澄海 | 福清 | 古田 | 柘荣 |
|---|---|---|---|---|---|---|---|
| 侵韵3等独读 | | iam | iam | iaŋ | eŋ | eiŋ | ɛŋ |
| | | iap | iap | iak | eʔ | eik | ɛk |
| 针 | 3深-侵开 | tsiam1 | tsiam1 | | tseŋ1 | tseiŋ1 | tsɛŋ1 |
| 涩 | 3深-侵开 | siap4 | siap4 | siak4 | seʔ4 | seik4 | sɛk4 |
| 盐韵3等独读 | | iã | iã | iã | iaŋ | iaŋ | iaŋ |
| | | iaʔ | iaʔ | iaʔ | iaʔ | iak | iak |
| 饏味淡 | 3咸-盐开 | tsiã2 | tsiã2 | tsiã2 | tsiaŋ2 | tsiaŋ2 | tsiaŋ2 |
| 页/叶 | 3咸-盐开 | iaʔ8 | iaʔ8 | | xiaʔ8 | hiak8 | |

又前述"支脂之无别"的层次韵读,即同于祭韵3等独读者,则侵韵3等独读的白读韵应与"支脂之无别"归属同一历史时间层次。

**表 3-4-41　闽南侵韵 3 等独读的白读层次韵读表**

| 闽南 | | | 南安 | 泉州 | 漳州 | 漳浦 | 澄海 | 揭阳 |
|---|---|---|---|---|---|---|---|---|
| 例字 | 中古 | 声类 | iam<br>iap | iam<br>iap | iam<br>iap | iam<br>iap | iaŋ<br>iak | iam<br>iap |
| 临 | 3 深-侵 | T1 | liam5 | liam5 | | | | |
| 寻量词 | 3 深-侵 | TS1 | siam5 | | siam5 | siam5 | (tsʰĩ5) | |
| 砧 | 3 深-侵 | T2 | tiam1 | tiam1 | tiam1 | tiam1 | tiaŋ1 | tiam1 |
| 沉白读 | 3 深-侵 | T2 | tiam5 | | tiam5 | tiam5 | | |
| 参人参 | 3 深-侵 | TS2 | (səm1) | (səm1) | (som1) | (som1) | siaŋ1 | (sim1) |
| 渗白读 | 3 深-侵 | TS3 | siam3 | siam3 | siam3 | siam3 | | |
| 针 | 3 深-侵 | TS3 | | tsiam1 | tsiam1 | tsiam1 | | |
| 枕 | 3 深-侵 | TS3 | tsiam2 | | | | | |
| 阴白读 | 3 深-侵 | Ø | | | | iam1 | | |
| 粒 | 3 深-侵 | T1 | liap8 | liap8 | liap8 | liap8 | liak8 | liap8 |
| 涩 | 3 深-侵 | TS2 | siap4 | siap4 | siap4 | siap4 | siak4 | siap4 |
| 汁 | 3 深-侵 | TS3 | (tsap4) | (tsap4) | tsiap4 | | (tsak4) | (tsap4) |
| 熻 | 3 深-侵 | K | (hap4) | | | hiap4 | | |

**表 3-4-42　闽东侵韵 3 等独读的白读层次韵读表**

| 闽东 | | | 福州 | 福清 | 古田 | 柘荣 | 福安 | 宁德 |
|---|---|---|---|---|---|---|---|---|
| 例字 | 中古 | 声类 | eiŋ/aiŋ<br>eiʔ/aiʔ | eŋ<br>eʔ | eiŋ<br>eik | ɛŋ<br>ɛk | ɛiŋ<br>ɛik | ɛm<br>ɛp |
| 砧 | 3 深-侵 | T2 | | (tiŋ1) | (tiŋ1) | tɛŋ1 | tɛiŋ7 | tɛm1 |
| 沉白读 | 3 深-侵 | T2 | tʰeiŋ5 | tʰeŋ5 | teiŋ5 | tʰɛŋ5 | tʰɛiŋ5 | tʰɛm5 |
| 参人参 | 3 深-侵 | TS2 | seiŋ1 | seŋ1 | seiŋ1 | sɛŋ1 | sɛiŋ1 | sɛm1 |
| 针 | 3 深-侵 | TS3 | tseiŋ1 | tseŋ1 | tseiŋ1 | tsɛŋ1 | tsɛiŋ1 | tsɛm1 |
| 阴白读 | 3 深-侵 | Ø | eiŋ1 | | eiŋ1 | ɛŋ1 | ɛiŋ1 | |
| 涩 | 3 深-侵 | TS2 | saiʔ4 | seʔ4 | seik4 | sɛk4 | sɛik4 | sɛp4 |
| 汁 | 3 深-侵 | TS3 | tsaiʔ4 | tseʔ4 | tseik4 | tsɛk4 | tsɛik4 | tsɛp4 |
| 十 | 3 深-侵 | TS3 | seiʔ8 | seʔ8 | seik8 | sɛk8 | sɛik8 | sɛp8*<br>sɛk8 |

表 3 - 4 - 43　闽语侵韵 3 等独读的白读层次对应表

| 例字 | 中古 | 声类 | 泉州 | 漳州 | 澄海 | 福清 | 古田 | 柘荣 | 石陂 | 建阳 | 建瓯 |
|---|---|---|---|---|---|---|---|---|---|---|---|
| | | | iam<br>iap | iam<br>iap | iaŋ<br>iak | eŋ<br>eʔ | eiŋ<br>eik | ɛŋ<br>ɛk | — | — | — |
| 寻量词 | 3 深-侵 | TS1 | siam5 | siam5 | (tsʰĩ5) | | | | | | |
| 砧 | 3 深-侵 | T2 | tiam1 | tiam1 | tiaŋ1 | (tiŋ1) | (tiŋ1) | tɛŋ1 | (teiŋ1) | (toiŋ1) | (teiŋ1) |
| 沉白读 | 3 深-侵 | T2 | tiam5 | tiam5 | | tʰeŋ5 | teiŋ5 | tʰɛŋ5 | | | |
| 参人参 | 3 深-侵 | TS2 | (səm1) | (som1) | siaŋ1 | seŋ1 | seiŋ1 | sɛŋ1 | (saiŋ1) | (saiŋ1) | (saiŋ1) |
| 渗白读 | 3 深-侵 | TS3 | siam3 | siam3 | | | | | (saiŋ3) | | (saiŋ3) |
| 针 | 3 深-侵 | TS3 | tsiam1 | tsiam1 | | tseŋ1 | tseiŋ1 | tsɛŋ1 | (tseiŋ1) | (tsiŋ1) | (tseiŋ1) |
| 阴白读 | 3 深-侵 | ø | | iam1 | | | eiŋ1 | ɛŋ1 | | | |
| 粒 | 3 深-侵 | T1 | liap8 | liap8 | liak8 | (laʔ8) | (lak8) | (lak8) | (le5) | (lɔi4) | (li8) |
| 涩 | 3 深-侵 | TS2 | siap4 | siap4 | siak4 | seʔ4 | seik4 | sɛk4 | (se4) | | (sɛ4) |
| 汁 | 3 深-侵 | TS3 | (tsap4) | tsiap4 | (tsak4) | tseʔ4 | tseik4 | tsɛk4 | (tsi4) | (tsi4) | (tsi4) |
| 熻 | 3 深-侵 | K | (hap4) | hiap4 | | | | | | | |

3.4.3.3　蒸韵与真韵

相较于闽语侵韵有相当鲜明的 3 等独读层次表现，真、蒸二韵实在缺少明显相应的层次韵读，但有几个重要线索反映该项层次系统的遗迹。表 3 - 4 - 44、3 - 4 - 45 是闽语各地蒸韵与真韵的 3 等独读层次遗迹，说明如下：

1. 闽语指称“吃”的语词被认为是“食”字，闽南读为 tsiaʔ8，闽东读为 siaʔ8 或 sieʔ8，闽北读为 ɦie5 或 ie8，声母与声调的对应没有太大问题，而韵读的对应以往被视为较难解释的部分，主要问题在于蒸韵是否具有韵腹为-ia-或-ie-的规则韵读。就单一方言点来看，很难找到充足的例字，但综合较多方言点即能追踪到这项韵读：(1) 澄海、揭阳的“冰”读为 piã1，福州也能读为相对当的 piaŋ1；(2) 仙游指称“吃”亦为相应的 sia5，[1]且有其他蒸韵字的例证，“凭”读为 piã5，“证作~”读

① 仙游原来喉塞尾的阳入字均舒声化而读同阳平调，例如“石”读为 ɬieu5，“药”读为 ieu5，“煠”读为 ɬɒ5 等。

为 tsiā3；(3) 闽北建阳、松溪蒸韵字有-ioŋ、-ie 的阳、入对应表现，“蒸”读为 tsioŋ1、“蝇”读为 sioŋ5、“拭”读为 sie4，指称“吃”亦为相应的 ie8，而建瓯“兴”字读为 xiaŋ2，可能反映较早的韵腹音值。结合各地零星的例字一同来看，我们推论蒸韵具有韵腹为-ia-或-ie-的规则韵读，相应于侵韵及其他 3 等独读的韵读层次，但在层次竞争中几乎被替代将尽，而闽语指称“吃”的语词确实即为“食”字，并也成为各次方言一致保留蒸韵 3 等独读层次的重要例字。

2. 从历史层次的系统对应着眼，闽语真韵应该也要具有 3 等独读的韵读层次，但真韵该项层次遗迹更加微弱，闽东、闽北几乎无法找到相关例字，只有闽南潮汕地区具有较为显著的相应韵读层次，而泉州与厦门略有零星例字：(1) 闽南潮汕地区真韵字在前述文读与真蒸同读的韵读之外，另有一项韵腹为-ia-或-ie-的规则韵读，如表 3-4-45 所示；(2) 厦门少数真韵字具有 in : iɛn、it : iɛt 的文白异读，例如表 3-4-45 的“肾身姻吉”等字，而泉州指称睾丸为“肾子 sian3 tsi2”，早期厦门语料也有同样的记载，指称睾丸为“肾子 sien7 tsi2”(Douglas, 1873: 432)，“肾”读为 sian3 或 sien7，即为真韵 3 等独读的白读表现。总合以上两点，我们推论真韵也具有韵腹为-ia-或-ie-的 3 等独读层次，但同样在层次竞争中几乎被替代将尽。

**表 3-4-44　闽语蒸韵 3 等独读的白读层次遗迹**

| 闽南 | | | 南安 | 泉州 | 漳州 | 漳浦 | 澄海 | 揭阳 | 文昌 |
|---|---|---|---|---|---|---|---|---|---|
| 例字 | 中古 | 声类 | iaʔ | iaʔ | iaʔ | iaʔ | iā<br>iaʔ | iā<br>iaʔ | iaʔ |
| 冰 | 3 曾-蒸 | P1 | | | | | piā1 | piā1 | |
| 食 | 3 曾-蒸 | TS3 | tsiaʔ8 | tsiaʔ8 | tsiaʔ8 | tsiaʔ8 | tsiaʔ8 | tsiaʔ8 | tsia8 |
| 闽东 | | | 福州 | 福清 | 古田 | 柘荣 | 福安 | 宁德 | 仙游 |
| 例字 | 中古 | 声类 | iaŋ<br>ieʔ | ia | iaʔ | iaʔ | iaʔ | iaʔ | iā<br>ia |
| 冰 | 3 曾-蒸 | P1 | piaŋ1 | | | | | | |
| 食 | 3 曾-蒸 | TS3 | sieʔ8 | sia1 | siaʔ8 | siaʔ8 | | siaʔ8 | sia5 |

续　表

| 闽东 | | | 福州 | 福清 | 古田 | 柘荣 | 福安 | 宁德 | 仙游 |
|---|---|---|---|---|---|---|---|---|---|
| 例字 | 中古 | 声类 | iaŋ<br>ieʔ | ia | iaʔ | iaʔ | iaʔ | iaʔ | iā<br>ia |
| 值 | 3曾-蒸 | T2 | | tia1 | | | | | |
| 证 | 3曾-蒸 | TS3 | | | | | | | tsiā3 |
| 凭 | 3曾-蒸 | P1 | | | | | | | piā5 |
| 闽北 | | | 石陂 | 建阳 | 崇安 | 建瓯 | 政和 | 松溪 | |
| 例字 | 中古 | 声类 | ie | ioŋ<br>ie | — | iaŋ | — | ioŋ<br>ie | |
| 蒸 | 3曾-蒸 | TS3 | | | | | | tsioŋ1 | |
| 兴兴旺 | 3曾-蒸 | K | | | | xiaŋ2 | | | |
| 蝇 | 3曾-蒸 | 喻四 | (seiŋ3) | sioŋ5 | (seiŋ5) | (saiŋ3) | (siŋ5) | sioŋ5 | |
| 拭 | 3曾-蒸 | TS3 | | sie4 | | | | sie4 | |
| 食 | 3曾-蒸 | TS3 | ɦie5 | | | | | ie8 | |

**表3-4-45　闽南真韵3等独读的白读层次遗迹**

| 闽南 | | | 澄海 | 揭阳 | 汕头 | 潮州 | 厦门 | 泉州 |
|---|---|---|---|---|---|---|---|---|
| 例字 | 中古 | 声类 | iaŋ<br>iak | iaŋ<br>iak | iaŋ<br>iak | ieŋ<br>iek | iɛn<br>iɛt | ian<br>iat |
| 宾 | 3臻-真 | P1 | (piŋ1) | piaŋ1 | (piŋ1) | (piŋ1) | | |
| 敏 | 3臻-真 | P1 | miaŋ2 | miaŋ2 | miaŋ2 | mieŋ2 | | |
| 珍 | 3臻-真 | T2 | tiaŋ1 | tiaŋ1 | tiaŋ1 | tieŋ1 | | |
| 诊 | 3臻-真 | TS3 | tsiaŋ2 | tsiaŋ2 | tsiaŋ2 | tsieŋ2 | | |
| 侄 | 3臻-真 | T2 | tiak8 | tiak8 | tiak8 | tiek8 | | |
| 栗 | 3臻-真 | T1 | liak8 | liak8 | liak8 | | | |
| 肾白读 | 3臻-真 | TS3 | siaŋ6 | siaŋ6 | siaŋ6 | sieŋ6 | siɛn7 | sian3 |
| 身白读 | 3臻-真 | TS3 | | | | | siɛn1 | |
| 姻白读 | 3臻-真 | ø | | | | | iɛn1 | |
| 吉白读 | 3臻-真 | K | | | | | kiɛt4 | kiat4 |

### 3.4.3.4　小结

**表 3－4－46　闽语止、臻、曾、深四摄 3 等开口字群历史层次 C 对应表**

| 历史层次 C | 泉州 | 漳州 | 澄海 | 福清 | 古田 | 柘荣 | 石陂 | 建阳 | 建瓯 |
|---|---|---|---|---|---|---|---|---|---|
| 支脂之韵 | e | e | i | ie | ie | ie | ie | ie | i |
| 侵　韵 | iam | iam | iaŋ | eŋ | eiŋ | ɛŋ | — | — | — |
|  | iap | iap | iak | eʔ | eik | ɛk | — | — | — |
| 蒸　韵 | — | — | iã | iaŋ | — | — | — | ioŋ | iaŋ |
|  | iaʔ | iaʔ | iaʔ | ia | iaʔ | iaʔ | ie | ie | — |
| 真　韵 | ian | — | iaŋ | — | — | — | — | — | — |
|  | iat | iat | iak | — | — | — | — | — | — |
| 祭　韵 | e | e | i | ie | ie | ie | ie | ie | i |
| 盐　韵 | iã | iã | iã | iaŋ | iaŋ | iaŋ | iaŋ | iaŋ | iaŋ |
|  | iaʔ | iaʔ | iaʔ | iaʔ | iak | iak | ia | ia | ia |
| 仙　韵 | iã/uã | iã/uã | iã/uã | iaŋ | iaŋ | iaŋ | yiŋ | yeiŋ | yiŋ |
|  | iaʔ/uaʔ | iaʔ/uaʔ | iaʔ/uaʔ | iaʔ | iak | iak | ye | ye | yɛ |

总合闽语各地止、臻、曾、深四摄 3 等开口字群的历史层次 C 如表 3－4－46，各次方言各取三个方言点为例，同时与 3.1 节所讨论的 3 等独读层次一同比较：

1. 支、脂、之三韵具有同读的白读韵，而且恰与祭韵 3 等独读的层次对应完全一致，从系统性比较来看，真、蒸、侵三韵也有相应的 3 等独读层次：(1) 闽南、闽东侵韵 3 等独读层次相当鲜明可辨，但闽北没有清楚可应的韵读表现；(2) 蒸韵 3 等独读层次，零散地表现在部分方言点的少数例字中，唯“食”字具有一致而稳定的方言对应关系；(3) 真韵 3 等独读层次，在闽南潮汕地区以及泉州、厦门有较为明显的表现，其他方言点则几乎被替代将尽。

2. 支脂之同读者与祭韵 3 等独读的层次对应完全一致，反映闽地白读支祭韵不分的特点；而真、蒸、侵、盐、仙等韵的 3 等独读层次，韵腹虽多读为可以相互呼应的-ia-或-ie-,但各韵在闽语各地的对应关系显然有别。以闽南韵尾表现为例,真韵为舌尖韵尾、侵韵为双唇韵尾,蒸韵则与盐、仙二韵同样经过韵尾弱化音变,反映与“真蒸同读”层次截然不同的音韵特点,真、蒸、侵三韵均不同读,而闽东、闽北的韵读对应关系进一步显示,蒸、盐、仙三韵亦不同读。

### 3.4.4 四等同读的上古层(D)

止摄支、脂、之三韵开口字群除了前述“支与脂之有别”以及“支脂之无别”的两项白读层次外,还有另两项白读韵,不能单以中古的音韵架构来解释,必须联系其他韵摄的字群一同观察,以上古的音韵分部加以检视,则得出“上古歌祭部与脂之部相异”的层次系统特色。真、蒸、侵三韵各有相应的层次韵读,以下分别进行分析与说明。

3.4.4.1 支、脂、之三韵

表3-4-48、3-4-49、3-4-50是闽南、闽东、闽北支、脂、之三韵中另外两项白读韵的对立与分布情形,反映“古歌祭部与脂之部相异”的音韵特点,表3-4-51则是闽语各地这项层次的方言韵读对应关系,说明如下:

1. 闽南、闽东、闽北各地支、脂、之三韵,有共同的白读韵,闽南、闽东读为-ai,闽北读为-e或-ɛ,多分布于脂、之二韵,支韵例字较少。从上古的音韵分部加以检视,这项白读韵的例字多来自上古脂、之二部,另有少数佳部字,而且蟹摄字群同样来自上古脂、之二部者也有相同的韵读表现,如表3-4-51的“菜来栽脐”等字,其一大特点是不受中古韵摄等第的限制,古脂、之二部的四等均读洪音。

2. 承上,闽语各地几乎都表现古脂、之二部同读的特点,但闽北松溪特别保有古脂、之二部的分别,如表3-4-50松溪的“眉腻”等脂部字韵读为-ie,虽然也有之部字“子滓”与之同读,但多数之部字韵读却为相异的-œ,例如“狸李使起”;蟹摄字群也有一致的分读情形,脂部字“脐”韵读为-ie,之部字“菜来栽载”韵读则为-œ。松溪的特殊表现可能反映更早时期或更原始的阶段,古脂、之二部韵读本来有别,但闽地绝大多数发生调整音变而同读,唯松溪一地保留了古脂、之二部有别的痕迹。

3. 相对于1. 所述的白读韵,闽南、闽东、闽北各地支韵字另有一项白读韵,与脂、之二韵相别。闽南该韵读具条件变体,舌根音条件下读为-ia,如“寄徛站蚁”等字,非舌根音条件下则读为-ua,如“徙纸倚”等字;闽东主要读为-ia,部分方言点有高化为-ie或-e的演变趋向,其中宁德乃随调分化,非上声字高化为-ie,但上声字读为-a;闽北则读为-yai或-yɛ或-œ。从上古的音韵分部加以检视,这项白读韵的例字多来自上古歌、祭二部,也有少数佳部字,而且果、假、蟹摄字群同样来自上古歌、祭二部者也有相同的韵读表现,如表3-4-51的“蛇鹅艾瓦”等字,其一大特点也是不受中古韵摄等第的限制,古歌、祭二部的四等均读细音。

4. 总合1. 与3. 的分析说明,闽语支、脂、之三韵中这两项白读韵的对立,大致反映“古歌祭部与脂之部相异”的音韵关系;然而,在这项历史层次上,古佳部字似乎徙倚在两者之间,既能读同歌祭部,也能读同脂之部。读同歌祭部者,例如表3-4-51“纸”字,在闽南、闽东、闽北具有相当严整的对应,闽南还有“徙豸”等佳部例字也读同歌祭部;而读同脂之部者,例如表3-4-51“簁”[①]字,在闽南、闽东也有一致的对应,闽南还有佳部字“知”也读同脂之部。联系相应的阳声韵与入声韵来看(参见3.4.4.2),佳部入声字与耕部字均有读同脂之部入声与真蒸部的表现,但却没有读同歌祭部入声与元部的情形,据此,我们认为闽地在四等同读的上古层次,系统性的音韵分合特点应为佳脂之部同读、耕真蒸部同读;至于阴声韵有少数佳部字读同歌祭部者,乃反映歌、佳两部阴声韵的3等字逐渐合流为支韵之前,即有少

① “簁”字也可以写作“籭”,《说文》释义为“竹器也,可以取粗去细”,该语词音读来自上古佳部,中古《广韵》著录有两种读法:一是支韵所宜切,一是佳韵山佳切。闽语指称筛物的器具为$t^{h}ai1$,其本字即为“簁”,声母合于闽语白读精庄系字可以读同端系的特殊表现,韵母则反映闽地早期佳部与脂之部同读的特点,不受中古分韵的限制。

数佳部字混入歌、祭、元相应的韵读层次。

5. 需要解释闽东“纸倚”二字韵读为-ai 的特殊表现。闽东福清“纸”的白读有二：tsia2 与 tsai2，前者合于古歌祭部同读的韵读对应，后者似乎倾向古脂之部同读的韵读对应，单就佳部字“纸”而言，这两项韵读均能合于规则；然而歌部字“倚”在闽东各地也都读为 ai2，这就不符合前述古歌祭部同读为-ia 的规则表现。吴瑞文(2007：273、276)曾就“纸倚”二字的韵读表现，提出共同闽东方言发生“韵母*-iai 在非软颚音之后丢失介音-i-”的异化音变，不过该文也提到“蛇”字却例外地没有运行相同的规则。我们进一步扩大方言比较来看，会发现闽语古歌祭部同读的韵读实际上有两种对应关系，如下表 A、B：

**表 3-4-47**

| 例字 | 中古 | 声类 | 泉州 | 漳州 | 澄海 | 福清 | 古田 | 柘荣 | 石陂 | 建阳 | 建瓯 |
|---|---|---|---|---|---|---|---|---|---|---|---|
| 古歌祭部同读层次 A | | | ua | ua | ua | ua/ai | uai/ai | ua | uai | ue | uɛ |
| 破 | 1 果-戈 | P1 | $p^h$ua3 | $p^h$ua3 | $p^h$ua3 | $p^h$ua3 | $p^h$uai3 | $p^h$ua3 | $p^h$uai3 | ($p^h$ɔi3) | $p^h$uɛ3 |
| 磨(磨刀) | 1 果-戈 | P1 | bua5 | bua5 | bua5 | mua5 | muai5 | mua5 | muai3 | (mɔi5) | muɛ3 |
| 麻 | 2 假-麻 | P1 | muã5 | muã5 | mua5 | mua5 | muai5 | mua5 | muai3 | | muɛ3 |
| 我 | 1 果-歌 | K | gua2 | gua2 | ua2 | ŋua2 | ŋuai2 | ŋua2 | ɦuai5* 4 | βue9 | uɛ8 |
| 芥 | 2 蟹-皆 | K | kua3 | kua3 | | | | | guai3 | kue3 | kuɛ3 |
| 大 | 1 果-歌 | T1 | tua3 | tua7 | tua7 | tua7 | tuai7 | tua7 | tuai7 | tue7 | tuɛ7 |
| 沙 | 2 假-麻 | TS2 | sua1 | sua1 | sua1 | sua1 | sai1 | sua1 | suai1 | sue1 | suɛ1 |
| 箩 | 1 果-歌 | T1 | | lua5 | lua5 | lai5 | lai5 | lua5 | | sue5 | suɛ3 |
| 纸 | 3 止-支 | TS3 | tsua2 | tsua2 | tsua2 | tsai2 | | | | | |
| 倚 | 3 止-支 | Ø | ua2 | ua2 | ua2 | ai2 | ai2 | | uai2 | ue2 | uɛ2 |
| 古歌祭部同读层次 B | | | ia/ua | ia/ua | ia/ua | ia | ie | ia | ye | ye | yɛ |
| 鹅 | 1 果-歌 | K | gia5 | | | ŋia5 | | ŋia5 | | | ŋyɛ3 |
| 艾 | 1 蟹-泰 | K | hiã3 | hiã7 | hiã7 | ŋia3 | ŋie3 | ŋia3 | ŋye7 | ŋye7 | ŋyɛ7 |
| 徛 | 3 止-支 | K | ($k^h$a6) | $k^h$ia7 | $k^h$ia6 | $k^h$ia7 | $k^h$ie7 | $k^h$ia7 | gye3 | kye3 | kyɛ8 |
| 蛇 | 3 假-麻 | TS3 | tsua5 | tsua5 | tsua5 | sia5 | sie5 | sia5 | ye3 | ye5 | yɛ3 |
| 纸 | 3 止-支 | TS3 | tsua2 | tsua2 | tsua2 | tsia2 | tsie2 | tsia2 | tsye2 | tsye2 | tsyɛ2 |

我们认为这两种对应关系应反映不同的时间层次，层次 B 早于层次 A。（参见 3.2 的讨论）而闽东南片在非唇音、非舌根音之后确实发生扩散式的条件音变（-uai>-ai），但乃发生在层次 A，而非层次 B，可能与泰韵、寒韵的层次竞争所引发的韵读系统性演变相关（参见 5.4.1 讨论），不是单纯的异化音变。因此，"蛇"字自然不运行该项音变规则；福清"纸"的两种白读则分别反映不同时间的古歌祭部同读层次，韵读-ai 是层次 A 的扩散式音变变体，并非反映古脂之部同读的表现，这样看来，闽地的"纸"字白读均与歌部字相同；而"倚"字在闽地乃与大类字同处层次 A，与本节所讨论的层次 B 无关。

**表 3-4-48　闽南支、脂、之三韵两项古韵读的对应与分布**

| 闽南 | | | | 南安 | 泉州 | 漳州 | 漳浦 | 澄海 | 揭阳 |
|---|---|---|---|---|---|---|---|---|---|
| 例字 | 上古 | 中古 | 声类 | ia/ua | ia/ua | ia/ua | ia/ua | ia/ua | ia/ua |
| 徙 | 佳 | 3 止-支 | TS1 | sua2 | sua2 | sua2 | sua2 | sua2 | sua2 |
| 豸虫豸 | 佳 | 3 止-支 | T2 | $t^h$ua6 | | | $t^h$ua7 | (tsai6) | |
| 纸 | 佳 | 3 止-支 | TS3 | tsua2 | tsua2 | tsua2 | tsua2 | tsua2 | tsua2 |
| 寄 | 歌 | 3 止-支 | K | kia3 | kia3 | kia3 | kia3 | kia3 | kia3 |
| 奇奇数 | 歌 | 3 止-支 | K | $k^h$ia1 | ($k^h$a1) | $k^h$ia1 | $k^h$ia1 | $k^h$ia1 | |
| 骑 | 歌 | 3 止-支 | K | $k^h$ia5 | $k^h$a5 | $k^h$ia5 | $k^h$ia5 | $k^h$ia5 | $k^h$ia5 |
| 徛站 | 歌 | 3 止-支 | K | $k^h$ia6 | $k^h$a6 | $k^h$ia7 | $k^h$ia7 | $k^h$ia6 | |
| 崎陡峭 | 歌 | 3 止-支 | K | kia6 | kia6 | kia7 | kia7 | kia6 | kia6 |
| 蚁 | 歌 | 3 止-支 | K | hia6 | hia6 | hia7 | hia7 | hia6 | hia6 |
| 檥勺子 | 歌 | 3 止-支 | K | hia1 | | hia1 | hia1 | | |
| | | | | ai | ai | ai | ai | ai | ai |
| 知白读 | 佳 | 3 止-支 | T2 | tsai1 | tsai1 | tsai1 | tsai1 | tsai1 | tsai1 |
| 箷筛 | 佳 | 3 止-支 | TS2 | $t^h$ai1 | $t^h$ai1 | $t^h$ai1 | $t^h$ai1 | $t^h$ai1 | $t^h$ai1 |
| 眉 | 脂 | 3 止-脂 | P1 | | bai5 | bai5 | bai5 | bai5 | bai5 |
| 梨 | 脂 | 3 止-脂 | T1 | | lai5 | lai5 | lai5 | lai5 | lai5 |
| 利锋利 | 脂 | 3 止-脂 | T1 | lai3 | lai3 | lai7 | lai7 | lai7 | |

续 表

| 闽南 | | | | 南安 | 泉州 | 漳州 | 漳浦 | 澄海 | 揭阳 |
|---|---|---|---|---|---|---|---|---|---|
| 例字 | 上古 | 中古 | 声类 | ai | ai | ai | ai | ai | ai |
| 私私房钱 | 脂 | 3止-脂 | TS1 | sai1 | sai1 | | sai1 | sai1 | |
| 师师父 | 脂 | 3止-脂 | TS2 | sai1 | sai1 | sai1 | sai1 | sai1 | |
| 狮 | 脂 | 3止-脂 | TS2 | sai1 | sai1 | sai1 | sai1 | sai1 | sai1 |
| 屎 | 脂 | 3止-脂 | TS3 | sai2 | sai2 | sai2 | sai2 | sai2 | sai2 |
| 里里面 | 之 | 3止-之 | T1 | lai2 | lai6 | lai7 | lai7 | lai6 | lai6 |
| 祀奉祀 | 之 | 3止-之 | TS1 | | | ts$^h$ai7 | ts$^h$ai7 * <br> sai7 | | |
| 治杀 | 之 | 3止-之 | T2 | t$^h$ai5 | t$^h$ai5 | t$^h$ai5 | t$^h$ai5 | t$^h$ai5 | |
| 滓滓渣 | 之 | 3止-之 | TS1 | tai2 | tai2 | | tai2 | tsai2 | tsai2 |
| 事事志 | 之 | 3止-之 | TS2 | | tai3 | tai7 | | | |
| 使 | 之 | 3止-之 | TS3 | sai2 | sai2 | sai2 | sai2 | sai2 | sai2 |
| 驶 | 之 | 3止-之 | TS3 | | sai2 | sai2 | sai2 | sai2 | sai2 |

**表 3-4-49 闽东支、脂、之三韵两项古韵读的对应与分布**

| 闽东 | | | | 福州 | 福清 | 古田 | 柘荣 | 福安 | 宁德 |
|---|---|---|---|---|---|---|---|---|---|
| 例字 | 上古 | 中古 | 声类 | ia～ie | ia | ia～ie | ia | e | ie/a |
| 纸2 | 佳 | 3止-支 | TS3 | | tsia2 | tsie2 | tsia2 | tse2 | tsa2 |
| 寄 | 歌 | 3止-支 | K | | kia3 | kia3 | kia3 | ke3 | kie3 |
| 奇奇数 | 歌 | 3止-支 | K | k$^h$ia1 | k$^h$ia1 | k$^h$ia1 | | (k$^h$a1) | k$^h$ie1 |
| 骑 | 歌 | 3止-支 | K | k$^h$ia5 | k$^h$ia5 | | k$^h$ia5 | | (k$^h$i5) |
| 徛站 | 歌 | 3止-支 | K | k$^h$ie7 | k$^h$ia7 | k$^h$ie7 | k$^h$ia7 | k$^h$e7 | k$^h$ie7 |
| 崎陡峭 | 歌 | 3止-支 | K | k$^h$ie3 | k$^h$ia3 | | k$^h$ia3 | | k$^h$ie3 |
| 蚁 | 歌 | 3止-支 | K | ŋie7 | ŋia7 | ŋie7 | ŋia7 | ŋe7 | ŋie7 |
| 檅勺子 | 歌 | 3止-支 | K | | ia1 | hie1 | | | |
| | | | | ai | ai | ai | ai | ai | ai |
| 私私房钱 | 脂 | 3止-脂 | TS1 | sai1 | sai1 | sai1 | | sai1 | sai1 |
| 师师父 | 脂 | 3止-脂 | TS2 | sai1 | (sa1) | sai1 | sai1 | sai1 | sai1 |

**续　表**

| 闽　东 | | | | 福州 | 福清 | 古田 | 柘荣 | 福安 | 宁德 |
|---|---|---|---|---|---|---|---|---|---|
| 例字 | 上古 | 中古 | 声类 | ai | ai | ai | ai | ai | ai |
| 狮 | 脂 | 3 止-脂 | TS2 | sai1 | sai1 | sai1 | sai1 | sai1 | sai1 |
| 屎 | 脂 | 3 止-脂 | TS3 | sai2 | sai2 | sai2 | sai2 | sai2 | sai2 |
| 祀奉祀 | 之 | 3 止-之 | TS1 | sai7 | sai7 | | | | |
| 治杀 | 之 | 3 止-之 | T2 | $t^hai5$ | $t^hai5$ | $t^hai5$ | $t^hai5$ | $t^hai5$ | $t^hai5$ |
| 滓滓渣 | 之 | 3 止-之 | TS1 | tsai2*<br>tai2 | tsai2*<br>tai2 | | | | tsai2 |
| 事事志 | 之 | 3 止-之 | TS2 | tai7 | tai7 | tai7 | tai7 | | |
| 使 | 之 | 3 止-之 | TS3 | sai2 | sai2 | sai2 | sai2 | sai2 | sai2 |
| 驶 | 之 | 3 止-之 | TS3 | sai2 | sai2 | sai2 | sai2 | sai2 | sai2 |
| 簁筛 | 佳 | 3 止-支 | TS2 | $t^hai1$ | $t^hai1$ | $t^hai1$ | $t^hai1$ | $t^hai1$ | $t^hai1$ |
| 纸1 | 佳 | 3 止-支 | TS3 | tsai2 | tsai2 | | | | |
| 倚靠 | 歌 | 3 止-支 | Ø | ai2 | ai2 | ai2 | | ai2 | ai2 |

**表 3-4-50　闽北支、脂、之三韵两项古韵读的对应与分布**

| 闽　北 | | | | 石陂 | 建阳 | 崇安 | 建瓯 | 政和 | 松溪 |
|---|---|---|---|---|---|---|---|---|---|
| 例字 | 上古 | 中古 | 声类 | ye | ye | yai | yɛ | yɛ | œ |
| 纸 | 佳 | 3 止-支 | TS3 | tsye2 | tsye2 | tsyai2 | tsyɛ2 | tsyɛ2 | tsœ2 |
| 寄 | 歌 | 3 止-支 | K | | | | kyɛ3 | kyɛ3 | kœ3 |
| 奇奇数 | 歌 | 3 止-支 | K | kye1 | | | kyɛ1 | | kœ1 |
| 徛站 | 歌 | 3 止-支 | K | gye3 | kye3 | | kyɛ8 | | kœ8 |
| 崎陡峭 | 歌 | 3 止-支 | K | gye3 | kye3 | | | | kœ8 |
| 蚁2 | 歌 | 3 止-支 | K | ŋye3 | ŋye3 | ŋyai3 | | ŋyɛ3 | ŋœ8 |
| 檥勺子 | 歌 | 3 止-支 | K | $k^hye1$ | | | | | $k^hœ1$ |
| | | | | e | e | ie | ɛ | ɛ | ie : œ |
| 眉 | 脂 | 3 止-脂 | P1 | me3 | me5 | mie5 | | | mie5 |
| 腻 | 脂 | 3 止-脂 | T2 | | ne7 | nie7 | nɛ7 | nɛ7 | nie7 |
| 狮 | 脂 | 3 止-脂 | TS2 | se1 | se1 | sie1 | | | |

**续　表**

| 闽　北 | | | | 石陂 | 建阳 | 崇安 | 建瓯 | 政和 | 松溪 |
|---|---|---|---|---|---|---|---|---|---|
| 例字 | 上古 | 中古 | 声类 | e | e | ie | ɛ | ɛ | ie：œ |
| 屎 | 脂 | 3止-脂 | TS3 | dze5 | | | ɛ1 | (i3) | |
| 狸 | 之 | 3止-之 | T1 | se3 | se5 | | sɛ3 | sɛ5 | sœ5 |
| 李 | 之 | 3止-之 | T1 | | se3 | | sɛ7 | sɛ7 | sœ7 |
| 子 | 之 | 3止-之 | TS1 | tse2 | tse2 | | tsɛ2 | tsɛ2 | tsie5 |
| 滓滓渣 | 之 | 3止-之 | TS1 | dze5 | | | | | tsie8 |
| 使 | 之 | 3止-之 | TS3 | se2 | se2 | | sɛ2 | sɛ2 | sœ2 |
| 驶 | 之 | 3止-之 | TS3 | se2 | | | sɛ2 | | |
| 起 | 之 | 3止-之 | K | kʰe2 | | | | | kʰœ5 |

**表 3-4-51　闽语古歌祭部与脂之部相异韵读对应表**

| 例字 | 上古 | 中古 | 声类 | 泉州 | 漳州 | 澄海 | 福清 | 古田 | 柘荣 | 石陂 | 建阳 | 建瓯 |
|---|---|---|---|---|---|---|---|---|---|---|---|---|
| 古歌祭部四等同读 | | | | ia/ua | ia/ua | ia/ua | ia | ia～ie | ia | ye | ye | yɛ |
| 纸 | 佳 | 3止-支 | TS3 | tsua2 | tsua2 | tsua2 | tsia2 | tsie2 | tsia2 | tsye2 | tsye2 | tsyɛ2 |
| 寄 | 歌 | 3止-支 | K | kia3 | kia3 | kia3 | kia3 | kia3 | kia3 | | | kyɛ3 |
| 奇奇数 | 歌 | 3止-支 | K | (kʰa1) | kʰia1 | kʰia1 | kʰia1 | kʰia1 | | kye1 | | kyɛ1 |
| 骑 | 歌 | 3止-支 | K | kʰa5 | kʰia5 | kʰia5 | kʰia5 | | kʰia5 | | | |
| 徛站 | 歌 | 3止-支 | K | kʰa6 | kʰia7 | kʰia6 | kʰia7 | kʰie7 | kʰia7 | gye3 | kye3 | kyɛ8 |
| 崎陡峭 | 歌 | 3止-支 | K | kia6 | kia7 | kia6 | kʰia3 | | kʰia3 | gye3 | kye3 | |
| 蚁 | 歌 | 3止-支 | K | hia6 | hia7 | hia6 | ŋia7 | | ŋia7 | ŋye3 | ŋye3 | |
| 櫼勺子 | 歌 | 3止-支 | K | hia1 | hia1 | | ia1 | hie1 | | kʰye1 | | |
| 蛇 | 歌 | 3假-麻 | TS3 | tsua5 | tsua5 | tsua5 | sia5 | sie5 | sia5 | ye3 | ye5 | yɛ3 |
| 鹅 | 歌 | 1果-歌 | K | gia5 | | | ŋia5 | | ŋia5 | | | ŋyɛ3 |
| 艾 | 祭 | 1蟹-泰 | K | hiã3 | hiã7 | hiã7 | ŋia3 | ŋie3 | ŋia3 | ŋye7 | ŋye7 | ŋyɛ7 |
| 瓦 | 歌 | 2假-麻 | K | hia6 | hia7 | hia6 | | | | | | |

**续　表**

| 例字 | 上古 | 中古 | 声类 | 泉州 | 漳州 | 澄海 | 福清 | 古田 | 柘荣 | 石陂 | 建阳 | 建瓯 |
|---|---|---|---|---|---|---|---|---|---|---|---|---|
| 古脂之部四等同读 | | | | ai | ai | ai | ai | ai | ai | e | e | ε |
| 眉 | 脂 | 3 止-脂 | P1 | bai5 | bai5 | bai5 | | | | me3 | me5 | |
| 梨 | 脂 | 3 止-脂 | T1 | lai5 | lai5 | lai5 | | | | | | |
| 私 | 脂 | 3 止-脂 | TS1 | sai1 | sai1 | sai1 | sai1 | sai1 | | | | |
| 师师父 | 脂 | 3 止-脂 | TS2 | sai1 | sai1 | sai1 | (sa1) | sai1 | sai1 | | | |
| 狮 | 脂 | 3 止-脂 | TS2 | sai1 | sai1 | sai1 | sai1 | sai1 | sai1 | se1 | se1 | |
| 屎 | 脂 | 3 止-脂 | TS3 | sai2 | sai2 | sai2 | sai2 | sai2 | sai2 | dze5 | | ε1 |
| 里李 | 之 | 3 止-之 | T1 | lai6 | lai7 | lai6 | | | | | se3 | sε7 |
| 治杀 | 之 | 3 止-之 | T2 | $t^{h}$ai5 | $t^{h}$ai5 | $t^{h}$ai5 | $t^{h}$ai5 | $t^{h}$ai5 | $t^{h}$ai5 | ($t^{h}$i3) | | ($t^{h}$i5) |
| 滓滓渣 | 之 | 3 止-之 | TS1 | tai2 | tai2 | tsai2 | tai2 | | | dze5 | | |
| 事事志 | 之 | 3 止-之 | TS2 | tai3 | tai7 | | tai7 | tai7 | tai7 | (ti7) | (tɔi7) | (ti7) |
| 使 | 之 | 3 止-之 | TS3 | sai2 | sai2 | sai2 | sai2 | sai2 | sai2 | se2 | se2 | sε2 |
| 驶 | 之 | 3 止-之 | TS3 | sai2 | sai2 | sai2 | sai2 | sai2 | sai2 | se2 | | sε2 |
| 簁筛 | 佳 | 3 止-支 | TS2 | $t^{h}$ai1 | $t^{h}$ai1 | $t^{h}$ai1 | $t^{h}$ai1 | $t^{h}$ai1 | $t^{h}$ai1 | ($t^{h}$i1) | | ($t^{h}$i1) |
| 知白读 | 佳 | 3 止-支 | T2 | tsai1 | tsai1 | tsai1 | | | | | | |
| 菜 | 之 | 1 蟹-咍 | TS1 | $ts^{h}$ai3 | $ts^{h}$ai3 | $ts^{h}$ai3 | $ts^{h}$ai3 | $ts^{h}$ai3 | $ts^{h}$ai3 | $ts^{h}$e3 | $t^{h}$e3 | $ts^{h}$ε3 |
| 来 | 之 | 1 蟹-咍 | T1 | lai5 | lai5 | lai5 | lai5 | lai5 | lai5 | le3 | le5 | lε3 |
| 栽 | 之 | 1 解-咍 | TS1 | tsai1 | tsai1 | tsai1 | tsai1 | tsai1 | tsai1 | $ts^{h}$e3 | $t^{h}$e3 | tsε1 |
| 脐 | 脂 | 4 蟹-齐 | TS1 | tsai5 | tsai5 | tsai5 | tsai5 | | tsai5 | $ts^{h}$e3 | $t^{h}$e5 | $ts^{h}$ε3 |

3.4.4.2　真韵、蒸韵

表 3－4－52、3－4－53、3－4－54 是闽南、闽东、闽北真、蒸二韵另一项同读的白读韵对应表，表 3－4－55 则是闽语各地这项层次的方言韵读对应关系，说明如下：

1. 闽南、闽东、闽北各地真、蒸二韵，有另一项共同的白读韵，闽南主要读为-an、-at（潮汕地区因韵尾归并音变而读为-aŋ、-ak），闽东主要读为-εŋ、-εk 等同类韵读（福州在特定声调条件下韵腹低化为

-ai-)，闽北主要读为-aiŋ、-ɛ，与前述支脂之韵同读-ai 者相应。从上古的音韵分部加以检视，这项白读韵的例字多来自上古脂、真、之、蒸等韵部，而且山摄字群中同样来自上古真部及脂部入声者也有相同的韵读表现，如表 3－4－55 的“牵节”等字；此外，古耕部及佳部入声也有同读于此的表现，如表 3－4－55 的“蛏瓶星踢”等字，大致反映闽地早期“古真蒸耕部同读”的音韵特点，与前述“古脂之佳部同读”的阴声韵读相互呼应，其韵读特点也是不受中古韵摄等第的限制，四等均读洪音。

2. 承上，阳声韵部分，闽语各地均表现古真、蒸、耕三部同读的特点；但入声韵部分，闽北松溪同样保有古脂、之二部的分别痕迹，如表 3－4－54 松溪的“密栗漆虱”等脂部字韵读为-ie，而“力值贼”等之部字韵读却为相异的-œ；至于梗摄来自上古佳部的“踢”韵读亦为-ie，与脂部入声相同，反映古佳、脂二部关系较为密切；而下文讨论侵韵入声的上古层韵读，松溪乃读同之部字的-œ。参照李方桂（1998）对上古韵部的构拟，佳部入声（* ik）与脂部入声（* it）的主要元音相同，而之部入声（* ək）与缉部（* əp）的主要元音相同，据此来看松溪四等同读洪音的上古层，古佳脂部同读为-ie，而古之缉部同读为-œ，一方面主要元音的演变确实反映了上古时期的音韵关系，另一方面在韵尾表现上则受到本地的调整性归并音变而与古汉语不同。

**表 3－4－52 闽南另一项真蒸韵同读的白读韵对应表**

| 闽南 | | | 南安 | 泉州 | 漳州 | 漳浦 | 澄海 | 揭阳 |
|---|---|---|---|---|---|---|---|---|
| 例字 | 中古 | 声类 | an<br>at | an<br>at | an<br>at | an<br>at | aŋ<br>ak | aŋ<br>ak |
| 闽白读 | 3 臻-真 | P1 | ban5 | ban5 | ban5 | ban5 | maŋ5 | maŋ5 |
| 鳞白读 | 3 臻-真 | T1 | | lan5 | lan5 | lan5 | laŋ5 | laŋ5 |
| 趁赚 | 3 臻-真 | T2 | | $t^han3$ | $t^han3$ | $t^han3$ | | $t^haŋ3$ |
| 陈姓 | 3 臻-真 | T2 | | tan5 | tan5 | tan5 | taŋ5 | |
| 呻 | 3 臻-真 | TS3 | | $ts^han1$ | | | | |

续　表

| 闽　南 | | | 南安 | 泉州 | 漳州 | 漳浦 | 澄海 | 揭阳 |
|---|---|---|---|---|---|---|---|---|
| 例字 | 中　古 | 声类 | an<br>at | an<br>at | an<br>at | an<br>at | aŋ<br>ak | aŋ<br>ak |
| 密白读 | 3 臻-真 | P1 | bat8 | bat8 | bat8 | bat8 | | |
| 栗白读 | 3 臻-真 | T1 | lat8 | lat8 | lat8 | lat8 | (liak8) | (liak8) |
| 漆 | 3 臻-真 | TS1 | tsʰat4 | tsʰat4 | tsʰat4 | tsʰat4 *<br>sat4 | tsʰak4 | tsʰak4 |
| 虱 | 3 臻-真 | TS2 | | sat4 | sat4 | sat4 | sak4 | sak4 |
| 实白读 | 3 臻-真 | TS3 | tsat8 | tsat8 | tsat8 | tsat8 | | |
| 塍田 | 3 曾-蒸 | TS3 | tsʰan5 | tsʰan5 | tsʰan5 | tsʰan5<br>* san5 | tsʰaŋ5 | tsʰaŋ5 |
| 力 | 3 曾-蒸 | T1 | lat8 | lat8 | lat8 | lat8 | lak8 | lak8 |
| 值价值 | 3 曾-蒸 | T2 | | tat8 | tat8 | tat8 | tak8 | tak8 |
| 贼 | 1 曾-登 | TS1 | tsʰat8 | tsʰat8 | tsʰat8 | tsʰat8<br>* sat8 | tsʰak8 | tsʰak8 |

**表 3-4-53　闽东另一项真蒸韵同读的白读韵对应表**

| 闽　东 | | | 福州 | 福清 | 古田 | 柘荣 | 福安 | 宁德 |
|---|---|---|---|---|---|---|---|---|
| 例字 | 中　古 | 声类 | eiŋ/aiŋ<br>eiʔ/aiʔ | eŋ<br>eʔ | eiŋ<br>eik | ɛŋ<br>ɛk | ɛiŋ<br>ɛik | ɛŋ<br>ɛk |
| 趁赚 | 3 臻-真 | T2 | | tʰeŋ3 | | | (tʰeiŋ3) | (tʰeŋ3) |
| 呻 | 3 臻-真 | TS3 | tsʰeiŋ1 | | tsʰeiŋ1 | tsʰɛŋ1 | | |
| 密白读 | 3 臻-真 | P1 | meiʔ8 | meʔ8 | meik8 | mɛk8 | mɛik8 | mɛk8 |
| 虱 | 3 臻-真 | TS2 | saiʔ4 | seʔ4 | seik4 | sɛk4 | | |
| 塍田 | 3 曾-蒸 | TS3 | tsʰeiŋ5 | tsʰeŋ5 | tsʰeiŋ5 | tsʰɛŋ5 | tsʰɛiŋ5 | tsʰɛŋ5 |
| 值价值 | 3 曾-蒸 | T2 | teiʔ8 | teʔ8 | teik8 | | | |
| 贼 | 1 曾-登 | TS1 | tsʰeiʔ8 | tsʰeʔ8 | tsʰeik8 | tsʰɛk8 | tsʰɛik8 | tsʰɛk8 |

**表 3-4-54　闽北另一项真蒸韵同读的白读韵对应表**

| 闽北 | | | 石陂 | 建阳 | 崇安 | 建瓯 | 政和 | 松溪 |
|---|---|---|---|---|---|---|---|---|
| 例字 | 中古 | 声类 | aiŋ<br>e | aiŋ<br>e | aiŋ<br>ie | aiŋ<br>ɛ | aiŋ<br>ɛ | aŋ<br>ie：œ |
| 闽白读 | 3 臻-真 | P1 | maiŋ3 | maiŋ5 | maiŋ5 | maiŋ3 | | |
| 鳞白读 | 3 臻-真 | T1 | saiŋ3 | laiŋ5 | | saiŋ3 | saiŋ5 | saŋ5 |
| 密白读 | 3 臻-真 | P1 | me5 | | | mɛ8 | mɛ3 | mie8 |
| 栗白读 | 3 臻-真 | T1 | le5 | | lie8 | lɛ8 | lɛ3 | lie8 |
| 漆 | 3 臻-真 | TS1 | tsʰe4 | tʰe4 | tsʰie4 | tsʰɛ4 | tsʰɛ4 | tsʰie4 |
| 虱 | 3 臻-真 | TS2 | se4 | se4 | sie4 | sɛ4 | sɛ4 | sie4 |
| 塍田 | 3 曾-蒸 | TS3 | tsʰaiŋ3 | tʰaiŋ5 | tʰaiŋ5 | tsʰaiŋ3 | tsʰaiŋ5 | tsʰaŋ5 |
| 力 | 3 曾-蒸 | T1 | se1 | le8 | | sɛ7 | | sœ7 |
| 值价值 | 3 曾-蒸 | T2 | te1 | te8 | | tɛ7 | tɛ7 | tœ7 |
| 贼 | 1 曾-登 | TS1 | tsʰe1 | tʰe8 | tsʰie8 | tsʰɛ7 | tsʰɛ7 | tsʰœ7 |
| 应应答 | 3 曾-蒸 | ø | aiŋ3 | aiŋ3 | | aiŋ3 | aiŋ3 | aŋ3 |
| 冰 | 3 曾-蒸 | P1 | | paiŋ1 | paiŋ1 | paiŋ1 | paiŋ1 | paŋ1 |

**表 3-4-55　闽语古真蒸耕部、脂之佳部入声同读层次对应表**

| 例字 | 上古 | 中古 | 声类 | 泉州 | 漳州 | 澄海 | 福清 | 古田 | 柘荣 | 石陂 | 建阳 | 建瓯 |
|---|---|---|---|---|---|---|---|---|---|---|---|---|
| | | | | an<br>at | an<br>at | aŋ<br>ak | eŋ<br>eʔ | eiŋ<br>eik | ɛŋ<br>ɛk | aiŋ<br>e | aiŋ<br>e | aiŋ<br>ɛ |
| 鳞白读 | 真 | 3 臻-真 | T1 | lan5 | lan5 | laŋ5 | | | | saiŋ3 | laiŋ5 | saiŋ3 |
| 趁赚 | 真 | 3 臻-真 | T2 | tʰan3 | tʰan3 | tʰaŋ3 | tʰeŋ3 | | tʰɛŋ3 | | | |
| 牵 | 真 | 4 山-先 | K | kʰan1 | kʰan1 | kʰaŋ1 | kʰeŋ1 | kʰeiŋ1 | kʰɛŋ1 | kʰaiŋ1 | kʰaiŋ1 | kʰaiŋ1 |
| 栗白读 | 脂 | 3 臻-真 | T1 | lat8 | lat8 | (liak8) | | | | le5 | | lɛ8 |
| 虱 | 脂 | 3 臻-真 | TS2 | sat4 | sat4 | sak4 | seʔ4 | seik4 | sɛk4 | se4 | se4 | sɛ4 |
| 节节眼 | 脂 | 4 山-先 | TS1 | tsat4 | tsat4 | tsak4 | tseʔ4 | tseik4 | tsɛk4 | tse4 | tse4 | tsɛ4 |
| 层 | 蒸 | 1 曾-登 | TS1 | tsan5 | tsan5 | tsaŋ5 | tseŋ5 | tseiŋ5 | | dzaiŋ5 | laiŋ9 | tsaiŋ2 |
| 塍田 | 蒸 | 3 曾-蒸 | TS3 | tsʰan5 | tsʰan5 | tsʰaŋ5 | tsʰeŋ5 | tsʰeiŋ5 | tsʰɛŋ5 | tsʰaiŋ3 | tʰaiŋ5 | tsʰaiŋ3 |
| 贼 | 之 | 1 曾-登 | TS1 | tsʰat8 | tsʰat8 | tsʰak8 | tsʰeʔ8 | tsʰeik8 | tsʰɛk8 | tsʰe1 | tʰe8 | tsʰɛ7 |

**续　表**

| 例字 | 上古 | 中古 | 声类 | 泉州 | 漳州 | 澄海 | 福清 | 古田 | 柘荣 | 石陂 | 建阳 | 建瓯 |
|---|---|---|---|---|---|---|---|---|---|---|---|---|
| | | | | an<br>at | an<br>at | aŋ<br>ak | eŋ<br>eʔ | eiŋ<br>eik | ɛŋ<br>ɛk | aiŋ<br>e | aiŋ<br>e | aiŋ<br>ɛ |
| 力 | 之 | 3 曾-蒸 | T1 | lat8 | lat8 | lak8 | | | | se1 | le8 | sɛ7 |
| 值白读 | 之 | 3 曾-蒸 | T2 | tat8 | tat8 | tak8 | teʔ8 | teik8 | | te1 | te8 | tɛ7 |
| 蛏 | 耕 | 3 梗-清 | T2 | $t^h$an1 | $t^h$an1 | $t^h$aŋ1 | $t^h$eŋ1 | $t^h$eiŋ1 | $t^h$ɛŋ1 | $t^h$aiŋ1 | haiŋ1 | $t^h$aiŋ1 |
| 瓶白读 | 耕 | 4 梗-青 | P1 | pan5 | pan5 | paŋ5 | | | | baiŋ5 | βaiŋ9 | paiŋ2 |
| 零白读 | 耕 | 4 梗-青 | T1 | lan5 | lan5 | laŋ5 | | | | laiŋ3 | laiŋ5 | laiŋ3 |
| 星白读 | 耕 | 4 梗-青 | TS1 | san1 | san1 | | | | | | saiŋ1 | saiŋ1 |
| 踢 | 佳 | 4 梗-青 | T1 | $t^h$at4 | $t^h$at4 | $t^h$ak4 | | | | $t^h$e4 | he4 | $t^h$ɛ4 |

3.4.4.3　侵韵

表 3-4-56、3-4-57、3-4-58 是闽南、闽东、闽北侵韵读为洪音的白读韵对应表，大致反映"古侵谈有别"的音韵特点，表 3-4-59 则是闽语各地这项层次的方言韵读对应关系，说明如下：

闽南、闽东、闽北各地侵韵均有一项读为洪音的白读韵，闽南主要读为-am、-ap（澄海因韵尾归并音变而读为-aŋ、-ak），闽东主要读为-aŋ、-ak 等同类韵读，唯宁德保留双唇韵尾而读为-am、-ap，闽北主要读为-aiŋ、-ɛ，与前述支脂之韵同读洪音、真蒸韵同读洪音者相应。从上古的音韵分部加以检视，这项白读韵的例字多来自上古侵缉部，而且咸摄字群中同样来自上古侵部者也有相同的韵读表现，如表 3-4-59 的"簪蚕惨含"等字；此与来自上古谈部的白读韵形成对立（闽南为-ã、-aʔ，闽北为-aŋ、-a），大致反映"古侵谈有别"的音韵特点，其韵读表现也是不受中古韵摄等第的限制，四等均读洪音。

**表 3-4-56 闽南侵韵读为洪音的白读韵**

| 闽南 | | | 南安 | 泉州 | 漳州 | 漳浦 | 澄海 | 揭阳 |
|---|---|---|---|---|---|---|---|---|
| 例字 | 中古 | 声类 | am<br>ap | am<br>ap | am<br>ap | am<br>ap | aŋ<br>ak | am<br>ap |
| 淋 | 3深-侵 | T1 | lam5 | lam5 | lam5 | | | |
| 渗 | 3深-侵 | TS3 | | | | sam2 | $ts^h$aŋ1 | $ts^h$am3 |
| 针 | 3深-侵 | TS3 | tsam1 | tsam1 | | tsam1 | tsaŋ1 | tsam1 |
| 饮 | 3深-侵 | Ø | am2 | am2 | am2 | am2 | aŋ2 | |
| 汁 | 3深-侵 | TS3 | tsap4 | tsap4 | (tsiap4) | | tsak4 | tsap4 |
| 十 | 3深-侵 | TS3 | tsap8 | tsap8 | tsap8 | tsap8 | tsak8 | tsap8 |

**表 3-4-57 闽东侵韵读为洪音的白读韵**

| 闽东 | | | 福州 | 福清 | 古田 | 柘荣 | 福安 | 宁德 |
|---|---|---|---|---|---|---|---|---|
| 例字 | 中古 | 声类 | aŋ<br>(aʔ) | aŋ<br>(aʔ) | aŋ<br>ak | aŋ<br>(ak) | aŋ<br>(ak) | am<br>ap |
| 淋 | 3深-侵 | T1 | | laŋ5 | | | | |
| 渗 | 3深-侵 | TS3 | | $ts^h$aŋ1 | $ts^h$aŋ1 | | | |
| 饮米汤 | 3深-侵 | Ø | aŋ2 | aŋ2 | aŋ2 | aŋ2 | aŋ2 | am2 |
| 十 | 3深-侵 | TS3 | | | 什 tsak8 | | | 什 tsap8 |

**表 3-4-58 闽北侵韵读为洪音的白读韵**

| 闽北 | | | 石陂 | 建阳 | 崇安 | 建瓯 | 政和 | 松溪 |
|---|---|---|---|---|---|---|---|---|
| 例字 | 中古 | 声类 | aiŋ<br>e | aiŋ<br>e | aiŋ<br>ie | aiŋ<br>ɛ | aiŋ<br>ɛ | aŋ<br>œ |
| 参人参 | 3深-侵 | TS2 | saiŋ1 | saiŋ1 | saiŋ1 | saiŋ1 | saiŋ1 | saŋ2 |
| 渗 | 3深-侵 | TS3 | saiŋ3 | | | saiŋ3 | saiŋ9 | $ts^h$aŋ1 |
| 饮米汤 | 3深-侵 | Ø | (eiŋ2) | aiŋ2 | | aiŋ2 | aiŋ2 | aŋ2 |
| 粒 | 3深-侵 | T1 | le5 | (lɔi4) | (lei8) | (li8) | (li4) | |
| 笠 | 3深-侵 | T1 | se1 | se8 | sie8 | | | sœ7 |
| 涩 | 3深-侵 | TS2 | se4 | | | sɛ4 | sɛ4 | sœ4 |

**表 3－4－59　闽语古侵谈有别的侵部韵读层次对应表**

| 例字 | 上古 | 中古 | 声类 | 泉州 | 漳州 | 澄海 | 福清 | 古田 | 柘荣 | 石陂 | 政和 | 建瓯 |
|---|---|---|---|---|---|---|---|---|---|---|---|---|
| | | | | am | am | aŋ | aŋ | aŋ | aŋ | aiŋ | aiŋ | aiŋ |
| 渗 | 侵 | 3 深-侵 | TS2 | | ts$^h$am3 | ts$^h$am3 | | | | saiŋ3 | saiŋ9 | saiŋ3 |
| 饮米汤 | 侵 | 3 深-侵 | ∅ | am2 | am2 | aŋ2 | aŋ2 | aŋ2 | aŋ2 | (eiŋ2) | aiŋ2 | aiŋ2 |
| 淋 | 侵 | 3 深-侵 | T1 | lam5 | lam5 | | laŋ5 | | | | | |
| 簪 | 侵 | 1 咸-覃 | TS1 | tsam1 | tsam1 | tsaŋ1 | tsaŋ1 | tsaŋ1 | tsaŋ1 | dzaiŋ5 | tsaiŋ3 | (tsaŋ2) |
| 蚕 | 侵 | 1 咸-覃 | TS1 | ts$^h$am5 | ts$^h$am5 | (ts$^h$õĩ5) | tsaŋ5 | tsaŋ5 | | ts$^h$aiŋ3 | ts$^h$aiŋ5 | (ts$^h$aŋ3) |
| 惨 | 侵 | 1 咸-覃 | TS1 | ts$^h$am2 | ts$^h$am2 | ts$^h$aŋ2 | ts$^h$aŋ2 | ts$^h$aŋ2 | ts$^h$aŋ2 | ts$^h$aiŋ2 | (ts$^h$aŋ2) | (ts$^h$aŋ2) |
| 含口含 | 侵 | 1 咸-覃 | K | kam5 | kam5 | kaŋ5 | kaŋ5 | kaŋ5 | | (gəŋ5) | kaiŋ9 | kaiŋ2 |
| | | | | ap | ap | ak | aʔ | ak | ak | e | ɛ | ɛ |
| 十什 | 缉 | 3 深-侵 | TS3 | tsap8 | tsap8 | tsak8 | | tsak8 | | | | |
| 粒笠 | 缉 | 3 深-侵 | T1 | (liap8) | (liap8) | (liak8) | laʔ8 | lak8 | lak8 | se1 | sɛ7 | sɛ7 |

### 3.4.4.4　小结

**表 3－4－60　闽语止、臻、曾、深四摄 3 等开口字群历史层次 D 对应表**

| 历史层次 D | 泉州 | 漳州 | 澄海 | 福清 | 古田 | 柘荣 | 石陂 | 建阳 | 建瓯 |
|---|---|---|---|---|---|---|---|---|---|
| 古歌祭同读（少数佳部） | ia/ua | ia/ua | ia/ua | ia | ia * ie | ia | ye | ye | yɛ |
| 古佳脂之同读 | ai | ai | ai | ai | ai | ai | e | e | ɛ |
| 古耕真蒸同读 | an | an | aŋ | eŋ | eiŋ | ɛŋ | aiŋ | aiŋ | aiŋ |
| | at | at | ak | eʔ | eik | ɛk | e | e | ɛ |
| 古侵谈有别的侵部韵读 | am | am | aŋ | aŋ | aŋ | aŋ | aiŋ | aiŋ | aiŋ |
| | ap | ap | ak | aʔ | ak | ak | e | ɛ | ɛ |
| 古侵谈有别的谈部韵读 | ā | ā | ā | aŋ | aŋ | aŋ | aŋ | aŋ | aŋ |
| | aʔ | aʔ | aʔ | aʔ | ak | ak | a | a | a |

总合闽语各地止、臻、曾、深四摄 3 等开口字群的历史层次 D 如表 3－4－60，各次方言各取三个方言点为例：

1. 这项四等同读的白读韵,超越中古韵摄等第,较符应上古韵部系统,但又经过闽地的调整音变,而与上古汉语有所不同:(1) 多数韵读均不论等第而同读为洪音,唯古歌祭部同读者,闽地最早韵读却是同读为细音,即使是中古著录为1、2等韵的"鹅艾瓦"等例字也是读为细音韵读;(2) 上古汉语佳、脂、之三韵部分立,而闽地最早韵读却是三部同读,相应地耕、真、蒸三部亦然,且闽语今读多为中、低元音,与古音构拟的前高元音(*-i-)不相符合,此乃反映古汉语进入闽地时,必然受到本地原来语音习惯的影响而经过元音与韵尾的调整改读。

2. 单就古侵谈有别的韵读层次来看,谈部韵读于闽南一致进行辅音韵尾弱化而元音鼻化的音变,侵部韵读则否,显然韵腹条件影响闽南的辅音韵尾弱化音变,低元音韵腹者运行音变,而央元音或高元音韵腹者则否;据此推想,古耕、真、蒸三部同读者之所以在闽南亦不运行辅音韵尾弱化音变,其经过调整后的一致韵读可能先为央元音韵腹,然后才于部分方言点继续低化为今读的低元音韵腹。

### 3.4.5 历史时间与地域来源

总结以上韵读层次的分析,闽语止、臻、曾、深四个韵摄3等开口字群的历史层次主要分为四项:①(A) 文读层次;(B) 相应于支与脂之有别的白读层次;(C) 相应于支脂之无别的3等独读层次;(D) 四等同读的上古层次。闽南、闽东、闽北各次方言的音读对应关系,各取三个方言点为例,整理如表3-4-61、3-4-63、3-4-64、3-4-67,以下分别讨论这四项历史层次所反映的历史时间或地域来源。

---

① 臻摄3等开口真韵字群另有两项韵读表现,没有纳入本书讨论的范围,以泉州为例,一是与文部同读的-un,例如"伸"读为 tsʰun1、"阵"读为 tsun3、"尘"读为 tʰun5;二是舌根声母条件下与1等痕韵、3等欣韵同读的-ən,例如"巾"读为 kən1、"银"读为 gən5。由于这两项韵读不与本节一起讨论的其他韵摄字群形成层次系统性的对应关系,本书暂时阙如;实际上两者都反映真部与文部的密切关系,有待将来深入探讨。

### 3.4.5.1　历史层次 A：唐宋文读层

**表 3－4－61　闽语止、臻、曾、深四摄 3 等开口字群文读层次对应表**

| 文读层次 A | 泉州 | 漳州 | 澄海 | 福清 | 古田 | 柘荣 | 石陂 | 建阳 | 建瓯 |
|---|---|---|---|---|---|---|---|---|---|
| 支脂之三韵 | ɯ | u | ə | y/ø | y | u | u | o | u |
| | i | i | i | i/ei | i | i | i | i/ɔi | i |
| 真　韵 | in | in | iŋ | iŋ/eŋ | iŋ | iŋ | eiŋ | iŋ/oiŋ | eiŋ |
| | it | it | ik | iʔ/eʔ | ik | ik | i | i/ɔi | i |
| 蒸　韵 | iŋ | iŋ | eŋ | iŋ/eŋ | iŋ | iŋ | eiŋ | iŋ/oiŋ | eiŋ |
| | iak | ik | ek | iʔ/eʔ | ik | ik | i | i/ɔi | i |
| 侵　韵 | im | im | iŋ | iŋ/eŋ | iŋ | iŋ | eiŋ | iŋ/oiŋ | eiŋ |
| | ip | ip | ik | iʔ/eʔ | ik | ik | i | i/ɔi | i |

历史层次 A 是闽语的文读层次，大致符应唐宋以来的音韵发展，但也有其个别的表现：

1. 闽语各地止摄开口精庄系声母条件下均具独立文读，此合于唐宋时期的汉语音韵演变特点(董同龢，1998：207)，但是各地因其原有音韵系统即不相同，调整音读的方向与选择便有差异。

2. 从中古到宋末的汉语音韵演变有一项特点是：韵尾有混同的倾向，因而臻摄开口字、深摄字以及曾摄字都不分了(董同龢，1998：207)；然而，闽南与闽东一小部分尚未普遍进行韵尾归并音变的方言语料，显示闽语真、蒸、侵三韵的文读韵尾本来仍具有区别，不过闽东大部分方言点以及闽北地区均已普遍进行韵尾归并音变，其今日音韵系统中真、蒸、侵三韵的文读也已混而不分了。

3. 闽语各地蒸韵的文读与梗摄 3、4 等韵的文读没有分别，而登韵的文读则与梗摄 2 等韵的文读没有分别，如表 3－4－62 所示。此亦合于唐宋以来曾、梗两摄不分的汉语音韵演变特点(董同龢，1998：207)，而且闽东、闽北均是 1、2 等读为洪音，3、4 等读为细音，唯闽南将两者合为细音韵读。

**表 3-4-62**

| 文读层 | 例字 | 泉州 | 漳州 | 澄海 | 福清 | 古田 | 柘荣 | 石陂 | 建阳 | 建瓯 |
|---|---|---|---|---|---|---|---|---|---|---|
| 登　韵 | 朋登恒 | iŋ | iŋ | eŋ | eŋ | eiŋ | œŋ | aiŋ | aiŋ | aiŋ |
| | 默德刻 | iak | ik | ek | eʔ | eik | œk | e | ɛ | ɛ |
| 庚 2 耕韵 | 孟省幸 | iŋ | iŋ | eŋ | eŋ | eiŋ | œŋ | aiŋ | aiŋ | aiŋ |
| | 魄革策 | iak | ik | ek | eʔ | eik | œk | e | ɛ | ɛ |
| 蒸　韵 | 陵乘兴 | iŋ | iŋ | eŋ | iŋ/eŋ | iŋ | iŋ | eiŋ | iŋ/oiŋ | eiŋ |
| | 逼力极 | iak | ik | ek | iʔ/eʔ | ik | ik | i | i/ɔi | i |
| 庚 3 清青韵 | 秉敬政灵 | iŋ | iŋ | eŋ | iŋ/eŋ | iŋ | iŋ | eiŋ | iŋ/oiŋ | eiŋ |
| | 碧积译戚 | iak | ik | ek | iʔ/eʔ | ik | ik | i | i/ɔi | i |

#### 3.4.5.2　历史层次 B、C：南朝江东层、晋代北方层

**表 3-4-63　闽语止、臻、曾、深四摄 3 等开口字群历史层次 B 对应表**

| 历史层次 B | 泉州 | 漳州 | 澄海 | 福清 | 古田 | 柘荣 | 石陂 | 建阳 | 建瓯 |
|---|---|---|---|---|---|---|---|---|---|
| 支　韵 | i | i | i | ie | ie | ie | ie | ie | i |
| 脂之韵 | i | i | i | i/e | i | i | i | i/ɔi | i |
| 真蒸韵 | in | in | iŋ | iŋ/eŋ | iŋ | iŋ | eiŋ | iŋ/oiŋ | eiŋ |
| | it | it | ik | iʔ/eʔ | ik | ik | i | ɔi/i | i |
| 侵　韵 | im | im | iŋ | iŋ/eŋ | iŋ | iŋ | eiŋ | iŋ/oiŋ | eiŋ |
| | ip | ip | ik | iʔ/eʔ | ik | ik | i | ɔi/i | i |

**表 3-4-64　闽语止、臻、曾、深四摄 3 等开口字群历史层次 C 对应表**

| 历史层次 C | 泉州 | 漳州 | 澄海 | 福清 | 古田 | 柘荣 | 石陂 | 建阳 | 建瓯 |
|---|---|---|---|---|---|---|---|---|---|
| 支脂之韵 | e | e | i | ie | ie | ie | ie | ie | i |
| 侵　韵 | iam | iam | iaŋ | eŋ | eiŋ | ɛŋ | — | — | — |
| | iap | iap | iak | eʔ | eik | ɛk | — | — | — |
| 蒸　韵 | — | — | iã | iaŋ | — | — | — | ioŋ | iaŋ |
| | iaʔ | iaʔ | iaʔ | ia | iaʔ | iaʔ | ie | ie | — |

续　表

| 历史层次 C | 泉州 | 漳州 | 澄海 | 福清 | 古田 | 柘荣 | 石陂 | 建阳 | 建瓯 |
|---|---|---|---|---|---|---|---|---|---|
| 真　韵 | ian | — | iaŋ | — | — | — | — | — | — |
| | iat | iat | iak | — | — | — | — | — | — |

本书在 3.1 节及 3.3 节分析蟹开、山开、咸开、效、遇、流、宕开、通等八个韵摄字群的历史层次系统，在历史分层上一致推论应分析为四大段时间层次：唐宋文读层、南朝江东层、晋代北方层与上古层。本节以支、脂、之、真、蒸、侵等开口 3 等字群作为层次分析的对象，同样也辨析出四个系统特色或语音特性相异的历史层次，其中文读层次 A 确实符合唐宋时期的汉语音韵演变特点；而白读层又能细分为三，层次 B、C 大致能以中古音韵架构作为参照来进行解释，但两者呈现的音韵演变特点相当不同，本小节即探讨层次 B、C 各自所反映的历史时间与接触引入的音韵系统来源；至于层次 D 乃超越中古韵摄等第的音韵架构，以上古分韵加以检视，能得出严整的音韵对应关系，因此我们将层次 D 归为最早的上古层，下一小节再进行相关讨论。

闽语支、脂、之、真、蒸、侵等开口 3 等字群共同表现层次 B 的音韵系统特色有二：(1) 支与脂之有别，(2) 脂之同读、真蒸也相应同读，显然韵尾经过调整归并；而层次 C 的音韵系统特色则有三：(1) 支脂之无别，(2) 真、蒸、侵各不同读，(3) 3 等独读细音韵读。层次 B、C 很明显来自完全不同的音韵系统，因而运行不一致的音变规律。我们推论支与脂之有别的层次 B 反映六朝时期江东本地的音韵特色，而支脂之无别又 3 等独读的层次 C，则是反映自西晋以来由河北地区引进的音韵系统，主要依据如下：

1. “支脂有别”是江东音韵特点：依据《切韵序》批评北方音韵“支脂鱼虞共为一韵”，以及《颜氏家训》具体说明“北人以庶为戍，以如为儒，以紫为姊”，我们相当确定“鱼虞有别、支脂有别”是当时南方江东音韵的一大特点。

2. 南朝诗歌“脂之相押”的音韵特点：根据丁邦新(1975)所归纳的魏晋南北朝相关韵部分合关系以及所构拟的韵读如表 3 - 4 - 65：

**表 3 - 4 - 65 魏晋南北朝相关音韵分合关系**

| 中古 | 上古 | 魏晋 | | 南北朝 | |
|---|---|---|---|---|---|
| 支 3 | 歌<br>佳 | 支 jei/jiei | | 支 jæi/jiæi | |
| 脂 3 | 脂(之)<br>微 | 脂 jiəi/jiəd | | 之脂 jiɛi/jiɛd | |
| 之 3 | 之 | 之 jəï | | 之脂 jɛi | |
| 真 3 | 真脂<br>文微 | 真 jiən | 质 jiət | 臻真殷 jien | 质迄术 jiet |
| 蒸 3 | 蒸之 | 蒸 jəŋ | 职 jək | 蒸 jəŋ | 职 jək |
| 侵 3 | 侵缉 | 侵 jəm | 缉 jəp | 侵 jəm | 缉 jəp |

表 3 - 4 - 65 显示南北朝时期诗歌押韵有“脂之相押”的特点；而何大安(1981b)研究南北朝韵部演变，将南北朝的历史时间划分为两期，第一期是宋北魏前期，第二期则因南、北有不同的音韵演变情况而分为两区，南方是齐、梁、陈、北周、隋，北方是北魏后期、北齐，“脂之相押”的特点只出现在第二期南方的齐、梁、陈、北周、隋。根据以上两项历史音韵材料，南朝江东地区确实具有“支与脂之有别”的音韵分合关系。因此，本节讨论的历史层次 B 极可能反映来自南朝江东地区的音韵系统。

3.《韵集》3 等韵分立的表现：《颜氏家训 · 音辞篇》批评吕静《韵集》“以成仍宏登合成两韵”，根据中古分韵，指的是《韵集》将清、蒸两韵合为一韵，也将耕、登两韵合为一韵。吕静的《韵集》大致反映晋代北方音韵，则清蒸合韵、耕登合韵显示两项北方音韵特点：(1) 古蒸耕不分，有别于江东地区古耕阳不分的表现；(2) 3 等韵分立，且根据王仁昫《刊谬补缺切韵》所注记，吕静《韵集》最大特点即在于 3 等韵大半分立(周祖谟,1966a：455—456)。本节讨论的历史层次 C,3 等韵介音大致维持稳固的介音结构,而且蒸韵字韵读乃与清韵相近,极可能反映自西晋以来由北方地区引进的音韵系统。

综合以上三点讨论所揭示的时代或地域的音韵差异,本书推论闽语支、脂、之、真、蒸、侵等开口 3 等字群相应于“支与脂之有别”的层次 B 反映江东地区的南方音韵系统;而相应于“支脂之无别且 3 等独读”的层次 C 则反映自西晋以来由河北地区引进的北方音韵系统。

此外,我们还需要说明这两个历史层次真、蒸二韵韵尾归并音变的差异性。根据魏晋时期与南北朝时期的诗歌韵部研究(周祖谟,1996;丁邦新,1975;何大安,1981b),当时并没有真、蒸二韵同押的表现或方音特点;然而,闽语确实有真、蒸二韵同读的早期音韵层次,特别是在三套韵尾保持相当稳定的闽南泉州系统中,其蒸韵字群的层次差异很清楚地表现在韵尾的不同：文读层次为舌根韵尾(-iŋ),层次 C 为鼻化韵(-iã),层次 B(-in)与层次 D(-an)皆为舌尖韵尾;音韵分合关系上,文读层与北方层表现为蒸清相近,江东层与上古层则是蒸真同读,这是两种完全不同的音韵格局,前者倾向北方音韵系统,后者则反映闽地独特的音韵习性限制。对照魏晋南北朝相关韵读与闽语层次 B、C 的次方言音读对应关系如下：

**表 3-4-66**

<table>
<tr><td>江东层(B)</td><td>上古</td><td>南北朝</td><td>例字</td><td>泉州</td><td>柘荣</td><td>建瓯</td></tr>
<tr><td>真</td><td>真文</td><td>臻真殷 jien</td><td>新身紧</td><td rowspan="2">in</td><td rowspan="2">iŋ</td><td rowspan="2">eiŋ</td></tr>
<tr><td>蒸</td><td>蒸</td><td>蒸 jəŋ</td><td>秤蝇应</td></tr>
<tr><td>清</td><td>耕</td><td>庚 jɛŋ</td><td>井晴郑</td><td>ĩ</td><td>aŋ</td><td>aŋ</td></tr>
<tr><td>阳</td><td>阳</td><td>阳 jaŋ</td><td>长瓤秧</td><td>ŋ</td><td>oŋ</td><td>ɔŋ</td></tr>
<tr><td>北方层(C)</td><td>上古</td><td>魏　晋</td><td>例字</td><td>泉州</td><td>柘荣</td><td>建瓯</td></tr>
<tr><td>真</td><td>真文</td><td>真 jiən</td><td>肾敏珍</td><td>ian</td><td>—</td><td>—</td></tr>
<tr><td>蒸</td><td>蒸</td><td>蒸 jəŋ</td><td>冰兴食</td><td>iã</td><td>iaŋ</td><td>iaŋ</td></tr>
</table>

**续 表**

| 北方层(C) | 上古 | 魏 晋 | 例字 | 泉州 | 柘荣 | 建瓯 |
|---|---|---|---|---|---|---|
| 清 | 耕 | 耕 jieŋ | 岭正赢 | iã | iaŋ | iaŋ |
| 阳 | 阳 | 阳 jaŋ | 唱香痒 | iũ | yøŋ | ioŋ |

以泉州音为例，既然闽语最早的上古层乃将耕、蒸、真三部同读-an，我们推想最初汉语进入闽地时，即受到本地音韵习性限制，将前高元音与央元音韵腹的耕蒸部韵尾调整读同真部，这项闽地音韵限制继续影响后来进入的白读层。在接触同为南方音韵系统的江东方言时，由于江东音韵乃耕(庚)、阳两韵相近而与蒸韵有别，且耕(庚)、阳两韵读为较低元音韵腹，蒸、真两韵读为较高元音韵腹，则该项音韵限制仅影响蒸韵字，其韵尾受到调整而与真韵同读为-in；至于北方音韵系统则是蒸、耕两韵相近而与阳韵有别，且蒸、耕二韵进入闽地后极可能读为低元音韵腹，因而既不受该项音韵限制的影响，又在闽南一同发生韵尾弱化音变。

江东层与北方层的层次差异不仅表现在蒸韵归并方向的不同，最大的系统性区别在于 3 等韵介音的变化趋向，如同 3.1 与 3.3 的论析，闽地在接触融合晋代以来的北方音韵系统时，3 等韵介音(*-j-)均相当稳固，形成带有前高元音的细音韵母结构。相对于此，闽地在引进南朝江东音韵系统时，3 等韵分成两类：一类是与 1、2 等韵往来密切者，其 3 等介音(*-j-)几乎没有留下痕迹地消失，例如 3.3 所分析的唐阳同读层次；另一类则是与 4 等韵往来密切者，其 3 等介音(*-j-)对主要元音发生高化作用，并与同摄 4 等韵合流同读，例如 3.1 所分析的仙先同读层次。本节所讨论的 3 等韵字群亦然，以真、蒸二韵为例，如表 3－4－66，北方层的韵读保有稳固的前高介音结构，江东层的韵读则是形成前高元音韵腹，属于第二类的 3 等韵读，不同于第一类的清、阳二韵。

### 3.4.5.3 历史层次 D：上古层

**表 3-4-67 闽语止、臻、曾、深四摄 3 等开口字群历史层次 D 对应表**

| 历史层次 D | 泉州 | 漳州 | 澄海 | 福清 | 古田 | 柘荣 | 石陂 | 建阳 | 建瓯 |
|---|---|---|---|---|---|---|---|---|---|
| 古歌祭同读（少佳） | ia/ua | ia/ua | ia/ua | ia | ia～ie | ia | ye | ye | yɛ |
| 古佳脂之同读 | ai | ai | ai | ai | ai | ai | e | e | ɛ |
| 古耕真蒸同读 | an | an | aŋ | eŋ | eiŋ | ɛŋ | aiŋ | aiŋ | aiŋ |
| | at | at | ak | eʔ | eik | ɛk | e | e | ɛ |
| 古侵谈有别的侵部韵读 | am | am | aŋ | aŋ | aŋ | aŋ | aiŋ | aiŋ | aiŋ |
| | ap | ap | ak | aʔ | ak | ak | e | ɛ | ɛ |

闽语支、脂、之、真、蒸、侵等开口 3 等字群中，另有一项“上古韵部四等同读”的共同层次 D，这项韵读层次超出中古音韵架构，必须跨越中古韵摄等第，以上古韵部加以检视，方能得出较为严整的对应关系，本节分析讨论的韵读对应有三项：

1. 上古歌、祭二部四等同读细音者，有少数佳部字混入，以闽东为例，韵读为-ia。

2. 上古佳、脂、之三部四等同读洪音者，相应于此，上古耕、真、蒸三部也是四等同读洪音，以闽南为例，韵读表现分别是-ai、-an、-at。

3. 上古与谈部相异的侵部韵读，也是四等同读洪音，以闽南为例，韵读表现为-am、-ap。

此亦合于 3.1 节及 3.3 节所归纳的上古层特色：(1) 没有等第的分布限制，2、3、4 等韵字群均能与 1 等同读，闽地在这项历史层次上普遍发生介音脱落的调整音变；但歌、祭二部同读细音者较为特殊，其 1、2 等字同样读为细音韵读，显然不是 2、3 等介音的遗留，而是其主要元音趋向衍生高部介音。(2) 以上古分韵为参照，可以得出阴、阳、入声韵对应相当严整的音读表现，其中歌、祭二部同读细音者，也有相应的阳、入声韵表现，元部字上古层在闽南、闽东、闽北韵读对应即为 iã/uã- iaŋ-yeiŋ，祭部入声则为 iaʔ/uaʔ- iak-ye。（参见 3.2 的讨论）

需要注意的是，闽地最早的上古层韵读即具有“佳脂之不分”、“耕真蒸不分”的重要特色，此与北方古汉语的表现相当不同，而且继续影响后来同为南方音韵系统的江东层的叠置与融合，我们已在上一小节提出讨论。进一步对照李方桂(1998)构拟的相关上古韵读与闽语今读如下表：

**表 3－4－68**

| 上古 | 李方桂(1998) | 闽南(泉州) | 闽东(柘荣) | 闽北(石陂) |
|---|---|---|---|---|
| 歌祭 | ＊ar/＊ad | ia/ua | ia | ye |
| 佳耕 | ＊ig/＊ik/＊iŋ | ai/at/an | ai/ɛk/ɛŋ | e/e/aiŋ |
| 脂真 | ＊id/＊it/＊in | | | |
| 之蒸 | ＊əg/＊ək/＊əŋ | | | |
| 缉侵 | ＊əp/＊əm | ap/am | ak/aŋ | e/aiŋ |

闽地在这项历史层次上具有以下调整音变趋向，可与 3.1 节的讨论相互呼应：

(1) 韵尾部分：上古前高元音(＊-i-)与央元音(＊-ə-)者，其舌根韵尾调整归并于舌尖韵尾，双唇韵尾则不发生变化。

(2) 元音部分：高元音(＊-i-)首先低化与央元音(＊-ə-)合流，然后其中大部分在各次方言再继续低化为-a-，或者前化为-ɛ-。低元音韵腹(＊-a-)大致不变，但是歌、祭、元三部的低元音有衍生高部介音的趋向。

(3) 闽南鼻化音变的条件限制：闽南鼻化音变应发生在高、央元音尚未低化为-a-之前，因而耕真蒸同读者以及侵部韵读均维持辅音韵尾，不发生鼻化音变或弱化音变。

3.4.5.4　小结

本节观察分析闽语支、脂、之、真、蒸、侵等开口3等字群的韵读层次对应关系，依其音韵系统表现差异，将历史时间层次分为四项：(A) 文读层次；(B) 相应于支与脂之有别的白读层次；(C) 相应于支脂之无别的3等独读层次；(D) 四等同读的上古层次。我们首先以比较大量同源语词的方法，分别辨析这四项历史层次在闽南、闽东、闽北等次方言中的分布情形与音读对应关系。然后归纳这四项历史时间层次的音韵系统特色以及可能发生的调整音变：

层次A：3等韵一致读为前高元音韵腹，支脂之亦同读，但止摄开口精庄系声母条件下均具独立韵读，且曾、梗两摄不分。

层次B：3等韵读为偏高元音韵腹，但支与脂之有别，且真蒸同读。

层次C：3等韵读为带有前高介音的独立韵母结构；其中支脂之合流无别，而真蒸韵读相异。

层次D：没有韵摄等第的分布限制，以上古韵部加以检视，可得其阴、阳、入声韵的严整对应系统；但相较于北方古汉语分韵，闽地具有"佳脂之同读、耕真蒸同读"的音韵特点。

最后，依其音韵系统特色，推论这四项历史层次所反映的历史时间或地域来源分别是：

层次A：反映唐宋以来的文读系统。

层次B：反映南朝时期的江东音韵系统。

层次C：反映西晋以来南移的北方音韵系统。

层次D：反映两汉以前的上古音韵系统，但其中带有闽地本身的方音特点。

总结本节分析，各次方言支、脂、之、真、蒸、侵等开口3等字群的整体历史层次对应关系，整理如表3-4-69、3-4-70、3-4-71：

**表 3-4-69 闽南支、脂、之、真、蒸、侵等开口 3 等字群的历史层次对应关系**

| 闽南（泉州） | 止开 3 | | | 臻开 3 | 曾开 3 | 深 3 |
|---|---|---|---|---|---|---|
| | 支 | 脂 | 之 | 真 | 蒸 | 侵 |
| 唐宋文读层 | ɯ/i | | | in-it | iŋ-ik | im-ip |
| 南朝江东层 | i | | | in-it | | im-ip |
| 晋代北方层 | e | | | ian-iat | (iã)-iaʔ | iam-iap |
| 上古层 | 歌祭 ia/ua<br>佳脂之 ai | 佳脂之 ai | | 耕真蒸 an-at | | 侵 am-ap |

**表 3-4-70 闽东支、脂、之、真、蒸、侵等开口 3 等字群的历史层次对应关系**

| 闽东（柘荣） | 止开 3 | | | 臻开 3 | 曾开 3 | 深 3 |
|---|---|---|---|---|---|---|
| | 支 | 脂 | 之 | 真 | 蒸 | 侵 |
| 唐宋文读层 | u/i | | | iŋ-ik | iŋ-ik | iŋ-ik |
| 南朝江东层 | ie | i | | iŋ-ik | | iŋ-ik |
| 晋代北方层 | ie | | | — | (iaŋ)-iaʔ | ɛŋ-ɛk |
| 上古层 | 歌祭 ia<br>佳脂之 ai | 佳脂之 ai | | 耕真蒸 ɛŋ-ɛk | | 侵 aŋ-ak |

**表 3-4-71 闽北支、脂、之、真、蒸、侵等开口 3 等字群的历史层次对应关系**

| 闽北（石陂） | 止开 3 | | | 臻开 3 | 曾开 3 | 深 3 |
|---|---|---|---|---|---|---|
| | 支 | 脂 | 之 | 真 | 蒸 | 侵 |
| 唐宋文读层 | u/i | | | eiŋ-i | eiŋ-i | eiŋ-i |
| 南朝江东层 | ie | i | | eiŋ-i | | eiŋ-i |
| 晋代北方层 | ie | | | — | (ioŋ)-ie | — |
| 上古层 | 歌祭 ye | 佳脂之 e | | 耕真蒸 aiŋ-e | | 侵 aiŋ-e |

## 3.5　闽语韵读层次系统与古汉语音韵的历史关系

本书分析闽语的韵读历史层次，阶段性地完成蟹开、山开、咸开、效、遇、流、宕开、通、止开、深等韵摄字群以及真、蒸二韵开口字群的层次辨析，①一方面建立各韵读层次在闽南、闽东、闽北的方言对应关系，另一方面也根据层次音韵系统表现的相应性与差异性，进行历史分层的工作。

我们在 3.1、3.3 与 3.4 等节分别以不同韵摄的字群作为分析对象，均能辨析出四项截然相异的历史层次，总结其历史分层与音韵结构特点如表 3-5-1：

**表 3-5-1　闽语韵读历史分层与音韵结构特点**

| | 蟹、山、咸、效 | 遇、流、宕、通 | 支、脂、之、真、蒸、侵 |
| --- | --- | --- | --- |
| 唐宋文读层 | 1、2 等韵同读洪音；3、4 等韵同读相应的细音。 | 1 等韵读为洪音，3 等韵读为相应的细音。又 3 等非系字、庄系字多读同同摄 1 等韵。 | 3 等韵一致读为前高元音韵腹。又止摄开口精庄系声母条件下均具独立韵读。 |
| 南朝江东层 | 3、4 等韵合流同读细音，但音读对应关系有别于文读层。 | 同摄 1、3 等韵音读相同，显示 3 等介音完全脱落。 | 3 等韵读为偏高元音韵腹。 |
| 晋代北方层 | 2、4 等韵合流同读，同摄 3 等韵独读。 | 3 等韵读为独立的细音韵母结构。 | 3 等韵读为带有前高介音的独立韵母结构。 |
| 上古层 | 1. 超越中古韵摄等第，四等同读。<br>2. 较符应上古韵部阴、阳、入声韵的严整对应系统。 | | |

以古汉语的等第结构为比较的参照，我们可以明显发现闽语这四项历史层次的音韵结构特点非常不同：

1. 文读层十分切合中古音韵架构，并且同于唐宋以来“1、2 等韵合为洪音，3、4 等韵合为细音”的音韵演变趋向。

---

① 本书仅就具有明显相应之层次系统的韵摄字群进行分析讨论，其他开口字群(例如果、假、梗、江等韵摄)的韵读较无法形成严整对应的层次系统，本书暂时阙如；至于合口韵摄，由于层次混融更为厉害，也有待将来进一步研究。

2. 上古层较符应古韵部阴、阳、入声韵的严整对应系统，而且不论等第，同部共读为一致的洪音韵读或细音韵读。

3. 江东层及北方层大致能以中古音韵架构作为参照来进行解释，并且反映古韵部自魏晋到中古音韵之间的分合演变；就等第结构表现来看，江东层与北方层有清楚的分别：

(1) 北方层的同摄 2、4 等韵合流同读，而 3 等韵介音(*-j-)相当稳固，今读多为带有前高介音的细音韵母结构。

(2) 江东层的 3 等韵演变分成两类：(a) 3 等介音(*-j-)几乎没有留下痕迹地消失，而与 1 等韵同读为洪音韵，例如遇、流、宕、通等摄的 3 等韵；(b) 3 等介音(*-j-)对主要元音发生高化作用，读为细音韵，如有同摄 4 等韵，即与之合流，例如蟹、山、咸、效、止、臻、曾、深等摄的开口 3 等韵。

北方层与江东层相异的音韵结构特点，不仅涉及从魏晋到南朝的时代变异，更重要的是参入了南北的地域差异。

归纳以上四项历史层次相异的音韵结构特点后，还可以进一步探讨，每项历史层次的音韵特点，究竟是反映当时接触的音韵系统来源，还是闽地自身融合吸收时所进行的调整归并？这部分需要借由对照诗歌押韵所呈现的时代变异，以及历史材料所记载描述的南北差异，仔细地比较音韵分合关系的不同；我们认为在诗歌押韵与历史记述中没有出现的音韵系统特点，如果可以从归并简化的角度合理解释，那该项音韵特点极可能便是闽地早期底层语言干扰所引发的调整音变。

**表 3-5-2 闽语韵读三项白读层的音韵分合关系**

| | 蟹、山、咸、效 | 遇、流、宕、通 | 支、脂、之、真、蒸、侵 |
|---|---|---|---|
| 南朝江东层 | 祭齐同读、仙先同读、盐添同读、宵萧同读。 | 模虞同读、侯尤同读、唐阳同读、东冬钟同读(唯闽东入声有别)。 | 支与脂之有别、真蒸同读。 |

续　表

| | 蟹、山、咸、效 | 遇、流、宕、通 | 支、脂、之、真、蒸、侵 |
|---|---|---|---|
| 晋代北方层 | 同摄2、4等韵同读。 | 尤虞同读、东钟同读、益石分韵。 | 支脂之无别、真蒸相异。 |
| 上古层 | 1. 古佳脂之同读,古耕真蒸同读,古幽侯不分,古中东不分。<br>2. 古侵谈有别,古歌祭元相应,古鱼阳相应。 | | |

除去相当符应唐宋以后音韵演变特点的文读层,我们总结南朝江东层、晋代北方层与上古层的音韵分合关系,如表3-5-2。将之对照南朝江东音韵、晋代北方音韵以及上古汉语韵部系统,可以更深入探讨各个历史层次系统的音韵特点所反映的历史意义,以及其与不同时空古汉语音韵之间的历史关系,以下分别进行论述。

### 3.5.1　上古层

本小节分两部分探讨闽语上古层与上古汉语韵部系统的音韵关系:一是闽语上古层"四等同读"的音韵特点,二是闽语上古层部分韵部合并同读的音韵变化。

1. 四等同读

除了符应上古汉语的音韵架构,闽语上古层最重要的结构特点即"四等同读"。这项特点一方面反映上古汉语的音韵特色,另一方面也是早期闽地的音韵习性。

(1) 上古汉语韵读未有清楚的等第区别:古汉语分别等第的特征,一般构拟为介音,在上古时期尚不影响主要元音的音值,所以当时押韵没有严格的等第区别,在音节结构上,上古时期的介音成分显然较偏向声母结构,并且影响后来声母类别的分化,例如上古舌尖塞音声类(*T-)受到介音成分影响,中古分化为端系、知系及章系声母,又如上古舌尖塞擦音声类(*TS-)也受到介音成分影响,中古分化为精系及庄系声母。闽语上古层"四等同读"的音韵特点,即与上古汉语介音成分偏向声母结构、不影响主要元音音值的音韵特色相互呼应。然而,闽语也有其独特的调整变化。

(2) 闽地介音脱落的调整音变:上古汉语押韵时虽无等第分别,但介音成分确实存在,方能解释后来汉语声母与韵母的分等演变。相对于此,闽语上古层韵读虽是四等同读,但其声母系统却没有类似古汉语的分化演变,闽语一直保有"端知不分"、"精庄同读"、"轻重唇不分"的古音特点,由此可见,上古汉语进入闽地后,这一类的介音成分,必然在调整改读中完全失落。本书认为闽地介音脱落的调整变化,不仅反映上古汉语介音成分的特质,更是深受原来非汉语的底层音韵干扰所致。(参见 5.2.4 的讨论)这样的调整变读,形成闽地"四等同读"的古老层次;而对于介音成分的不善掌握,也深刻影响闽地的声母音韵发展,无法自身演变,也始终无法接受北方汉语那一套带有卷舌性的颚化声母,因此"端知不分"、"精庄章不分"便成为闽地声母系统的重要特色;至于唇音声类,即使文读层带进了北方汉语的非系声母,但闽地也是将之调整读同晓母,齿唇声母依旧被排拒在闽地音韵之外。

2. 韵部合并同读

除了四等同读的音韵结构特点,再从韵部分合关系来看,闽语上古层一方面接受古汉语"侵谈有别、缉叶有别、歌祭元相应、鱼阳相应"的音韵关系,另一方面也呈现"古之脂佳同读、古蒸真耕同读、古幽侯不分、古中东不分"等闽地个别特点。

**表 3-5-3　闽语上古层韵读与相关上古韵部拟音的对照**

<table>
<tr><th>上古</th><th>李方桂(1998)</th><th>闽南(泉州)</th><th>闽东(柘荣)</th><th>闽北(石陂)</th></tr>
<tr><td>佳耕</td><td>*ig/*ik/*iŋ</td><td rowspan="3">ai/at/an</td><td rowspan="3">ai/ɛk/ɛŋ</td><td rowspan="3">e/e/aiŋ</td></tr>
<tr><td>脂真</td><td>*id/*it/*in</td></tr>
<tr><td>之蒸</td><td>*əg/*ək/*əŋ</td></tr>
<tr><td>幽中</td><td>*əgw/*əkw/*əŋw</td><td rowspan="2">au/ak/aŋ</td><td rowspan="2">au/œk/œŋ</td><td rowspan="2">əu/u/əŋ</td></tr>
<tr><td>侯东</td><td>*ug/*uk/*uŋ</td></tr>
</table>

续　表

| 上古 | 李方桂(1998) | 闽南(泉州) | 闽东(柘荣) | 闽北(石陂) |
|---|---|---|---|---|
| 侵缉 | *əp/*əm | ap/am | ak/aŋ | e/aiŋ |
| 谈叶 | *ap/*am | aʔ/ ā | ak/aŋ | a/aŋ |
| 歌祭元 | *ar/*ad/*at/*an | ia/iaʔ/iā<br>(ua/uaʔ/uā) | ia/iaŋ/iak | ye/yiŋ/ye |
| 鱼阳 | *ag/*ak/*aŋ | a/aʔ/ā | a/aʔ/œŋ | a/a/aŋ |

将闽语上古层韵读对照李方桂(1998)的相关上古韵部拟音，如表 3-5-3，本书推论闽地在接受上古汉语音韵系统时，还发生以下三种调整音变：

(1) 韵尾归并音变：根据方言比较与内部系统分析，古之脂佳入声同读、古蒸真耕同读的韵读层次，原来应为舌尖韵尾，闽东、闽北读为舌根尾乃后起的变化。以之对照上古汉语的各韵部拟音，我们可以推论：古汉语系统中，以前高元音(*-i-)为主要元音的佳耕部韵读，以央元音(*-ə-)为主要元音的之蒸部韵读，其舌根韵尾均调整归并于舌尖韵尾。然而，同样以前高元音、央元音为主要元音的侵缉部韵读、幽中部韵读，其双唇韵尾与圆唇性舌根韵尾则不发生变化。这类归并音变乃舌根韵尾受到主要元音发音部位趋前的同化影响，因而前化为舌尖韵尾；带有唇音征性的韵尾则不受此影响。

(2) 高元音低化音变：古汉语系统中，以高元音(*-i-、*-u-)为主要元音的佳耕、脂真、侯东等韵部音读，进入闽地均发生低化，分别与以央元音(*-ə-)为主要元音的之蒸、幽中等韵部合流，[①]然后其中大

---

① 上古汉语微、文等韵部拟音虽然亦为央元音(*əd/*-ət/*ən)，但闽语古微文部字群的韵读几乎没有与佳耕、脂真、之蒸等韵部同读的系统性表现，其今读多带有合口征性，韵读演变方式明显与之蒸部、侵缉部等上古拟音同为央元音的韵部非常不同，我们推测古汉语微文部韵读进入闽地后其元音征性即偏向合口，这可能是闽地的调整，也可能是上古汉语系统中微文部的元音征性本就带有较多圆唇特征。龚煌城(2000)即认为上古汉语微文部及侵缉部有一部分来自原始汉藏语的*-u-元音，其中侵缉部“*-u->*-ə-”的变化乃受到韵尾辨异作用的制约，但微文部“*-u->*-ə-”的变化却没有清楚的制约条件，很可能上古汉语系统中微文部的元音征性仍然倾向合口，因此古微文部变入中古合口韵者占绝大多数，远超过变入开口韵的部分。

部分在各次方言再继续低化为-a-，但闽北多还保留央元音的韵读，闽东的阳、入声韵则另有前化的演变趋向。我们之所以认为高元音先低化与央元音合流，是因为闽语这类上古层韵读在各地今读多为偏低元音，可见演变共同趋向应为“低化”，但是闽南这类上古层韵读又不运行元音鼻化音变，可见在闽南运行元音鼻化音变前，这类韵读的主要元音还不是低元音，考虑共同低化趋向以及闽南鼻化条件限制，上古层高元音的低化过程应分为两个阶段：“i/u＞ə”是闽地的调整归并；“ə＞a/ɛ/œ”则是次方言的各自演变。

(3) 歌、祭、元三部低元音的复化音变：古汉语系统中，以低元音(*-a-)为主要元音的谈叶、鱼阳、歌祭元等韵部，进入闽地均维持低元音韵读，不过其中歌、祭、元三部的低元音却衍生高部元音而复化，此与上古音这三部必须另外构拟*-ua-、*-ia-两个复合元音的表现(李方桂，1998：50—57)相互呼应。然而，详细比较来看，两者表现并不完全相同：上古歌、祭、元三部构拟为复合元音*ia者，乃用以分辨4等韵，以及删鎋与山黠两个2等韵，而构拟为复合元音*ua者，乃用以区辨舌齿声母的合口字。相对于此，闽语上古层歌、祭、元三部，1、3等字均衍生前高介音而复化，1等字如“鹅艾獭”，3等字如“蛇蚁线热”；较晚的另一层次，无论任何声母条件，1、2等开口字普遍衍生后高合口介音而复化，舌齿声母例字如“拖大辣山”，非舌齿声母例字如“我麻割寒”。不过，上古音的构拟结果也显示：古歌、祭、元三部可能本即包含相异的韵腹表现(*-a-、*-ia-、*-ua-)，形成后来等第、开合的不同；进入闽地后，上古层倾向一律读为带有前高介音的复合元音，稍晚的白读层则倾向将1、2等开口字读为带有合口成分的复合元音，这是闽地在古汉语基础之上进行的个别调整，而且不同时间层选择的调整方式并不一致。

以上(1)、(3)的调整变化有可据以解释的语音条件或演变背景，但高元音低化则无法从任何语音条件合理解释，本书认为这可能是来自古闽越语干扰所引发的调整。(参见 5.2.4 的讨论)这类高元音趋向低化的音韵习性仍然在今日闽语中作用着,例如闽东、闽北的高元音共同具有低化、复化的演变趋向,但两者的分化条件不同:闽东乃以声调为条件,在特定声调条件下有高元音韵腹低化、复化的特殊韵变现象;闽北则以声母为分化条件,以前高元音的复化为例,大体上非章见系声母为同一组结构条件,此条件下的前高元音发生复化音变,而章见系声母为另一组结构条件,此条件下的前高元音不发生复化。

总合闽语上古层与上古汉语韵部系统的音韵关系:上古层"四等同读"的音韵特点,一方面反映上古汉语介音成分的结构特质,另一方面更是深受古闽越语的底层音韵影响,发生介音成分完全脱落的调整变化;此外,上古层的韵部分合关系,一方面接受上古汉语的分韵架构,另一方面也有其个别的音韵调整变化,其中高元音低化音变,极可能来自古闽越语的音韵干扰,并且成为闽语独特的音韵习性。

### 3.5.2　晋代北方层

对照上古汉语与魏晋诗歌的分韵差异,可以发现魏晋时期的北方汉语已经发生诸多重要的韵部分合演变,其中有两项肇始于魏晋时期的重要演变趋向,值得我们注意。一是上古同韵部的 2、4 等字往往有同样的演变方向,并且倾向与其他韵部的 2、4 等字发生归并,因此中古的 2、4 等韵总是包含了来自上古不同韵部的字群;[①]二是上古韵部的 3 等字,则往往与同韵部的 2、4 等字分立,多数独立为一韵,少数与其他韵部来源的 3 等字发生归并,因此中古的 3 等韵较多数是来

---

① 仅有少数 2、4 等韵来自单一古韵部,例如:2 等佳韵皆来自上古佳部,2 等夬韵皆来自上古祭部,2 等删韵皆来自上古元部;4 等青韵皆来自上古耕部。

自单一古韵部的字群。[①] 肇始于魏晋时期的这类音韵变化趋向，与闽语晋代北方层的韵读特点显然具有密切相应的音韵关系，以下专就相关的古韵部演变，分“同部2、4等字的分化”与“3等字的独立发展”两方面进行探讨，并且说明闽地的个别调整变化。

1. 同部2、4等字的分化

中古蟹、山、咸、效四摄的开口2、4等字群，阴声韵多来自上古佳、祭、脂、幽、宵等韵部，阳声韵多来自上古真、文、元、侵、谈等韵部，入声韵则多来自上古祭入、脂入、缉、叶等韵部。根据丁邦新(1975)对魏晋诗歌押韵的研究结果，上古汉语佳、祭、脂、幽、宵等阴声韵部，经东汉再到魏晋时期的韵部演变关系，如表3－5－4所示；而古祭、脂等入声韵部，以及古真、文、元等阳声韵部的演变关系表，则分别如表3－5－5、表3－5－6所示。[②]

表3－5－4显示魏晋时期上古幽部的1、2、4等字已经与3等字分立，前者与古宵部合为“豪宵韵”，[③]后者则与古侯部1等字以及部分古之部3等字，合为“幽韵”。此外，上古脂部的2、4等字也已经与3等字分立，前者与古微部的1、2、4等字合为“皆韵”，后者则独立为“脂韵”，并纳入少数古之部3等字。相应于此，表3－5－5显示上古脂部入声的2、4等字亦与3等字分立，前者与古祭部入声合为“月韵”，后者则与古微部入声1、3等字合为“质韵”。表3－5－6也显示阳声韵的古真、文两部有同样的发展变化，其2、4等字并入“元韵”，与同部3等字截然分立。

---

① 多数3等韵来自上古单一韵部的字群，例如之韵、宵韵、祭韵、鱼韵、微韵、盐韵、侵韵、仙韵、元韵、文韵、阳韵、庚3韵、耕韵、蒸韵、钟韵；少数3等韵包含了来自上古不同韵部的字群，例如3等尤韵来自上古之、幽等韵部，3等支韵来自上古佳、歌等韵部，3等脂韵来自上古之、幽、脂、微等韵部，3等麻韵来自上古鱼、歌等韵部，3等虞韵来自上古鱼、侯等韵部，3等真谆韵来自上古真、文等韵部，3等东韵来自上古蒸、中等韵部。

② 由于古侵、谈、缉、叶等韵部，自上古至魏晋时期的变化不大，因此暂不列表。后文另行说明。

③ 魏晋时期宵韵与豪韵的分立乃基于统计上的差异，但实际上豪、宵两韵没有清楚的分际(丁邦新，1975：206)。

**表 3-5-4 上古佳、祭、脂、幽、宵等阴声韵部至魏晋时期的演变关系表**

| 上古 | 东汉 | 魏晋 | 中古 |
| --- | --- | --- | --- |
| *rig | *riei | *riei | 佳 2 |
| 佳*jig | 支*jiei | 支*jiei | 支 3 |
| *ig | *iei | *iei | 齐 4 |
| *ad | *ad | 泰*ad | 泰 1 |
| *rad | *rɑd | *rɑd | 夬 2 |
| 祭 *riad | 祭 *riad | 祭 *riad | 皆 2 |
| *jad | *jad | *jad | 祭 3 |
| *jiad | *jiad | *jiad | 祭 3 |
| *iad | *iad | *iad | 齐 4 |
| *jid | *jiəi-*jiəd | 脂*jiəi-*jiəd | 脂 3 |
| 脂*rid | 脂*riəi | 皆*rəi | 皆 2 |
| *id | *iəi | *iəi | 齐 4 |
| *əgw | *ogw | 豪*au | 豪 1 |
| *rəgw | *rogw | *rau | 肴 2 |
| *jəgw | 幽*jogw | 幽*jou | 尤 3 |
| 幽*jiəgw | *jiogw | *jiou | 幽 3 |
| *iəgw | *iogw | 宵*iau | 萧 4 |
| *jiəgw | 之*jiəg | 之*jiəï<br>脂*jiəi | 脂 3 |
| *agw | *agw | 豪*au | 豪 1 |
| *ragw | *ragw | *rau | 肴 2 |
| 宵*jagw | 宵*jagw | 宵*jau | 宵 3 |
| *iagw | *iagw | *iau | 萧 4 |

**表 3－5－5　上古祭、脂等入声韵部至魏晋时期的演变关系表**

| 上古 | 东汉 | 魏晋 | 中古 |
|---|---|---|---|
| *at | *at | *at | 曷 1 |
|  |  | 曷 | 末 1 |
| *rat | *rat | *rat | 鎋 2 |
| 祭 *riat | 月 *riat | *riat | 黠 2 |
| *jat | *jat | 月 *jat | 月 3 |
| *jiat-jat | *jiat-jat | *jiat-jat | 薛 3 |
| *iat | *iat | *iat | 屑 4 |
| *rit | *riət | 月 *riat | 黠 2 |
| 脂 *jit | 质 *jiət | 质 *jiət | 质术 3 |
| *it | *iət | 月 *iat | 屑 4 |

**表 3－5－6　上古真、文、元等阳声韵部至魏晋时期的演变关系表**

| 上古 | 东汉 | 魏晋 | | 中古 |
|---|---|---|---|---|
| *rjin | *rjiən | 真 *rjiən | | 臻 2 |
| 真 *jin | *jiən | *jiən | | 真谆 3 |
| *rin | *riən | 元 *rian | | 山 2 |
| *in | *iən | *ian | | 先 4 |
| *ən | 真 *ən | *ən | 魂 *ən | 痕魂 1 |
| *rjiən | *rjiən | 真 *rjiən | 真 *rjiən | 臻 2 |
| 文 *jiən | *jiən | *jiən | *jiən | 真谆 3 |
| *jən | *jən | *jən | 文 *jən | 欣文 3 |
| *rən | *rən | 元 *ran | | 山 2 |
| *iən | *iən | *ian | | 先 4 |
| *an | *an | 寒 *an | | 寒桓 1 |
| *ran | *ran | *ran | | 删 2 |
| 元 *rian | 元 *rian | *rian | | 山 2 |
| *jan | *jan | *jan | | 元 3 |
| *jian-jan | *jian-jan | 元 *jian-jan | | 仙 3 |
| *ian | *ian | *ian | | 先 4 |

据此，本书认为魏晋时期2、4等介音对于元音的影响性较为相近，而与3等介音截然有别，[①]才会导致古韵部2、4等字与3等字的分化演变。虽然当时古佳、侵、缉等韵部，尚未发生同样的分化，但后来中古时期古佳部2、4等字还是分立出去，其中4等字与古祭、脂两部4等字合为齐韵，而古侵、缉两部2、4等字也与古谈叶部2、4等字合并为咸韵、添韵，唯3等字仍然独立为支韵、侵韵、缉韵，可见2、4等介音确实普遍具有不同于3等介音的特性。

这种2、4等介音的特性，在北方汉语似乎没有对古宵、祭、元、谈、叶等低元音韵部造成分化的影响；然而，闽语2、4等同读的层次表现，则反映闽地吸收了晋代北方汉语的介音特点后，又延伸作用在这些低元音韵读上。

**表3-5-7　闽语山摄2、4等同读的古音来源**

<table>
<tr><th>中　古</th><th>上　古</th><th>魏　晋</th><th>闽语2、4等同读</th></tr>
<tr><td>删2</td><td>元 *ran</td><td>寒 *ran</td><td rowspan="3">uĩ-eŋ-aiŋ</td></tr>
<tr><td>山2</td><td>真 *rin<br>文 *rən<br>元 *rian</td><td>元 *rian</td></tr>
<tr><td>先4</td><td>真 *in<br>文 *iən<br>元 *ian</td><td>元 *ian</td></tr>
<tr><td>仙元3</td><td>元 *jan/jian</td><td>元 *jan/jian</td><td>iã/uã-iaŋ-yiŋ</td></tr>
</table>

以山摄为例，如表3-5-7所示。闽语晋代北方层的山摄2等删、山韵与4等先韵同读，闽南泉州读为-uĩ，闽东读为-eŋ，闽北读为

① 同本书第136页注1。

-aiŋ；3等仙元韵则具独立的细音韵读。除了2等删韵字在魏晋时期乃与1等字同归寒韵，其他2等山韵字、4等先韵字及3等仙元两韵字群，在魏晋时期均同归元韵。然而，魏晋韵读系统中，元韵的2、4等字实际上是归并了古真、文、元三部不同来源的例字，相对地元韵3等字则单纯来自古元部。尽管共时平面上魏晋时期的元韵2、3、4等字可以一起押韵，但历时源流的脉动却说明，魏晋时期元韵的2、4等字与3等字必然承继了相异的变动因子；而且这样的变动当时还在进行，蟹、咸两摄的2、4等韵尚未完全归并，其与不同古来源的同摄3等字依然保持区别，例如来自古佳、脂部的2、4等字，不与3等祭韵字一起押韵，来自古侵部的2、4等字也不与3等盐韵字一起押韵。此种相异的介音变动特性，在尚未稳定之前便进了闽地，并且在闽地音韵习性的推波助澜下继续扩展，连带影响原来不发生分化的低元音韵部，于是同样包容多重来源的2等字与4等字进一步合流同读，3等字则有截然不同的演变方式，遂形成闽语晋代北方层“2、4等同读，3等独读”的韵读特点。

2. 3等字的独立发展

承上所述，上古韵部的3等字在魏晋时期开始与同部2、4等字分立，多数后来独立为一韵，例如中古3等鱼韵均来自上古鱼部，3等阳韵均来自上古阳部，3等钟韵均来自上古东部；少数与其他韵部来源的3等字发生归并，例如中古3等虞韵来自上古鱼、侯两部，3等尤韵来自上古之、幽等韵部，3等东韵来自上古中、蒸两部。3等韵的独立演变显示3等介音与2、4等介音相异的特性：大致看来，2、4等介音较容易影响主要元音的变化，进而与其他韵部相归并；3等介音在音韵结构中则相对鲜明，较不易影响主要元音的变化，因此多数后来独立为一韵。

如表3-5-8所示，闽语晋代北方层，不仅蟹、山、咸、效四摄的开口字群表现3等独读的特点，遇、流、宕开、通四摄的3等字群，以及支、脂、之、真、蒸、侵等开口3等字群，同样也多数读为带有前高介音成分的细音韵母，或者进一步发展为高部主要元音，共同反映 3 等韵强劲的介音结构。本书认为这也是闽地吸收了晋代北方汉语的介音特点，于是该层次 3 等字的韵读均带有明显反映 3 等介音成分的语音特质，在层次系统表现上，既不同于原来倾向介音完全脱落的上古层韵读，也不同于 3 等韵具双向发展的江东层韵读。（参见 3.5.3 的讨论）

**表 3－5－8　闽语 3 等独读的古音来源**

<table>
<tr><th>中　古</th><th>上　古</th><th>魏　晋</th><th>闽语 3 等独读</th></tr>
<tr><td>祭 3</td><td>祭 *jad/jiad</td><td>祭 *jad/jiad</td><td>e-ie-ie</td></tr>
<tr><td>仙元 3</td><td>元 *jan/jian</td><td>元 *jan/jian</td><td>iā/uā-iaŋ-yiŋ</td></tr>
<tr><td>盐 3</td><td>谈 *jam</td><td>谈 *jam</td><td>iā-iaŋ-iaŋ</td></tr>
<tr><td>宵 3</td><td>宵 *jagw</td><td>宵 *jau</td><td>io-yo-(iau)</td></tr>
<tr><td>鱼 3</td><td>鱼 *jag</td><td>鱼 *jo</td><td>ɯ-y-y</td></tr>
<tr><td>虞 3</td><td>鱼 *jag<br>侯 *jug</td><td>鱼 *jo<br>*juo</td><td rowspan="2">iu/u-iu/u-iu/y</td></tr>
<tr><td>尤 3</td><td>之 *jəg<br>幽 *jəgw</td><td>幽 *jou</td></tr>
<tr><td>阳 3</td><td>阳 *jaŋ</td><td>阳 *jaŋ</td><td>iũ-yoŋ-ioŋ</td></tr>
<tr><td>东 3</td><td>中 *jəŋw<br>蒸 *jəŋ</td><td>冬 *joŋ</td><td rowspan="2">iŋ-yŋ-œyŋ</td></tr>
<tr><td>钟 3</td><td>东 *juŋ</td><td>东 *juŋ</td></tr>
<tr><td>支 3</td><td>佳 *jig<br>歌 *jar/jiar</td><td>支 *jei/jiei</td><td rowspan="3">e-ie-ie</td></tr>
<tr><td>脂 3</td><td>脂 *jid<br>微 *jiəd</td><td>脂 *jiəi/jiəd</td></tr>
<tr><td>之 3</td><td>之 *jəg</td><td>之 *jəï</td></tr>
<tr><td>真 3</td><td>真 *jin<br>文 *jiən</td><td>真 jiən</td><td>ian</td></tr>
<tr><td>蒸 3</td><td>蒸 *jəŋ</td><td>蒸 jəŋ</td><td>iā-iaŋ-iaŋ</td></tr>
<tr><td>侵 3</td><td>侵 *jəm</td><td>侵 jəm</td><td>iam-ɛŋ</td></tr>
</table>

3. 闽地的调整变化

闽语晋代北方层最重要的结构特点即“2、4 等同读,3 等独读”,如前所述,此与魏晋时期的韵部演变趋向密切相应,应该是闽地吸收了晋代北方汉语的介音特点,但另一方面也同时涉及闽地音韵习性的调整与转变。

闽地最早时期深受古闽越语的底层音韵干扰,不善掌握介音成分,因而上古层的韵读趋向四等同读。然而,晋代北方层的韵读特点显示:当大批北方移民入闽,闽地在不断与北方汉语接触学习的过程中,逐渐接受其韵读结构中的介音成分,首先习得的便是鲜明独立的 3 等介音。不过,闽地在接触融合晋代北方汉语时,仍然发生 2 等字与 4 等字合流同读的调整音变,值得注意的是,这次的调整变化并非介音成分的全然脱落,而是 2、4 等介音对主要元音产生相同的影响后,一同消失而 2、4 等韵合流,因而与 1 等韵并不同读。这样的调整变化,一方面反映当时北方汉语 2、4 等字独特的变动特性被闽地吸收,但另一方面也显示闽地在原来音韵习性的干扰之下,还是无法清楚掌握 2 等介音与 4 等介音的区辨,才会进一步将之合流同读,成为该项历史层次的重要特点。

除了 2、4 等同读之外,对照魏晋时期的韵类分合关系与闽语晋代北方层的韵读表现(如表 3－5－8),该项历史层次还具有“尤虞同读、东钟同读、支脂之无别”的闽地个别特点。本书认为闽地在接触融合晋代北方音韵系统时,一方面维持该系统稳固的 3 等韵介音,另一方面也仍然受到本地原有音韵系统“古幽侯不分、古中东不分”的影响,遂将北方音韵中具有区别的尤、虞两韵,东、钟两韵分别合流同读,至于“支脂之无别”可能反映的是六朝时期北方音韵系统的共同演变趋向,也被闽地所吸收,不见得是闽地音韵习性所导致的调整归并。

总合闽语晋代北方层与魏晋时期古汉语韵部系统的音韵关系:晋代北方层“2、4 等同读,3 等独读”的音韵特点,一方面反映魏晋时期古汉语 2、4 等介音与 3 等介音截然分立的变动特性,另一方面也仍然受到闽地原有音韵习性的影响，发生2、4等字合流同读，以及尤、虞两韵，东、钟两韵合流同读的调整变化。

### 3.5.3　南朝江东层

根据何大安(1981b)对南北朝诗歌押韵的研究结果，以及丁邦新(1975)整理的南北朝韵部系统，将蟹、山、咸、效四摄开口字群以及遇、流、宕开、通四摄字群当时的韵类分合关系分列如表3-5-9、表3-5-10。这两类字群有截然相异的押韵特点，值得我们注意：一是蟹、山、咸、效四摄开口字群的3、4等字往来密切，但几乎不与1等字往来；二是遇、流、宕开、通四摄字群的3等字则一律与1等字一起押韵。南北朝时期这两类不同的押韵关系，与闽语南朝江东层的韵读特点，着实密切相应。以下分"2等独立，3、4等往来密切"与"1、3等同押"两方面进行进行探讨，并且说明闽地的个别调整变化。

1. 2等独立，3、4等往来密切

**表3-5-9　南北朝时期蟹、山、咸、效四摄开口字群的押韵关系**

| 中古 | 上古 | 南北朝(丁，1975) | 南北朝(何，1981b) | |
|---|---|---|---|---|
| | | | Ⅰ | Ⅱ南① |
| 咍1 | 之<br>微 | 灰咍 əi | 皆灰咍废 əi | 灰咍废 əi |
| 泰1 | 祭 | 泰 âd | 泰 ɑi | 泰 ɑi |
| 皆2 | 之脂微<br>祭 | 皆 ăi<br>皆 ăd | 皆灰咍废 rəi | 皆 æi |
| 佳2 | 佳 | 佳 æi | 支佳 riei | 佳 ei |
| 齐4 | 佳脂<br>祭 | 齐 iei<br>祭齐去 ied | 齐 iəi<br>祭霁 iɑi | 齐 iæi<br>祭霁 iæi |

① 何大安(1981b)研究南北朝韵部演变，将南北朝的历史时间划分为两期，第一期是宋、北魏前期，第二期则因南、北有不同的音韵演变情况而分为两区，南方是齐、梁、陈、北周、隋，北方是北魏后期、北齐。本书仅列出南北朝第一期的历史音读与第二期的南方历史音读。

**续　表**

| 中　古 | 上　古 | 南北朝(丁,1975) | | 南北朝(何,1981b) | |
|---|---|---|---|---|---|
| | | | | Ⅰ | Ⅱ南 |
| 祭 3 | 祭 | 祭齐去 jed | | 祭霁 iɑi | 祭霁 iæi |
| 寒曷 1 | 元祭 | 寒 ân | 曷 ât | 寒桓删 ɑn-ɑt | 寒桓 ɑn-ɑt |
| 删鎋 2 | 元祭 | 删 an | 鎋 at | 寒桓删 rɑn | 删 an |
| 山黠 2 | 真文元<br>脂微祭 | 山 æn | 黠 æt | 山先仙<br>riɑn-riɑt | 山先仙<br>riɑn-riɑt |
| 先屑 4 | 真文元<br>脂微祭 | 仙先 iɛn | 屑薛 iɛt | 山先仙<br>iɑn-iɑt | 山先仙<br>iɑn-iɑt |
| 仙薛 3 | 元祭 | 仙先jiɛn<br>jɛn | 屑薛 jiɛt<br>jɛt | 山先仙<br>jiɑn-jiɑt | 山先仙<br>jiɑn-jiɑt |
| 元月 3 | 元祭 | 元 jɐn | 月没 jɐt | 元魂痕<br>jən-jət | 元魂痕<br>jən-jət |
| 覃合 1 | 侵缉 | 覃 əm | 合 əp | 覃 əm-əp | 覃 əm-əp |
| 谈盍 1 | 谈叶 | 谈 âm | 盍 âp | 谈 ɑm | 谈 ɑm |
| 衔狎 2 | 谈叶 | 衔 am | 狎 ap | 衔 am | 衔 am |
| 咸洽 2 | 谈叶<br>侵缉 | 咸 æm | 洽 æp | 盐添严凡<br>riɑm-æp | 盐添严凡<br>riɑm-æp |
| 添 4 | 谈叶<br>侵缉 | 盐添 iɛm | 叶帖 iɛp | 盐添严凡<br>iɑm-iɑp | 盐添严凡<br>iɑm-iɑp |
| 盐 3 | 谈叶 | 盐添jɛm<br>jiɛm | 叶帖 jɛp | 盐添严凡<br>jɑm/jiɑm-jiɑp | 盐添严凡<br>jɑm/jiɑm-jiɑp |
| 严 3 | 谈 | 严凡 jɐm | 业乏 jɐp | 盐添严凡<br>jɑm-jɑp | 盐添严凡<br>jɑm-jɑp |
| 豪 1 | 幽宵 | 豪 âu | | 肴豪* ɑu | 豪 ɑu |
| 肴 2 | 幽宵 | 肴 au | | 肴豪* rɑu | 肴 au |
| 萧 4 | 幽宵 | 宵萧 iæu | | 萧宵* iɑu | 萧宵 iɑu |
| 宵 3 | 宵 | 宵萧 jæu | | 萧宵* jiɑu | 萧宵 jiɑu |

表3－5－9显示南北朝时期蟹、山、咸、效四摄开口字群的押韵特点有二：(1) 2等韵多半独立押韵，与3、4等韵分立，例如删、衔、肴韵独立，不与仙先韵、盐添韵、宵萧韵一起押韵。需要特别说明的是，何大安(1981b)将2等山韵、2等咸韵仍与仙先韵、盐添韵同纳一韵部，但丁邦新(1975)则将2等山韵、2等咸韵独立，本书认为这反映删、山两韵，衔、咸两韵在音韵发展上确实不同步，山韵、咸韵较晚与3、4等韵分立，但就整体韵部系统来看，还是可以推论当时蟹、山、咸、效四摄开口字群，2等字与4等字的音韵关系，已经不如3等字与4等字的往来密切了。(2) 上古不同来源的4等韵已经归并，且与同摄3等韵关系十分紧密，例如来自古真、文、元等三部的4等先韵字归并后，经常与3等仙韵字一起押韵，来自古谈、侵二部的4等添韵字归并后，也与3等盐韵合为盐添韵往来密切。南北朝时期这两项押韵特点："2等韵独立，3、4等韵往来密切"，显然与魏晋时期"同部2、4等字分化，3等字独立发展"的音韵演变特点非常不同。

2. 1、3等同押

表3－5－10显示南北朝时期遇、流、宕开、通四摄字群的押韵特点有三：(1) 虞模无别，但鱼虞有别。魏晋时期模、鱼、虞多一同押韵，但当时江东地区即有明显"虞模与鱼分韵"的方音特色(丁邦新，1975：263—264)，到了南北朝后期，鱼韵正式独立，与虞模韵不再一起押韵。(2) 冬钟无别。魏晋时期同样来自古中部的冬韵与东3韵多一同押韵，而来自古东部的钟韵则多与东1韵一同押韵，也就是说魏晋时期还维持"古东中有别"的分韵表现，但当时江东地区另有"古东中不分"的方音特色(丁邦新，1975：264)，这两种不同地区的押韵特色在六朝时期相互接触融合，形成南北朝诗歌新的押韵特点，冬韵转与钟韵一同押韵，而东1韵与东3韵合为东韵。(3) 尤侯无别、唐阳无别。魏晋时期尤韵字与侯韵字合为幽韵往来密切，而唐、阳两韵仍是一同押韵，到了南北朝时期，这项特点依然没有改变。

**表 3-5-10 南北朝时期遇、流、宕开、通四摄字群的押韵关系**

| 中古 | 上古 | 南北朝(丁,1975) | | 南北朝(何,1981b) | |
|---|---|---|---|---|---|
| | | | | Ⅰ | Ⅱ南 |
| 鱼 3 | 鱼 | 鱼 jo | | 鱼虞模 jo | 鱼 jwo |
| 模 1 | 鱼 | 虞模 uo | | 鱼虞模 o | 虞模 u |
| 虞 3 | 侯<br>鱼 | 虞模 juo | | 鱼虞模 jwo | 虞模 ju |
| 唐铎 1 | 阳鱼<br>宵 | 唐阳 aŋ | 铎药 ak | 阳唐 ɑŋ-ɑk | 阳唐 ɑŋ-ɑk |
| 阳药 3 | 阳鱼<br>宵 | 唐阳 jaŋ | 铎药 jak | 阳唐 jɑŋ-jɑk | 阳唐 jɑŋ-jɑk |
| 东屋 1 | 东侯 | 东 uŋ | 屋 uk | 东冬钟江 oŋ-ok | 东 uŋ-uk |
| 东屋 3 | 蒸之<br>中侵幽 | 东 juŋ | 屋 juk | 东冬钟江 joŋ-jok | 东 juŋ-juk |
| 冬沃 1 | 中幽 | 冬钟 uoŋ | 沃烛 uok | 东冬钟江 woŋ-wok | 冬钟 woŋ-wok |
| 钟烛 3 | 东侯 | 冬钟 juoŋ | 沃烛 juok | 东冬钟江 jwoŋ-jwok | 冬钟 jwoŋ-jwok |
| 侯 1 | 侯 | 尤侯幽 əu | | 尤侯幽* ou | 尤侯幽 ou |
| 尤 3 | 之幽 | 尤侯幽 jəu | | 尤侯幽* jou | 尤侯幽 jou |

然而,相较于南北朝时期蟹、山、咸、效四摄 3、4 等字往来密切的押韵特点,会发现尤、阳、虞、东钟等 3 等韵的表现与之大不相同,以流摄与效摄为例比较如下:

**表 3-5-11**

| 中　古 | 魏　　晋 | 南　北　朝 |
|---|---|---|
| 侯 1 | 幽 ou | 尤侯幽 əu |
| 尤 3 | 幽 jou | 尤侯幽 jəu |
| 豪 1 | 豪 au | 豪 âu |
| 肴 2 | 豪 rau | 肴 au |
| 宵 3 | 宵 jau | 宵萧 jæu |
| 萧 4 | 宵 iau | 宵萧 iæu |

就 1、3 等韵的表现来看，魏晋时期宵韵与豪韵的分立乃基于统计上的差异，但实际上豪、宵两韵没有清楚的分际（丁邦新，1975：206），到了南北朝时期，3 等宵韵字与 4 等萧韵字合为宵萧韵往来密切，与 1 等豪韵字迥然有别；相较于此，3 等尤韵字无论在魏晋时期或南北朝时期都与 1 等侯韵字往来密切。也就是说，魏晋时期的 3 等韵普遍与 1 等韵没有押韵上的鲜明隔阂，但是南北朝时期的 3 等韵分成两种情况：一是与同摄 4 等韵合为一韵，与 1 等韵截然有别，例如 3 等宵韵、祭韵、仙韵、盐韵；二是仍与同摄 1 等韵往来密切，例如 3 等尤韵、虞韵、阳韵、钟韵。据此，本书推论自上古到魏晋时期的 3 等介音尚不影响主要元音的音值表现，到了南北朝时期，宵韵一类的 3 等介音对主要元音产生音值上的影响，而尤韵一类的 3 等介音则不然，这种演变差异可能与主要元音的语音征性相关。

**表 3-5-12**

| (a) | | | | | | (b) | | | | | | | | |
|---|---|---|---|---|---|---|---|---|---|---|---|---|---|---|
| 鱼 | 虞 | 尤 | 阳 | 东 3 | 钟 | 祭 | 仙 | 盐 | 宵 | 支 | 之脂 | 真 | 蒸 | 侵 |
| jo | juo | jəu | jaŋ | juŋ | juoŋ | jed<br>jied | jɛn<br>jiɛn | jɛm<br>jiɛm | jæu<br>jiæu | jæi<br>jiæi | jɛi<br>jiɛi | jien | jəŋ | jəm |

上表列出丁邦新（1975）的南北朝相关韵类拟音。以主要元音的前后征性来看，（b）类的主要元音多为[-后]的征性，而（a）类的主要元音多带有[＋后]的征性，其中尤韵主要元音虽拟为[ə]，但尤韵来自上古幽部（* əgw），南北朝以前的主要元音均拟为[o]，显然带有较多的后圆征性；又唐阳韵主要元音虽拟为[a]，但极可能受到后部舌根韵尾的同化影响，其实际音值恐怕更接近于[ɑ]，因而进入闽地时才会改读为-ɔŋ、-iɔŋ。据此，带有[＋后]征性的（a）类主要元音，对 3 等介音的高前化作用造成限制，因而南北朝诗歌押韵表现上，（a）类的模虞、侯尤、唐阳、冬钟等 1、3 等韵仍然可以一起押韵；而（b）类的祭、仙、盐、宵等 3 等韵，主要元音则深受 3 等介音的高前化作用影响，与 4 等韵

一同押韵，但与1等韵截然分别。

对照南北朝诗歌的韵部系统表现来看，闽地在接触融合南方江东音韵系统时，不仅吸收了江东音韵原来的押韵特点，更在闽地音韵习性的影响之下，进一步将(a)类的1、3等韵合流同读洪音韵，将(b)类的3、4等韵合流同读细音韵，遂形成闽语南朝江东层3等韵分成两类演变的韵读特点。

3. 闽地的调整变化

南北朝韵部系统中，蟹、山、咸、效四摄开口字群虽倾向"2等独立，3、4等往来密切"，但并不表示同摄3、4等字的韵读完全一致；而遇、流、宕开、通四摄字群虽倾向"1、3等一起押韵"，也不表示同摄1、3等字的韵读完全无别。然而，可以确定的是，南北朝时期的3等介音，受到主要元音语音征性的限制，分成两类演变趋向：一是与4等介音一同促使非后部元音高前化，因此3、4等韵经常一起押韵，较少与1、2等韵往来；二是完全不影响后部元音的语音表现，因此1、3等韵总是一起押韵。本书认为闽语南朝江东层3等韵读的双向演变，正是反映南北朝时期此种押韵特性；但是闽地也有个别的调整变化。

如前所述，闽语在发展过程中逐渐接受汉语韵读的介音结构，但"不善掌握介音成分"的底层习性，依然对西晋六朝时期入闽的南北层次发生若干影响。就南朝江东层来说，闽地对于非后部主要元音、往来密切的3、4等韵，还是无法清楚掌握3等介音与4等介音的分别，因而进一步将之合流同读。而对于后部主要元音、可以一起押韵的1、3等韵，则有两种可能的调整方式：一是同样受到闽地音韵习性影响，遂将1、3等韵合流同读；二是古江东方言这类1、3等韵不仅是一起押韵而已，其3等介音本即不如北方汉语那样鲜明独立，因而其3等字与1等字的韵读十分接近。本书较倾向第二种解释，因为同样在西晋六朝时期入闽的晋代北方层，其"3等独读细音韵母"的韵读表现，显示当时闽地已经习得鲜明独立的3等介音，何以在接受南方江东音韵时又完全失落3等介音？比较妥当的推想是，古江东方言本即不善掌握接后部元音的 3 等介音。本书在 3.3.5.2 节即以《三国志》记载的一首江东童谣，说明江东方言“阁石、成冈韵母相同”的现象，可以支持推论当地鱼阳韵的 1 等字与 3 等字在韵读上没有严格区别的语音特性，因此 1 等字“阁”可以作为 3 等字“石”的反语下字，而 3 等字“成”也可以作为 1 等字“冈”的反语下字，江东方言这种 1、3 等不分的音韵特点，极可能反映来自吴越底层的音韵干扰。据此，闽语南朝江东层遇、流、宕开、通四摄字群“1、3 等同读”的韵读特点，乃直接吸收古江东方言的音韵特色。

**表 3-5-13　闽语江东层韵读与相关南北朝韵读的对照**

| 中　古 | 丁邦新(1975) | 闽南(漳州) | 闽东(古田) | 闽北(建瓯) |
|---|---|---|---|---|
| 鱼 3 | 鱼 jo | e | œ | — |
| 模 1 | 虞模 uo | ɔ/u | uo | iɔ |
| 虞 3 | 虞模 juo | | | |
| 支 3 | 支 jæi/jiæi | i | ie | ie |
| 脂 3 | 之脂 jiɛi/jiɛd | i | i | i |
| 之 3 | 之脂 jɛi | | | |
| 东 1、3 | 东 uŋ、juŋ | aŋ | øyŋ | əŋ |
| 冬 1、钟 3 | 冬钟 uoŋ、juoŋ | | | |
| 真 3 | 臻真殷 jien | ɪn | iŋ | eiŋ |
| 蒸 3 | 蒸 jəŋ | | | |

除了 3 等韵的双向发展之外，对照南北朝时期的韵类分合关系，如表 3-5-13，闽语南朝江东层还具有“鱼虞有别，支与脂之有别，东冬钟同读，真蒸同读”等特点。其中“鱼虞有别”、“支与脂之有别”直接反映六朝时期南方江东音韵特色。至于“东冬钟同读”、“真蒸同读”则是闽地的调整变化，前者乃闽地接触融合江东音韵系统时，一方面接受该系统部分 1、3 等韵分别不清的特点，另一方面也同时受到本地原有音韵系统“古幽侯不分、古中东不分”的影响，遂将江东音韵

中具有区别的东韵与冬钟韵合流同读,[①]唯闽东在入声部分保留冬钟韵独立的韵读;后者则是受到闽地原来“韵尾音韵限制”的影响,将江东音韵具有区别的真韵与蒸韵合流同读。

总合闽语南朝江东层与南北朝时期古汉语韵部系统的音韵关系:南朝江东层3等韵分成两类演变的韵读特点,不仅反映南北朝时期古汉语的3等介音,因其后接主要元音的语音征性而有截然不同的影响力,更细微地呈现江东方言后部元音韵类1、3等不分的音韵特点,此外也同时受到闽地原有音韵习性的影响,发生非后部元音韵类3、4等字合流同读,以及东冬钟韵合流同读的调整变化。

相对来说,文读层与上古层的辨析较为容易,而晋代北方层与南朝江东层的辨析与判定,需要参照更多的历史音韵证据;而且在层次竞争激烈与长久语音演变之下,上古层、晋代北方层与南朝江东层不见得均处于层次分明的音韵状态,例如遇、宕两摄的上古层以及真、蒸二韵的北方层都仅具零散的例字,而真、侵二韵的江东层与文读层在音韵形式上合流同读。不过,透过跨方言的延伸比较,以及系统性的音韵特点对比,还是可以探寻出至少四个音韵结构与演变方向截然有别的层次系统。据此,本书认为闽语的韵读最少必须分为四大段历史层次:唐宋文读层、南朝江东层、晋代北方层与上古层,其中南朝江东层与晋代北方层的地域差异性多过于时代变异性,前者反映南方音韵特点,后者则反映北方音韵特点,而且这两个层次进入闽地的时间同为西晋六朝时期,没有绝对的早晚顺序;但是我们目前还无法论断,究竟是闽地同时接触融合相异的两种音韵系统,还是当时江东移民的音韵系统已融合两种音韵层次,一并带入闽地?这有待将来更深入详细的探究。

---

① 值得注意的是,南北朝第一期(宋、北魏前期)乃将东、冬、钟、江合为一韵(何大安,1981b)。这可能是由古东、中两部之分,转向东韵与冬钟韵对立的过渡阶段。

# 第四章
# 声母与声调历史层次

本章分析闽语声母与声调的历史层次，以古汉语的声类与调类系统作为层次分析的历史参照，首先透过方言比较以建立闽语各次方言的音读对应关系，并归纳各历史层次的系统特色，进而参照相关历史音韵材料，推论各层次的历史时间或地域来源。其中关于古全浊声母的层次分析，请参见杜佳伦(2013)《闽语古全浊声类的层次分析》一文的详细论述，以下 4.1 节简要说明该文的研究成果；4.2 节与 4.3 节分别讨论古次浊声母与古全清声母的特殊表现与层次分布；4.4节与 4.5 节在声母层次分析的基础之上，首先辨析闽北复杂的古浊母声调层次，然后将闽南、闽东也具有明显层次差异的古浊母上声字及去声字与之相互联系；最后，4.6 节总结闽语声母与声调历史层次的系统性。

## 4.1　古全浊声母的层次分析结果

**表 4－1　闽语古全浊声母的历史层次总表**

| | 文读层(A) | | | 浊音白读层(B) | | | 不送气清音层(C) | | | 送气清音层(D) | | |
|---|---|---|---|---|---|---|---|---|---|---|---|---|
| | 澄海 | 福清 | 石陂 | 澄海 | 福清 | 石陂 | 澄海 | 福清 | 石陂 | 澄海 | 福清 | 石陂 |
| 並 | p(p$^h$) | p | b | p | p | b | p | p | p | p$^h$ | p$^h$ | p$^h$ |
| 奉 | h | h | x | | | | | | | | | |

**续　表**

| | 文读层(A) | | | 浊音白读层(B) | | | 不送气清音层(C) | | | 送气清音层(D) | | |
|---|---|---|---|---|---|---|---|---|---|---|---|---|
| | 澄海 | 福清 | 石陂 | 澄海 | 福清 | 石陂 | 澄海 | 福清 | 石陂 | 澄海 | 福清 | 石陂 |
| 定 | t($t^h$) | t | d | t | t | d | t | t | t | $t^h$ | $t^h$ | $t^h$ |
| 澄 | ts($ts^h$) | ts | dz | | | | | | | | | |
| 群 | k($k^h$) | k | g | k | k | g | k | k | k | $k^h$ | $k^h$ | $k^h$ |
| 匣 | h | h | x(ɦ) | ø | ø | ɦ | ø | ø | ø | ($k^h$) h | ($k^h$) h | x |
| 从 | ts ($ts^h$) | ts | dz | ts | ts | dz | ts | s | ts | $ts^h$ | $ts^h$ | $ts^h$ |
| 崇 | | | | s | s | dz | | | | | | |
| 邪 | s | s | s(dz) | | | | | | | | | |
| 禅 | s | s | s | s | s | ɦ | | | | | | |
| 船 | | | | ts | s | ɦ*l*ø | | | | | | |

杜佳伦(2013)以古汉语全浊声类为历史层次分析的参照系统，观察比较这类古全浊声母在闽南、闽东、闽北等闽语三大次方言之间的音读对应关系，从中联系相应的音韵特点，进而辨析出相异的四项层次系统：一是文读层，二是浊音白读层，三是不送气的清音白读层，四是送气的清音白读层。(如表4-1所示)该文归纳各项历史层次的音韵特点如下表：

**表 4-2**

| | 音读特色 | 音韵分合关系 |
|---|---|---|
| 文读层(A) | · 闽南、闽东主要读为不送气清音，唯潮汕地区阳平字有送气的新文读表现。<br>· 闽北石陂等地塞音与塞擦音均读为浊音；但擦音却读为清音，仅有阳平字读为浊音。 | · 奉母与並母分立。<br>· 少数澄母字与定母分立。<br>· 匣母与群母分立。<br>· 从母与邪母分立。 |

**续　表**

| | 音读特色 | 音韵分合关系 |
|---|---|---|
| 浊音白读层(B) | · 闽南、闽东均读为不送气清音。<br>· 闽北石陂等地均为浊音表现。 | · 並奉母不分。<br>· 定澄母不分。<br>· 匣母二分,其一与群母同读。<br>· 从母与邪母分立;船母与禅母有别。 |
| 不送气清音层(C) | · 闽南、闽东、闽北均读为不送气清音。 | · 並奉母不分。<br>· 定澄母不分。<br>· 匣母与群母分立。<br>· 从邪船禅母不分。 |
| 送气清音层(D) | · 闽南、闽东、闽北均读为送气清音。 | · 並奉母不分。<br>· 定澄母不分。<br>· 匣母与群母多数分立;零星匣母字与群母同读。<br>· 从邪船禅母不分。 |

文读层(A)与浊音白读层(B)的音读特色相当接近,但有三点重要的音韵系统区别:

1. 文读层(A)为並奉母分立、群匣母分立的唐宋音韵架构;浊音白读层(B)则具有並奉母不分、群匣母同读的相异特点。

2. 浊音白读层(B)的所有古全浊声母在闽北石陂等地均为浊音表现;文读层(A)来自擦音声类的奉母、匣母及邪船禅母,在闽北石陂等地却读为清声母,只有匣母与邪母的平声字具有浊音的条件变体,此与唐宋以降全浊声母的清化音变乃以擦音为先、塞音与塞擦音为后的现象相符合(罗常培,1933: 16;蒋绍愚,1996: 39—42)。

3. 文读层(A)还稍带新文读的表现,一是少数澄母字与定母字分立,二是闽南潮汕地区多数阳平字的文读转为送气。

不送气清音层(C)与送气清音层(D)的音读分别十分清楚,前者在闽语各地主要读为不送气清音,后者则均读为送气清音;但二者所反映的音韵分合关系却几乎一致,唯送气清音层(D)有零星匣母字与群母同读，且有少数古章系字读同见系的表现。

而浊音白读层(B)与不送气清音层(C)的区别主要有以下三点：

1. 闽北西北片石陂等地有清浊之分，东南片建瓯等地今读虽无浊音表现，但具有声调上严格的对应区别。

2. 闽南、闽东虽在声母与声调表现上均无差异，但从音韵分合关系上来看，浊音白读层(B)的从母与邪母分立，前者读为塞擦音，后者读为擦音，而不送气清音层(C)的从母与邪母不分，闽南、闽北均读为塞擦音，闽东则均读为擦音。

3. 音韵分合关系上还有群母与匣母的分合之别，闽北西北片匣母字读同群母者，只能读为舌根浊塞音 g-或弱化的 j-，完全没有读为舌根清塞音 k-的表现，由此可见闽语群匣母无别的声母特点，主要表现于浊音白读层(B)，且该层古匣母二分，另有与喻三母相近的浊音表现，而不送气清音层(C)的匣母则完全与群母分立。

该文进一步根据各项层次系统的音韵特点，包括音读特性与音韵分合关系，探讨其所反映的历史时间或地域来源。除了文读层(A)的音韵特点大致符应唐宋以来的音韵发展，该文另外参照其他相关历史音韵材料，以及考虑层次的系统性对应，进行浊音白读层(B)、不送气清音层(C)及送气清音层(D)的历史来源判定：

1. 浊音白读层(B)应反映自秦汉以来由北方引进的音韵系统，主要依据是其呈现“从邪有分、船禅亦别”的北方音韵关系，且有一部分匣母字读同群母的上古声母特点，历史时间上可能涵盖了自秦汉到晋代。

2. 不送气清音层(C)则反映南朝江东地区的音韵系统，主要依据是其呈现“从邪不分、船禅不分”的江东音韵特点。

3. 送气清音层(D)虽也呈现“从邪不分、船禅不分”的南方音韵格局，但因为另有零星匣母字与群母同读，且有少数古章系字读同见系的表现，应涵盖更早的历史时间，而其送气特色则是反映闽地非汉语底层的音韵干扰。

关于送气清音层(D)来自闽地非汉语底层音韵干扰的推论,该文首先说明,闽语古全浊声类读为送气清音的表现,可以与闽南古鼻音声母今读为 h-、闽北古来母今读为 s-等现象相互呼应,都将古汉语浊音声类读为带有“气流摩擦”征性的清音声母,而且在闽东方言皆紧密相应于“古浊母去声字归读阴去调”的特殊表现,形成具系统性的底层音韵干扰现象。据以推想古闽越语应该具有“浊音气流强劲而摩擦征性明显”的音韵特性,学习汉语时乃将浊音声类读为带有“气流摩擦”征性的特殊语音,也因为气流征性的影响,使其容易清化后读为送气,甚至可能在调分阴阳之前就已经相当接近次清声类的送气清音。而原始侗台语的历史音韵研究成果,确切显示原始侗台语的声母系统具有“一套带浊送气的浊塞音声母”,以及“一套清鼻音与清通音声母”,可以支持前述对古闽越语语音特性的设想。最末,该文依据陈保亚(1996)对于语言接触音韵互协过程的探讨,运用母语干扰的接触演变方式(调整、回归与并合)(参见 5.2.1 的讨论),具体解释在古闽越语的影响之下,闽地古全浊声类与次清声类的混读变异。

## 4.2 古次浊声母的特殊表现

在汉语中古声母系统的架构下,共有八类次浊声母:明、微、泥、娘、疑、日、来、喻等,本节以此为层次分析的声类参照,并且分为三大类进行讨论:(1) 古鼻音声母(明、微、泥、娘、疑、日);(2) 古来母字;(3) 古喻母字。闽语古次浊声类的音读层次不如古全浊声类丰富且各成稳定相应的系统,本节仅针对其特殊表现进行分析与讨论。

### 4.2.1 古鼻音声母

闽语古鼻音声类(明、微、泥、娘、疑、日)今读多仍为鼻音声母,没有非常复杂的层次异读情形,唯闽南方言有两项特殊表现:一是去鼻音现象,此乃涉及闽南个别的语音变化,而且又与文白层次的接触有较为曲折的关系；二是部分古鼻音声母今读为清擦音 h-，此则反映闽地非汉语底层的母语干扰。本小节主要就闽南这两项特殊表现进行分析与讨论，比较的范围除了闽南泉、漳、潮三大腔，与闽南方言密切相关的琼雷方言与莆仙方言也具有相同的声母表现，本小节各取一个方言点作为参照：文昌（云惟利，1987）与仙游（李如龙，2001），透过方言比较可以更完整地了解闽南去鼻音现象的音韵机制，以及非汉语底层影响的特殊清鼻音。此外，古日母字在闽东、闽北具有较为完整的文白异读现象，也是本小节进行比较分析的另一项课题。

#### 4.2.1.1　闽南去鼻音现象

表 4-8、4-9、4-10 是闽南古明微母字群的音读对应表，依阴、阳、入声韵分别说明如下：

1. 阴声韵部分，如表 4-8，大致分成三类对应关系：第（1）类是各地均一致读为鼻声母 m-；第（3）类是各地均一致读为去鼻音声母 b-，仙游则进一步清化读为相应的 p-；第（2）类则介于其间，泉漳以 b-为主，潮汕、文昌以 m-为主，仙游则都读为 p-。再从文白层次分布来看，第（1）类以文读为主，但也有少数白读，例如“麻骂”的白读在漳州为 muã5、mɛ̃7，而且这类例字多为 1、2 等开口度较大的韵读；第（3）类以白读为主，但也有少数文读，不过均为古微母字，例如“未无”的文读在漳州为 bi7、bu5；第（2）类则是文白读兼具，但以文读居多。归纳如下表：

**表 4-3**

| 分　布 | 例　字 | | 泉　漳 | 潮汕、文昌 | 仙　游 |
|---|---|---|---|---|---|
| 文 | 马文麻文卖文 | （1） | m | m | m |
| 文(白) | 埋妙迷妹 | （2） | b (m) | m (b) | p |
| 文(微母) | 未文无文 | （3） | b | b | p |
| 白 | 马白庙卖白 | （3） | b | b | p |
| 白 | 麻白骂白 | （1） | m | m | m |

2. 阳声韵部分，如表4－9，也大致分成三类对应关系：第(1)类是泉漳均读为b-，潮汕、文昌、仙游则均读为m-；第(2)类是泉漳、潮汕、文昌均读为b-，仙游则读为m-；第(3)类是各地均一致读为鼻声母m-。再从文白层次分布来看，第(1)类文白读兼具，但没有鼻化韵，例如"命"的文读在泉州、澄海分别为biŋ3、meŋ6，而"梦"的白读在泉州、澄海分别为baŋ3、maŋ7；第(2)类均为微母字的文读，例如"望万"与"网挽"的文白对立，见表4－4；第(3)类则均是白读的鼻化韵。归纳如表4－5：

**表4－4**

| 例　字 | 泉　州 | 澄　海 | 文　昌 | 仙　游 |
|---|---|---|---|---|
| 望文读 | bɔŋ3 | uaŋ6 | baŋ8 | mɒŋ7 |
| 万文读 | ban3 | buaŋ7 | ban1＊8 | maŋ7 |
| 网白读 | baŋ6 | maŋ6 | maŋ8 | maŋ7 |
| 挽白读 | ban2 | maŋ2 | man2 | maŋ2 |

**表4－5**

| 分　布 | 例　字 | | 泉　漳 | 潮汕、文昌 | 仙　游 |
|---|---|---|---|---|---|
| 文白<br>(非鼻化韵) | 命文棉文梦网 | (1) | b | m | m |
| 文(微母) | 望亡万闻 | (2) | b | b | m |
| 白<br>(鼻化韵) | 命白棉白面盲 | (3) | m | m | m |

3. 入声韵部分，如表4－10，也是大致分成三类对应关系：第(1)类是泉漳以b-为主，潮汕、文昌以m-为主，仙游则都读为p-；第(2)类是各地均一致读为去鼻音声母b-，仙游则读为相应的p-；第(3)类则是各地均一致读为鼻声母m-。再从文白层次分布来看，第(1)类以文读为主，第(2)类以白读为主，第(3)类的例字极少，目前只有"物脉"

二字的白读。归纳如下表：

**表 4－6**

| 分　布 | 例　字 | | 泉　漳 | 潮汕、文昌 | 仙　游 |
|---|---|---|---|---|---|
| 文 | 默末密$_{\text{文}}$ | (1) | b | m | p |
| 白 | 墨抹密$_{\text{白}}$麦 | (2) | b | b | p |
| 白 | 物脉 | (3) | m | m | m |

4. 总合以上阴、阳、入声韵的古明微母的去鼻音表现，再将文白读层分开来看，会更为清楚。

**表 4－7**

<table>
<tr><td colspan="2">白读分布</td><td>泉　漳</td><td>潮汕、文昌</td><td>仙　游</td></tr>
<tr><td colspan="2">阴</td><td>b</td><td>b</td><td>p</td></tr>
<tr><td rowspan="2">阳</td><td>非鼻化韵</td><td>b</td><td rowspan="2">m</td><td rowspan="2">m</td></tr>
<tr><td>鼻化韵</td><td>m</td></tr>
<tr><td colspan="2">入</td><td>b</td><td>b</td><td>p</td></tr>
<tr><td colspan="2">文读分布</td><td>泉　漳</td><td>潮汕、文昌</td><td>仙　游</td></tr>
<tr><td rowspan="3">阴</td><td>明 1、2</td><td>m</td><td>m</td><td>m</td></tr>
<tr><td>明</td><td>b(m)</td><td>m(b)</td><td>p</td></tr>
<tr><td>微</td><td>b</td><td>b</td><td>p</td></tr>
<tr><td rowspan="2">阳<br>（非鼻化韵）</td><td>明</td><td>b</td><td>m</td><td>m</td></tr>
<tr><td>微</td><td>b</td><td>b</td><td>m</td></tr>
<tr><td>入</td><td>明</td><td>b</td><td>m</td><td>p</td></tr>
</table>

白读层的分布相当齐整，倘若暂时不管“麻骂物脉”一类读为 m- 的少数白读例字，阴、入声韵均为去鼻音表现，而阳声韵在潮汕、文昌、仙游等地一律读为 m-，泉漳则有条件限制，非鼻化韵者读为 b-，鼻化韵者读为 m-。相对于此，文读层的分布却显得参差，而且古明母字与微母字在潮汕、文昌等地有相异的表现，单就明母字来看：(a) 阴

声韵部分,泉漳、仙游仍多为去鼻音表现,但有一批1、2等字一致读为m-,如"马"的文读,而潮汕、文昌的明母字文读则以m-居多;(b)阳声韵部分与白读层一致,潮汕、文昌、仙游等地一律读为m-,泉漳则因文读皆非鼻化韵而读为b-;(c)入声韵部分,泉漳、仙游也均为去鼻音表现,但潮汕、文昌则都读为m-。相较文白读层,很明显地文读层有较多的纯鼻音表现,尤其是阴声韵的文白差异最大,其白读几乎都是去鼻音表现,但文读却有许多例字读为m-;此外,方言比较也显示潮汕、文昌的文读层的纯鼻音表现最为广泛,阴、阳、入声韵的古明母字几乎都读为m-,只有古微母字的文读仍读为去鼻音的b-。

据此,我们推想闽南的古明微母历经两种不同时间层次、不同性质的语音变化:(1)白读层首先发生m>b的去鼻音演变,且该音变具有结构条件限制,泉漳在鼻化韵结构中保留鼻音m-,潮汕、文昌、仙游等地则在所有阳声韵结构中(无论是否鼻化),均保留鼻音m-;此一条件性音变于是形成闽南方言一项重要的音韵限制。(2)文读音韵系统接触闽地时,闽南一带发生纯鼻音与该项音韵限制的相互竞争,各地的竞争结果不尽相同:仙游的本地音韵限制最为强势,文读层与白读层的去鼻音表现非常一致,均是阳声韵读为m-,非阳声韵读为p-,但有少数开口度大的1、2等阴声韵字文读为m-;泉漳的本地音韵限制也是较为强势,文读层仍多读为b-,但部分阴声韵已经接受纯鼻音读法;潮汕、文昌的本地音韵限制最为弱势,文读层普遍读为m-,至于微母字的文读,我们推想乃因其语音已与其他非系字独立为齿唇一类,遂与帮系字有不同的语音表现,如同文读系统的非、敷、奉三母原来应读为齿唇音f-,在闽地被调整读为h-,文读系统的微母极可能原为相应的齿唇鼻音ɱ-,或是已失去鼻音征性的v-,在闽南各地即被调整改读为b-,[①]而闽东、闽北则调整改读为零声母或浊擦音ɦ-。潮

① 台湾以闽南语为母语的说话者,在转读英语的齿唇浊音[v]时,确实往往将接触的新语音v-调整改读为b-。

汕、文昌一带在其他声韵层次上，往往也有超出泉漳的独特新文读表现，此亦显示其受到文读系统的影响确实较为深刻。

最末，再来看先前排除不谈的几个读为 m-的白读例字“麻骂物脉”，漳州分别读为 muã5、mɛ̃7、mĩʔ8、mɛ̃ʔ8，例字实在不多，其中“麻骂脉”均有相对的去鼻音白读例字“磨马麦”，漳州分别读为 bua5、bɛ2、bɛʔ8，本书暂时认为此乃闽南去鼻音演变(m>b)的规律残余。至于为何“磨马麦”发生去鼻音变化而“麻骂脉”却成为残余，可能与各项语词个别的使用情形相关，目前没有适切的解释。不过，其他古鼻音声类的阴、入声韵均无白读为纯鼻音的表现，更显出“麻骂物脉”等字为音变残余的可能性。

**表 4-8 闽南古明微母的音读对应表Ⅰ(阴声韵)**

| 例字 | 中古 | 声类 | 南安 | 泉州 | 漳州 | 漳浦 | 澄海 | 揭阳 | 文昌 | 仙游 |
|---|---|---|---|---|---|---|---|---|---|---|
| (1) | | | m | m | m | m | m | m | m | m |
| 魔 | 1 果-戈 | 明 | | mɔ̃5 | | mõ5 | mo5 | mo5 | mo5 | mɒ5 |
| 磨文读 | 1 果-戈 | 明 | | mɔ̃5 | mɔ̃5 | mõ5 | | | | mɒ5 |
| 麻文读 | 2 假-麻 | 明 | mã5 | mã5 | mã5 | mã5 | | | ma5 | ma5 |
| 麻白读 | 2 假-麻 | 明 | muã5 | muã5 | muã5 | muã5 | mua5 | mua5 | mua5 | mua5 |
| 马文读 | 2 假-麻 | 明 | mã2 | mã2 | mã2 | mã2 | ma2 | ma2 | ma2 | ma2 |
| 骂文读 | 2 假-麻 | 明 | mã3 | mã3 | mã7 | | | | | ma3 |
| 骂白读 | 2 假-麻 | 明 | | | mɛ̃7 | mɛ̃7 | mɛ̃7 | me7 | me1 | mɒ3 |
| 买文读 | 2 蟹-佳 | 明 | maĩ2 | maĩ2 | maĩ2 | maĩ2 | | | | mai2 |
| 卖文读 | 2 蟹-佳 | 明 | maĩ3 | maĩ3 | maĩ7 | maĩ7 | | | | mai7 |
| 茅文读 | 2 效-肴 | 明 | maũ5 | | maũ5 | maũ5 | mau5 | mau5 | mau5 | |
| (2) | | | b*m | b*m | b*m | b*m | m | m | b*m | p |
| 妹 | 1 蟹-灰 | 明 | bə3 | bə3 | bue7 | muɛ̃7 | mue7 | mue7 | mue1 | |
| 慕 | 1 遇-模 | 明 | | bɔ3 | bɔ7 | bɔu7 | mo6 | mo6 | mu3 | pɔu7 |
| 埋 | 2 蟹-皆 | 明 | bai5 | bai5 | bai5 | bai5 | mai5 | mai5 | mai5 | pai5 |

**续 表**

| 例字 | 中古 | 声类 | 南安 | 泉州 | 漳州 | 漳浦 | 澄海 | 揭阳 | 文昌 | 仙游 |
|---|---|---|---|---|---|---|---|---|---|---|
| | (2) | | b* m | b* m | b* m | b* m | m | m | b* m | p |
| 糜文读 | 3 止-支 | 明 | mĩ5 | bi5 | | bi5 | mi5 | mi5 | mi5 | pi5 |
| 妙 | 3 效-宵 | 明 | biau3 | biau3 | biau7 | | miou6 | miau6 | miau8 | pieu7 |
| 谋 | 3 流-尤 | 明 | bio5 | bio5 | bɔ5 | bɔu5 | mou5 | mou5 | mou5 | pieu5 |
| 微 | 3 止-微 | 微 | bi5 | bi1* 5 | bi5 | bi5 | mui5 | mui5 | bui5 | pi5 |
| 迷 | 4 蟹-齐 | 明 | be5 | be5 | be5 | biei5 | mi5 | mi5 | bi5 | pe5 |
| 每 | 1 蟹-灰 | 明 | muĩ2 | muĩ2 | muĩ2 | buɛ2 | mue2 | mue2 | mui2 | puoi2 |
| 冒 | 1 效-豪 | 明 | mɔ̃3 | mɔ̃3 | mɔ̃7 | | mau6 | mau6 | mau8 | pɒ7 |
| | (3) | | b | b | b | b | b | b | b | p |
| 磨白读 | 1 果-戈 | 明 | bua5 | bua5 | bua5 | bua5 | bua5 | bua5 | bua5 | pua5 |
| 马石磨 | 2 假-麻 | 明 | be2 | be2 | bɛ2 | bɛ2 | be2 | be2 | be2 | pɒ2 |
| 买白读 | 2 蟹-佳 | 明 | bue2 | bue2 | be2 | biei2 | boi2 | boi2 | boi2 | pe2 |
| 卖白读 | 2 蟹-佳 | 明 | bue3 | bue3 | be7 | biei7 | boi7 | boi7 | boi1 | pe7 |
| 茅白读 | 2 效-肴 | 明 | bau5 | bau5 | bau5 | | | | | pau5 |
| 眉白读 | 3 止-脂 | 明 | | bai5 | bai5 | bai5 | bai5 | bai5 | bai5 | pai5 |
| 庙 | 3 效-宵 | 明 | bio3 | bio3 | bio7 | bio7 | bie7 | bio7 | bio1 | pieu7 |
| 未文读 | 3 止-微 | 微 | bi3 | bi3 | bi7 | bi2 | bi7 | | bi1 | pi7 |
| 未白读 | 3 止-微 | 微 | bə3 | bə3 | bue7 | buɛ7 | bue7 | bue7 | | puoi7 |
| 无文读 | 3 遇-虞 | 微 | bu5 | bu5 | bu5 | bu5 | bu5 | | | pu5 |
| 无白读 | 3 遇-虞 | 微 | bo5 | bo5 | bo5 | bo5 | bo5 | bo5 | bo5 | po5 |

**表 4-9 闽南古明微母的音读对应表Ⅱ(阳声韵)**

| 例字 | 中古 | 声类 | 南安 | 泉州 | 漳州 | 漳浦 | 澄海 | 揭阳 | 文昌 | 仙游 |
|---|---|---|---|---|---|---|---|---|---|---|
| | (1) | | b | b | b | b | m | m | m | m |
| 门文读 | 1 臻-魂 | 明 | bun5 | bun5 | bun5 | | muŋ5 | | mun5 | muoŋ5 |
| 棉文读 | 3 山-仙 | 明 | bian5 | bian5 | bian5 | bian5 | miaŋ5 | miaŋ5 | mian5 | mɛŋ5 |

**续 表**

| 例字 | 中古 | 声类 | 南安 | 泉州 | 漳州 | 漳浦 | 澄海 | 揭阳 | 文昌 | 仙游 |
|---|---|---|---|---|---|---|---|---|---|---|
| | (1) | | b | b | b | b | m | m | m | m |
| 面文读 | 3 山-仙 | 明 | bian3 | bian3 | bian7 | bian7 | | | mian8 | mɛŋ3 |
| 命文读 | 3 梗-庚 | 明 | biŋ3 | biŋ3 | biŋ7 | bɛŋ7 | meŋ6 | meŋ6 | meŋ4 *8 | miŋ7 |
| 眠文读 | 4 山-先 | 明 | bian5 | bian5 | bian5 | bian5 | | | mian5 | mɛŋ5 |
| 眠白读 | 4 山-先 | 明 | bin5 | bin5 | bin5 | bin5 | miŋ5 | meŋ5 | | miŋ5 |
| 梦 | 3 通-东 | 明 | baŋ3 | baŋ3 | baŋ7 | baŋ7 | maŋ7 | maŋ7 | maŋ1 | maŋ3 |
| 面白读 | 3 山-仙 | 明 | bin3 | bin3 | bin7 | bin7 | miŋ7 | meŋ7 | mian1 | miŋ3 |
| 网白读 | 3 宕-阳 | 微 | baŋ6 | baŋ6 | baŋ7 | baŋ7 | maŋ6 | maŋ6 | maŋ8 | maŋ7 |
| 望白读 | 3 宕-阳 | 微 | | baŋ3 | baŋ7 | | mo7 | mo7 | mo1 | mŋ7 |
| 挽白读 | 3 山-元 | 微 | ban2 | ban2 | ban2 | | maŋ2 | maŋ2 | man2 | maŋ2 |
| | (2) | | b | b | b | b | b * Ø | b | b | m |
| 望文读 | 3 宕-阳 | 微 | bɔŋ3 | bɔŋ3 | bɔŋ7 | bɔŋ7 | uaŋ6 | buaŋ6 | baŋ8 | mɒŋ7 |
| 亡 | 3 宕-阳 | 微 | | bɔŋ5 | bɔŋ5 | bɔŋ5 | uaŋ5 | buaŋ5 | baŋ5 | mɒŋ5 |
| 文 | 3 臻-文 | 微 | bun5 | bun5 | bun5 | bun5 | buŋ5 | buŋ5 | bun5 | muoŋ5 |
| 闻 | 3 臻-文 | 微 | bun5 | bun5 | bun5 | bun5 | buŋ6 | buŋ6 | bun5 | muoŋ5 |
| 万 | 3 山-元 | 微 | ban3 | ban3 | ban7 | ban7 | buaŋ7 | | ban8 | maŋ7 |
| | (3) | | m | m | m | m | m | m | m | m |
| 满白读 | 1 山-桓 | 明 | muã2 | muã2 | muã2 | muã2 | muã2 | mua2 | mua2 | muã2 |
| 门白读 | 1 臻-魂 | 明 | mŋ5 | mŋ5 | muĩ5 | muĩ5 | | mŋ5 | mui5 | muĩ5 |
| 盲 | 2 梗-庚 | 明 | mĩ5 | mĩ5 | mẽ5 | mẽ5 | | | me5 | mã5 |
| 问白读 | 3 臻-文 | 微 | mŋ3 | mŋ3 | muĩ7 | muĩ7 | | mŋ7 | mui1 | |
| 命白读 | 3 梗-庚 | 明 | miã3 | miã3 | miã7 | miã7 | miã7 | mia7 | mia1 | miã7 |
| 面 | 4 山-先 | 明 | mĩ3 | mĩ3 | mĩ7 | mĩ7 | mĩ7 | mi7 | mi1 | miŋ7 |

**表 4-10　闽南古明微母的音读对应表Ⅲ(入声韵)**

| 例字 | 中古 | 声类 | 南安 | 泉州 | 漳州 | 漳浦 | 澄海 | 揭阳 | 文昌 | 仙游 |
|---|---|---|---|---|---|---|---|---|---|---|
| (1) | | | b | b | b | b | m | m | m | p |
| 末 | 1 山-桓 | 明 | buat8 | buat8 | buat8 | buat8 | muak8 | muak8 | muat8 | pɒʔ8 |
| 默 | 1 曾-登 | 明 | bik8 | biak8 | bik8 | bɛk8 | mik8 | mek8 | mok4 *8 | pɛʔ8 |
| 木文读 | 1 通-东 | 明 | bɔk8 | bɔk8 | bɔk8 | bɔk8 | mok8 | | mok8 | pɒʔ8 |
| 寞 | 1 宕-唐 | 明 | bɔk8 | bɔk8 | bɔk8 | bɔk8 | mok8 | mok8 | mok4 | pɒʔ8 |
| 灭 | 3 山-仙 | 明 | biat8 | biat8 | biat8 | biat8 | mik8 | mek8 | miat8 | pɛʔ8 |
| 密文读 | 3 臻-真 | 明 | bit4 | bit8 | bit8 | bit8 | mik8 | mek8 | miat4 *8 | piʔ8 |
| 目文读 | 3 通-东 | 明 | bɔk8 | bɔk8 | bɔk8 | bɔk8 | | | mok8 | pɒʔ8 |
| 目白读 | 3 通-东 | 明 | bak8 | bak8 | bak8 | bak8 | mak8 | mak8 | mak8 | (maʔ8) |
| (2) | | | b | b | b | b | b | b | b | p |
| 墨 | 1 曾-登 | 明 | bak8 | bak8 | bak8 | bak8 | bak8 | bak8 | bak8 | paʔ8 |
| 木白读 | 1 通-东 | 明 | bak8 | bak8 | bak8 | bak8 | bak8 | bak8 | | paʔ8 |
| 抹 | 1 山-桓 | 明 | buaʔ4 | buaʔ4 | buaʔ4 | buaʔ4 | (muaʔ4) | buaʔ4 | bua4 | pua7 |
| 密白读 | 3 臻-真 | 明 | bat8 | bat8 | bat8 | bat8 | | | bat8 | pɛʔ8 |
| 袜 | 3 山-元 | 微 | bəʔ8 | bəʔ8 | bueʔ8 | buɛʔ8 | (gueʔ8) | (gueʔ8) | bat8 | puoi5 |
| 物文读 | 3 臻-文 | 微 | but8 | but8 | but8 | but8 | | | but8 | puoʔ8 |
| 麦 | 2 梗-耕 | 明 | beʔ8 | beʔ8 | bɛʔ8 | bɛʔ8 | beʔ8 | beʔ4 | be8 | pa5 |
| (3) | | | m | m | m | m | m | m | m | m |
| 物白读 | 3 臻-文 | 微 | mĩʔ4 | mĩʔ4 | mĩʔ8 | mĩʔ8 | miʔ4 | | mi4 *8 | |
| 脉白读 | 2 梗-耕 | 明 | beʔ8 | | mɛ̃ʔ8 | mɛ̃ʔ8 | mẽʔ8 | meʔ8 | me8 | maʔ8 |

表 4-15、4-16、4-17 是闽南古疑母字群的音读对应表，依阴、阳、入声韵分别说明如下：

1. 阴声韵部分，如表 4-15，大致分成两类对应关系：第(1)类是泉漳以去鼻音的 ɡ-为主，仙游读为进一步清化的 k-，潮汕、文昌则以纯鼻音的 ŋ-为主，其中文昌细音韵读的古疑母另有条件变体 dz-；前述古明微母的阴声韵还有一批各地均读为纯鼻音的对应例字，但古疑母的阴声韵则缺少这样的对应例字，目前只有“雅”字在各地几乎都读为纯鼻音 ŋ-。第(2)类则是各地均一致读为去鼻音声母。再从文白层次分布来看，第(1)类以文读为主，第(2)类以白读为主，例如“雅牙”及“蛾鹅”的文白对立，但是也有一些白读字在潮汕、文昌已经读为 ŋ-，例如“五”的白读。归纳如下表：

**表 4－11**

| 分　布 | 例　字 | | 泉　漳 | 潮　汕 | 文　昌 | 仙　游 |
|---|---|---|---|---|---|---|
| 文(白) | 雅牙文蛾五 | (1) | g (ŋ) | ŋ (g) | ŋ* dz | k (ŋ) |
| 白 | 牙白鹅牛 | (2) | g | g | g | k |

2. 阳声韵部分，如表 4－16，也大致分成两类对应关系：第(1)类是泉漳读为 g-，潮汕、文昌、仙游则均读为 ŋ-，其中文昌 3 等合口韵读的古疑母也有条件变体 dz-；此类文白读兼具，但皆为非鼻化韵。第(2)类是各地一致读为鼻声母 ŋ-，且仅分布于白读的鼻化韵，其中“眼”的白读各地表现参差，在澄海韵读虽为鼻化韵-oĩ，但该音读固着于“龙眼”一词，声母 ŋ-易与“龙”的韵尾-ŋ 合为一体，可能因此将“眼”的白读分析为零声母，而在漳州因为韵读为非鼻化韵-iŋ，声母便读为去鼻音的 g-，由此可见 g-与 ŋ-的差异绝不是截然二分的文白异读。归纳如下表：

**表 4－12**

| 分　布 | 例　字 | | 泉　漳 | 潮　汕 | 文　昌 | 仙　游 |
|---|---|---|---|---|---|---|
| 文白<br>(非鼻化韵) | 眼文迎文银 | (1) | g | ŋ | ŋ* dz | ŋ |
| 白<br>(鼻化韵) | 硬眼白迎白 | (2) | ŋ | ŋ | ŋ | ŋ |

3. 入声韵部分，如表 4－17，也是大致分成两类对应关系：第

(1)类是泉漳读为 ɡ-，仙游读为相应的 k-，潮汕、文昌则均读为 ŋ-，其中文昌 3 等合口韵读的古疑母也有条件变体 dz-；此类以文读为主。第(2)类是各地均一致读为去鼻音声母，且仅分布于白读。归纳如下表：

**表 4－13**

| 分　布 | 例　字 | | 泉　漳 | 潮　汕 | 文　昌 | 仙　游 |
|---|---|---|---|---|---|---|
| 文 | 颚逆业 | (1) | ɡ | ŋ | ŋ* dz | k |
| 白 | 额月玉 | (2) | ɡ | ɡ | ɡ | k |

4. 总合以上阴、阳、入声韵的古疑母的去鼻音表现，将文白读层分开来看：

**表 4－14**

<table>
<tr><td colspan="2">白读分布</td><td>泉　漳</td><td>潮　汕</td><td>文　昌</td><td>仙　游</td></tr>
<tr><td colspan="2">阴</td><td>ɡ</td><td>ɡ</td><td>ɡ</td><td>k</td></tr>
<tr><td rowspan="2">阳</td><td>非鼻化韵</td><td>ɡ</td><td rowspan="2">ŋ</td><td rowspan="2">ŋ</td><td rowspan="2">ŋ</td></tr>
<tr><td>鼻化韵</td><td>ŋ</td></tr>
<tr><td colspan="2">入</td><td>ɡ</td><td>ɡ</td><td>ɡ</td><td>k</td></tr>
<tr><td colspan="2">文读分布</td><td>泉　漳</td><td>潮　汕</td><td>文　昌</td><td>仙　游</td></tr>
<tr><td colspan="2">阴</td><td>ɡ (ŋ)</td><td>ŋ</td><td>ŋ* dz</td><td>k (ŋ)</td></tr>
<tr><td colspan="2">阳<br>(非鼻化韵)</td><td>ɡ</td><td>ŋ</td><td>ŋ* dz</td><td>ŋ</td></tr>
<tr><td colspan="2">入</td><td>ɡ</td><td>ŋ</td><td>ŋ* dz</td><td>k</td></tr>
</table>

相较古疑母文白读层的去鼻音表现，与前述古明微母非常一致，明显都是文读层有较多的纯鼻音表现，尤其是阴声韵的文白差异最大，其白读几乎都是去鼻音表现，但文读却有许多例字读为 ŋ-，入声韵也有相同的文白差异，但仅限于潮汕、文昌一带；方言比较也显示潮汕、文昌文读层的纯鼻音分布最普遍，无论阴、阳、入声韵，几乎都

已读为纯鼻音，唯文昌另有条件变体 dz-。据此，我们认为闽南的古疑母也是历经与古明微母一样的两种语音变化：(1) 白读层首先发生 ŋ>g的去鼻音演变，且有条件限制；(2) 文读层进入闽地时，闽南一带发生纯鼻音与去鼻音的相互竞争。这两项语音变化发生的时间不同，性质也不相同，前者是条件性音变，泉漳仅在鼻化韵结构中保留鼻音 ŋ-，潮汕、文昌、仙游等地则在所有阳声韵结构中(无论是否鼻化)，均保留鼻音 ŋ-；后者是文白系统的叠置竞争，各地的竞争结果有所不同：泉漳与仙游的本地音韵限制最为强势，文读层与白读层的去鼻音分布非常一致，但有少数开口度大的 1、2 等阴声韵字文读为 ŋ-；潮汕、文昌的本地音韵限制最为弱势，文读层几乎都已经接受纯鼻音读法。

**表 4－15　闽南古疑母的去鼻音音读对应表 I（阴声韵）**

| 例字 | 中古 | 声类 | 南安 | 泉州 | 漳州 | 漳浦 | 澄海 | 揭阳 | 文昌 | 仙游 |
|---|---|---|---|---|---|---|---|---|---|---|
| (1) | | | g(ŋ) | g(ŋ) | g(ŋ) | g(ŋ) | ŋ(g) | ŋ(g) | ŋ* dz | k(ŋ) |
| 雅 | 2 假-麻 | 疑 | ŋã2 | ŋã2 | ŋã2 | | ŋia2 | ŋia2 | dzia2 | ŋa2 |
| 牙文读 | 2 假-麻 | 疑 | ga5 | ga5 | ga5 | | ŋa5 | | dzia5 | ka5 |
| 蛾 | 1 果-歌 | 疑 | ŋɔ̃5 | ŋɔ̃5 | go5 | go5 | ŋo5 | ŋo5 | ŋo5 | |
| 五文读 | 1 遇-模 | 疑 | gɔ2 | gɔ2 | ŋɔ̃2 | ŋɔũ2 | | ŋou2 | | kɔu2 |
| 五白读 | 1 遇-模 | 疑 | gɔ6 | gɔ6 | gɔ7 | gɔu7 | ŋou6 | ŋou6 | ŋou8 | ŋɔu7 |
| 傲 | 1 效-豪 | 疑 | | ŋɔ̃3 | go7 | go7 | ŋau6 | ŋau6 | ŋau8 | kɒ7 |
| 偶 | 1 流-侯 | 疑 | gio2 | gio2 | ŋɔ̃2 | ŋɔũ2 | ŋou2 | ŋou2 | ŋou2 | kieu2 |
| 遇 | 3 遇-虞 | 疑 | gu3 | gu3 | | gi7 | ŋo6 | ŋo6 | | ky7 |
| 宜 | 3 止-支 | 疑 | gi5 | gi5 | gi5 | gi5 | ŋi5 | ŋi5 | dzi5 | ki5 |
| 危 | 3 止-支 | 疑 | gui5 | gui5 | gui5 | gui5 | ŋui5 | ŋui5 | ŋui5 | kui5 |
| 尧 | 4 效-萧 | 疑 | | giau5 | | giau5 | ŋiou5 | ŋiau5 | dziau5 | kieu5 |
| 魏 | 3 止-微 | 疑 | gui3 | gui3 | gui7 | gui7 | gui7 | gui7 | ŋui8 | kui7 |
| 疑 | 3 止-之 | 疑 | gi5 | gi5 | gi5 | gi5 | gi5 | gi5 | ŋi5 | ki5 |

**续　表**

| 例字 | 中古 | 声类 | 南安 | 泉州 | 漳州 | 漳浦 | 澄海 | 揭阳 | 文昌 | 仙游 |
|---|---|---|---|---|---|---|---|---|---|---|
| (2) | | | g | g | g | g | g | g | g | k |
| 鹅白读 | 1 果-歌 | 疑 | gia5 | gia5 | | | | | | kya5 |
| 我 | 1 果-歌 | 疑 | gua2 | gua2 | gua2 | gua2 | ua2 | ua2 | gua2 | kua2 |
| 蜈 | 1 遇-模 | 疑 | | | gia5 | gia5 | ge5 | | | kya5 |
| 外外面 | 1 蟹-泰 | 疑 | gua3 | gua3 | gua7 | gua7 | gua7 | gua7 | gua1 | kua7 |
| 饿 | 1 果-歌 | 疑 | go3 | go3 | go7 | go7 | go7 | go7 | go1 | ko7 |
| 吴白读 | 1 遇-模 | 疑 | gɔ5 | gɔ5 | | gɔu5 | gou5 | gou5 | gou5 | kɔu5 |
| 牙白读 | 2 假-麻 | 疑 | ge5 | ge5 | gɛ5 | gɛ5 | ge5 | ge5 | ge5 | kɒ5 |
| 语 | 3 遇-鱼 | 疑 | gɯ2 | gɯ2 | gi2 | gi2 | gə2 | gə2 | (dzi3) | ky2 |
| 艺 | 3 蟹-祭 | 疑 | gue3 | gue3 | ge7 | giei7 | goi7 | goi7 | | ke7 |
| 牛 | 3 流-尤 | 疑 | gu5 | gu5 | gu5 | gu5 | gu5 | gu5 | gu5 | ku5 |

**表 4-16　闽南古疑母的去鼻音音读对应表Ⅱ(阳声韵)**

| 例字 | 中古 | 声类 | 南安 | 泉州 | 漳州 | 漳浦 | 澄海 | 揭阳 | 文昌 | 仙游 |
|---|---|---|---|---|---|---|---|---|---|---|
| (1) | | | g | g | g | g | ŋ | ŋ | ŋ* dz | ŋ |
| 岸文读 | 1 山-寒 | 疑 | gan3 | gan3 | | gan7 | ŋai6 | ŋai6 | ŋan8 | ŋaŋ7 |
| 岩 | 2 咸-衔 | 疑 | giam5 | gam5<br>giam5 | gam5<br>giam5 | giam5 | ŋaŋ5 | ŋam5 | ŋam5 | ŋam5 |
| 雁 | 2 山-删 | 疑 | gan3 | gan3 | gan7 | gan7 | ŋaŋ6 | ŋaŋ6 | ŋan8 | ŋaŋ7 |
| 眼文读 | 2 山-山 | 疑 | gan2 | gan2 | gan2 | gan2 | ŋaŋ2 | ŋaŋ2 | ŋan2 | ŋaŋ2 |
| 迎文读 | 3 梗-庚 | 疑 | giŋ5 | giŋ5 | giŋ5 | gɛŋ5 | ŋeŋ5 | ŋeŋ5 | ŋeŋ5 | |
| 原 | 3 山-元 | 疑 | guan5 | guan5 | guan5 | guan5 | ŋuaŋ5 | ŋuaŋ5 | dzuan5 | ŋyŋ5 |
| 严 | 3 咸-严 | 疑 | giam5 | giam5 | giam5 | giam5 | ŋiaŋ5 | ŋiam5 | ŋiam5 | ŋieŋ5 |
| 银 | 3 臻-真 | 疑 | gən5 | gun5 | | gin5 | ŋəŋ5 | ŋeŋ5 | ŋian5 | ŋyŋ5 |
| 仰 | 3 宕-阳 | 疑 | giɔŋ2 | giɔŋ2 | giaŋ2 | giaŋ2 | ŋiaŋ2 | ŋiaŋ2 | (ɦiaŋ2) | ŋyøŋ2 |

续 表

| 例字 | 中古 | 声类 | 南安 | 泉州 | 漳州 | 漳浦 | 澄海 | 揭阳 | 文昌 | 仙游 |
|---|---|---|---|---|---|---|---|---|---|---|
| | (2) | | ŋ | ŋ | ŋ | ŋ | ŋ | ŋ | ŋ | ŋ |
| 眼白读 | 2 山-山 | 疑 | ŋuĩ2 | | (giŋ2) | | (oĩ2) | | (ɦai2) | ŋĩ2 |
| 硬 | 2 梗-庚 | 疑 | ŋĩ6 | ŋĩ6 | ŋɛ̃7 | ŋɛ̃7 | ŋẽ6 | ŋe6 | ŋe8 | ŋĩ7 |
| 迎白读 | 3 梗-庚 | 疑 | ŋiã5 | ŋiã5 | ŋiã5 | | | | | |

**表 4-17 闽南古疑母的去鼻音音读对应表Ⅲ(入声韵)**

| 例字 | 中古 | 声类 | 南安 | 泉州 | 漳州 | 漳浦 | 澄海 | 揭阳 | 文昌 | 仙游 |
|---|---|---|---|---|---|---|---|---|---|---|
| | (1) | | g | g | g | g | ŋ | ŋ | ŋ* dz | k |
| 颚 | 1 宕-唐 | 疑 | gɔk8 | gɔk8 | gɔk8 | gɔk8 | ŋak8 | ŋak8 | ŋak4 | kɒʔ8 |
| 岳 | 2 江-江 | 疑 | gak8 | gak8 | | gak8 | ŋak8 | ŋak8 | | kaʔ8 |
| 逆 | 3 梗-庚 | 疑 | gik8 | giak8 | gik8 | gɛk8 | ŋek8 | ŋek8 | ŋek8 | kiʔ8 |
| 业 | 3 咸-严 | 疑 | giap8 | giap8 | giap8 | giap8 | ŋiak8 | ŋiap8 | ŋiap8 | kieʔ8 |
| 月文读 | 3 山-元 | 疑 | guat8 | guat8 | guat8 | guat8 | | | dzuat4 | kyøʔ8 |
| 虐 | 3 宕-阳 | 疑 | (liɔk8) | giɔk8 | giak8 | giat8 | ŋiak8 | ŋiak8 | (liak8) | kyøʔ8 |
| | (2) | | g | g | g | g | g | g | g | k |
| 额好额 | 2 梗-庚 | 疑 | giaʔ8 | giaʔ8 | giaʔ8 | giaʔ8 | (hiaʔ8) | | (ɦia8) | kia5 |
| 月白读 | 3 山-元 | 疑 | gəʔ8 | gəʔ8 | gueʔ8 | guɛʔ8 | gueʔ8 | gueʔ8 | gue8 | kuoi5 |
| 玉白读 | 3 通-钟 | 疑 | gik8 | giak8 | | | gek8 | gek8 | | kyøʔ8 |
| 狱 | 3 通-钟 | 疑 | gak8 | gak8 | gak8 | gak8 | gek8 | gek8 | | |

表 4-22、4-23、4-24 是闽南古泥娘母字群的音读对应表,依阴、阳、入声韵分别说明如下:

1. 阴声韵部分,如表 4-22,大致分成三类对应关系:第(1)类是各地均一致读为鼻声母 n-,此类例字最多;第(3)类是各地一致读为去鼻音声母 l-,唯文昌读为鼻声母 n-,此类仅有一例字"闹闹热",却是相当重要的闽地口语词;第(2)类则介于其间,泉漳以 l-为主,潮汕、文昌、仙游都读为 n-。再从文白层次分布来看,第(1)类以文读为主,第

(2)、(3)类则多为白读,例如"脑恼"及"闹"的文白对立。归纳如下表:

**表 4-18**

| 分　布 | 例　字 | | 泉　漳 | 潮汕、文昌 | 仙　游 |
|---|---|---|---|---|---|
| 文 | 脑文闹文 | (1) | n | n | n |
| 白 | 恼扭 | (2) | l | n | n |
| 白 | 闹闹热 | (3) | l | l* n | l |

2. 阳声韵部分,如表 4-23,也大致分成三类对应关系:第(1)类是泉漳均读为 l-,潮汕、文昌、仙游则均读为 n-,此类文白读兼具,但没有鼻化韵;第(2)类是泉漳、潮汕均读为 l-,文昌、仙游则读为 n-,此类皆为文读;第(3)类是各地均一致读为鼻声母 n-,此类仅分布于白读的鼻化韵。归纳如下表:

**表 4-19**

| 分　布 | 例　字 | | 泉　漳 | 潮　汕 | 文　昌 | 仙　游 |
|---|---|---|---|---|---|---|
| 文<br>(非鼻化韵) | 难农宁 | (2) | l | l | n | n |
| 文白<br>(非鼻化韵) | 南侬人念 | (1) | l | n | n | n |
| 白<br>(鼻化韵) | 拈年娘 | (3) | n | n | n | n |

3. 入声韵的例字较少,如表 4-24,大致分成两类对应关系:第(1)类是泉漳均读为 l-,潮汕、文昌读为 n-,仙游亦读为去鼻音的 l-,或者进一步清化的 t-,此类多为文读;第(2)类是各地一致读为 l-,目前只有一白读例字"搦捉"。①

4. 总合以上阴、阳、入声韵的古泥娘母的去鼻音表现,将文白读层分开来看:

---

① 单就闽南来看,指称捉的语词"liaʔ8"也可能是来母字"掠";然而,闽东指称捉的语词,在泥来有别的福清、柘荣等地,分别读为 nia1、niaʔ8,据此,我们认为该语词的本字应是娘母字"搦"。

**表 4 - 20**

<table>
<tr><td colspan="2">白读分布</td><td>泉　漳</td><td colspan="2">潮汕、文昌</td><td>仙　游</td></tr>
<tr><td colspan="2">阴</td><td>l</td><td colspan="2">n(l)</td><td>n(l)</td></tr>
<tr><td rowspan="2">阳</td><td>非鼻化韵</td><td>l</td><td colspan="2" rowspan="2">n</td><td rowspan="2">n</td></tr>
<tr><td>鼻化韵</td><td>n</td></tr>
<tr><td colspan="2">入</td><td>l</td><td colspan="2">l</td><td>l</td></tr>
<tr><td colspan="2">文读分布</td><td>泉　漳</td><td>潮汕</td><td>文昌</td><td>仙　游</td></tr>
<tr><td colspan="2">阴</td><td>n</td><td>n</td><td>n</td><td>n</td></tr>
<tr><td colspan="2">阳<br>(非鼻化韵)</td><td>l</td><td>n*l</td><td>n</td><td>n</td></tr>
<tr><td colspan="2">入</td><td>l</td><td>n</td><td>n</td><td>l*t</td></tr>
</table>

相较古泥娘母文白读层的去鼻音表现，与前述古明微母、古疑母稍有不同，阴声韵的文白差异只有在泉漳较为明显，而潮汕、文昌、仙游等地白读层的阴声韵，几乎也都读为 n-，唯有“闹闹热”字维持去鼻音的 l-，此乃显示文读系统带入的纯鼻音读法，在古泥娘母字群扩展较为厉害。至于文白读层阳声韵的鼻音声母表现，也是泉漳在鼻化韵结构中读为纯鼻音 n-，文昌、仙游等地则在所有阳声韵结构中（无论是否鼻化），均读为纯鼻音 n-；然而，潮汕一带有相异的表现，其文读层的阳声韵有一批例字读为去鼻音的 l-，例如“难农宁”等字，此应与来母字的混读相关。下面摘取汕头古来母与泥娘母的声韵结构分布为例（林伦伦、陈小枫，1996：39—62）：

**表 4 - 21**

| | | 其他 | ṽ | əŋ | am | iam | im | aŋ | uaŋ | oŋ | eŋ | iŋ | uŋ |
|---|---|---|---|---|---|---|---|---|---|---|---|---|---|
| 来 | n- | — | 两 | 卵 | 览 | 帘 | — | — | — | — | — | — | — |
| | l- | 炉粒裂 | — | — | — | — | 林 | 兰 | 乱 | 拢 | 令 | 邻 | 论 |
| 泥娘 | n- | 奴捏镊 | 娘 | 瓤 | 南 | 念 | [喝] | 侬 | — | — | — | — | — |
| | l- | (闹) | — | — | — | — | — | 难 | 暖 | 农 | 能 | 辇 | 嫩 |

上表显示，汕头的阴、入声韵大致能够区别古来母与泥娘母，只有“闹”字白读与来母混同；但阳声韵几乎完全混读，而且声母音读 n-或 l-具有条件分布，鼻化韵、成鼻音节以及咸摄字群均读为鼻音 n-，其他韵摄非鼻化韵的阳声韵字群则读为边音 l-。值得注意的是，古泥娘母有少数阳声韵的白读语词不与来母混读，例如指称人的“侬”读为 naŋ5，以及指称喝的动作为 nim1，①这两个语词在潮汕各地均为一致的音读。澄海的 n-、l-分布情形与汕头一致，但其双唇韵尾已经与舌根韵尾混同，因而共时平面上看不出分布条件；而揭阳保有双唇韵尾，分布情形亦与汕头相同，但有较多古泥娘母例字读为纯鼻音 n-，例如表 4－23 的“暖能”等字；潮州的 n-、l-分布情形稍有不同（《汉语方音字汇》2003），阳声韵也是古来母与泥娘母混读，但只有鼻化韵与成鼻音节读为鼻音 n-，其他非鼻化韵的阳声韵字群均读为边音 l-，不过“侬农脓”的白读亦为 naŋ5。根据前述古明微母、古疑母的鼻音表现，同理可推潮汕古泥娘母在阳声韵中（无论是否鼻化）本来应该也都要读为纯鼻音 n-，却因受到与来母字混读的影响，n-与 l-相互调整为具有互补分布的条件变体，不过有几个重要的白读语词，例如侬 naŋ5、nim1（喝）等，仍然保有阳声韵中与来母有别的纯鼻音遗迹；相对于此，古泥娘母在阴、入声韵中，先受到去鼻音变化影响而与来母混读，但在文读系统的竞争扩散下，多数已经读为纯鼻音而与来母有别，只有“闹”这一类的白读语词，保有阴声韵中与来母混同的去鼻音遗迹。

**表 4－22　闽南古泥娘母的音读对应表Ⅰ(阴声韵)**

| 例字 | 中古 | 声类 | 南安 | 泉州 | 漳州 | 漳浦 | 澄海 | 揭阳 | 文昌 | 仙游 |
|---|---|---|---|---|---|---|---|---|---|---|
| (1) | | | n | n | n | n | n | n | n | n |
| 耐 | 1 蟹-咍 | 泥 | naĩ3 | naĩ3 | naĩ7 | naĩ7 | | nai6 | nai4＊8 | nai7 |

① 本书认为闽南指称喝的语词，泉漳读为“lim1”，潮汕读为“nim1”，应属泥娘母而非来母，理由有二：(1) 汕头的“nim1”与“林 lim5”具有声类上的分别；(2) 潮州的古来母字只在鼻化韵前读为 n-，但其指称喝亦为“nim1”。

续 表

| 例字 | 中古 | 声类 | 南安 | 泉州 | 漳州 | 漳浦 | 澄海 | 揭阳 | 文昌 | 仙游 |
|---|---|---|---|---|---|---|---|---|---|---|
| | (1) | | n | n | n | n | n | n | n | n |
| 脑 | 1效-豪 | 泥 | naũ2 | | naũ2 | naũ2 | nau2 | nau2 | nau2 | nɒ2 |
| 怒 | 1遇-模 | 泥 | (lɔ3) | nɔ̃3 | nɔ̃7 | nɔũ7 | no3 * 7 | no7 | nu3 | |
| 奶 | 2蟹-佳 | 娘 | naĩ2 | naĩ2 | naĩ2 | naĩ2 | nai2 | nai2 | nai2 | nai2 |
| 闹文读 | 2效-肴 | 娘 | naũ3 | | naũ7 | naũ7 | nau6 | nau7 | nau3 | nau7 |
| 尼 | 3止-脂 | 娘 | nĩ5 | nĩ5 | nĩ5 | nĩ5 | ni5 | ni5 | ni5 | ni5 |
| 泥 | 4蟹-齐 | 泥 | nĩ5 | nĩ5 | nĩ5 | nĩ5 | ni5 | ni5 | ni5 | ni5 |
| | (2) | | l | l | n * l | n * l | n | n | n | n |
| 奴 | 1遇-模 | 泥 | lɔ5 | lɔ5 | nɔ̃5 | nɔũ5 | nou5 | nou5 | nou5 *<br>nu5 | nu5 |
| 扭 | 3流-尤 | 娘 | liu2 | liu2 | liu2 | liu2 | niu2 | niu2 | niu2 | niu2 |
| 恼白读 | 1效-豪 | 泥 | | 脑 lo2 | lo2 | lo2 | | | | no2 |
| | (3) | | l | l | l | l | l | l | n | l |
| 闹闹热 | 2效-肴 | 娘 | lau3 | lau3 | lau7 | lau7 | lau7 | lau7 | nau3 | lau7 |

**表 4－23　闽南古泥娘母的音读对应表Ⅱ(阳声韵)**

| 例字 | 中古 | 声类 | 南安 | 泉州 | 漳州 | 漳浦 | 澄海 | 揭阳 | 文昌 | 仙游 |
|---|---|---|---|---|---|---|---|---|---|---|
| | (1) | | l | l | l | l | n | n | n | n |
| 南 | 1咸-覃 | 泥 | lam5 | lam5 | lam5 | lam5 | naŋ5 | | nam5 | naŋ5 |
| 男 | 1咸-覃 | 泥 | lam5 | lam5 | lam5 | lam5 | naŋ5 | nam5 | nam5 | naŋ5 |
| 侬人 | 1通-冬 | 泥 | laŋ5 | laŋ5 | laŋ5 | laŋ5 | naŋ5 | naŋ5 | naŋ5 | naŋ5 |
| 黏 | 3咸-盐 | 娘 | liam5 | liam5 | liam5 | liam5 | niaŋ1 | niam1 | niam5 | nieŋ5 |
| 拈文读 | 4咸-添 | 泥 | liam1 | liam1 | liam1 | liam1 | niaŋ1 | niam1 | | nieŋ1 |
| 念 | 4咸-添 | 泥 | liam3 | liam3 | liam7 | liam7 | niaŋ<br>7 * 6 | niam<br>7 * 6 | niam<br>1 * 8 | nieŋ7 |

续　表

| 例字 | 中古 | 声类 | 南安 | 泉州 | 漳州 | 漳浦 | 澄海 | 揭阳 | 文昌 | 仙游 |
|---|---|---|---|---|---|---|---|---|---|---|
| (2) | | | l | l | l | l | l | l | n | n |
| 难灾难 | 1 山-寒 | 泥 | lan3 | lan3 | lan7 | lan7 | laŋ7 | laŋ7 | nan8 | naŋ7 |
| 难困难 | 1 山-寒 | 泥 | lan5 | lan5 | lan5 | lan5 | laŋ5 | laŋ5 | nan5 | naŋ5 |
| 农 | 1 通-冬 | 泥 | lɔŋ5 | lɔŋ5 | lɔŋ5 | lɔŋ5 | loŋ5 | loŋ5 | noŋ5 | nɒŋ5 |
| 暖 | 1 山-桓 | 泥 | luan2 | luan2 | luan2 | luan2 | luaŋ2 | (nuaŋ2) | nuan2 | nuoŋ2 |
| 能 | 1 曾-登 | 泥 | liŋ5 | | liŋ5 | lɛŋ5 | leŋ5 | (neŋ5) | neŋ5 | nɛŋ5 |
| 浓 | 3 通-钟 | 娘 | lɔŋ5 | lɔŋ5 | lɔŋ5 | lɔŋ5 | loŋ5 | luŋ5 | noŋ5 | (lyøŋ5) |
| 宁文读 | 4 梗-青 | 泥 | | liŋ5 | liŋ5 | lɛŋ5 | leŋ5 | leŋ5 | neŋ5 | nɛŋ5 |
| (3) | | | n | n | n | n | n | n | n | n |
| 拈白读 | 4 咸-添 | 泥 | | | nĩ1 | nĩ1 | nĩ1 | nĩ1 | | niŋ1 |
| 年白读 | 4 山-先 | 泥 | nĩ5 | nĩ5 | nĩ5 | nĩ5 | nĩ5 | ni5 | (ɦi5) | niŋ5 |
| 娘白读 | 3 宕-阳 | 娘 | niũ5 | niũ5 | niõ5 | niũ5 | niẽ5 | nio5 | nio5 | niũ5 |

**表 4－24　闽南古泥娘母的音读对应表Ⅲ(入声韵)**

| 例字 | 中古 | 声类 | 南安 | 泉州 | 漳州 | 漳浦 | 澄海 | 揭阳 | 文昌 | 仙游 |
|---|---|---|---|---|---|---|---|---|---|---|
| (1) | | | l | l | l | l | n | n | n | l* t |
| 纳 | 1 咸-覃 | 泥 | lap8 | lap8 | lap8 | lap8 | nak8 | nap8 | nap8 | laʔ8 |
| 诺 | 1 宕-唐 | 泥 | liɔk8 | liɔk8 | | lɔk8 | nak8 | nap8 | | lɒʔ8 |
| 聂 | 3 咸-盐 | 娘 | liap4 | liap4 | liap4 | liap4 | niak4 | niap4 | | (nieʔ4) |
| 摄 | 4 咸-添 | 泥 | liap4 | liap4 | liap4 | liap4 | niak4 | niap4 | | |
| (2) | | | l | l | l | l | l | l | l | l |
| 搦捉 | 2 梗-庚 | 娘 | liaʔ8 | liaʔ8 | liaʔ8 | liaʔ8 | liaʔ8 | liaʔ8 | lia8 | lia5 |

表 4－27 是闽南古日母字群的音读对应表，说明如下：

1. 闽南日母字群的阴、入声韵，无论文白读，绝大多数都符应第(1)类的对应关系：泉腔读为 l-，漳腔与文昌读为 dz-，潮汕读为 z-，仙游则读为进一步清化的 ts-，各地均为去鼻音表现。然而，阳声韵却可以分为三类对应关系：第(1)类与阴、入声韵的对应完全一致，多为文读；第(2)类则各地均读为纯鼻音 n-，此类仅分布于白读的鼻化韵或成音节鼻音；第(3)类较为特殊，泉漳、潮汕均读为 l-，文昌、仙游则读为 n-，均为白读，此外，还有相应的几个阴声韵白读语词，如“蕊汝你”，各地均读为 l-，仙游或者进一步清化为 t-。归纳如下表：

**表 4-25**

<table>
<tr><th colspan="2">分　布</th><th></th><th>泉腔</th><th>漳腔</th><th>潮汕</th><th>文昌</th><th>仙游</th></tr>
<tr><td colspan="2">阴、入(文白)</td><td>(1)</td><td>l</td><td>dz</td><td>z</td><td>dz</td><td>ts</td></tr>
<tr><td rowspan="3">阳</td><td>文<br>(非鼻化韵)</td><td>(1)</td><td>l</td><td>dz</td><td>z</td><td>dz</td><td>ts</td></tr>
<tr><td>白<br>(鼻化韵)</td><td>(2)</td><td>n</td><td>n</td><td>n</td><td>n</td><td>n</td></tr>
<tr><td>白<br>(非鼻化韵)</td><td>(3)</td><td>l</td><td>l</td><td>l</td><td>n</td><td>n</td></tr>
<tr><td>阴</td><td>白</td><td>(3)</td><td>l</td><td>l</td><td>l</td><td>l</td><td>l* t</td></tr>
</table>

2. 与前述其他古鼻音声母相同，闽语古日母也普遍发生去鼻音变化，不过阴、阳声韵显示有两种去鼻音的表现，即上述第(1)类与第(3)类的对应关系，其中第(3)类的去鼻音表现与古泥娘母几乎完全一致，特别是漳腔读为 l-，不读为 dz-，相应地文昌、仙游阳声韵读为 n-，阴声韵读为 l-或 t-，不读为 dz-或 ts-，而且这几个音读多为白读音：

**表 4-26**

| 例　字 | 泉　州 | 澄　海 | 文　昌 | 仙　游 |
|---|---|---|---|---|
| 忍文 | lim2 | ziŋ2 | dzian2 | tsing2 |
| 韧文 | lim3 | ziŋ2 | dzian4 | — |
| 如文 | lɯ5 | zu5 | dzi5 | tsy5 |
| 忍白 | lun2 | luŋ2 | nun2 | nuoŋ2 |
| 韧白 | lun3 | — | nun1 | nuoŋ7 |
| 汝你 | lɯ2 | lə2 | lu2 | ty2 |

据此，本书认为闽南古日母的去鼻音表现可以分为两个层次：一是古日母独立的晚期层次，音读对应关系为第(1)类，无论阴、阳、入声韵均为去鼻音读法，中古日母拟音为*ȵ或*ȵʑ，进入闽地时其鼻音征性可能不及其他古鼻音声类，而粗擦征性较为明显，因此即使是阳声韵，潮汕、文昌、仙游也都去鼻音读为 z-或 dz-或 ts-；二是与古泥娘母不分的早期层次，音读对应关系为第(2)类与第(3)类，阳声韵部分同样是泉漳在鼻化韵结构中读为纯鼻音 n-，文昌、仙游等地则在所有阳声韵结构中(无论是否鼻化)，均读为纯鼻音 n-，至于潮汕则多与来母混读，阴声韵部分则在各地均为去鼻音 l-或 t-，不过闽南这项层次主要保留于阳声韵，以及少数阴声韵白话语词，闽东、闽北方有较为完整的相应层次。(参见 4.2.1.3 的分析与讨论)

**表 4-27 闽南古日母的音读对应表**

| 例字 | 中古 | 声类 | 南安 | 泉州 | 漳州 | 漳浦 | 澄海 | 揭阳 | 文昌 | 仙游 |
|---|---|---|---|---|---|---|---|---|---|---|
| (1) | | | l | l | dz | dz | z | z | dz | ts |
| 耳文读 | 3 止-之 | 日 | (nĩ2) | (nĩ2) | (nĩ2) | dzi2 | zə2 | zə2 | (lu5) | tsi2 |
| 惹 | 3 假-麻 | 日 | lia2 | lia2 | dzia2 | dzia2 | zia2 | zia2 | dzia2 | tsia2 |
| 儿 | 3 止-支 | 日 | li5 | li5 | | dzi5 | zi5 | zi5 | dzi5 | tsi5 |
| 二 | 3 止-脂 | 日 | li3 | | dzi7 | dzi7 | zi6 | zi7 | dzi1 | tsi7 |
| 扰 | 3 效-宵 | 日 | liau2 | liau2 | dziau2 | dziau2 | ziou2 | ziau2 | dziau2 | tsieu5 |
| 柔 | 3 流-尤 | 日 | liu5 | liu5 | liu5 | dziu5 | ziu5 | ziu5 | dziu5 | tsiu5 |
| 热文读 | 3 山-仙 | 日 | liat8 | liat8 | dziat8 | dziat8 | ziak8 | ziak8 | dziat8 | tsɛʔ8 |
| 热白读 | 3 山-仙 | 日 | luaʔ8 | luaʔ8 | dzuaʔ8 | dzuaʔ8 | zuaʔ8 | | dzua8 | |
| 入 | 3 深-侵 | 日 | lip8 | lip8 | dzip8 | dzip8 | zik8 | zip8 | dziop8 | tsiʔ8 |
| 日 | 3 臻-真 | 日 | lit8 | lit8 | dzit4 | dzit4 | zik8 | zek8 | dziat4 *8 | tsiʔ8 |
| 若 | 3 宕-阳 | 日 | liɔk8 | liɔk8 | dziak8 | dziak4 | ziak8 | ziak8 | dziak4 | tsyøʔ8 |
| 任 | 3 深-侵 | 日 | lim3 | lim3 | dzim7 | dzim7 | ziŋ7 * 6 | dzim7 *6 | dziom8 | tsiŋ7 |
| 让文读 | 3 宕-阳 | 日 | liɔŋ3 | liɔŋ3 | | dziaŋ7 | ziaŋ6 | ziaŋ6 | dziaŋ8 | tsyøŋ7 |
| 人 | 3 臻-真 | 日 | lin5 | lin5 | dzin5 | dzin5 | ziŋ5 | zeŋ5 | dzian5 | tsiŋ5 |
| 绒 | 3 通-东 | 日 | liɔŋ5 | liɔŋ5 | dziɔŋ5 | dziɔŋ5 | zoŋ5 | zioŋ5 | dzioŋ5 | tsyøŋ5 |

**续　表**

| 例字 | 中古 | 声类 | 南安 | 泉州 | 漳州 | 漳浦 | 澄海 | 揭阳 | 文昌 | 仙游 |
|---|---|---|---|---|---|---|---|---|---|---|
| (2) | | | n | n | n | n | n | n | n | n |
| 软白读 | 3山-仙 | 日 | nŋ2 | nŋ2 | nuĩ2 | nuĩ2 | nəŋ2 | nŋ2 | nui2 | nuĩ2 |
| 瓤 | 3宕-阳 | 日 | nŋ5 | nŋ5 | | | nəŋ5 | | no5 | |
| 让白读 | 3宕-阳 | 日 | niũ3 | niũ3 | niõ7 | niũ7 | niẽ7 | | nio5 | |
| 染白读 | 3咸-盐 | 日 | nĩ2 | nĩ2 | nĩ2 | nĩ2 | nĩ2 | | ni2 | niŋ2 |
| (3) | | | l | l | l | l | l | l | n/l | n/l* t |
| 忍 | 3臻-真 | 日 | lun2 | lun2 | lun2 | lun2 | luŋ2 | luŋ2 | nun2 | nuoŋ2 |
| 韧 | 3臻-真 | 日 | lun3 | lun3 | lun7 | lun7 | | | nun1 | nuoŋ7 |
| 闰 | 3臻-谆 | 日 | lun3 | lun3 | lun7 | lun7 | (zuŋ7) | (zuŋ7) | nun1 | nuoŋ7 |
| 蕊 | 3止-支 | 日 | lui2 | lui2 | lui2 | lui2 | lui2 | lui2 | lui2 | lui2 |
| 汝你 | 3遇-鱼 | 日 | lɯ2 | lɯ2 | li2 | li2 | lə2 | lə2 | lu2 | ty2 |

总结以上闽南古鼻音声母的去鼻音表现，分文白两层如下表：

**表 4-28**

| 白读层去鼻音变化 | | 阴声韵 | | | 入声韵 | | | 阳声韵 | | |
|---|---|---|---|---|---|---|---|---|---|---|
| | | 泉漳 | 潮汕 | 仙游 | 泉漳 | 潮汕 | 仙游 | 泉漳 | 潮汕 | 仙游 |
| 明微 | *m | b | b | p | b | b | p | b/m | m | m |
| 疑 | *ŋ | g | g | k | g | g | k | g/ŋ | ŋ | ŋ |
| 泥娘日 | *n | l | l | l* t | l | l | l* t | l/n | l/n | n |
| **文读层鼻音竞争** | | **阴声韵** | | | **入声韵** | | | **阳声韵** | | |
| | | 泉漳 | 潮汕 | 仙游 | 泉漳 | 潮汕 | 仙游 | 泉漳 | 潮汕 | 仙游 |
| 明 | *m | m～b | m | m～p | b | m | p | b | m | m |
| 微 | *ɱ | b | b | p | — | — | — | b | b | m |
| 疑 | *ŋ | ŋ～g | ŋ | ŋ～k | g | ŋ | k | g | ŋ | ŋ |
| 泥娘 | *n/ȵ | n | n | n | l | n | n～l | l | l/n | n |
| 日 | *ȵʑ | dz | z | ts | dz | z | ts | dz | z | ts |

如前所述，本书认为闽南的古鼻音声类发生两种不同时间层次、不同性质的语音变化：(1) 白读层先发生去鼻音演变，各地条件限制不完全相同，泉漳仅在鼻化韵结构中保留纯鼻音，潮汕、文昌、仙游等地则在所有阳声韵结构中(无论是否鼻化)，均保留纯鼻音；(2) 文读层叠置时，发生纯鼻音与去鼻音的相互竞争，各地竞争结果也有所不同：泉漳与仙游的本地音韵限制较强势，但文读层已有一部分阴声韵字接受纯鼻音读法；潮汕、文昌的本地音韵限制较弱势，文读层几乎都读为纯鼻音，只有文读系统中独立的微母与日母，可能因为鼻音成分已经弱化、甚至失去，因而调整改读为去鼻音。

去鼻音现象是闽南独特的语音变化，闽东、闽北等其他次方言均未见类似或是相应的语言现象，可见这不是闽语共同的层次表现。也就是说，去鼻音变化发生的时间乃在闽南方言分化以后，而且我们推论应在鼻化韵形成之后，理由是：(1) 泉漳的去鼻音变化以是否为鼻化韵母作为条件限制，(2) 鼻化韵不仅是闽南方言共同的音韵特点，其语词分布在泉漳、潮汕、文昌、仙游都相当一致，可见应在各片分化之前，鼻化音变已经完成；相对于此，去鼻音现象在闽南各地的条件限制不尽相同，可见应在各片分化之后，才进行去鼻音变化。此外，单从共时平面来看，闽南各地的去鼻音现象相当复杂参差，不容易归纳音变规律，这涉及后来文读层带来的纯鼻音扩散竞争，以及各地的竞争发展并不相同，因此必须区分历时性的文白读层相互参看，并且进行跨方言的比较，才能清楚掌握闽南古鼻音声类的实际演变过程。

4.2.1.2　闽南古鼻音今读清擦音的底层表现

表 4－30 是闽南古鼻音声类今读清擦音的音读对应表，说明如下：

1. 闽南的古鼻音声类除了去鼻音现象，还有各地对应相当一致的特殊清音表现，如表 4－30，有一批古疑日母字各地均读为清擦音

h-，唯文昌受到内部声母特殊变化的影响①读为相应的浊擦音 ɦ-。相似的清音表现也出现在零星的古明泥母例字，古泥母字如“年”在潮州与潮阳仍有白读为 hɪ5，文昌读为相应的 ɦi5；古明母字如“媒茅茅草”在泉漳一带也有白读为 hm5、hm1，还有“梅母丈母”等字虽读为零声母，但从相同的成音节鼻韵母形式看来，极可能是清擦音 h-进一步脱落的变化结果，例如“茅茅草”在漳浦仍保有清擦音 h-，漳州则脱落而读为零声母。据此，闽南的古鼻音声类有一项今读为清擦音 h-的特殊层次，古疑日母字表现最为鲜明，古明泥母字则较为零散。

2. 杜佳伦(2013)讨论闽语古全浊声类的送气清音层的历史来源时，提及闽南古鼻音声类的清音表现与之紧密相应，最重要的根据是闽东有一批古全浊及次浊的去声字归读为阴调，其中古全浊声类者今读均为送气清音，古次浊鼻音声类者闽东虽仍为浊鼻音表现，但在闽南相应的语词，尤其是古疑日母字，多读为清擦音 h-，如下表“艾砚”的白读，不过古明母字在闽南已经很少有清音的表现。

**表 4－29**

| 例字 | 中古 | 声类 | 泉州 | 漳州 | 澄海 | 文昌 | 仙游 | 福清 | 古田 | 柘荣 | 福安 |
|---|---|---|---|---|---|---|---|---|---|---|---|
| 艾白读 | 1 蟹-泰 | 疑 | hiã3 | hiã7 | hiã7 | | hya3 | ŋia3 | ŋie3 | ŋia3 | ŋe3 |
| 砚白读 | 4 山-先 | 疑 | hĩ3 | hĩ7 | ĩ7 | ɦi1 | hiŋ3 | ŋieŋ3 | ŋieŋ3 | ŋieŋ3 | ŋiŋ3 |
| 妹 | 1 蟹-灰 | 明 | bə3 | bue7 | mue7 | mue1 | mui3 | muoi3 | muoi3 | muɛ3 | muoi3 |
| 面白读 | 3 山-仙 | 明 | bin3 | bin7 | miŋ7 | mian1 | miŋ3 | meŋ3 | miŋ3 | miŋ3 | meiŋ3 |
| 梦白读 | 3 通-东 | 明 | baŋ3 | baŋ7 | maŋ7 | maŋ1 | maŋ3 | møŋ3 | møyŋ3 | | møŋ3 |
| 鼻 | 3 止-脂 | 並 | $p^h$i3 | $p^h$ ĩ7 | $p^h$ ĩ7 | fi1 | $p^h$i3 | $p^h$e3 | $p^h$i3 | $p^h$i3 | $p^h$ei3 |
| 缝缝隙 | 3 通-钟 | 奉 | $p^h$aŋ3 | $p^h$aŋ7 | $p^h$aŋ7 | | $p^h$aŋ3 | $p^h$oŋ3 | $p^h$uŋ3 | | $p^h$ouŋ3 |

① 海南地区的闽方言受到当地土著语言的影响，声母系统纳入特殊语音(ʔb-、ʔd-)，且引发一连串链移变化(ts＞t ／_a，o，e；s＞t；$ts^h$＞s)，另外还有送气声母的擦音化，文昌的语音变化是 $p^h$＞f、$t^h$＞h、$k^h$＞h，而原来晓母的清擦音则浊化 h＞ɦ；其声母系统今读面貌与一般闽语大相径庭。

**续　表**

| 例字 | 中古 | 声类 | 泉州 | 漳州 | 澄海 | 文昌 | 仙游 | 福清 | 古田 | 柘荣 | 福安 |
|---|---|---|---|---|---|---|---|---|---|---|---|
| 蛇水母 | 2 假-麻 | 澄 | t$^{h}$e3 | t$^{h}$ɛ7 | t$^{h}$e7 | | t$^{h}$ɒ3 | t$^{h}$a3 | t$^{h}$a3 | t$^{h}$aʔ4 | t$^{h}$a3 |
| 树 | 3 遇-虞 | 禅 | ts$^{h}$iu3 | ts$^{h}$iu7 | ts$^{h}$iu7 | siu1 | ts$^{h}$iu3 | ts$^{h}$iu3 | ts$^{h}$iu3 | ts$^{h}$iu3 | ts$^{h}$eu3 |
| 饲喂养 | 3 止-之 | 邪 | ts$^{h}$i3 | ts$^{h}$i7 | ts$^{h}$i7 | si1 | ts$^{h}$i3 | ts$^{h}$e3 | ts$^{h}$i3 | ts$^{h}$i3 | ts$^{h}$ei3 |
| 苋 | 2 山-山 | 匣 | huĩ3 | hiŋ7 | hoĩ7 | | hĩ3 | heŋ3 | heiŋ3 | xɛŋ3 | hɛiŋ3 |

值得注意的是仙游的古鼻音声类，既与闽南一样有今读为清擦音 h-的表现，声调上又与闽东一致有浊去字归读阴调的表现，此正显示两者之间的密切关联；至于文昌的浊去字虽有归读阴平调的白读表现，但不限于古全浊声类今读送气清音者，也不限于古鼻音声类今读清音者，其他白读音，例如“病豆外饿”等，也同样都归读阴平调，可见文昌的浊去归读阴平只是调类上的归并，与闽东、仙游因清声母影响而读为阴调的情形并不相同。

3. 联系闽南与闽东相应的语言现象，我们认为这是闽地底层母语干扰的系统性表现，再加上原始侗台语的历史音韵研究显示其声母系统中具有一套清鼻音 * m̥-、* n̥-、* ŋ̊-，据此，我们推想古闽越语中极可能也有一套清鼻音，在早期古汉语进入闽地时，其中的汉语鼻音声类有一部分受到母语干扰而转读为清鼻音，并且在声调分化时发生影响而归读阴调，后来虽在汉语系统的持续融合之下，多数回归读为浊鼻音与阳调，但闽南留下清擦音 h-的白读痕迹，而闽东也留下浊去字归读阴调的白读痕迹。①

4. 需要特别说明闽南古鼻音声类今读清擦音表现与上古汉语的关系。李方桂(1998：18—20)根据“晓母与明母互谐”、“泥娘日母与透彻书母互谐”、“晓母与疑母互谐”等谐声关系，推论上古汉语的声母系统具有一套清鼻音声母( * hm-、* hn-、* hŋ-)，这套清鼻音声母到

① 闽南也有一些古次浊声类归读阴调的白读表现，以泉漳为例，如“拈 nĩ1”、“毛 mɔ̃1”、“露 lɔ3”、“抹 buaʔ4”等，这可能也是相应的音韵干扰遗迹。

了中古分别变入晓母及透彻书母。与此对照，闽南古鼻音声类今读清擦音的表现似乎也可能是来自上古汉语的声母特点。然而，这样的推论会有几个问题不好解释：(1) 一般认为上古汉语的清鼻音声母后来所运行的音变规律是，鼻音成分消失变为清声母，以"晓母与疑母互谐"的"牺义"为例，即"牺 * hŋ>x；义 * ŋ>ŋ"，可是闽南今读清擦音的古鼻音例字在中古汉语却都读为浊鼻音，例如与"牺义"同具谐声关系的"蚁"，以及其他不与晓母谐声往来的古疑母字，例如"额鱼"，如此必须假设上古汉语的"蚁额鱼"具有两种声母读法，一是浊鼻音"* ŋ>ŋ"由多数汉语方言继承，一是清鼻音"* hŋ>x"由闽南方言继承，这里产生两个问题：(a) 上古汉语"蚁额鱼"等字的两种声母读法是方言差异吗？还是上古汉语也具有层次异读？(b) 闽东、闽北既与闽南具有共同的历史来源，为何今读却完全不见清擦音读法？其所运行的是相异的清鼻音浊化规律(* hŋ>ŋ)吗？(2) 上古汉语的清鼻音声母涵盖双唇、舌尖、舌根部位，并且普遍出现在洪、细韵母结构，例如洪音韵的"海滩化"、细音韵的"丑恕许牺"；但闽南今读清擦音的古鼻音例字绝大多数为古疑日母字，且韵母多数为起头带有高元音(i-、u-、y-、ɯ-)的结构，少数古明母例字则限于洪音韵母，两者分布的情形显然有所差异。我们考虑以上的问题，目前认为闽南古鼻音声类今读清擦音表现并非直接继承上古汉语的遗迹，否则闽南古鼻音声类今读清擦音者应该都要符合前述上古汉语的谐声关系，且其音韵结构分布应该要相当一致，倘若要假设上古汉语具有方言差异或层次异读，则其清鼻音表现也很可能同样来自南方语言的接触影响(例如楚语)。本书认为闽地底层音韵干扰的接触变异比较能够解释以上的问题，也就是说闽语古鼻音声类今读清擦音者乃受到古闽越语接触干扰的后起变异，接触变异涉及"施加干扰"与"回归"的双向过程(参见 5.2 的说明)，并以词汇扩散的方式进行，据此可以解释闽南的回归力量较小而留有清鼻音干扰层次、闽东声母虽回归但声调保有相应遗迹、闽北则完全回归纯鼻音，而且该项声母变异具有结构限制，就舌根声母来说倾向起头带有高元音的韵母结构，就双唇声母来说则倾向洪音韵母结构，此与上古汉语的表现非常不同。

**表 4－30 闽南古鼻音声类今读清擦音的音读对应表**

| 例字 | 中古 | 声类 | 南安 | 泉州 | 漳州 | 漳浦 | 澄海 | 揭阳 | 文昌 | 仙游 |
|---|---|---|---|---|---|---|---|---|---|---|
| | | | ø | h*ø | ø | h*ø | ø | ? | ? | ø |
| 梅 | 1 蟹-灰 | 明 | m5 | | m5 | | | | | |
| 媒 | 1 蟹-灰 | 明 | | hm5 | | | | | | |
| 母丈母 | 1 流-侯 | 明 | | m2 | m2 | m2 | m2 | | | ŋ2 |
| 茅茅草 | 2 效-肴 | 明 | | | m5 | hm1 | | | | |
| | | | h | h | h | h | h | h | ɦ | h |
| 年白读 | 4 山-先 | 泥 | | | | | | 潮州 hĩ5 | ɦi5 | |
| 艾白读 | 1 蟹-泰 | 疑 | hiã3 | hiã3 | hiã7 | hiã7 | hiã7 | hiã7 | | hya3 |
| 岸白读 | 1 山-寒 | 疑 | huã3 | huã3 | huã7 | | huã7 | | ɦua1 | huã7 |
| 额额头 | 2 梗-庚 | 疑 | hiaʔ8 | hiaʔ8 | hiaʔ8 | hiaʔ8 | hiaʔ8 | | ɦia8 | hiã5 |
| 鱼 | 3 遇-鱼 | 疑 | hɯ5 | hɯ5 | hi5 | hi5 | hə5 | hə5 | ɦu5 | hy5 |
| 蚁白读 | 3 止-支 | 疑 | hia6 | hia6 | hia7 | hia7 | hia6 | hia6 | ɦia8 | hya7 |
| 侥 | 4 效-萧 | 疑 | hiau1 | hiau1 | | hiau1 | hiou1 | hiau1 | | |
| 砚 | 4 山-先 | 疑 | hĩ3 | hĩ3 | hĩ7 | hĩ7 | (ĩ7) | (ĩ7) | ɦi1 | hiŋ3 |
| 耳白读 | 3 止-之 | 日 | hi6 | hi6 | hi7 | hĩ7 | hĩ6 | | ɦi8 | hi7 |
| 燃白读 | 3 山-仙 | 日 | hiã5 | hiã5 | hiã5 | hiã5 | hiã5 | | | (nyã5) |
| 箬 | 3 宕-阳 | 日 | hioʔ8 | hioʔ8 | hioʔ8 | hioʔ8 | hieʔ8 | hioʔ8 | ɦio8 | (niu5) |
| 肉白读 | 3 通-东 | 日 | hik8 | | | | (nek8) | (nek8) | ɦiok8 | (nyʔ8) |

#### 4.2.1.3 闽语古日母今读的层次分析

表 4－31 是闽语古日母今读的音读对应表，说明如下：

1. 闽南、闽东与闽北的古日母今读可以分为四类对应关系：第(1)类是闽南读为去鼻音的 l-或 dz-或 z-，闽东读为零声母，闽北亦读

为零声母或浊擦音 ɦ-,这类对应关系只分布于文读;第(2)类是闽南也读为去鼻音,而闽东、闽北读为鼻音 n-,这类对应关系主要分布于白读的阴、入声韵,不过闽南有两种对应的音读,一是同于第(1)类的 dz-或 z-,二是闽南各地都读为去鼻音的 l-,我们认为后者方是相应于闽东、闽北纯鼻音 n-的层次音读,前者则是文读的扩展;第(3)类是闽东、闽北也读为鼻音 n-,但闽南有条件变体,鼻化韵及成音节鼻音前读为鼻音 n-,其他则读为去鼻音 l-(如前所述,文昌、仙游没有条件变体,均读为 n-),这类对应关系分布于白读的阳声韵;第(4)类是闽南读为清擦音 h-,闽东、闽北还是读为鼻音 n-,此类也分布于白读。

2. 承上,第(1)类对应关系即前文所述日母独立的文读层,闽南读为不带鼻音成分的浊擦音或边音,闽东、闽北则读为零声母或浊擦音 ɦ-,此与文读层的微元音读调整非常一致;再从分布范围来看,第(2)类与第(3)类可以合为同一层次,即前文所述日母与泥娘母同读的白读层,这在闽东、闽北有十分齐整的对应关系,但闽南却只有阳声韵及少数阴声韵还具有与泥娘母同读的音读表现,其他阴、入声韵则均已读同文读层。最末,第(4)类对应关系乃显示闽地非汉语干扰的底层反映,声母表现上虽只有闽南保有清音,闽东、闽北已经都读为与泥娘母同读的白读 n-,但是在声调表现上仍有异于第(2)、(3)类的音韵特点,即前文特别强调的闽东相应的古次浊去声字归读阴调。

3. 若将古日母的音读层次联系于古全浊声类的历史时间分层,除了相应的文读层与母语干扰层,其日母与泥娘母同读之白读层的历史时间应该同时包含了北方层与江东层。从上古到魏晋时期的北方汉语中,古日母确实一直与泥娘母相近(李方桂,1998;W. South Coblin, 1974—1975;简启贤,2003),而原本《玉篇》的反切音系也显示南朝江东音韵中日母与泥娘母因声音相近而时有相混的反切用例(周祖谟,1966 b: 309—310),据此,我们认为闽语在这两段不同历史来源的时间层次上,乃共同表现日母与泥娘母同读的音韵特点。

**表 4－31　闽语古日母的音读对应表**

| 例字 | 中古 | 声类 | 泉州 | 漳州 | 澄海 | 福清 | 古田 | 柘荣 | 石陂 | 建阳 | 建瓯 |
|---|---|---|---|---|---|---|---|---|---|---|---|
| (1) | | | l | dz | z | Ø | Ø | Ø | ɦ/Ø | ɦ/Ø | Ø |
| 儿文读 | 3 止-支 | 日 | li5 | dzi5 | zi5 | i5 | i5 | | ɦi5 | ɦi5 | œ2 |
| 扰 | 3 效-宵 | 日 | liau2 | dziau2 | ziou2 | ieu2 | iau2 | iau2 | iau2 | | iau2 |
| 柔 | 3 流-尤 | 日 | liu5 | liu5 | ziu5 | iu5 | iu5 | iu5 | ɦiu5 | iu5 | iu2 |
| 人 | 3 臻-真 | 日 | lin5 | dzin5 | ziŋ5 | iŋ5 | iŋ5 | iŋ5 | | ɦiŋ5 | |
| 绒 | 3 通-东 | 日 | liɔŋ5 | dziɔŋ5 | zoŋ5 | yŋ5 | yŋ5 | yŋ5 | ɦueiŋ5 | ɦeiŋ5 | 戎 œyŋ2 |
| 茸 | 3 通-钟 | 日 | liɔŋ5 | dziɔŋ5 | zoŋ5 | yŋ5 | | yŋ5 | ɦueiŋ5 | ɦeiŋ5 | œyŋ2 |
| 让文读 | 3 宕-阳 | 日 | liɔŋ3 | dziaŋ7 | ziaŋ6 | yoŋ7 | yøŋ7 | yøŋ7 | | ɦioŋ3 | |
| 燃文读 | 3 山-仙 | 日 | lian5 | dzian5 | ziaŋ5 | ieŋ5 | | | ɦiŋ5 | ieiŋ5 | iŋ2 |
| 热文读 | 3 山-仙 | 日 | liat8 | dziat8 | ziak8 | ieʔ8 | iek8 | iek8 | ɦie2 | ɦje2 | iɛ2 |
| 辱 | 3 通-钟 | 日 | liɔk8 | dziɔk8 | zok8 | yʔ8 | yk8 | yk8 | y4 | ɦy8 | y8 |
| (2) | | | l | l (dz) | l (z) | n | n | n | n | n | n |
| 蕊 | 3 止-支 | 日 | lui2 | lui2 | lui2 | nui2 | (lui2) | nui2 | (lo2) | (lui2) | (lo2) |
| 汝你 | 3 遇-鱼 | 日 | lɯ2 | li2 | lə2 | ny2 | ny2 | ny2 | | | |
| 二 | 3 止-脂 | 日 | li3 | (dzi7) | (zi6) | ne7 | ni7 | ni7 | ni7 | nɔi7 | ni7 |
| 儿白读 | 3 止-支 | 日 | li5 | (dzi5) | (zi5) | nia5 | nie5 | | nie3 | | |
| 惹 | 3 假-麻 | 日 | lia2 | (dzia2) | (zia2) | nia2 | nia2 | nia2 | nia2 | nia2 | nia2 |
| 入白读 | 3 深-侵 | 日 | lip8 | (dzip8) | (zik8) | niʔ8 | | nik8 | ni5 | nɔi8 | ni8 |
| 日 | 3 臻-真 | 日 | lit8 | (dzit4) | (zik8) | niʔ8 | nik8 | nik8 | ni5 | nɔi8 | ni8 |
| (3) | | | n/l | n/l | n/l | n | n | n | n | n | n |
| 让白读 | 3 宕-阳 | 日 | niũ3 | niõ7 | niẽ7 | nyoŋ7 | nyøŋ7 | nyøŋ3 | nioŋ7 | | nioŋ7 |
| 染白读 | 3 咸-盐 | 日 | nĩ2 | nĩ2 | nĩ2 | nieŋ2 | | | niŋ2 | nieiŋ2 | niŋ2 |
| 软白读 | 3 山-仙 | 日 | nŋ2 | nuĩ2 | nəŋ2 | nuoŋ2 | nuoŋ2 | nuoŋ2 | nyiŋ2 | nyeiŋ2 | nyiŋ2 |
| 瓤 | 3 宕-阳 | 日 | nŋ5 | | nəŋ5 | | nouŋ5 | noŋ5 | nɔŋ3 | nɔŋ5 | |
| 韧 | 3 臻-真 | 日 | lun3 | lun7 | (忍 lun2) | noŋ7 | | nuŋ7 | nyiŋ7 | nyeiŋ7 | nyiŋ7 |
| 闰 | 3 臻-谆 | 日 | lun3 | lun7 | (zuŋ7) | noŋ7 | nuŋ7 | nuŋ7 | (ɦueiŋ7) | (ɦeiŋ3) | nœyŋ7 |

续 表

| 例字 | 中古 | 声类 | 泉州 | 漳州 | 澄海 | 福清 | 古田 | 柘荣 | 石陂 | 建阳 | 建瓯 |
|---|---|---|---|---|---|---|---|---|---|---|---|
| | (4) | | h | h | h | (n) | (n) | (n) | (n) | (n) | (n) |
| 耳耳朵 | 3 止-之 | 日 | hi6 | hi7 | hĩ6 | (ŋe7) | (ŋi7) | (ŋi3) | (ni3) | (nɔiŋ3) | (neiŋ8) |
| 燃白读 | 3 山-仙 | 日 | hiã5 | hiã5 | hiã5 | | | (<u>niaŋ5</u>) | | | (<u>niaŋ5</u>) |
| 箬 | 3 宕-阳 | 日 | hioʔ8 | hioʔ8 | hieʔ8 | (nyo1) | | (nyøʔ8) | (nio5) | (niɔ8) | (niɔ8) |
| 肉 | 3 通-东 | 日 | <u>hik8</u> | | (nek8) | (nyʔ8) | (nyk8) | (nyk8) | (ny5) | (ny8) | (ny8) |

### 4.2.2 闽北古来母今读的层次分析

闽语古来母今读多仍为浊边音 l-,没有太过复杂的层次异读情形,唯闽北方言有读为清擦音 s-的特殊表现,此乃反映闽地非汉语底层的母语干扰。本小节主要讨论闽北这项特殊表现,并且根据声母与声调的紧密关联来辨析闽北古来母今读的层次。表 4 - 35、4 - 36、4 - 37、4 - 38 是闽北古来母字群的音读对应表,说明如下:

1. 无论平、上、去、入,闽北古来母字群的声母音读对应关系都分为两类:第(1)类是读为浊边音 l-,第(2)类是读为清擦音 s-,而且第(1)类文白读兼具,第(2)类均为白读。

2. 根据声调异读,无论平、上、去、入,都可以把读为浊边音 l-的第(1)类再分成两小类,分别就平、上、去、入四个声调字群进行说明:

(A) 平声字群的(1 - 1)类在松溪、政和等地读为第 9 调,建瓯读为相应的阴上调;(1 - 2)类的声调归读则与读为清擦音 s-的第(2)类完全一致,在松溪、政和等地读为阳平调,建瓯读为相应的阴去调。

(B) 上声字群的(1 - 1)类在闽北各地都读为阴上调;(1 - 2)类在石陂等西北片方言点以及政和读同阴去调,在东南片的建瓯、松溪则读同阳入调。

(C) 去声字群的(1 - 1)类在闽北各地都读为阳去调;(1 - 2)类在建阳一地有读同阴去调的表现,但例字不多。

(D) 入声字群的(1－1)类在东南片方言点乃读同阴入调;而(1－2)类在多数方言点则读为阳入调,唯石陂与政和的声调系统中已无独立的阳入调,石陂乃读同阳平调,而政和则读同阴去调。

3. 归纳闽北古来母字群的声母与声调的对应关系如下表,西北片以石陂、建阳为例,东南片以建瓯、松溪为例:

**表 4－32**

| | | 平声调 | | | | 上声调 | | | | 去声调 | | | | 入声调 | | | |
|---|---|---|---|---|---|---|---|---|---|---|---|---|---|---|---|---|---|
| | | 石 | 阳 | 瓯 | 松 | 石 | 阳 | 瓯 | 松 | 石 | 阳 | 瓯 | 松 | 石 | 阳 | 瓯 | 松 |
| l- | (1－1) | 3 | 5 | 2 | 9 | 2 | 2 | 2 | 2 | 7 | 7 | 7 | 7 | 5 | 8 | 4 | 4 |
| | (1－2) | 3 | 5 | 3 | 5 | 3 | 3 | 8 | 8 | 7 | 3 | 7 | 7 | 5 | 8 | 8 | 8 |
| s- | (2) | 3 | 5 | 3 | 5 | 1 | 3 | 7 | 7 | 7 | 7 | 7 | 7 | 1 | 8 | 7 | 7 |

上表乃从调类的归读来看,古来母今读浊边音 l-或清擦音 s-的差异,也伴随着声调归读的不同,只有去声字群无论音读清浊主要都归读阳去调。此外,如前所述,浊边音 l-的声调归读需要分为两小类,相对(1－1)类来说,平声与去声的(1－2)类声调归读较倾向清声母的表现,平声部分乃与清擦音 s-的声调归读一致,去声部分在建阳乃归读阴去调;至于上声与入声则相反,其(1－1)类乃较倾向与清声母上声字及入声字同归阴调,而(1－2)类却倾向浊声母的表现。但从调值差异来看,可以更具体了解浊边音 l-与清擦音 s-对声调影响的差异性,以及(1－1)类与(1－2)类的相异之处,下面进一步列出各类的实际调值差异:

**表 4－33**

| | | 平声调 | | | | 上声调 | | | | 去声调 | | | | 入声调 | | | |
|---|---|---|---|---|---|---|---|---|---|---|---|---|---|---|---|---|---|
| | | 石 | 阳 | 瓯 | 松 | 石 | 阳 | 瓯 | 松 | 石 | 阳 | 瓯 | 松 | 石 | 阳 | 瓯 | 松 |
| l- | (1－1) | 33 | 334 | 21 | 31 | 21 | 21 | 21 | 223 | 45 | 43 | 44 | 45 | 334 | 4 | 24 | 224 |
| | (1－2) | 33 | 334 | 33 | 44 | 33 | 332 | 42 | 41 | 45 | 332 | 44 | 45 | 334 | 4 | 42 | 41 |
| s- | (2) | 33 | 334 | 33 | 44 | 53 | 332 | 44 | 45 | 45 | 43 | 44 | 45 | 53 | 4 | 44 | 45 |

除了去声调的各类差异性不大,我们可以看到平声、上声与入声凡在声调归类有层次差异的方言点,均是第(2)类的调值高于第(1)类的调值,而(1-2)类的调值又高于(1-1)类的调值,此即反映古次浊来母在闽北由清而浊的层次差异。

4. 根据以上的分析与讨论,本书认为闽北的古来母今读在声母表现上可以分为两个层次,一是浊边音层次,二是清擦音层次;而且,若把声调归读的差异性与声母音读相互联系,则浊边音层次又可以细分为两个小层次,一是浊音低调层,二是浊音高调层,不过这两个小层次的差异,目前还未能在其他闽语次方言找到密切相应的语言迹象。

5. 本书认为闽北古来母今读清擦音的层次,乃闽地非汉语干扰的共同底层反映,声母表现上虽只有闽北保有清音,闽东、闽南已经都读为浊边音 l-,但是在声调上仍有相应的音韵特点,即前文不断强调的古浊去声字归读阴调,如下表:

**表 4-34**

| 例字 | 中古 | 声类 | 泉州 | 漳州 | 澄海 | 福清 | 古田 | 柘荣 | 石陂 | 建阳 | 建瓯 |
|---|---|---|---|---|---|---|---|---|---|---|---|
| | | | 3 | 3 | 3 | 3 | 3 | 3 | 7 | 7 | 7 |
| 濑白读 | 1 蟹-泰 | 来 | | lua3 | | lai3 | | lua3 | suai7 | | suɛ7 |
| 露白读 | 1 遇-模 | 来 | lɔ3 | lɔ3 | lou3 | lo3 | lu3 | lu3 | su7 | so7 | su7 |
| 健小母鸡 | 4 山-先 | 来 | lua3 | nuã3 | nuã3 | | laŋ3 | laŋ3 | sueiŋ7 | | suiŋ7 |

这里有三个重要的白读例字,一是指称河中湍流的"濑",二是指称未生蛋小母鸡的"健",还有指称露水的"露"字白读,这三个音读在闽南、闽东、闽北紧密相应,闽北在声母上仍读为清擦音 s-,而闽南、闽东在声调上读为相应的阴去调,不同于一般归读阳去调的声调规则。联系闽南、闽东与闽北相应的语言现象,我们认为这是闽地底层母语干扰的系统性表现,而且原始侗台语的历史音韵研究亦显示其声母系统中具有清边音*l̥-,据此,我们推想古闽越语也有清边音,在早期

古汉语进入闽地时,汉语的古次浊来母字有一部分受到母语干扰而转读为清边音,并且在声调分化时发生影响而归读阴调,后来虽在汉语系统的持续融合之下,多数回归读为浊边音与阳调,但闽北留下清擦音 s-的白读痕迹,而闽南、闽东也留下次浊去声字归读阴调的白读痕迹。

6. 需要特别说明闽北古来母今读清擦音表现与上古汉语的关系。李方桂(1998: 20)根据"来母与透彻母互谐"的谐声关系,推论上古汉语的声母系统具有清通音声母(* hl-),这个清通音声母到了中古变入透彻母。与此对照,闽北古来母今读清擦音的表现似乎也可能是来自上古汉语的声母特点;然而,与 4.2.1.2 所述的问题相同:(1) 闽北古来母今读清擦音的例字不完全符合上古汉语的谐声关系;(2) 闽南、闽东既具有共同的历史来源,为何今读却完全不见清擦音读法?(3) 闽北古来母今读清擦音者均为洪音韵母结构,上古汉语的清通音则同时出现在洪、细韵母结构,例如"獭体宠"等。本书目前认为闽地底层音韵干扰的接触性变异比较能够解释以上的问题。(参见 4.2.1.2)

**表 4-35 闽北古来母字的音读对应表 I(平声字)**

| 例字 | 中古 | 声类 | 石陂 | 建阳 | 崇安 | 建瓯 | 政和 | 松溪 |
|---|---|---|---|---|---|---|---|---|
| (1-1) | | | l- | l- | l- | l- | l- | l- |
| | | | 3 | 5 | 5 | 2 | 9 | 9 |
| 来文读 | 1 蟹-咍 | 来 | lai3 | lai5 | lai5 | lai2 | lai9 | lua9 |
| 劳 | 1 效-豪 | 来 | lɔ3 | lau5 | lau5 | lau2 | lau9 | lo9 |
| 狼 | 1 宕-唐 | 来 | lɔŋ3 | lɔŋ5 | lɔŋ5 | lɔŋ2 | lauŋ9 | laŋ9 |
| 流文读 | 3 流-尤 | 来 | liu3 | liu5 | liu5 | liu2 | liu9 | liu9 |
| 临文读 | 3 深-侵 | 来 | leiŋ3 | loiŋ5 | leiŋ5 | leiŋ2 | leiŋ9 | leiŋ9 |
| 良 | 3 宕-阳 | 来 | lioŋ3 | lioŋ5 | lyɔŋ5 | lioŋ2 | liɔŋ9 | lioŋ9 |
| 灵文读 | 4 梗-青 | 来 | leiŋ3 | loiŋ5 | leiŋ5 | leiŋ2 | leiŋ9 | leiŋ9 |

续 表

| 例字 | 中古 | 声类 | 石陂 | 建阳 | 崇安 | 建瓯 | 政和 | 松溪 |
|---|---|---|---|---|---|---|---|---|
| | (1-2) | | 3 | 5 | 5 | 3 | 5 | 5 |
| 来白读 | 1 蟹-咍 | 来 | le3 | le5 | lie5 | lɛ3 | lɛ5 | lœ5 |
| 蓝文读 | 1 咸-谈 | 来 | laŋ3 | laŋ5 | laŋ5 | laŋ3 | laŋ5 | laŋ5 |
| 郎文读 | 1 宕-唐 | 来 | lɔŋ3 | lɔŋ5 | lɔŋ5 | lɔŋ3 | lauŋ5 | laŋ5 |
| 流白读 | 3 流-尤 | 来 | lɔ3 | lau5 | | lau3 | | lo5 |
| 林文读 | 3 深-侵 | 来 | leiŋ3 | loiŋ5 | leiŋ5 | leiŋ3 | leiŋ5 | leiŋ5 |
| 莲白读 | 4 山-先 | 来 | laiŋ3 | laiŋ5 | | laiŋ3 | laiŋ5 | laŋ5 |
| 零零星 | 4 梗-青 | 来 | laiŋ3 | laiŋ5 | laiŋ5 | laiŋ3 | laiŋ5 | laŋ5 |
| | (2) | | s- | s- | s- | s- | s- | s- |
| | | | 3 | 5 | 5 | 3 | 5 | 5 |
| 篮白读 | 1 咸-谈 | 来 | saŋ3 | saŋ5 | saŋ5 | saŋ3 | saŋ5 | saŋ5 |
| 郎白读 | 1 宕-唐 | 来 | sɔŋ3 | sɔŋ5 | sɔŋ5 | sɔŋ3 | sauŋ5 | saŋ5 |
| 聋 | 1 通-东 | 来 | səŋ3 | soŋ5 | səŋ5 | sɔŋ3 | sɔŋ5 | soŋ5 |
| 螺 | 1 果-戈 | 来 | so3 | sui5 | sui5 | so3 | suɛ5 | suei5 |
| 脶 | 1 果-戈 | 来 | so3 | sui5 | sui5 | | suɛ5 | suei5 |
| 箩 | 1 果-歌 | 来 | | sue5 | syai5 | suɛ3 | | (lœ5) |
| 雷白读 | 1 蟹-灰 | 来 | so3 | sui5 | sui5 | | | suei5 |
| 芦白读 | 1 遇-模 | 来 | su3 | | | su3 | su5 | sɒu5 |
| 鳞白读 | 3 臻-真 | 来 | saiŋ3 | laiŋ5 | | saiŋ3 | saiŋ5 | saŋ5 |
| 狸白读 | 3 止-之 | 来 | se3 | se5 | | sɛ3 | sɛ5 | sœ5 |

**表 4-36 闽北古来母字的音读对应表Ⅱ(上声字)**

| 例字 | 中古 | 声类 | 石陂 | 建阳 | 崇安 | 建瓯 | 政和 | 松溪 |
|---|---|---|---|---|---|---|---|---|
| | (1-1) | | l- | l- | l- | l- | l- | l- |
| | | | 2 | 2 | 2 | 2 | 2 | 2 |
| 老文读 | 1 效-豪 | 来 | lau2 | lau2 | lau2 | lau2 | | (lɒu5) |
| 鲁 | 1 遇-模 | 来 | lu2 | lo2 | lu2 | lu2 | lu2 | lɒu2 |

**续　表**

| 例字 | 中古 | 声类 | 石陂 | 建阳 | 崇安 | 建瓯 | 政和 | 松溪 |
|---|---|---|---|---|---|---|---|---|
| (1-1) | | | l- | l- | l- | l- | l- | l- |
| | | | 2 | 2 | 2 | 2 | 2 | 2 |
| 览 | 1 咸-谈 | 来 | laŋ2 | laŋ2 | laŋ2 | laŋ2 | laŋ2 | laŋ2 |
| 两 | 3 宕-阳 | 来 | lioŋ2 | lioŋ2 | lyɔŋ2 | lioŋ2 | liɔŋ2 | lioŋ2 |
| 李文读 | 3 止-之 | 来 | li2 | lɔi2 | lei2 | li2 | li2 | lei2 |
| 吕 | 3 遇-鱼 | 来 | ly2 | ly2 | ləu2 | ly2 | ly2 | lœy2 |
| 柳 | 3 流-尤 | 来 | liu2 | liu2 | liu2 | liu2 | liu2 | liu2 |
| 礼 | 4 蟹-齐 | 来 | li2 | | | li2 | li2 | lei2 |
| 了文读 | 4 效-萧 | 来 | liau2 | liɔ2 | liu2 | liau2 | liɔ2 | lio2 |
| (1-2) | | | 3 | 3 | 3 | 8 | 3 | 8 |
| 岭白读 | 3 梗-清 | 来 | liaŋ3 | liaŋ3 | liaŋ3 | liaŋ8 | liaŋ3 | liaŋ8 |
| 领白读 | 3 梗-清 | 来 | liaŋ3 | liaŋ3 | liaŋ3 | liaŋ8 | liaŋ3 | liaŋ8 |
| 了白读 | 4 效-萧 | 来 | lau3 | | | lau8 | lau3 | lɒu8 |
| (2) | | | s- | s- | s- | s- | s- | s- |
| | | | 1 | 3 | 7 | 7 | 7 | 7 |
| 老老人 | 1 效-豪 | 来 | səu1 | səu3 | siəu7 | se7 | sɛ7 | sa7 |
| 卵蛋 | 1 山-桓 | 来 | sueiŋ1 | suŋ3 | suiŋ7 | sɔŋ7 | sauŋ7 | sueiŋ7 |
| 李白读 | 3 止-之 | 来 | | se3 | | sɛ7 | sɛ7 | sœ7 |
| 两二 | 3 宕-阳 | 来 | sɔŋ1 | sɔŋ3 | sɔŋ7 | | sauŋ7 | saŋ7 |

**表 4-37　闽北古来母字的音读对应表Ⅲ(去声字)**

| 例字 | 中古 | 声类 | 石陂 | 建阳 | 崇安 | 建瓯 | 政和 | 松溪 |
|---|---|---|---|---|---|---|---|---|
| (1-1) | | | l- | l- | l- | l- | l- | l- |
| | | | 7 | 7 | 7 | 7 | 7 | 7 |
| 赖文读 | 1 蟹-泰 | 来 | lai7 | | | lai7 | lai7 | |
| 赖白读 | 1 蟹-泰 | 来 | | lue7 | luai7 | luɛ7 | | lua7 |

续 表

| 例字 | 中古 | 声类 | 石陂 | 建阳 | 崇安 | 建瓯 | 政和 | 松溪 |
|---|---|---|---|---|---|---|---|---|
| (1-1) | | | l- | l- | l- | l- | l- | l- |
| | | | 7 | 7 | 7 | 7 | 7 | 7 |
| 励 | 3 蟹-祭 | 来 | li7 | lɔi7 | lei7 | li7 | li7 | lei7 |
| 令 | 3 梗-清 | 来 | leiŋ7 | loiŋ7 | leiŋ7 | leiŋ7 | leiŋ7 | leiŋ7 |
| 廖 | 3 流-尤 | 来 | liau7 | liɔ7 | liu7 | liau7 | liɔ7 | |
| 料 | 4 效-萧 | 来 | liau7 | liɔ7 | liu7 | liau7 | liɔ7 | lio7 |
| 练 | 4 山-先 | 来 | liŋ7 | lieiŋ7 | liŋ7 | liŋ7 | liŋ7 | liŋ7 |
| (1-2) | | | 7 | 3 | 7 | 7 | 7 | 7 |
| 例 | 3 蟹-祭 | 来 | lie7 | lie3 | li7 | li7 | liɛ7 | lie7 |
| 漏 | 1 流-侯 | 来 | ləu7 | ləu3 | liəu7 | le7 | lɛ7 | la7 |
| 陋 | 1 流-侯 | 来 | ləu7 | ləu3 | liəu7 | le7 | | la7 |
| (2) | | | s- | s- | s- | s- | s- | s- |
| | | | 7 | 7 | 7 | 7 | 7 | 7 |
| 濑 | 1 蟹-泰 | 来 | suai7 | | syai3 | suɛ7 | suɛ7 | sua7 |
| 露 | 1 遇-模 | 来 | su7 | so7 | su7 | su7 | su7 | (sɒu8) |
| 健 | 4 山-先 | 来 | sueiŋ7 | | | | | sueiŋ7 |

**表 4-38 闽北古来母字的音读对应表Ⅳ(入声字)**

| 例字 | 中古 | 声类 | 石陂 | 建阳 | 崇安 | 建瓯 | 政和 | 松溪 |
|---|---|---|---|---|---|---|---|---|
| (1-1) | | | l- | l- | l- | l- | l- | l- |
| | | | 5 | 8 | 8 | 4 | 4 | 4 |
| 肋 | 1 曾-登 | 来 | le5 | le8 | lie8 | | lɛ4 | lœ4 |
| 略文读 | 3 宕-阳 | 来 | lio5 | liɔ8 | lyo8 | liɔ4 | liɔ4 | lio4 |
| 律 | 3 臻-谆 | 来 | (ly4) | ly8 | ləu8 | ly4 | (ly2) | lœy4 |
| 烈 | 3 山-仙 | 来 | lie5 | lie8 | li8 | liɛ4 | liɛ4 | lie4 |
| 劣 | 3 山-仙 | 来 | lye5 | (lye2) | (li4) | lyɛ4 | lɛ4 | lœ4 |

**续 表**

| 例字 | 中古 | 声类 | 石陂 | 建阳 | 崇安 | 建瓯 | 政和 | 松溪 |
|---|---|---|---|---|---|---|---|---|
| (1-2) | | | 5 | 8 | 8 | 8 | 3 | 8 |
| 落文读 | 1宕-唐 | 来 | lɔ5 | lɔ8 | lo8 | lɔ8 | lɔ3 | lo8 |
| 蜡 | 1咸-谈 | 来 | la5 | la8 | la8 | la8 | la3 | lɒ8 |
| 六文读 | 3通-东 | 来 | ly5 | ly8 | ləu8 | ly8 | | |
| 裂 | 3山-仙 | 来 | lie5 | lie8 | li8 | liɛ8 | liɛ3 | lie8 |
| 立 | 3深-侵 | 来 | li5 | lɔi8 | lei8 | li8 | li3 | lei8 |
| (2) | | | s | s | s | s | s | s |
| | | | 1 | 8 | 8 | 7 | 7 | 7 |
| 六白读 | 3通-东 | 来 | | so8 | su8 | | su7 | (sɒu8) |
| 粒笠 | 3深-侵 | 来 | se1 | se8 | sie8 | <u>sɛ7</u> | | sœ7 |
| 力 | 3曾-蒸 | 来 | se1 | le8 | | sɛ7 | | sœ7 |

### 4.2.3 古喻母的层次分析

中古喻母可以分为喻三与喻四两类，这两类在闽语的层次表现也不尽相同，其中古喻三母的音读较为丰富，而古喻四母今读多为零声母或浊擦音 ɦ-，但有读为擦音或塞擦音的特殊白读表现。本小节即分别讨论闽语古喻三母与喻四母的历史层次，并进一步比较联系各项历史层次中古群、匣、喻母的音韵分合关系。

#### 4.2.3.1 古喻三母

表4-41是闽语古喻三母字群的音读对应表，说明如下：

1. 闽语古喻三母字群在闽南、闽东都只有两种音读，一是零声母，二是清擦音 h-或 x-，相对来说，前者为文读，后者为白读，不过实际上零声母的音读也分布在诸多白读例字，例如“有白读芋圆院”等。而闽北的语料进一步显示古喻三母字群有三种音读，除了零声母与清擦音 x-，石陂、建阳一带还有浊擦音 ɦ-的读法，多数分布于文读。透过大量同源语词的对当比较，我们认为闽南、闽东同时分布于文白层的零声母，可以大致借由与闽北的比较区分文白两层：文读的零声母对应于闽北石陂一带的浊擦音 ɦ-；而白读的零声母则对应于闽北的零声母，此即表 4－41 的第(1)类与第(3)类对应关系。此外，还有各地均读为清擦音的第(4)类对应关系。值得注意的是，与闽南方言关系密切的琼雷方言，表 4－41 以文昌为例，与闽北一样在音读形式上可以区分文白读，文读为浊塞擦音 dz-，白读方为零声母。

2. 在上述第(1)、(3)、(4)类对应关系之外，我们发现有少数白读例字的方言对应关系却是：闽南、闽东及文昌均读为零声母，而闽北石陂一带读为浊擦音 ɦ-，即表 4－41 的第(2)类对应。我们首先想到的可能解释是各地层次竞争扩散不均而产生的参差对应；然而，闽北建阳的第(2)类阳平字却具有独立的声调异读，如下表：

**表 4－39**

| 例　字 | 中　古 | 声　类 | 石　陂 | 建　阳 | 建　瓯 |
|---|---|---|---|---|---|
| | (1) | | 5 | 5 | 2 |
| 荣 | 3 梗-庚 | 喻三 | ɦueiŋ5 | ɦeiŋ5 | œyŋ2 |
| 邮 | 3 流-尤 | 喻三 | ɦiu5 | iu5 | (iu3) |
| | (2) | | 5 | 9 | 2 |
| 围 | 3 止-微 | 喻三 | ɦy5 | ɦy9 | y2 |
| 云 | 3 臻-文 | 喻三 | ɦueiŋ5 | ɦeiŋ9 | œyŋ2 |
| | (3)(4) | | 3 | 5 | 3 |
| 圆 | 3 山-仙 | 喻三 | yiŋ3 | yeiŋ5 | (yiŋ2) |
| 王 | 3 宕-阳 | 喻三 | əŋ3 | ioŋ5 | uaŋ3 |
| 园 | 3 山-元 | 喻三 | xyiŋ3 | xyeiŋ5 | |
| 雄 | 3 通-东 | 喻三 | (xueiŋ2) | xeiŋ5 | xœyŋ3 |
| 熊 | 3 通-东 | 喻三 | xueiŋ3 | xeiŋ5 | xœyŋ3 |

将之与闽北古全浊匣母的四个层次相互比较，如下表：

表 4-40

| 例　字 | 中　古 | 声　类 | 石　陂 | 建　阳 | 建　瓯 |
|---|---|---|---|---|---|
| 文读层 | | | 5 | 5 | 2 |
| 红文读 | 1 通-东 | 匣 | ɦəŋ5 | xoŋ5 | ɔŋ2 |
| 行文读 | 2 梗-庚 | 匣 | ɦaiŋ5 | xaiŋ5 | aiŋ2 |
| 浊音白读层 | | | 5 | 9 | 2 |
| 喉 | 1 流-侯 | 匣 | ɦu5 | o9 | e2 |
| 红白读 | 1 通-东 | 匣 | ɦəŋ5 | ɦoŋ9 | ɔŋ2 |
| 清音白读层 | | | 3 | 5 | 3 |
| 黄白读 | 1 宕-唐 | 匣 | əŋ3 | uoŋ5 | uaŋ3 |
| 丸 | 1 山-桓 | 匣 | yiŋ3 | yeiŋ5 | yiŋ3 |
| 虾 | 2 假-麻 | 匣 | xa3 | xa5 | |
| 还还钱 | 2 山-删 | 匣 | xiŋ3 | | xiŋ3 |
| 眩晕眩 | 4 山-先 | 匣 | xeiŋ3 | | xeiŋ3 |

很明显地,在阳平字的声调表现上,古喻三母的第(2)类乃同于浊音白读层,而第(1)类同于文读层,第(3)、(4) 类则同于清音白读层,这也就表示古喻三母的第(2)类对应绝不是偶然的参差。再比较古喻三母与古匣母的声母音读,更清楚显示闽语古喻三母的白读表现完全与古匣母的白读层次一致,同样分为三种音读,一是浊擦音,二是相应于不送气清音的零声母,三是相应于送气清音的清擦音 x-;只有文读层的古喻三母与匣母已然分立,前者在闽南、闽东读为零声母,闽北石陂一带读为浊擦音,乃与古喻四母合流(参见4.2.3.2的讨论),后者则在各地多读为清擦音 h-或 x-,唯其中部分阳平字在闽北具条件变体,读为浊擦音 ɦ-(参见杜佳伦 2013 或 4.1 的说明)。

**表 4－41　闽语古喻三母的音读对应表**

| 例字 | 中古 | 声类 | 泉州 | 漳州 | 澄海 | 文昌 | 福清 | 古田 | 柘荣 | 石陂 | 建阳 | 建瓯 |
|---|---|---|---|---|---|---|---|---|---|---|---|---|
| (1) | | | Ø | Ø | Ø | dz | Ø | Ø | Ø | ɦ*Ø | ɦ*Ø | Ø |
| 荣 | 3 梗-庚 | 喻三 | iŋ5 | iŋ5 | ioŋ5 | dzioŋ5 | iŋ5 | iŋ5 | yŋ5 | ɦueiŋ5 | ɦeiŋ5 | œyŋ2 |
| 邮 | 3 流-尤 | 喻三 | iu5 | iu5 | iu5 | dziu5 | iu5 | iu5 | iu5 | ɦiu5 | iu5 | iu3 |
| 雨文读 | 3 遇-虞 | 喻三 | u2 | i2 | u2 | 宇 dzi2 | y2 | y2 | y2 | ɦy2 | ɦy2 | |
| 有文读 | 3 流-尤 | 喻三 | iu2 | iu2 | iu2 | dziu2 | iu2 | iu2 | iu2 | iu2 | iu2 | iu2 |
| 远文读 | 3 山-元 | 喻三 | uan2 | uan2 | iaŋ2 | dzuan2 | uoŋ2 | uoŋ2 | uoŋ2 | ɦyiŋ2 | ɦyeiŋ2 | yiŋ2 |
| 运 | 3 臻-文 | 喻三 | un3 | un7 | uŋ7 | dzun8 | oŋ7 | uŋ7 | uŋ7 | ɦueiŋ7 | ɦeiŋ3 | œyŋ7 |
| 越 | 3 山-元 | 喻三 | uat8 | uat8 | uak8 | dzuat8 | uoʔ8 | uok8 | uok8 | ɦye5 | jye8 | yɛ4 |
| (2) | | | Ø | Ø | Ø | Ø | Ø | Ø | Ø | ɦ | ɦ | Ø |
| 围 | 3 止-微 | 喻三 | ui5 | ui5 | ui5 | ui5 | ui5 | ui5 | ui5 | ɦy5 | ɦy9 | y2 |
| 云 | 3 臻-文 | 喻三 | | | | | | | | ɦueiŋ5 | ɦeiŋ9 | œyŋ2 |
| 有白读 | 3 流-尤 | 喻三 | u6 | u7 | u6 | u8 | o7 | u7 | u7 | | | |
| 又 | 3 流-尤 | 喻三 | iu3 | iu3 | iu6 | iu1 | iu7 | iu7 | iu7 | ɦiu2 | ɦiu3 | iu8 |
| 旺 | 3 宕-阳 | 喻三 | ɔŋ3 | ɔŋ7 | uaŋ6 | uaŋ8 | uoŋ7 | | uoŋ7 | ɦəŋ7 | ioŋ7 | uaŋ7 |
| (3) | | | Ø | Ø | Ø | Ø | Ø | Ø | Ø | Ø | Ø | Ø |
| 圆 | 3 山-仙 | 喻三 | ĩ5 | ĩ5 | ĩ5 | i5 | ieŋ5 | ieŋ5 | | yiŋ3 | yeiŋ5 | yiŋ2 |
| 王 | 3 宕-阳 | 喻三 | ɔŋ5 | ɔŋ5 | uaŋ5 | uaŋ5 | uoŋ5 | uoŋ5 | uoŋ5 | əŋ3 | ioŋ5 | uaŋ3 |
| 往 | 3 宕-阳 | 喻三 | ɔŋ2 | ɔŋ2 | uaŋ2 | uaŋ2 | uoŋ2 | uoŋ2 | uoŋ2 | əŋ2 | ioŋ2 | uaŋ2 |
| 胃 | 3 止-微 | 喻三 | ui1 | ui7 | ui7 | ui8 | ui7 | ui7 | ui7 | y7 | y7 | y7 |
| 位 | 3 止-脂 | 喻三 | ui3 | ui7 | ui7 | ui8 | ui7 | ui7 | ui7 | y7 | y7 | y7 |
| 芋 | 3 遇-虞 | 喻三 | ɔ3 | ɔ7 | ou7 | ou1 | uo7 | uo7 | uo7 | y7 | y7 | y7 |
| 院 | 3 山-仙 | 喻三 | ĩ3 | ĩ7 | ĩ7 | | ieŋ7 | ieŋ7 | ieŋ7 | yiŋ7 | yeiŋ7 | yiŋ7 |
| (4) | | | h | h | h | ɦ | h | h | x | x | x | x |
| 园 | 3 山-元 | 喻三 | hŋ5 | huĩ5 | hŋ5 | ɦui5 | huoŋ5 | huoŋ5 | xuoŋ5 | xyiŋ3 | xyeiŋ5 | |
| 雄 | 3 通-东 | 喻三 | hiɔŋ5 | hiɔŋ5 | hioŋ5 | ɦioŋ5 | hyŋ5 | | xyŋ5 | xueiŋ2 | xeiŋ5 | xœyŋ3 |
| 熊 | 3 通-东 | 喻三 | hiɔŋ5<br>him5 | hiɔŋ5<br>him5 | hiŋ5 | ɦioŋ5<br>ɦiom5 | hyŋ5 | hyŋ5 | xyŋ5 | xueiŋ3 | xeiŋ5 | xœyŋ3 |

**续　表**

| 例字 | 中古 | 声类 | 泉州 | 漳州 | 澄海 | 文昌 | 福清 | 古田 | 柘荣 | 石陂 | 建阳 | 建瓯 |
|---|---|---|---|---|---|---|---|---|---|---|---|---|
| (4) | | | h | h | h | ɦ | h | h | x | x | x | x |
| 云 | 3 臻-文 | 喻三 | hun5 | hun5 | huŋ5 | ɦun5 | huŋ5 | huŋ5 | xuŋ5 | (ɦueiŋ5) | (ɦeiŋ9) | (œyŋ2) |
| 雨白读 | 3 遇-虞 | 喻三 | hɔ6 | hɔ7 | hou6 | ɦou8 | huo7 | huo7 | | xy1 | xy3 | xy7 |
| 远白读 | 3 山-元 | 喻三 | hŋ6 | huĩ7 | hŋ6 | ɦui8 | huoŋ7 | huoŋ7 | xuoŋ7 | | | |

4.2.3.2　古喻四母

表 4－44 是闽语古喻四母字群的音读对应表，说明如下：

1. 闽语古喻四母字群的声母音读对应关系主要分为三类：第(1)类在闽南、闽东读为零声母，在闽北石陂、建阳一带以及文昌则读为浊擦音或浊塞擦音，此类均为文读。第(2)类是各地均读为零声母，此类以白读居多。第(3)类则是各地均读为舌尖擦音或塞擦音，且可以细分为两小类：(3－1)是各地主要读为舌尖清擦音 s-，例如"蝇翼翅"，闽南有少数例字读为送气的清塞擦音 $ts^h$-，不过这类例字在闽东、闽北尚找不到相应的音读，我们暂时将之与清擦音 s-归为同类；(3－2)则是闽南读为不送气清塞擦音 ts-，闽北石陂、建阳一带读为相应的浊塞擦音 dz-或弱化的 l-，例如"痒"。

2. 再将闽北古喻四母字群各类对应关系的声母与声调异读，与前述古喻三母的四个层次音读相互比较联系，如下表：

**表 4－42**

| 喻四平声调 | | | | 喻四上声调 | | | |
|---|---|---|---|---|---|---|---|
| | 石陂 | 建阳 | 建瓯 | | 石陂 | 建阳 | 建瓯 |
| 文读 (1) | 5 | 5 | 2 | | 2 | 2 | 2 |
| 余 | ɦy5 | y5 | y2 | 允 | | ɦeiŋ2 | œyŋ2 |
| 营文读 | ɦueiŋ5 | ɦeiŋ5 | œyŋ2 | 以 | ɦi2 | ɦi2 | i2 |
| 浊音层 (3－2) | | | | | 3 | 3 | 8 |
| × | | | | 痒 | dzioŋ3 | lioŋ3 | tsioŋ8 |

**续 表**

| 喻四平声调 | | | | 喻四上声调 | | | |
|---|---|---|---|---|---|---|---|
| | 石陂 | 建阳 | 建瓯 | | 石陂 | 建阳 | 建瓯 |
| 零声母 (2) | 3 | 5 | 3 | | 2 | 2 | 2 |
| 赢 | iaŋ3 | iaŋ5 | iaŋ3 | 演 | iŋ2 | | eiŋ2 |
| 油 | iu3 | iu5 | iu3 | | | | |
| 清擦音 (3-1) | 3 | 5 | 3 | | | | |
| 蝇 | seiŋ3 | sioŋ5 | saiŋ3 | × | | | |
| **喻三平声调** | | | | **喻三上声调** | | | |
| | 石陂 | 建阳 | 建瓯 | | 石陂 | 建阳 | 建瓯 |
| 文读 (1) | 5 | 5 | 2 | | 2 | 2 | 2 |
| 荣 | ɦueiŋ5 | ɦeiŋ5 | œyŋ2 | 雨文读 | ɦy2 | ɦy2 | |
| 邮 | ɦiu5 | iu5 | (iu3) | 远文读 | ɦyiŋ2 | ɦyeiŋ2 | yiŋ2 |
| 浊音层 (2) | 5 | 9 | 2 | | 3 | 3 | 8 |
| 围 | ɦy5 | ɦy9 | y2 | (旱白读) | ɦuaiŋ3 | ɦueiŋ3 | uiŋ8 |
| 云 | ɦueiŋ5 | ɦeiŋ9 | œyŋ2 | | | | |
| 零声母 (3) | 3 | 5 | 3 | | 2 | 2 | 2 |
| 圆 | yiŋ3 | yeiŋ5 | (yiŋ2) | 往 | əŋ2 | ioŋ2 | uaŋ2 |
| 王 | əŋ3 | ioŋ5 | uaŋ3 | | | | |
| 清擦音 (4) | 3 | 5 | 3 | | 1 | 3 | 7 |
| 园 | xyiŋ3 | xyeiŋ5 | | 雨白读 | xy1 | xy3 | xy7 |
| 熊 | xueiŋ3 | xeiŋ5 | xœyŋ3 | | | | |

声母音读上，古喻四母也可以分为相应的四类层次：一是文读层，即第(1)类对应关系，石陂、建阳读为浊擦音 ɦ-，建瓯读为零声母；二是浊音白话层，即第(3－2)类对应关系，石陂、建阳读为浊塞擦音 dz-或弱化的 l-，建瓯读为相应的不送气清塞擦音 ts-；三是零声母白话层，即第(2)类对应关系，闽北各地均读为零声母；四是清擦音白话层，即第(3－1)类对应关系，闽北各地均读为清擦音 s-。这四类层次

不仅在声母音读上相应于古喻三母的文读以及匣于同读的三个白话音读(浊音层、零声母层及清擦音层),声调异读的情形也完全相应,如上表,古喻三母的平声字,文读声调在石陂、建瓯相异于零声母及清擦音的白话声调,古喻四母亦然;而古喻四母的浊音层虽然缺少平声例字,无法与古喻三母的浊音层阳平字相较,但根据上声例字"痒"的声调表现,亦同于匣于同读的浊音层上声字。据此,闽语古喻四母与喻三母的声母层次关系归纳如下表:

**表 4-43**

| | 古喻三母 | 泉州 | 福清 | 石陂 | 古喻四母 | 泉州 | 福清 | 石陂 |
|---|---|---|---|---|---|---|---|---|
| 文读层(A) | (1) | ø | ø | ɦ | (1) | ø | ø | ɦ |
| 浊音层(B) | (2) | ø | ø | ɦ | (3-2) | ts | s | dz |
| 零声母层(C) | (3) | ø | ø | ø | (2) | ø | ø | ø |
| 清擦音层(D) | (4) | h | h | x | (3-1) | s ($ts^h$) | s | s |

**表 4-44 闽语古喻四母的音读对应表**

| 例字 | 中古 | 声类 | 泉州 | 漳州 | 澄海 | 文昌 | 福清 | 古田 | 柘荣 | 石陂 | 建阳 | 建瓯 |
|---|---|---|---|---|---|---|---|---|---|---|---|---|
| (1) | | | ø | ø | ø | dz* ɦ | ø | ø | ø | ɦ* ø | ɦ* ø | ø |
| 余 | 3 遇-鱼 | 喻四 | ɯ5 | i5 | ə5 | dzi5 | y5 | y5 | y5 | ɦy5 | y5 | y2 |
| 容 | 3 通-钟 | 喻四 | iɔŋ5 | iɔŋ5 | ioŋ5 | dzioŋ5 | yŋ5 | yŋ5 | yŋ5 | ɦueiŋ5 | eiŋ5 | œyŋ2 |
| 移 | 3 止-支 | 喻四 | i5 | i5 | i5 | | ie5 | ie5 | ie5 | ɦi5 | i5 | i2 |
| 盈 | 3 梗-清 | 喻四 | iŋ5 | iŋ5 | ioŋ5 | dzeŋ5 | iŋ5 | iŋ5 | iŋ5 | ɦiŋ5 | iŋ5 | iŋ2 |
| 营文读 | 3 梗-清 | 喻四 | iŋ5 | iŋ5 | ioŋ5 | dzeŋ5 | iŋ5 | iŋ5 | | ɦueiŋ5 | ɦeiŋ5 | œyŋ2 |
| 养 | 3 宕-阳 | 喻四 | iɔŋ2 | iaŋ2 | iaŋ2 | dziaŋ2 | yoŋ2 | yøŋ2 | yøŋ2 | ioŋ2 | ioŋ2 | ioŋ2 |
| 勇 | 3 通-钟 | 喻四 | iɔŋ2 | iɔŋ2 | ioŋ2 | dzioŋ2 | yŋ2 | yŋ2 | yŋ2 | ueiŋ2 | eiŋ2 | œyŋ2 |
| 允 | 3 臻-谆 | 喻四 | un2 | un2 | (zuŋ2) | dzun2 | yŋ2 | yŋ2 | yŋ5 | | ɦeiŋ2 | œyŋ2 |
| 以 | 3 止-之 | 喻四 | i2 | i2 | ĩ2 | dzi2 | i2 | i2 | i2 | ɦi2 | ɦi2 | i2 |
| 用文读 | 3 通-钟 | 喻四 | iɔŋ3 | iɔŋ7 | | dzioŋ8 | øŋ7 | yŋ7 | yŋ7 | ɦueiŋ7 | eiŋ7 | œyŋ7 |
| 焰文读 | 3 咸-盐 | 喻四 | iam3 | iam7 | iaŋ7 | ɦiam8 | ieŋ7 | ieŋ7 | | | ieiŋ7 | |
| 预 | 3 遇-鱼 | 喻四 | ɯ3 | i7 | ə6 | dzi4 | ø7 | | y7 | ɦy7 | ɦy7 | y7 |

**续 表**

| 例字 | 中古 | 声类 | 泉州 | 漳州 | 澄海 | 文昌 | 福清 | 古田 | 柘荣 | 石陂 | 建阳 | 建瓯 |
|---|---|---|---|---|---|---|---|---|---|---|---|---|
| (1) | | | ø | ø` | ø | dz* ɦ | ø | ø | ø | ɦ* ø | ɦ* ø | ø |
| 浴文读 | 3 通-钟 | 喻四 | iɔk8 | iɔk8 | iok8 | dziok4 | yʔ8 | yk8 | yk8 | ɦy5 | | y8 |
| 育 | 3 通-东 | 喻四 | iɔk8 | iɔk8 | iok8 | dziok4 | yʔ8 | yk8 | yk8 | y4 | ɦy8 | y4 |
| 叶 | 3 咸-盐 | 喻四 | iap8 | iap8 | iak8 | ɦiap4 | ieh8 | iek8 | | ɦie5 | ɦje8 | |
| 翼文读 | 3 曾-蒸 | 喻四 | ik8 | ik8 | ek8 | dzi8 | iʔ8 | ik8 | ik8 | | ɦi8 | i7 |
| (2) | | | ø | ø | ø | ø | ø | ø | ø | ø | ø | ø |
| 赢 | 3 梗-清 | 喻四 | iã5 | iã5 | iã5 | ia5 | iaŋ5 | iaŋ5 | iaŋ5 | iaŋ3 | iaŋ5 | iaŋ3 |
| 营白读 | 3 梗-清 | 喻四 | iã5 | iã5 | iã5 | ia5 | iaŋ5 | iaŋ5 | iaŋ5 | | iaŋ5 | iaŋ3 |
| 摇白读 | 3 效-宵 | 喻四 | io5 | io5 | ie5 | io5 | ieu5 | iau5 | iau5 | iau5 | iɔ5 | iau3 |
| 盐 | 3 咸-盐 | 喻四 | iam5 | iam5 | iaŋ5 | iam5 | | | | iŋ3 | ieiŋ5 | iŋ3 |
| 油 | 3 流-尤 | 喻四 | iu5 | iu5 | iu5 | iu5 | iu5 | iu5 | iu5 | iu3 | iu5 | iu3 |
| 铅 | 3 山-仙 | 喻四 | ian5 | ian5 | iŋ5 | ian5 | yoŋ5 | yøŋ5 | yøŋ5 | yiŋ3 | yeiŋ5 | yiŋ3 |
| 演 | 3 山-仙 | 喻四 | ian2 | ian2 | iŋ5 | ian2 | ieŋ2 | | ieŋ2 | iŋ2 | | eiŋ2 |
| 柚 | 3 流-尤 | 喻四 | iu3 | iu7 | iu7 | iu1 | iu7 | iu7 | iu7 | | iu7 | iu7 |
| 焰白读 | 3 咸-盐 | 喻四 | | iã7 | | | | iaŋ7 | iaŋ7 | iaŋ7 | | iaŋ7 |
| 艳 | 3 咸-盐 | 喻四 | iam3 | iam7 | iaŋ7 | iam3 | ieŋ7 | | iaŋ7 | iŋ7 | ieiŋ7 | iŋ3 |
| 样 | 3 宕-阳 | 喻四 | iũ3 | iõ7 | iẽ7 | io1 | yoŋ7 | yøŋ7 | yøŋ7 | ioŋ7 | ioŋ7 | ioŋ7 |
| 药 | 3 宕-阳 | 喻四 | ioʔ8 | ioʔ8 | ieʔ8 | io8 | yo1 | yøʔ8 | yøʔ8 | (ɦio5) | (ɦiɔ8) | iɔ8 |
| 逸 | 3 臻-真 | 喻四 | it8 | it8 | ik8 | | iʔ8 | | ik8 | i4 | i8 | i4 |
| 译 | 3 梗-清 | 喻四 | iak8 | ik8 | ek8 | dzek4 | iʔ8 | ik8 | ik8 | i4 | i8 | i4 |
| (3-1) | | | s ($ts^h$) | s ($ts^h$) | s ($ts^h$) | t | s | s | s | s | s | s |
| (3-2) | | | ts | ts | ts | ts | s | s | s | dz | l | ts |
| 盐白读 | 3 咸-盐 | 喻四 | sĩ5 | sĩ5 | | | sieŋ5 | sieŋ5 | sieŋ5 | | | |
| 盐腌 | 3 咸-盐 | 喻四 | sĩ3 | sĩ7 | | | sieŋ3 | sieŋ3 | sieŋ3 | | | |
| 蝇 | 3 曾-蒸 | 喻四 | sin5 | sin5 | siŋ5 | tian5 | siŋ5 | siŋ5 | | seiŋ3 | sioŋ5 | saiŋ3 |
| 翼翅 | 3 曾-蒸 | 喻四 | sit8 | sit8 | | tiat8 | siʔ8 | sik8 | siek8 | sia1 | | siɛ7 |
| 扬 | 3 宕-阳 | 喻四 | $ts^h$iũ5 | $ts^h$iõ5 | $ts^h$iẽ5 | | | | | | | |
| 簷檐 | 3 咸-盐 | 喻四 | tsĩ5 | tsĩ5 | siam5 | liam5 | sieŋ5 | sieŋ5 | | | | |
| 痒 | 3 宕-阳 | 喻四 | tsiũ6 | tsiõ7 | tsiẽ6 | tsio1 | syoŋ7 | syøŋ7 | syøŋ7 | dzioŋ3 | lioŋ3 | tsioŋ8 |

### 4.2.3.3　古群、匣、喻母的层次关系

总合本小节对古喻母的层次分析，并且相较杜佳伦(2013)对古群匣母的层次分析，我们来看闽语各项层次中群、匣、喻三、喻四等四个古声类的音韵关系差异，如下表：

**表 4－45　闽语古群、匣、喻母的历史层次关系**

<table>
<tr><td>时间层次</td><td colspan="3">唐宋文读</td><td colspan="3">北方层</td><td colspan="3">江东层</td><td colspan="3">非汉语干扰层</td></tr>
<tr><td>音读层次</td><td colspan="3">文读层</td><td colspan="3">浊音层</td><td colspan="3">不送气清音层</td><td colspan="3">送气清音层</td></tr>
<tr><td></td><td>泉州</td><td>福清</td><td>石陂</td><td>泉州</td><td>福清</td><td>石陂</td><td>泉州</td><td>福清</td><td>石陂</td><td>泉州</td><td>福清</td><td>石陂</td></tr>
<tr><td>群</td><td>k</td><td>k</td><td>g</td><td rowspan="2">k</td><td rowspan="2">k</td><td rowspan="2">g</td><td>k</td><td>k</td><td>k</td><td>$k^h$</td><td>$k^h$</td><td>$k^h$</td></tr>
<tr><td rowspan="2">匣</td><td rowspan="2">h</td><td rowspan="2">h</td><td rowspan="2">x (ɦ)</td><td rowspan="4">∅</td><td rowspan="4">∅</td><td rowspan="4">∅</td><td rowspan="2">($k^h$)<br>h</td><td rowspan="2">($k^h$)<br>h</td><td rowspan="2">x</td></tr>
<tr><td rowspan="2">∅</td><td rowspan="2">∅</td><td rowspan="2">ɦ</td></tr>
<tr><td>喻三</td><td rowspan="2">∅</td><td rowspan="2">∅</td><td rowspan="2">ɦ</td><td>h</td><td>h</td><td>x</td></tr>
<tr><td>喻四</td><td>ts</td><td>s</td><td>dz</td><td>s<br>($ts^h$)</td><td>s</td><td>s</td></tr>
</table>

文读层的群、匣、喻三均有别，喻三母乃与喻四母合流同读，此合于唐宋以来的声母发展情形。白读层分为三项：(1) 浊音层的匣母有一部分与群母同读舌根塞音，另一部分与喻三母同读浊喉擦音，而喻四母则读为舌尖塞擦音，与邪母的音读相近；本书在历史分层上推论浊音层来自秦汉以来由北方引进的音韵系统，除了群匣同读的早期特点，喻四母与邪母相近的音读关系也同样反映秦汉以来北方汉语的音韵特点，直到晋代《字林》的音注材料中依然存在邪母与喻四母往来密切的关系(简启贤，2003：75—77)。(2) 不送气清音层的匣母与喻三、喻四合流同读零声母；本书在历史分层上推论不送气清音层反映南朝江东地区的音韵系统，除了前述从邪不分、船禅不分的音韵特点，喻三母与匣母同读的音韵关系也合于原本《玉篇》音系的声母特点(周祖谟，1966 b：317—319)，至于与喻四母同读的关系，可能

是匣于原来同读的浊音在清化音变后脱落为零声母，遂与喻四母合流；不过，原本《玉篇》有一些喻四字乃以匣母字为反切上字(周祖谟，1966 b：320)，这也可能透露江东音韵中喻四母与匣母、喻三母的相近关系。(3) 送气清音层的匣母多数与喻三母同读喉部或舌根清擦音 h-或 x-，而喻四母则读为舌尖清擦音 s-，音读乃与邪母相近；本书在历史分层上推论送气清音层反映闽地非汉语底层的母语音韵干扰，这种母语干扰往往影响早期白读层较深，因此其所反映的音韵格局应带有早期汉语的音韵特点，除了前述有少数匣母字读同群母 $k^h$-，以及少数古章系读同见系的全浊声类今读乃为送气清音，喻四母与邪母相近的音读更是反映早期汉语的音韵特点，不过音读上受到母语干扰转读为带强劲气流的浊声母(可能是 * zɦ-)，进一步清化读为清擦音 s-或仍然带有摩擦气流的清塞擦音 $ts^h$-。

## 4.3　古全清母的特殊表现

相较于古全浊与次浊声类丰富多层次的表现，闽语的古清声类没有复杂的层次差异，音读较为稳定一致，唯古全清声母有两项特殊表现值得注意：一是古清擦音在早期白读层的塞(擦)化表现，包括古心、生、书母今读送气清塞擦音 $ts^h$-，以及古晓母今读送气清塞音 $k^h$-，此乃反映闽地非汉语底层的母语干扰；二是闽北的古全清塞音类(包括古帮、端、精、见等古声类)有浊化、弱化的特殊音读，此亦为非汉语底层的音韵干扰，但在闽北表现较为明显。本小节即就这两项特殊表现进行分析与讨论。

### 4.3.1　古全清擦音的塞(擦)化

表 4－49 是闽语古心、生、书母今读送气清塞擦音 $ts^h$-的音读对应表，表 4－50 则是闽语古晓母今读送气清塞音 $k^h$-的音读对应表，说明如下：

1. 闽南、闽东与闽北有一批古心、生、书母例字今读均为送气清

塞擦音 $ts^h$-，例如鼠类字。但也有参差对应之处，大致来说，闽南、闽东共同保有较多读为 $ts^h$-的白读语词，例如笑类字，这类例字在闽北已读为一般清擦音 s-；不过也有少数例字是闽北读为 $ts^h$-，而闽南、闽东已读为一般清擦音 s-，例如烧类字。

2. 闽南、闽东与闽北均有古晓母例字今读为送气清塞音 $k^h$-的白读表现，不过三个次方言呈现参差对应的情形：闽东的例字最少，闽南有许类字读为 $k^h$-，在闽北已读为一般清擦音 x-；闽北则有虎类字读为 $k^h$-，在闽南也已读为一般清擦音 h-。

3. 闽语古清擦音声类的早期白读层除了有读为送气清塞擦音 $ts^h$-的表现，还有另一种读为不送气清塞擦音 ts-的表现，不过目前只看到古书母的例字，如下表所示，闽南、闽东具有较多共同读为 ts-的白读语词，闽北却只有“水”一字在建阳、建瓯一带声母为 ts-。

**表 4－46**

| 例字 | 中古 | 声类 | 泉州 | 漳州 | 澄海 | 福清 | 古田 | 柘荣 | 石陂 | 建阳 | 建瓯 |
|---|---|---|---|---|---|---|---|---|---|---|---|
| | | | ts | ts | ts | ts | ts | ts | ? | ts | ts |
| 书 | 3 遇-鱼 | 书 | tsɯ1 | tsu1 | tsə1 | tsy1 | tsy1 | tsy1 | | | |
| 水 | 3 止-脂 | 书 | tsui2 | tsui2 | tsui2 | tsui2 | tsui2 | tsui2 | | tsy2 | tsy2 |
| 少 | 3 效-宵 | 书 | tsio2 | tsio2 | tsie2 | tsieu2 | tsiau2 | tsiau2 | | | |
| 守 | 3 流-尤 | 书 | tsiu2 | tsiu2 | | | | | | | |
| 婶 | 3 深-侵 | 书 | tsim2 | tsim2 | | | | | | | |
| 升 | 3 曾-蒸 | 书 | tsin1 | tsin1 | | tsiŋ1 | tsiŋ1 | | | | |
| 叔 | 3 通-东 | 书 | tsiak4 | tsik4 | tsek4 | tsøʔ4 | tsyk4 | | | | |
| 春 | 3 通-钟 | 书 | tsiŋ1 | tsiŋ1 | tseŋ1 | tsyŋ1 | tsyŋ1 | tsuŋ1 | (sueiŋ1) | ($t^h$eiŋ1) | ($ts^h$œyŋ1) |

4. 本书认为闽语古心、生、书母今读为 $ts^h$-，与古晓母今读为 $k^h$-，两者乃密切相应的共同层次系统，均是将古汉语的清擦音声类读为带有强劲气流的语音，并且都是与同一发音部位的次清声类发生混

同,此应反映闽地非汉语底层的母语干扰。① 原始侗台语的声母系统有一项特征是“没有送气清塞音声母,也没有塞擦音声母”(梁敏、张均如,1996：75—78,82—83),也就是说,原始侗台语有两个音韵特点：(a) 没有 $^*p^h$-、$^*t^h$-、$^*k^h$-与 $^*b\text{ɦ}$-、$^*d\text{ɦ}$-、$^*g\text{ɦ}$-的对立;(b) 没有 $^*k^h$-与 $^*x$-的对立以及 $^*ts^h$-与 $^*s$-的对立。古闽越语极可能具有同样的声母特点,(a) 可以解释闽语部分古全浊声类与次清声类的混读情形(参见杜佳伦,2013),(b) 则可以解释闽语古清擦音声类与次清声类的混读情形：

**表 4－47**

| 古汉语声类 | 古闽越语母语干扰 | 闽语今读 |
|---|---|---|
| 清初 $^*ts^h$ | $^*s$ | $ts^h$ |
| 心生 $^*s$ | $^*s$ | $ts^h$ |
| 昌② $^*t^hj > ^*t\text{ɕ}^h$ | $^*s$ | $ts^h$ |
| 书 $^*hlj > ^*\text{ɕ}$ | $^*s$ | $ts^h$ |
| 溪 $^*k^h$ | $^*x$ | $k^h$ |
| 晓 $^*x$ | $^*x$ | $k^h$ |

设想早期进入闽地的古汉语受到古闽越语的母语干扰,舌齿音、舌根音的次清声类与清擦音声类均发生混读,舌齿音混读为 $^*s$-,舌根音混读为 $^*x$-,闽语的今读则有两种可能的解释：一是后来在汉语的

① 我们翻查《汉语方音字汇》(2003)所记载的北方汉语方言,极少将古清擦音声类读为送气塞音或送气塞擦音,目前只找到“赐膝碎鞘伸”等字;南方汉语方言,则较多这类表现,包括吴语、粤语等,这可能是南方共同底层的反映。

② 上古汉语的章系声母本分为两类：一是与舌尖音往来的章 1 系,一是与舌根音往来的章 2 系。这两类均与精庄系声母有别。然而,闽语除去有少数章系读同见系的白读表现,以台湾闽南语为例,如“枝”读为 ki1、“齿”读为 $k^hi2$、“柿”读为 $k^hi7$,其他章系字今读均为舌齿音,且不与端系相近,而与精庄系声母似乎无法区别,不过闽北保留的浊音白读清楚显示古船禅母与古从邪母之间具有区别,由此可见最早进入闽地的汉语音韵系统中,至少章 1 系已经读为舌齿一类,虽与精庄系相近但仍有别,我们暂时以中古时期的拟音($^*t\text{ɕ}$、$^*t\text{ɕ}^h$、$^*\text{ɕ}$)来表示,不过受到古闽越语干扰的部分乃发生调整改读,因而闽语的底层系统呈现的是“精章系无别”的音韵关系。

长期接触之下，舌齿音的次清声类音值逐渐回归读为 $ts^h$-，舌根音的次清声类音值也逐渐回归读为 $k^h$-，于是已经混读的部分心、生、书母字与晓母字也连带读为 $ts^h$-与 $k^h$-；此外，还有一种可能是古闽越语中 *s、*x的实际音值本即带有强烈的摩擦气流，使得早期进入闽地的古汉语清擦音声类在音值上也沾染强烈气流特性，因而今读为送气塞擦音 $ts^h$-与送气塞音 $k^h$-。不过，第二种可能性并无法解释闽语还有古清擦音声类读为不送气清塞擦音 ts-的另一种表现；只有"没有塞擦音声母"这项特点能同时解释这个现象，因为"没有塞擦音声母"即表示原始母语系统中不仅没有 *$ts^h$-与 *s-的对立，也没有 *ts-与 *s-的对立，下表以章系为例说明：

**表 4－48**

| 古汉语声类 | 古闽越语母语干扰 | 闽语今读 |
|---|---|---|
| 昌 *$t^h$j>*$tɕ^h$ | *s | $ts^h$ |
| 书 *hlj>*ɕ | *s | $ts^h$ |
| | *s | ts |
| 章 *tj>*tɕ | *s | ts |

设想早期进入闽地的古汉语受到古闽越语"没有塞擦音声母"的音韵习性干扰，因此舌齿音声类不仅次清与清擦音混读为 *s-，全清也与清擦音混读为 *s-，后来汉语继续不断地引进闽地，舌齿音的次清声类音值逐渐回归读为 $ts^h$-，而全清声类音值也逐渐回归读为 ts-，在这两股回归的语音变化力量下，必定有部分混读的清擦音声类也连带读为 $ts^h$-与 ts-，①因而成为母语干扰的底层遗迹。

① 类似的情形实际发生在台南关庙"出归时"现象逐渐转为"出时二分"的变化中，关庙地区有个方言特色是将舌齿音声类的次清字读同清擦音字，例如"菜婿"同读为 sai3；不过受到邻近其他"出时二分"的强势方言接触影响，关庙年轻一辈的舌齿音次清声类已多读为 $ts^h$-，值得注意的是，这时经常出现"矫枉过正"的现象，即少数清擦音字也随之改读为 $ts^h$-。此外，我们还观察到台湾以闽南语为母语者在学说华语的齿唇音 f-时，大部分的人虽以 hu-调整改读，但有少部分的人学会 f-的发音后，发生"矫枉过正"的现象，将华语应读为舌根擦音的例字也改读为 f-，例如"结婚"读为 tsiɛ5 fən1。

**表 4－49　闽语古心、生、书母今读送气清塞擦音 tsʰ-的音读对应表**

| 例字 | 中古 | 声类 | 泉州 | 漳州 | 澄海 | 福清 | 古田 | 柘荣 | 石陂 | 建阳 | 建瓯 |
|---|---|---|---|---|---|---|---|---|---|---|---|
| | | | tsʰ | tsʰ | tsʰ | tsʰ | tsʰ | tsʰ | tsʰ | tsʰ/tʰ | tsʰ |
| 碎 | 1蟹-灰 | 心 | tsʰui3 | tsʰui3 | tsʰui3 | tsʰoi3 | tsʰoi3 | tsʰoi3 | tsʰo3 | tʰui3 | tsʰo3 |
| 臊腥味 | 1效-豪 | 心 | tsʰo1 | tsʰo1 | tsʰo1 | tsʰo1 | tsʰo1 | | tsʰɔ1 | tʰau1 | tsʰau1 |
| 须 | 3遇-虞 | 心 | tsʰiu1 | tsʰiu1 | tsʰiu1 | tsʰiu1 | tsʰiu1 | tsʰiu1 | | tsʰiu1 | tsʰiu1 |
| 癣 | 3山-仙 | 心 | tsʰuã2 | | | tsʰiaŋ2 | tsʰiaŋ2 | | | | tsʰyiŋ2 |
| 筅 | 4山-先 | 心 | tsʰuĩ2 | tsʰiŋ2 | tsʰoĩ2 | tsʰeŋ2 | tsʰeiŋ2 | tsʰɛŋ2 | tsʰiŋ2 | (hieiŋ2) | (tʰiŋ2) |
| 醒 | 4梗-青 | 心 | tsʰĩ2 | tsʰɛ̃2 | tsʰẽ2 | (saŋ2) | tsʰaŋ2 | tsʰaŋ2 | tsʰaŋ2 | | tsʰaŋ2 |
| 生不熟 | 2梗-庚 | 生 | tsʰĩ1 | tsʰɛ̃1 | tsʰẽ1 | tsʰaŋ1 | tsʰaŋ1 | tsʰaŋ1 | | tʰaŋ1 | tsʰaŋ1 |
| 奢 | 3假-麻 | 书 | tsʰia1 | tsʰia1 | tsʰia1 | tsʰia1 | | tsʰia1 | | tsʰia1 | tsʰia1 |
| 鼠 | 3遇-鱼 | 书 | tsʰɯ2 | tsʰi2 | tsʰə2 | tsʰy2 | tsʰy2 | tsʰy2 | tsʰy2 | tsʰy2 | tsʰy2 |
| 戍房子 | 3遇-虞 | 书 | tsʰu3 | tsʰu3 | tsʰu3 | tsʰuo3 | tsʰuo3 | tsʰuoʔ4 | tsʰio3 | tsʰiɔ3 | tsʰiɔ3 |
| 试 | 3止-之 | 书 | tsʰi3 | tsʰi3 | tsʰi3 | tsʰe3 | tsʰi3 | tsʰi3 | tsʰi3 | tsʰi3 | tsʰi3 |
| 深 | 3深-侵 | 书 | tsʰim1 | tsʰim1 | tsʰiŋ1 | tsʰiŋ1 | tsʰiŋ1 | tsʰiŋ1 | tsʰeiŋ1 | tsʰiŋ1 | tsʰeiŋ1 |
| 星 | 4梗-青 | 心 | tsʰĩ1 | tsʰɛ̃1 | tsʰẽ1 | | | | | | |
| 伸 | 3臻-真 | 书 | tsʰun1 | tsʰun1 | tsʰuŋ1 | | | | | | |
| 鳃 | 1蟹-咍 | 心 | tsʰi1 | tsʰi1 | | tsʰi1 | | tsʰi1 | | | |
| 絮丝瓜 | 3遇-鱼 | 心 | tsʰue3 | tsʰe3 | tsʰiu3 | tsʰø3 | tsʰœ3 | tsʰœ3 | | | |
| 笑 | 3效-宵 | 心 | tsʰio3 | tsʰio3 | tsʰie3 | tsʰieu3 | tsʰiau3 | tsʰiau3 | | | |
| 鲜 | 3山-仙 | 心 | tsʰĩ1 | tsʰĩ1 | tsʰĩ1 | tsʰieŋ1 | tsʰieŋ1 | tsʰieŋ1 | | | |
| 膝 | 3臻-真 | 心 | | tsʰek4 | tsʰak4 | tsʰeʔ4 | tsʰik4 | tsʰik4 | | | |
| 粟 | 3通-钟 | 心 | tsʰiak4 | tsʰik4 | tsʰek4 | tsʰuo3 | tsʰøyk4 | tsʰuoʔ4 | | | |
| 呻 | 3臻-真 | 书 | tsʰan1 | | | tsʰeŋ1 | tsʰeiŋ1 | tsʰɛŋ1 | | | |
| 舒铺 | 3遇-鱼 | 书 | tsʰɯ1 | tsʰu1 | | tsʰy1 | tsʰy1 | tsʰy1 | | | |
| 手 | 3流-尤 | 书 | tsʰiu2 | tsʰiu2 | tsʰiu2 | tsʰiu2 | tsʰiu2 | tsʰiu2 | | | |
| 拭 | 3曾-蒸 | 书 | tsʰit4 | tsʰit4 | tsʰik4 | tsʰeʔ4 | tsʰik4 | tsʰik4 | | | |
| 烧 | 3效-宵 | 书 | | | | | | | tsʰiau1 | tsʰiɔ1 | tsʰiau1 |
| 声 | 3梗-清 | 书 | | | | tsʰiŋ1 | | | tsʰeiŋ1 | tsʰiaŋ1 | tsʰiaŋ1 |
| 尸 | 3止-脂 | 书 | | | | | | | | tsʰi1 | tsʰi1 |
| 湿 | 3深-侵 | 书 | | | | | | | tsʰie4 | tsʰie4 | tsʰiɛ4 |
| 惜 | 3梗-清 | 心 | | | | | | | tsʰio4 | tsʰio4 | tsʰio4 |

**表 4－50　闽语古晓母今读送气清塞音 $k^h$-的音读对应表**

| 例字 | 中古 | 声类 | 泉州 | 漳州 | 澄海 | 福清 | 古田 | 柘荣 | 石陂 | 建阳 | 建瓯 |
|---|---|---|---|---|---|---|---|---|---|---|---|
| | | | $k^h$ | $k^h$ | $k^h$ | $k^h$ | $k^h$ | $k^h$ | $k^h$ | $k^h$ | $k^h$ |
| 许 | 3 遇-鱼 | 晓 | $k^h$ɔ2 | $k^h$ɔ2 | $k^h$ou2 | | | | | | |
| 吸 | 3 深-侵 | 晓 | $k^h$ip4 | $k^h$ip4 | $k^h$ik4 | | | | | | |
| 呼呼鸡 | 1 遇-模 | 晓 | $k^h$ɔ1 | $k^h$ɔ1 | $k^h$ou1 | $k^h$u1 | $k^h$u1 | $k^h$u1 | | | |
| 薅除草 | 1 效-豪 | 晓 | $k^h$au1 | $k^h$au1 | $k^h$au1 | | | $k^h$au3 | | | |
| 虎 | 1 遇-模 | 晓 | | | | | | | $k^h$u2 | $k^h$o2 | $k^h$u2 |
| 檅勺子 | 3 止-支 | 晓 | | | | | | | $k^h$ye1 | | $k^h$yɛ1 |
| 豨猪 | 3 止-微 | 晓 | | | | | | | $k^h$y2 | $k^h$y1 | $k^h$y2 |
| 熏 | 3 臻-文 | 晓 | | | | | | | $k^h$ueiŋ3 | (xeiŋ1) | $k^h$œyŋ3 |

## 4.3.2　闽北古全清塞音的浊弱化

表 4－54 是闽北古全清塞音声类的浊化音读对应表，说明如下：

1. 闽北的古全清塞音声类，包括古帮、端、精、见等古声类，均有今读为浊音的特殊表现，如表 4－54 所示，各类在闽北的音读对应乃西北片的石陂读为浊音，建阳、崇安读为相应的弱化浊音，而东南片的建瓯、政和、松溪都已经读为清音，音读对应关系与同一发音部位之全浊声类的浊音表现完全相同，唯见母的浊音对应乃同于匣母浊音而非群母。然而，音读对应关系虽同于全浊声类的浊音表现，但在声调对应上仍然维持与全浊声类的不同，此外，尽管东南片各地的音读均为清音，但也在声调对应上维持与真正读为清声母者的区别，下面举例说明：

**表 4－51**

| 例字 | 中古 | 声类 | 石陂 | 建阳 | 崇安 | 建瓯 | 政和 | 松溪 |
|---|---|---|---|---|---|---|---|---|
| 单 | 1 山-寒 | 端 | duaiŋ5 | lueiŋ9 | luaiŋ1 | tuiŋ2 | tueiŋ3 | tueiŋ8 |
| 丹 | 1 山-寒 | 端 | tuaiŋ1 | tueiŋ1 | tuaiŋ1 | tuiŋ1 | tueiŋ1 | tueiŋ1 |

**续　表**

| 例字 | 中古 | 声类 | 石陂 | 建阳 | 崇安 | 建瓯 | 政和 | 松溪 |
|---|---|---|---|---|---|---|---|---|
| 坛 | 1 山-寒 | 定 | duaiŋ5 | lueiŋ5 | luaiŋ5 | tuiŋ2 | tueiŋ9 | tueiŋ9 |
| 补白 | 1 遇-模 | 帮 | bio2 | βiɔ2 | jyo2 | piɔ2 | pɔ9 | po9 |
| 补文 | 1 遇-模 | 帮 | (bu2) | po2 | pu2 | pu2 | pu2 | |
| 部 | 1 遇-模 | 並 | bu3 | βo3 | βu3 | pu8 | pu3 | pu8 |

同为古端母的“单丹”二字，“单”有读为浊音的特殊音读，“丹”则否，读为浊音的“单”字在各地的声母对应完全与古定母的“坛”字相同，不过多数方言点具有声调的差别，而东南片虽已将“单”字读为清声母，但声调上仍与“丹”字不同。古帮母的“补”字亦然，读为浊音的白读在各地的声母对应虽与古並母的“部”字相同，但声调显然有别，而东南片也大致保持浊化声母与清音声母在声调上的区别。

2. 闽北古见母的浊弱化表现可以分成两类：(1) 同于古匣母的浊音对应，石陂、建阳读为浊擦音 ɦ-，崇安、建瓯脱落读为零声母，政和、松溪则多读为清化的 x-或 h-，但声调表现与全浊声类不同，也异于其他真正读为清声母者；(2) 闽北各地均读为清擦音 x-或 h-，此类的声调表现则是大致符合古清声母的演变规则。

3. 除了闽北具有明显的古全清声类浊弱化现象，实际上闽南也有相应的浊弱化痕迹，如下表所示：

**表 4－52**

| 例　字 | 中　古 | 声　类 | 泉　州 | 漳　州 | 澄　海 |
|---|---|---|---|---|---|
| 遮 | 3 假-麻 | 章 | lia1 | dzia1 | |
| 迹 | 3 梗-清 | 精 | liaʔ4 | dziaʔ4 | |
| 爪 | 2 效-肴 | 庄 | liau2 | dziau2 | ziou2 |
| 挟～菜 | 4 咸-添 | 见 | gueʔ4 | ŋɛ̃ʔ4 | |
| 向朝向 | 3 宕-阳 | 晓 | ŋ3 | ŋ3 | ŋ3 |
| 枵饿 | 3 效-宵 | 晓 | iau1 | iau1 | iou1 |

来自古全清塞音的“遮迹爪挟”等字在闽南泉漳腔均能读为浊化声母，而声调仍符合古清声母的演变规则；此外，闽南还有少数全清晓母字读为零声母，例如“向朝向”读为 ŋ3、“枵饿”读为 iau1 等，我们认为这也是相平行的全清声母浊弱化表现。这样看来，古全清声类的浊弱化现象并非闽北的个别表现，更可能是闽地共同非汉语底层的音韵干扰，说明如 4.。

4. 原始侗台语的古声母系统具有一套带先喉塞的浊塞音声母 *ʔb-、*ʔd-，但是这套声母只有双唇与舌尖两种部位（梁敏、张均如，1996：71、93），今日还有许多侗台语言保留这套声母，部分语言有的先喉塞成分消失而变为纯浊音 b-、d-，有的则是变为鼻音 m-、n-或通音 v-、l-。据此，设想古闽越语具有同样的声母特点，而且极可能还带有舌面部位与靠近舌根部位的先喉塞音 *ʔdʑ-及 *ʔɟ，[①]这一整套带先喉塞的浊塞音声母可以解释闽语古全清声类的浊弱化现象。

表 4-53

| 古汉语声类 | 古闽越语母语干扰 | 闽北今读 | 闽南今读 |
| --- | --- | --- | --- |
| 帮 *p | *ʔb | b | p |
| 端 *t | *ʔd | d | t |
| 精庄 *ts | *ʔdʑ | dz | dz |
| 见 *k | *ʔɟ | ɦ* x | g |
| 晓 *x | | x | ∅ |

我们推想早期进入闽地的古汉语受到古闽越语的母语音韵干扰，一部分古全清声母字转读为相同或相近发音部位的先喉浊塞音，后来汉语继续不断地被引进闽地，闽南、闽东的古全清声类音值几乎都回归读为清音，唯闽南有零星的遗迹，而闽北的先喉塞音较为强

① 一般先喉塞音的种类多只见两种 ʔb-、ʔd-；然而，实际上汉语南方方言及侗台语言中，有少数地方具有第三种先喉塞音 ʔɟ 或 ʔdʑ-，前者在汉语方言乃对应于细音韵读的见母字，后者在其他侗台语则对应于 ʔ-或 ʔj-（陈忠敏，1995：6—7）。这两个部位更靠后的先喉塞音可以解释闽北古精、见母也读为浊音的表现，以及浙南吴语部分古见章母读为零声母的现象。

势，仍有一批古全清声类的语词不回归清音，今读乃并入浊音，成为古闽越语干扰的底层遗迹。

5. 我们不认为闽北古全清声类的浊弱化现象是后来个别的内部演变，主要依据有二：(1) 闽北古全清声类的浊弱化表现没有音变条件，且古全清字若有清、浊二读，浊音者往往为白读，尤其有许多是核心语词，例如“焦干狗肝”，可见在很早时期就已经有这种现象。(2) 闽南有相应的古全清声类浊弱化遗迹，且除了闽语，吴语、粤语也有同类特殊声母表现：吴语以庆元为例，其古帮端母读为 ʔb-、ʔd-，部分古见章母读为零声母，有部分方言点则是演变为相应的鼻声母 m-、n-；而在两广交界的粤语方言点，也有古帮端母读为 ʔb-、ʔd-的现象，但先喉塞成分较为微弱而演变为浊声母 b-、d-，甚至声母完全脱落而为零声母(陈忠敏，1995)。这类现象与现今诸多侗台语言的声母表现相呼应，而且演变方式也颇为一致，可见此应为更广大的南方共同底层反映。

**表 4-54　闽北古全清塞音声类的浊化音读对应表**

| 例字 | 中古 | 声类 | 泉州 | 福清 | 石陂 | 建阳 | 崇安 | 建瓯 | 政和 | 松溪 |
|---|---|---|---|---|---|---|---|---|---|---|
| | | | p | p | b | β | β* ∅ | p | p | p |
| 崩 | 1 曾-登 | 帮 | paŋ1 | puŋ1 | baiŋ5 | βaiŋ2 | βuaiŋ1 | paiŋ2 | paiŋ3 | paŋ8 |
| 斑 | 2 山-删 | 帮 | pan1 | peŋ1 | baiŋ5 | | | paiŋ8 | | paŋ8 |
| 补 | 1 遇-模 | 帮 | pɔ2 | puo2 | bio2 | βiɔ2 | jyo2 | piɔ2 | pɔ9 | po9 |
| 保 | 1 效-豪 | 帮 | po2 | po2 | bɔ2 | βau2 | βau2 | pau2 | pɔ9 | po9 |
| 反 | 3 山-元 | 非 | puĩ2 | peŋ2 | baiŋ2 | βaiŋ2 | | paiŋ2 | | paŋ9 |
| 必裂开 | 3 臻-真 | 帮 | pit4 | peʔ4 | bie2 | βie2 | | piɛ2 | | pei3 |
| | | | t | t | d | l | l | t | t | t |
| 耽白 | 1 咸-覃 | 端 | tam1 | taŋ1 | daŋ5 | laŋ1 | laŋ1 | taŋ8 | taŋ3 | taŋ8 |
| 担挑 | 1 咸-谈 | 端 | tã1 | taŋ1 | daŋ5 | laŋ1 | laŋ1 | | | |
| 单 | 1 山-寒 | 端 | tuã1 | taŋ1 | duaiŋ5 | lueiŋ9 | luaiŋ1 | tuiŋ2 | tueiŋ3 | tueiŋ8 |
| 焦干 | 3 效-宵 | 精① | ta1 | ta1 | diau5 | liɔ9 | liu1 | | tiɔ3 | tio8 |

① “焦”字虽为精母字，但在闽语有精庄系读同端系的特殊白读表现，除了指称干的“焦”，以泉州为例，还有“筛”读为 tʰai1、“锄”字读为 tɯ5、“窗”读为“tʰaŋ1”等。

**续　表**

| 例字 | 中古 | 声类 | 泉州 | 福清 | 石陂 | 建阳 | 崇安 | 建瓯 | 政和 | 松溪 |
|---|---|---|---|---|---|---|---|---|---|---|
| | | | t | t | d | l | l | t | t | t |
| 赌 | 1 遇-模 | 端 | tɔ2 | tu2 | du2 | lo2 | lu2 | tu2 | tu9 | tɒu9 |
| 戴戴帽 | 1 蟹-咍 | 端 | ti3 | | do5 | le7 | lui7 | | tɛ9 | tœ9 |
| | | | ts | ts | dz | l | l | ts | ts | ts |
| 簪 | 1 咸-覃 | 精 | tsam1 | tsaŋ1 | dzaiŋ5 | laŋ2 | | tsaŋ2 | tsaiŋ3 | tsaŋ8 |
| 早 | 1 效-豪 | 精 | tsa2 | tsa2 | dzɔ2 | lau2 | lau2 | tsau2 | tsɔ9 | tso9 |
| 䭕味淡 | 3 咸-盐 | 精 | tsiã2 | tsiaŋ2 | dziaŋ2 | liaŋ2 | liaŋ2 | tsiaŋ2 | tsiaŋ9 | tsiaŋ9 |
| 钻动词 | 1 山-桓 | 精 | tsŋ3 | tsoŋ3 | dzueiŋ3 | (tsuŋ7) | (tsuiŋ3) | tsɔŋ3 | tsauŋ3 | tsueiŋ3 |
| | | | k | k | ɦ | ɦ*∅ | ∅ | ∅ | x*∅ | h |
| 菇 | 1 遇-模 | 见 | kɔ1 | ku1 | ɦu5 | o2 | | u1 | xu3 | hu8 |
| 高 | 1 效-豪 | 见 | ko1 | ko1 | ɦɔ5 | ɦau9 | au1 | au2 | xɔ3 | ho8 |
| 狗 | 1 流-侯 | 见 | kau2 | keu2 | ɦu2 | həu2 | (βu2)① | e2 | xu9 | hu9 |
| 笕 | 4 山-先 | 见 | | | ɦaiŋ2 | aiŋ2 | | | | haŋ9 |
| 蕨 | 3 山-元 | 见 | <u>kʰuat4</u> | kʰuoʔ4 | ɦye2 | jye2 | jy3 | yɛ2 | yɛ9 | hœ9 |
| 指 | 3 止-脂 | 章② | ki2 | | ɦi2 | | | | | hi9 |
| | | | k | k | x | x | x | x | x | h |
| 肝 | 1 山-桓 | 见 | kuã1 | kaŋ1 | xuaiŋ1 | xueiŋ1 | xuaiŋ1 | xuiŋ1 | xueiŋ1 | hueiŋ1 |
| 教~书 | 2 效-肴 | 见 | ka3 | ka3 | xɔ1 | | xau1 | | xɔ1 | ho1 |
| 裹 | 1 果-戈 | 见 | kə2 | kuoi2 | xo2 | xui2 | | xo3 | | |
| 韭 | 3 流-尤 | 见 | ku2 | kiu2 | xiu2 | xiu2 | xiu2 | xiu2 | xiu2 | hiu2 |
| 嫁 | 2 假-麻 | 见 | ke3 | ka3 | xa3 | | | xa3 | | |
| 救又读 | 3 流-尤 | 见 | kiu3 | kiu3 | | xiɔ3 | xiu3 | xiau3 | | |
| 挟~菜 | 3 咸-盐 | 见 | (gueʔ4) | keʔ4 | | xa4 | | | xa4 | |
| 桔 | 3 臻-真 | 见 | kiat4 | keʔ4 | xi4 | xi4 | | xi4 | | hi4 |

① 崇安合口韵读(不包括撮口韵读)前的零声母,部分衍生双唇浊擦音 β-,例如“碗”读为 βuaiŋ2、“旱”读为 βuaiŋ3、“喉”读为 βu2 等。

② “指”字虽为章母字,但在闽语有章系读同见系的特殊白读表现,以泉州为例,还有“枝”读为 ki1、“齿”读为 kʰi2、“柿”读为 kʰi6 等。

## 4.4 闽北方言古浊声类的声调层次

声母与声调之间的关系十分密切,闽北的古浊声类因为保有复杂的多重层次异读,相应的声调层次也就非常丰富,本小节即就闽北古浊声类的声调层次进行分析与讨论。需要特别说明的是,闽北的声调分化与归并情形相当复杂,调类名称的"阴阳"并不一定代表古声母的清浊来源,"平上去入"也不一定代表古声调来源,例如石陂的"阴去调(33)"就包含了三批字:古清母去声字、古浊母平声字、古浊母上声字。因此,我们不称呼调名,而以调类代码表示声调的归读,以便于比较,各地调类代码与实际调值的对应情形如下表:

表 4-55

| 代码 | 1 | 5 | 2 | 3 | 7 | 4 | 8 | 9 |
|---|---|---|---|---|---|---|---|---|
| 石陂 | 53 | 42 | 21 | 33 | 45 | 214 | × | × |
| 建阳 | 53 | 334 | 21 | 332 | 43 | 214 | 4 | 41 |
| 崇安 | 51 | 33 | 21 | 22 | 55 | 35 | 5 | × |
| 建瓯 | 54 | × | 21 | 33 | 44 | 24 | 42 | × |
| 政和 | 54 | 33 | 212 | 42 | 44 | 24 | × | 21 |
| 松溪 | 52 | 44 | 223 | 33 | 45 | 224 | 41 | 31 |

### 4.4.1 古浊母平声字

表 4-59、4-60 分别是闽北古全浊母、次浊母平声字群的声调对应表,说明如下:

1. 闽北古全浊母平声字群的声调对应关系主要分为三类,这三类声调对应与声母层次密切相关:第(1)类为文读层,除了部分擦音声类先行清化,其他声母在西北片多为浊音;第(2)类为浊音白读层,声母表现在西北片亦为浊音,石陂与其他东南片方言点的声调表现均与第(1)类无别,但建阳、崇安两地此类声调归读与第(1)类并不相同,例如"含红行齐"等字的文白声调异读,以建阳为例:

表 4－56

| （建阳） | 含 | 红 | 行 | 齐 |
| --- | --- | --- | --- | --- |
| 文读 | xaŋ5 | xoŋ5 | xaiŋ5 | lɔi5 |
| 浊音白读 | kaiŋ9 | ɦoŋ9 | ɦiaŋ9 | lai9 |

由此可见文读层与浊音白读层的区别；第(3)类则为清音白读层，无论送气、不送气，各地声调归读均与浊音白读层相异。

2. 闽北古次浊母平声字群的声调对应关系主要分为两类：第(1)类大致相应于古全浊声类的文读层，唯石陂的声调归读具有古全浊声类与次浊声类的区别，前者归读第 5 调(42)，后者多数归读第 3 调(33)；第(2)类则相应于古全浊声类的清音白读层，值得注意的是，此类古来母字的声母今读有 l-、s-两种，古喻四母字的声母今读也有零声母与 s-两种，我们认为读为 l-与零声母者乃与古全浊声类今读不送气清音者同属一个历史来源，而读为 s-者则与古全浊声类今读送气清音者同属一个历史来源，但此两项不同的历史层次在声调归读上完全一致。此外，几乎没有成层相应于古全浊声类之浊音白读层的声调归读，只有以下三个语词“离云围”在建阳读为第 9 调，很可能便是该项层次在激烈竞争之下的遗迹。

表 4－57

| 例字 | 中古 | 声类 | 石陂 | 建阳 | 崇安 | 建瓯 | 政和 | 松溪 |
| --- | --- | --- | --- | --- | --- | --- | --- | --- |
| 离 | 3 止-支 | 来 |  | lie9 | lei5 |  |  | lei9 |
| 云 | 3 臻-文 | 喻三 | ɦueiŋ5 | ɦeiŋ9 | həŋ5 | œyŋ2 | xœyŋ9 | hœyŋ9 |
| 围 | 3 止-微 | 喻三 | ɦy5 | ɦy9 |  | y2 | (ui5) |  |

3. 总合闽北古浊母平声字的声调层次与声母层次的对应关系如下表，古全浊声类以並奉母为例，古次浊声类以来母及喻母为例：

**表 4－58**

| 古浊母平声 | | 並奉 | 来 | 喻三 | 喻四 | 石陂 | 建阳 | 崇安 | 建瓯 | 政和 | 松溪 |
|---|---|---|---|---|---|---|---|---|---|---|---|
| 文读层 | 清擦音 | 奉 x- | — | — | — | 5/3 | 5 | 5 | 2 | 9 | 9 |
| | 浊音 | 並 b- | l- | ɦ- | ɦ- | | | | | | |
| 浊音白读层 | | b- | l- | ɦ- | dz- | 5 | 9 | 3 | 2 | 9 | 9 |
| 清音层 | 不送气 | p- | l- | ø | ø | 3 | 5 | 5 | 3 | 5 | 5 |
| | 送气 | $p^h$- | s- | x- | s- | | | | | | |

**表 4－59 闽北古全浊母平声字群的声调对应表**

| 例字 | 中古 | 声类 | 石陂 | 建阳 | 崇安 | 建瓯 | 政和 | 松溪 |
|---|---|---|---|---|---|---|---|---|
| (1) | | | 5 | 5 | 5 | 2 | 9 | 9 |
| 含文读 | 1 咸-覃 | 匣 | ɦaŋ5 | xaŋ5 | xaŋ5 | aŋ2 | xaŋ9 | haŋ9 |
| 寒文读 | 1 山-寒 | 匣 | | xueiŋ5 | xuaiŋ5 | uiŋ2 | ueiŋ9 | hueiŋ9 |
| 红文读 | 1 通-东 | 匣 | | xoŋ5 | xəŋ5 | | xəŋ9 | hoŋ9 |
| 行文读 | 2 梗-庚 | 匣 | ɦaiŋ5 | xaiŋ5 | xaiŋ5 | aiŋ2 | | haŋ9 |
| 辞文读 | 3 止-之 | 邪 | dzu5 | so5 | su5 | tsu2 | tsu9 | tsu9 |
| 祥 | 3 宕-阳 | 邪 | dzioŋ5 | sioŋ5 | lyəŋ5 | tsioŋ2 | tsiəŋ9 | tsioŋ9 |
| 袍文读 | 1 效-豪 | 並 | bau5 | βau5 | βau5 | pau2 | pau9 | po9 |
| 平文读 | 3 梗-庚 | 並 | beiŋ5 | βoiŋ5 | βeiŋ5 | peiŋ2 | peiŋ9 | peiŋ9 |
| 堂文读 | 1 宕-唐 | 定 | dəŋ5 | ləŋ5 | ləŋ5 | təŋ2 | tauŋ9 | taŋ9 |
| 重平声 | 3 通-钟 | 澄 | dueiŋ5 | leiŋ5 | ləŋ5 | tœyŋ2 | tœyŋ9 | tœyŋ9 |
| 奇奇怪 | 3 止-支 | 群 | gi5 | ki5 | ji5 | ki2 | ki9 | ki9 |
| 求 | 3 流-尤 | 群 | giu5 | kiu5 | jiu5 | kiu2 | kiu9 | kiu9 |
| 齐文读 | 4 蟹-齐 | 从 | dzi5 | lɔi5 | lei5 | tsi2 | tsi9 | |
| (2) | | | 5 | 9 | 3 | 2 | 9 | 9 |
| 凭白读 | 3 曾-蒸 | 並 | beiŋ5 | βoiŋ9 | βeiŋ3 | peiŋ2 | peiŋ9 | peiŋ9 |
| 瓶白读 | 4 梗-青 | 並 | baiŋ5 | βaiŋ9 | βuaiŋ3 | paiŋ2 | paiŋ9 | paŋ9 |
| 长长短 | 3 宕-阳 | 澄 | dəŋ5 | ləŋ9 | ləŋ3 | təŋ2 | tauŋ9 | taŋ9 |
| 呈白读 | 3 梗-清 | 澄 | diaŋ5 | liaŋ9 | liaŋ3 | tiaŋ2 | tiaŋ9 | tiaŋ9 |

**续　表**

| 例字 | 中古 | 声类 | 石陂 | 建阳 | 崇安 | 建瓯 | 政和 | 松溪 |
|---|---|---|---|---|---|---|---|---|
| (2) | | | 5 | 9 | 3 | 2 | 9 | 9 |
| 红白读 | 1 通-东 | 匣 | ɦəŋ5 | ɦoŋ9 | həŋ3 | ɔŋ2 | | |
| 猴白读 | 1 流-侯 | 匣 | gəu5 | kəu9 | jiəu3 | ke2 | kɛ9 | ka9 |
| 含白读 | 1 咸-覃 | 匣 | gəŋ5 | kaiŋ9 | | kaiŋ2 | kaiŋ9 | kaŋ9 |
| 寒白读 | 1 山-寒 | 匣 | guaiŋ5 | | | kuiŋ2 | kueiŋ9 | kueiŋ9 |
| 咸 | 2 咸-咸 | 匣 | geiŋ5 | kiŋ9 | (kaiŋ2) | keiŋ2 | keiŋ9 | keiŋ9 |
| 行走 | 2 梗-庚 | 匣 | giaŋ5 | ɦiaŋ9 | (jiaŋ5) | kiaŋ2 | kiaŋ9 | kiaŋ9 |
| 棋 | 3 止-之 | 群 | gi5 | ki9 | ji3 | ki2 | ki9 | ki9 |
| 球 | 3 流-尤 | 群 | giu5 | kiu9 | jiu3 | kiu2 | kiu9 | kiu9 |
| 斜 | 3 假-麻 | 邪 | dzia5 | lia9 | | tsia2 | tsia9 | tsia9 |
| 城 | 3 梗-清 | 禅 | ɦiaŋ5 | ɦiaŋ9 | (jiaŋ5) | iaŋ2 | iaŋ9 | siaŋ9 |
| 船 | 3 山-仙 | 船 | ɦyiŋ5 | ɦyeiŋ9 | jyiŋ3 | yiŋ2 | yiŋ9 | hyŋ9 |
| 层白读 | 1 曾-登 | 从 | dzaiŋ5 | laiŋ9 | laiŋ3 | tsaiŋ2 | tsaiŋ9 | tsaŋ9 |
| 齐白读 | 4 蟹-齐 | 从 | dzai5 | lai9 | | tsai2 | | tsa9 |
| (3) | | | 3 | 5 | 5 | 3 | 5 | 5 |
| 爬白读 | 2 假-痲 | 並 | pa3 | pa5 | pa5 | pa3 | pa5 | pɒ5 |
| 肥白读 | 3 止-微 | 奉 | py3 | py5 | pəu5 | py3 | pui5 | py5 |
| 蹄 | 4 蟹-齐 | 定 | tai3 | tai5 | tai5 | tai3 | tai5 | ta5 |
| 黄白读 | 1 宕-唐 | 匣 | əŋ3 | uoŋ5 | ɔŋ5 | uaŋ3 | ɔŋ5 | oŋ5 |
| 丸 | 1 山-桓 | 匣 | yiŋ3 | yeiŋ5 | yiŋ5 | yiŋ3 | yiŋ5 | yŋ5 |
| 桥白读 | 3 效-宵 | 群 | kiau3 | kiɔ5 | kiu5 | kiau3 | kiɔ5 | kio5 |
| 藷 | 3 遇-鱼 | 禅 | tsy3 | tsy5 | tsy5 | tsy3 | tsy5 | tsy5 |
| 晴 | 3 梗-清 | 从 | tsaŋ3 | tsaŋ5 | tsaŋ5 | tsaŋ3 | tsaŋ5 | tsaŋ5 |
| 钱 | 3 山-仙 | 从 | tsiŋ3 | tsieiŋ5 | tsiŋ5 | tsiŋ3 | tsiŋ5 | tsiŋ5 |
| 彭白读 | 2 梗-庚 | 並 | $p^h$aŋ3 | $p^h$aŋ5 | haŋ5 | $p^h$aŋ3 | $p^h$aŋ5 | $p^h$aŋ5 |
| 头白读 | 1 流-侯 | 定 | $t^h$əu3 | həu5 | hiəu5 | $t^h$e3 | $t^h$ɛ5 | $t^h$a5 |
| 啼白读 | 4 蟹-齐 | 定 | $t^h$ie3 | hie5 | hi5 | $t^h$i3 | $t^h$iɛ5 | $t^h$ie5 |

**续　表**

| 例字 | 中古 | 声类 | 石陂 | 建阳 | 崇安 | 建瓯 | 政和 | 松溪 |
|---|---|---|---|---|---|---|---|---|
| (3) | | | 3 | 5 | 5 | 3 | 5 | 5 |
| 虫白读 | 3 通-东 | 澄 | tʰəŋ3 | hoŋ5 | | tʰɔŋ3 | tʰɔŋ5 | tʰoŋ5 |
| 虾 | 2 假-麻 | 匣 | xa3 | xa5 | xa5 | | xa5 | hɒ5 |
| 眩晕眩 | 4 山-先 | 匣 | xeiŋ3 | | | xeiŋ3 | xeiŋ5 | heiŋ5 |
| 钳白读 | 3 咸-盐 | 群 | kʰiŋ3 | kʰieiŋ5 | kʰiaŋ5 | kʰiŋ3 | kʰiŋ5 | kʰiŋ5 |
| 塍田 | 3 曾-蒸 | 船 | tsʰaiŋ3 | tʰaiŋ5 | tʰaiŋ5 | tsʰaiŋ3 | tsʰaiŋ5 | tsʰaŋ5 |
| 蚕白读 | 1 咸-覃 | 从 | tsʰaiŋ3 | tʰaŋ5 | tʰaŋ5 | tsʰaŋ3 | tsʰaiŋ5 | tsʰaŋ5 |
| 樵柴 | 3 效-宵 | 从 | tsʰa3 | tʰau5 | tʰau5 | tsʰau3 | tsʰau5 | tsʰɒu5 |

## 表 4-60　闽北古次浊母平声字群的声调对应表

| 例字 | 中古 | 声类 | 石陂 | 建阳 | 崇安 | 建瓯 | 政和 | 松溪 |
|---|---|---|---|---|---|---|---|---|
| (1) | | | 3 | 5 | 5 | 2 | 9 | 9 |
| 来文读 | 1 蟹-咍 | 来 | lai3 | lai5 | lai5 | lai2 | lai9 | lua9 |
| 灵文读 | 4 梗-青 | 来 | leiŋ3 | loiŋ5 | leiŋ5 | leiŋ2 | leiŋ9 | leiŋ9 |
| 明文读 | 3 梗-庚 | 明 | meiŋ3 | moiŋ5 | meiŋ5 | meiŋ2 | meiŋ9 | meiŋ9 |
| 蒙 | 1 通-东 | 明 | merŋ3 | moŋ5 | merŋ5 | mɔŋ2 | mɔŋ9 | moŋ9 |
| 囊 | 1 宕-唐 | 泥 | nɔŋ3 | nɔŋ5 | nɔŋ5 | nɔŋ2 | | naŋ9 |
| 宜 | 3 止-支 | 疑 | ŋi3 | ŋi5 | ŋi5 | ŋi2 | ŋi9 | hi9 |
| 尧 | 4 效-萧 | 疑 | ŋiau3 | ŋiɔ5 | ŋiu5 | iau2 | niɔ9 | ŋio9 |
| 绒 | 3 通-东 | 日 | (ɦueiŋ5) | ɦeiŋ5 | həŋ5 | œyŋ2 | lœyŋ9 | hœyŋ9 |
| 圆 | 3 山-仙 | 喻三 | yiŋ3 | yeiŋ5 | yiŋ5 | yiŋ2 | yiŋ9 | hyŋ9 |
| 容 | 3 通-钟 | 喻四 | (ɦueiŋ5) | eiŋ5 | | œyŋ2 | xœyŋ9 | hœyŋ9 |
| (2) | | | 3 | 5 | 5 | 3 | 5 | 5 |
| 来白读 | 1 蟹-咍 | 来 | le3 | le5 | lie5 | lɛ3 | lɛ5 | lœ5 |
| 零零星 | 4 梗-青 | 来 | laiŋ3 | laiŋ5 | laiŋ5 | laiŋ3 | laiŋ5 | laŋ5 |
| 螺 | 1 果-戈 | 来 | so3 | sui5 | sui5 | so3 | suɛ5 | suei5 |
| 篮白读 | 1 咸-谈 | 来 | saŋ3 | saŋ5 | saŋ5 | saŋ3 | saŋ5 | saŋ5 |

**续 表**

| 例字 | 中古 | 声类 | 石陂 | 建阳 | 崇安 | 建瓯 | 政和 | 松溪 |
|---|---|---|---|---|---|---|---|---|
| (2) | | | 3 | 5 | 5 | 3 | 5 | 5 |
| 名 | 3 梗-清 | 明 | miaŋ3 | miaŋ5 | miaŋ5 | miaŋ3 | miaŋ5 | miaŋ5 |
| 梅 | 1 蟹-灰 | 明 | mo3 | mui5 | mui5 | mo3 | muɛ5 | muei5 |
| 泥 | 4 蟹-齐 | 泥 | nai3 | nai5 | | nai3 | nai5 | na5 |
| 年 | 4 山-先 | 泥 | (niŋ5) | nieiŋ5 | ŋiŋ5 | niŋ3 | niŋ5 | niŋ5 |
| 鱼 | 3 遇-鱼 | 疑 | ŋy3 | ŋy5 | ŋəu5 | ŋy3 | ŋy5 | ŋy5 |
| 牛 | 3 流-尤 | 疑 | niu3 | niu5 | ŋiu5 | niu3 | niu5 | niu5 |
| 园 | 3 山-元 | 喻三 | xyiŋ3 | xyeiŋ5 | xyaiŋ5 | | xyiŋ5 | hyŋ5 |
| 油 | 3 流-尤 | 喻四 | iu3 | iu5 | iu5 | iu3 | iu5 | iu5 |
| 盐 | 3 咸-盐 | 喻四 | iŋ3 | ieiŋ5 | iŋ5 | iŋ3 | iŋ5 | iŋ5 |
| 蝇 | 3 曾-蒸 | 喻四 | seiŋ3 | sioŋ5 | seiŋ5 | saiŋ3 | siŋ5 | sioŋ5 |

### 4.4.2 古浊母上声字

表 4－62、4－63 分别是闽北古全浊母、次浊母上声字群的声调对应表,说明如下:

1. 闽北古全浊母上声字群的声调对应关系主要分为三类,这三类与声母层次的关系如下:第(1)类对应于文读层中先行清化的擦音声类;第(2)类则同时对应于浊音文读层与浊音白读层;第(3)类为清音白读层,除了建阳,其他各地声调归读均与浊音层相异。

2. 闽北古次浊母上声字群的声调对应关系也分为三类:第(1)类乃与清声母上声字同归阴上调,此类多为文读,但也有白读例字,如"尾染"二字,前者声母为微母与明母不分的白读表现,而后者声母亦为日母与泥娘母不分的白读表现,另外,此类的古喻母字,例如"宇往引养"等,声母今读有 ɦ-及零声母的层次差异,前者为文读表现,后者乃与古全浊声类今读不送气清音的白读同属一个历史来源,但这两项不同的文白层次在声调归读上完全一致;第(2)类均为白读,乃与全浊声母上声字的浊音层有相同的声调归读；第(3)类亦为白读，则与全浊声母上声字的清音层有相同的声调归读，声母音读即古来母与喻母读为清擦音的早期层次。

3. 总合闽北古浊母上声字的声调层次与声母层次的对应关系如下表，古全浊声类以並奉母为例，古次浊声类以来母及喻母为例：

**表 4－61**

| 古全浊母上声 | | 並　奉 | | | 石陂 | 建阳 | 崇安 | 建瓯 | 政和 | 松溪 |
|---|---|---|---|---|---|---|---|---|---|---|
| 文读层 | 清擦音 | 奉 x- | | | 7 | 3 | 7 | 7 | 7 | 7 |
| | 浊音 | 並 b- | | | 3 | 3 | 3 | 8 | 3 | 8 |
| 浊音白读层 | | b- | | | 3 | 3 | 3 | 8 | 3 | 8 |
| 清音层 | 不送气 | p- | | | 1 | 3 | 7 | 7 | 7 | 7 |
| | 送气 | $p^h$- | | | | | | | | |
| 古次浊母上声 | | 来 | 喻三 | 喻四 | 石陂 | 建阳 | 崇安 | 建瓯 | 政和 | 松溪 |
| 文读层 | | l- | ɦ- | ɦ- | 2 | 2 | 2 | 2 | 2 | 2 |
| 浊音白读层 | | l- | ɦ- | dz- | 3 | 3 | 3 | 8 | 3 | 8 |
| 清音层 | 不送气 | l- | ø | ø | 2 | 2 | 2 | 2 | 2 | 2 |
| | 送气 | s- | x- | s- | 1 | 3 | 7 | 7 | 7 | 7 |

**表 4－62　闽北古全浊母上声字群的声调对应表**

| 例字 | 中古 | 声类 | 石陂 | 建阳 | 崇安 | 建瓯 | 政和 | 松溪 |
|---|---|---|---|---|---|---|---|---|
| | (1) | | 7 | 3 | 7 | 7 | 7 | 7 |
| 妇文读 | 3 流-尤 | 奉 | xu7 | xo3 | (xu3) | xu7 | xu7 | hu7 |
| 犯 | 3 咸-凡 | 奉 | xuaŋ7 | xuaŋ3 | | xuaŋ7 | xuaŋ7 | huaŋ7 |
| 后 | 1 流-侯 | 匣 | xəu7 | xəu3 | xiəu7 | xe7 | xɛ7 | ha7 |
| 象文读 | 3 宕-阳 | 邪 | sioŋ7 | sioŋ3 | syɔŋ7 | sioŋ7 | siɔŋ7 | sioŋ7 |
| | (2) | | 3 | 3 | 3 | 8 | 3 | 8 |
| 道 | 1 效-豪 | 定 | dɔ3 | lau3 | lau3 | tau8 | tau3 | to8 |
| 动 | 1 通-东 | 定 | dəŋ3 | loŋ3 | ləŋ3 | tɔŋ8 | tɔŋ3 | toŋ8 |

**续　表**

| 例字 | 中古 | 声类 | 石陂 | 建阳 | 崇安 | 建瓯 | 政和 | 松溪 |
|---|---|---|---|---|---|---|---|---|
| (2) | | | 3 | 3 | 3 | 8 | 3 | 8 |
| 弟文读 | 4 蟹-齐 | 定 | di3 | lɔi3 | lei3 | ti8 | | tei8 |
| 在 | 1 蟹-咍 | 从 | dzai3 | lai3 | lai3 | | tsai3 | tsua8 |
| 坐文读 | 1 果-戈 | 从 | dzɔ3 | | lo3 | | tsɔ3 | |
| 聚 | 3 遇-虞 | 从 | (dzy7) | ly3 | ləu3 | tsy8 | | tsœy8 |
| 倍 | 1 蟹-灰 | 並 | bo3 | βui3 | βui3 | po8 | puɛ3 | puei8 |
| 妇白读 | 3 流-尤 | 奉 | (xu1) | mo3 | βəu3 | py8 | pu3 | py8 |
| 辫 | 4 山-先 | 並 | biŋ3 | pieiŋ3 | βiŋ3 | piŋ8 | piŋ3 | piŋ8 |
| 旱白读 | 1 山-寒 | 匣 | ɦuaiŋ3 | ɦueiŋ3 | βuaiŋ3 | uiŋ8 | ueiŋ3 | hueiŋ8 |
| 解会 | 2 蟹-佳 | 匣 | ŋai3 | ai3 | ai3 | ai8 | ai3 | a8 |
| 徛站 | 3 止-支 | 群 | gye3 | kye3 | | kyɛ8 | | kœ8 |
| 社 | 3 假-麻 | 禅 | ɦia3 | ɦia3 | jia3 | ia8 | ia3 | hia8 |
| 静 | 3 梗-清 | 从 | dzaŋ3 | | | tsaŋ8 | tsaŋ3 | tsaŋ8 |
| (3) | | | 1 | 3 | 7 | 7 | 7 | 7 |
| 弟白读 | 4 蟹-齐 | 定 | tie1 | tie3 | | ti17 | tiɛ7 | tie7 |
| 近白读 | 3 臻-欣 | 群 | kyiŋ1 | (kyeiŋ7) | kyiŋ7 | kyiŋ7 | kyiŋ7 | kyŋ7 |
| 上上下 | 3 宕-阳 | 禅 | (tsioŋ7) | tsioŋ3 | tsyɔŋ7 | tsioŋ7 | tsiɔŋ7 | tsioŋ7 |
| 坐白读 | 1 果-戈 | 从 | tsuai1 | | (tsuai8) | tso7 | tsuɛ7 | tsua7 |
| 舅 | 3 流-尤 | 群 | kiu1 | kiu3 | kiu7 | kiu3 | kiu7 | kiu7 |
| 被白读 | 3 止-支 | 並 | $p^h$o1 | hui3 | (ŋy3) | $p^h$yɛ7 | $p^h$uɛ7 | $p^h$œ7 |
| 抱白读 | 1 效-豪 | 並 | po1 | $p^h$au3 | pau7 | $p^h$au7 | $p^h$au7 | |
| 柱白读 | 3 遇-虞 | 澄 | $t^h$iu1 | hiu3 | hiu7 | $t^h$iu7 | $t^h$iu7 | $t^h$iu7 |
| 蟹 | 2 蟹-佳 | 匣 | xai1 | (xai7) | xai7 | xai7 | xai7 | ha7 |
| 臼白读 | 3 流-尤 | 群 | $k^h$iu1 | $k^h$iu3 | $k^h$iu7 | $k^h$iu7 | $k^h$iu7 | $k^h$iu7 |
| 鳝白读 | 3 山-仙 | 禅 | syiŋ1 | syeiŋ3 | syaiŋ7 | syiŋ7 | syiŋ7 | syŋ7 |

**表 4-63 闽北古次浊母上声字群的声调对应表**

| 例字 | 中古 | 声类 | 石陂 | 建阳 | 崇安 | 建瓯 | 政和 | 松溪 |
|---|---|---|---|---|---|---|---|---|
| (1) | | | 2 | 2 | 2 | 2 | 2 | 2 |
| 老文读 | 1 效-豪 | 来 | lau2 | lau2 | lau2 | lau2 | | (lɒu5) |
| 了文读 | 4 效-萧 | 来 | liau2 | liɔ2 | liu2 | liau2 | liɔ2 | lio2 |
| 两文读 | 3 宕-阳 | 来 | lioŋ2 | lioŋ2 | lyɔŋ2 | lioŋ2 | liɔŋ2 | lioŋ2 |
| 蠓 | 1 通-东 | 明 | məŋ2 | moŋ2 | məŋ2 | | mɔŋ2 | moŋ2 |
| 尾 | 3 止-微 | 微 | mo2 | mui2 | mi2 | myɛ2 | muɛ2 | muei2 |
| 女 | 3 遇-鱼 | 娘 | ny2 | ny2 | nəu2 | ny2 | ny2 | nœy2 |
| 眼 | 2 山-山 | 疑 | ŋaiŋ2 | ŋaiŋ2 | ŋaiŋ2 | ŋaiŋ2 | ŋaiŋ2 | ŋaŋ2 |
| 染 | 3 咸-盐 | 日 | niŋ2 | nieiŋ2 | ŋiŋ2 | niŋ2 | niŋ2 | niŋ2 |
| 蕊 | 3 止-支 | 日 | lo2 | lui2 | ɦəu2 | lo2 | luɛ2 | luei2 |
| 宇 | 3 遇-虞 | 喻三 | ɦy2 | ɦy2 | ɦəu2 | y2 | (y3) | hœy2 |
| 往 | 3 宕-阳 | 喻三 | əŋ2 | ioŋ2 | yɔŋ2 | uaŋ2 | ɔŋ2 | oŋ2 |
| 引 | 3 臻-真 | 喻四 | ɦeiŋ2 | ɦiŋ2 | iŋ2 | eiŋ2 | | eiŋ2 |
| 养 | 3 宕-阳 | 喻四 | ioŋ2 | ioŋ2 | yɔŋ2 | ioŋ2 | iɔŋ2 | ioŋ2 |
| (2) | | | 3 | 3 | 3 | 8 | 3 | 8 |
| 岭白读 | 3 梗-清 | 来 | liaŋ3 | liaŋ3 | liaŋ3 | liaŋ8 | liaŋ3 | liaŋ8 |
| 了白读 | 4 效-萧 | 来 | lau3 | | | lau8 | lau3 | lɒu8 |
| 米白读 | 4 蟹-齐 | 明 | mi3 | | mei3 | mi8 | mi3 | mei8 |
| 五 | 1 遇-模 | 疑 | ŋu3 | ŋo3 | ŋu3 | ŋu8 | ŋu3 | ŋu8 |
| 蚁 | 3 止-支 | 疑 | ŋye3 | ŋye3 | ŋyai3 | | ŋyɛ3 | ŋœ8 |
| 痒 | 3 宕-阳 | 喻四 | dzioŋ3 | lioŋ3 | | tsioŋ8 | tsiɔŋ3 | tsioŋ8 |
| (3) | | | 1 | 3 | 7 | 7 | 7 | 7 |
| 老老人 | 1 效-豪 | 来 | səu1 | səu3 | siəu7 | se7 | sɛ7 | sa7 |
| 李白读 | 3 止-之 | 来 | | se3 | | sɛ7 | sɛ7 | sœ7 |
| 卵蛋 | 1 山-桓 | 来 | sueiŋ1 | suŋ3 | suiŋ7 | sɔŋ7 | sauŋ7 | sueiŋ7 |
| 两二 | 3 宕-阳 | 来 | sɔŋ1 | sɔŋ3 | sɔŋ7 | | sauŋ7 | saŋ7 |
| 雨 | 3 遇-虞 | 喻三 | xy1 | xy3 | xəu7 | xy7 | xy7 | hœy7 |

### 4.4.3　古浊母去声字

表 4-66、4-67 分别是闽北古全浊母、次浊母去声字群的声调对应表，说明如下：

1. 闽北古全浊母去声字群的声调对应关系主要分为三类，这三类与声母层次的关系如下：第(1)类对应于浊音文读层，第(2)类对应于浊音白读层，建瓯与其他西北片方言点这两类的声调表现无别，但政和、松溪两地这两类的声调归读并不相同，以政和为例，“定贱自助”等文读例字声调归读第 3 调(42)，而“吠县汗字”等白读例字声调则归读第 9 调(21)，由此可见浊音文读层与浊音白读层的区别；第(3)类则主要对应于清音白读层，闽北各地此类声调归读均为第 7 调，即所谓阳去调；此外，文读层中先行清化的擦音声类，其声调归读亦属第(3)类。

2. 闽北古次浊母去声字群的声调对应关系主要只有一种，即各地声调归读均为第 7 调，这样看来闽北的古次浊母去声字群似乎没有相应于全浊声类的多重层次异读；不过，有以下三个白读语词“万闰芋”，在政和读为第 9 调，松溪则读为第 4 调，很可能便是相应于古全浊声类之浊音白读层的层次遗迹：

**表 4-64**

| 例字 | 中古 | 声类 | 石陂 | 建阳 | 崇安 | 建瓯 | 政和 | 松溪 |
|---|---|---|---|---|---|---|---|---|
| 万 | 3 山-元 | 微 | βaiŋ7 *<br>ɦuaiŋ7 | βaiŋ7 | | uaiŋ7 | uaiŋ9 | uaŋ4 |
| 闰 | 3 臻-谆 | 日 | ɦueiŋ7 | (ɦeiŋ3) | ɦəŋ7 | nœyŋ7 | lœyŋ9 | hœyŋ4 |
| 芋 | 3 遇-虞 | 喻三 | y7 | y7 | əu7 | y7 | (y7) | hœy4 |

3. 总合闽北古浊母去声字的声调层次与声母层次的对应关系如下表，古全浊声类以並奉母为例，古次浊声类以来母及喻母为例：

**表 4－65**

| 古全浊母去声 | | 並 奉 | | | 石陂 | 建阳 | 崇安 | 建瓯 | 政和 | 松溪 |
|---|---|---|---|---|---|---|---|---|---|---|
| 文读层 | 清擦音 | 奉 x- | | | 7 | 7 | 7 | 7 | 7 | 7 |
| | 浊音 | 並 b- | | | 7 | 7 | 7 | 7 | 3 | 8 |
| 浊音白读层 | | b- | | | 7 | 7 | 7 | 7 | 9 | 4 |
| 清音层 | 不送气 | p- | | | 7 | 7 | 7 | 7 | 7 | 7 |
| | 送气 | $p^h$- | | | | | | | | |
| 古次浊母去声 | | 来 | 喻三 | 喻四 | 石陂 | 建阳 | 崇安 | 建瓯 | 政和 | 松溪 |
| 文读层 | | l- | ɦ- | ɦ- | 7 | 7 | 7 | 7 | 7 | 7 |
| 浊音白读层 | | l- | ɦ- | dz- | 7 | 7 | 7 | 7 | (9) | (4) |
| 清音层 | 不送气 | l- | ø | ø | 7 | 7 | 7 | 7 | 7 | 7 |
| | 送气 | s- | x- | s- | | | | | | |

**表 4－66　闽北古全浊母去声字群的声调对应表**

| 例字 | 中古 | 声类 | 石陂 | 建阳 | 崇安 | 建瓯 | 政和 | 松溪 |
|---|---|---|---|---|---|---|---|---|
| (1) | | | 7 | 7 | 7 | 7 | 3 | 8 |
| 败 | 2 蟹-夬 | 並 | bai7 | (βai3) | βai7 | pai7 | pai3 | pa8 |
| 备 | 3 止-脂 | 並 | pi7 | βɔi7 | βei7 | pi7 | pi3 | pei8 |
| 代文读 | 1 蟹-咍 | 定 | dai7 | lai7 | lai7 | | tai3 | tua8 |
| 定文读 | 4 梗-清 | 定 | deiŋ7 | | leiŋ7 | | teiŋ3 | teiŋ8 |
| 贱文读 | 3 山-仙 | 从 | dziŋ7 | lieiŋ7 | liŋ7 | tsiŋ7 | tsiŋ3 | tsiŋ8 |
| 自 | 3 止-脂 | 从 | dzu7 | lo7 | lu7 | (tsu8) | tsu3 | tsu8 |
| 助 | 3 遇-鱼 | 崇 | dzu7 | | lu7 | tsu7 | tsu3 | (tsɒu4) |
| 状 | 3 宕-阳 | 崇 | dzɔŋ7 | lɔŋ7 | | tsɔŋ7 | tsauŋ3 | (tsaŋ4) |
| (2) | | | 7 | 7 | 7 | 7 | 9 | 4 |
| 吠 | 3 蟹-废 | 奉 | by7 | pɔi7 | βəu7 | py7 | pui9 | pei4 |
| 县 | 4 山-先 | 匣 | gyiŋ7 | kyeiŋ7 | jyaiŋ7 | kyiŋ7 | kyiŋ9 | kyŋ4 |
| 汗 | 1 山-桓 | 匣 | guaiŋ7 | kueiŋ7 | βuaiŋ7 | kuiŋ7 | kueiŋ9 | kueiŋ4 |

**续　表**

| 例字 | 中古 | 声类 | 石陂 | 建阳 | 崇安 | 建瓯 | 政和 | 松溪 |
|---|---|---|---|---|---|---|---|---|
| (2) | | | 7 | 7 | 7 | 7 | 9 | 4 |
| 寺 | 3 止-之 | 邪 | dzi7 | lɔi7 | lei7 | tsi7 | | tsei4 |
| 寨 | 3 蟹-夬 | 崇 | dzai7 | lai7 | lai7 | tsai7 | tsai9 | tsa4 |
| 穧多 | 4 蟹-齐 | 从 | dzai7 | lai7 | lai7 | tsai7 | tsai9 | tsa4 |
| 脏 | 1 宕-唐 | 从 | dzɔŋ7 | lɔŋ7 | lɔŋ7 | tsɔŋ7 | tsauŋ9 | tsaŋ4 |
| 字 | 3 止-之 | 从 | dzi7 | lɔi7 | lei7 | tsi7 | tsi9 | tsei4 |
| (3) | | | 7 | 7 | 7 | 7 | 7 | 7 |
| 办 | 2 山-山 | 並 | paiŋ7 | paiŋ7 | paiŋ7 | paiŋ7 | | paŋ7 |
| 病 | 3 梗-庚 | 並 | paŋ7 | paŋ7 | paŋ7 | paŋ7 | paŋ7 | paŋ7 |
| 饭白读 | 3 山-元 | 奉 | pəŋ7 | puŋ7 | piŋ7 | pyiŋ7 | pɔŋ7 | poŋ7 |
| 大 | 1 果-歌 | 定 | tuai7 | tue7 | tuai7 | tuɛ7 | tuɛ7 | tua7 |
| 豆白读 | 1 流-侯 | 定 | təu7 | təu7 | tiəu7 | te7 | tɛ7 | ta7 |
| 箸 | 3 遇-鱼 | 澄 | ty7 | ty7 | təu7 | ty7 | ty7 | tœy7 |
| 定白读 | 4 梗-清 | 定 | tiaŋ7 | tiaŋ7 | | tiaŋ7 | tiaŋ7 | tiaŋ7 |
| 旧 | 3 流-尤 | 群 | kiu7 | kiu7 | kiu7 | kiu7 | kiu7 | kiu7 |
| 鼻 | 3 止-脂 | 並 | $p^hi7$ | $p^hɔi7$ | hei7 | $p^hi7$ | $p^hi7$ | $p^hei7$ |
| 缝缝隙 | 3 通-钟 | 奉 | $p^həŋ7$ | $p^hoŋ7$ | həŋ7 | $p^hɔŋ7$ | $p^hɔŋ7$ | $p^hoŋ7$ |
| 巷 | 2 江-江 | 匣 | | xoŋ7 | xəŋ7 | xɔŋ7 | | |
| 苋 | 2 山-山 | 匣 | xaiŋ7 | xaiŋ7 | xaiŋ7 | xaiŋ7 | xaiŋ7 | haŋ7 |
| 树 | 3 遇-虞 | 禅 | $ts^hiu7$ | $ts^hiu7$ | $ts^hiu7$ | | $ts^hiu7$ | $ts^hiu7$ |
| 饭文读 | 3 山-元 | 奉 | xuaiŋ7 | xueiŋ7 | xuaiŋ7 | | xuaiŋ7 | |
| 份 | 3 臻-文 | 奉 | xueiŋ7 | (xuŋ3) | xuiŋ7 | xɔŋ7 | | hueiŋ7 |
| 奉 | 3 通-钟 | 奉 | xəŋ7 | (xoŋ3) | xəŋ7 | xɔŋ7 | xɔŋ7 | hoŋ7 |
| 害 | 1 蟹-泰 | 匣 | xuai7 | xue7 | xuai7 | xuɛ7 | xuɛ7 | hua7 |
| 校 | 2 效-肴 | 匣 | xau7 | xau7 | xau7 | xau7 | xau7 | hɒu7 |
| 树文读 | 3 遇-虞 | 禅 | sy7 | sy7 | sy7 | sy7 | sy7 | |
| 事文读 | 3 止-之 | 崇 | su7 | so7 | su7 | su7 | su7 | su7 |

**表 4-67　闽北古次浊母去声字群的声调对应表**

| 例字 | 中古 | 声类 | 石陂 | 建阳 | 崇安 | 建瓯 | 政和 | 松溪 |
|---|---|---|---|---|---|---|---|---|
| (1) | | | 7 | 7 | 7 | 7 | 7 | 7 |
| 料 | 4 效-萧 | 来 | liau7 | liɔ7 | liu7 | liau7 | liɔ7 | lio7 |
| 令 | 3 梗-清 | 来 | leiŋ7 | loiŋ7 | leiŋ7 | leiŋ7 | leiŋ7 | leiŋ7 |
| 漏 | 1 流-侯 | 来 | ləu7 | (ləu3) | liəu7 | le7 | lɛ7 | la7 |
| 例 | 3 蟹-祭 | 来 | lie7 | (lie3) | li7 | li7 | liɛ7 | lie7 |
| 濑 | 1 蟹-泰 | 来 | suai7 | | (syai3) | suɛ7 | suɛ7 | sua7 |
| 露 | 1 遇-模 | 来 | su7 | so7 | su7 | su7 | su7 | (sɒu8) |
| 命 | 3 梗-庚 | 明 | miaŋ7 | miaŋ7 | miaŋ7 | miaŋ7 | miaŋ7 | miaŋ7 |
| 梦 | 3 通-东 | 明 | məŋ7 | moŋ7 | məŋ7 | mɔŋ7 | mɔŋ7 | moŋ7 |
| 耐 | 1 蟹-咍 | 泥 | nai7 | nai7 | nai7 | nai7 | nai7 | nua7 |
| 尿 | 4 效-萧 | 泥 | niau7 | niɔ7 | ŋiu7 | niau7 | niɔ7 | nio7 |
| 念文读 | 4 咸-添 | 泥 | ŋiŋ7 | ŋieiŋ7 | ŋiŋ7 | niŋ7 | niŋ7 | niŋ7 |
| 念白读 | 4 咸-添 | 泥 | naiŋ7 | | | naŋ7 | naiŋ7 | naŋ7 |
| 义 | 3 止-支 | 疑 | ŋi7 | ŋi7 | ŋi7 | ŋi7 | ŋi7 | ŋi7 |
| 艾 | 1 蟹-泰 | 疑 | ŋye7 | ŋye7 | ŋyai7 | ŋyɛ7 | ŋyɛ7 | ŋœ7 |
| 二 | 3 止-脂 | 日 | ni7 | nɔi7 | nei7 | ni7 | ni7 | nei7 |
| 用 | 3 通-钟 | 喻四 | ɦueiŋ7 | eiŋ7 | həŋ7 | œyŋ7 | œyŋ7 | œyŋ7 |
| 预 | 3 遇-鱼 | 喻四 | ɦy7 | ɦy7 | həu7 | y7 | y7 | œy7 |
| 焰 | 3 咸-盐 | 喻四 | iaŋ7 | | jiaŋ7 | iaŋ7 | iaŋ7 | iaŋ7 |
| 胃 | 3 止-微 | 喻三 | y7 | y7 | həu7 | y7 | ui7 | y7 |
| 旺 | 3 宕-阳 | 喻三 | ɦɔŋ7 | ioŋ7 | yɔŋ7 | uaŋ7 | ɔŋ7 | oŋ7 |

### 4.4.4　古浊母入声字

表 4-69、4-70 分别是闽北古全浊母、次浊母入声字群的声调对应表，说明如下：

1. 闽北古全浊母入声字群的声调对应关系主要分为四类，这四类与声母层次的关系如下：第(1)类对应于文读层中先行清化的擦音声类，此类声调归读与第(4)类的差异之处，乃东南片各地的文读层今读清擦音者另有归读阴入调的倾向，但其第(4)类的清音白读层则没有这种现象；第(2)类的例字虽然不多，但政和归读特殊的第9调(21)，与其他各类均相异，声母音读则大致对应于浊音文读层，例如澄母“泽”字乃为端知二分的晚期文读；第(3)类大致对应于浊音白读层，例如“学舌”等白读例字，其声母音读即属古匣母与船母的浊音白读层；第(4)类对应于清音白读层，除了建阳、崇安，其他各地声调归读均与浊音层相异。

2. 闽北古次浊母入声字群的声调对应关系也分为三类：第(1)类多为文读，且与全浊声母入声字的文读层相应，石陂及东南片各地多归读阴入调；第(2)类则多为白读，且与全浊声母入声字的浊音白读层有相同的声调归读；第(3)类则与全浊声母入声字的清音白读层有相同的声调归读，不过，声母音读均是古来母与喻母读为清擦音的早期层次，至于古喻母读为零声母的另一项清音层，缺少入声例字，看不出明显相应的独立声调层次，暂时阙如。

3. 总合闽北古浊母入声字的声调层次与声母层次的对应关系如下表，古全浊声类以並奉母为例，古次浊声类以来母及喻母为例：

**表 4 - 68**

| 古全浊母入声 | | 並奉 | | | 石陂 | 建阳 | 崇安 | 建瓯 | 政和 | 松溪 |
|---|---|---|---|---|---|---|---|---|---|---|
| 文读层 | 清擦音 | 奉 x- | | | 1 | 8 | 8 | 7*4 | 7*4 | 7*4 |
| | 浊音 | 並 b- | | | 5 | 8 | 8 | 4 | 9 | 4 |
| 浊音白读层 | | b- | | | 5 | 8 | 8 | 8 | 3 | 8 |
| 清音层 | 不送气 | p- | | | 1 | 8 | 8 | 7 | 7 | 7 |
| | 送气 | $p^h$- | | | | | | | | |
| 古次浊母入声 | | 来 | 喻三 | 喻四 | 石陂 | 建阳 | 崇安 | 建瓯 | 政和 | 松溪 |
| 文读层 | | l- | ɦ- | ɦ- | 4 | 8 | 8 | 4 | 4 | 4 |
| 浊音白读层 | | l- | ɦ- | dz- | 5 | 8 | 8 | 8 | 3 | 8 |
| 清音层 | 不送气 | l- | ø | ø | — | — | — | — | — | — |
| | 送气 | s- | x- | s- | 1 | 8 | 8 | 7 | 7 | 7 |

**表 4-69 闽北古全浊母入声字群的声调对应表**

| 例字 | 中古 | 声类 | 石陂 | 建阳 | 崇安 | 建瓯 | 政和 | 松溪 |
|---|---|---|---|---|---|---|---|---|
| | (1) | | 1 | 8 | 8 | 7*4 | 7*4 | 7*4 |
| 罚 | 3 山-元 | 奉 | xuai1 | xue8 | xuai8 | xuai7 | xuai7 | hua7 |
| 佛 | 3 臻-文 | 奉 | xo1 | xui8 | xui8 | xo7 | xuɛ7 | huei7 |
| 服 | 3 通-东 | 奉 | xu1 | xo8 | xu8 | xu7*4 | xu4 | hu4 |
| 合文读 | 1 咸-覃 | 匣 | xɔ1 | xa8 | xo8 | xɔ7 | xɔ7*4 | ho4 |
| 鹤文读 | 1 宕-唐 | 匣 | xɔ1 | xɔ8 | xo8 | xɔ7 | xɔ7 | ho7 |
| 学文读 | 2 江-江 | 匣 | xɔ1 | | xa8 | xa4 | xa7*4 | hɒ4 |
| 席文读 | 3 梗-清 | 邪 | si1 | sɔi8 | sei8 | si7 | si7 | sei7 |
| 实文读 | 3 臻-真 | 船 | si1*4 | si8 | si8 | si4 | | si4 |
| | (2) | | 5 | 8 | 8 | 4 | 9 | 4 |
| 达 | 1 山-寒 | 定 | duai5 | lue8 | luai8 | tuɛ4 | tuɛ9 | tua4 |
| 杰 | 3 山-仙 | 群 | gie5 | ɦje8 | ji8 | kiɛ4 | kiɛ9 | kie4 |
| 泽 | 2 梗-庚 | 澄 | dze5 | le8 | lie8 | tsɛ4 | tsɛ9 | tsie4 |
| 族 | 1 通-东 | 从 | dzu5 | lo8 | lu8 | (tsu8) | tsu9 | tsɒu4 |
| | (3) | | 5 | 8 | 8 | 8 | 3 | 8 |
| 蝶 | 4 咸-添 | 定 | die5 | lie8 | li8 | tiɛ8 | tiɛ3 | (tie4) |
| 值值日 | 3 曾-蒸 | 澄 | di5 | lɔi8 | lei8 | ti8 | ti3 | (tei4) |
| 杂 | 1 咸-覃 | 从 | dza5 | la8 | la8 | tsa8 | tsai3 | tsa8 |
| 薄厚薄 | 1 宕-唐 | 並 | bɔ5 | βɔ8 | βo8 | pɔ8 | pɔ3 | po8 |
| 学白读 | 2 江-江 | 匣 | ɦɔ5 | ɔ8 | | ɔ8 | | hu8 |
| 屐 | 3 梗-庚 | 群 | gia5 | k$^{h}$ia8 | jia8 | kia8 | kia3 | kia8 |
| 煠水煮 | 2 咸-咸 | 崇 | dza5 | | | tsa8 | la3 | sɒ8 |
| 铡白读 | 2 山-删 | 崇 | dza5 | la8 | la8 | tsa8 | tsa3 | tsɒ8 |
| 闸 | 2 咸-咸 | 崇 | dza5 | | la8 | tsa8 | tsa3 | tsɒ8 |
| 舌 | 3 山-仙 | 船 | lye5 | lye8 | jyai8 | yɛ8 | lyɛ3 | lœ8 |

续　表

| 例字 | 中古 | 声类 | 石陂 | 建阳 | 崇安 | 建瓯 | 政和 | 松溪 |
|---|---|---|---|---|---|---|---|---|
| | (4) | | 1 | 8 | 8 | 7 | 7 | 7 |
| 白白读 | 2 梗-庚 | 並 | pa1 | pa8 | pa8 | | pa7 | pɒ7 |
| 缚 | 3 宕-阳 | 奉 | pu1 | po8 | pu8 | pu7 | pu7 | pu7 |
| 蹹踏 | 1 咸-覃 | 定 | ta1 | ta8 | ta8 | ta7 | ta7 | tɒ7 |
| 着白读 | 3 宕-阳 | 澄 | tio1 | tiɔ8 | tyo8 | tiɔ7 | tiɔ7 | tio7 |
| 籴 | 4 梗-清 | 定 | tia1 | tia8 | tia8 | tia7 | tia7 | tia7 |
| 石 | 3 梗-清 | 禅 | tsio1 | tsiɔ8 | tsyo8 | tsiɔ7 | tsiɔ7 | tsio7 |
| 截白读 | 4 山-先 | 从 | tsai1 | tsai8 | tsai8 | tsai7 | tsai7 | tsa7 |
| 贼白读 | 1 曾-登 | 从 | $ts^he1$ | $t^he8$ | $ts^hie8$ | $ts^hɛ7$ | $ts^hɛ7$ | $ts^hœ7$ |
| 席白读 | 3 梗-清 | 邪 | sio1 | siɔ8 | syo8 | siɔ7 | siɔ7 | sio7 |
| 勺 | 3 宕-阳 | 禅 | $ts^hia1$ | tsia8 | tsia8 | tsiɔ7 | (tsiɔ4) | $ts^hia7$ |
| 曝 | 1 通-东 | 並 | | | | $p^hu7$ | $p^hu7$ | $p^hu7$ |
| 宅 | 2 梗-庚 | 澄 | | | | | $t^hia7$ | $t^hia7$ |

**表 4-70　闽北古次浊母入声字群的声调对应表**

| 例字 | 中古 | 声类 | 石陂 | 建阳 | 崇安 | 建瓯 | 政和 | 松溪 |
|---|---|---|---|---|---|---|---|---|
| | (1) | | 4 | 8 | 8 | 4 | 4 | 4 |
| 略文读 | 3 宕-阳 | 来 | (lio5) | liɔ8 | lyo8 | liɔ4 | liɔ4 | lio4 |
| 烈 | 3 山-仙 | 来 | (lie5) | lie8 | li8 | liɛ4 | liɛ4 | lie4 |
| 密文读 | 3 臻-真 | 明 | mi4 | məi8 | mei8 | mi4 | mi4 | mei4 |
| 鄂 | 1 宕-唐 | 疑 | ŋɔ4 | ŋɔ8 | ŋo8 | ŋɔ4 | ŋɔ4 | ŋo4 |
| 辱 | 3 通-钟 | 日 | y4 | ɦy8 | ɦəu8 | (y8) | ly4 | y4 |
| 若 | 3 宕-阳 | 日 | (ɦio5) | ɦiɔ8 | (jyo2) | iɔ4 | iɔ4 | io4 |
| 育 | 3 通-东 | 喻四 | y4 | ɦy8 | (əu4) | y4 | xy4 | hœy4 |
| 悦 | 3 山-仙 | 喻四 | lye4 | jye8 | jy8 | yɛ4 | yɛ4 | œ4 |

**续　表**

| 例字 | 中古 | 声类 | 石陂 | 建阳 | 崇安 | 建瓯 | 政和 | 松溪 |
|---|---|---|---|---|---|---|---|---|
| (2) | | | 5 | 8 | 8 | 8 | 3 | 8 |
| 落 | 1 宕-唐 | 来 | lɔ5 | lɔ8 | lo8 | lɔ8 | lɔ3 | lo8 |
| 裂 | 3 山-仙 | 来 | lie5 | lie8 | li8 | liɛ8 | liɛ3 | lie8 |
| 陆 | 3 通-东 | 来 | ly5 | ly8 | ləu8 | ly8 | ly3 | lœy8 |
| 立 | 3 深-侵 | 来 | li5 | ləi8 | lei8 | li8 | li3 | lei8 |
| 灭 | 3 山-仙 | 明 | mie5 | mie8 | mi8 | miɛ8 | miɛ3 | mie8 |
| 密白读 | 3 臻-真 | 明 | me5 | | | mɛ8 | mɛ3 | mie8 |
| 末 | 1 山-桓 | 明 | muai5 | məi8 | muai8 | muɛ8 | muɛ3 | mɒ8 |
| 纳 | 1 咸-覃 | 泥 | na5 | na8 | na8 | na8 | na3 | nɒ8 |
| 业 | 3 咸-严 | 疑 | ŋie5 | ŋie8 | ŋi8 | ŋiɛ8 | ŋiɛ3 | ŋie8 |
| 月 | 3 山-元 | 疑 | ŋye5 | ŋye8 | ŋy8 | ŋyɛ8 | ŋyɛ3 | ŋœ8 |
| 肉 | 3 通-东 | 日 | ny5 | ny8 | nəu8 | ny8 | ny3 | nœy8 |
| 箬 | 3 宕-阳 | 日 | nio5 | niɔ8 | ŋyo8 | niɔ8 | niɔ3 | nio8 |
| 药 | 3 宕-阳 | 喻四 | ɦio5 | ɦiɔ8 | yo8 | iɔ8 | iɔ3 | (hio7) |
| (3) | | | 1 | 8 | 8 | 7 | 7 | 7 |
| 六白读 | 3 通-东 | 来 | | so8 | su8 | | su7 | (sɒu8) |
| 粒笠 | 3 深-侵 | 来 | se1 | se8 | sie8 | sɛ7 | | sœ7 |
| 力 | 3 曾-蒸 | 来 | se1 | le8 | | sɛ7 | | sœ7 |
| 翼 | 3 曾-蒸 | 喻四 | sia1 | | | siɛ7 | siɛ7 | sia7 |

### 4.4.5　闽北声调层次总结

将以上讨论的闽北所有古浊声母的声调层次归结如表 4－71、4－72，仅取石陂、建阳、建瓯与松溪为例：

**表 4－71 闽北古全浊声类的声调层次对应表**

<table>
<tr><td colspan="2" rowspan="2">全浊母</td><td colspan="4">平声调</td><td colspan="4">上声调</td><td colspan="4">去声调</td><td colspan="4">入声调</td></tr>
<tr><td>石</td><td>阳</td><td>瓯</td><td>松</td><td>石</td><td>阳</td><td>瓯</td><td>松</td><td>石</td><td>阳</td><td>瓯</td><td>松</td><td>石</td><td>阳</td><td>瓯</td><td>松</td></tr>
<tr><td rowspan="2">文</td><td>奉 x-</td><td rowspan="2">5</td><td rowspan="2">5</td><td rowspan="2">2</td><td rowspan="2">9</td><td>7</td><td>3</td><td>7</td><td>7</td><td rowspan="2">7</td><td rowspan="2">7</td><td rowspan="2">7</td><td>7</td><td>1</td><td>8</td><td>7*4</td><td>7*4</td></tr>
<tr><td>並 b-</td><td>3</td><td>3</td><td>8</td><td>8</td><td>8</td><td>5</td><td>8</td><td>4</td><td>4</td></tr>
<tr><td>浊白</td><td>b-</td><td>5</td><td>9</td><td>2</td><td>9</td><td>3</td><td>3</td><td>8</td><td>8</td><td>7</td><td>7</td><td>7</td><td>4</td><td>5</td><td>8</td><td>8</td><td>8</td></tr>
<tr><td>清白</td><td>p- pʰ-</td><td>3</td><td>5</td><td>3</td><td>5</td><td>1</td><td>3</td><td>7</td><td>7</td><td>7</td><td>7</td><td>7</td><td>7</td><td>1</td><td>8</td><td>7</td><td>7</td></tr>
</table>

**表 4－72 闽北古次浊声类的声调层次对应表**

<table>
<tr><td colspan="2" rowspan="2">次浊母</td><td colspan="4">平声调</td><td colspan="4">上声调</td><td colspan="4">去声调</td><td colspan="4">入声调</td></tr>
<tr><td>石</td><td>阳</td><td>瓯</td><td>松</td><td>石</td><td>阳</td><td>瓯</td><td>松</td><td>石</td><td>阳</td><td>瓯</td><td>松</td><td>石</td><td>阳</td><td>瓯</td><td>松</td></tr>
<tr><td>文</td><td>ɦ</td><td>3</td><td>5</td><td>2</td><td>9</td><td>2</td><td>2</td><td>2</td><td>2</td><td>7</td><td>7</td><td>7</td><td>7</td><td>4</td><td>8</td><td>4</td><td>4</td></tr>
<tr><td>浊白</td><td>dz</td><td>(5)</td><td>(9)</td><td>(2)</td><td>(9)</td><td>3</td><td>3</td><td>8</td><td>8</td><td>7</td><td>7</td><td>7</td><td>(4)</td><td>5</td><td>8</td><td>8</td><td>8</td></tr>
<tr><td rowspan="2">清白</td><td>Ø</td><td rowspan="2">3</td><td rowspan="2">5</td><td rowspan="2">3</td><td rowspan="2">5</td><td>2</td><td>2</td><td>2</td><td>2</td><td rowspan="2">7</td><td rowspan="2">7</td><td rowspan="2">7</td><td rowspan="2">7</td><td>—</td><td>—</td><td>—</td><td>—</td></tr>
<tr><td>s</td><td>1</td><td>3</td><td>7</td><td>7</td><td>1</td><td>8</td><td>7</td><td>7</td></tr>
</table>

闽北的声调表现确实相当复杂多层次，此与其声母系统保留多层相异音读密切相关。先就全浊声类来看（表 4－71），因其声母层次之不同，声调也分为三大层次：一是文读层，其中先行清化的擦音声类在上声调及入声调的归读情形，又跟其他仍读为浊音者不同；二是浊音白读层，其声调归读在部分方言点维持与浊音文读层的重要区别；三是清音层，各地声调归读情形绝大多数都与浊音层保持区别，不过清音层的古全浊声母今读虽需要再区辨送气与不送气两项层次，但送气与否并不影响声调归读，两者完全一致。再就次浊声类来看（表 4－72），其声调归读也可以分为相应的三大层次：一是文读层，大致相应于全浊声类的文读层，但有几点差异：(1) 石陂文读层的浊母平声调及入声调的归读，具有全浊声类与次浊声类的差别，(2) 文读层的次浊上声字乃与清母上声字的声调归读一致，而与全浊上声字不同；二是浊音白读层，这项层次的次浊声类声调归读均与全浊

声类一致;三是清音层,大致相应于全浊声类的清音层,但其中次浊上声字要再分为两层,一乃声调归读与全浊声类一致,此类古来母、喻母的声母音读为清擦音,应与全浊声类的送气清音层处于相同的历史时间,二则是声调归读与清母上声字一致,此类古喻母的声母音读为零声母,则应与全浊声类的不送气清音层处于相同的历史时间。

将声母各项层次的历史时间与上述闽北的声调层次相联系如下表,声调归读以建阳与松溪的对应为例:

**表 4 - 73**

| (建阳—松溪) | 平声调 | | 上声调 | | 去声调 | | 入声调 | |
|---|---|---|---|---|---|---|---|---|
| | 全浊 | 次浊 | 全浊 | 次浊 | 全浊 | 次浊 | 全浊 | 次浊 |
| 唐宋文读层 | 5 - 9 | | 3 - 8 | 2 - 2 | 7 - 8 | | 8 - 4 | |
| 北方层 | 9 - 9 | | 3 - 8 | | 7 - 4 | | 8 - 8 | |
| 江东层 | 5 - 5 | | 3 - 7 | 2 - 2 | 7 - 7 | | 8 - 7 | — |
| 母语干扰层 | 5 - 5 | | 3 - 7 | | 7 - 7 | | 8 - 7 | |

上表显示各项声母历史层次也伴随着声调归读的层次差异。从全浊声类的调类归读来看,声母同属清音表现的江东层与母语干扰层各类声调归读情形几乎一致;但从音韵结构来看,母语干扰层与北方层较为相近,这两层古浊母的声调归读都没有全浊与次浊的差别,然而江东层与文读层的浊母上声字,次浊声类乃归读阴上调,显然与全浊声类分立。据此,虽然前述闽北的声调表现相应于声母音读可以大分为三项层次,若再加上音韵分合关系的差异性,实际上可以细分为四项层次,与古浊类声母的历史层次密切呼应。

需要特别说明闽北第 9 调的音读意义,建阳、松溪与政和的声调系统中,古浊母平声字有两种归读情形,一是归读第 5 调或称为阳平甲调,建阳的这批字今读多为清声母,二是另外归读第 9 调或称为阳平乙调,建阳的这批字今读多为浊声母。实际上这种情形不限于建阳、松溪与政和，从前文的比较中，我们看到石陂、崇安与建瓯等地的浊母平声字均有两种声调归读，只是这些方言点因为声调普遍合流而没有明显独特的第9调。例如石陂对应于建阳的阳平甲类乃与清母去声字同读第3调，对应于建阳的阳平乙类即被独立为第5调；而建瓯的阳平甲类亦与清母去声字同读第3调，阳平乙类则与清母上声字同读第2调。也就是说，闽北第9调不是迥异于古汉语声调系统的例外表现，从层次比较的角度切入分析，会发现闽北各地的古浊母平声字都有相应的声调归读层次差异，与其声母音读的清浊表现有非常紧密的关系，而且不仅是平声字，前文的分析比较已经揭示古浊母上声字、去声字及入声字均有同类的声调归读层次差异。

先前已有学者从语言接触与层次叠置的角度解释闽北复杂的声调归读情形，也认为声调归读与声母清浊之间确实具有密切关系（平田昌司，1988；何大安，2000），不过本书有几点与之不同的看法。(1) 闽北的声母与声调层次不能只分为清、浊两层，其中浊音声母还要细分文读层与白读层，这两个层次的声调归读不尽相同。例如建阳今读浊音的古浊平字，文读归第5调、白读归第9调，而松溪对应于西北片今读浊音的古浊去字与古浊入字，文白归读亦有差异；而清音声母也要细分送气层与不送气层，这两个层次的声调归读虽然几乎相同，但其全浊声类与次浊声类的音韵分合关系却有差异，送气清音层的次浊上声字与全浊上声字声调归读一致，但不送气清音层的次浊上声字却与清母上声字声调归读一致。(2) 闽北浊音白读层的历史来源不是借自吴语，而是自秦汉以来由北方引进的音韵系统，是闽地很早就已经接受的古老层次，由于闽北这项历史层次的古全浊声类仍保有浊音读，相异于发生清化的其他白读层次，因而该项历史层次的声调归读自然也就自成系统，亦非借自吴语。

## 4.5　闽语古浊上、浊去字群的声调层次

相较于闽北，闽南、闽东的声调归读较为单纯，古浊母平声与入

声字多读为单一的阳平调及阳入调,没有非常复杂的多重层次表现;唯古浊母上声字的次浊声类有明显的层次异读,一部分与全浊上声字同读,一部分与清母上声字同读;此外,闽东的古浊母去声字也有明显的层次异读,一部分与全浊上声字同读,一部分与清母去声字同读。本节即就闽语的古浊母上声字及去声字,比较闽南、闽东与闽北的声调层次对应关系。

表 4-75、4-76 分别是闽南、闽东与闽北的古全浊母、次浊母上声字群之声调对应表,说明如下:

1. 我们在 4.4.2 节分析闽北的古全浊母上声字可以分为三类声调归读情形,与声母音读密切相关:第(1)类乃文读层中先行清化的擦音声类;第(2)类同时对应于浊音文读层与浊音白读层;第(3)类为清音白读层。相对于此,表 4-75 显示闽南、闽东古全浊上声字都只归读一种调类,没有多重层次差别,其中闽南泉州、澄海均归读独立的阳上调,而闽南漳州与闽东各地则与古全浊去声字合流同读。

2. 4.4.2 节另外分析闽北的古次浊母上声字也分为三类声调归读情形:第(1)类乃与清母上声字同归阴上调;第(2)类与全浊母上声字的浊音层同读;第(3)类则与全浊母上声字的清音层同读。表 4-76 显示闽南、闽东的古次浊母上声字也有同样的调类归读差异,一部分与清母上声字同读,另一部分则与全浊上声字同读,但没有相应于闽北的清浊层次异读。以往总将闽语古次浊母上声字的两种声调归读差异简单划分为文白异读,然而实际上古次浊母上声字与清母上声字同读的情形不限于文读,例如表 4-76“尾软往养”等字的声母音读明显属于白读,“尾”为微母与明母不分的白读表现,“软”为日母与泥娘母不分的白读表现,“往养”为喻母在各次方言(尤其是闽北)一致读为零声母的白读表现。据此,我们认为闽语喻三、喻四母同读零声母的白读层,亦即来自南朝江东音韵系统的不送气清音层,其古次浊母上声字的声调也与清母上声字同读。至于古次浊母上声字与全浊上声字同读者确实均为更早期的白读表现,而闽北的语料进一步揭示这类声调归读实际上也包含了两项历史层次，一是来自北方音韵系统的浊音白读层，例如古喻四母读为浊塞擦音的“痒”，二是受到闽地底层干扰的送气清音层，例如古来母及喻三读为清擦音的“老两卵雨远”等白读，与此相应的是闽南读为清擦音的次浊上声字，例如“耳蚁瓦雨远”等，声调归读必定都是与全浊上声字相同。

3. 总合闽语古浊母上声字的声调层次与声母层次的对应关系如下表，古全浊声类以並奉母为例，古次浊声类以来母及喻母为例：

**表 4 - 74**

<table>
<tr><td colspan="3">上　声</td><td>並奉</td><td>来</td><td>喻三</td><td>喻四</td><td>全浊</td><td>次浊</td><td>清</td></tr>
<tr><td rowspan="2">唐宋层</td><td rowspan="2">文读层</td><td>清擦音</td><td>奉 x-</td><td>—</td><td>—</td><td>—</td><td>阳上Ⅰ</td><td colspan="2" rowspan="2">阴上</td></tr>
<tr><td>浊音</td><td>並 b-</td><td>l-</td><td>ɦ-</td><td>ɦ-</td><td>阳上Ⅱ</td></tr>
<tr><td>北方层</td><td colspan="2">浊音白读层</td><td>b-</td><td>l-</td><td>ɦ-</td><td>dz-</td><td colspan="2">阳上Ⅱ</td><td>阴上</td></tr>
<tr><td>江东层</td><td rowspan="2">清音层</td><td>不送气</td><td>p-</td><td>l-</td><td>ø</td><td>ø</td><td>阳上Ⅲ</td><td colspan="2">阴上</td></tr>
<tr><td>非汉语干扰层</td><td>送气</td><td>pʰ-</td><td>s-</td><td>h-</td><td>s-</td><td colspan="2">阳上Ⅲ</td><td>阴上</td></tr>
</table>

就音韵分合关系来看，闽语各次方言都具有古次浊母上声字调类归读的层次差异；但就全浊上声字的声调归读来看，只有闽北今读还大致保有不同层次的相异性，而闽南、闽东已经看不出层次差异了。

**表 4 - 75　闽语古全浊上声字的声调层次对应表**

| 例字 | 中古 | 声类 | 泉州 | 漳州 | 澄海 | 福清 | 古田 | 柘荣 | 石陂 | 建阳 | 建瓯 |
|---|---|---|---|---|---|---|---|---|---|---|---|
| (1) | | | 6 | 7 | 6 | 7 | 7 | 7 | [7] | 3 | [7] |
| 妇文读 | 3 流-尤 | 奉 | hu6 | hu7 | hu6 | ho7 | hu7 | xu7 | xu7 | xo3 | xu7 |
| 后 | 1 流-侯 | 匣 | hio6 | hɔ7 | hou6 | heu7 | hɛu7 | xɛu7 | xəu7 | xəu3 | xe7 |
| 善 | 3 山-仙 | 禅 | sian6 | sian7 | siaŋ6 | sieŋ7 | sieŋ7 | sieŋ7 | siŋ7 | sieiŋ3 | siŋ7 |
| 序 | 3 遇-鱼 | 邪 | sɯ6 | su7 | su6 | sø7 | sy7 | sy7 | dzy7 | sy3 | sy7 |

续 表

| 例字 | 中古 | 声类 | 泉州 | 漳州 | 澄海 | 福清 | 古田 | 柘荣 | 石陂 | 建阳 | 建瓯 |
|---|---|---|---|---|---|---|---|---|---|---|---|
| | (2) | | 6 | 7 | 6 | 7 | 7 | 7 | $\boxed{3}$ | 3 | $\boxed{8}$ |
| 动文读 | 1 通-东 | 定 | tɔŋ6 | tɔŋ7 | toŋ6 | toŋ7 | tuŋ7 | tuŋ7 | dəŋ3 | loŋ3 | tɔŋ8 |
| 弟文读 | 4 蟹-齐 | 定 | te6 | te7 | | te7 | tɛ7 | tɛ7 | di3 | lɔi3 | ti8 |
| 坐文读 | 1 果-戈 | 从 | tso6 | tso7 | | tso7 | tso7 | tsɔ7 | dzɔ3 | lɔ3 | |
| 在 | 1 蟹-咍 | 从 | tsai6 | tsai7 | tsai6 | tsai7 | tsai7 | tsai7 | dzai3 | lai3 | |
| 妇白读 | 3 流-尤 | 奉 | pu6 | pu7 | | po7 | pu7 | pu7 | (xu1) | mo3 | py8 |
| 解会 | 2 蟹-佳 | 匣 | ue6 | e7 | oi6 | e7 | ɛ7 | ɛ7 | ŋai3 | ai3 | ai8 |
| 擐提 | 2 山-删 | 匣 | kuã6 | kuã7 | kuã6 | kuaŋ7 | kuaŋ7 | kuaŋ7 | guai3 | kyeiŋ3 | kyiŋ8 |
| 社 | 3 假-麻 | 禅 | sia6 | sia7 | sia6 | sia7 | sia7 | sia7 | ɦia3 | ɦia3 | ia8 |
| 罪白读 | 1 蟹-灰 | 从 | tsə6 | tse7 | | tsoi7 | tsoi7 | tsoi7 | dzo3 | lui3 | tso8 |
| | (3) | | 6 | 7 | 6 | 7 | 7 | 7 | $\boxed{1}$ | 3 | $\boxed{7}$ |
| 抱白读 | 1 效-豪 | 並 | p$^h$o6 | p$^h$o7 | p$^h$o6 | p$^h$o7 | p$^h$ɔ7 | p$^h$ɔ7 | po1 | p$^h$au3 | p$^h$au7 |
| 被白读 | 3 止-支 | 並 | p$^h$ə6 | p$^h$ue7 | p$^h$ue6 | p$^h$uoi7 | p$^h$uoi7 | p$^h$uɛ7 | p$^h$o1 | hui3 | p$^h$yɛ7 |
| 弟白读 | 4 蟹-齐 | 定 | ti6 | ti7 | ti6 | tie7 | tie7 | (tie3) | tie1 | tie3 | ti7 |
| 柱白读 | 3 遇-虞 | 澄 | t$^h$iau6 | t$^h$iau7 | t$^h$iou6 | t$^h$iu7 | t$^h$iu7 | t$^h$iu7 | t$^h$iu1 | hiu3 | t$^h$iu7 |
| 妗 | 3 深-侵 | 群 | kim6 | kim7 | kiŋ6 | keŋ7 | kiŋ7 | kiŋ7 | keiŋ1 | kiŋ3 | |
| 臼白读 | 3 流-尤 | 群 | k$^h$u6 | k$^h$u7 | k$^h$u6 | k$^h$o7 | k$^h$u7 | k$^h$u7 | k$^h$iu1 | k$^h$iu3 | k$^h$iu7 |
| 鳝白读 | 3 山-仙 | 禅 | | | ts$^h$uã6 | ts$^h$iaŋ7 | ts$^h$iaŋ7 | ts$^h$iaŋ7 | syiŋ1 | syeiŋ3 | syiŋ7 |
| 坐白读 | 1 果-戈 | 从 | tsə6 | tse7 | tso6 | soi7 | soi7 | soi7 | tsuai1 | | tso7 |

**表 4-76 闽语古次浊上声字的声调层次对应表**

| 例字 | 中古 | 声类 | 泉州 | 漳州 | 澄海 | 福清 | 古田 | 柘荣 | 石陂 | 建阳 | 建瓯 |
|---|---|---|---|---|---|---|---|---|---|---|---|
| | (1) | | 2 | 2 | 2 | 2 | 2 | 2 | 2 | 2 | 2 |
| 老文读 | 1 效-豪 | 来 | lau2 | lau2 | lau2 | lo2 | lo2 | lɔ2 | lau2 | lau2 | lau2 |
| 两文读 | 3 宕-阳 | 来 | niũ2 | niõ2 | niẽ2 | lyoŋ2 | lyøŋ2 | lyøŋ2 | lioŋ2 | lioŋ2 | lioŋ2 |
| 耳文读 | 3 止-之 | 日 | nĩ2 | nĩ2 | zə2 | ŋi2 | ŋi2 | ŋi2 | | ɦi2 | œ2 |

**续　表**

| 例字 | 中古 | 声类 | 泉州 | 漳州 | 澄海 | 福清 | 古田 | 柘荣 | 石陂 | 建阳 | 建瓯 |
|---|---|---|---|---|---|---|---|---|---|---|---|
| (1) | | | 2 | 2 | 2 | 2 | 2 | 2 | 2 | 2 | 2 |
| 扰 | 3 效-宵 | 日 | liau2 | dziau2 | ziou2 | ieu2 | iau2 | iau2 | iau2 | | iau2 |
| 远文读 | 3 山-元 | 喻三 | uan2 | uan2 | iaŋ2 | uoŋ2 | uoŋ2 | uoŋ2 | ɦyiŋ2 | ɦyeiŋ2 | yiŋ2 |
| 雨文读 | 3 遇-虞 | 喻三 | u2 | i2 | u2 | y2 | y2 | y2 | ɦy2 | ɦy2 | |
| 引 | 3 臻-真 | 喻四 | in2 | in2 | iŋ2 | iŋ2 | iŋ2 | | ɦeiŋ2 | ɦiŋ2 | eiŋ2 |
| 以 | 3 止-之 | 喻四 | i2 | i2 | ĩ2 | i2 | i2 | i2 | ɦi2 | ɦi2 | i2 |
| 软白读 | 3 山-仙 | 日 | nŋ2 | nuĩ2 | nəŋ2 | nuoŋ2 | nuoŋ2 | nuoŋ2 | nyiŋ2 | nyeiŋ2 | nyiŋ2 |
| 染白读 | 3 咸-盐 | 日 | nĩ2 | nĩ2 | nĩ2 | nieŋ2 | | | niŋ2 | nieiŋ2 | niŋ2 |
| 往 | 3 宕-阳 | 喻三 | ɔŋ2 | ɔŋ2 | uaŋ2 | uoŋ2 | uoŋ2 | uoŋ2 | əŋ2 | ioŋ2 | uaŋ2 |
| 养 | 3 宕-阳 | 喻四 | iũ2 | iõ2 | iẽ2 | yoŋ2 | yøŋ2 | yøŋ2 | ioŋ2 | ioŋ2 | ioŋ2 |
| 眼白读 | 2 山-山 | 疑 | ŋ uĩ2 | giŋ2 | oĩ2 | ŋeŋ2 | ŋeiŋ2 | | ŋaiŋ2 | ŋaiŋ2 | ŋaiŋ2 |
| 尾 | 3 止-微 | 微 | bə2 | bue2 | bue2 | mui2 | mui2 | muɛ2 | mo2 | mui2 | myɛ2 |
| 米 | 4 蟹-齐 | 明 | bi2 | bi2 | bi2 | mi2 | mi2 | mi2 | (mi3) | (məi3) | (mi8) |
| 岭 | 3 梗-清 | 来 | niã2 | niã2 | niã2 | liaŋ2 | liaŋ2 | liaŋ2 | (liaŋ3) | (liaŋ3) | (liaŋ8) |
| (2) | | | 6 | 7 | 6 | 7 | 7 | 7 | 3 | 3 | 8 |
| 耳白读 | 3 止-之 | 日 | hi6 | hi7 | hĩ6 | ŋe7 | ŋi7 | ŋi3 | ni3 | nɔiŋ3 | neiŋ8 |
| 网 | 3 宕-阳 | 微 | baŋ6 | baŋ7 | maŋ6 | møŋ7 | møyŋ7 | | | | mɔŋ8 |
| 蚁白读 | 3 止-支 | 疑 | hia6 | hia7 | hia6 | ŋia7 | ŋie7 | ŋia7 | ŋye3 | ŋye3 | |
| 五白读 | 1 遇-模 | 疑 | gɔ6 | gɔ7 | ŋou6 | ŋo7 | ŋu7 | ŋu7 | ŋu3 | ŋo3 | ŋu8 |
| 痒 | 3 宕-阳 | 喻四 | tsiũ6 | tsiõ7 | tsiẽ6 | syoŋ7 | syøŋ7 | syøŋ7 | dzioŋ3 | lioŋ3 | tsioŋ8 |
| (3) | | | 6 | 7 | 6 | 7 | 7 | 7 | 1 | 3 | 7 |
| 老老人 | 1 效-豪 | 来 | lau6 | lau7 | lau6 | lau7 | lau7 | lau7 | səu1 | səu3 | se7 |
| 两二 | 3 宕-阳 | 来 | nŋ6 | | no6 | laŋ7 | laŋ7 | laŋ7 | sɔŋ1 | sɔŋ3 | |
| 卵蛋 | 1 山-桓 | 来 | nŋ6 | nuĩ7 | nəŋ6 | loŋ7 | louŋ7 | loŋ7 | sueiŋ1 | suŋ3 | sɔŋ7 |
| 雨白读 | 3 遇-虞 | 喻三 | hɔ6 | hɔ7 | hou6 | huo7 | huo7 | | xy1 | xy3 | xy7 |
| 远白读 | 3 山-元 | 喻三 | hŋ6 | huĩ7 | hŋ6 | huoŋ7 | huoŋ7 | xuoŋ7 | | | |

表4－78、4－79分别是闽南、闽东与闽北的古全浊母、次浊母去声字群之声调对应表，说明如下：

1. 我们在4.4.3节主要依据政和与松溪的声调异读情形，将闽北的古全浊母去声字概分为三类声调归读情形，与声母音读密切相关：第(1)类对应于浊音文读层，第(2)类对应于浊音白读层，第(3)类则又分为清音白读层及文读层中先行清化的擦音声类。而闽北古次浊母去声字群没有相应于全浊声类的多重层次异读，绝大多数均归读为第7调，唯政和、松溪有零星例字可以相应于全浊声类的浊音白读层。相对于此，表4－78、4－79显示闽南、闽东古浊母去声字大部分都归读独立的阳去调，唯泉州的阳去个读调乃与古清母去声字合流同读，但在连读变调时保持区别；此外，闽南、闽东有两个重要的层次异读现象，说明如2.。

2. 一是闽南潮汕地区的古浊母去声字有与全浊上声字同读的层次，这项层次仅分布于文读，以往将之归为潮汕方言的新进文读层（杨秀芳，1982），但是从音韵分合关系来看，我们认为这即是潮汕方言所接受的文读层，反映全浊上声与浊母去声没有分别的文读音韵系统，与漳州、闽东各地全浊上声与浊母去声同读的现象其实是一致的，反而较为特别的是泉州一直维持全浊上声与浊母去声的区别，反映该地强势的本地音韵习性。[①] 二是闽东的古浊母去声字有与清母去声字同读的层次，这项特殊声调归读的全浊声类今读均为送气清音，例如表4－78的鼻类字，而次浊声类在闽南、闽北多对应于今读为清擦音的次浊例字，例如表4－79的艾类字，我们认为闽东虽然缺乏次浊声类今读为清擦音的声母特点，但在声调上同样反映古汉语浊声类受到非汉语干扰而趋近于清音的层次特色。

3. 总合闽语古浊母去声字的声调层次与声母层次的对应关系如

---

① 本书3.3节讨论闽语遇摄3等文读层次时，也发现泉州方言在《汇音妙悟》韵书所反映的时代，鱼韵文读还是坚持“鱼虞有别”的音韵习性，今日泉腔方言点始有较多“鱼虞同读”的新文读(-u)表现。此亦反映泉州方言在面对文读音韵系统的接触竞争时，其本地音韵习性的强势抵抗。

下表，古全浊声类以並奉母为例，古次浊声类以来母及喻母为例：

**表 4－77**

<table>
<tr><th colspan="3">去　声</th><th>並奉</th><th>来</th><th>喻三</th><th>喻四</th><th>全浊</th><th>次浊</th><th>清</th></tr>
<tr><td rowspan="2">唐宋层</td><td rowspan="2">文读层</td><td>清擦音</td><td>奉 x-</td><td>—</td><td>—</td><td>—</td><td colspan="2" rowspan="2">阳去Ⅰ</td><td>阴去</td></tr>
<tr><td>浊音</td><td>並 b-</td><td>l-</td><td>ɦ-</td><td>ɦ-</td><td>阴去</td></tr>
<tr><td>北方层</td><td colspan="2">浊音白读层</td><td>b-</td><td>l-</td><td>ɦ-</td><td>dz-</td><td colspan="2">阳去Ⅱ</td><td>阴去</td></tr>
<tr><td>江东层</td><td rowspan="2">清音层</td><td>不送气</td><td>p-</td><td>l-</td><td>ø</td><td>ø</td><td colspan="2">阳去Ⅲ</td><td>阴去</td></tr>
<tr><td>非汉语干扰层</td><td>送气</td><td>pʰ-</td><td>s-</td><td>h-</td><td>s-</td><td colspan="3">阴去</td></tr>
</table>

就音韵分合关系来看，只有闽东明显具有古浊母去声字与清母去声字同读的早期层次表现；再就古浊母去声字的声调归读来看，只有闽北松溪今读还大致保有不同层次的相异性，以及闽南潮汕地区具有文白层次的相异归读，其他方言点都已几乎看不出层次差异了。

**表 4－78　闽语古全浊去声字的声调层次对应表**

| 例字 | 中古 | 声类 | 泉州 | 漳州 | 澄海 | 福清 | 古田 | 柘荣 | 石陂 | 建阳 | 建瓯 | 松溪 |
|---|---|---|---|---|---|---|---|---|---|---|---|---|
| (1) | | | 3 | 7 | 6 | 7 | 7 | 7 | 7 | 7 | 7 | 7 |
| 份 | 3 臻-文 | 奉 | hun3 | hun7 | (huŋ7) | hoŋ7 | huŋ7 | xuŋ7 | xueiŋ7 | (xuŋ3) | xɔŋ7 | hueiŋ7 |
| 校 | 2 效-肴 | 匣 | hau3 | hau7 | hau6 | hau7 | hau7 | xau7 | xau7 | xau7 | xau7 | hɒu7 |
| 幸 | 2 梗-耕 | 匣 | hiŋ3 | hiŋ7 | heŋ6 | heŋ7 | heiŋ7 | xœŋ7 | xaiŋ7 | xaiŋ7 | xaiŋ7 | haŋ7 |
| 颂 | 3 通-钟 | 邪 | siɔŋ3 | sɔŋ3 | soŋ6 | søŋ7 | syŋ7 | suŋ7 | suciŋ7 | seiŋ7 | sœyŋ7 | sœyŋ7 |
| 树文读 | 3 遇-虞 | 禅 | su3 | su7 | su6 | sø7 | sy7 | sy7 | sy7 | sy7 | sy7 | sy7 |
| 事文读 | 3 止-之 | 崇 | sɯ3 | su7 | (sə7) | sø7 | sy7 | su7 | su7 | so7 | su7 | su7 |
| (2) | | | 3 | 7 | 6 | 7 | 7 | 7 | 7 | 7 | 7 | 8 |
| 备 | 3 止-脂 | 並 | pi3 | pi7 | pi6 | pe7 | pi7 | pi7 | pi7 | βɔi7 | pi7 | pei8 |
| 败 | 2 蟹-夬 | 並 | pai3 | pai7 | (pai7) | pai7 | pai7 | pai7 | bai7 | (βai3) | pai7 | pa8 |
| 盗 | 1 效-豪 | 定 | tɔ3 | to7 | tau6 | to7 | to7 | tɔ7 | dɔ7 | lau7 | (tau8) | to8 |
| 住文读 | 3 遇-虞 | 澄 | tsu3 | tsu7 | tsu6 | tsø7 | tsy7 | tsy7 | dzy7 | ly7 | tsy7 | tsy8 |

**续　表**

| 例字 | 中古 | 声类 | 泉州 | 漳州 | 澄海 | 福清 | 古田 | 柘荣 | 石陂 | 建阳 | 建瓯 | 松溪 |
|---|---|---|---|---|---|---|---|---|---|---|---|---|
| | (2) | | 3 | 7 | [6] | 7 | 7 | 7 | 7 | 7 | 7 | [8] |
| 定文读 | 4 梗-清 | 定 | tiŋ3 | tiŋ7 | | teŋ7 | tiŋ7 | tiŋ7 | deiŋ7 | leiŋ7 | | teiŋ8 |
| 贱文读 | 3 山-仙 | 从 | tsian3 | tsian7 | | tsieŋ7 | tsieŋ7 | tsieŋ7 | dziŋ7 | lieiŋ7 | tsiŋ7 | tsiŋ8 |
| | (3) | | 3 | 7 | 7 | 7 | 7 | 7 | 7 | 7 | 7 | [4] |
| 吠 | 3 蟹-废 | 奉 | pui3 | pui7 | pui7 | pui7 | pui7 | pui7 | by7 | pɔi7 | py7 | pei4 |
| 汗白读 | 1 山-寒 | 匣 | kuã3 | kuã7 | kuã7 | | kaŋ7 | kaŋ7 | guaiŋ7 | kueiŋ7 | kuiŋ7 | kueiŋ4 |
| 县 | 4 山-先 | 匣 | kuĩ3 | kuan7 | kuĩ7 | | keiŋ7 | kɛŋ7 | gyiŋ7 | kyeiŋ7 | kyiŋ7 | kyŋ4 |
| 寨 | 2 蟹-夬 | 崇 | tsai3 | tsai7 | | tsai7 | tsai7 | tsai7 | dzai7 | lai7 | tsai7 | tsa4 |
| 寺 | 3 止-之 | 邪 | si3 | si7 | zi7 | se7 | si7 | | dzi7 | lɔi7 | tsi7 | tsei4 |
| 穧多 | 4 蟹-齐 | 从 | tsue3 | tse7 | tsoi7 | se7 | sɛ7 | sɛ7 | dzai7 | lai7 | tsai7 | tsa4 |
| | (4) | | 3 | 7 | 7 | 7 | 7 | 7 | 7 | 7 | 7 | 7 |
| 焙 | 1 蟹-灰 | 並 | pə3 | pue7 | pue7 | puoi7 | | puɛ7 | po7 | pui7 | po7 | puei7 |
| 病 | 3 梗-庚 | 並 | pĩ3 | pɛ̃7 | pẽ7 | paŋ7 | paŋ7 | paŋ7 | paŋ7 | paŋ7 | paŋ7 | paŋ7 |
| 饭白读 | 3 山-元 | 奉 | pŋ3 | puĩ7 | puŋ7 | puoŋ7 | puoŋ7 | puoŋ7 | pəŋ7 | puŋ7 | | poŋ7 |
| 大 | 1 果-歌 | 定 | tua3 | tua7 | tua7 | tua7 | tuai7 | tua7 | tuai7 | tue7 | tuɛ7 | tua7 |
| 豆白读 | 1 流-侯 | 定 | tau3 | tau7 | tau7 | tau7 | tau7 | tau7 | təu7 | təu7 | te7 | ta7 |
| 箸 | 3 遇-鱼 | 澄 | tɯ3 | ti7 | tə7 | tø7 | ty7 | ty7 | ty7 | ty7 | ty7 | tœy7 |
| 定白读 | 4 梗-清 | 定 | tiã3 | tiã7 | tiã7 | tiaŋ7 | tiaŋ7 | tiaŋ7 | tiaŋ7 | tiaŋ7 | tiaŋ7 | tiaŋ7 |
| 柜 | 3 止-脂 | 群 | kui3 | kui7 | kuĩ7 | kui7 | kui7 | kui7 | ky7 | ky7 | ky7 | ky7 |
| 旧 | 3 流-尤 | 群 | ku3 | ku7 | ku7 | ko7 | ku7 | ku7 | kiu7 | kiu7 | kiu7 | kiu7 |
| | (5) | | 3 | 7 | 7 | [3] | [3] | [3] | 7 | 7 | 7 | 7 |
| 鼻 | 3 止-脂 | 並 | pʰi3 | pʰĩ7 | pʰĩ7 | pʰe3 | pʰi3 | pʰi3 | pʰi7 | pʰɔi7 | pʰi7 | pʰei7 |
| 缝缝隙 | 3 通-钟 | 奉 | pʰaŋ3 | pʰaŋ7 | pʰaŋ7 | pʰoŋ3 | pʰuŋ3 | | pʰəŋ7 | pʰoŋ7 | pʰɔŋ7 | pʰoŋ7 |
| 毒毒杀 | 1 通-冬 | 定 | tʰau3 | tʰau7 | | tʰau3 | | tʰau3 | tʰəu7 | həu7 | tʰe7 | tʰa7 |
| 苋 | 2 山-山 | 匣 | huĩ3 | hiŋ7 | hoĩ7 | heŋ3 | heiŋ3 | xɛŋ3 | xaiŋ7 | xaiŋ7 | xaiŋ7 | haŋ7 |
| 巷 | 2 江-江 | 匣 | haŋ3 | haŋ7 | haŋ7 | høŋ3 | høyŋ3 | xœŋ3 | | xoŋ7 | xɔŋ7 | |
| 饲喂养 | 3 止-之 | 邪 | tsʰi3 | tsʰi7 | tsʰi7 | tsʰe3 | tsʰi3 | tsʰi3 | si7 | | si7 | si7 |
| 树 | 3 遇-虞 | 禅 | tsʰiu3 | tsʰiu7 | tsʰiu7 | tsʰiu3 | tsʰiu3 | tsʰiu3 | tsʰiu7 | tsʰiu7 | | tsʰiu7 |

**表 4-79　闽语古次浊去声字的声调层次对应表**

| 例字 | 中古 | 声类 | 泉州 | 漳州 | 澄海 | 福清 | 古田 | 柘荣 | 石陂 | 建阳 | 建瓯 | 松溪 |
|---|---|---|---|---|---|---|---|---|---|---|---|---|
| (1) | | | 3 | 7 | [6] | 7 | 7 | 7 | 7 | 7 | 7 | 7 |
| 冒感冒 | 1 效-豪 | 明 | mɔ̃3 | mɔ̃7 | | mo7 | mo7 | mɔ7 | mau7 | mau7 | mau7 | mau7 |
| 妙 | 3 效-宵 | 明 | biau3 | biau7 | miou6 | mieu7 | miau7 | miau7 | miau7 | miɔ7 | miau7 | mio7 |
| 念 | 4 咸-添 | 泥 | liam3 | liam7 | niaŋ6 | nieŋ7 | nieŋ7 | nieŋ7 | ŋiŋ7 | ŋieiŋ7 | niŋ7 | niŋ7 |
| 傲 | 1 效-豪 | 疑 | ŋɔ̃3 | go7 | ŋau6 | ŋo7 | ŋo7 | ŋɔ7 | ŋau7 | ŋau7 | ŋau7 | ŋɒu7 |
| 让文读 | 3 宕-阳 | 日 | liɔŋ3 | dziaŋ7 | ziaŋ6 | yoŋ7 | yøŋ7 | yøŋ7 | | (ɦioŋ3) | | |
| 泪 | 3 止-脂 | 来 | lui3 | lui7 | lui6 | lui7 | luoi7 | lui7 | | ly7 | ly7 | ly7 |
| 旺 | 3 宕-阳 | 喻三 | ɔŋ3 | ɔŋ7 | uaŋ6 | uoŋ7 | | uoŋ7 | ɦəŋ7 | ioŋ7 | uaŋ7 | oŋ7 |
| 预 | 3 遇-鱼 | 喻四 | ɯ3 | i7 | ə6 | ø7 | | y7 | ɦy7 | ɦy7 | y7 | œy7 |
| (2) | | | 3 | 7 | 7 | 7 | 7 | 7 | 7 | 7 | 7 | 7 |
| 帽白读 | 1 效-豪 | 明 | bo3 | bo7 | bo7 | mo7 | mo7 | mɔ7 | mɔ7 | mau7 | mau7 | mɔ7 |
| 庙白读 | 3 效-宵 | 明 | bio3 | bio7 | bie7 | mieu7 | miau7 | miau7 | miau7 | miɔ7 | miau7 | mio7 |
| 闹白读 | 2 效-肴 | 娘 | lau3 | lau7 | lau7 | nau7 | nau7 | nau7 | nau7 | nau7 | nau7 | nɒu7 |
| 尿 | 4 效-萧 | 泥 | lio3 | dzio7 | zie7 | nieu7 | niau7 | niau7 | niau7 | niɔ7 | niau7 | nio7 |
| 让白读 | 3 宕-阳 | 日 | niũ3 | nio7 | nie7 | nyoŋ7 | nyøŋ7 | (nyøŋ3) | nioŋ7 | | nioŋ7 | nioŋ7 |
| 韧 | 3 臻-真 | 日 | lun3 | lun7 | | noŋ7 | | nuŋ7 | nyiŋ7 | nyeiŋ7 | nyiŋ7 | nyŋ7 |
| 料 | 4 效-萧 | 来 | liau3 | liau7 | liou7 | leu7 | lɛu7 | lɛu7 | liau7 | liɔ7 | liau7 | lio7 |
| 芋 | 3 遇-虞 | 喻三 | ɔ3 | ɔ7 | ou7 | uo7 | uo7 | uo7 | y7 | y7 | y7 | (hœy4) |
| 样 | 3 宕-阳 | 喻四 | iũ3 | iõ7 | iẽ7 | yoŋ7 | yøŋ7 | yøŋ7 | ioŋ7 | ioŋ7 | ioŋ7 | ioŋ7 |
| (3) | | | 3 | 7* [3] | 7* [3] | [3] | [3] | [3] | 7 | 7 | 7 | 7 |
| 妹 | 1 蟹-灰 | 明 | bə3 | bue7 | mue7 | muoi3 | muoi3 | muɛ3 | mo7 | mui7 | mɛ7 | muei7 |
| 面 | 3 山-仙 | 明 | bin7 | bin7 | miŋ7 | meŋ3 | miŋ3 | miŋ3 | miŋ7 | (mieiŋ3) | miŋ7 | miŋ7 |
| 梦白读 | 3 通-东 | 明 | baŋ3 | baŋ7 | maŋ7 | møŋ3 | møyŋ3 | | məŋ7 | moŋ7 | mɔŋ7 | moŋ7 |
| 砚 | 4 山-先 | 疑 | hĩ3 | hĩ7 | ĩ7 | ŋieŋ3 | ŋieŋ3 | ŋieŋ3 | ŋaiŋ7 | ŋaiŋ7 | ŋaiŋ7 | ŋaŋ7 |
| 艾 | 1 蟹-泰 | 疑 | hiã3 | hiã7 | hiã7 | ŋia3 | ŋie3 | ŋia3 | ŋye7 | ŋye7 | ŋyɛ7 | ŋœ7 |
| 濑白读 | 1 蟹-泰 | 来 | | lua3 | | | | lua3 | suai7 | | suɛ7 | sua7 |
| 露白读 | 1 遇-模 | 来 | lɔ3 | lɔ3 | lou3 | lo3 | lu3 | lu3 | su7 | so7 | su7 | (sɒu8) |
| 健小母鸡 | 4 山-先 | 来 | lua3 | nuã3 | nuã3 | | laŋ3 | laŋ3 | sueiŋ7 | | suiŋ7 | sueiŋ7 |
| 盐腌 | 3 咸-盐 | 喻四 | sĩ3 | sĩ7 | | sieŋ3 | sieŋ3 | sieŋ3 | | | | |

## 4.6 结语：闽语声母与声调历史层次的系统性

本章分析闽语声母与声调的历史层次，主要针对具有明显层次差异的声类与调类进行分析与讨论，一方面建立各音读层次在闽南、闽东、闽北的方言对应关系，另一方面也根据层次音韵系统表现的相应性与差异性，进行历史时间分层的工作。

就古全浊声类、次浊声类的分析结果来说，大致能辨析出四项截然相异的历史层次，总结其历史分层与音韵特点如下表：

表 4-80

| | 古全浊声类 | | 古次浊声类 | |
|---|---|---|---|---|
| | 音读特点 | 音韵分合关系 | 音读特点 | 音韵分合关系 |
| 唐宋浊音文读层 | · 闽北表现为浊音，但其中擦音声类先行清化；闽南、闽东表现为不送气清音。 | · 並奉母分立。<br>· 群匣母分立。<br>· 从邪母分立。 | · 海南方言与闽北西北片喻母带有浊擦成分。 | · 微母、日母独立。<br>· 匣、喻三分立。<br>· 喻母同读。 |
| 江东不送气清音层 | · 各次方言均表现为不送气清音。 | · 並奉母不分。<br>· 群匣母分立。<br>· 从邪船禅母不分。 | · 各次方言喻母均读为零声母。 | · 明微不分。<br>· 日泥娘不分。<br>· 匣喻同读。 |
| 北方浊音白读层 | · 闽北表现为浊音；闽南、闽东表现为不送气清音。 | · 並奉母不分。<br>· 匣母二分，其一与群母同读。<br>· 从邪母分立。<br>· 船禅母有别。 | · 闽北喻四母读为浊塞擦音，闽南表现为清塞擦音，闽东表现为清擦音。 | · 明微不分。<br>· 日泥娘不分。<br>· 一部分匣母与喻三母同读。 |
| 非汉语干扰送气清音层 | · 各次方言均表现为送气清音。 | · 並奉母不分。<br>· 从邪船禅母不分。<br>· 少数匣母读同群母。<br>· 少数章系读同见系。 | · 喻母读为清擦音。<br>· 闽南鼻音声类读为清擦音。<br>· 闽北来母读为清擦音。 | · 匣、喻三不分。 |

同时结合古浊声类的音读特点与各自所反映的音韵分合关系来看,可以明显发现闽语这四项声母历史层次的相异之处:

1. 文读层虽与浊音白读层在音读表现上不好区分,但文读层的擦音声类已先行清化,且从音韵分合关系来看,文读层与浊音白读层乃反映不同的音韵系统:文读层的並奉母分立、明微母分立、群匣喻母分立、日母独立,此乃符应唐宋以来的音韵演变;而浊音白读层的並奉母不分、明微母不分、日泥娘母不分,还有匣母二分,其一与群母同读,另一与喻三母同读,再加上从邪母分立、船禅母有别,此均反映自秦汉到魏晋的北方汉语声母特点。

2. 不送气清音层不仅在音读上有独特表现,从邪船禅母不分的音韵关系更是反映南方江东地区的声母特点。

3. 送气清音层的全浊声类与次浊声类在声母音读与闽东声调归读上有非常一致的系统性表现,音读上"带有强烈气流特征"因而容易清化,此外,4.3 节讨论古全清声类的特殊表现,也能与之相互联系:

**表 4-81**

| | 古全清声类 | |
|---|---|---|
| | 音读特点 | 音韵分合关系 |
| 非汉语干扰层 | · 古全清擦音声类读为送气塞擦音或送气塞音。<br>· 闽北古全清声类读为浊音或零声母(闽南有零星表现)。 | · 古全清擦音声类与同部位次清声类发生混同。 |

我们借由参照原始侗台语言的历史音韵研究成果,着眼于古闽越语与古汉语的语言接触所引发的音韵变异层次,推论此乃闽地受到早期非汉语音韵干扰的底层表现。

据此,本书认为闽语的声母最少必须分为四大段历史时间层次:唐宋文读层、南朝江东层、北方层与母语干扰层,其中北方层的历史时间应该涵盖了自秦汉到魏晋随移民南下的北方音韵系统,而母语干扰层则是古闽越语的母语使用者在学习古汉语时，依其音韵习性所进行的系统性音韵调整改读，历史时间上应该较为接近秦汉时期。

4.4 节及 4.5 节在声母层次分析的基础之上，讨论与声母音读密切相关的声调层次及音韵特点。由于闽北的古浊声类保有复杂的多重层次异读，其声调层次也就非常丰富，大致也能分为四项相应的声调层次，然而相对于此，闽南、闽东由于古浊声类没有复杂的音读差异，也就没有丰富的层次差异，唯在浊母上声与去声部分有重要的层次表现。总结闽语声调历史分层如下表，各层声调归读以建阳、松溪、澄海与福清的对应为例：

**表 4-82**

| （建阳—松溪—澄海—福清） | 平 | 上 | | 去 | 入 |
|---|---|---|---|---|---|
| | 浊 | 全浊 | 次浊 | 浊 | 浊 |
| 唐宋<br>浊音文读层 | 5-[9]-5-5 | 3-[8]-6-7 | 2-2-2-2 | 7-[8]-[6]-7 | 8-[4]-8-8 |
| 江东<br>不送气清音层 | 5-5-5-5 | 3-[7]-6-7 | 2-2-2-2 | 7-7-7-7 | 8-[7]-8-8 |
| 北方<br>浊音白读层 | [9]-[9]-5-5 | 3-[8]-6-7 | | 7-[4]-7-7 | 8-8-8-8 |
| 非汉语干扰<br>送气清音层 | 5-5-5-5 | 3-[7]-6-7 | | 7-7-7-[3] | 8-[7]-8-8 |

闽北的声调归读与声母音读密切相关，根据闽北建阳、松溪等地的声调归读差异，大致可以辨析出相应于文读层、浊音白读层与清音层的三项声调层次，又根据闽语各地次浊上声的声调归读差异，以及闽东浊母去声读为阴调的重要层次表现，可以将清音层再分析为相应于不送气清音层与送气清音层的两项声调层次。然而，声调调值归读的层次差异性主要是因为受到声母音读的影响而形成，此与直接来自不同历史音韵系统的韵读与声母之层次叠置并不完全相同，

很容易随着声母音读的改变而发生合流变化，例如闽南、闽东就几乎没有调值归读的层次差异表现；较为重要的是音韵分合的结构关系不易改变，例如文读层与江东层的次浊上声字乃与清母上声字同读，而北方层与非汉语干扰层的次浊上声字方与全浊上声字同读，这种结构性的层次差异在闽语各地就都维持相当一致的对应关系。

# 第五章
# 历史层次与相关音变问题

本章在闽语历史层次分析的基础之上,继续深入探讨语言接触、层次与音变三者之间丰富的交互关系。以下 5.1 节以闽语为例说明语音变化与变异的复杂性;5.2 节介绍语言接触的两种运作机制,并以之解释闽语多重历史层次的叠置,以及非汉语干扰所引发的相关层次音变;5.3 节讨论闽语的层次竞争变异,以及因此在层次分析工作上造成的困难;5.4 节则提出层次深度互动引发语言系统音韵变化的可能性。

## 5.1 语音变化与变异的复杂性

本书研究重心在于历史音韵层次的分析,然而历史音韵层次是语言接触的结果,涉及语言之间的接触机制以及其中发生的调整与互协;此外,一个语言系统中的层次叠置绝不是静态的堆叠分明,必然会受到系统音变的影响而有分合变化,层次之间也会呈现竞争的互动,进而引发语言系统的结构整合。因此,历史层次的研究也必须辨析层次与音变之间的复杂关系。

19 世纪新语法学派提出著名的规则音变论:语音变化是规律而无例外的,即使有例外也是受到其他规律支配影响。到了 20 世纪初,结构主义学派强调对共时语言系统的描写与研究,语言结构被视为一种同质系统,语音变化被认为是结构失衡所引起的重新调整。当时所谓的"音变"(sound change)有极为严格的定义,只受语音条件或音系结构限制,而不考虑其他非语音因素的影响;不过,新语法学派已经注意到语言接触所造成的"移借"(borrowing)是不符规则音变的一种语言现象。

20世纪下半叶,词汇扩散理论与社会语言学变异理论将语音变化的"启动"(actuation)与"运作过程"(implementation)分开讨论(Chen&Wang, 1975)。词汇扩散理论认为:语音的变化是突变的,而在词汇中的运作过程是离散的,通过变异可以观察音变的过程;语言的变异理论则认为:语言不是一种同质的系统,而是一种有序异质的结构,语言结构乃透过将各种变异形式有序化的过程不断演变。于是,"变异"(variation)的现象以及非语音因素的影响性,在音变研究中逐渐受到重视;而语言接触所造成的语音变化与变异,即是其中一种更深入探究语言音变丰富面向的研究问题。

需要特别说明两件事:(1)词汇扩散理论早期虽是强调"音变在词汇中的扩散过程",但是后来提出"语音演变的双向扩散"(bidirectional diffusion)(Wang&Lien, 1993),显然认为语言接触时所引发的变体竞争也是一种扩散式音变。这样看来,"规则音变"与"扩散式变异"在某些情况下相互补充:前者着重于从"未变"到"已变"的音变规律之两端,后者关注的是正在进行的音变过程。然而,在另外某些情况下,两者则分别代表不同性质的语音演变模式,例如纯粹受语音条件启动的内部音变最末多符合规则性,而语言接触所引发的层次叠置与竞争互动则是不规则的扩散式变异。(2)语言的实际接触过程乃涉及两种不同的接触融合机制:一是母语干扰音变(shift interference),二是词汇的借贷(borrowing)(Thomason & Kaufman, 1988;陈保亚,1996)。也就是说,外部接触所造成的语言影响不是只有借词层次变异,还有受限于新学习者的母语音韵习性而发生的调整音变,这两种情形必须分开讨论。(参见5.2)

总合以上与音变相关的理论与研究,语音的变化与变异确实相当复杂,我们同时考虑语音改变的“动因”与“方式”,将其中与语言接触及历史层次相关的语音变化与变异主要分为三类:(1) 语音性内部音变;(2) 接触性外源音变;(3) 接触性层次叠置与竞争互动。其中第(1)类音变虽与外部接触没有直接关系,但往往影响层次变体之间的分合变化,而且层次变体之间的竞争互动也可能引发语言内部的结构调整,或者影响内部音变的结果,这也是我们关注的音变问题。以下分别就闽语这三类语音变化与变异举例说明。

### 5.1.1 语音性内部音变

语音性内部音变的严格定义在于:启动音变的原因必须是单一系统内部受到语音条件影响或是音韵结构限制所引发的语音变化,例如常见的“舌根音颚化音变”,透过历史比较方法会发现古汉语的见系字本应为舌根音,但有一部分现代汉语方言在细音韵读条件下发生舌根音颚化读为舌面前音的语音变化,以见母字为例:k->tɕ-/_{i,y},此类变化即为语音性内部音变。也就是说,如果我们能为某一项音变找到语音条件或音韵结构上的解释,该音变往往即被认为是一种语言内部的自然音变,例如我们在分析闽语韵读历史层次时曾经提及的“闽南元音鼻化音变”、“闽东韵变现象”与“闽北前高元音复化音变”,透过内部分析与方言比较可以找到这几项音变的语音条件限制。

1. 闽南元音鼻化音变

闽南方言有鼻音韵尾脱落而元音鼻化的独特表现(以下简称为元音鼻化音变),而且只出现在白读层,但不限于上古层、南朝江东层或晋代北方层的哪一项历史层次,由此可见闽南元音鼻化音变的运作时间应在三项白读历史层次陆续叠置之后、唐宋文读层入闽之前。进一步透过层次分析与系统性比较,会发现闽南的元音鼻化音变不是作用在所有的白读韵,而是具有元音条件限制。表 5-1 与 5-2 列出本书分析讨论过的所有白读韵,依其在闽南是否发生元音鼻化而分列两表，表中列出各项层次所反映的历史音韵系统之相关拟音作为参照，上古层乃参照李方桂(1998)构拟的上古音，晋代北方层与南朝江东层则是参照丁邦新(1975)所归纳的魏晋及南北朝韵读。

**表 5-1　闽南发生鼻化的白读韵**

| 历史层次 | | 历史拟音 | 泉州 | 漳州 | 澄海 |
|---|---|---|---|---|---|
| 上古 | 侵谈有别—谈部 | * am | ã | ã | ã |
| | 歌祭元相应Ⅱ | * an | iã/uã | iã/uã | iã/uã |
| | 阳部四等同读 | * aŋ | ã | ã | ã |
| 晋代北方 | 山咸摄2、4等同读 | * ran * ian<br>* ram * iam | uĩ | iŋ | oĩ |
| | 山摄3等独读 | * jan | iã/uã | iã/uã | iã/uã |
| | 咸摄3等独读 | * jam | iã | iã | iã |
| | 阳韵3等独读 | * jaŋ | iũ | iõ | iẽ |
| | 蒸韵3等独读 | * jəŋ | — | — | iã |
| 南朝江东 | 歌祭元相应Ⅰ | * an | uã | uã | uã |
| | 山咸摄3、4等同读 | * jiɛn * iɛn<br>* jɛm * iɛm | ĩ | ĩ | ĩ |
| | 唐阳韵1、3等同读 | * aŋ | ŋ① | ŋ | əŋ |

**表 5-2　闽南没有鼻化的白读韵**

| 历史层次 | | 历史拟音 | 泉州 | 漳州 | 澄海 |
|---|---|---|---|---|---|
| 上古 | 真蒸耕部同读 | * in * əŋ * iŋ | an | an | aŋ |
| | 侵谈有别—侵部 | * əm | am | am | aŋ |
| | 中东部四等同读 | * əŋw * uŋ | aŋ | aŋ | aŋ |

① 我们认为唐阳韵的成音节鼻音韵读是元音鼻化后的进一步演变，推测可能经过这样的音变过程“aŋ>ɔŋ>ɔ̃>ŋ”，现今漳州方言仍有将“两”读为 nɔ̃7 的表现，即为元音鼻化的重要证据。

续　表

<table>
<tr><th colspan="2">历 史 层 次</th><th>历史拟音</th><th>泉 州</th><th>漳 州</th><th>澄 海</th></tr>
<tr><td rowspan="3">晋代北方</td><td>真韵 3 等独读</td><td>* jiən</td><td>ian</td><td>—</td><td>iaŋ</td></tr>
<tr><td>侵韵白读Ⅱ</td><td>* jəm</td><td>iam</td><td>iam</td><td>iaŋ</td></tr>
<tr><td>通摄 3 等独读</td><td>* joŋ * juŋ</td><td>iŋ</td><td>iŋ</td><td>eŋ</td></tr>
<tr><td rowspan="3">南朝江东</td><td>真蒸同读</td><td>* jien * jəŋ</td><td>in</td><td>in</td><td>iŋ</td></tr>
<tr><td>侵韵白读Ⅰ</td><td>* jəm</td><td>im</td><td>im</td><td>iŋ</td></tr>
<tr><td>通摄 1、3 等同读</td><td>* uoŋ * uŋ</td><td>aŋ</td><td>aŋ</td><td>aŋ</td></tr>
</table>

相较闽南发生元音鼻化与不发生元音鼻化的相关历史韵读，其元音高低的差别非常清楚，发生元音鼻化者的历史韵读主要是偏低元音，而不发生元音鼻化者的历史韵读则均为偏高元音(包括央元音)。只有蒸韵较为特殊，虽然魏晋时期与南朝时期均构拟为* jəŋ，但前者层次韵读在闽南发生鼻化音变，后者则否。可见这两个不同历史时间层次的蒸韵字实际上有不同的音读特征与演变趋向，可以从音韵关系上看出一些端倪：南方音韵系统中耕阳相近而蒸韵与之有别，进入闽地后蒸韵乃与真韵合流同读较高元音，在闽南遂不发生鼻化音变，而北方音韵系统中蒸耕相近，进入闽地后可能合流同读为较低元音，因而在闽南一同发生鼻化音变。

闽南的元音鼻化音变既有元音的发音特征作为语音变化的解释性条件：偏低部位的元音共鸣腔较大，软颚提高的程度最小，后接鼻韵尾的鼻音成分容易在元音发音时即由鼻腔释出，因而导致元音与鼻韵尾融合为鼻化元音。据此，我们可以将之视为其系统内部自然发生的语音性音变，而且由于闽南各地的元音鼻化表现具有相当一致的对应关系，明显有别于闽东、闽北等其他次方言，此极可能便是闽南方言独立为闽语一大次方言的重要创新音变。然而，需要进一步解释这项音变有没有可能导因于外部接触的影响。目前缺乏可以充分解释闽南元音鼻化音变的外部接触证据，而且除了闽南方言，还有诸多其他汉语方言也具有元音鼻化现象，例如关中、山东与江淮一带的官话方言、晋语、湘语、徽语以及浙南吴语等，我们根据《汉语方音字汇》(2003)以及相关语料(平田昌司，1998；曹志耘等，2000)的著录，初步整理如下表：

**表 5－3**

<table>
<tr><th>方言点</th><th>方言区</th><th>咸山</th><th>深臻</th><th>宕江</th><th>曾梗</th><th>通</th></tr>
<tr><td rowspan="2">济南<br>西安</td><td rowspan="2">冀鲁官话<br>中原官话</td><td>＋</td><td>＋</td><td>－</td><td>－</td><td>－</td></tr>
<tr><td>æ̃/iæ̃</td><td>ẽ/iẽ</td><td>aŋ/iaŋ</td><td>əŋ/iŋ</td><td>uŋ/iuŋ<br>uoŋ/yoŋ</td></tr>
<tr><td rowspan="2">太原</td><td rowspan="2">晋　语</td><td>＋</td><td>－</td><td>＋</td><td>－</td><td>－</td></tr>
<tr><td>æ̃/ie</td><td>əŋ/iŋ</td><td>ɒ̃/iɒ̃</td><td>əŋ/iŋ</td><td>uŋ/yuŋ</td></tr>
<tr><td rowspan="2">合肥</td><td rowspan="2">江淮官话</td><td>＋</td><td>－</td><td>＋</td><td>－</td><td>－</td></tr>
<tr><td>æ̃/iĩ</td><td>ən/in</td><td>ɑ̃/iɑ̃</td><td>ən/in</td><td>əŋ/iŋ</td></tr>
<tr><td rowspan="2">绩溪</td><td rowspan="2">徽　语</td><td>＋</td><td>＋</td><td>＋</td><td>＋</td><td>＋</td></tr>
<tr><td>ɔ/ẽi/iẽi</td><td>ɑ̃/iɑ̃</td><td>õ/iõ</td><td>ɑ̃/ẽi/iɑ̃</td><td>ɑ̃/uɑ̃/yɑ̃</td></tr>
<tr><td rowspan="2">双峰</td><td rowspan="2">湘语</td><td>＋</td><td>(＋)</td><td>－</td><td>(＋)</td><td>－</td></tr>
<tr><td>æ̃/ĩ</td><td>æ̃/iɛn</td><td>ɒŋ/iɒŋ</td><td>æ̃/iɛn<br>ɒŋ/iɒŋ</td><td>an/iɛn</td></tr>
<tr><td rowspan="2">庆元</td><td rowspan="2">吴语</td><td>＋</td><td>(＋)</td><td>＋</td><td>(＋)</td><td>－</td></tr>
<tr><td>ɑ̃/iɛ̃</td><td>ã/iəŋ</td><td>ɔ̃/iɔ̃</td><td>ã/ieŋ</td><td>oŋ/ioŋ<br>(iɔ̃)</td></tr>
<tr><td rowspan="2">潮州<br>(白)</td><td rowspan="2">闽南</td><td>＋</td><td>－</td><td>＋</td><td>＋</td><td>－</td></tr>
<tr><td>ã/ĩ<br>uã/ĩ</td><td>im<br>in</td><td>ŋ/iẽ</td><td>an/iã<br>ẽ/iã</td><td>aŋ/iŋ</td></tr>
</table>

整体看来，元音鼻化音变应是辅音韵尾弱化的其中一种表现，而辅音韵尾的归并与弱化是汉语方言的共同演变趋向(Chen&Wang，1975：266—271)，不见得与外部接触相关。此外，鼻化音变应首先发生在“低部元音”后接“前部鼻韵尾”的结构条件中(Chen&Wang，1975：275—278)，扩展的方向有二：一是由低元音扩展至中、央元

音,例如济南、西安、双峰等地;二是由前部鼻韵尾扩展至后部鼻韵尾,例如太原、合肥、庆元等地。闽南白读层的元音鼻化音变主要属于第二种扩展方向,且由低元音扩展至中元音;至于绩溪则已全面鼻化。

2. 闽东韵变现象

闽东方言在特定声调条件下有韵腹低化或高化的特殊韵变现象,南片的韵变还在共时变异的阶段,与声调环境密切相关,北片虽然多半没有明显而规律的松紧韵母随调共时变异,但透过跨方言点的历史比较,可以发现其韵读随调分化的音韵演变,反映了历时性韵变的迹象。以表 5－4 的舒声韵为例进行说明:

**表 5－4　闽东韵变现象对应表**

<table>
<tr><th rowspan="2">例字</th><th rowspan="2">柘荣</th><th rowspan="2">古田</th><th colspan="2">福　州</th><th colspan="3">宁　德</th><th colspan="2">福　安</th></tr>
<tr><th>阴阳平<br>上声</th><th>阴阳去</th><th>上</th><th>阴平</th><th>阳平<br>阴阳去</th><th>上</th><th>非上</th></tr>
<tr><td>机四是</td><td>i</td><td>i</td><td>i</td><td>ei</td><td colspan="2">i</td><td>ei</td><td>i</td><td>ei</td></tr>
<tr><td>深琴枕任</td><td rowspan="3">iŋ</td><td rowspan="3">iŋ</td><td rowspan="3">iŋ</td><td rowspan="3">eiŋ</td><td colspan="2">im</td><td>em</td><td rowspan="3">iŋ</td><td rowspan="3">eiŋ</td></tr>
<tr><td>宾陈紧进</td><td colspan="2" rowspan="2">iŋ</td><td rowspan="2">eŋ</td></tr>
<tr><td>兵铭顶敬</td></tr>
<tr><td>鸡契艺</td><td>ie</td><td>ie</td><td>ie</td><td>iɛ</td><td>e</td><td colspan="2">i</td><td colspan="2">i</td></tr>
<tr><td>黏盐俭</td><td rowspan="2">ieŋ</td><td rowspan="2">ieŋ</td><td rowspan="2">ieŋ</td><td rowspan="2">iɛŋ</td><td colspan="2">ɛm</td><td>im</td><td colspan="2" rowspan="2">iŋ</td></tr>
<tr><td>棉见现</td><td colspan="2">ɛŋ</td><td>iŋ</td></tr>
<tr><td>针咸店</td><td rowspan="2">ɛŋ</td><td rowspan="2">eiŋ</td><td rowspan="2">eiŋ</td><td rowspan="2">aiŋ</td><td colspan="3">ɛm</td><td rowspan="2">eiŋ</td><td rowspan="2">ɛiŋ</td></tr>
<tr><td>牵闲莲</td><td colspan="3">ɛŋ</td></tr>
</table>

福州的韵变非常明显,在阴阳去声调条件下读为舌位较低、较后的松韵母,但在阴阳平、上声及连读环境中则读为紧韵母;宁德、福安虽不具这种随着个读或连读环境的共时变异,但将之与完全不具韵变现象的柘荣、古田进行比较,会发现其韵读也具有随调分化的历时性演变,例如宁德原来的韵读-i 在阳平与阴阳去声调条件下低化为

-ei，而原来的韵读-ie在非上声调下高化为-i，上声调下则单元音化为-e，这类连续发生的历时性韵变不仅造成其韵读系统中出现“缺调韵读”，例如宁德的-ei只出现在阳平与阴阳去声调条件下，而-e只出现在上声调下，还会影响不同层次韵读之间的分合演变，下表以支韵字为例说明：

**表5－5**

| | | 古　田 | 柘　荣 | 福　安 | 宁　德 |
|---|---|---|---|---|---|
| 文读层 | 卑 | pi1 | pi1 | pei1 | pi1 |
| | 只 | tsi2 | tsi2 | tsi2 | tsi2 |
| | 驰 | ti5 | ti5 | | $t^h$ei5 |
| | 是 | si7 | si7 | sei7 | sei7 |
| 白读层 | 披 | $p^h$ie1 | $p^h$ie1 | $p^h$i1 | $p^h$i1 |
| | 紫 | tsie2 | tsie2 | tsi2 | tse2 |
| | 池 | tie5 | tie5 | ti5 | ti5 |
| | 豉 | sie7 | sie7 | si7 | si2 |

闽东支韵的文读层乃与脂之不分，非精庄系都读为-i，此外还有一项“与脂之有别”的白读层，韵读则为-ie。上表显示不具韵变现象的古田、柘荣这两项文白韵读截然分别；然而，福安与宁德在韵变的影响之下，韵读对应就显得相当参差。福安这两项文白韵读还大致可分，其“与脂之有别”的支韵白读均变为-i，而与脂之同读的文读多数变为-ei，不过上声字不变，因而“只紫”完全同读，造成上声调下两项层次韵读的混同；宁德的情形更为复杂，原来截然分别的两项文白韵读变成参差的三项韵读，其“与脂之有别”的支韵白读也多数变为-i，不过上声字独立变化为-e，而与脂之同读的文读多数变为-ei，大致可以与白读区别，不过阴平与上声字不变，因而造成阴平调下两项层次韵读的混同。

闽东的韵变现象看来与声调之间具有紧密的关系，根据南片的韵变仍然深受声调特质影响，而其发生共时韵母变异的调值表现，在舒声调中多为“曲折调”，在入声调中则为“上升促调”，可以推测最初引发韵母变异的调值条件应为[＋长]的征性（杜佳伦，2010）。据此，我们可以将闽东的韵变现象视为其系统内部自然发生的语音性音变，然而，一旦像北片一样稳固为历时性音韵分化，就会引发更多韵母结构的连锁音变，并且造成历史层次韵读的严重参差不等，这是我们在进行历史层次分析时必须特别注意的音变问题。

3. 闽北高元音复化音变

透过内部分析与方言比较，我们发现闽北方言，特别是建阳、崇安与松溪三地，其前高元音普遍发生复化音变，后高元音只有松溪一地有相应的复化表现，这项音变具有声母条件限制，如表 5－6 所示：

**表 5－6　闽北高元音复化音变对应表**

<table>
<tr><th>例　字</th><th>声　类</th><th>石陂</th><th>建瓯</th><th>建阳</th><th>崇安</th><th>松溪</th></tr>
<tr><td>比帝迟姊妻<br>笔值疾集入</td><td>P－T－TS1</td><td rowspan="2">i</td><td rowspan="2">i</td><td>ɔi</td><td>ei</td><td>ei</td></tr>
<tr><td>指记系医以<br>失执急极一</td><td>TS3－K－Ø</td><td>i</td><td>i</td><td>i</td></tr>
<tr><td>冰镇陵进侵</td><td>P－T－TS1</td><td rowspan="2">eiŋ</td><td rowspan="2">eiŋ</td><td>oiŋ</td><td>eiŋ</td><td rowspan="2">eiŋ</td></tr>
<tr><td>枕称今紧引</td><td>TS3－K－Ø</td><td>iŋ</td><td>iŋ</td></tr>
<tr><td>絮取足粟俗</td><td>TS1</td><td rowspan="5">y</td><td rowspan="5">y</td><td rowspan="5">y</td><td>əu</td><td>œy</td></tr>
<tr><td>除箸虑竹律</td><td>T</td><td>əu</td><td>œy</td></tr>
<tr><td>虚预余育浴</td><td>H</td><td>əu</td><td>œy</td></tr>
<tr><td>据鱼区菊郁掘</td><td>K－Ø</td><td>əu</td><td>y</td></tr>
<tr><td>诸鼠树祝烛出</td><td>TS3</td><td>y</td><td>y</td></tr>
<tr><td>兔奴露粗<br>督读鹿族</td><td>T－TS1</td><td rowspan="2">u</td><td rowspan="2">u</td><td rowspan="2">o</td><td rowspan="2">u</td><td>ɒu</td></tr>
<tr><td>富部古虎乌<br>曝木谷屋福</td><td>P－K－Ø</td><td>u</td></tr>
</table>

闽北方言的高元音复化音变可以分成三类来观察：(1) 展唇前高元音-i-，不同音韵结构的变化情形又不一致：(a) 开尾韵结构中(包括来自古汉语入声韵而已经舒声化的字群)，只有建阳、崇安与松溪三地在非章见系声母条件下，-i-元音发生复化音变，需要特别注意的是，闽北方言章系与精系的清声母今读没有语音上的区别，如下表所示：

**表 5－7**

| | | 石　陂 | 建　阳 | 建　瓯 | 松　溪 |
|---|---|---|---|---|---|
| 精系字 | 姊 | tsi2 | tsɔi2 | tsi2 | tsei2 |
| | 即 | tsi4 | tsɔi4 | tsi4 | tsei4 |
| | 津 | tseiŋ1 | tsoiŋ1 | tseiŋ1 | tseiŋ1 |
| 章系字 | 指 | tsi2 | tsi2 | tsi2 | tsi2 |
| | 职 | tsi4 | tsi4 | tsi4 | tsi4 |
| | 真 | tseiŋ1 | tsiŋ1 | tseiŋ1 | tseiŋ1 |

“姊即津”与“指职真”的声母今读完全相同，但这项元音复化音变却以古声类的区别作为分化条件，可见闽语原来的章系声母与精系声母必然有所差异，因而造成同一韵读走上不一样的演变方向。(b) 鼻尾韵结构中，则是多数方言点均发生全面的-i-元音复化音变，只有建阳、崇安两地在章见系声母条件下，韵腹仍读为-i-元音。(2) 圆唇前高元音-y 也有相应的复化音变，但只发生在崇安与松溪两地，而且两地的分化条件不太一致，松溪大致亦以非章见系声母为元音复化的条件。不过我们发现松溪今读为喉部擦音声母 h-的古晓母字与喻母字，例如“虚许育浴”等，也发生-y 元音复化音变；而崇安的-y 元音复化音变更是扩展到所有见系字，只有章系字还读为-y 元音。(3) 圆唇后高元音-u 也有相应的复化音变，但仅仅发生在松溪一地，①且声母条件略有不同，在唇音声母条件下-u 并不发生复化。

① 闽中方言的三明一地有同样的表现。

从结构分布来看，闽北的高元音复化音变应该与声母之间具有紧密的关系。以前高元音的复化为例，大体上非章见系声母为同一组结构条件，此条件下的前高元音发生复化音变，而章见系声母为另一组结构条件，此条件下的前高元音不发生复化。非章见系声母与章见系声母的音读征性差异主要有两点：一是发音部位的前后不同，非章见系声母的发音部位偏前，章见系声母的发音部位偏后，但是前高元音的复化实际上即是一种低化音变，声母的发音部位前后差异不好解释对高元音低化音变的影响；二是见系声母读为舌根音，带有[＋高]的发音征性，而闽北喉部浊擦音(ɦ-)在后接高元音时，实际音值为半元音[j]、[w]、[ɥ](秋谷裕幸，2008：75)，亦带有[＋高]的发音征性，零声母极可能也有同样的语音表现，至于章系清声母今读虽与精系同为舌尖音，但浊声母大致保持区别。以石陂为例，章系船禅母读为喉部浊擦音 ɦ-，精系从邪母则读为舌尖音 dz-，由此可以推溯原来的章系声母音读应该在发音部位上很靠近见系舌根音(音值可能是 c-、$c^h$-、ɟ-、ç-)，同样带有[＋高]的发音征性，章见系声母这一项共同的音读征性可以解释前高元音的分化演变，我们推想闽北的前高元音具有低化的演变趋向，但在带有[＋高]征性的章见系声母条件限制下，不容易低化因而维持前高元音读法；至于崇安声母条件的扩展，乃显示音变可能由有条件限制逐渐推展到无条件的全面规律。而松溪的圆唇后高元音 u 同样发生相应的复化音变，但除了舌根声母条件之外，在同具合口征性的唇音声母条件下也稳定不变。

根据以上的讨论，往往会将闽北的高元音复化现象分析为其系统内部自然发生的语音性条件音变。然而，如果进一步将闽北的高元音复化现象与闽东的韵变现象相互联系来看，会发现闽东、闽北的高元音共同具有复化的演变趋向，只是两者复化的条件分布不同，闽东乃以声调为分化条件，闽北则以声母为分化条件。这时我们不免想到有另一种可能的解释：闽东、闽北的元音结构中都出现使高元音复化的共同音变动力，但此复化音变在闽东、闽北以不同的结构扩散[①]方式逐步进行。闽东以调类为复化音变扩散的结构条件，因此我们看到不同方言点发生韵变的调类不尽相同，也就是说声调的征性不是启动韵变发生的重要因素，甚至调值也可能是随着元音复化而变长；闽北则是以声类为复化音变扩散的结构条件，因此我们也看到部分方言点发生前高元音复化的声类有所扩展，也就是说声类的音读征性不是启动高元音复化的关键。至于所谓“共同音变动力”究竟为何？或许可以从闽语历史层次的音韵叠置找到可能的动因，我们在 3.4 节提到闽语脂、之二韵与真、蒸、侵三韵，其早期层次韵读多为低元音，晚期层次韵读逐步高化，以闽南、闽东、闽北的层次韵读对照为例：

**表 5-8**

| (闽南) | 脂之 | 真 | 蒸 | 侵 |
| --- | --- | --- | --- | --- |
| 文读层 | i非精庄系 | in | iŋ | im |
| 南朝江东层 | i | in | in | im |
| 晋代北方层 | e | ian | iã | iam |
| 上古层 | ai | an | an | am |
| (闽东) | 脂之 | 真 | 蒸 | 侵 |
| 文读层 | i/ei非精庄系 | iŋ/eiŋ | iŋ/eiŋ | iŋ/eiŋ |
| 南朝江东层 | i/ei | iŋ/eiŋ | iŋ/eiŋ | iŋ/eiŋ |
| 晋代北方层 | ie | — | iaŋ | eiŋ/aiŋ |
| 上古层 | ai | eiŋ/aiŋ | eiŋ/aiŋ | aŋ |
| (闽北) | 脂之 | 真 | 蒸 | 侵 |
| 文读层 | i/ɔi非精庄系 | iŋ/oiŋ | iŋ/oiŋ | iŋ/oiŋ |
| 南朝江东层 | i/ɔi | iŋ/oiŋ | iŋ/oiŋ | iŋ/oiŋ |
| 晋代北方层 | ie | — | ioŋ | — |
| 上古层 | e | aiŋ | aiŋ | aiŋ |

① “结构扩散”一词取自洪惟仁(2003)讨论台湾闽南语泉腔方言央元音的逐渐消失，指的是音变规律在不同音韵结构中逐步扩展的情形。

根据本书第三章的分析，闽语韵读分为四项历史层次，以闽南脂、之二韵与真、蒸、侵三韵的韵读为例，最早四等同读的上古层次均为洪音韵读，最晚的文读层与江东层均为高元音韵腹音读，晋代北方层则介于其间。不同的层次韵读虽不具演变关系，但可以据此探知闽地的这些3等韵读由低元音洪读逐步转为高元音细读的层次递进过程，也就是说将3等韵读同洪音是闽地原有的语音特点，然后才逐渐接受北方汉语中3等细音介音的影响。相对于闽南，闽东、闽北的层次韵读普遍发生合流混同，但是闽东与闽北的高元音复化，实际上即是一种低化音变，在某种程度上反映了闽地早期层次的韵读特性，例如福州侵韵各项层次韵读的韵变关联，-iŋ/-eiŋ、-eiŋ/-aiŋ、-aŋ，更是完整呈现闽语侵韵的层次递进过程。据此，从历史的角度着眼，我们推想闽东、闽北元音结构中促使高元音复化、低化的共同音变动力，可能来自闽地底层音韵特性透过早期层次传递的干扰。

这样说来，闽东的韵变现象与闽北的高元音复化现象都不见得是单纯的语音性自然音变，可能还涉及较为复杂的底层干扰与系统整合的运作机制，值得我们重新思考：即使能为某一项音变找到语音条件或音韵结构上的解释，并不表示这就一定是单纯的语音性内部音变，它可能也同时受到历史性、接触性、社会性或是功能性等多方面的影响。

### 5.1.2 接触性外源音变

接触性外源音变指的是：音变的动因来自外部接触，由接触中的另一个语言之音韵特性影响所致的语音变化。例如海南方言的声母音变，因为该次方言受到当地壮侗语言的接触影响，声母系统中原来的两个不送气清塞音 p-、t-改读为 ʔb-、ʔd-，并且引发一连串链移变化：“ts＞t /_a, o, e”、“s＞t”、“$ts^h$＞s”；另外还有送气声母的擦音化：“$p^h$＞ɸ”、“$t^h$＞h”、“$k^h$＞x”，也是受到当地壮侗语言没有送气清塞音声母的音韵特性影响。这一连串的声母音变使得海南方言的声母系统今读面貌迥异于其他闽语方言。以下另就本书观察分析的两项闽语接触性外源音变进行说明，一是闽北建阳一带的声母音变，此为受到赣方言影响的接触性音变，发生的时间应在闽北方言分立之后；二是闽语历史层次受到非汉语影响或受限于本地音韵习性的调整音变，发生的时间则在各项层次入闽之时。

1. 闽北建阳一带的声母音变

闽北建阳、崇安两地有独特的声母音变，可以透过方言比较的方式归纳出两项音变规律："$t^{h}>h$"(A)及"$ts^{h}>t^{h}$"(B-1)，如表5-9所示。前一项音变发生在所有韵母结构，后一项音变则有条件限制，在后接前高元音-i-、-y-的条件下仍维持原来的塞擦音读(B-2)。

**表5-9　闽北接触性声母音变对应表**

| | 石　陂 | 建　瓯 | 建　阳 | 崇　安 |
|---|---|---|---|---|
| A | $t^{h}$ | $t^{h}$ | h | h |
| 趁赚 | $t^{h}$eiŋ3 | $t^{h}$eiŋ3 | hoiŋ3 | heiŋ3 |
| 腿 | $t^{h}$o2 | $t^{h}$o2 | hui2 | hui2 |
| 槌 | $t^{h}$y3 | $t^{h}$y3 | hy5 | həu5 |
| 铁 | $t^{h}$ie4 | $t^{h}$iɛ4 | hie4 | hi4 |
| 蛏 | $t^{h}$aiŋ1 | $t^{h}$aiŋ1 | haiŋ1 | haiŋ1 |
| 兔 | $t^{h}$u3 | $t^{h}$u3 | ho3 | hu3 |
| B-1 | $ts^{h}$ | $ts^{h}$ | $t^{h}$ | $t^{h}$ |
| 差 | $ts^{h}$ai1 | $ts^{h}$ai1 | $t^{h}$ai1 | $t^{h}$ai1 |
| 亲 | $ts^{h}$eiŋ1 | $ts^{h}$eiŋ1 | $t^{h}$oiŋ1 | $t^{h}$eiŋ1 |
| 仓 | $ts^{h}$ɔŋ1 | $ts^{h}$ɔŋ1 | $t^{h}$ɔŋ1 | $t^{h}$ɔŋ1 |
| 村 | $ts^{h}$ueiŋ1 | $ts^{h}$ɔŋ1 | $t^{h}$uŋ1 | $t^{h}$uiŋ1 |
| B-2 | $ts^{h}$ | $ts^{h}$ | $ts^{h}$ | $ts^{h}$ |
| 鼠 | $ts^{h}$y2 | $ts^{h}$y2 | $ts^{h}$y2 | $ts^{h}$y2 |
| 请 | $ts^{h}$iaŋ2 | $ts^{h}$iaŋ2 | $ts^{h}$iaŋ2 | $ts^{h}$iaŋ2 |

这两项独特的声母音变多发生在闽北的西北地区，接近赣方言分布的地带，而赣方言即普遍具有这两项声母音变(江敏华，2003：85—91)，因此我们认为建阳、崇安两地乃受到赣方言的接触影响，启动这两项声母音变，使其声母系统略异于其他闽北方言点。需要特别说明的是，赣方言“$t^h > h$”音变有两种类型：一是以非高元音为条件的条件音变，分布在赣方言大多数地区；二是非条件音变，即音变发生在所有音韵结构，此类分布区域较小(例如南丰、黎川、宜黄、乐安、资溪、广昌等地)，但恰好就在闽北建阳、崇安一带左邻的区域，因而建阳、崇安接受的“$t^h > h$”音变也属这种类型。至于“$ts^h > t^h$”音变，赣方言主要也是发生在今读洪音韵母结构中，建阳、崇安的条件限制与之完全相同。

2. 非汉语干扰音变与本地音韵调整

本书在分析闽语的声韵历史层次时，特别重视区分“层次来源之音韵系统的原有音韵特点”与“闽地非汉语干扰音变或本地音韵调整”，所谓“本地音韵调整”其实可以含括“非汉语干扰音变”，因为闽地的“本地音韵”在最早期就是非汉语系统，但后来由于汉语历史层次一波波入闽叠加，闽地的“本地音韵”也逐步发生改变，如下表所示：

**表 5-10**

<table>
<tr><td rowspan="2">T0</td><td colspan="2">闽　地</td></tr>
<tr><td colspan="2">古闽越语</td></tr>
<tr><td rowspan="2">T1</td><td>本　地</td><td>外　来</td></tr>
<tr><td>古闽越语</td><td>古汉语</td></tr>
<tr><td rowspan="3">T2</td><td>本　地</td><td>外　来</td></tr>
<tr><td rowspan="2">古闽汉语</td><td>晋代北方汉语</td></tr>
<tr><td>南朝江东方言</td></tr>
<tr><td rowspan="2">T3</td><td>本　地</td><td>外　来</td></tr>
<tr><td>中古闽语</td><td>唐宋文读系统</td></tr>
</table>

T0 表示汉语尚未进入闽地的历史时间，根据文献记载推想当时闽地应是通行古闽越语，假设古汉语最早在 T1 的历史时间进入闽地，这时入闽的古汉语必然会受到本地古闽越语的接触影响，引发若干非汉语干扰音变，使得那时闽地所说的汉语与北方的古汉语有所不同，形成在古汉语基础上接受古闽越语音韵调整的方音系统，我们暂时称之为“古闽汉语”。到了 T2 的历史时间，由北方大批南下的移民，加上随后入闽的江东移民，带来新的两项不同地域来源的汉语方言音韵系统，这两项汉语方言层的叠置也必然受到古闽汉语音韵限制的若干调整，这时闽地的本地音韵限制已不能称之为非汉语的干扰，而古闽汉语在融合晋代北方音韵与南朝江东音韵后，遂形成多项层次共存的丰厚方言系统，我们暂时称之为“中古闽语”。T3 的历史时间随着新的一波北方移民及文教力量，又带来唐宋时期的文读系统，这项新层次的叠置同样受到闽语音韵限制的若干调整，只是在文读层入闽之前各次方言可能已经分别透过创新音变而分立，于是各次方言具有不一样的音韵特性，因此对于文读层的调整方式也就不尽相同。

这类受到本地音韵习性影响而引发的调整音变，动因来自本地音韵对外来层次的整合，自然也属接触性音变，只是观察角度有所不同：前述闽北方言的声母音变乃以闽语为中心，观察外部接触所引发的音变；而本地音韵调整则以外来层次为中心，观察闽语本地音韵特性对该项层次进行的调整音变。

闽语各项韵读历史层次及声母历史层次进入闽地时所受到的音韵调整，本书已在第三章、第四章透过各层次的相关历史音韵比较，进行了详细的讨论与说明。韵读层次的音韵调整，例如上古层的介音丢失，晋代北方层的 2、4 等同读，江东层的蒸韵韵尾归并，止摄三等精庄系文读在各地的音读调整；声母层次的音韵调整，例如非汉语干扰层的浊声母带有强烈气流特性、文读层的知系声母仍多读同端系、文读层非系声母的音读调整等。这些受到本地音韵限制而引发的调整音变发生在各项历史层次叠置入闽的同时；然而，此后并非就是层次分明的堆叠，各项层次长时间同处一个语言系统中，必然发生诸多交互作用而使层次的分际逐渐不清、分布逐渐不等，此为另一种层次竞争的变异关系，下一节进行相关说明。

### 5.1.3　接触性层次叠置与竞争扩展

接触性层次叠置指的是：来自外部接触引入大批语词所形成的层次系统，如果有相异来源的多项移借层次共处一个语言系统中，即形成多重层次的叠置，长时间共处会引发层次之间的竞争互动。例如一般所谓的文白异读与文白竞争，对于南方汉语方言而言，在唐宋时期的文教力量促发下，有大批量的文读语词被借入各方言系统中，原来只用于文教场合，形成同一语词因使用场合不同而有文白两读的情形，后来文读的使用逐渐扩展到日常生活之中，于是文读与白读接触频繁进而引发文白层次的竞争互动。需要特别说明"语词竞争"与"层次竞争"的不同，前者指的是以语词为单位的音读转换，例如闽语"大学"一词可以读为文读的 tai7 hak8，也可以读为白读的 tua7 oʔ8，或者前文后白的 tai7 oʔ8，这类"语词竞争"是不同层次的初步接触阶段；后者指的是以音类(声、韵、调)为单位的音读替代，例如闽东泰、皆、佳三韵的文读-ai 几乎取代白读-ua(或-uai)，只有"濑芥派"等字有白读的遗迹，柘荣"濑"保有 lua3 的白读音，固着于地名"长濑"，福安也读为相应的 lo3，宁德"芥派"两字亦保有 kuo3、pʰuo3 的相应白读音，由于闽东部分方言点保有白读遗迹，使我们可以推知闽东发生白读-ua(或-uai)被文读-ai 大量替代的层次变异，这类"层次竞争"是相异层次音读经过长时间接触互动而造成的深度竞争，甚至引发系统性的整合音变，例如闽东同样具有白读-ua(或-uai)的歌支韵与麻韵，虽无文读-ai 的竞争动因，却有部分语词相应变读为-ai，如"箩"读为 lai5、"倚"读为 ai2、"沙"读为 sai1 等。(参见 5.4 讨论)

本书详细分析闽语的历史音韵层次，认为闽语的韵读至少具有四项截然不同的历史层次系统，除了文读层，还包括相异音韵特点的三项白读层：南朝江东层、晋代北方层与上古层，也就是说闽地至少叠置了四个不同历史时间或地域来源的接触层次。但在各层次长期竞争变动之下，各项历史层次不见得均处于区别分明的音韵状态，各次方言也经常显现层次不等的对应关系，我们必须透过跨方言的延伸比较，以及系统性的音韵特点对比，来进行艰难的层次分析工作，也因此深刻了解闽语多重层次叠置的丰富音韵，以及层次之间竞争互动的复杂变异。

汉语方言的形成与发展，尤其是闽语，语言接触确实扮演相当重要的角色，因此闽语的历史音韵研究，需要特别着重于历史层次的分析，并且掌握相关语音变化与变异的复杂问题。本节总合“接触、层次与音变”的多重关系如下：

(1) 音变可能单纯来自内部语音结构的影响，但也可能涉及外部接触的触发，甚至是不同层次系统的重整互协。

(2) 语言长期接触往往会同时造成接触性音变与移借层次。

(3) 借词层次进入本地时会经过调整音变，而不同层次的互动竞争可能会引发语言系统整合性的音韵变化。

本节乃以“音变与变异”为切入角度，以闽语为例说明两者的复杂性；以下5.2节转以“接触”为切入角度，说明语言接触的两种运作机制，并以之解释闽语非汉语干扰层及韵读上古层的形成与相关变化；5.3节再以“层次竞争”为切入角度，讨论闽语多重层次的叠置与竞争替代；5.4节则是打破层次与音变截然二分的传统概念，深入探讨层次竞争引发系统内部音韵变化的可能性。

## 5.2 语言接触的机制

导因于接触所引发的语言演变有两种重要的方式：一是起因于“不完全学习”(imperfect learning)的“母语干扰”(interference through shift)[①];二是始于词汇再至结构性的“移借”(borrowing)(Thomason & Kaufman, 1988: 37—45),这两种接触方式可以同时发生,但其影响结果并不相同。[②] 陈保亚(1996)长时间观察汉语与傣语的自然接触[③]机制,依据实际的语料分析,详细探讨语言接触的音韵互协过程(陈保亚,1996: 8—164)。以下主要根据陈书分别说明语言接触时“母语干扰”与“移借”这两种机制的运作过程,并以之解释闽地发生的语言接触。

### 5.2.1 母语干扰

两个相异语言的接触干扰总是通过“双语”(bilingualism)而展开,假设甲语言与乙语言在同一地区发生双向接触,此时便形成相当复杂的语言关系:

**表 5-11**

| | 母　语 | 第二语言 | 民族方言 | 目标语言 |
|---|---|---|---|---|
| 甲民族 | 甲 | 乙 2 | 甲 2 | 乙 |
| 乙民族 | 乙 | 甲 2 | 乙 2 | 甲 |

从甲民族的角度来看,其母语是甲语言,其为了沟通而学习的目标语言是乙语言,但真正习得的第二语言必然受到自身母语音韵习性的影响,可以视之为乙语言的民族方言,姑且称之为乙 2 方言。从

① 一般也称为“底层干扰”(substratum interference)。但是“底层”这个语词通常指向位居下位的语言(Thomason & Kaufman, 1988: 116),或者指向已完成语言转移的说话者所带有的母语成分(陈忠敏,2007a);严格来说,“底层干扰”只是“母语干扰”的其中一种特殊情况。因此,本书采取较为广泛的“母语干扰”一词来说明这种接触机制。

② 语言接触是整体性的影响,包括词汇、音韵、构词、句法等各个系统,不过本书仅针对其中与音韵相关的部分进行说明与讨论。

③ 语言的接触可以细分为“自然接触”与“非自然接触”,前者乃指在同一空间不同语言的相互接触,后者则在不同空间通过文字传播或文献翻译而展开,例如六朝时代日语与南方汉语的接触即属后者。本书着重讨论的语言接触均为自然接触,暂时不讨论非自然的语言接触。

乙民族的角度来看,其母语是乙语言,目标语言是甲语言,但真正习得的第二语言却是甲2方言。甲语言与乙语言的相互干扰便是通过乙2方言与甲2方言作为关键的中介。

母语干扰目标语言的过程分为三个阶段:

(1) 调整[①]:指的是学习第二语言时,受限于母语的音韵习性而进行调整改读。例如汉语声母系统有 kʰ-,傣语没有,傣族学习汉语时便以相近的 x-读之;又例如华语声母系统有 f-,台湾闽南语没有,闽南人初始学说华语时便以相近的 h(u)-改读之,因而"饭(fan)"遂读为 huan。这种调整改读具有规则性:"目标语言相同音类在相同的语音条件下必然受到相同的匹配"(陈保亚,1996:21),因此经过调整的第二语言与原来的目标语言之间具有规则对应的同源关系。

(2) 回归:指的是随着接触时间的拉长,经过调整的第二语言会逐渐向原来的目标语言靠拢,母语干扰调整的程度也随之减轻。例如傣族一开始学习汉语时以相近的 x-读 kʰ-,但经过一段较长时间的学习后,有一部分傣族说话者已经能读 kʰ-了;同样地,台湾闽南人经过长时间的学习华语,有一部分说话者(尤其是中青年)也已经能读 f-了。一般来说这种回归改读亦具有规则性,乃以目标语言的对立为条件,因此不会破坏第二语言与目标语言的规则对应关系;然而,实际上在经过调整又回归的变化过程中,却可能造成少数的不规则对应,这在闽语保有的非汉语干扰层中,更成为重要的历史痕迹。(参见5.2.3的讨论)

(3) 并合:指的是经过母语调整的第二语言对目标语言所产生的影响。例如汉语声母系统有卷舌音 ʂ-,傣语没有,傣族学习汉语时便以相近的 s-读之,于是傣族所说的汉语没有卷舌音,而这项音韵特

---

① 陈保亚(1996)书中称之为"匹配",本书改以"调整"一词直接表示受限于母语音韵而对学习的第二语言所进行的调整,以使之符合本地音韵限制。

点透过傣族所使用的汉语向纯汉语传播，影响当地的纯汉语使用者（尤其是孩童）也开始平卷不分了；类似的情形也发生在台湾地区使用的华语，华语声母系统中的卷舌音类，一开始受到调整读同平舌音，例如“书(ʂu)”读同“苏(su)”，长期学习过程中虽然逐渐回归，有一部分说话者能区分这两种不同的声母类别，但实际上原来的卷舌音类在今日台湾华语的音值，很明显都不是真正的卷舌音，甚至在自然语流中常常还是与平舌音类不分，而这种平卷区分不清的表现也传播到纯华语使用者，成为台湾地区华语的共同特色。这种并合显现母语透过第二语言向目标语言传播的干扰，在 Thomason & Kaufman(1988)的理论基础之上，陈保亚(1996：69—75)认为干扰的传播方向是不可逆的，意即目标语言并不会透过第二语言来干扰母语，然而根据 Winford(2005)①的论述加以反思修改，本书认为一旦第二语言成为说话者的流利用语，干扰便可能反向传播。以台湾闽南语与华语的接触为例，早期台湾多数人口以闽南语为母语，闽南人透过学习说华语将闽语的音韵特点传播影响华语，形成所谓的“台湾国语”，但“台湾国语”并不影响闽南母语的音韵系统；这几年语言转移的情形愈益严重，以华语为第一流利语言的人口增加，转而变成以华语为第一流利语言的年轻一辈使用双语时，将华语的音韵特点反向传播影响闽南语，例如-o、-ɔ 不分，双唇韵尾-m、-p 失落，形成现今被老一辈指责的“不标准的台语”。

我们将上述母语干扰的三个阶段归纳如下表（箭头为影响的方向），这里仅以甲民族的角度为例：

---

① 该文认为导因于接触的语言变化有两种类型：一是“移借”(borrowing)，指向以接受语(recipient language)为第一流利用语的说话者，从另一语言借入语言成分；二是“施加干扰”(imposition)，指向以来源语(source language)为第一流利用语的说话者，对另一语言施加干扰。所谓第一流利用语(dominant language)并不等同于基于血缘的母语(native language)。

**表 5 - 12**

|  | 母语 | 第二语言 | 目标语言 |
| --- | --- | --- | --- |
| 甲民族 | 甲 —(调整)→ | 乙2 ←(回归)— / —(并合)→ | 乙 |

需要特别注意的是,第二语言回归的程度与目标语言并合的程度,两者乃呈现互补的趋势,回归度大、并合度就小,回归度小、并合度就大,而回归度与并合度的大小取决于两个语言人口势力的相对强弱,当甲语言的人口势力大于乙语言时,乙 2 方言向乙语言回归的程度会小于乙语言被并合的程度,而当乙语言的人口势力大于甲语言时,乙 2 方言向乙语言回归的程度则大于乙语言被并合的程度;然而,无论如何,随着时间的变化,第二语言与目标语言都会越来越相似,与甲语言长期接触的乙语言会随着时间与乙 2 方言相互趋同。若甲语言本具相当的人口势力,最后无论是甲民族或乙民族的后代,均会口操带有甲语言干扰成分的乙类语言。例如,今日台湾无论是来自闽南族群或是外省族群的青年说话者,一致通行受到闽南语干扰而卷舌声母相当不明显的华语,与大陆地区通行的华语截然不同。进一步套用在闽语最早汉语层次的形成,也就是最早来到闽地与古闽越语长期接触的古汉语,首先在闽越族的不完全学习下形成民族方言变体,而当地原来的古汉语随着时间与该民族方言变体逐渐趋同合一,古汉语的闽地方音于焉成形,此即闽语最早的汉语层次。

### 5.2.2　移借

随着第二语言的出现,甲语言与乙语言开始沟通交流,母语通过第二语言从目标语言借入语言成分,首先是词汇的移借,从文化词汇到一般词汇,接触的程度如果长久密切,基本词汇也可能发生移借。将移借的过程整理如下表(箭头为移借的方向),这里也是仅以甲民族的角度为例：

表 5 - 13

| | 母　语 | 第二语言 | 目标语言 |
| --- | --- | --- | --- |
| 甲民族 | 甲 | （移借）<br>←—— 乙2 ←- - - - -<br>←- - - - - （甲2） ←——<br>（移借） | 乙 |

甲语言借入乙语言词汇的媒介有二：一是透过使用第二语言乙 2 的甲民族双语者，将乙语言词汇带进甲语言，乙 2 的回归度越大，借词的数量与频率也越高；二是透过使用民族方言甲 2 的乙民族双语者，在交流沟通时将乙语言词汇传递到甲语言，通过此一媒介借入的词汇数量会更多、更深。

需要特别注意的是，词汇虽是整个音节借入，但在语音形式上必然也受限于本地音韵习性而发生调整变化，可以细分为两个阶段：(1) 与第二语言同步的借词，例如甲民族双语者从乙语言借入的词汇，语音形式与乙 2 一致，都经过调整、回归等母语干扰过程；(2) 经过母语音系“再调整”的借词，例如甲民族单语者透过与其他双语者交谈所接受的借词，语音形式上会重新调整得更符合甲语言的本地音韵限制。虽然借词的语音形式经过调整改读，但只要是在同一地点两种特定语言连续保持接触，相同来源的借词一定都会保持与原来语言的规则对应关系，因而形成同一历史来源的移借层次；然而，如果接触的目标语言有所不同，再加上母语音韵习性也发生重大改变，其调整的方式与回归的结果便有差异，就可能叠置不同历史来源的多重移借层次。例如本书分析闽语的韵读历史层次，据其所表现的系统性音韵特点，至少可以分为四项相异的层次系统，也就是说闽地至少发生过四次不同来源的接触变异，不仅每次接触的目标语言不同，其母语音韵特性也随着一波波的接触移借发生改变。（参见 5.

2.3 的讨论）

**表 5-14 语言接触流程图**（依据陈保亚 1996：137 修改）

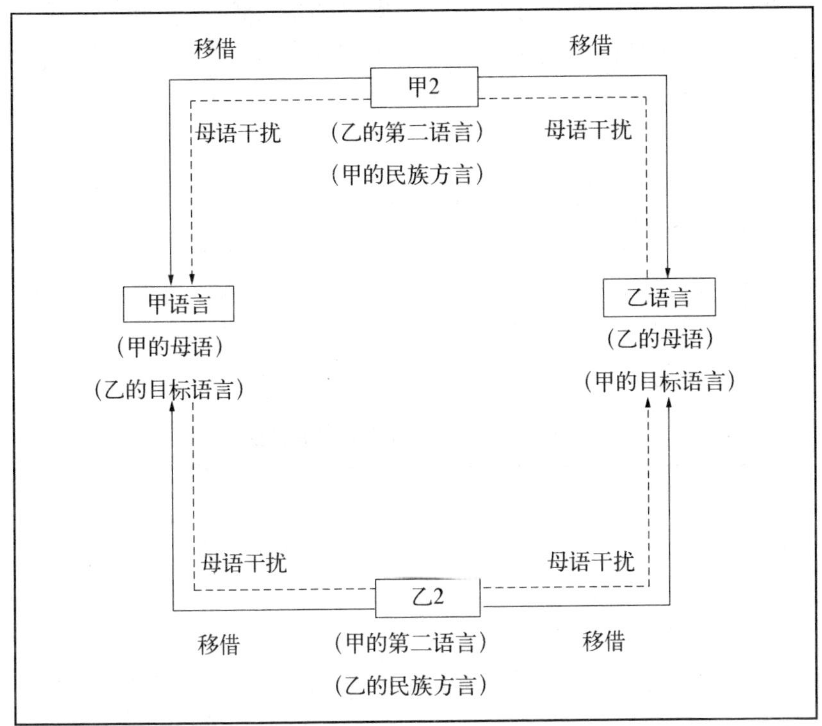


总结语言接触时“母语干扰”与“移借”这两种变化方式的运作过程如表 5-14。“母语干扰”与“移借”是不同的接触演变方式，影响结果并不相同：前者是母语通过第二语言向目标语言施加干扰，透过调整、回归、并合等阶段，造成目标语言的音韵发生变化；后者是母语通过第二语言向目标语言借入词汇，但借词的语音形式也同样经过调整、回归的干扰过程，如果回归度较大就可能造成母语的音韵发生变化。一般语言接触都是双向同时进行，甲语言与乙语言相互干扰、相互移借，母语干扰的程度取决于两个语言的“人口势力”强弱，假设甲语言的人口势力较乙语言强，则乙语言受干扰的程度往往较高；而词汇移借的程度则端视两个语言的"经济文化地位"高低，假设乙语言的经济文化地位较甲语言高，则甲语言向乙语言借入词汇的程度就较高。下一节讨论闽地发展历史中发生的语言接触时，我们较为着重在以当时闽地通行的语言为母语的单向接触，必要时方考虑以外来语言为母语者的另一个接触融合方向。

### 5.2.3　闽地发展历史的重要语言接触

我们运用上述"母语干扰"与"移借"两大语言接触变化方式，进一步来说明闽地发展历史中所发生的重要语言接触。根据移民史的记载与闽语的语言历史层次分析，闽语的发展历史中至少发生过三阶段的重要语言接触，如表 5－15，以下分别说明。

**表 5－15　闽语三阶段的语言接触**

| 时间 | 闽地母语 | | 第二语言 | | 目标语言 |
|---|---|---|---|---|---|
| 秦汉 | 古闽越语 | 调整 - - - → / ← 移借 | L2－1 | 回归 ← - - - / - - - → 并合 | 古汉语 |
| 西晋六朝 | 古闽汉语 | 调整 - - - → / ← 移借 | L2－2 | 回归 ← - - - / - - - → 并合 | 晋代北方汉语 |
| | | 调整 - - - → / ← 移借 | L2－3 | 回归 ← - - - / - - - → 并合 | 南朝江东方言 |
| 唐宋 | 中古闽语 | 调整 - - - → / ← 移借 | L2－4 | 回归 ← - - - / - - - → 并合 | 唐宋北方共同语 |

★虚线箭头为干扰方向；实线箭头为词汇移借方向。

#### 5.2.3.1　秦汉时期：古汉语与非汉语的接触

根据历史记载，秦始皇命王翦统大兵定江南，后立四郡：闽中、南海、桂林、象郡，闽中即今福建；又汉武帝灭闽越，立冶县；东汉置东部候官,闽中设置五县,其中四个在今闽北。据此可以推测,秦汉时期就有中原汉人随着军政力量入闽,同时带入古汉语,促使闽地通行的语言逐渐由非汉语转为汉语系统。相应于此,闽语的韵读系统确实可以离析出来自秦汉时期的上古层,而声母系统也有反映底层影响的非汉语干扰层,此二者与上古汉语之间具有紧密的音韵对应关系,但也同时深受古闽越语的干扰而发生重要的调整变化。(参见 5.2.4 讨论)

本书认为闽语发展历史中第一阶段的重要语言接触发生在秦汉时期,当时闽地原来应是通行古闽越语,而随着秦汉军政力量入闽的北方汉语,则接近上古汉语的音韵系统。以古闽越语为母语的原住民族在汉族军政力量压迫之下,势必需要学说古汉语,但在古闽越族的不完全学习之下,乃形成带有非汉语音韵特色的古汉语方音变体,透过这个第二语言为中介,又当时以古闽越语为母语的人口势力应较为强盛,因此闽地的古汉语必然深受古闽越语的音韵干扰,即使是原本只说古汉语的汉族军民也在强大的并合力量拉引之下深受影响(特别是其后代),随汉族移民入闽的古汉语随着时间与古闽越族所操的汉语方音变体逐渐趋同合一,形成古汉语在闽地的初步方音系统,本书称之为"古闽汉语",此即闽语最早的汉语层次。此外,从政经地位的相对高低来看,此次语言接触过程中,古汉语向古闽越语移借词汇的程度应该不高,因此闽语虽有来自非汉语音韵干扰的底层表现,却没有大量且鲜明的古闽越语词汇移借层。[1]

5.2.3.2　西晋六朝时期:南北两大音韵系统的接触混融

根据历史记载,三国时期孙吴经营江东,在闽北设立建安郡,当

---

① 仅有少数可能的相关借词,例如指称小孩的"囝"。Norman&Mei(1976:297—298)推论"囝"乃借自澳亚语系(Austroasiatics),但根据历史记载闽地原为闽越民族居住地,底层应属侗台语言;不过,南亚语系与侗台语系之间的接触关系本即相当密切深厚(陈保亚,1997),特别是历史记载先秦时期越国与楚国即有军事往来,由此可见在北方汉语入闽之前,古闽越语可能便受到古楚语(该文认为古楚语明显反映澳亚语底层)的接触影响。

时入住闽北的应有江南的汉族居民、江东的吴人及江西的楚人。西晋时于闽地成立晋安郡，晋人陆续南迁入闽；五胡乱华、永嘉之乱发生后，更驱使大批北方汉人离乡避难，从黄河流域南渡的一部分汉人，经过江东又南移入闽。据此可以推测，自西晋六朝时期，有大批南迁的北方移民，加上早期即有接触、后随北方移民入闽的江东移民，遂带入南北不同地域来源的两个汉语方言。相应于此，闽语确实也可以离析出具有截然不同音韵特点的两大历史层次：一是来自北方音韵的晋代北方层，二是来自南方音韵的南朝江东层。这两项层次分别与西晋六朝时期的古汉语南北音韵系统具有密切的音韵对应关系；但也同时受到闽地音韵习性的影响，发生若干个别的调整变化。①

本书认为闽语发展历史中第二阶段的重要语言接触发生在西晋六朝时期，从闽地的单一角度来看，此时大批南迁的北方移民及江东移民，带来南北不同地域特性的汉语方言成为新接触的目标语言，当时闽地与这两个汉语方言进行接触的本地语言已经转为古闽汉语，在北方移民及江东移民的政经文化地位与大量人口双重压迫之下，古闽汉语接受来自这两个目标语言的大批语词，借词的语音形式虽然不免受到若干的母语干扰，但向目标语言回归的程度更大，于是形成明显独立的北方层与江东层，再加上原来古闽汉语的本地层次，遂混融成为多项层次共存的音韵系统，本书称之为“中古闽语”。

单就闽地本地的角度来看，我们认为北方层与江东层的叠置主要是一种“移借”的接触变化方式；然而，转从另一个接触方向来看，同时考虑外来移民的语言变化，情况就变得比较复杂，当时大量的

---

① 例如闽语韵读系统中晋代北方层的音韵特点为 2、4 等同读，此一方面反映当时北方汉语 2、4 等字独特的变动特性被闽地吸收，另一方面也显示闽地在原来“不善掌握介音”的音韵习性干扰之下，还是无法清楚区辨 2 等介音与 4 等介音，才会进一步将之合流同读，成为该项历史层次的重要特点。

北方移民及江东移民在闽地一起发生接触，于是北方汉语音韵与南方汉语音韵相互混融，音韵干扰与移借的接触演变方式共同运作，①无论是河北方言或江东方言，多少都受到闽地母语音韵的并合干扰，以及彼此之间的交互影响，但回归的力量更大，我们才能归纳出今日闽语北方层与江东层截然不同的层次系统特色，此外，就当时母语为河北方言或江东方言的移民来说，他们也透过"移借"的方式接受了古闽汉语的层次，也就是说，三种不同地域的汉语方音系统在闽地逐渐混融互协、各成层次，融合为今日闽语重要的白读系统基础。

此次语言接触过程中，相互移借、混融的方式较母语干扰更为关键，这里所谓的相互移借、混融指的是语言混合过程中的语词变体竞争，例如同为舌齿音声母、上古脂部、中古齐韵的"脐齐替剃"等语词，以福清音读为例，"脐"由来自古闽汉语的洪音韵读-ai 取胜，"齐替"由来自晋代北方音韵的韵读-e 取胜，"剃"由来自江东音韵的韵读-ie 取胜，形成层次叠置的情况。我们认为这种变体的共存在接触演变方式上可以视为"相互移借"，对原本说古闽汉语的闽人而言，"齐替剃"读为-e、-ie 是一种移借的韵读形式；对原本说晋代北方汉语的移民而言，"脐剃"读为-ai、-ie 也是一种移借的韵读形式；而对原本说江东方言的移民而言，"脐齐替"读为-ai、-e 亦然。不过，如果就语言接触的结果来看，这已经不是以任一语言为主体的"音韵干扰"或"移借"，而是比较接近混合语言（creole language）的生成。Thomason &

① 我们设想当时的情形可能类似泉腔闽南语与漳腔闽南语在台湾的混融情况，泉漳两腔的"变体竞争"其实同时涉及了音韵干扰与移借。例如台湾泉腔闽南语央元音的失落变化，ɨ(或 ɯ)变读为 i，ə(或 ɤ)变读为 e 或 ue，很重要的一个动因是漳腔闽南语音韵干扰上的并合作用；又如台湾闽南语梗摄字群中泉腔变体ĩ 与漳腔变体 ẽ 呈现共存的势态，对泉腔闽南语而言，ẽ 的引入即可视为一种移借的方式。尽管方言接触的情形与语言接触的情形不一定完全相同，但是音韵干扰与移借还是相当重要的接触演变方式，在这两种变化方式共同运作之下，台湾的泉腔闽南语与漳腔闽南语越来越接近，融合成为"漳泉滥"的台湾闽南语。

Kaufman(1988)将语言转换(language shift)分成两类：一是连续性的正常传递(normal transmission),发生此类语言转换的说话者在学习的目标语言中带进母语干扰,其所形成的第二语言仍然与目标语言具有紧密的亲源关系;二是没有经过正常传递的不连续性混合(abrupt creolization),此多发生在人口大量移动、混合的背景之下,因为相互沟通的急需性而造成快速的语言混融,形成一种新语言。闽语发展历史中,发生在秦汉时期的第一阶段语言接触,应属于连续性正常传递的语言转换类型;但西晋六朝时期的第二阶段语言接触,则更接近于不连续性混合的语言转换类型。

总结来说,闽地的第二阶段语言接触乃古闽汉语与河北方言、江东方言的混融互协,在闽地古老的汉语层次之上,引进相当重要的两大历史层次,这可从人口的势均力敌以及大批移民混杂的历史背景获得解释：北方移民加上江东移民的数量不少,因此尽管以古闽汉语为母语者需要学说河北方言与江东方言,但第二语言的回归度相当高,使得闽地母语干扰的程度不若第一阶段语言接触这么强烈;而西晋以前闽地原来的人口也不少,[①]因此古闽汉语的音韵系统基本上也不受干扰仍保有显著的闽地特色,自然在北方层与江东层之外,保留另一项最具闽地古老音韵特点的层次,即韵读系统的“上古层”以及声母系统的“非汉语干扰层”;除了人口的势均力敌,当时三方人民混居的历史社会背景下,沟通交流的急需性更是促使三种不同地域的汉语方音系统融合为一。

5.2.3.3 唐宋时期：文读系统的叠置

根据历史记载,唐代文教大兴,长安成为文化的扩散中心,科举、戏曲带动共同语的流播,再加上初唐陈政、陈元光父子平蛮开漳,唐

① 根据历史记载,西晋太康年间设置晋安郡时,户数为3 843户,19 838人;到永嘉乱时晋安郡户数新增457户约2 655人,加上建安郡合计新增人口5 300人,如果累计永嘉乱后东晋、六朝时期相继入闽的北方移民、江东移民,人数应该更为可观(陈景盛,1991：33—34)。

末王潮、王审知父子建闽，大批移民又进入闽地，经过唐五代三百年的发展，闽语今日面貌定型，而且闽北、闽东、闽南也已显出差异。相应于此，闽语确实可以离析出来自唐宋时期的文读层，其与唐宋时期的古汉语音韵系统之间具有紧密的音韵对应关系，但也同时受到闽地各次方言音韵习性的影响，发生个别的调整变化。

本书认为闽语发展历史中第三阶段的重要语言接触发生在唐宋时期，既有一批随着军政力量入闽的中原移民，更重要的是文教力量促使共同语广泛流播，加大了学说北方共同语的需求。当时闽地通行的语言已转为中古闽语，而且各次方言透过创新音变也逐渐分立，于是当时向北方共同语借入大批文化词汇所形成的文读层次，各次方言的音韵调整方式却不尽相同。例如闽语各地止摄开口精庄系声母条件下均具独立文读，但是各地因其原有音韵系统即不相同，调整音读的方向与选择便有差异，例如“此私词”等字，闽南泉州读为-ɯ，闽东福清读为-y，闽北多读为-u；又如闽语各次方言在文读层入闽之前均发生辅音韵尾的归并与弱化音变，闽南为中、低元音条件下鼻韵尾脱落而元音鼻化，但高、央元音条件下仍保有三套韵尾（-m、-n、-ŋ），闽北与闽东多数方言点的鼻韵尾则归并为单一套舌根韵尾（-ŋ），因此当文读层入闽时，各次方言音读调整的结果便有差异，闽南文读层三套鼻韵尾对立分明，闽东、闽北文读层则也是归并为单一套舌根韵尾（-ŋ）。

此次语言接触过程中，“移借”与“母语干扰”两种方式都很重要，同样从人口势力与政经地位两方面来看：中古闽语从兼具军政与文教力量的北方共同语借进大批文化词汇，形成明显的文读层次，但借词的语音形式也受到相当程度的母语干扰，向目标语言回归的程度并不很高，这应是由于六朝时期以降闽地人口增加，唐宋时期以中古闽语为母语的人口势力想来并不亚于当时入闽的中原移民。于是，已具三项历史层次的中古闽语，在叠置唐宋文读层次之后，大致成立现代闽语的音韵面貌。

**表 5-16　闽语四次语言接触的关键方式与影响因素**

<table>
<tr><th></th><th>接触原因</th><th>闽地母语</th><th>接触目标</th><th>人口势力</th><th>政经地位</th><th>关键接触方式</th></tr>
<tr><td>1</td><td>派兵入闽<br>立郡设县</td><td>古闽越语</td><td>古汉语</td><td>母语＞目标</td><td>母语＜目标</td><td>母语干扰</td></tr>
<tr><td>2</td><td rowspan="2">大批移民<br>南迁避难</td><td rowspan="2">古闽汉语</td><td>晋代北方汉语</td><td rowspan="2">母语≥目标</td><td rowspan="2">母语＜目标</td><td rowspan="2">相互移借、<br>混融</td></tr>
<tr><td>3</td><td>南朝江东方言</td></tr>
<tr><td>4</td><td>平乱定闽<br>文教扩展</td><td>中古闽语</td><td>唐宋北方<br>共同语</td><td>母语＞目标</td><td>母语＜目标</td><td>移借＋母<br>语干扰</td></tr>
</table>

总合上述闽语发展历史中四次语言接触的关键方式与影响因素,如表 5-16。第一次语言接触是闽地由非汉语转向汉语系统的开端,也奠定闽语作为汉语一大南方方言且保有古老汉语层次的基础,单就闽语发展历史而言,此次接触的关键方式在于古闽越语对古汉语的母语音韵干扰;第二次与第三次语言接触,关键方式在于大批词汇的相互移借、混融,在古闽汉语基础之上引进汉语河北、江东两大历史层次,促使闽语成为更稳健丰厚的汉语方音系统;第四次语言接触,关键方式既有成层文化词汇的移借,也明显可见中古闽语对该项层次系统的音韵调整与并合,兼具多重文白层次的现代闽语于焉成立。

### 5.2.4　非汉语底层的音韵干扰

闽语发展历史中的第一次语言接触较为特殊,这是汉语与非汉语的接触,形成在古汉语基础上接受古闽越语音韵深刻干扰的方音系统,闽语诸多重要的音韵特点都在此时发展出来,并且继续影响后来入闽的其他历史层次。我们运用前述"母语干扰"的接触机制,更详细地探讨古闽越语的音韵干扰痕迹,主要是声母非汉语干扰层以及韵读上古层的形成与特殊表现;需要强调的是,所谓"底层"虽指向语言发生转移时引发的音韵干扰,这类音韵干扰往往是成系统地固着在最早的历史时间层次中,自然也就成为该项历史层次的系统性音韵特点,不应被排除在历史层次之外。

**表 5－17　古汉语与古闽越语的接触流程图**

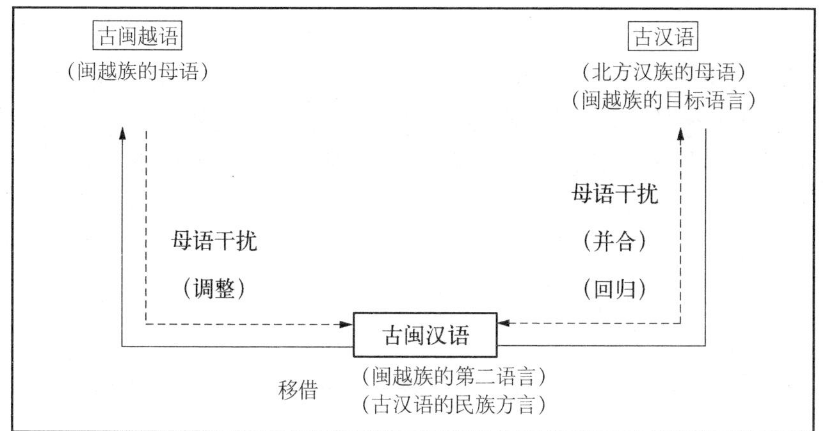


设想古汉语与古闽越语的接触流程如表 5－17：最早时期北方古汉语随着军政力量进入闽地，与古闽越语发生接触，以古闽越语为母语者在军政力量的驱使之下，需要学习说古汉语，然而受限于古闽越语的音韵习性，其所学得的第二语言必然经过调整改读，形成与原来的古汉语具有规则对应关系的民族方言，本书称之为“古闽汉语”；处于调整阶段的古闽汉语染有较深的古闽越语色彩，随着接触时间的拉长，古闽汉语继续发生回归、并合等过程，一方面向古汉语系统靠近，一方面也将古闽越语的干扰传播至当地的古汉语系统，在这两股力量的拉引之下，原为闽地汉族母语的古汉语与闽越族的第二语言逐渐混融合一，这个阶段的古闽汉语已是通行于闽地、兼具闽汉特色的古汉语南方方音变体。以下分别从声母系统与韵读系统来探讨古闽越语在闽语古老层次留下的音韵干扰痕迹。

5.2.4.1　声母系统

本书第四章分析闽语的声母历史层次，辨析闽语具有成系统的“母语干扰层”，有以下几个重要的音韵表现：(1) 将古汉语浊音声类读为带有“气流摩擦”征性的清音声母，例如古全浊声类读为送气清音，又如古次浊声类读为清擦音，包括闽南古鼻音声类读为 h-、闽北古来母读为 s-;(2) 将古汉语全清擦音声类读同次清声类,例如古心、生、书母读为 ts$^{h}$-,又如古晓母读为 k$^{h}$-;(3) 将古汉语全清声类读为浊弱化声母,但不影响声调的阴阳分化。

本书参照原始侗台语的历史音韵研究,推溯这几个特殊的声母表现应该来自古闽越语的母语干扰,在闽语历史音韵中形成独特的底层系统。原始侗台语的古声母系统具有以下几个音韵特点(梁敏、张均如,1996: 70—110):

(1) 原始侗台语具有一套带浊送气的浊塞音声母,例如 * bɦ-、* dɦ-、* gɦ-。

(2) 原始侗台语具有一套清鼻音与清通音声母,例如 *m̥-、*n̥-、*ŋ̊-、* l̥-。

(3) 原始侗台语没有送气清塞音声母,也没有塞擦音声母。

亦即原始侗台语(a) 没有 * p$^{h}$-、* t$^{h}$-、* k$^{h}$-与 * bɦ-、* dɦ-、* gɦ-的对立,
(b) 没有 * k$^{h}$-与 * x-的对立以及 * ts、* ts$^{h}$-、* s-的对立。

(4) 原始侗台语具有一套带先喉塞的浊塞音声母,例如 * ʔb-、* ʔd-。

据此推想古闽越语具有同样的声母特点①,以下运用“母语干扰”的接触变化方式来解释上述闽语三个重要的声母表现。

① 尽管 Norman&Mei (1976)从移借的角度认为闽语有若干语词借自南亚语言,但南亚语与周遭语言的接触关系本即相当密切,不能据此认为闽地的底层即是南亚语言。本书认为闽地的非汉语底层较倾向侗台语言,主要根据有三: (1) 古闽越语属于古代百越语言的一支,根据语言、文化各方面的比较研究,古代百越民族乃与现代侗台民族具有深厚的传承关系(尤中,1980;韦庆稳,1981;黄惠焜,1992;郑张尚芳,1997);(2) 刘向《说苑》对于越人歌的叙述明白显示楚人不解越语,可见古楚语与古越语相去甚远,其中古楚语较明显与南亚语言密切相关(Norman&Mei, 1976),而韦庆稳(1981)及郑张尚芳(1997)则从越人歌的释读证明古越语乃与侗台语言相承;(3) 陈保亚(1997)进一步从关系词的分阶统计,判断南亚语与侗台语乃具有深刻的接触关系而非同源关系,且推论吴、闽、粤等地的古越族与楚地的古濮族亦不同源。此外,根据本书初步的参照比较,闽语诸多音韵特点确实可借由原始侗台语的音韵构拟获得接触演变的合理解释,但南亚语并不普遍具有“带先喉塞的浊塞音声母”、“没有塞擦音声母”、“高元音趋向低化”等重要的音韵特点(颜其香、周植志,1995)。

1. 浊音声类带有强劲气流成分

**表 5－18　闽语古浊音声类清化后带有气流成分**

| | 例字 | 声类 | 泉州 | 漳州 | 澄海 | 福清 | 古田 | 柘荣 | 石陂 | 建阳 | 建瓯 |
|---|---|---|---|---|---|---|---|---|---|---|---|
| A | 鼻 | 並 | p$^h$i3 | p$^h$ ĩ7 | p$^h$ ĩ7 | p$^h$e3 | p$^h$i3 | p$^h$i3 | p$^h$i7 | p$^h$ɔi7 | p$^h$i7 |
| | 缝 缝隙 | 奉 | p$^h$aŋ3 | p$^h$aŋ7 | p$^h$aŋ7 | p$^h$oŋ3 | p$^h$uŋ3 | | p$^h$əŋ7 | p$^h$oŋ7 | p$^h$ɔŋ7 |
| | 头 白读 | 定 | t$^h$au5 | t$^h$au5 | t$^h$au5 | t$^h$au5 | t$^h$au5 | t$^h$au5 | t$^h$əu3 | həu5 | t$^h$e3 |
| | 柱 白读 | 澄 | t$^h$iau6 | t$^h$iau7 | t$^h$iou6 | t$^h$iu7 | t$^h$iu7 | t$^h$iu7 | t$^h$iu1 | hiu3 | t$^h$iu7 |
| | 臼 白读 | 群 | k$^h$u6 | k$^h$u7 | k$^h$u6 | k$^h$o7 | k$^h$u7 | k$^h$u7 | k$^h$iu1 | k$^h$iu3 | k$^h$iu7 |
| | 苋 | 匣 | huĩ3 | hiŋ7 | hoĩ7 | heŋ3 | heiŋ3 | xɛŋ3 | xaiŋ7 | xaiŋ7 | xaiŋ7 |
| | 贼 白读 | 从 | ts$^h$at8 | ts$^h$at8 | ts$^h$ak8 | ts$^h$eʔ8 | ts$^h$eik8 | ts$^h$ɛk8 | ts$^h$e1 | t$^h$e8 | ts$^h$ɛ7 |
| | 斜 白读 | 邪 | ts$^h$ia5 | ts$^h$ia5 | | ts$^h$ie5 | ts$^h$ie5 | ts$^h$ia5 | | ts$^h$ia3 | ts$^h$ia3 |
| | 床 眠床 | 崇 | ts$^h$ŋ5 | ts$^h$ŋ5 | ts$^h$əŋ5 | ts$^h$oŋ5 | ts$^h$ouŋ5 | ts$^h$oŋ5 | ts$^h$ɔŋ3 | | ts$^h$ɔŋ3 |
| | 塍 田 | 船 | ts$^h$an5 | ts$^h$an5 | ts$^h$aŋ5 | ts$^h$eŋ5 | ts$^h$eiŋ5 | ts$^h$ɛŋ5 | ts$^h$aiŋ3 | t$^h$aiŋ5 | ts$^h$aiŋ3 |
| | 树 | 禅 | ts$^h$iu3 | ts$^h$iu7 | ts$^h$iu7 | ts$^h$iu3 | ts$^h$iu3 | ts$^h$iu3 | ts$^h$iu7 | ts$^h$iu7 | |
| B-1 | 砚 白读 | 疑 | hĩ3 | hĩ7 | ĩ7 | ŋieŋ3 | ŋieŋ3 | ŋieŋ3 | ŋaiŋ7 | ŋaiŋ7 | ŋaiŋ7 |
| | 艾 白读 | 疑 | hiã3 | hiã7 | hiã7 | ŋia3 | ŋie3 | ŋia3 | ŋye7 | ŋye7 | ŋyɛ7 |
| | 箬 | 日 | hioʔ8 | hioʔ8 | hieʔ8 | nyo1 | | nyøʔ8 | nio5 | niɔ8 | niɔ8 |
| B-2 | 露 白读 | 来 | lɔ3 | lɔ3 | lou3 | lo3 | lu3 | lu3 | su7 | so7 | su7 |
| | 健 小母鸡 | 来 | lua3 | nuã3 | nuã3 | | laŋ3 | laŋ3 | sueiŋ7 | | suiŋ7 |
| | 老 | 来 | lau6 | lau7 | lau6 | lau7 | lau7 | lau7 | səu1 | səu3 | se7 |

闽语具有将古汉语浊音声类读为带有"气流摩擦"征性的历史层次：全浊声类今读为送气清音，例如表 5－18 的 A 类例字；次浊声类则是今读为清擦音，包括闽南古鼻音声类读为 h-、闽北古来母读为 s-，例如表 5－18 的 B－1、B－2 类例字。闽东虽无次浊声类今读为清擦音的特殊表现，但相应于闽南、闽北的该类去声字在闽东一律读为阴去调，例如表 5－18 的"砚艾露健"等，与一般古浊母去声归读阳去调的演变规律显然不同，此乃保留次浊声类读为清音的层次痕迹。相应于此，古全浊声类今读为送气清音的去声字，在闽东也是一律读

为阴去调，例如表 5 - 18 的“鼻缝苋树”等，由此可见古全浊声类今读为送气清音与古次浊声类今读为清擦音，两者应为共同层次系统的表现，均使古汉语的浊音声类带上强劲的气流成分，并且趋向变读为清音，从而闽东将之归读为阴调。

**表 5 - 19　古汉语受到古闽越语干扰的声母变异Ⅰ：浊音声类**

| 闽地母语 古闽越语　调整 ------→ | 第二语言 古闽汉语 | 回归 ←------ 目标语言 古汉语 |
| --- | --- | --- |
| * bɦ | $p^h$ | 滂 * $p^h$ |
| | $p^h$、b | 並 * b |
| * dɦ | $t^h$ | 透 * $t^h$ |
| | $t^h$、d | 定 * d |
| * ɡɦ | $k^h$ | 溪 * $k^h$ |
| | $k^h$、ɡ | 群 * ɡ (匣 1) |
| * x | x | 晓 * x |
| * ɣɦ | x、ɣ | 匣 2 * ɣ |
| * m̥ | h、m | 明 * m |
| * n̥ | h、n | 泥 * n(日 1) |
| * ŋ̊ | h、ŋ | 疑 * ŋ(日 2) |
| * l̥ | s、l | 来 * l |

本书认为闽语这项特殊的声母表现来自古闽越语的音韵干扰，如表 5 - 19 所示，古汉语进入闽地后，其浊音声类发生以下的接触性变异：

(1) 推想以古闽越语为母语的说话者学习使用汉语时，因其母语的声母音系中缺少送气清音，乃以另一套带有强劲浊气流成分的浊音(* bɦ、* dɦ、* ɡɦ)来调整改读古滂、透、溪母字(* $p^h$、* $t^h$、* $k^h$)，且因其浊音音值也接近于並、定、群母字(* b、* d、* ɡ)，遂有一部分古全浊字与古次清字相混读；后来在汉语的长期接触之下，古次清字的声母音值逐渐回归读为送气清音，引动其音韵系统中带有强劲浊气流成分的浊音变读为送气清音的语音变化，已经混读的古全浊字遂有一部分也随之一并读为送气清音，因而后来在声调分化时有归读阴调的迹象，另一部分则回归读为纯浊音，成为闽语另一项古老的浊音层次，更贴近古汉语的音韵架构。需要特别说明古匣母字的变异情形，秦汉时期的古匣母字分为两类（邵荣芬，1991，1995），一与群母同读为舌根浊塞音（匣 1），二与喻三母同读为舌根浊擦音（匣 2），古闽越族说话者可能以同样带有浊气流成分的 *ɣɦ 调整改读一部分的古匣 2 母字，在浊气流回归读为送气清音的语音变化带动之下，遂有一部分古匣 2 母字与古晓母字相混读。

(2) 古闽越语虽有一套浊鼻音，但另外还有一套清鼻音，以古闽越语为母语的说话者学习说古汉语的鼻音声母字时（*m、*n、*ŋ），有一部分可能受到清鼻音的干扰转读为 *m̥-、*n̥、*ŋ̊，[1]并且在声调分化时发生影响而归读阴调，后来虽在汉语系统的持续融合之下，多数回归读为浊鼻音与阳调，但闽南留下清擦音 h-的白读痕迹，而闽东也留下浊去字归读阴调的白读痕迹。此外，古来母字也有相同的现象，因而闽北有一批古来母字今读为清擦音 s-，亦成为古闽越语干扰的底层遗迹。

2. 清擦音声类读为送气塞（擦）音

闽语具有将古汉语清擦音声类读为送气塞（擦）音的历史层次。古心、生、书母字今读为送气清塞擦音 $ts^h$-，例如表 5－20 的 A－1 类例字，另有一种读为不送气清塞擦音 ts-的表现，不过目前只看到古书母的例字，例如表 5－20 的 A－2 类例字。古晓母例字则是今读为送气清塞音 $k^h$-，例如表 5－20 的 B 类例字，但闽南、闽东、闽北呈现参差对应的情形：闽东的例字最少，闽南有许类字读为 $k^h$-，在闽北已读为

[1] 一般发生语言接触所形成的新音韵系统，其元音系统往往倾向与目标语言相似，而辅音系统有两大特点：一是归并简化目标语言的特殊辅音，二是带入底层语言的特殊辅音，因而更明显反映底层特色（Smith，2008：103—112）。这里所述並、定、群母字混读为 *bɦ、*dɦ、*gɦ，以及一部分古鼻音声母字读为 *m̥-、*n̥、*ŋ̊，均属底层语言的特殊音韵干扰。

一般清擦音 x-；闽北则有虎类字读为 kʰ-，在闽南也已读为一般清擦音 h-。本书认为闽语古心、生、书母今读为 tsʰ-，与古晓母今读为 kʰ-，两者乃密切相应的共同层次系统，均是将古汉语的清擦音声类读为带有强劲气流的语音，并且都是与同一发音部位的次清声类发生混同，此应反映闽地非汉语底层的母语干扰。

**表 5－20　闽语清擦音声类读为送气塞(擦)音**

| | 例字 | 声类 | 泉州 | 漳州 | 澄海 | 福清 | 古田 | 柘荣 | 石陂 | 建阳 | 建瓯 |
|---|---|---|---|---|---|---|---|---|---|---|---|
| A-1 | 臊腥味 | 心 | tsʰo1 | tsʰo1 | tsʰo1 | tsʰo1 | tsʰo1 | | tsʰɔ1 | tʰau1 | tsʰau1 |
| | 须 | 心 | tsʰiu1 | tsʰiu1 | tsʰiu1 | tsʰiu1 | tsʰiu1 | tsʰiu1 | | tsʰiu1 | tsʰiu1 |
| | 生不熟 | 生 | tsʰĩ1 | tsʰɛ̃1 | tsʰẽ1 | tsʰaŋ1 | tsʰaŋ1 | tsʰaŋ1 | | tʰaŋ1 | tsʰaŋ1 |
| | 深 | 书 | tsʰim1 | tsʰim1 | tsʰiŋ1 | tsʰiŋ1 | tsʰiŋ1 | tsʰiŋ1 | tsʰeiŋ1 | tsʰiŋ1 | tsʰeiŋ1 |
| | 鼠 | 书 | tsʰɯ2 | tsʰi2 | tsʰə2 | tsʰy2 | tsʰy2 | tsʰy2 | tsʰy2 | tsʰy2 | tsʰy2 |
| A-2 | 水 | 书 | tsui2 | tsui2 | tsui2 | tsui2 | tsui2 | tsui2 | | tsy2 | tsy2 |
| | 少 | 书 | tsio2 | tsio2 | tsie2 | tsieu2 | tsiau2 | tsiau2 | | | |
| | 叔 | 书 | tsiak4 | tsik4 | tsek4 | tsøʔ4 | tsyk4 | tsyk4 | | | |
| B | 许 | 晓 | kʰɔ2 | kʰɔ2 | kʰou2 | | | | | | |
| | 呼呼鸡 | 晓 | kʰɔ1 | kʰɔ1 | kʰou1 | kʰu1 | kʰu1 | kʰu1 | | | |
| | 薅除草 | 晓 | kʰau1 | kʰau1 | kʰau1 | | | kʰau3 | | | |
| | 虎 | 晓 | | | | | | | kʰu2 | kʰo2 | kʰu2 |
| | 檨勺子 | 晓 | | | | | | | kʰye1 | | kʰyɛ1 |
| | 豨猪 | 晓 | | | | | | | kʰy2 | kʰy1 | kʰy2 |

如表 5－21 所示，古汉语进入闽地后，其清擦音声类发生以下的接触性变异：

(1) 设想早期进入闽地的古汉语受到古闽越语“没有塞擦音声母”的母语习性干扰，舌齿音类的清声母混读为 * s-，其中次清声类因其送气征性而有一部分被调整改读为带有浊气流成分的 * zɦ；浊声母亦混读为带有浊气流成分的 * zɦ。经过长时间的学习与接触，清塞擦音声类的音值逐渐回归读为 ts-、ts$^{h}$-，引动清擦音塞擦化的的语音变异，已经混读的古心、生、书母字遂有一部分也随之一并读为 ts-、ts$^{h}$-；此外，混读为 * zɦ 的次清声类也回归读为 ts$^{h}$-，同上一小节所述，在浊气流回归读为送气清音的语音变化带动之下，遂有一部分从邪船禅母亦与次清声类混同，不仅后来在声调分化时归读为阴调，也将古汉语从邪船禅有别的音韵格局重新并合为从邪船禅无别的南方特点。

(2) 以古闽越语为母语的说话者学习说古汉语的溪母字（* k$^{h}$）时，受到母语音系“没有 * k$^{h}$-与 * x-对立”的音韵干扰，将一部分的古溪母字与古晓母字混读为 * x，后来当古溪母字逐渐回归读为 k$^{h}$-，遂也带动一部分已经混读的古晓母字随之改读为 k$^{h}$-。

**表 5－21　古汉语受到古闽越语干扰的声母变异Ⅱ：清擦音声类**

<table>
<tr><th>闽地母语 古闽越语　调整 ------→</th><th>第二语言 古闽汉语</th><th>←------ 回归　目标语言 古汉语</th></tr>
<tr><td rowspan="3">* s</td><td>ts</td><td>精 * ts、章 1 * tɕ</td></tr>
<tr><td>ts、ts$^{h}$、s</td><td>心 * s、书 1 * ɕ</td></tr>
<tr><td>ts$^{h}$</td><td>清 * ts$^{h}$、昌 1 * tɕ$^{h}$</td></tr>
<tr><td>* zɦ</td><td>ts$^{h}$</td><td>清 * ts$^{h}$、昌 1 * tɕ$^{h}$</td></tr>
<tr><td rowspan="2">* zɦ</td><td>ts$^{h}$、dz</td><td>从 * dz、船 1 * dʑ</td></tr>
<tr><td>ts$^{h}$、z</td><td>邪 * z、禅 1 * ʑ</td></tr>
<tr><td>* x</td><td>k$^{h}$</td><td>溪 * k$^{h}$</td></tr>
<tr><td>* x</td><td>x、k$^{h}$</td><td>晓 * x</td></tr>
</table>

从音类关系来看，闽语古心、生、书母字今读为塞擦音 ts$^{h}$-、ts-，反映的是该层次没有舌齿部位的擦音与塞擦音的声类对立，而古晓母字今读为送气清音 k$^{h}$-反映的是该层次没有舌根部位的清擦音与送气清塞音的声类对立，这两个音类关系完全符应原始侗台语的古声母特点；但从音值表现来看，闽语则是经过“调整改读—回归变异”的曲折过程，因此音值上反而表现为原始侗台语所缺乏的塞擦音、送气塞

音，但在音类关系上确实留下古闽越语结构性的干扰痕迹。①

3. 全清声类读为浊弱化声母

闽北的古全清塞音声类，包括古帮、端、精、见等古声类，均有今读为浊音的特殊表现，如表5－22所示，各类在闽北的音读对应乃西北片的石陂读为浊音，建阳、崇安读为相应的弱化浊音，而东南片的建瓯、政和、松溪都已经读为清音，音读对应关系完全与同一发音部位之全浊声类的浊音表现相同，唯见母的浊音对应乃同于匣母浊音而非群母；然而，音读对应关系虽同于全浊声类的浊音表现，但在声调对应上仍然维持与全浊声类的不同，此外，尽管东南片各地的音读均为清音，但也在声调对应上维持与真正读为清声母者的区别。（参见4.3.2）除了闽北具有明显的古全清声类浊弱化现象，实际上闽南也有相应的浊弱化痕迹，例如来自古全清塞音的“遮迹爪挟”等字在闽南泉漳腔均能读为浊化声母，以漳腔为例，读为dzia1、dziaʔ4、dziau2、ŋɛ̃ʔ4，而声调仍符合古清声母归读阴调的演变规则。这样看来，古全清声类的浊弱化现象并非闽北的个别表现，更可能是闽地共同非汉语底层的音韵干扰。

**表5－22　闽北古全清声类的浊化音读对应表**

| 例字 | 声类 | 泉州 | 福清 | 石陂 | 建阳 | 崇安 | 建瓯 | 政和 | 松溪 |
|---|---|---|---|---|---|---|---|---|---|
| 崩 | 帮 | paŋ1 | puŋ1 | baiŋ5 | βaiŋ2 | βuaiŋ1 | paiŋ2 | paiŋ3 | paŋ8 |
| 补 | 帮 | pɔ2 | puo2 | bio2 | βiɔ2 | jyo2 | piɔ2 | pɔ9 | po9 |
| 保 | 帮 | po2 | po2 | bɔ2 | βau2 | βau2 | pau2 | pɔ9 | po9 |
| 耽白 | 端 | tam1 | taŋ1 | daŋ5 | laŋ1 | laŋ1 | taŋ8 | taŋ3 | taŋ8 |
| 单 | 端 | tuã1 | taŋ1 | duaiŋ5 | lueiŋ9 | luaiŋ1 | tuiŋ2 | tueiŋ3 | tueiŋ8 |

① 需要特别强调的是，上古汉语有古心、生、书母字能与透、彻母字谐声的表现，以及古晓母能与见系字谐声的表现，但本书认为闽语将清擦音声类读为塞擦音或送气塞音，并非直接承自上古汉语的这类表现。主要原因在于闽语的古心、生、书母字多与塞擦音类混读，但不读同塞音声类的透、彻母字，而古晓母字只与溪母字混读，但不读同其他见系字。闽语反映的是特定声类之间缺乏对立性，而此种对立性的缺乏，紧密相应于原始侗台语的古声母特点，并不同于上古汉语擦音声类与其他塞音、塞擦音之间多重复杂的往来关系。

**续 表**

| 例字 | 声类 | 泉州 | 福清 | 石陂 | 建阳 | 崇安 | 建瓯 | 政和 | 松溪 |
|---|---|---|---|---|---|---|---|---|---|
| 赌 | 端 | tɔ2 | tu2 | du2 | lo2 | lu2 | tu2 | tu9 | tɒu9 |
| 簪 | 精 | tsam1 | tsaŋ1 | dzaiŋ5 | laŋ2 | | tsaŋ2 | tsaiŋ3 | tsaŋ8 |
| 早 | 精 | tsa2 | tsa2 | dzɔ2 | lau2 | lau2 | tsau2 | tsɔ9 | tso9 |
| 饕味淡 | 精 | tsiã2 | tsiaŋ2 | dziaŋ2 | liaŋ2 | liaŋ2 | tsiaŋ2 | tsiaŋ9 | tsiaŋ9 |
| 菇 | 见 | kɔ1 | ku1 | ɦu5 | o2 | | u1 | xu3 | hu8 |
| 高 | 见 | ko1 | ko1 | ɦɔ5 | ɦau9 | au1 | au2 | xɔ3 | ho8 |
| 狗 | 见 | kau2 | keu2 | ɦu2 | həu2 | (βu2)① | e2 | xu9 | hu9 |
| 肝 | 见 | kuã1 | kaŋ1 | xuaiŋ1 | xueiŋ1 | xuaiŋ1 | xuiŋ1 | xueiŋ1 | hueiŋ1 |
| 韭 | 见 | ku2 | kiu2 | xiu2 | xiu2 | xiu2 | xiu2 | xiu2 | hiu2 |
| 救又读 | 见 | kiu3 | kiu3 | | xiɔ3 | xiu3 | xiau3 | | |

如表 5－23 所示，古闽越语虽有一套清塞音，但另外还有一套带先喉塞的塞音，我们推想早期进入闽地的古汉语受到古闽越语的母语音韵干扰，一部分古全清声母字转读为相同或相近发音部位的先喉浊塞音，后来汉语继续不断地引进闽地，闽南、闽东的古全清声类音值几乎都回归读为清音，唯闽南有零星的遗迹，而闽北的先喉塞音较为强势，仍有一批古全清声类的语词不回归清音，今读乃并入浊音，成为古闽越语干扰的底层遗迹。

**表 5－23 古汉语受到古闽越语干扰的声母变异Ⅲ：全清声类**

| 闽地母语 古闽越语 调整 - - - - - → | 第二语言 古闽汉语 | 回归 ← - - - - - 目标语言 古汉语 |
|---|---|---|
| * ʔb | b、p | 帮 * p |
| * ʔd | d、t | 端 * t |
| * ʔdʑ | dz、ts | 精 * ts |
| * ʔɟ | g/ɦ/x、k | 见 * k |

① 崇安合口韵读(不包括撮口韵读)前的零声母，部分衍生双唇浊擦音 β-，例如“碗”读为 βuaiŋ2、“旱”读为 βuaiŋ3、“喉”读为 βu2……

5.2.4.2 韵读系统

相应于声母的“母语干扰层”，韵读最早的“上古层”也具有以下几个异于北方古汉语的音韵特点：四等同读、古佳脂之同读、古耕真蒸同读、古幽侯不分、古中东不分。对照相关上古拟音，我们推论古汉语进入闽地后，发生以下几个韵读的语音变化：（参见 3.5.1 的讨论）

(1) 介音失落的调整音变：古汉语进入闽地时，在调整改读中介音成分完全失落，因而闽语上古层四等同读。

(2) 韵尾归并音变：上古前高元音(*-i-)与央元音(*-ə-)者，其舌根韵尾调整归并于舌尖韵尾，但双唇韵尾与圆唇性舌根韵尾不发生变化。

(3) 高元音低化音变：上古汉语为高元音(*-i-、*-u-)的佳耕、脂真、侯东等韵部，进入闽地均发生低化，分别与央元音(*-ə-)的之蒸、幽中等韵部合流，然后其中大部分在各次方言再继续低化为-a-，但闽北多还保留央元音的韵读，闽东的阳、入声韵则另有前化的演变趋向。

(4) 歌、祭、元三部低元音的介音衍生音变：上古歌、祭、元三部可能本即包含相异的韵腹表现(*-a-、*-ia-、*-ua-)，形成后来等第、开合的不同；闽地在古汉语基础之上进行个别调整，上古层倾向一律读为带有前高介音的复合元音(*-ia-)，稍晚的白读层则倾向将 1、2 等开口字读为带有合口成分的复合元音(*-ua-)。

其中(2)、(4)有可据以解释的语音条件或演变背景，至于(1)、(3)则可能直接来自古闽越语干扰所引发的调整；原始侗台语的古韵母系统具有以下两个相关的音韵特点(梁敏、张均如,1996：496—497)：

(1) 高元音趋向低化：原始侗台语的高元音(*i、*u、*ɯ)不能单独为韵母，必须带有元音或辅音韵尾；且今日各地高元音音值一般偏短，多数出现央化趋势，舌位趋向低降。

(2) 轻读的高元音趋向脱落：原始侗台语有两套复合元音韵母：一是重读的高元音 i-、u-、ɯ-，领头的高元音是主要元音，音值较强，后面紧跟的-e-、-ə-、-a-等元音属过渡性质；二是轻读的高元音i̯-、u̯-、ɯ̯-，领头的高元音音值较弱，这些轻读的高元音往往容易脱落变质。

设想古闽越语具有同样的韵母特点，早期进入闽地的古汉语，遂受到古闽越语的音韵干扰而发生重要的变异，说明如下：

(1) 上古汉语的介音成分本即偏向声母结构，而以古闽越语为母语者，在学习说古汉语时，受到其母语音韵特性的影响，遂将古汉语的介音成分视同其母语音系中的轻读高元音，因而趋向完全脱落。这样的调整变读，形成闽地“四等同读”的古老层次；而对于介音成分的不善掌握，也深刻影响闽地后来的音韵发展：声母方面，闽语无法自身演变、也始终无法接受北方汉语那一套带有卷舌性的颚化声母，因此“端知不分”、“精庄章不分”便成为闽地声母系统的重要特色；至于唇音声类，即使文读层带进了北方汉语的非系声母，但闽地也是将之调整读同晓母，齿唇声母依旧被排拒在闽地音韵之外。韵母方面，即使西晋六朝时期随着大批北方移民与江东移民，又带入河北与江东两大汉语层次，该层次韵读依然受限于不善掌握介音成分的闽地习性，晋代北方层发生2、4等同读的调整变化，南朝江东层则发生非后部主要元音者3、4等同读，而后部主要元音者1、3等同读的调整变化。

(2) 上古汉语的佳耕、脂真、侯东等韵部字群，上古拟音虽均为高元音(*-i-、*-u-)，但以古闽越语为母语者，在学习说古汉语时，受其母语音韵特性的影响，将之读同其母语音系中音值偏短的高元音，舌位因而趋向央化、低化，遂与之蒸、幽中等韵部字群合流同读。这类高元音趋向低化的音韵习性仍然在今日闽语中作用着，例如闽东、闽北的高元音共同具有低化、复化的演变趋向，但两者的分化条件不同：闽东乃以声调为条件，在特定声调条件下有高元音韵腹低化、复化的特殊韵变现象；闽北则以声母为分化条件，以前高元音的复化为例，大体上非章见系声母为同一组结构条件，此条件下的前高元音发生复化音变，而章见系声母为另一组结构条件，此条件下的前高元音不发生复化。

总合以上讨论，我们清楚辨析出古汉语与古闽越语在闽地发生接触时，两类音韵系统相互激荡而滋养出闽语雏形，此雏形阶段乃以古汉语音韵系统为本，但声母系统与韵读系统一致受到古闽越语深刻的音韵干扰，因而浊声母沾染强劲气流成分、舌齿部位的擦音声类与塞擦音声类失去对立、舌根部位的擦音声类与送气塞音声类失去对立、全清声母浊弱化、介音成分完全失落、高元音发生低化变异。这些受到古闽越语干扰所引发的语音变化，成为闽地汉语方音异于北方汉语的重要音韵特点，并且继续对后来移借入闽的新历史层次造成若干影响。例如高元音的低化倾向，又如介音脱落影响声母系统缺少卷舌音与齿唇音，使得文读层的知系声母依然调整读同端系，非系声母也调整读同晓母。然而，随着汉语层次的逐步增厚，闽语也吸取更多北方汉语的养分，来自古闽越语最直接的音韵干扰遂沉积在白读层次的最底层，留下珍贵的历史痕迹。

## 5.3　层次竞争的变异

语言接触过程中，“词汇移借”是一种重要的接触方式，同一来源的大批借词即形成具有系统性对应的一项层次，如果一个语言在发展过程中陆续吸收相异来源的多项移借层次，即形成多重层次叠置于同一语言系统中，但层次叠置绝不是静态的堆叠分明，长时间共处会引发层次之间的竞争互动，甚至促发语言系统的结构整合。我们所谓的“层次竞争”指的是相异层次音读之间以音类(声、韵、调)为单位的扩散变异，这是一个语言系统随着时间将不同层次变体归纳整合的内部变动过程，虽不是语音性的自然变化，也绝不能视为简单的方言混合。

### 5.3.1　层次竞争的双向扩散

Wang&Lien(1993)在词汇扩散理论的基础之上进一步提出“语

音演变的双向扩散”(bidirectional diffusion),该文以潮州话阳上调与阳去调的文白竞争为立论依据,运用统计数据表明潮州话正在进行浊上、浊去合流的语音演变。此项音变肇始于文白声调层次的长期共处,白读层的声调表现是“古浊上字读为阳上调,古浊去字读为阳去调”,此为南方方言“浊上、浊去分立”的固有特点,而文读层的声调表现是“古浊上、浊去字同读阳上调”,此乃文读层带来北方方言“浊上、浊去不分”的新进特点。两者不仅在潮州话系统中形成层次异读,统计数据更显示有“白读韵母扩散到文读声调、文读韵母扩散到白读声调”的双向扩散变异,而且文读层的势力强过白读层,也就是说,文白层次的互动竞争已经驱使潮州话透过双向扩散方式,逐步进行浊上、浊去合流的系统性音变。

我们运用同样的方式来检视潮汕地区其他方言点,发现这类层次竞争的双向扩散现象也存在于澄海、揭阳与汕头,但尚未严重影响古浊母去声字文白分立的层次异读。这里只计算咸、山、宕、曾、梗等韵摄的开口字群,以及通摄合口字群,因为这几个韵摄字群的文读韵与白读韵具有截然可分的音读形式,例如宕摄开口1等文读韵为-aŋ,3等文读韵为-iaŋ或-uaŋ,白读韵则为-ŋ(或-əŋ)、-iõ(或-iẽ),不易因为韵读的文白计算错误而影响结果。我们依据 Wang&Lien(1993)将这几个韵摄的古浊母去声字今读分成四类:“LL”是文读韵配上文读调(即归读阳上调),“LC”是文读韵配上白读调(即归读阳去调),“CL”是白读韵配上文读调,“CC”是白读韵配上白读调,计算结果如表5－24:

**表5－24　潮汕地区古浊母去声字文白声调竞争的双向扩散**

| 古浊去字 | 澄海 | | | | 揭阳 | | | | 汕头 | | | |
|---|---|---|---|---|---|---|---|---|---|---|---|---|
| | LL | LC | CL | CC | LL | LC | CL | CC | LL | LC | CL | CC |
| 咸摄开 | 1 | 4 | 0 | 0 | 1 | 4 | 0 | 0 | 1 | 4 | 0 | 0 |
| 山摄开 | 8 | 3 | 3 | 15 | 9 | 4 | 2 | 8 | 8 | 3 | 3 | 14 |

**续　表**

| 古浊去字 | 澄海 | | | | 揭阳 | | | | 汕头 | | | |
|---|---|---|---|---|---|---|---|---|---|---|---|---|
| | LL | LC | CL | CC | LL | LC | CL | CC | LL | LC | CL | CC |
| 宕摄开 | 9 | 0 | 0 | 3 | 9 | 0 | 0 | 3 | 9 | 0 | 0 | 6 |
| 曾摄开 | 2 | 0 | 0 | 1 | 2 | 1 | 0 | 1 | 1 | 0 | 0 | 1 |
| 梗摄开 | 6 | 0 | 1 | 5 | 6 | 0 | 1 | 4 | 6 | 0 | 1 | 5 |
| 通摄合 | 4 | 0 | 0 | 6 | 3 | 0 | 1 | 5 | 4 | 0 | 0 | 5 |
| 合　计 | 30 | 7 | 4 | 30 | 30 | 9 | 4 | 21 | 29 | 7 | 4 | 31 |
| 百分比(%) | 42 | 10 | 6 | 42 | 47 | 14 | 6 | 33 | 41 | 10 | 6 | 43 |

潮汕地区各方言点的古浊母去声字均有一部分发生文白层次双向扩散，例如揭阳这几个韵摄的古浊母去声字群即有 20%发生文白韵调相互扩散，其中又以咸摄与山摄的扩散程度较大；虽然目前尚未严重影响古浊母去声字文白分立的层次异读，但却反映古浊母去声字归读阳上或阳去的文白互动，已经进入以音类为单位的深度竞争。

据此，层次竞争是以词汇扩散方式进行的音类变异，一开始的扩散方向是交互进行的，早期层次向晚期层次扩散、晚期层次也向早期层次扩散，变异的情形可能有三：

(1) 两项层次处于势均力敌的共存状态，双向扩散的程度不高，不影响层次异读的分立。例如闽南古非、敷、奉三母文读为 h-、白读为双唇音，检视其与文白韵母的配合情形，我们只计算文白韵读截然可分的咸、山、宕、通等韵摄的合口字群，将这几个韵摄古非、敷、奉三母字群的今读分成四类："LL"是文读声母(即读为 h-)配上文读韵，"LC"是文读声母配上白读韵，"CL"是白读声母(即读为双唇音)配上文读韵，"CC"是白读声母配上白读韵，计算结果如表 5－25，显示闽南地区古非、敷、奉三母字群仅有极少数发生文白声母的双向扩散，大致来说，目前闽南古非、敷、奉字群的文白声母处于势均力敌的共存状态。

表 5-25　闽南方言古非、敷、奉三母字群文白声母竞争的双向扩散

| 非敷奉三母 | 泉州 | | | | 漳州 | | | | 揭阳 | | | |
|---|---|---|---|---|---|---|---|---|---|---|---|---|
| | LL | LC | CL | CC | LL | LC | CL | CC | LL | LC | CL | CC |
| 咸摄合 | 8 | 2 | 0 | 2 | 7 | 0 | 0 | 1 | 8 | 0 | 0 | 1 |
| 山摄合 | 7 | 0 | 0 | 4 | 7 | 0 | 0 | 3 | 8 | 0 | 0 | 1 |
| 宕摄合 | 7 | 2 | 2 | 7 | 5 | 2 | 1 | 7 | 6 | 1 | 0 | 5 |
| 通摄合 | 13 | 0 | 1 | 8 | 11 | 0 | 1 | 6 | 10 | 0 | 1 | 5 |
| 合　计 | 35 | 4 | 3 | 21 | 30 | 2 | 2 | 17 | 34 | 1 | 1 | 12 |
| 百分比(%) | 56 | 6 | 5 | 33 | 59 | 4 | 4 | 33 | 71 | 2 | 2 | 25 |

(2) 晚期层次的势力强过早期层次，也就是晚期音读扩散到早期层次的程度远大于早期音读扩散到晚期层次的程度，层次异读的分立逐渐模糊，例如闽东泰韵文读-ai 与白读-ua 的层次竞争。由于多数声母与声调缺少截然可分的文白对立，我们无法清楚辨析文白韵母双向扩散的实际情形，这里改以检视泰韵十二个常见例字中文读-ai 与白读-ua 的分布状况，各地计算结果如表 5-26。相较于泉州、仙游文白韵读的层次分明，闽东福清、柘荣等地泰韵几乎不见白读-ua 的分布，显然文读韵的竞争势力强过白读韵，白读韵只剩零星遗迹。

表 5-26　闽语泰韵字群文白韵读的层次竞争

| 泰　韵 | 泉州 | | 仙游 | | 福清 | | 柘荣 | | 建瓯 | | 松溪 | |
|---|---|---|---|---|---|---|---|---|---|---|---|---|
| | ai | ua | ai | ua | ai | ua | ai | ua | ai | uɛ | a | ua |
| 端系(T-)(带太泰大汰奈赖濑) | 6 | 3 | 7 | 3 | 6 | 0 | 8 | 1 | 2 | 5 | 0 | 7 |
| 精系(TS-)(蔡) | 1 | 1 | 0 | 1 | 1 | 0 | 1 | 0 | 0 | 1 | 0 | 1 |
| 见影系(K-)(盖艾害) | 3 | 1 | 2 | 1 | 3 | 0 | 3 | 0 | 2 | 2 | 1 | 3 |
| 合　计 | 10 | 5 | 9 | 5 | 10 | 0 | 12 | 1 | 4 | 8 | 1 | 11 |
| 百分比(%) | 67 | 33 | 64 | 36 | 100 | 0 | 92 | 8 | 33 | 67 | 8 | 92 |

(3) 早期层次的势力强过晚期层次，也就是早期音读扩散到晚期层

次的程度远大于晚期音读扩散到早期层次的程度，层次异读的分立也是逐渐模糊。例如同样表 5－26 所显示闽北建瓯、松溪等地泰韵文读-ai（或-a）与白读-ua（或-uɛ）的层次竞争，建瓯文白韵读层次依然分明，但相较于闽南，白读韵的分布比例较高，而松溪一地更是与闽东完全相反，泰韵几乎不见文读韵-a 的分布，显然白读韵的竞争势力反而强过文读韵。

就闽语而言，第(1)种情形最为普遍，尤其是闽南方言，不仅是文白音读共存，白读层的多项层次音读也往往共存，因此我们还能进行闽语历史层次的系统性分析；但是第(2)、(3)种层次竞争的变异情形也确实存在，造成方言之间层次不等对应的问题，需要透过较多方言点的比较来推溯单一方言点的层次互动关系，进而厘清各方言点之间的层次对应关系（参见 5.3.2 讨论）；更为困难的是，倘若第(2)、(3)种层次竞争的变异达到极致，亦即由其中一项层次音读全面取胜，则层次异读的分立完全消失，我们将不易辨析留存的唯一音读究竟归属哪一项层次，而且这类层次竞争的完全替代结果也很难与语音性演变所造成的异层同读现象清楚划分。（参见 5.3.3 讨论）

### 5.3.2　闽语多重层次的竞争变异

闽语是多重层次叠置的汉语方言系统，历经长时间的层次互动，不仅是文白层次发生竞争变异，白读层的多项层次音读亦然，而且各地变异的情形可能不同，我们可以透过跨方言点的比较来探讨层次竞争的变异方向，进而厘清各方言点之间的层次对应关系。以下举闽北两个层次竞争的例子加以说明。

1. 闽北效摄 1、2 等的文白竞争

如表 5－27 所示，闽南效摄 1、2 等的层次分析，以澄海为例，文读为 1、2 等同读的-au，其中一项白读为 1、2 等分读的-o 与-a，闽北效摄 1、2 等的文白竞争即指这两项层次之间的互动变异；泉州、漳州效摄 1 等另有一项 1、2 等不同读的文读-ɔ，此为较早期仍受本地音韵限制的文读表现；此外，效摄 1 等还有另一项四等同读的白读韵，但在闽南、闽东、闽北具有相当严整的对应关系，不纳入本节讨论的范围。

**表 5－27　闽北效摄 1、2 等字群文白韵读的层次分布**

| | | 泉州 | 漳州 | 澄海 | 石陂 | 建阳 | 崇安 | 建瓯 | 政和 | 松溪 |
|---|---|---|---|---|---|---|---|---|---|---|
| 效 1 | 文读 | au | au | au | au | au | au | au | au | (ɒu) o |
| | | ɔ | o (ɔ̃) | | | | | | | |
| | 白读 1 | o | o | o | ɔ | | | | ɔ | |
| 效 2 | 文读 | au | au | au | au | au | au | au | au | ɒu |
| | 白读 1 | a | a | a | a | | | | | |

相应于闽南，闽北石陂、政和、松溪三地的效摄字群也有 1、2 等分读的白读层次表现，不过其 2 等字群几乎不具有文白读的语音差别，仅石陂一地还有少数口语词读为相应的白读-a，例如“咬铰剪”；至于建阳、崇安、建瓯三地的效摄 1、2 等字群几乎没有层次异读，也没有 1、2 等的区别。我们仔细检视闽北效摄 1、2 等豪韵与肴韵中，文读-au 与白读-ɔ、-a 的分布状况，各地计算结果如表 5－28、5－29，显示闽北效摄 1、2 等字群中，1、2 等同读的文读-au 与 1、2 等分读的白读-ɔ 与-a 发生激烈的层次竞争，效摄 1 等韵的变异趋向不尽相同，建阳、崇安、建瓯均由文读-au 取胜，但石陂、政和、松溪的效摄 1 等韵还具有成层分布的白读-ɔ，尤其是松溪一地白读的竞争势力明显强于文读；而效摄 2 等韵的变异趋向则均为文读替代白读，白读-a 仅剩零星分布。

**表 5－28　闽北豪韵字群文白韵读的层次竞争**

| 效 1 豪韵 | 石陂 | | 建阳 | | 崇安 | | 建瓯 | | 政和 | | 松溪 | |
|---|---|---|---|---|---|---|---|---|---|---|---|---|
| | au | ɔ | au | ɔ | au | ɔ | au | ɔ | au | ɔ | ɒu | o |
| 帮系(P-) | 3 | 5 | 9 | 0 | 7 | 0 | 8 | 1 | 4 | 5 | 1 | 6 |
| 端系(T-) | 4 | 19 | 19 | 1 | 21 | 0 | 21 | 1 | 11 | 12 | 1 | 21 |
| 精系(TS-) | 6 | 8 | 13 | 0 | 12 | 0 | 17 | 0 | 5 | 7 | 2 | 11 |
| 见影系(K-) | 12 | 10 | 19 | 0 | 18 | 0 | 22 | 0 | 9 | 4 | 5 | 16 |
| 合　计 | 25 | 42 | 60 | 1 | 58 | 0 | 68 | 2 | 29 | 28 | 9 | 54 |
| 百分比(%) | 37 | 63 | 98 | 2 | 100 | 0 | 97 | 3 | 51 | 49 | 14 | 86 |

**表 5－29 闽北肴韵字群文白韵读的层次竞争**

| 效 2 肴韵 | 石陂 | | 建阳 | | 崇安 | | 建瓯 | | 政和 | | 松溪 | |
|---|---|---|---|---|---|---|---|---|---|---|---|---|
| | au | a | au | a | au | a | au | a | au | a | ɒu | a |
| 帮系(P-) | 11 | 0 | 10 | 0 | 8 | 0 | 9 | 1 | 10 | 1 | 8 | 0 |
| 知庄系(T- TS-) | 6 | 0 | 5 | 0 | 6 | 0 | 8 | 0 | 6 | 0 | 6 | 0 |
| 见影系(K-) | 13 | 2 | 15 | 0 | 16 | 0 | 17 | 0 | 16 | 0 | 17 | 1 |
| 合　计 | 30 | 2 | 30 | 0 | 30 | 0 | 34 | 1 | 32 | 1 | 31 | 1 |
| 百分比(%) | 94 | 6 | 100 | 0 | 100 | 0 | 97 | 3 | 97 | 3 | 97 | 3 |

2. 闽北咸摄 4 等韵晋代北方层与上古层的竞争

**表 5－30 闽北山摄 4 等字群晋代北方层与上古层的层次分布**

| 山 4 先韵 | 例　字 | 泉州 | 澄海 | 福清 | 石陂 | 建阳 | 崇安 | 建瓯 | 政和 |
|---|---|---|---|---|---|---|---|---|---|
| 晋代北方层<br>2、4 等同读 | 莲千先茧 | uĩ | oĩ | eŋ | aiŋ | aiŋ | aiŋ | aiŋ | aiŋ |
| | 节截 | ueʔ | oi | eʔ | ai | ai | ai | ai | ai |
| 上古层<br>四等同读 | 牵 | an | aŋ | eŋ | aiŋ | aiŋ | aiŋ | aiŋ | aiŋ |
| | 节结 | at | ak | eʔ | e | e | ie | ɛ | ɛ |

**表 5－31 闽北咸摄 4 等字群晋代北方层与上古层的层次分布**

| 咸 4 添韵 | 例字 | 泉州 | 澄海 | 福清 | 石陂 | 建阳 | 崇安 | 建瓯 | 政和 |
|---|---|---|---|---|---|---|---|---|---|
| 晋代北方层<br>2、4 等同读 | 店念甜 | uĩ | oĩ | eŋ | aiŋ | aŋ | aŋ | aŋ | aiŋ |
| | 贴碟 | ueʔ | oi | eʔ | ai | a | a | a | ai |
| 上古层<br>四等同读 | 叠 | aʔ | aʔ | aʔ | ai | a | a | a | ai |
| | (蹃爍猎) | aʔ | aʔ | aʔ | a | a | a | a | a |

如表 5－30、5－31 所示，闽南、闽东山咸两摄 4 等韵的白读层，均具有 2、4 等同读的晋代北方层，以及四等同读的上古层，以泉州为例，晋代北方层山、咸两摄同读为-uĩ、-ueʔ，上古层来自脂真部的山摄字读为-an、-at，来自叶部的咸摄入声字读为-aʔ(目前缺少相应的阳声韵例字)。相较于此，闽北山摄 4 等韵还具有晋代北方层与上古层在入声

韵的语音区别，但咸摄 4 等韵却完全没有这两项不同层次的异读对立，各地的音读情形可以分成两类：①(1) 石陂、政和的咸摄 4 等韵不分晋代北方层与上古层，一致读为-aiŋ、-ai，此与山摄 4 等韵的晋代北方层同读；(2) 建阳、崇安、建瓯三地的咸摄 4 等韵不分晋代北方层与上古层，一致读为-aŋ、-a，此与山摄 4 等韵的晋代北方层并不同读，但与其他同样来自古叶部的咸摄 1、2、3 等入声字的白读相同。据此，我们认为(1)是反映 2、4 等同读的晋代北方层韵读，而且山、咸两摄同读的音韵关系与闽南、闽东相互呼应(唯宁德可分)，(2)则是反映四等同读的上古层韵读，这两项相异的层次韵读在闽北发生竞争替代变异。我们进一步检视闽北咸摄 4 等添韵，晋代北方层韵读-aiŋ、-ai 与上古层韵读-aŋ、-a 的分布状况，各地计算结果如表 5－32：

**表 5－32　闽北添韵字群北方层与上古层的层次竞争**

| 咸 4 添韵 | 石陂 | | 建阳 | | 崇安 | | 建瓯 | | 政和 | |
|---|---|---|---|---|---|---|---|---|---|---|
| | aiŋ | aŋ | aiŋ | aŋ | aiŋ | aŋ | aiŋ | aŋ | aiŋ | aŋ |
| | ai | a | ai | a | ai | a | ai | a | ai | a |
| 端系(T-) | 8 | 0 | 0 | 5 | 0 | 5 | 0 | 8 | 6 | 1 |
| 见影系(K-) | 1 | 0 | 0 | 1 | 0 | 0 | 0 | 0 | 0 | 1 |
| 合　计 | 9 | 0 | 0 | 6 | 0 | 5 | 0 | 8 | 6 | 2 |
| 百分比(%) | 100 | 0 | 0 | 100 | 0 | 100 | 0 | 100 | 75 | 25 |

上表显示闽北咸摄 4 等韵字群中，晋代北方层韵读-aiŋ、-ai 与上古层韵读-aŋ、-a 确实发生激烈的层次竞争，而且各地取胜的层次音读不同：石陂、政和由晋代北方层取胜，但政和"贴挟"二字另有-a 的异读，成为上古层的零星遗迹；建阳、崇安、建瓯三地则由上古层全面取胜。

由以上两例看来，不同方言点层次竞争的变异趋向可能不同，这

① 由于松溪韵母系统发生下降韵腹-ai-、-au-的高元音脱落音变，不好判断其咸摄 4 等韵韵读的层次归属，暂时不纳入观察比较的范围。

种差异造成各地韵读对应参差的复杂现象；但是只要有同群方言仍然保有层次异读的对立，或者留有关键的层次遗迹，我们就能透过方言比较重新厘清对应不等的层次关系。也就是说，尽管层次竞争必然随着长时间的共处而加深，但只要不是所有方言点都完成全面性的层次替代，我们还是可以同时透过大量语词的内部分析以及较多方言点的系统性比较，来进行艰巨的层次分析工作。

### 5.3.3 完全替代与异层同读

层次竞争的变异若由其中一项层次音读全面取胜，则层次异读的分立完全消失，将增加层次辨析的困难。这种全面替代现象因其发生范围的大小而有不同的分析难度：如果只有个别方言点发生完全替代，我们还能透过方言比较推溯层次竞争的变异趋向，厘清原来的层次音读对应关系，例如上一小节所讨论闽北效摄1、2等的文白竞争，以及咸摄4等韵北方层与上古层的竞争；然而，如果是同一次方言共同发生完全替代，就不易划清其与语音性音变所造成的异层同读现象之间的界线；更为困难的是闽语共同的异层同读现象，完全无法透过方言比较确实推论，究竟是层次竞争的完全替代，还是语音性音变所造成的层次合流。以下分别举例说明这两种析层的困难。

1. 同一次方言的完全替代与异层同读

**表5-33 闽东山摄开口1、2等字群文读韵的完全替代**

<table>
<tr><td colspan="2">山开1、2</td><td>泉州</td><td>澄海</td><td>石陂</td><td>福州</td><td>福清</td><td>古田</td><td>柘荣</td><td>福安</td><td>宁德</td></tr>
<tr><td rowspan="2">阳声韵</td><td>文读</td><td>an</td><td>aŋ</td><td>aiŋ</td><td rowspan="2">aŋ</td><td rowspan="2">aŋ</td><td rowspan="2">aŋ</td><td rowspan="2">aŋ</td><td rowspan="2">aŋ</td><td rowspan="2">aŋ</td></tr>
<tr><td>白读1</td><td>uā</td><td>uā</td><td>uaiŋ</td></tr>
<tr><td rowspan="2">入声韵</td><td>文读</td><td>at</td><td>ak</td><td>ai</td><td rowspan="2">aʔ</td><td rowspan="2">aʔ</td><td rowspan="2">ak</td><td rowspan="2">ak</td><td rowspan="2">ak</td><td rowspan="2">ak</td></tr>
<tr><td>白读1</td><td>uaʔ</td><td>uaʔ</td><td>uai</td></tr>
</table>

闽东山摄开口1、2等韵，各地共同发生文读韵的完全替代，如表5-33所示。闽南、闽北方言山摄1、2等韵的层次分析，以泉州为例，

文读韵为开口的-an、-at，其中一项白读韵为合口的-uã、-uaʔ，闽北也有相应的文白异读；相较于此，闽东山摄开口1、2等韵缺乏相应的层次对立，无论文白绝大多数都读为-aŋ、-ak，例如福州“寒”字文读为xaŋ5、白读为kaŋ5。依据闽南、闽北的层次对应关系，我们认为闽语山摄开口1、2等韵应有读为合口韵读的共同白读层，闽东缺乏相应韵读的原因可能有二：一是该项白读韵在闽东发生语音性音变而与文读韵恰好同读，二是文读韵因为层次竞争而全面替代该项白读韵。单从山摄开口1、2等韵来看，由于诸多核心语词都读为-aŋ，例如“寒看肝”，似乎较倾向分析为异层恰好同读；然而，扩大从音韵系统性的对应比较来看，闽东泰韵发生文读韵-ai与白读韵-ua（或-uai）的层次竞争，文读几乎完全替代白读，唯柘荣、福安等地有白读遗迹，据此来看闽东山摄开口1、2等韵的问题，我们认为极可能是文读韵-aŋ与白读韵-uaŋ发生相应的层次竞争，而且文读韵扩散更为厉害，几乎完全替代白读，留下的白读遗迹仅有一个“餐”字在闽东各地读为$ts^{h}$uaŋ1。

**表5-34 闽东山摄开口2、4等字群的异层同读**

| 山开2、4 | | 泉州 | 澄海 | 仙游 | 石陂 | 福州 | 福清 | 古田 | 柘荣 | 福安 | 宁德 |
|---|---|---|---|---|---|---|---|---|---|---|---|
| 阳声韵 | 北方层 | uĩ | oĩ | ĩ | aiŋ | eiŋ | eŋ | eiŋ | ɛŋ | ɛiŋ | ɛŋ |
| | 上古层 | an | aŋ | ɛŋ | | | | | | | |
| 入声韵 | 北方层 | ueʔ | oi | e | ai | eiʔ | eʔ | eik | ɛk | ɛik | ɛk |
| | 上古层 | at | ak | ɛʔ | e | | | | | | |

**表5-35 闽语蟹摄开口2、4等字群的异层对立**

| 蟹开2、4 | | 泉州 | 澄海 | 仙游 | 石陂 | 福州 | 福清 | 古田 | 柘荣 | 福安 | 宁德 |
|---|---|---|---|---|---|---|---|---|---|---|---|
| 阴声韵 | 北方层 | ue | oi | e | ai | ɛ | e | ɛ | ɛ | ɛ | ɛ |
| | 上古层 | ai | ai | ai | e | ai | ai | ai | ai | ai | ai |

闽东山摄开口1、2等韵缺乏层次对立的现象，尚且可以透过系统性比较来推论层次替代的可能性，但有些异层同读现象实在无法

详细探究真正原因。例如表 5－34 所示，闽南、仙游山摄 2、4 等同读的晋代北方层与四等同读的上古层具有音读上的区别，闽北入声韵亦然，但闽东却缺乏相应的层次对立；由于闽东在蟹摄阴声韵具有 2、4 等同读之晋代北方层与四等同读之上古层的层次异读(如表 5－35)，我们认为其山摄字群应该原来也有同样的两项层次叠置，而今日缺乏层次对立的原因可能来自语音性音变造成的层次合流，也可能来自层次竞争的完全替代，但目前没有充足的依据可以详加探究。

**表 5－36　闽东、闽北山咸摄开口 3、4 等字群的异层同读**

| 山咸开 3、4 | | 泉州 | 漳州 | 澄海 | 福清 | 古田 | 柘荣 | 石陂 | 建阳 | 建瓯 |
|---|---|---|---|---|---|---|---|---|---|---|
| 阳声韵 | 文读层 | ian | ian | iaŋ | eŋ | ieŋ | ieŋ | iŋ | ieiŋ | iŋ |
| | 江东层 | ĩ | ĩ | ĩ | | | | | | |
| 入声韵 | 文读层 | iat | iat | iak | ieʔ | iek | iek | ie | ie | iɛ |
| | 江东层 | iʔ | iʔ | iʔ | | | | | | |

**表 5－37　闽语蟹摄开口 3、4 等字群的异层对立**

| 蟹开 3、4 | | 泉州 | 漳州 | 澄海 | 福清 | 古田 | 柘荣 | 石陂 | 建阳 | 建瓯 |
|---|---|---|---|---|---|---|---|---|---|---|
| 阴声韵 | 文读层 | e | e(i) | i | i/e | i | i | i | i/ɔi | i |
| | 江东层 | i | i | i | ie | ie | ie | ie | ie | i |

又如表 5－36 所示，闽南山咸两摄 3、4 等韵的文读层与江东层具有音读上的区别，但闽东、闽北缺乏相应的层次对立；由于闽东、闽北在蟹摄阴声韵具有文读层与江东层的层次异读(如表 5－37)，我们认为其山、咸两摄字群应该原来也有同样的两项层次叠置，但今日缺乏层次对立的原因究竟是来自语音性音变造成的层次合流，或是来自层次竞争的完全替代，目前也是无法详细探究。

2. 闽语共同的异层同读

闽语山摄开口 3 等韵，各次方言均缺乏晋代北方层与上古层的异读对立,如表 5-38 所示,闽语山摄开口 3 等韵的层次分析,以福清为例,没有北方层与上古层的韵读分别,均读为-iaŋ、-iaʔ。然而,从系统性的对应比较来看,如表 5-39、5-40 所示,闽南、闽东、闽北在蟹摄开口 3 等韵均具有晋代北方层与上古层的异读对立,晋代北方层为 3 等独读细音韵,上古层为古歌祭元相应四等同读细音韵,咸摄开口 3 等韵亦然,晋代北方层为 3 等独读细音韵,上古层为古谈叶部四等同读洪音韵;据此,我们认为闽语山摄开口 3 等字群应该原来也有相应的两项历史层次叠置,各地今日缺乏层次异读的原因,可能是上古层韵读全面取代北方层,也可能是语音性音变造成北方层与上古层的韵读合流,目前没有确切的解释。

**表 5-38 闽语山摄开口 3 等字群的异层同读**

<table>
<tr><td colspan="2">山开 3</td><td>泉州</td><td>漳州</td><td>澄海</td><td>福清</td><td>古田</td><td>柘荣</td><td>石陂</td><td>建阳</td><td>建瓯</td></tr>
<tr><td rowspan="2">阳声韵</td><td>北方层</td><td rowspan="2">iã/uã</td><td rowspan="2">iã/uã</td><td rowspan="2">iã/uã</td><td rowspan="2">iaŋ</td><td rowspan="2">iaŋ</td><td rowspan="2">iaŋ</td><td rowspan="2">yiŋ</td><td rowspan="2">yeiŋ</td><td rowspan="2">yiŋ</td></tr>
<tr><td>上古层</td></tr>
<tr><td rowspan="2">入声韵</td><td>北方层</td><td rowspan="2">iaʔ<br>/uaʔ</td><td rowspan="2">iaʔ/<br>uaʔ</td><td rowspan="2">iaʔ/<br>uaʔ</td><td rowspan="2">iaʔ</td><td rowspan="2">iak</td><td rowspan="2">iak</td><td rowspan="2">ye</td><td rowspan="2">ye</td><td rowspan="2">yɛ</td></tr>
<tr><td>上古层</td></tr>
</table>

**表 5-39 闽语蟹摄开口 3 等字群的异层对立**

| 蟹开 3 | | 泉州 | 漳州 | 澄海 | 福清 | 古田 | 柘荣 | 石陂 | 建阳 | 建瓯 |
|---|---|---|---|---|---|---|---|---|---|---|
| 阴声韵 | 北方层 | e | e | i | ie | ie | ie | ie | ie | i |
| | 上古层 | ia/ua | ia/ua | ia/ua | ia | ia | ia | ye | ye | yɛ |

**表 5-40 闽语咸摄开口 3 等字群的异层对立**

| 咸开 3 | | 泉州 | 漳州 | 澄海 | 福清 | 古田 | 柘荣 | 石陂 | 建阳 | 建瓯 |
|---|---|---|---|---|---|---|---|---|---|---|
| 阳声韵 | 北方层 | iã | iã | iã | iaŋ | iaŋ | iaŋ | iaŋ | iaŋ | iaŋ |
| | 上古层 | ã | ã | ã | aŋ | aŋ | aŋ | aŋ | aŋ | aŋ |
| 入声韵 | 北方层 | iaʔ | iaʔ | iaʔ | iaʔ | iak | iak | ia | ia | ia |
| | 上古层 | aʔ | aʔ | aʔ | aʔ | ak | ak | a | a | a |

以上所述这两种异层同读现象，透过系统性比较只能推论多重历史时间层确实存在，但却无法说明层次音读之间如何互动而导致异读对立消失，成为分层工作的一大难题。我们之所以特别强调区分层次竞争替代与语音性音变所造成的层次合流，是因为这两者对于历史语言研究有相当不同的意义：(1) 层次竞争替代，意指今日所见的音读仅反映取胜层次的音韵表现，则这项音读只能放在同一历史层次平面来进行音韵比较或构拟，落败层次的音读便成为空缺，如下表假设甲、乙、丙三地有共同层次 A、B，甲地 A、B 层次维持异读，乙、丙两地 A 层完全替代 B 层，则分层比较时 A 层需要同时考虑 a1、a2、a3 等方言变体，据此构拟原始音读 * a，而 B 层只有 b1 作为构拟的依据。

**表 5－41**

| 层次替代 | 甲 | 乙 | 丙 | 构拟音读 |
|---|---|---|---|---|
| A | a1 | a2 | a3 | * a |
| B | b1 | (a2) | (a3) | * b |

(2) 语音性音变所致的层次合流，意指相异层次音读各自发生不同的语音变化，音变的结果造成两个音读混同，则今日所见的唯一音读同时反映两项层次的音韵表现，可以分别放在两个历史层次平面来进行音韵比较或构拟，如下表同样的假设，但甲、乙两地 A、B 层次维持异读，丙地发生“a3＞c3”、“b3＞c3”的合流音变，分层比较时 A 层需要同时考虑 a1、a2、c3 等方言变体，B 层也需要同时考虑 b1、b2、c3 等方言变体，据此分别构拟原始音读 * a、* b。

**表 5－42**

| 层次合流 | 甲 | 乙 | 丙 | 构拟音读 |
|---|---|---|---|---|
| A | a1 | a2 | a3＞c3 | * a |
| B | b1 | b2 | b3＞c3 | * b |

这样看来,历史层次分析工作确实需要严加区辨层次替代与语音性音变;然而,层次竞争一旦由某一层次取胜,完全替代落败层次,表面的结果与语音变化的结果经常没有什么不同,倘若透过方言比较以及系统性内部比较还是无迹可寻,我们在进行层次分析时,只好暂时将之视为语音变化所造成的层次合流,同时对应于多项历史时间层。

## 5.4　层次互动与音韵变化

层次与音变在历史语言研究中总是被视为壁垒分明的两件事,而且区辨层次竞争或语音性音变是相当重要的一项工作,大致来说,能从语音条件加以解释的变化或变异,会被分析为语音性内部音变,而无法从语音条件加以解释的变化或变异,多半是接触性外源音变或是不同层次的叠置。然而,我们在进行较多方言点、大量语词的层次分析时,深刻感受到层次与音变不见得必定如此截然二分,如5.3节所述,相异层次的长期共处会引发竞争变异,这是语言系统将异质成分有序化的自然过程,在重新整合的过程中,层次的竞争互动有可能进一步带动语言系统内部音变的发生,下面以两个闽语的例子深入探讨层次竞争带动音韵变化的可能性。

### 5.4.1　闽东、闽北的泰韵层次竞争与相关音韵变异

本书分析闽东泰韵发生文读韵-ai大量取代白读韵-ua(或-uai)的竞争变异(参见5.3.1),同时观察到其他来自古歌部的歌支韵与麻韵例字,也恰好发生“-ua(i)>-ai”的相关音变,如表5-43:

**表5-43　闽东-ua(i)>-ai相关音变**

| 例字 | 中古 | 声类 | 泉州 | 澄海 | 石陂 | 福州 | 福清 | 古田 | 柘荣 | 福安 | 宁德 |
|---|---|---|---|---|---|---|---|---|---|---|---|
| | | | ua | ua | uai | uai/ai | ua/ai | uai/ai | ua | o | uo |
| 破 | 1果-戈 | P1 | pʰua3 | pʰua3 | pʰuai3 | pʰuai3 | pʰua3 | pʰuai3 | pʰua3 | pʰo3 | pʰuo3 |
| 磨磨刀 | 1果-戈 | P1 | bua5 | bua5 | muai3 | muai5 | mua5 | muai5 | mua5 | mo5 | muo5 |

**续　表**

| 例字 | 中古 | 声类 | 泉州 | 澄海 | 石陂 | 福州 | 福清 | 古田 | 柘荣 | 福安 | 宁德 |
|---|---|---|---|---|---|---|---|---|---|---|---|
| | | | ua | ua | uai | uai/ai | ua/ai | uai/ai | ua | o | uo |
| 麻 | 2 假-麻 | P1 | muã5 | mua5 | muai3 | muai5 | mua5 | muai5 | mua5 | mo5 | muo5 |
| 我 | 1 果-歌 | K | ɡua2 | ua2 | ɦuai5 *4 | ŋuai2 | ŋua2 | ŋuai2 | ŋua2 | ŋo2 | ua2 |
| 大 | 1 果-歌 | T1 | tua3 | tua7 | tuai7 | tuai7 | tua7 | tuai7 | tua7 | to7 | tuo7 |
| 拖 | 1 果-歌 | T1 | tʰua1 | tʰua1 | tʰuai1 | tʰuai1<br>tʰai1 | tʰua1<br>tʰai1 | tʰai1 | tʰua1 | tʰo1 | |
| 箩 | 1 果-歌 | T1 | | lua5 | | nai5 | lai5 | lai5 | lua5 | | luo2 |
| 沙 | 2 假-麻 | TS2 | sua1 | sua1 | suai1 | sai1 | sua1 | sai1 | sua1 | so1 | suo1 |
| 倚① | 3 止-支 | ø | ua2 | ua2 | uai2 | ai2 | ai2 | ai2 | | ai2 | ai2 |
| 纸 | 3 止-支 | TS3 | tsua2 | tsua2 | | tsai2 | tsai2 | | | | |

同样读为-ua(或-uai)的歌戈韵与麻韵例字，虽无文读-ai的竞争动因，非唇音及非舌根音声母的多数语词却也相应变读为-ai，如“箩”读为lai5、“沙”读为sai1、“倚”读为ai2等，这些例字的音读变异看来似乎具有语音条件，其声母皆为舌齿音或零声母，我们大概会据以推论闽东运作这样的音韵规律“-uai>-ai/{T,TS,ø} _”，因而认为此与泰韵的层次竞争是各自独立的变化与变异。然而，如果闽东歌支韵与麻韵例字发生的“-ua(i)>-ai”确实是一种语音性音变，会有两个问题无法清楚解释：一是声母的语音条件如何影响韵读开口化，我们可以设想唇音及舌根音声母本即容易与合口韵读结合，相对来说舌齿音声母则较不易，因而影响韵读开口化，但零声母条件下为何韵读也是开口化？此外，倘若舌齿音与零声母是影响合口韵读开口化的重要语音条件，为何其他合口韵没有相应的系统性表现？二是有几个舌齿音例字并不运行“-ua(i)>-ai”的变化，例如“大”字各地都一致读

① “倚”字虽在中古韵书著录为支韵，但闽语的音韵表现上，白读层次的“倚”字乃与从古歌部变入歌麻韵的字群具有相同的表现，而与变入支韵的字群较不一致。此外，“纸”字上古归属佳部，中古著录为支韵，但闽语“纸”字上古层韵读却与歌部同读，另有韵读-ai亦与变入歌麻韵的字群具有相同的表现，而与变入支韵的字群较不一致。

为合口韵读,而“拖”字在福州、福清则是两读兼具,这样看来语音条件的影响与限制并不是非常关键的音变原因。据此,我们有理由怀疑闽东歌支韵与麻韵例字的“-ua(i)>-ai”变化并非是一种语音性音变,也就是说这个语音变异的动因恐怕不是单纯的语音条件式音变。

本书认为闽东歌麻韵的“-ua(i)>-ai”变化与泰韵文读韵-ai大量取代白读韵-ua(或-uai)的层次竞争密切相关。如下表所示,闽语歌麻韵与泰韵有两项同读的白读层,虽反映不同的历史时间,但共同显示闽语这两群字密切相应的音韵关系,直到新进的文读层次系统中,歌韵、麻韵与泰韵的韵读方才分立。

**表 5－44**

| (福清) | 歌　韵 | 麻　韵 | 泰　韵 |
|---|---|---|---|
| 文　读 | o | a | ai |
| 白读1 | ua | ua | ua |
| 白读2 | ia | ia | ia |

透过方言比较可以推论,闽东泰韵的文读韵-ai与白读韵-ua发生较为激烈的层次竞争,文读韵几乎全面取胜(参见5.3.1),大量韵读-ua被-ai取代的力量,极可能扩展为闽东韵读系统中的音变动因,连带启动歌麻韵的韵读-ua也变读为-ai,即使歌麻韵并没有与文读韵-ai的竞争关系;也就是说,歌麻韵的韵读变化动因来自泰韵层次竞争的牵动,而其变化的过程则采取逐一扩散的方式,包括结构扩散与词汇扩散,结构扩散指的是声母条件影响这项韵读变化的阶段性,带有合口征性的唇音及舌根音声母条件下,合口韵读-ua尚未受到牵动,其他声母条件下则已引发韵读变化,并以词汇扩散的方式进行,目前多数语词已经完成变化或处于两读兼具的自由阶段。① 值得注意的是,闽东歌麻韵的

① 唯“大”字不受影响,我们暂时推测可能原因有二:(1)词频极高,不易受到层次竞争的牵动;(2)“大”字本有来自泰韵的文读tai7,出现在“大王”、“大概”等文读词汇中,而白读tua7或tuai7则一律指称与小相对的概念,在这样文白语意严格分工的情况下,tua7或tuai7可能不易受到牵动而混读为tai7。

“-ua(i)>-ai”变化普遍发生在南片方言点，与此相应的是，南片的泰韵层次竞争几乎全面发生替代，北片还保有白读层次遗迹，由此可见南片泰韵的层次互动力量较强，因而普遍牵动歌麻韵的韵读变化。

闽北也有相应的韵读变化情形可以支持我们的推论。如 5. 3. 1 所述，闽北泰韵的层次竞争与闽东相反，其白读韵的竞争势力反而强过文读韵，建瓯、松溪等地均由白读韵-uai(或-uɛ)大量取代文读韵-ai，这股力量也同样在闽北韵读系统中扩展，连带启动的是咍韵发生“-ai>-uai”等同类变化，如表 5－45 所示。

**表 5－45　闽北-ai>-uai 相关音变**

| 例字 | 中古 | 声类 | 泉州 | 澄海 | 福清 | 石陂 | 建阳 | 崇安 | 建瓯 | 政和 | 松溪 |
|---|---|---|---|---|---|---|---|---|---|---|---|
| | | | ai | ai | ai | ai | ai/ue | ai/uai | ai/uɛ | ai/uɛ | ai/ua |
| 态 | 1 蟹-咍 | T1 | tʰai3 | tʰai3 | tʰai3 | tʰai3 | hai3 | hai3 | tʰai3 | | tʰa7 |
| 待 | 1 蟹-咍 | T1 | tʰai6 | tʰai6 | tai7 | dai3 | lai3 | luai3 | tuɛ8 | | tua8 |
| 胎文读 | 1 蟹-咍 | T1 | tʰai1 | | tʰai1 | tʰai1 | hai1 | hai1 | tʰai1 | tʰai1 | tʰua1 |
| 耐 | 1 蟹-咍 | T1 | naĩ3 | naĩ6 | nai7 | nai7 | nai7 | nai7 | nai7 | nai7 | nua7 |
| 来 | 1 蟹-咍 | T1 | lai5 | lai5 | lai5 | lai3 | lai5 | lai5 | lai2 | lai9 | lua9 |
| 灾文读 | 1 蟹-咍 | TS1 | tsai1 | tsai1 | tsai1 | tsai1 | tsue1 | tsuai1 | tsuɛ1 | tsuɛ1 | tsua1 |
| 才 | 1 蟹-咍 | TS1 | tsai5 | tsʰai5 | tsai5 | dzai5 | lue5 | luai5 | tsʰai2 | tsʰai5 | |
| 宰 | 1 蟹-咍 | TS1 | tsai2 | tsai2 | tsai2 | tsai2 | tsai2 | tsuai2 | tsuɛ2 | tsuɛ2 | tsua2 |
| 该 | 1 蟹-咍 | K | kai1 | kai1 | kai1 | kai1 | kue1 | kai1 | kai1 | kai1 | kua1 |
| 海 | 1 蟹-咍 | K | hai2 | hai2 | hai2 | xuai2 | xue2 | xuai2 | xuɛ2 | xuɛ2 | hua2 |
| 哀 | 1 蟹-咍 | Ø | ai1 | ai1 | ai1 | ai1 | ue1 | uai1 | uɛ1 | uɛ1 | ua1 |

咍韵原来没有-uai(或-uɛ)的合口韵读层次，如下表以建瓯为例，闽语咍韵与泰韵白读层完全不同读，直到新进的文读层次系统中，咍韵与泰韵才同读为-ai。然而，闽北咍韵今读却有大量-ai 与-uai(或-uɛ)的变异现象，而且无法从语音条件提出适当的音变解释；相较于闽东，我们认为此项韵读变化动因正是来自泰韵的层次竞争，白读韵-uai(或-uɛ)大量取代文读韵-ai 的力量，牵动咍韵也发生“-ai>-uai”的韵读变化，其变化的过程同样采取词汇扩散的方式，目前还在持续变

动当中,因此韵读对应相当参差。

表 5－46

| (建瓯) | 咍　韵 | 泰　韵 |
|---|---|---|
| 文　读 | ai | ai |
| 白读 1 | o | uɛ |
| 白读 2 | ɛ | yɛ |

值得注意的是,闽北咍韵的"-ai＞-uai"韵读变异在松溪扩散最为厉害,石陂则仅有少数例字发生变异(如表 5－47 所示),与此相应的是,松溪泰韵的层次竞争情形正是白读韵几乎完全取代文读韵,而石陂的泰韵则是文白大致维持平衡状态(如表 5－48 所示),由此可见闽北泰韵的层次互动力量,确实牵动着咍韵的韵读变异情形。

**表 5－47　闽北咍韵字群-ai＞-uai 的扩散变异**

| 咍　韵 | 石　陂 | | 建　阳 | | 崇　安 | | 建　瓯 | | 政　和 | | 松　溪 | |
|---|---|---|---|---|---|---|---|---|---|---|---|---|
| | ai | uai | ai | ue | ai | uai | ai | uɛ | ai | uɛ | a | ua |
| 端系(T-) | 10 | 2 | 10 | 1 | 9 | 2 | 6 | 2 | 6 | 2 | 1 | 7 |
| 精系(TS-) | 10 | 0 | 6 | 4 | 5 | 8 | 2 | 4 | 4 | 6 | 0 | 5 |
| 见影系(K-) | 7 | 2 | 5 | 5 | 5 | 5 | 5 | 4 | 5 | 3 | 2 | 6 |
| 合　计 | 27 | 4 | 21 | 10 | 19 | 15 | 13 | 10 | 15 | 11 | 3 | 18 |
| 百分比(%) | 87 | 13 | 68 | 32 | 56 | 44 | 57 | 43 | 58 | 42 | 14 | 86 |

**表 5－48　闽北泰韵字群文白韵读的层次竞争**

| 泰　韵 | 石　陂 | | 建　阳 | | 崇　安 | | 建　瓯 | | 政　和 | | 松　溪 | |
|---|---|---|---|---|---|---|---|---|---|---|---|---|
| | ai | uai | ai | ue | ai | uai | ai | uɛ | ai | uɛ | a | ua |
| 端系(T-) | 4 | 4 | 1 | 4 | 1 | 5 | 2 | 5 | 2 | 4 | 0 | 7 |
| 精系(TS-) | 1 | 0 | 0 | 1 | 0 | 1 | 0 | 1 | 0 | 1 | 0 | 1 |
| 见影系(K-) | 2 | 1 | 0 | 2 | 2 | 2 | 2 | 2 | 2 | 2 | 1 | 3 |
| 合　计 | 7 | 5 | 1 | 7 | 3 | 8 | 4 | 8 | 4 | 7 | 1 | 11 |
| 百分比(%) | 58 | 42 | 14 | 86 | 27 | 73 | 33 | 67 | 36 | 64 | 8 | 92 |

### 5.4.2　闽南、闽东通摄3等的层次互动与结构重整

根据3.3的层次分析，如表5-49所示，闽南通摄3等韵字群的文读韵在潮汕地区具有条件变体，非舌齿音声母条件下读为-ioŋ、-iok，但在舌齿音声母条件下，却多读同1等韵的-oŋ、-ok，就其共时平面上的条件性分布，应将-ioŋ、-iok与-oŋ、-ok视为同一来源的条件变体。相应于此，闽东通摄3等韵字群的文读韵在北片亦具有声母条件变体，非舌齿音声母条件下亦读为-yŋ、-yk（福安因发生韵变而非上声字读为-øŋ、-øk），但在舌齿音声母条件下，却多读同1等韵的-uŋ、-uk（福安非上声字读为-ouŋ、-ouk），单就文读层在共时平面上的条件性分布，也应将-yŋ、-yk与-uŋ、-uk视为同一来源的条件变体。①

**表5-49　闽南、闽东通摄3等韵字群的文读表现**

<table>
<tr><th colspan="2">通3文读韵</th><th>泉州</th><th>漳州</th><th>澄海</th><th>揭阳</th><th>福清</th><th>古田</th><th>柘荣</th><th>福安</th></tr>
<tr><td>T-TS</td><td>中终充松重</td><td rowspan="2">iɔŋ</td><td rowspan="2">iɔŋ</td><td>oŋ</td><td>oŋ</td><td rowspan="2">yŋ/øŋ</td><td rowspan="2">yŋ</td><td>uŋ</td><td>uŋ/ouŋ</td></tr>
<tr><td>K-Ø</td><td>穷雄恭凶容</td><td>ioŋ</td><td>ioŋ</td><td>yŋ</td><td>uŋ/øŋ</td></tr>
<tr><td>T-TS</td><td>陆祝淑足辱</td><td rowspan="2">iɔk</td><td rowspan="2">iɔk</td><td>ok</td><td>ok</td><td rowspan="2">yʔ/øʔ</td><td rowspan="2">yk</td><td>uk</td><td>ouk</td></tr>
<tr><td>K-Ø</td><td>育曲浴</td><td>iok</td><td>iok</td><td>yk</td><td>øk</td></tr>
</table>

然而，闽南泉漳地区通摄3等韵有一小批例字也能读同1等韵的-ɔŋ、-ɔk，如表5-50的“隆缩颂束”等字，其中漳州例字较多，且不限于舌齿音声母条件，此外，我们实际田调时也搜集到台湾北部泉腔社子方言与台南、高雄地区部分沿海方言点将“用”一词读为ɔŋ7，以及台湾闽南语指称菜色丰富的“丰沛”一词中“丰”读为$p^h$ɔŋ1；相应于此，闽东福州、福清等地通摄3等韵也有一批例字能读同1等韵的-uŋ、-uʔ（特定声调条件下韵变为-ouŋ、-ouʔ或-oŋ、-oʔ），如表5-51的“祝宠束蕹”等字，其中福清例字较多，且不限于舌齿音声母条件，例如指称空心菜的

① 通摄3等文读韵在非系声母条件下往往读同1等韵，此为各地一致的语音性条件变体，与本小节所探讨的层次竞争互动并不相同，这里暂时不讨论非系声母条件下的文读韵变体。

“蕹”字,《集韵》著录为影母3等钟韵,闽南韵读亦为通摄3等独读的iŋ3或eŋ3,但福州、福清则都读同1等韵,应该反映另一项层次韵读。

**表5-50　闽南泉漳地区通摄3等韵读同1等韵的少数例字**

| 通3文读韵 | | | 泉州 | 漳州 | 澄海 | 揭阳 |
|---|---|---|---|---|---|---|
| 例字 | 中古 | 声类 | ɔŋ<br>ɔk | ɔŋ<br>ɔk | oŋ<br>ok | oŋ<br>ok |
| 隆 | 3通-东 | T1 | lɔŋ5 | lɔŋ5 | loŋ5 | loŋ5 |
| 缩 | 3通-东 | TS2 | sɔk4 | sɔk4 | sok4 | sok4 |
| 众 | 3通-东 | TS3 | | tsɔŋ3 | | tsoŋ3 |
| 龙 | 3通-钟 | T1 | | lɔŋ5 | | |
| 颂 | 3通-钟 | TS1 | sɔŋ3 | sɔŋ3 | soŋ6 | |
| 束 | 3通-钟 | TS3 | sɔk4 | sɔk4 | sok4 | sok4 |
| 供 | 3通-钟 | K | | kɔŋ1 | | |
| 恐 | 3通-钟 | K | | kʰɔŋ2 | | |

**表5-51　闽东福州、福清通摄3等韵读同1等韵的少数例字**

| 通3文读韵 | | | 福州 | 福清 | 柘荣 | 福安 |
|---|---|---|---|---|---|---|
| 例字 | 中古 | 声类 | uŋ/ouŋ<br>uʔ/ouʔ | uŋ/oŋ<br>uʔ/oʔ | uŋ<br>uk | uŋ/ouŋ<br>ouk |
| 中平声 | 3通-东 | T2 | | tuŋ1 | tuŋ1 | touŋ1 |
| 中去声 | 3通-东 | T2 | | toŋ3 | tuŋ3 | touŋ3 |
| 陆 | 3通-东 | T1 | | luʔ8 | luk8 | louk8 |
| 终 | 3通-东 | TS3 | | tsuŋ1 | tsuŋ1 | tsouŋ1 |
| 祝 | 3通-东 | TS3 | | tsoʔ4 | tsuk4 | tsouk4 |
| 郁 | 3通-东 | Ø | ouʔ4 | | | ouk4 |
| 宠 | 3通-钟 | T2 | tʰuŋ2 | tʰuŋ2 | | tʰuŋ2 |
| 龙 | 3通-钟 | T2 | nuŋ5 | | nuŋ5 | nouŋ5 |
| 颂 | 3通-钟 | TS1 | | soŋ7 | suŋ7 | souŋ7 |
| 足 | 3通-钟 | TS1 | | tsoʔ4 | tsuk4 | tsouk4 |

**续　表**

| 通3文读韵 | | | 福州 | 福清 | 柘荣 | 福安 |
|---|---|---|---|---|---|---|
| 例字 | 中古 | 声类 | uŋ/ouŋ<br>uʔ/ouʔ | uŋ/oŋ<br>uʔ/oʔ | uŋ<br>uk | uŋ/ouŋ<br>ouk |
| 粟 | 3通-钟 | TS1 | | soʔ4 | suk4 | souk4 |
| 束 | 3通-钟 | TS3 | souʔ4 | soʔ4 | suk4 | souk4 |
| 蕹蕹菜 | 3通-钟 | ø | ouŋ3 | oŋ3 | | |

若将闽南泉州、漳州及闽东福州、福清这批不成条件分布的例字放进来一同考虑，对于闽南潮汕地区及闽东北片通摄3等文读韵的条件性分布，我们有另一种不同的看法：今日共时平面上文读韵的条件分布，不一定完全来自单一韵读的语音性分化，很可能实际上是导因于两项不同层次韵读经过长期互动所形成的结构重整结果。如表5-52所示，闽语通摄3等韵字群有一项读同1等韵的白读层次，这项白读韵受到语言系统内部层次整合的推动，与文读韵发生深刻的互动竞争，特别是在潮汕地区及闽东北片形成条件互补分布，舌齿音声母条件下由1、3等同读的层次取胜，非舌齿音声母条件下则由文读韵取胜；但在泉漳地区及闽东南片，与1等韵同读者多数被其他层次韵读所取代，唯漳州、福清有较为明显的层次遗迹。值得注意的是，仙游也有相应的1、3等同读层次遗迹，"丰丰富从胸蕹束"等3等例字均读同1等韵的-ɒŋ、-ɒʔ，与中东部四等同读的上古层韵读-aŋ、-aʔ维持异读对立。

**表5-52　闽语通摄3等韵的两项层次互动**

| 通3 | | 闽南 | | 闽东 | | 莆仙 |
|---|---|---|---|---|---|---|
| | | 泉漳 | 潮汕 | 南片 | 北片 | 仙游 |
| 阳声韵 | 文读 | iɔŋ | (K-ø) ioŋ<br>(T-TS) oŋ | yŋ | (K-ø) yŋ<br>(T-TS) uŋ | yøŋ |
| | 1、3等同读 | ɔŋ | | uŋ | | ɒŋ |
| 入声韵 | 文读 | iɔk | (K-ø) iok<br>(T-TS) ok | yk | (K-ø) yk<br>(T-TS) uk | yøʔ |
| | | | | uk | | ɒʔ |
| | 1、3等同读 | ɔk | | uoʔ | uoʔ | |

如果以上的推论可以成立,那么本书3.3节对于闽语通摄3等韵的历史层次分析需要修改为表5－53。原来的分析中,闽语通摄3等韵字群的文读具条件变体,却缺乏江东层与上古层的异读对立,以泉州为例,古中东部四等同读的上古层读为-aŋ、-ak,至于1、3等同读的江东层没有独立的韵读形式,但是根据系统性的对应比较,各次方言遇摄3等虞韵及宕摄开口3等阳韵均具有江东层与上古层的异读对立,江东层为模虞1、3等同读及唐阳1、3等同读,上古层为古幽侯部四等同读及古鱼阳部四等同读,据此,我们认为闽语通摄3等韵字群在历史分层上必然也有与同摄1等韵同读的江东层,异于上古层的音读关系,但可能受到层次取代或语音性音变的影响,闽语各地今日皆缺乏层次异读。然而,本小节改从另一角度来思考层次互动引发结构重整的可能性,亦即共时平面上的条件分布可能来自不同层次的整合结果;若然,潮汕地区及闽东北片舌齿音声母条件下与1等韵同读者,即是通摄3等韵江东层的韵读表现。

**表5－53　闽语通摄3等韵的层次对应关系**

| 通摄3等韵 | 泉州 | 漳州 | 澄海 | 福清 | 古田 | 柘荣 | 石陂 | 建阳 | 建瓯 |
|---|---|---|---|---|---|---|---|---|---|
| 文读层 | iɔŋ | iɔŋ | ioŋ | yŋ/øŋ | yŋ | yŋ | ueiŋ | eiŋ | œyŋ |
| | iɔk | iɔk | iok | yʔ/øʔ | yk | yk | y | y | y |
| 南朝江东层<br>1、3等同读 | ɔŋ | ɔŋ | oŋ | uŋ/oŋ | — | uŋ | əŋ | oŋ | ɔŋ |
| | ɔk | ɔk | ok | uʔ/oʔ | — | uk | u | o | u |
| | | | | uo | uoʔ | uoʔ | | | |
| 晋代北方层<br>3等独读 | iŋ | iŋ | eŋ | yŋ/øŋ | yŋ | yŋ | ueiŋ | eiŋ | œyŋ |
| | iak | ik | ek | yʔ/øʔ | yk | yk | y | y | y |
| 上古层<br>四等同读 | aŋ | aŋ | aŋ | øŋ | øyŋ | œŋ | əŋ | oŋ | ɔŋ |
| | ak | ak | ak | øʔ | øyk | œk | u | o | u |

从同样的角度来重新思考闽语流摄3等尤韵的层次分析。如表5－54所示,原来的分析中,闽语尤韵字群的晋代北方层在闽南、闽东

具有条件变体，舌齿音声母条件下读为细音韵-iu，但在非舌齿音声母条件下，却多读为洪音韵-u，就其共时平面上的条件性分布，应将-iu与-u视为同一来源的条件变体。

**表 5－54 闽语流摄 3 等尤韵的晋代北方层表现**

| 尤韵北方层 | | 泉州 | 漳州 | 澄海 | 福清 | 古田 | 柘荣 | 石陂 | 建阳 | 建瓯 |
|---|---|---|---|---|---|---|---|---|---|---|
| P | 妇浮伏孵 | u | u | u | u/o | u | u | iu | iu | iu(y) |
| K－∅ | 龟牛久有臼 | iu | iu | iu | iu | iu | iu | | | |
| T－TS | 酒手泅岫 | | | | | | | | | |

然而，闽北没有这样的条件变体分布，无论任何声母条件均能读为细音韵-iu，唯双唇声母条件下的“妇”字在建瓯、松溪进一步撮口化为-y；此外，闽北侯尤韵另有一小批例字同读为洪音韵-u 或-o（松溪另有条件变体-ɒu），如表 5－55 的“母脰妇昼”等字。

**表 5－55 闽北流摄侯尤韵 1、3 等同读的少数例字**

| 流 3 尤韵 | | | 石 陂 | 建 阳 | 政 和 | 松 溪 |
|---|---|---|---|---|---|---|
| 例字 | 中古 | 声类 | u | o | u | u/ɒu |
| 母 | 1 流-侯 | P1 | mu2 | mo2 | mu2 | mu2 |
| 戊 | 1 流-侯 | P1 | mu7 | mo7 | mu7 | mu7 |
| 脰 | 1 流-侯 | T1 | du7 | lo7 | tu9 | tɒu2 |
| 狗 | 1 流-侯 | K | ɦu2 | | xu9 | hu9 |
| 喉 | 1 流-侯 | K | ɦu5 | o9 | | hu9 |
| 妇 | 3 流-尤 | P1 | xu1 | mo3 | pu3 | |
| 昼 | 3 流-尤 | T2 | | to3 | tu3 | tɒu3 |

若将闽北这些不成条件分布的例字放进来一同考虑，对于闽南及闽东尤韵北方层的条件性分布，也可以有另一种不同的推论：如表 5－56 所示，闽语流摄 3 等尤韵字群中，读同 1 等韵的江东层与 3 等独读的晋代北方层发生深刻的互动竞争，闽南及闽东的语言系统将

这两项层次整合为声母条件上的互补分布，舌齿音声母条件下由 3 等独读的晋代北方层取胜，非舌齿音声母条件下则由 1、3 等同读的江东层取胜；而闽北的江东层韵读多数被其他层次韵读所取代，仅有零星的层次遗迹。

**表 5－56　闽语流摄 3 等尤韵的两项层次互动**

<table>
<tr><th colspan="2">尤　韵</th><th>闽　南</th><th>闽　东</th><th>闽　北</th></tr>
<tr><td>江东层</td><td>1、3 等同读</td><td rowspan="2">(P－K－Ø) u<br>(T－TS) iu</td><td rowspan="2">(P－K－Ø) u<br>(T－TS) iu</td><td>u</td></tr>
<tr><td>北方层</td><td>3 等独读</td><td>iu</td></tr>
</table>

据此，本书 3.3 节对于闽语流摄 3 等尤韵的历史层次分析也需要修改为表 5－57。原来的分析中也是缺乏江东层与上古层的异读对立，以泉州为例，古幽侯部四等同读的上古层读为-au，至于 1、3 等同读的江东层没有独立的韵读形式，但是根据系统性的对应比较，闽语流摄 3 等尤韵在历史分层上必然也有与同摄 1 等韵同读的江东层，从层次互动引发结构重整的可能性来看，闽南、闽东非舌齿音声母条件下与 1 等韵同读者，即是尤韵江东层的韵读表现。

**表 5－57　闽语流摄 3 等尤韵的层次对应关系**

| 流摄 3 等尤韵 | 泉州 | 漳州 | 澄海 | 福清 | 古田 | 柘荣 | 石陂 | 建阳 | 建瓯 |
|---|---|---|---|---|---|---|---|---|---|
| 文读层 | iu | iu | iu | iu | iu | iu | iu | iu | iu |
| 南朝江东层<br>1、3 等同读 | u | u | u | u/o | u | u | u | o | u |
| 晋代北方层<br>3 等独读 | iu | iu | iu | iu | iu | iu | iu | iu | iu |
| 上古层<br>四等同读 | au | au | au | au | au | au | əu | əu | e |

无论是层次竞争牵动相关音读发生扩散变异，或是语言系统将互动的层次异读整合为结构条件上的互补分布，这都显示层次互动与音韵变化之间确实具有某些相关性，虽然因此增加历史语言研究

的困难,但更能真实反映语言系统异质而有序的实际变动过程,也提醒我们在从事层次分析或音变研究时,应该同时考虑两者的交互作用,厘清语音的变异与变化有助于层次的辨析,而掌握层次系统的区别也有助于音变动因的深入探讨,这两项分析工作应是相辅相成。

## 5.5 结语:接触、层次与音变的交互关系

本章在闽语历史层次的分析基础之上,探讨语言接触、层次竞争、语音变化与变异三者之间复杂的交互关系,总结如下面的示意图:

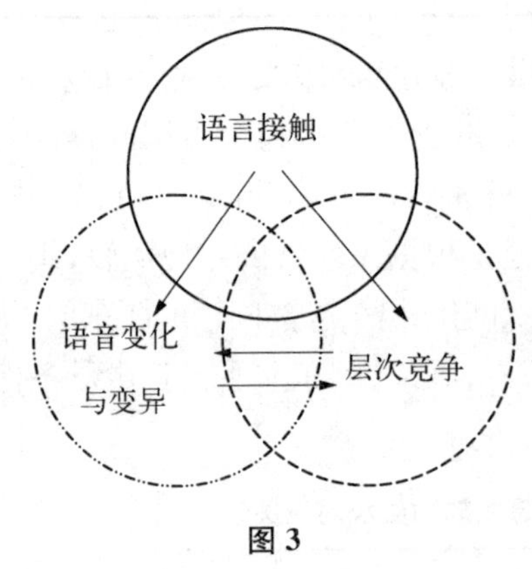

图 3

(1) 以"语言接触"为切入点:语言长期接触往往会同时造成接触性干扰音变与移借层次。

(2) 以"音变与变异"为切入点:音变可能单纯来自内部语音条件的影响,进而造成层次音读的分合变化;但也可能涉及外部接触的触发,甚至是不同层次系统的重整互协。

(3) 以"层次竞争"为切入点:移借层次透过语言接触进入本地时会经过调整音变,叠置后一方面受到系统性音变的影响,另一方面不同层次的互动竞争也可能牵动语言系统整合性的音韵变化。

这样丰富的交互关系启示历史层次分析工作应该同时注意几件事:

(1) 不同目标的语言接触带进的层次有其个别的系统性表现,可能直接反映源语言的音韵系统,也可能受到当时本地语言音韵习性的调整改读;但无论如何,不同的层次必定有各成系统对应的音韵特点,这是辨析相异历史层次的重要依据。

(2) 层次叠置后会历经诸多变动的过程,一方面受到系统性音变

影响而有参差的分合变化，另一方面不同层次的长期互动，可能引发竞争替代，甚至扩展为语言系统的音韵变化。由于不同的次方言或方言点的层次变化方式或结果不尽相同，因此我们应该透过较多方言点、大量同源词的比较分析，包括各个方言点的内部分析以及跨方言点的比较，来详细厘清各方言点层次变化的方式与过程，进而推溯方言之间的层次对应关系。

(3) 依据(1)所述的层次系统性，我们着重进行的是“历史分层”的工作，分析所得的是历史时间层次，各项层次系统分别反映不同的历史时间或地域来源；然而如(2)所述，层次音读会历经诸多变化或变异，因此不同时间层的音读可能发生分合变化，造成今日共时平面上一项时间层有多个音读，或者多项时间层有共同的音读，如果只根据相异音读进行“音韵分层”工作，分析所得的只是共时的音韵层次，各个方言的音韵层次与历史层次不尽然是一对一的完全相合，这是进行层次分析时应该特别留意的地方。

传统的历史语言研究中，接触、层次与音变应该要严格划分；然而，从实际的分析工作中，尤其是针对发生多次语言接触、引进多项历史层次的闽语音韵系统，我们却深刻体会到接触、层次与音变的紧密互动。如果我们将历史语言研究的目的设定为推溯语言的历史发展与音韵演变，那么闽语的历史研究必须特别着重于历史层次的分析，并且应该要充分掌握语言接触的重要机制，同时探究层次与音变之间的交互作用。

# 第六章
# 结　　论

本章总结前文对闽语历史层次的重要分析成果,并从语言接触的角度重新思考闽语的历史音韵演变,以及层次与音变的交互关系,最后在本书研究基础之上,提出可以继续深入探讨的问题。

## 6.1　本书重要研究成果

闽语是历史层次叠积相当丰富的汉语方言,辨析清楚闽语各项历史音韵层次系统即是本书最大的研究成果。我们在第三章、第四章分析闽语韵读、声母与声调的历史层次,一方面建立各音读层次在闽南、闽东、闽北的方言对应关系,另一方面也根据层次音韵系统表现的相应性与差异性,进行历史时间分层的工作。韵读及声母部分,本书均辨析出四项截然相异的历史层次,不仅归纳各项历史层次相异的音韵结构特点,还进一步参照相关历史音韵研究,探讨每项层次音韵特点,究竟是直接反映来源音韵系统,还是闽地自身的音韵调整归并,其中特别注意古闽越语的系统性母语干扰对闽语的重要影响,以下分别简要说明。

### 6.1.1　闽语韵读的四项历史层次

闽语的韵读系统在历史分层上至少需要分为四项层次：唐宋文读层、南朝江东层、晋代北方层以及上古层,其中南朝江东层与晋代北方层的地域差异性多过于时代变异性,而上古层乃北方古汉语进入闽地受到非汉语音韵干扰所形成的古老层次。这四项历史层次的音韵结构特点相当不同:

1. 文读层十分切合中古音韵架构,并且同于唐宋以来"1、2 等韵合为洪音,3、4 等韵合为细音"的音韵演变趋向。

2. 上古层则符应古韵部阴、阳、入声韵的严整对应系统,而且不论等第,同部共读为一致的洪音韵读或细音韵读。

3. 北方层的同摄 2、4 等韵合流同读,而 3 等韵介音(*-j-)相当稳固,今读多为带有前高介音的细音韵母结构。

4. 江东层的 3 等韵因其主要元音的前后征性差异,分成两类演变:(a)后部元音者,3 等介音(*-j-)几乎没有留下痕迹地消失,而与 1 等韵同读为洪音韵,例如遇、流、宕开、通等摄的 3 等韵;(b)非后部元音者,3 等介音(*-j-)对主要元音发生高化作用,读为细音韵,如有同摄 4 等韵,即与之合流,例如蟹、山、咸、效、止、臻、曾、深等摄的开口 3 等韵。

闽语各地在层次竞争剧烈与长久语音演变之下,不见得均处于四项层次分明的音韵状态;不过,透过跨方言的延伸比较,以及系统性的音韵特点对比,还是可以探寻出以上四个音韵结构与演变方向截然有别的层次系统,其中文读层与上古层的辨析较为容易,而北方层与江东层的辨析与判定,需要参照较多的历史音韵证据,不过音韵上明显相异的层次系统表现,确实符应六朝时期南北音韵的差异性,以及当时北方移民与江东移民大批入闽的历史记录。

### 6.1.2 闽语声母的四项历史层次

依据古全浊声类的音读表现,闽语的声母系统在历史分层上至少需要分为四项层次:唐宋文读层、江东层、北方层以及非汉语干扰层。其中北方层有部分古声类带有明显的上古特色,例如古匣母读同群母,则其历史时间可以上推至西晋以前,不完全等同于韵读系统的晋代北方层；此外，古闽越语的母语使用者在学习古汉语时，依其音韵习性进行一系列的音韵调整改读，遂形成具有系统特色的非汉语干扰层。这四项历史层次的音读特点与各自所反映的音韵分合关系相当不同：

1. 文读层的全浊声类在闽北多数读为浊音，其中擦音声类已先行清化，从音韵分合关系来看，文读层的並奉母分立、明微母分立、群匣喻母分立、日母独立，此均符应唐宋以来的音韵演变。

2. 北方层的全浊声类在闽北一律读为浊音，从音韵分合关系来看，北方层的並奉母不分、明微母不分、日泥娘母不分，更重要的是匣母二分，其一与群母同读，另一与喻三母同读，再加上从邪母分立、船禅母有别，此均反映自秦汉到魏晋的北方汉语声母特点。不过，闽南、闽东的北方层均已清化为不送气清音。

3. 江东层的全浊声类在闽语各地一律读为不送气清音，不仅音读上有独特表现，从邪船禅母不分的音韵关系更是反映南方江东地区的声母特点。

4. 非汉语干扰层的全浊声类在闽语各地一律读为送气清音，其与次浊声类在声母音读与闽东声调归读上有非常一致的系统性表现；此外，古全清声类也有特殊音读表现，反映非汉语音韵干扰的底层遗迹。

这四项声母历史层次仅在闽北西北片处于异读分明的音韵状态，而东南片的浊音虽已清化，但仍保有声调上的严格对应；相对于此，闽南、闽东几乎不留浊音北方层的痕迹，均清化为不送气清音，进而与江东层合流，唯匣母与群母同读的音韵关系还能反映较早的北方音韵特点，成为重要的层次遗迹。

### 6.1.3　古闽越语的母语干扰

本书分析闽语的韵读与声母历史层次，推论闽语有许多早期层次音韵特点均来自古闽越语的母语干扰，声母方面例如：(1) 将古汉语浊音声类读为带有“气流摩擦”征性的清音声母，(2) 将古汉语全清擦音声类读同次清声类，(3) 将古汉语全清声类读为浊弱化声母；韵读方面例如：(1) 介音失落的调整音变，(2) 高元音的低化音变。这几个特殊的声母及韵读表现，都可以从语言接触的角度，参照原始侗台语的音韵特色，进而推溯到古闽越语音韵干扰所引发的调整音变。这些受到古闽越语干扰所引发的语音变化，也成为古闽语异于北方汉语的重要音韵特点，并且继续对后来入闽的新历史层次造成若干影响。

### 6.1.4 闽语的五种历史来源与其所形成的历史层次关系

单就闽语层次的历史来源来说，至少应细分为五种：(1) 唐宋通语、(2) 南朝江东方言、(3) 晋代北方汉语、(4) 上古汉语、(5) 古闽越语。这五种相异的语言系统在闽地逐次发生接触融合，形成闽语韵读系统与声母系统的多重历史层次。尽管闽语的韵读系统与声母系统，在历史分层上都至少需要分为四项层次，但两者的层次对并非一对一的简单关系，整合闽语韵读与声母的历史层次对应关系及其历史来源如下表：

**表 6-1**

<table>
<tr><th>历史来源</th><th>韵读层次系统</th><th>声母层次系统</th></tr>
<tr><td>唐宋通语</td><td>唐宋文读层</td><td>唐宋文读层</td></tr>
<tr><td>南朝江东方言</td><td>南朝江东层</td><td>江东层</td></tr>
<tr><td>晋代北方汉语</td><td>晋代北方层</td><td rowspan="2">北方层</td></tr>
<tr><td rowspan="2">上古汉语</td><td rowspan="3">上古层</td></tr>
<tr><td rowspan="2">非汉语干扰层</td></tr>
<tr><td>古闽越语</td></tr>
</table>

闽语韵读系统的“上古层”实际上是上古汉语进入闽地后，受到古闽越语深刻音韵干扰而调整变异所形成的古老层次，其音韵架构大致符应上古汉语的韵部系统，但有诸多音韵变异乃来自古闽越语

的影响，例如介音成分的脱落、高元音的低化等，这些音韵变异也就成为闽地的音韵习性限制；接下来进入闽地的晋代北方汉语、南朝江东方言，相当程度上都继续受到闽地音韵习性的底层影响，形成不完全等同于晋代北方汉语、南朝江东方言的闽语晋代北方层、南朝江东层；最后唐宋通语进入闽地时亦然，各次方言依其音韵习性分别进行不尽相同的调整改读，形成闽语的唐宋文读层。

闽语声母系统的"非汉语干扰层"也是在上古汉语声母架构下，深深感染古闽越语的音韵干扰，带有浓厚的非汉语音韵特色，例如浊音声母的强劲气流征性、没有舌齿部位的擦音与塞擦音的声类对立、没有舌根部位的清擦音与送气清塞音的声类对立、古全清声类的浊弱化表现等，形成既具上古音特点又不同于北方汉语的古老南方声母格局；相对于此，"北方层"便较为贴近北方古汉语，例如一部分匣母与群母同读、从邪船禅有别等重要音韵关系，但其历史来源可能同时涵盖上古汉语及晋代北方汉语，目前尚无法成系统地区别两者的声母表现；南朝江东方言进入闽地时再带入相异的声母系统，音韵格局上与"非汉语干扰层"同样表现南方特点，但语音特性又截然不同；最后唐宋通语又带进符应唐宋北方音韵演变的文读声母系统。

闽语便在这逐步发展的历史过程中，有所承继，亦有所调整，成为一个富含多重古汉语成分又焕发独特色彩的重要汉语方言。

## 6.2　从接触与层次的观点来看闽语的历史与音变

根据移民史的记载与闽语的历史层次分析，闽语的发展历史中至少发生过四次语言接触：①

① 这四次重要的语言接触乃影响闽语形成历史中共同的发展与变化。此外，闽语各地也有个别的接触演变情形，例如闽北方言受到赣语的影响、闽西地区的闽南方言受到客语的影响，还有唐宋以后陆续迁徙入闽的畲族（毛宗武、蒙朝吉，1986），极可能也对邻近接触的闽南方言、闽东方言产生若干影响，不过目前尚未理出系统性的干扰层次。由于本书着重于探讨闽语共同的发展历史，因此这些晚期闽语各地的个别接触演变有待将来分别深入研究。

(1) 第一次语言接触发生在秦汉时期，随着军政力量入闽的北方汉语，深受古闽越语的音韵干扰，形成古汉语在闽地的民族方言，也奠定闽语作为汉语一大南方方言且保有古老汉语层次的基础。

(2) 第二次与第三次语言接触发生的时间相当接近，西晋六朝时期，有大批南迁的北方移民，加上随之入闽的江东移民，带来两个不同地域来源的音韵系统。这两次语言接触过程中，关键方式在于大批语词的相互移借、混融，在古闽汉语基础之上引进汉语河北、江东两大历史层次，促使闽语成为更稳健丰厚的汉语方音系统。

(3) 第四次语言接触发生在唐宋时期，随着军政移民与文教力量带进北方共同语，此次语言接触的关键方式既有成层文化词汇的移借，也明显可见闽语各地不尽相同的音韵调整，兼具多重文白层次的现代闽语于焉成立。

据此来看闽语的形成与发展，会发现闽语从古汉语分化出来的历史，实际上是一次次语言接触、层次叠置的过程。因此，闽语的"分化"不只是发生一次创新音变那么简单，而是同时受到两股力量的拉扯：一是来自古闽越语的接触性音韵干扰，深化为闽地异于北方汉语的重要音韵习性，对于后来陆续移借入闽的历史层次不断进行调整；一是一波波南下的汉语音韵系统，带来不同时空的汉语方音层次，闽地再以自身音韵习性将之调整融合为独特的闽语音系。闽语每一项历史层次的叠置，都在这两股力量的作用下进行着"分化"的演变，而每一次的分化动因都是来自"接触"的影响，一次次塑造出闽语今日的面貌。因此，闽语的历史研究应该重视历史层次的分析，也应该充分掌握语言接触的机制与影响。

此外，闽语的多重层次长期在同一语言系统中历经诸多整合变动的过程，一方面受到系统性音变影响而有参差的分合变化，另一方面不同层次的长期互动，可能引发竞争替代，甚至扩展为语言系统的音韵变化，造成各地层次不等对应的模糊关系。因此，闽语的层次分析工作，也应该同时考虑层次与音变之间的交互作用，透过较多方言点、大量同源词的比较分析，厘清各地语音变异与变化的动因与过程，进而清楚辨析历史层次与相关音变。

## 6.3 后续研究方向

本书主要分析闽语音韵的历史层次，也从分析过程中重新思考接触、层次与音变的交互关系，在此研究基础之上，有几个应该继续延伸探讨的问题：

1. 本书阶段性地完成闽语韵读、声母与声调的历史层次分析，其中韵读部分只先就具有明显相应之层次系统的韵摄字群进行分析讨论，少数开口字群（例如果、假、梗、江等韵摄）的韵读较无法形成阴、阳、入严整对应的层次系统，本书暂时阙如；其他合口韵摄，由于层次混融更为厉害，也不纳入本书分析讨论的重点。这部分有待将来进一步研究，以使闽语音韵的历史层次分析更为圆满。

2. 根据本书的初步研究，闽语在音韵上具有成系统的非汉语底层表现，但由于欠缺对原始侗台语历史音韵的深入了解，我们目前只能进行粗浅的参照比较，将来应该增加对原始侗台语历史音韵的知识，继续从语言接触的观点，更详细地探究古汉语与古闽越语在闽地的接触机制，据此推溯闽语历史音韵的发展与演变，甚至扩展至闽语构词系统与句法系统的非汉语底层影响。

3. 本书认为层次与音变不见得必然无关，语言系统作为一个有机体，往往处于将异质成分有序化的不断变动过程；但是我们目前仅透过跨方言的系统比较，推论层次竞争牵动音韵变化的可能性，将来应该在层次分析的成果基础上，具体观察语言系统中层次互动的实际情形，并且详细探究音变动因与层次竞争的相关性。

层次分析的研究工作将“历史音变”与“语言接触”两个重要的语言现象紧密链接起来，借此我们得以深刻了解语言发展过程中复杂的变异、变化与动因。相信从不同的角度切入探寻，会更完整地呈现闽语的真实历史。

# 参 引 书 目

## 一、方言语料

Douglas, Carstairs 1873. *Chinese-English dictionary of the vernacular or spoken language of Amoy*. (厦英大辞典)Taipei, Taiwan, R. O. C: SMC Publishing Inc. (1990)

北京大学中国语言文学系语言学教研室(编). 2003.《汉语方音字汇》. 北京: 语文出版社.

蔡俊明. 1976.《潮语词典》. 台北: 周法高发行.

曹志耘等. 2000.《吴语处衢方言研究》. 东京: 好文出版社.

陈泽平. 1998.《福州方言研究》. 福州: 福建人民出版社.

陈章太、李如龙. 1991.《闽语研究》. 北京: 语文出版社.

董同龢. 1959. 四个闽南方言.《中研院史语所集刊》30: 729—1042.

方荣和. 1998.《漳浦县志》(方言志部分). 北京: 方志出版社.

冯爱珍. 1993.《福清方言研究》. 北京: 社会科学文献出版社.

冯爱珍. 1998.《福州方言词典》. 南京: 江苏教育出版社.

福安市地方志编纂委员会. 1999.《福安市志》(方言志部分). 北京: 方志出版社.

福清市地方志编纂委员会. 1994.《福清市志》(方言志部分). 厦门: 厦门大学出版社.

古田县地方志编纂委员会. 1997.《古田县志》(方言志部分). 北京: 中

华书局.
洪惟仁(编). 1993a.《泉州方言韵书三种》. 台北: 武陵出版有限公司.
洪惟仁(编). 1993b.《漳州方言韵书三种》. 台北: 武陵出版有限公司.
建瓯县地方志编纂委员会. 1994.《建瓯县志》(方言志部分). 北京: 中华书局.
李如龙. 2001.《福建县市方言志 12 种》. 福州: 福建教育出版社.
李如龙、潘渭水. 1998.《建瓯方言词典》. 南京: 江苏教育出版社.
李如龙等. 1992.《客赣方言调查报告》. 厦门: 厦门大学出版社.
林寒生. 2002.《闽东方言词汇语法研究》. 昆明: 云南大学出版社.
林连通(主编). 1993.《泉州市方言志》. 北京: 社会科学文献出版社.
林伦伦. 1996.《澄海方言研究》. 汕头: 汕头大学出版社.
林伦伦、陈小枫. 1996.《广东闽方言语音研究》. 汕头: 汕头大学出版社.
刘新中. 2006.《海南闽语的语音研究》. 北京: 中国社会科学出版社.
罗志海. 2000.《海丰方言词典》. 新疆人民出版社.
马重奇. 1993. 漳州方言同音字汇.《方言》3: 199—217.
宁德市地方志编纂委员会. 1995.《宁德市志》(方言志部分). 北京: 中华书局.
平田昌司(主编). 1998.《徽州方言研究》. 东京: 好文出版社.
秋谷裕幸. 1993. 闽北语松溪方言同音字表.《中国语学研究・开篇》11: 51—67.
秋谷裕幸. 2004. 福建石陂方言音系.《方言》1: 76—91.
秋谷裕幸. 2008.《闽北区三县市方言研究》. 台北: 中研院语言所.
沙平. 1999. 福建省宁德方言同音字汇.《方言》4: 282—295.
寿宁县地方志编纂委员会. 1992.《寿宁县志》(方言志部分). 厦门: 鹭江出版社.
顺昌县地方志编纂委员会. 1994.《顺昌县志》(方言志部分). 北京: 中国统计出版社.

永泰县地方志编纂委员会. 1992.《永泰县志》(方言志部分). 北京: 新华出版社.

云惟利. 1987.《海南方言》. 香港: 三联书店.

张振兴. 1992.《漳平方言研究》. 北京: 中国社会科学出版社.

柘荣县地方志编纂委员会. 1995.《柘荣县志》(方言志部分). 北京: 中华书局.

政和县地方志编纂委员会. 1994.《政和县志》(方言志部分). 北京: 中华书局.

周宁县地方志编纂委员会. 1993.《周宁县志》(方言志部分). 北京: 中国科学技术出版社.

## 二、论文及著作

Chen, Baoya (陈保亚). 2006. On Stratifying Sound Correspondences. *Journal of Chinese Linguistics*. 34. 2: 192 - 200.

Chen, Matthew & William S-Y Wang. 1975. Sound change: actuation and implementation. *Language*. 51. 2: 255 - 281.

Egerod, Søren (易家乐). 1976. Tonal Splits in Min. *Journal of Chinese Linguistics* 4: 108 - 111.

Fox, Anthony. 1995. *Linguistic reconstruction: an introduction to theory and method*. Oxford; New York: Oxford University Press.

Hashimoto, Oi-Kan Yue (余蔼芹). 1976. Substratum in Southern Chinese — The Tai connection. *Computational Analyses of Asian & African Languages*. 6: 1 - 9.

Hock, Hans Heinrich. 1991. *Principles of Historical Linguistics*. (Second edition) Berlin; New York: Mouton de Gruyter.

Kwok, Bit-chee (郭必之). 2006. The Role of Language Strata in Language Evolution: Three Hainan Min Dialects. *Journal of*

*Chinese Linguistics*. 34. 2: 201 - 219.

Lass, Roger. 1997. *Historical Linguistics and Language Change*. Cambridge; New York: Cambridge University Press.

Li, Fang-kuei (李方桂). 1977. *A handbook of comparative Tai*. [Honolulu]: University Press of Hawaii.

Lien, Chinfa (连金发). 1993. Bidirectional diffusion in sound change Revisited. *Journal of Chinese Linguistics*. 21: 255 - 276.

Lien, Chinfa (连金发). 2000. Denasalization, Vocalic Nasalization and Related Issues in Southern Min: A Dialectal and Comparative Perspective. 收录于《语言变化与汉语方言：李方桂先生纪念论文集》(台北：中研院语言所筹备处;美国华盛顿大学)：281—297.

Norman, Jerry & Tsu-lin Mei. 1976. The Austroasiatics in Ancient South China: Some Lexical Evidence. *Monumenta Serica*. 32: 274 - 301.

Norman, Jerry. 1973. Tonal Development in Min. *Journal of Chinese Linguistics*. 1: 222 - 238.

Norman, Jerry. 1974. The Initials of Proto-Min. *Journal of Chinese Linguistics*. 2: 27 - 36.

Norman, Jerry. 1979. Chronological Strata in the Min Dialects.《方言》4：268—273.

Norman, Jerry. 1981. The Proto-Min Finals.《国际汉学会议论文集·语言文字组》(台北：中研院)：35—73.

Norman, Jerry. 2000. Voiced Initials in Shyrbei. 收录于《语言变化与汉语方言：李方桂先生纪念论文集》(台北：中研院语言所筹备处;美国华盛顿大学)：271—280.

R. L. Trask. 2000. *Historical Linguistics*. Beijing: Foreign

Language Teaching and Research Press.

Smith, Norval S. H. 2008. Creole Phonology. in Silvia Kouwenberg and John Victor Singler ed. *The Handbook of Pidgin and Creole Studies* (Chichester, West Sussex; Malden, Mass.: Wiley-Blackwell). pp. 98 - 129.

Thomason, Sarah Grey & Kaufman, Terrence. 1988. *Language contact, creolization, and genetic linguistics*. Berkeley: University of California Press.

Thomason, Sarah Grey. 2001. *Language contact*. Edinburgh: Edinburgh University Press.

W. South Coblin. 1974 - 1975. The Initials of the Wei-Chin Period as Revealed in the Phonological Glosses of Kuo P'u and Others. *Monumenta Serica*. 31: 288 - 318.

Wang, William S-Y & Chinfa Lien (连金发). 1993. Bidirectional diffusion in sound change. In Jones, Charles (ed.) *Historical Linguistics: Problems and Prospectives*. London: Longman Group Ltd.: 345 - 400.

Winford, Donald. 2003. *An Introduction to Contact Linguistics*. Oxford: Blackwell.

Winford, Donald. 2005. Contact-induced changes — Classification and processes. *Diachronica*. 22. 2: 373 - 427.

陈保亚. 1996.《语言接触与语言联盟——汉越(侗台)语源关系的解释》. 北京: 语文出版社.

陈保亚. 1997. 侗台语与南亚语的语源关系——兼说古代越濮的族源关系.《云南民族学院学报》1: 40—44.

陈保亚. 2005. 语言接触导致汉语方言分化的两种模式.《北京大学学报》2: 43—50.

陈保亚. 2006. 从语言接触看历史比较语言学.《北京大学学报》2:

30—34.
陈景盛. 1991.《福建历代人口论考》. 福州：福建人民出版社.
陈亚川. 1981.《方言》郭璞注的反切上字.《中国语文》2：125—131.
陈章太、李如龙. 1983. 论闽方言的一致性. 收录于陈章太、李如龙《闽语研究》,1991：1—57.
陈章太、李如龙. 1985. 论闽方言内部的主要差异. 收录于陈章太、李如龙《闽语研究》,1991：58—138.
陈章太、李如龙. 1991.《闽语研究》. 北京：语文出版社.
陈忠敏. 1995. 作为古百越语底层形式的先喉塞音在今汉语南方方言里的表现和分布.《民族语文》3：1—11.
陈忠敏. 2003a. 吴语及邻近方言鱼韵的读音层次——兼论"金陵切韵"鱼韵的音值.《语言学论丛》27：11—55.
陈忠敏. 2003b. 重论文白异读与语音层次.《语言研究》3：43—59.
陈忠敏. 2005a. 论语音层次的时间先后. 收录于《语言研究集刊》第二辑(上海：上海辞书出版社)：123—132.
陈忠敏. 2005b. 有关历史层次分析法的几个问题.《汉语史学报》第五辑(上海：上海教育出版社)：207—229.
陈忠敏. 2006. 论闽南话齐韵的读音层次.《山高水长：丁邦新先生七秩寿庆论文集》(台北：中研院语言所)：785—800.
陈忠敏. 2007a. 语言的底层理论与底层分析方法.《语言科学》6. 6：44—53.
陈忠敏. 2007b. 语音层次的定义及其鉴定方法. 收录于丁邦新主编《历史层次与方言研究》,2007：135—165.
陈忠敏. 2008. 音变研究的回顾与前瞻.《民族语文》1：19—31.
戴黎刚. 2005. 闽语的历史层次及其演变. 复旦大学汉语言文字学博士论文.
戴黎刚. 2007a. 闽东周宁话的变韵及其性质.《中研院史语所集刊》78. 3：603—628.

戴黎刚. 2007b. 历史层次分析法——理论、方法及其存在的问题.《当代语言学》1：14—25.

戴黎刚. 2008. 闽东福安话的变韵.《中国语文》3：216—227.

戴庆厦、吴启禄. 1962. 闽语仙游话的文白异读.《中国语文》8—9：393—398.

丁邦新. 1975. *Chinese phonology of the Wei-chin period: reconstruction of the finals as reflected in poetry*(魏晋音韵研究). 台北：中研院史语所.

丁邦新. 1979. A note on tone change in the ch'ao-chou dialect.《中研院史语所集刊》50. 2：257—271.

丁邦新. 1998. 汉语方言接触的几个类型——并论国语声调及闽语全浊塞音声母演变的两个问题. 收录于《中国语言学论文集》(北京：中华书局)，2008：130—141.

丁邦新. 1999. 上古音声母*g-和*ɣ在闽语中的演变. 收录于《中国语言学论文集》(北京：中华书局)，2008：31—42.

丁邦新(主编). 2007.《历史层次与方言研究》. 上海：上海教育出版社.

丁邦新、张双庆(编). 2002.《闽语研究及其与周边方言的关系》. 香港：中文大学出版社.

董同龢. 1998.《汉语音韵学》(第15版). 台北：文史哲出版社.

杜佳伦. 2004. 闽东方言侯官片的变韵现象及声母类化.《中国文学研究》19：231—267.

杜佳伦. 2006. 马祖北竿方言音韵研究. 台湾大学中国文学研究所硕士论文.

杜佳伦. 2009. 闽南方言效摄韵读的层次分析与音变.《中国文学研究》28：271—306.

杜佳伦. 2010. 闽东方言韵变现象的历时分析与比较研究.《汉学研究》28. 3：197—229.

杜佳伦. 2011. 闽方言 2、4 等同读的历史层次.《清华学报》41. 4: 759—793.

杜佳伦. 2012. 闽语表"均匀"貌的语词来源. 收录于《语文回旋圈——101 年度台湾南区大学中文系联合学术会议语言文字学术专业会后论文集》(台南: 成功大学): 219—258.

杜佳伦. 2013. 闽语古全浊声类的层次分析.《语言暨语言学》(*Language and Linguistics*)特刊《闽语研究》14. 2: 409—456.

冯蒸. 1988. 魏晋时期的"类隔"反切研究. 收录于程湘清主编《魏晋南北朝汉语研究》(济南: 山东教育出版社): 300—332.

龚煌城. 1990. 从汉藏语的比较看上古汉语若干声母的拟测. 收录于《汉藏语研究论文集》(北京: 北京大学出版社), 2004: 31—47.

龚煌城. 2000. 从原始汉藏语到上古汉语以及原始藏缅语的韵母演变. 收录于《汉藏语研究论文集》(北京: 北京大学出版社), 2004: 213—241.

郭必之. 2004. 辨认汉语方言语言层次年代的几个问题.《中国语文研究》1: 16—28.

何大安. 1981a. 澄迈方言的文白异读.《中研院史语所集刊》52. 1: 101—152.

何大安. 1981b. 南北朝韵部演变研究. 台湾大学中国文学研究所博士论文.

何大安. 1988.《规律与方向: 变迁中的音韵结构》. 中研院史语所专刊之九十.

何大安. 1993. 六朝吴语的层次.《中研院史语所集刊》64. 4: 867—872.

何大安. 2000. 语言史研究中的层次问题.《汉学研究》18: 261—270.

洪惟仁. 1996.《〈汇音妙悟〉与古代泉州音》. 台北: 台湾图书馆分馆阅览典藏组.

洪惟仁. 2003. 音变的动机与方向: 漳泉竞争与台湾普通腔的形成. 新

竹清华大学语言学研究所博士论文.
侯精一. 2002.《现代汉语方言概论》. 上海：上海教育出版社.
侯莉. 2008. 王仁昫《刊谬补缺切韵》研究. 福建师范大学汉语言文字学博士论文.
黄惠焜. 1992.《从越人到泰人》. 昆明：云南民族出版社.
黄金文. 2000. 方言接触与闽北方言演变. 台湾大学中国文学研究所博士论文.
简启贤. 2003.《〈字林〉音注研究》. 成都：巴蜀书社.
江敏华. 2003. 客赣方言关系研究. 台湾大学中国文学研究所博士论文.
蒋绍愚. 1996.《近代汉语研究概况》. 北京：北京大学出版社.
李方桂. 1998.《上古音研究》. 北京：商务印书馆.
李锦芳. 2002.《侗台语言与文化》. 北京：民族出版社.
李如龙. 1985. 中古全浊声母闽方言今读的分析.《语言研究》1：139—149.
李如龙. 1996.《方言与音韵论集》. 香港：香港中文大学中国文化研究所吴多泰中国语文研究中心.
李如龙、邓享璋. 2006. 中古全浊声母字闽方言今读的历史层次.《暨南学报》3：152—158.
李如龙、王升魁. 2001.《戚林八音校注》. 福州：福建人民出版社.
连金发. 1999. 方言变体、语言接触、词汇音韵互动. 收录于《中国语言学的新拓展：庆祝王士元教授六十五岁华诞》(香港：香港城市大学出版社)：149—178.
梁敏、张均如. 1996.《侗台语族概论》. 北京：中国社会科学出版社.
罗常培. 1933.《唐五代西北方音》. 中研院史语所单刊甲种之十二.
马重奇. 2001. 福建福安方言韵书《安腔八音》.《方言》1：1—16.
马重奇. 2008.《闽台闽南方言韵书比较研究》. 北京：中国社会科学出版社.

毛宗武、蒙朝吉. 1986.《畲语简志》. 北京：民族出版社.
梅祖麟. 2001. 现代吴语和“之脂鱼虞，共为不韵”.《中国语文》1：3—15.
梅祖麟、杨秀芳. 1995. 几个闽语语法成分的时间层次.《中研院史语所集刊》66.1：1—21.
潘悟云. 2006. 音变规则是区分内源性层次的主要标准. 收录于《山高水长：丁邦新先生七秩寿庆论文集》(台北：中研院语言所)：933—944.
潘悟云. 2007. 历史层次分析的目标与内容. 收录于丁邦新主编《历史层次与方言研究》，2007：22—35.
平田昌司. 1988. 闽北方言“第九调”的性质.《方言》1：12—24.
邵荣芬. 1991. 匣母字上古一分为二试析. 收录于《邵荣芬音韵学论集》(北京：首都师范大学出版社)，1997：23—44.
邵荣芬. 1995. 匣母字上古一分为二再证. 收录于《邵荣芬音韵学论集》(北京：首都师范大学出版社)，1997：45—68.
万波、张双庆. 2006. 论宋代以来邵武方言的演变. 收录于《山高水长：丁邦新先生七秩寿庆论文集》(台北：中研院语言所)：195—214.
王福堂. 1994. 闽北方言弱化声母和“第九调”之我见.《中国语文》6：430—433.
王福堂. 1999.《汉语方言语音的演变和层次》. 北京：语文出版社.
王福堂. 2003. 汉语方言语音中的层次. 收录于丁邦新主编《历史层次与方言研究》，2007：1—21.
王福堂. 2004. 原始闽语中的清弱化声母和相关的“第九调”，《中国语文》6：135—144.
王福堂. 2005. 原始闽语构拟问题的研究过程.《语言暨语言学》6.3：473—481.
王洪君. 1992. 文白异读与叠置式音变. 收录于丁邦新主编《历史层次

与方言研究》,2007：36—80.

王洪君. 2006. 文白异读、音韵层次与历史语言学.《北京大学学报》2：22—26.

韦庆稳. 1981.《越人歌》与壮语的关系试探. 收录于《民族语文论集》(北京：中国社会科学出版社)：23—46.

韦庆稳. 1982. 试论百越民族的语言. 收录于《百越民族史论集》(北京：中国社会科学出版社)：289—305.

吴瑞文. 2002. 论闽方言四等韵的三个层次.《语言暨语言学》3. 1：133—162.

吴瑞文. 2005. 吴闽方言音韵比较研究. 政治大学中国文学研究所博士论文.

吴瑞文. 2007. 共同闽语*iai韵母的拟测与检证.《台大中文学报》27：263—292.

吴瑞文. 2009. 共同闽语*y韵母的构拟及相关问题.《语言暨语言学》10. 2：205—237.

吴瑞文. 2010. 论梗摄开口字在共同闽语中的演变与层次.《语言暨语言学》11. 2：297—334.

吴瑞文. 2012. 论山摄开口字在共同闽语中的演变与层次.《中国语言学集刊》6. 1：177—238.

徐芳敏. 1991. 闽南厦漳泉次方言白话层韵母系统与上古音韵部关系之研究. 台湾大学中国文学研究所博士论文.

徐芳敏. 1995. 古闽南语几个白话韵母的初步拟测——简论拟测的条件.《台大中文学报》7：217—252.

徐通锵. 1991.《历史语言学》. 北京：商务印书馆.

颜其香、周植志. 1995.《中国孟高棉语族语言与南亚语系》. 北京：中央民族大学出版社.

杨秀芳. 1982. 闽南语文白系统的研究. 台湾大学中国文学研究所博士论文.

杨秀芳. 1989. 论汉语方言中全浊声母的清化.《汉学研究》7. 2: 41—74.

杨秀芳. 1991.《台湾闽南语语法稿》. 台北: 大安出版社.

杨秀芳. 1993. 论文白异读. 收录于《王叔岷先生八十寿庆论文集》(台北: 大安出版社): 823—849.

尤中. 1980.《中国西南的古代民族》. 昆明: 云南民族出版社.

游文良. 2002.《畲族语言》. 福州: 福建人民出版社.

袁家骅. 1983.《汉语方言概要》(第二版), 2001 年. 北京: 语文出版社.

张光宇. 1989. 闽方言音韵层次的时代与地域.《清华学报》19. 1: 95—113.

张光宇. 1990.《切韵与方言》. 台北: 商务印书馆.

张光宇. 1996.《闽客方言史稿》. 台北: 南天书局.

张琨. 1984. 论比较闽方言.《中研院史语所集刊》55. 3: 415—458.

张琨. 1989. 再论比较闽方言.《中研院史语所集刊》60. 4: 89—135.

张盛裕. 1979. 潮阳方言的文白异读.《方言》4: 241—267.

郑张尚芳. 1997. 越人歌解读, 收录于《语言研究论丛》第七辑(北京: 语文出版社): 57—65.

中国社会科学院与澳大利亚人文科学院合编. 1988.《中国语言地图集》. 香港: 朗文出版社.

周长楫. 1983. 厦门话文白异读的类型(上).《中国语文》5: 330—336.

周长楫. 1983. 厦门话文白异读的类型(下).《中国语文》6: 430—438.

周振鹤、游汝杰. 1990.《方言与中国文化》. 台北: 南天书局.

周祖谟. 1966a. 切韵的性质和它的音系基础. 收录于《问学集》(北京: 中华书局): 434—473.

周祖谟. 1966b. 万象名义中之原本玉篇音系. 收录于《问学集》(北京: 中华书局): 270—404.

周祖谟. 1996.《魏晋南北朝韵部之演变》. 台北: 东大图书公司.

周祖谟.2004.魏晋音与齐梁音,收录于《周祖谟语言文史论集》(北京:学苑出版社):87—120.

朱维幹.1985-1986.《福建史稿》.福州:福建教育出版社.

朱晓农.2003.颚近音的日化.《音韵研究》(北京:商务印书馆),2006:343—369.

# 重要表格索引

表 2-1 《中国语言地图集》的闽语分区 22
表 2-2 侯精一(2002)的闽语分区 23
表 2-3 闽语分区及本书进行比较所选取的方言点 24
表 2-52 闽地的开发历史及移民记载 54
表 2-53 多源聚合的语言发展模式 56
表 2-54 闽语多源聚合的语言发展模式 57
表 3-1-1 闽南蟹摄开口字群 1、2 等同读的文读层次对应表 61
表 3-1-2 闽东蟹摄开口字群 1、2 等同读的文读层次对应表 62
表 3-1-3 闽北蟹摄开口字群 1、2 等同读的文读层次对应表 64
表 3-1-5 闽南蟹摄开口字群 3、4 等同读的文读层次对应表 67
表 3-1-6 闽东蟹摄开口字群 3、4 等同读的文读层次对应表 67
表 3-1-7 闽北蟹摄开口字群 3、4 等同读的文读层次对应表 68
表 3-1-8 闽南山摄开口字群 1、2 等同读的文读层次对应表 69
表 3-1-9 闽东山摄开口字群 1、2 等同读的文读层次对应表 71
表 3-1-10 闽北山摄开口字群 1、2 等同读的文读层次对应表 72
表 3-1-12 闽南山摄开口字群 3、4 等同读的文读层次对应表 74
表 3-1-13 闽东山摄开口字群 3、4 等同读的文读层次对应表 75
表 3-1-14 闽北山摄开口字群 3、4 等同读的文读层次对应表 76
表 3-1-16 闽南咸摄开口字群 1、2 等同读的文读层次对应表 79

表 3－1－17 闽东咸摄开口字群 1、2 等同读的文读层次对应表 80
表 3－1－18 闽北咸摄开口字群 1、2 等同读的文读层次对应表 81
表 3－1－19 闽南咸摄开口字群 3、4 等同读的文读层次对应表 82
表 3－1－20 闽东咸摄开口字群 3、4 等同读的文读层次对应表 84
表 3－1－21 闽北咸摄开口字群 3、4 等同读的文读层次对应表 85
表 3－1－23 闽南效摄开口字群 1、2 等同读的文读层次对应表 88
表 3－1－24 闽南泉、漳效摄开口字群 1、2 等不同读的文读层次对应表 89
表 3－1－25 闽东效摄开口字群 1、2 等不同读的文读层次对应表 90
表 3－1－26 闽北效摄开口字群 1、2 等的文读层次对应表 91
表 3－1－27 闽南效摄开口字群 3、4 等同读的文读层次对应表 92
表 3－1－28 闽东效摄开口字群 3、4 等同读的文读层次对应表 93
表 3－1－29 闽北效摄开口字群 3、4 等同读的文读层次对应表 94
表 3－1－31 闽南蟹摄开口字群 3、4 等同读的白读层次对应表 96
表 3－1－32 闽东蟹摄开口字群 3、4 等同读的白读层次对应表 97
表 3－1－33 闽北蟹摄开口字群 3、4 等同读的白读层次对应表 97
表 3－1－34 闽南山、咸摄开口字群 3、4 等同读的白读层次对应表 99
表 3－1－35 闽东、闽北对应于闽南山、咸摄开口字群 3、4 等同读之白读层的音读 100
表 3－1－36 闽南效摄开口字群 3、4 等同读的白读层次对应表 102
表 3－1－37 闽东、闽北对应于闽南效摄开口字群 3、4 等同读之白读层的音读 103
表 3－1－38 闽南蟹摄开口字群 2、4 等同读的历史层次对应表 104
表 3－1－39 闽东蟹摄开口字群 2、4 等同读的历史层次对应表 105
表 3－1－40 闽北蟹摄开口字群 2、4 等同读的历史层次对应表 106
表 3－1－42 闽南山、咸摄开口字群 2、4 等同读的历史层次对应表 108

表 3-1-43　闽东山、咸摄开口字群 2、4 等同读的历史层次对应表　110
表 3-1-44　闽北山摄开口字群 2、4 等同读的历史层次对应表　111
表 3-1-45　闽北咸摄开口字群 2、4 等同读的历史层次对应表　112
表 3-1-47　闽东效摄字群 2、4 等同读的历史层次对应表　113
表 3-1-48　闽南、闽北对应于闽东效摄字群 2、4 等同读层次的音读　113
表 3-1-51　闽南、闽东、闽北与 C 层相同历史时间的 3 等韵读　115
表 3-1-52　闽南蟹摄字群四等同读的历史层次对应表　116
表 3-1-53　闽东蟹摄字群四等同读的历史层次对应表　117
表 3-1-54　闽北蟹摄字群四等同读的历史层次对应表　117
表 3-1-56　闽南山摄字群四等同读的历史层次对应表　119
表 3-1-57　闽北山摄字群四等同读的历史层次对应表　121
表 3-1-58　闽东山摄字群四等同读的历史层次对应表　121
表 3-1-62　闽南效摄字群四等同读的历史层次对应表　124
表 3-1-63　闽东效摄字群四等同读的历史层次对应表　125
表 3-1-64　闽北效摄字群四等同读的历史层次对应表　126
表 3-1-65　闽语蟹、山、咸、效四摄字群历史层次 A 的音读对应表　127
表 3-1-68　闽语蟹、山、咸、效四摄字群历史层次 B 的音读对应表　130
表 3-1-69　闽语蟹、山、咸、效四摄字群历史层次 C 的音读对应表　130
表 3-1-71　魏晋南北朝相关音韵分合关系　134
表 3-1-74　闽语蟹、山、咸、效四摄字群历史层次 D 的音读对应表　137
表 3-2-1　闽南蟹摄开口字群 1 等咍泰有别的历史层次对应表　141
表 3-2-2　闽北蟹摄开口字群 1 等咍泰有别的历史层次对应表　142

表 3-2-3　闽东蟹摄开口字群 1 等咍泰有别的历史层次对应表　143
表 3-2-4　闽语各次方言与 1 等咍泰有别之历史层次相关对应表　144
表 3-2-5　闽语各次方言与古之微歌同读相应的阳声韵读对应表　146
表 3-2-6　闽语各次方言与古之微歌同读相应的入声韵读对应表　147
表 3-2-8　闽语古微歌祭同读的 3 等阴声韵读对应表　148
表 3-2-9　与闽语古微歌祭 3 等韵同读相应的入声韵读对应表　149
表 3-2-10　闽语古文元同读的 3 等阳声韵读对应表　149
表 3-2-11　闽南山摄开口字群歌、祭、元相应的层次Ⅰ　151
表 3-2-12　闽北山摄开口字群歌、祭、元相应的层次Ⅰ　152
表 3-2-13　闽东对应于山摄开口字群歌、祭、元相应层次Ⅰ的韵读　152
表 3-2-14　闽南、闽东、闽北古歌、祭、元相应的层次Ⅱ　153
表 3-2-17　闽南咸摄开口字群古侵谈有别的层次对应表(谈部字)　156
表 3-2-18　闽北咸摄开口字群古侵谈有别的层次对应表(侵部字)　157
表 3-2-19　闽东对应于咸摄开口字群 1 等古侵谈有别的韵读　157
表 3-2-22　闽南效摄字群 1、2 等有别的白读层次对应表　159
表 3-2-23　闽东效摄字群 1、2 等有别的白读层次对应表　161
表 3-2-24　闽北效摄字群 1、2 等有别的白读层次对应表　162
表 3-2-25　古微歌、文元同读的两项韵读层次　163
表 3-2-26　古歌祭元相应的两项音韵层次　164
表 3-2-31　古侵谈有别的音韵层次　167
表 3-2-33　效摄 1、2 等有别的白读层次　168

表 3-2-35　闽南蟹、山、咸、效开口字群的历史层次对应关系　170
表 3-2-36　闽东蟹、山、咸、效开口字群的历史层次对应关系　170
表 3-2-37　闽北蟹、山、咸、效开口字群的历史层次对应关系　171
表 3-3-3　闽南遇摄 1 等文读层次对应表　173
表 3-3-4　闽东遇摄 1 等文读层次对应表　174
表 3-3-5　闽北遇摄 1 等文读层次对应表　175
表 3-3-8　闽南遇摄 3 等文读层次对应表　178
表 3-3-9　闽东遇摄 3 等文读层次对应表　180
表 3-3-10　闽北遇摄 3 等文读层次对应表　181
表 3-3-12　闽南流摄 1 等文读层次对应表　183
表 3-3-13　闽东流摄 1 等文读层次对应表　184
表 3-3-14　闽北流摄 1 等文读层次对应表　184
表 3-3-15　闽南流摄 3 等文读层次对应表　185
表 3-3-16　闽北流摄 3 等文读层次对应表　186
表 3-3-17　闽东流摄 3 等文读层次对应表　187
表 3-3-19　闽南宕摄开口 1 等文读层次对应表　189
表 3-3-20　闽东宕摄开口 1 等文读层次对应表　190
表 3-3-21　闽北宕摄开口 1 等文读层次对应表　191
表 3-3-24　闽南宕摄开口 3 等文读层次对应表　194
表 3-3-25　闽东宕摄开口 3 等文读层次对应表　195
表 3-3-26　闽北宕摄开口 3 等文读层次对应表　197
表 3-3-29　闽南通摄 1 等文读层次对应表　199
表 3-3-30　闽东通摄 1 等文读层次对应表　200
表 3-3-31　闽北通摄 1 等文读层次对应表　202
表 3-3-32　闽南通摄 3 等文读层次对应表　204
表 3-3-33　闽东通摄 3 等文读层次对应表　205
表 3-3-34　闽北通摄 3 等文读层次对应表　207
表 3-3-38　闽南鱼韵 3 等独读层次对应表　210

表 3-3-39　闽东、闽北对应于闽南鱼韵 3 等独读层次的音读　211
表 3-3-42　闽南阳韵 3 等独读层次对应表　213
表 3-3-43　闽东、闽北对应于闽南阳韵 3 等独读层次的音读　214
表 3-3-47　闽南尤、虞韵 3 等独读层次对应表　217
表 3-3-48　闽东尤、虞韵 3 等独读层次对应表　218
表 3-3-49　闽北尤、虞韵 3 等独读层次对应表　219
表 3-3-51　闽南东、钟韵 3 等独读层次对应表　221
表 3-3-52　闽东、闽北对应于闽南东、钟韵 3 等独读层次的音读　222
表 3-3-56　闽南模、虞韵 1、3 等同读层次对应表　225
表 3-3-57　闽东模、虞韵 1、3 等同读层次对应表　226
表 3-3-58　闽南、闽北对应于闽东模、虞韵 1、3 等同读层次的音读　227
表 3-3-61　闽南鱼韵另一项白读层次对应表　229
表 3-3-62　闽东鱼韵另一项白读层次对应表　229
表 3-3-65　闽南唐阳韵 1、3 等同读层次对应表　231
表 3-3-66　闽东、闽北对应于闽南唐阳韵 1、3 等同读层次的音读　232
表 3-3-70　闽南侯、尤韵 1、3 等同读层次对应表　235
表 3-3-71　闽东侯、尤韵 1、3 等同读层次对应表　236
表 3-3-72　闽北对应于闽南、闽东侯尤韵 1、3 等同读层次的音读　237
表 3-3-74　闽南东冬钟韵 1、3 等同读层次对应表　239
表 3-3-75　闽东东冬钟韵 1、3 等同读层次对应表　240
表 3-3-77　闽北对应于闽南、闽东东冬钟韵 1、3 等同读层次的音读　242
表 3-3-80　闽语古鱼、阳部相应的四等同读层次　246
表 3-3-82　闽语古幽侯、中东部相应的四等同读层次　248

表 3-3-83 闽语遇、流、宕开、通四摄字群历史层次 A 的音读对应表 249
表 3-3-85 闽语遇、流、宕开、通四摄字群历史层次 B 的音读对应表 251
表 3-3-86 闽语遇、流、宕开、通四摄字群历史层次 C 的音读对应表 251
表 3-3-87 魏晋南北朝相关音韵分合关系 253
表 3-3-91 闽语遇、流、宕开、通四摄字群历史层次 D 的音读对应表 257
表 3-3-95 闽南遇、流、宕开、通等韵摄字群的历史层次对应关系 260
表 3-3-96 闽东遇、流、宕开、通等韵摄字群的历史层次对应关系 260
表 3-3-97 闽北遇、流、宕开、通等韵摄字群的历史层次对应关系 261
表 3-4-4 闽南支、脂、之三韵文读层次对应表 263
表 3-4-5 闽东支、脂、之三韵文读层次对应表 265
表 3-4-6 闽北支、脂、之三韵文读层次对应表 266
表 3-4-7 闽南真韵文读层次对应表 268
表 3-4-8 闽东真韵文读层次对应表 268
表 3-4-9 闽北真韵文读层次对应表 269
表 3-4-10 闽南蒸韵文读层次对应表 271
表 3-4-11 闽东蒸韵文读层次对应表 271
表 3-4-12 闽北蒸韵文读层次对应表 272
表 3-4-13 闽南侵韵文读层次对应表 273
表 3-4-14 闽东侵韵文读层次对应表 274
表 3-4-15 闽北侵韵文读层次对应表 275
表 3-4-16 闽语止、臻、曾、深四摄 3 等开口字群文读层次对

应表 276
表 3-4-21 闽东支与脂之有别韵读对应表 281
表 3-4-22 闽北支与脂之有别韵读对应表 282
表 3-4-23 闽语支与脂之有别层次对应表 283
表 3-4-29 闽南真蒸韵同读的韵读对应表 288
表 3-4-30 闽语真蒸韵同读与蒸韵文读的异层对应表（阳声韵） 289
表 3-4-31 闽语真蒸韵同读与蒸韵文读的异层对应表（入声韵） 290
表 3-4-32 闽语侵韵与“真蒸同读”相同历史时间的层次对应表 291
表 3-4-33 闽东、闽北侵韵与盐添韵同读的韵读对应表 291
表 3-4-34 闽语止、臻、曾、深四摄 3 等开口字群历史层次 B 对应表 291
表 3-4-36 闽东支脂之无别韵读对应表 294
表 3-4-37 闽北支脂之无别韵读对应表 294
表 3-4-38 闽南支脂之无别韵读对应表 295
表 3-4-39 闽语支脂之无别白读层次对应表 295
表 3-4-41 闽南侵韵 3 等独读的白读层次韵读表 297
表 3-4-42 闽东侵韵 3 等独读的白读层次韵读表 297
表 3-4-43 闽语侵韵 3 等独读的白读层次对应表 298
表 3-4-44 闽语蒸韵 3 等独读的白读层次遗迹 299
表 3-4-45 闽南真韵 3 等独读的白读层次遗迹 300
表 3-4-46 闽语止、臻、曾、深四摄 3 等开口字群历史层次 C 对应表 301
表 3-4-48 闽南支、脂、之三韵两项古韵读的对应与分布 305
表 3-4-49 闽东支、脂、之三韵两项古韵读的对应与分布 306
表 3-4-50 闽北支、脂、之三韵两项古韵读的对应与分布 307

表 3－4－51　闽语古歌祭部与脂之部相异韵读对应表　308
表 3－4－52　闽南另一项真蒸韵同读的白读韵对应表　310
表 3－4－53　闽东另一项真蒸韵同读的白读韵对应表　311
表 3－4－54　闽北另一项真蒸韵同读的白读韵对应表　312
表 3－4－55　闽语古真蒸耕部、脂之佳部入声同读层次对应表　312
表 3－4－56　闽南侵韵读为洪音的白读韵　314
表 3－4－57　闽东侵韵读为洪音的白读韵　314
表 3－4－58　闽北侵韵读为洪音的白读韵　314
表 3－4－59　闽语古侵谈有别的侵部韵读层次对应表　315
表 3－4－60　闽语止、臻、曾、深四摄 3 等开口字群历史层次 D 对应表　315
表 3－4－61　闽语止、臻、曾、深四摄 3 等开口字群文读层次对应表　317
表 3－4－63　闽语止、臻、曾、深四摄 3 等开口字群历史层次 B 对应表　318
表 3－4－64　闽语止、臻、曾、深四摄 3 等开口字群历史层次 C 对应表　318
表 3－4－65　魏晋南北朝相关音韵分合关系　320
表 3－4－67　闽语止、臻、曾、深四摄 3 等开口字群历史层次 D 对应表　323
表 3－4－69　闽南支、脂、之、真、蒸、侵等开口 3 等字群的历史层次对应关系　326
表 3－4－70　闽东支、脂、之、真、蒸、侵等开口 3 等字群的历史层次对应关系　326
表 3－4－71　闽北支、脂、之、真、蒸、侵等开口 3 等字群的历史层次对应关系　326
表 3－5－1　闽语韵读历史分层与音韵结构特点　327
表 3－5－2　闽语韵读三项白读层的音韵分合关系　328

表 3-5-3 闽语上古层韵读与相关上古韵部拟音的对照 330
表 3-5-4 上古佳、祭、脂、幽、宵等阴声韵部至魏晋时期的演变关系表 335
表 3-5-5 上古祭、脂等入声韵部至魏晋时期的演变关系表 336
表 3-5-6 上古真、文、元等阳声韵部至魏晋时期的演变关系表 336
表 3-5-7 闽语山摄 2、4 等同读的古音来源 337
表 3-5-8 闽语 3 等独读的古音来源 339
表 3-5-9 南北朝时期蟹、山、咸、效四摄开口字群的押韵关系 341
表 3-5-10 南北朝时期遇、流、宕开、通四摄字群的押韵关系 344
表 3-5-13 闽语江东层韵读与相关南北朝韵读的对照 347
表 4-1 闽语古全浊声母的历史层次总表 349
表 4-8 闽南古明微母的音读对应表Ⅰ(阴声韵) 358
表 4-9 闽南古明微母的音读对应表Ⅱ(阳声韵) 359
表 4-10 闽南古明微母的音读对应表Ⅲ(入声韵) 361
表 4-15 闽南古疑母的去鼻音音读对应表Ⅰ(阴声韵) 364
表 4-16 闽南古疑母的去鼻音音读对应表Ⅱ(阳声韵) 365
表 4-17 闽南古疑母的去鼻音音读对应表Ⅲ(入声韵) 366
表 4-22 闽南古泥娘母的音读对应表Ⅰ(阴声韵) 369
表 4-23 闽南古泥娘母的音读对应表Ⅱ(阳声韵) 370
表 4-24 闽南古泥娘母的音读对应表Ⅲ(入声韵) 371
表 4-27 闽南古日母的音读对应表 373
表 4-30 闽南古鼻音声类今读清擦音的音读对应表 379
表 4-31 闽语古日母的音读对应表 381
表 4-35 闽北古来母字的音读对应表Ⅰ(平声字) 385
表 4-36 闽北古来母字的音读对应表Ⅱ(上声字) 386
表 4-37 闽北古来母字的音读对应表Ⅲ(去声字) 387
表 4-38 闽北古来母字的音读对应表Ⅳ(入声字) 388
表 4-41 闽语古喻三母的音读对应表 392

表 4－44 闽语古喻四母的音读对应表 395

表 4－45 闽语古群、匣、喻母的历史层次关系 397

表 4－49 闽语古心、生、书母今读送气清塞擦音 $ts^h$-的音读对应表 402

表 4－50 闽语古晓母今读送气清塞音 $k^h$-的音读对应表 403

表 4－54 闽北古全清塞音声类的浊化音读对应表 406

表 4－59 闽北古全浊母平声字群的声调对应表 410

表 4－60 闽北古次浊母平声字群的声调对应表 412

表 4－62 闽北古全浊母上声字群的声调对应表 414

表 4－63 闽北古次浊母上声字群的声调对应表 416

表 4－66 闽北古全浊母去声字群的声调对应表 418

表 4－67 闽北古次浊母去声字群的声调对应表 420

表 4－69 闽北古全浊母入声字群的声调对应表 422

表 4－70 闽北古次浊母入声字群的声调对应表 423

表 4－71 闽北古全浊声类的声调层次对应表 425

表 4－72 闽北古次浊声类的声调层次对应表 425

表 4－75 闽语古全浊上声字的声调层次对应表 429

表 4－76 闽语古次浊上声字的声调层次对应表 430

表 4－78 闽语古全浊去声字的声调层次对应表 433

表 4－79 闽语古次浊去声字的声调层次对应表 435

表 5－1 闽南发生鼻化的白读韵 443

表 5－2 闽南没有鼻化的白读韵 443

表 5－4 闽东韵变现象对应表 446

表 5－6 闽北高元音复化音变对应表 448

表 5－9 闽北接触性声母音变对应表 453

表 5－14 语言接触流程图 463

表 5－15 闽语三阶段的语言接触 464

表 5－16 闽语四次语言接触的关键方式与影响因素 470

表 5 - 17 古汉语与古闽越语的接触流程图 471
表 5 - 18 闽语古浊音声类清化后带有气流成分 473
表 5 - 19 古汉语受到古闽越语干扰的声母变异Ⅰ：浊音声类 474
表 5 - 20 闽语清擦音声类读为送气塞(擦)音 476
表 5 - 21 古汉语受到古闽越语干扰的声母变异Ⅱ：清擦音声类 477
表 5 - 22 闽北古全清声类的浊化音读对应表 478
表 5 - 23 古汉语受到古闽越语干扰的声母变异Ⅲ：全清声类 479
表 5 - 24 潮汕地区古浊母去声字文白声调竞争的双向扩散 483
表 5 - 25 闽南方言古非、敷、奉三母字群文白声母竞争的双向扩散 485
表 5 - 26 闽语泰韵字群文白韵读的层次竞争 485
表 5 - 27 闽北效摄 1、2 等字群文白韵读的层次分布 487
表 5 - 28 闽北豪韵字群文白韵读的层次竞争 487
表 5 - 29 闽北肴韵字群文白韵读的层次竞争 488
表 5 - 30 闽北山摄 4 等字群晋代北方层与上古层的层次分布 488
表 5 - 31 闽北咸摄 4 等字群晋代北方层与上古层的层次分布 488
表 5 - 32 闽北添韵字群北方层与上古层的层次竞争 489
表 5 - 33 闽东山摄开口 1、2 等字群文读韵的完全替代 490
表 5 - 34 闽东山摄开口 2、4 等字群的异层同读 491
表 5 - 35 闽语蟹摄开口 2、4 等字群的异层对立 491
表 5 - 36 闽东、闽北山咸摄开口 3、4 等字群的异层同读 492
表 5 - 37 闽语蟹摄开口 3、4 等字群的异层对立 492
表 5 - 38 闽语山摄开口 3 等字群的异层同读 493
表 5 - 39 闽语蟹摄开口 3 等字群的异层对立 493
表 5 - 40 闽语咸摄开口 3 等字群的异层对立 493
表 5 - 43 闽东-ua(i)＞-ai 相关音变 495
表 5 - 45 闽北-ai＞-uai 相关音变 498

表 5－47 闽北咍韵字群-ai>-uai 的扩散变异 499
表 5－48 闽北泰韵字群文白韵读的层次竞争 499
表 5－49 闽南、闽东通摄 3 等韵字群的文读表现 500
表 5－50 闽南泉漳地区通摄 3 等韵读同 1 等韵的少数例字 501
表 5－51 闽东福州、福清通摄 3 等韵读同 1 等韵的少数例字 501
表 5－52 闽语通摄 3 等韵的两项层次互动 502
表 5－53 闽语通摄 3 等韵的层次对应关系 503
表 5－54 闽语流摄 3 等尤韵的晋代北方层表现 504
表 5－55 闽北流摄侯尤韵 1、3 等同读的少数例字 504
表 5－56 闽语流摄 3 等尤韵的两项层次互动 505
表 5－57 闽语流摄 3 等尤韵的层次对应关系 505

# 后　记

我永远记得，硕一那年寒假到卓兰第一次田野调查的深刻感动，吸引我进入汉语方言音韵研究这块迷人的园地，从青涩懵懂的小种子，努力地学习、阅读、思考、讨论，不断地吸取养分，逐步发芽、茁壮，梦想长成一棵坚实的树。如今，经历了一段孕育博士论文的含辛茹苦、呕心沥血，终于，结成了这颗以精魂投注的果实。

这一路成长的过程，很幸运地遇见许多重要的人，带给我适时的帮助与温暖。感谢最敬爱的杨秀芳老师，不仅教导我做学问的方法，耐心地与我讨论功课，更在我每次遇到瓶颈时，给我力量克服困境、重燃研究热忱；也要谢谢何大安老师在我还是懵懂研究生时，大方提供经济上的资助，让我可以无后顾之忧地专心读书、进行田调工作；更重要的是，从他们两位身上，我习得待人接物的无私与真诚。感谢亲爱的淑娟学姐与敏华学姐，多年来让我跟着她们工作与学习，使我得以接触更多元的语料与研究方法，拓展更广阔的思考角度；也要谢谢瑞文学长、贝珊学姐以及其他一起学习成长的同学们，经常与我讨论问题、分享研究心得。感谢对我不离不弃的先生、家人与好友们，这一路在我身边陪伴，总是在我茫然犹豫之时，鼓励我做自己喜欢做的事，勇敢追求梦想。还要感谢每次田调工作遇见的发音人，从卓兰、马祖、国姓、台南、台北、宜兰，到福州、福安、建阳、潮汕，每个方言点总有亲切的人情与有趣的语言现象，紧紧联系着我内心对于语言研究的真挚热爱。最末，谢谢在我博士论文写作最后一年，提供人才培育奖助的中研院语言所，让我获得稳定的经济条件、舒适的写作环境，可以心无旁骛地完成论文；还要感谢北京清华大学语言研究中心设立《清华语言学博士丛书》，透过征选帮助从事语言学研究的青年学者出版博士论文，此次能获得评审老师们的肯定，对于刚从博士班毕业、正式踏入学术领域的我，这项荣誉真是莫大的鼓励。

这颗果实的熟成充满了感动与感谢；但这只是成长里程的一个开端，未来的路还很长，需要深入学习探究的地方还很多。怀抱着这一份深深感谢，我会不忘初衷地在这片园地继续用心耕耘，努力结成更丰硕的累累果实。

**附录：**

# 专家评审意见(一)

杜佳伦的博士论文以闽语为对象,在前人的研究基础上全面而详细地探讨了与闽语层次分析有关的诸多问题。论文在理论上有两点创新。

(1) 作者认为闽语的上古层次有古闽越的底层,并以壮侗语来解释闽语的诸多语言现象。例如关于闽语全浊清化的问题,她从底层语言来说明全浊送气的声母早于不送气声母。另外,闽语声母的另一项特色是把心、生、书母读为送气的塞擦音,她根据早期壮侗语不能区分 tsh-/s-的表现,说明闽语上述特色乃是底层的影响。

(2) 罗杰瑞(1979)将闽语的历史层次划分为三个时间层：秦汉、南朝、晚唐。作者认为介于秦汉与唐代之间的古汉语历史来源,应该要再细分为晋代北方音韵与南朝江东音韵。“我们推想先仙、尤侯的分别应是吕静《韵集》所代表的晋代北方音韵特点”(133 页),而南朝的江东方言则是鱼虞有别、支与脂之有别这两个特点的来源。

这两个新说引人入胜,也会引起争鸣。比方说,罗杰瑞、梅祖麟(1976),罗杰瑞(1988：18—19)曾经说明闽语有南亚语(Austroasiatic)的底层,而韦庆稳(1981)、郑张尚芳(1997)则认为闽越语与侗台语有传承关系。这两种说法相互抵触。

此外作者认为吕静《韵集》可以代表晋代北方音韵。周祖谟(1966：454)说:“五家书中,《韵集》一书最难理解。……姜亮夫先生曾经怀疑陆韵所据《韵集》不似晋人之作，这话不无道理。……所以王[仁昫切]韵所注是否就是晋代《韵集》，很可怀疑。"上引周、姜两位先生的话不免让杜佳伦的话打几分折扣。

好在真理越辩越明。杜佳伦卓越的博士论文出版以后，讲得通的理论自然会证据越集越多，讲不通的理论自然会证据从微弱降到零。所以当今要务是让杜佳伦的博士论文在《清华语言学博士丛书》出版。

梅祖麟

2012 年 8 月 24 日

# 专家评审意见(二)

(一)本著作之学术价值在于作者严格依循历史比较法的程序,进行闽方言韵读的历史层次分析,并综合近人有关历史层次的研究成果,包括层次重叠、替代作用、叠置式音变及层次竞争等理论,严格掌握中古音类的分合关系,并参照汉语音韵史不同时期的语音特色进行综合的观察与比较,以作层次的断代,其结论分别就“韵读层次”及“声母清浊与声调表现”,两者均确定必分四个历史层次,前者分唐宋文读层、南朝江东层、晋代北方层及上古层,后者分唐宋文读层、江东层、北方层及非汉语干扰层,末项略有不同,乃为解释闽北及闽东方言声母变异及特殊声调对应。此“非汉语干扰层”之说,实具有创新性。其理论价值乃全面整理了可信的同读、异读语料,就闽南、闽东、闽北各择六个代表方言,全幅展现可靠的语料对应,此种看似语料梳理工作,却是绵密异常,可供有志一窥闽语层次说者,进入堂奥。就选题意义,实已达成本项课题阶段性之总结任务。

(二)本著作创新程度,在于利用表格方式呈现逐摄逐韵在三大主要闽方言中各类层次对应表,第三章有关各韵母层次对应即多达202张表,加上第四章、第五章(各类同层、异层音变表现)亦有82张表,合计全书共490张表,颇能突出历史层次分析之递进性及相关异质分析的多元角度,其主要建树为掌握可以掌握的阶段性成果,留下有待分析的方言与音类,如作者结论提出的“从接触与母语干扰”两个方向进行非汉语底层及跨方言的系统比较,观察层次互动的实际情形,将可深化本研究的成果。

(三)

1. 本著作之成果建立在语料之铺陈的基础上,作者在 1.4.1 节提出闽南、闽东、闽北各挑选之方言点共 18 点,却未说明每一区选择六个方言点之代表性及为何选择该方言点,似宜针对各次方言现有语料之文献,先作一全面回顾与评估。

2. 全文标题编号采章节细项逐层加标:节下子目重复作层次标示,似乎过于冗赘,如含四层的 3.1.1.1、3.1.1.2、3.1.1.3、3.1.1.4 等,似乎可以把第四层的 1、2、3、4 作为子目之序号。又如第三章第一节第一目题作"3.1.1 1、2 等同读,3、4 等同读的文读层次(A)",及标题"3.1.2 3、4 等同读的白读层次(B)"数字之间均有缭乱之感。如能在 3.1.1、3.1.2 之后多空一格再接数字,似乎较为清爽易读。

(四) 本著作第五章历史层次与相关音变问题,进行理论建设,为全书豹眼,继续探讨语言接触、历史与音变三者之间的交互关系,也说明本书研究的基础建立在历史语言学结构性的框架上,能映现出各种同质与异质对应的严整性,从而建立由点到面的层次理据,有一定的极限,因此语音变化与变异的解释即成为消融那些尚未整化的变异语料及未被纳入语料观察的诸多非主流或情况复杂之方言,如何据以进行二度层次修补,应是本著作最需要说明的地方。

(五) 本著作已达到出版水平,可以入选。

姚荣松

2012 年 10 月 12 日　初稿

2014 年 08 月 16 日　修改

# 《清华语言学博士丛书》章程

(一)《清华语言学博士丛书》(以下简称《丛书》)是清华大学语言研究中心主持编辑的一套丛书,选择中国大陆、港澳地区和台湾两岸三地语言学博士高质量的学术著作,经同行专家匿名评审和编委会审定后,由上海中西书局出版。每年出版1至5种。

(二)《丛书》旨在使优秀的语言学博士的著作得以较快出版,并在学界传播,扩大影响。一方面帮助语言学领域的优秀青年学者迅速成长,另一方面也为语言学的发展注入新的活力。

(三) 学术定位

1. 以扎实的语言材料为基础,有较深入的分析和理论思考。

2. 具有学术前沿性和创新性。

3. 符合学术规范。

(四) 编委会

顾问: 丁邦新、陆俭明

主编: 蒋绍愚(清华大学)

编委: 蔡维天(新竹清华大学),曹志耘(北京语言大学),陈保亚(北京大学),方一新(浙江大学),冯胜利(香港中文大学),何大安(台湾中研院),邢向东(陕西师范大学),张伯江(中国社科院语言所),张美兰(清华大学),张敏(香港科技大学)。

编委会负责邀请同行专家进行匿名评审,并召开编委会审阅和评定入选《丛书》的著作。

(五) 申报条件

1. 作者为两岸三地已获得语言学博士学位的青年学者(年龄在45周岁

以下)。

2. 著作可以在博士论文或博士后出站报告的基础上修改而成,已获得语言学博士学位的青年学者的其他著作也可以申报。著作用中、英文撰写均可。

3. 著作内容符合本章程第(三)条所规定的学术定位。

4. 作者从取得博士学位的次年起即可申报,申报者需填写《申报表》,并有两位专家(不包括《丛书》编委和顾问)推荐。

(六) 申报时间

每年4月1日至5月31日。6至8月份由同行专家匿名评审。9、10月份编委会开会评定,10月31日前公布评定结果。申报和评审的具体办法另定。

(七) 申报著作通过评定后,作者应根据编委会的意见进行修改,并在两年内将定稿送交上海中西书局,逾期视同放弃出版。

《清华语言学博士丛书申报表》可登陆网站下载,网址:http://www.tsinghua.edu.cn/publish/cll/index.html。

地　址:清华大学人文学院新斋332

联系人:赵小英　电话:010—62773018

电子信箱:zwlxs@tsinghua.edu.cn

(2011年11月10日《丛书》第一次编委会讨论通过)

**图书在版编目(CIP)数据**

闽语历史层次分析与相关音变探讨 / 杜佳伦著. —
上海：中西书局，2014. 9（2024. 5重印）
（清华语言学博士丛书）
ISBN 978 - 7 - 5475 - 0714 - 8

Ⅰ. ①闽… Ⅱ. ①杜… Ⅲ. ①闽语—语言史—研究
②闽语—语音变化—方言研究 Ⅳ. ①H177

中国版本图书馆 CIP 数据核字(2014)第 177701 号

# 闽语历史层次分析与相关音变探讨

杜佳伦 著

责任编辑 朱 彦
装帧设计 梁业礼
出版发行 上海世纪出版集团
中西書局(www.zxpress.com.cn)
地　　址 上海市闵行区号景路159弄B座（邮政编码：201101）
印　　刷 三河市腾飞印务有限公司
开　　本 890 毫米×1240 毫米 1/32
印　　张 17.625
版　　次 2014 年 9 月第 1 版 2024 年 5 月第 2 次印刷
书　　号 ISBN 978 - 7 - 5475 - 0714 - 8 / H · 033
定　　价 98.00 元